Entscheidungen

des

Reichsgerichts.

Herausgegeben

von

den Mitgliedern des Gerichtshofes
und der Reichsanwaltschaft.

Entscheidungen in Zivilsachen.

115. Band.

Berlin und Leipzig 1927

Walter de Gruyter & Co.

vormals G. J. Göschen'sche Verlagshandlung · J. Guttentag, Verlagsbuchhandlung · Georg Reimer · Karl J. Trübner · Veit & Comp.

Entscheidungen

des

Reichsgerichts

in

Zivilsachen.

---

115. Band.

Mit Anhang: Entscheidung des Staatsgerichtshofs.

Berlin und Leipzig 1927

Walter de Gruyter & Co.

vormals G. J. Göschen'sche Verlagshandlung - J. Guttentag, Verlagsbuchhandlung - Georg Reimer - Karl J. Trübner - Veit & Comp.

Manuldruck von F. Ullmann G. m. b. H., Zwickau Sa

Inhalt.

I. Bürgerliches Recht.

a. Reichsrecht.

b. Landesrecht.

II. Öffentliches Recht.

III. Gerichtliches Verfahren.

Anhang: Entscheidung des Staatsgerichtshofs.

1. Wann ist der Scheidungskläger, der seine Klage nebeneinander auf § 1568 und § 1565 BGB. gestützt und ein obsiegendes Urteil aus § 1568 BGB. erlangt hat, dadurch beschwert, daß die Ehe nicht wegen Ehebruchs geschieden worden ist?

BGB. §§ 1565, 1568. ZPO. § 511.

IV. Zivilsenat. Urt. v. 12. Juli 1926 i. S. Frau H. (Bekl.) w. H. (Kl.). IV 328/26.

I. Landgericht Hagen i. W.
II. Oberlandesgericht Hamm.

Die Parteien sind Eheleute. Der Mann hat mit Klage, die Frau mit Widerklage die Scheidung der Ehe beantragt. Beide Klagen sind auf Ehebruch (§ 1565 BGB.) und auf ehewidriges Verhalten des anderen Teiles (§ 1568 BGB.) gestützt worden.

Das Landgericht hat die Ehe auf Klage und Widerklage geschieden und beide Teile für schuldig erklärt. Zur Klage hat es schwere Beleidigungen und Beschimpfungen des Klägers durch die Beklagte festgestellt. Zur Widerklage hat es den von der Beklagten behaupteten Ehebruch des Klägers mit J. L. nicht für erwiesen angesehen, sich aber einer weiteren Beweisaufnahme hierüber für überhoben erachtet, da jedenfalls ein Liebesverhältnis zwischen dem Kläger und der J. L. erwiesen sei und sich die Widerklage daher schon aus § 1568 BGB. rechtfertige.

Gegen dieses Urteil hat die Beklagte Berufung eingelegt und beantragt, auf die Widerklage die Ehe der Parteien wegen Ehebruchs des Klägers mit der J. L. zu scheiden; sie hat lediglich geltend gemacht, sie habe einen Anspruch darauf, daß die Ehe wegen Ehebruchs des Klägers geschieden werde. Das Oberlandesgericht hat diese Berufung mangels einer Beschwer der Beklagten als unzulässig verworfen. Die Revision der Beklagten hatte keinen Erfolg.

Gründe:

Die Frage, ob ein Ehegatte, der gleichzeitig wegen Ehebruchs und wegen Zerrüttung des ehelichen Verhältnisses auf Scheidung geklagt und auf Grund des § 1568 BGB. ein obsiegendes Urteil erlangt hat, im Wege der Berufung Scheidung auch wegen noch festzustellenden Ehebruchs verlangen kann, ist vom Senat in ständiger Rechtsprechung verneint worden, weil die klagende Partei alles zugesprochen erhalten habe, was sie beantragt habe, und daher durch das Urteil nicht beschwert sei. Dieser Satz ist in der Rechtsprechung des Senats (RGZ. Bd. 55 S. 245 und die dort angeführten Entscheidungen, JW. 1904 S. 410 Nr. 20, 1911 S. 718 Nr. 24, 1912 S. 466 Nr. 13) in erster Reihe darauf gestützt worden, daß bei einer derartigen Klagebegründung schon die Spruchreife in bezug auf den einen Klagegrund zu einer Entscheidung führe, die das Klagebegehren erschöpfe, sodaß gemäß § 300 Abs. 1 ZPO. der Richter genötigt sei, das Endurteil zu erlassen. Dem ist in RGZ. Bd. 55 S. 245 die weitere Begründung hinzugefügt worden, daß nur dann, wenn die mehreren gleichzeitig geltend gemachten Scheidungsgründe von verschiedener Wirkung auf die aus der Ehescheidung hervorgehenden Privatrechtsverhältnisse seien, die Erledigung bloß eines Klagegrundes unter Umständen nicht das ganze im Streit befindliche Rechtsverhältnis erschöpfen würde, wie z. B. wenn Scheidung sowohl wegen Ehebruchs als auch wegen Geisteskrankheit begehrt werde. Allein im Streitfalle sei die Scheidung gleichzeitig aus § 1565 und § 1568 BGB. begehrt und in Ansehung der privatrechtlichen Folgen der einen wie der anderen Scheidung bestünden überhaupt keine Unterschiede. Dem wegen Ehebruchs klagenden Ehegatten stehe kein eigenes im Prozeß verfolgbares Recht zu, dem schuldigen Teile aus § 1312 BGB. die Wiederverheiratung unmöglich zu machen, da dieses Eheverbot lediglich im öffentlichen Interesse erlassen sei und die gleichwohl geschlossene Ehe nach § 1328 BGB. mit Nichtigkeit bedroht werde. Da Gegenstand des Zivilprozesses nur ein Privatrechtsverhältnis sein könne, so könne auch dem klagenden Ehegatten, der das Strafantragsrecht aus § 172 StGB. erlangen wolle, kein klagbarer Anspruch auf Erlangung dieses bloß sekundären Erfolgs der Scheidung zugestanden werden. Denn wenn er sich auf den Ehebruch als Klagegrund nicht beschränke, sondern dem Richter gleichzeitig mehrere unter sich gleichwertige Scheidungsgründe vortrage, so könne er niemals dadurch beschwert sein, daß der Richter kraft seiner Prozeßleitungsbefugnis nur einen dieser Klagegründe behandle.

Diese Erwägungen sind vom Senat nicht aufrechterhalten worden für den umgekehrten Fall, wenn der Scheidungsbeklagte sich dadurch beschwert fühlt, daß auf eine auf § 1565 und § 1568 BGB. gestützte Klage die Scheidung wegen Ehebruchs ausgesprochen worden ist, während er das Urteil lediglich deswegen anfechten will, weil die Scheidung nicht aus § 1568 BGB. erfolgt ist (RGZ. Bd. 110 S. 45). Dazu ist ausgeführt worden, daß die Bedeutung des Scheidungsurteils sich nicht in seiner Rechtskraftwirkung erschöpfe. Denn wenn die Ehe wegen Ehebruchs geschieden werde, so seien an die Feststellung des Ehebruchs, wenigstens für den Scheidungsbeklagten, um den es sich hier allein handle, weitere Rechtsfolgen geknüpft, indem eine Prozeßvoraussetzung für seine Bestrafung und ein Ehehindernis zwischen ihm und derjenigen Person geschaffen werde, mit der er die Ehe gebrochen habe. Durch diese Rechtsfolgen werde er beschwert, denn seine Rechtslage werde ungünstiger gestaltet, als dies bei einer Scheidung aus § 1568 BGB. der Fall gewesen wäre. Ob jene Nebenwirkungen des Urteils auf dem Gebiete des öffentlichen Rechtes lägen, sei unerheblich; daß sie auf diesem Gebiete lägen, sei auch insofern nicht zutreffend, als das Eheverbot des § 1312 BGB. privatrechtliche Wirkungen habe, nämlich die Nichtigkeit der dem Verbot zuwider geschlossenen Ehe.

An diesen Erwägungen ist unbedenklich festzuhalten; aber damit ist noch nicht entschieden, daß auch der klagende Teil, der sich auf §§ 1565 und 1568 gestützt hat, unter allen Umständen durch ein Urteil beschwert wird, das die Scheidung lediglich aus § 1568 BGB. ausgesprochen hat, während er die Scheidung aus § 1565 BGB. erreichen möchte. Denn ob der Scheidungskläger beschwert ist, ist zum Teil nach anderen Gesichtspunkten und Gesetzen zu beurteilen als beim Scheidungsbeklagten, und zwar auch dann, wenn zugegeben wird, daß beide Scheidungsgründe auch vom Standpunkt des Klägers aus unter sich nicht gleichwertig sind, weil durch die Scheidung wegen Ehebruchs dem Scheidungskläger ein Strafantragsrecht aus § 172 StGB. erwächst und das Eheverbot des § 1312 BGB. schon wegen der Wirkung einer Wiederverheiratung des Scheidungsbeklagten auf die Unterhaltsansprüche einer Scheidungsklägerin für diese von Bedeutung sein kann (§ 1579 BGB.).

Das letztere Interesse scheidet allerdings im vorliegenden Falle aus, da die Widerklägerin für mitschuldig erklärt ist und sich dagegen nicht wendet, sodaß der Widerbeklagte ihr gegenüber überhaupt nicht unterhaltspflichtig ist.

Aber der Fall liegt insofern wesentlich anders als der umgekehrte für den Scheidungsbeklagten, weil hier der Scheidungskläger (die Widerklägerin) dem Gericht erster Instanz zwei Scheidungsgründe als gleichwertig vorgetragen hat, wenn sie tatsächlich auch nicht gleichwertig sind. Es ist von ihr nicht geltend gemacht worden, daß sie den Klagegrund des Ehebruchs in erster Reihe vom Gericht berücksichtigt sehen und nur hilfsweise, d. h. für den Fall, daß der Ehebruch nicht erweisbar sein sollte, sich auf § 1568 BGB. stützen wolle. Sie hat nicht einmal irgendwie zum Ausdruck gebracht, daß sie gerade an einer Scheidung wegen Ehebruchs ein — irgendwie geartetes — Interesse nehme. Nebenbei hat sie auch in zweiter Instanz ein solches Interesse nicht dargelegt, sondern sich darauf beschränkt, geltend zu machen, daß sie ein Recht auf Scheidung wegen Ehebruchs des Widerbeklagten habe. In der früheren Rechtsprechung des Reichsgerichts (vgl. JW. 1904 S. 410 Nr. 20) wird allerdings der Standpunkt vertreten, daß auch eine solche eventuelle Klagebegründung den Richter nicht hindere, bei Spruchreife dieses hilfsweise geltend gemachten Scheidungsgrundes die Scheidung auf diesen zu stützen und die nicht spruchreife erste Begründung unberücksichtigt zu lassen. Allein diese Rechtsprechung des Senats war noch von der Auffassung beherrscht daß beide Scheidungsgründe aus §§ 1565 und 1568 einander gleichwertig seien. Nachdem diese Rechtsauffassung preisgegeben ist, kann nicht daran festgehalten werden, daß die hilfsweise geltend gemachte Klagebegründung dem Richter gestatte, die nicht spruchreife in erster Reihe geltend gemachte Klagebegründung ununtersucht zu lassen. Es ist nicht zu bezweifeln, daß bei einer Klagenhäufung, wie z. B. bei einer Verbindung der Ehescheidungsklage mit der Anfechtungsklage, die vom Kläger gewollte und durch Stellung von Eventualanträgen zur Entscheidung gestellte Reihenfolge der Klagen das Gericht nötigt, in erster Reihe auf den Hauptantrag einzugehen, und daß es nur berechtigt ist, seine Entscheidung auf den Hilfsantrag zu stützen, wenn die Hauptklage versagt. Das nämliche muß aber dann gelten, wenn der Kläger zwei Klagebegründungen, § 1565 und § 1568 BGB., zur Entscheidung stellt und sein Interesse an der ersteren dadurch zum Ausdruck bringt, daß er sie in erster Reihe, die andere Klagebegründung nur hilfsweise geltend macht. Daß die Widerklägerin dies getan habe, will die Revision mit Unrecht aus ihrem Vorbringen herauslesen; nach dem Tatbestand des landgerichtlichen Urteils und den vorgetragenen Schriftsätzen ist es nicht der Fall. Auf eine andere Weise kann der Scheidungskläger bei doppelter Klagebegründung seine Interessen nicht wahren. Denn beschränkt er sich auf die Klagebegründung wegen Ehebruchs, so wird er, wenn das Gericht den Beweis auf Grund des § 1565 BGB. nicht als geführt ansieht und die Klage abweist, mit dem zweiten Klagegrund aus § 1568 BGB. mit Rücksicht auf § 616 ZPO. ausgeschlossen, und schiebt er bei unsicherer Beweislage dem Ehescheidungsgrund aus § 1565 BGB. denjenigen aus § 1568 BGB. nach, so läuft er Gefahr, daß das Gericht nur aus § 1568 BGB. scheidet, wenn dieser Grund schon auf alle Fälle durchschlagen sollte. Es muß daher für zulässig erachtet werden und erscheint sogar geboten, daß im Falle doppelter Klagebegründung aus §§ 1565 und 1568 BGB. der Scheidungskläger, wenn er sich nicht mit § 1565 ausgeschaltet sehen will, sein Interesse an der Scheidung aus § 1565 BGB. durch eine Haupt- und eine Hilfs-Klagebegründung zum Ausdruck bringt. So wird dieses Interesse bei nicht gleichwertigen Scheidungsgründen auf alle Fälle gewahrt. Diesen Weg geht auch die neuere Rechtswissenschaft (vgl. Stein-Jonas, ZPO. 12. und 13. Auflage § 615 II 5). Dort wird der hier vertretene Standpunkt mit zutreffender Begründung verfochten. Er bietet die Gewähr, daß bei seiner Befolgung durch die Parteien die Unsicherheit in der Behandlung derartiger Scheidungsklagen und damit jede Benachteiligung des Scheidungsklägers, der an dem Eheverbot und dem Strafantragsrecht Interesse nimmt, ein für allemal beseitigt werden. Denn wird die zunächst geltend gemachte Klagebegründung entweder nicht für erwiesen erachtet oder nicht untersucht, so ist der Kläger allemal beschwert.

Wird der Weg dieser eventuellen Klagebegründung nicht gewählt — und er ist hier nicht gewählt worden —, so ist der Richter nicht gehindert, gemäß dem spruchreifen Klagegrund aus § 1568 BGB.

zu erkennen und den nicht spruchreifen aus § 1565 BGB. auf sich beruhen zu lassen, wie das im vorliegenden Falle unter Unterlassung weiterer Beweisaufnahme geschehen ist, sodaß das Klagebegehren erschöpft ist. Bei Spruchreife eines dieser beiden als gleichwertig vorgetragenen Klagegründe zu entscheiden, wird dem Richter, woran festzuhalten ist, durch § 300 ZPO. sogar zur Pflicht gemacht, und daran wird auch dadurch nichts geändert, daß beide als gleichwertig vorgetragenen Scheidungsgründe in der Tat nicht gleichwertig sind (so auch Stein-Jonas, a. a. O.).

---

2. Ist bei einem wegen Formmangels nichtigen, durch spätere Auflassung und Eintragung gültig gewordenen Grundstückskaufvertrag als der für die Berechnung des Goldmarkbetrags entscheidende Zeitpunkt des Erwerbs der Kaufpreisforderung der Zeitpunkt des Vertragsschlusses oder der Zeitpunkt anzusehen, in dem durch Auflassung und Eintragung der Formmangel geheilt wird?

AufwG. §§ 2, 3. BGB. §§ 141, 313.

V. Zivilsenat. Beschl. v. 21. Dezember 1926 i. S. K. w. H. V B 27/26.

I. Aufwertungsstelle Berlin.
II. Landgericht III Berlin.

Der Sachverhalt ergibt sich aus folgenden Gründen:

Durch notariellen Vertrag vom 23. Juni 1920 verkaufte der Ehemann der Beschwerdegegnerin ein in Berlin-Halensee belegenes Grundstück, das er im Jahre 1913 für 276000 ℳ erworben hatte, an den Beschwerdeführer für den beurkundeten Kaufpreis von 330000 ℳ. Der Käufer übernahm in Anrechnung auf den Kaufpreis eine Vorkriegshypothek von 210000 ℳ und eine im Juli 1920 begründete Darlehenshypothek von 50000 ℳ; 20000 ℳ wurden bar gezahlt. Der Restkaufpreis von 50000 ℳ wurde gestundet. Außerdem leistete der Käufer eine im notariellen Vertrage nicht beurkundete Zahlung von 60000 ℳ. Zur Sicherung des Restkaufgelds wurde am 10. November 1920 eine Restkaufgeldhypothek für die Ehefrau des Verkäufers eingetragen. An diesem Tage erfolgte auch die Eintragung des Käufers als Eigentümer des Grundstücks auf Grund der Auflassung vom 30. September 1920. Die Hypothek wurde nach Bezahlung von 370 GM am 23. Dezember 1924 gelöscht.

Die Gläubigerin hat Aufwertung der Hypothek und der persönlichen Forderung begehrt und zwar der letzteren in Höhe von 100 v. H. des Goldmarkbetrags unter Abzug der geleisteten Zahlung von 370 GM. Diesem Antrag entsprechend hat die Aufwertungsstelle die Hypothek auf 687,50 GM und die persönliche Forderung auf 5255 GM aufgewertet. Auf die von beiden Parteien erhobene sofortige Beschwerde hat das Landgericht unter Zurückweisung der Beschwerde der Gläubigerin auf die Beschwerde des Schuldners den Aufwertungsbetrag der Hypothek auf 326,25 GM und den der persönlichen Forderung auf 5225 GM herabgesetzt; im übrigen hat es die Beschwerde des Schuldners zurückgewiesen. Gegen diesen Beschluß haben beide Parteien die sofortige weitere Beschwerde eingelegt. Die Gläubigerin verlangt Aufwertung der persönlichen Forderung auf 15000 GM, während der Schuldner Herabsetzung der Aufwertungssumme begehrt.

Das Kammergericht hat die Beschwerde der Gläubigerin zurückgewiesen. Es möchte auf die Beschwerde des Schuldners die Entscheidung des Landgerichts aufheben, weil es der Ansicht ist, daß das Landgericht die Forderung infolge einer Gesetzesverletzung zu hoch aufgewertet habe. Es sieht sich jedoch hieran durch den Beschluß des Bayerischen Obersten Landesgerichts vom 27. März 1926 (Ring Aufw.Rspr. S. 275) gehindert, und hat daher die Sache gemäß § 28 Abs. 2, 3 FGG., § 74 Abs. 1 Satz 5 AufwG. dem Reichsgericht zur Entscheidung vorgelegt.

Der Entscheidung des Bayerischen Obersten Landesgerichts lag ein Fall zugrunde, wo in einem privatschriftlichen Grundstückskaufvertrag vom 12. August 1918 vereinbart worden war, daß der Besitz an dem Anwesen schon vom 1. August 1918 an als übertragen gelten sollte; mit diesem Tage sollten die Käufer auch in alle Rechte und Pflichten eintreten. Die notarielle Verlautbarung und die Auflassung erfolgten erst am 9. April 1919, die Eintragung des Eigentumsüberganges im Grundbuch am 5. Mai 1919. Das Bayerische Oberste Landesgericht hat den 1. August 1918 als den für die Aufwertung der Kaufpreisforderung maßgebenden Erwerbstag erachtet und dies folgendermaßen begründet: Durch die Auflassung und Eintragung sei der frühere privatschriftliche Vertrag nachträglich rechtsgültig geworden. Eine Rückwirkung dieser Vertragsheilung sei mit dem Urteil des Reichsgerichts in RGZ. Bd. 75 S. 114 nicht anzunehmen. Von dem Standpunkte des Reichsgerichts aus, nach welchem die gemäß § 313 Satz 2 BGB. eintretende Heilung der erneuten Vornahme des nichtigen Kaufvertrags nach § 141 BGB. gleichstehe, sei im vorliegenden Falle die Vorschrift des Abs. 2 des § 141 BGB. anwendbar. Hiernach seien die Parteien im Zweifel verpflichtet, einander zu gewähren, was sie haben würden, wenn der Vertrag von Anfang an gültig gewesen wäre. Es könne dahingestellt bleiben, ob dieser Anwendung des § 141 BGB. beizutreten sei oder ob mit Planck Anm. 6d zu § 313 BGB. gewisse der Rückwirkung verwandte Folgen aus dem Parteiwillen abzuleiten seien, wenn die Parteien schon beim formlosen Abschluß den sofortigen Eintritt der Geschäftswirkungen gewollt und diesen Willen bis zur Auflassung nicht geändert hätten. Denn offensichtlich sei der ursprünglich zugrunde liegende und nachträglich bestätigte Vertragswille der Parteien dahin gegangen, daß das Kaufrechtsverhältnis zwischen ihnen schon vom 1. August 1918 wirksam sein solle. Da nun aber auch die Aufwertung der persönlichen Forderung in den Rahmen des von den Parteien wirklich gewollten Vertragsverhältnisses nach Maßgabe jenes Abs. 2 des § 141 BGB. einzuordnen sei, so sei nach der gegebenen Sach- und Rechtslage der 1. August 1918 der maßgebende Erwerbstag der Forderung.

Demgegenüber hält das Kammergericht die Anwendung des § 141 Abs. 2 BGB. für unzulässig. Es führt dazu aus: Nach § 10 Abs. 3 AufwG. dürfe in dem hier in Frage kommenden Falle des § 10 Abs. 1 Nr. 5 bei der Aufwertung nach allgemeinen Vorschriften, wenn die Forderung vor dem 1. Januar 1912 begründet worden sei, der Satz von 75 v. H., und wenn sie vor dem 1. Januar 1922 begründet worden sei, der Satz von 100 v. H. des Goldmarkbetrags der Forderung nicht überschritten werden. Da die Forderung der Gläubigerin in der Zeit vom 1. Januar 1912 bis zum 31. Dezember 1921 begründet worden sei, dürfe die Aufwertung 100 v. H. des Goldmarkbetrags nicht übersteigen. Zu berechnen sei der Goldmarkbetrag nach §§ 2, 3 AufwG. Nach § 2 AufwG. werde, wenn der

Anspruch nach dem 31. Dezember 1917 erworben sei, der Goldmarkbetrag dadurch festgestellt, daß der Nennbetrag, im Falle des entgeltlichen Erwerbes der Erwerbspreis, nach Maßgabe des Wertverhältnisses umgerechnet werde, welches in der Tabelle des Aufwertungsgesetzes für den Tag des Erwerbes bestimmt sei. Die Berechnung des Goldmarkbetrags setze somit die Feststellung des Erwerbstags voraus. Erwerb im Sinne des § 2 AufwG. sei, wie jetzt allgemein anerkannt sei, Erwerb im Rechtssinne. Darüber, in welchem Zeitpunkte eine Forderung erworben sei, enthalte das Aufwertungsgesetz keine Bestimmungen. Diese Frage sei vielmehr nach dem allgemeinen bürgerlichen Recht zu beurteilen. Der erstmalige Erwerb einer Forderung falle mit der Begründung der Forderung zusammen. In dem vom Bayerischen Obersten Landesgericht entschiedenen Falle handle es sich um den ersten Erwerb der Forderung, aber auch im vorliegenden Falle komme es auf den ersten Erwerb an; denn die Gläubigerin, der die Forderung von ihrem Ehemann abgetreten worden sei, habe sie nach der Feststellung des Landgerichts mit Rücksicht auf ihr zukünftiges gesetzliches Erbrecht auf Grund eines Treuhandverhältnisses und ohne Entgelt erworben (§ 3 Abs. 1 Nr. 6, 7, 11 AufwG.), sodaß der Erwerb ihres Rechtsvorgängers, des ersten Erwerbers der Kaufgeldforderung, maßgebend sei. Es decke sich also im vorliegenden, wie in dem vom Bayerischen Obersten Landesgericht entschiedenen Falle die Frage, in welchem Zeitpunkt die Forderung erworben sei, mit der Frage, wann die Forderung begründet worden sei. Über die Begründung der Forderung habe sich das Reichsgericht im Beschluß vom 23. Juni 1926 (RGZ. Bd. 113 S. 341) ausgesprochen. Nach dieser Entscheidung sei unter Begründung der Forderung der Zeitpunkt zu verstehen, in dem ihre rechtliche Grundlage geschaffen sei, und das sei bei Kaufgeldforderungen mit dem Abschluß des Kaufvertrags der Fall, wobei das Reichsgericht offensichtlich einen rechtsgültigen Kaufvertrag voraussetze. Sei der über ein Grundstück abgeschlossene Kaufvertrag ungültig, weil er privatschriftlich abgeschlossen oder weil der Kaufpreis unrichtig beurkundet sei, so habe der Verkäufer zunächst noch keinen rechtlich begründeten Anspruch auf Zahlung des Kaufpreises erlangt. Der Mangel der Form werde jedoch nach § 313 S. 2 BGB. durch die Auflassung und die Eintragung in das Grundbuch geheilt. Nach der Entscheidung des Reichsgerichts in

RGZ. Bd. 75 S. 114 habe die Heilung keine rückwirkende Kraft. Daraus folge, daß der Verkäufer erst mit dem Zeitpunkte der Heilung einen Rechtsanspruch auf Zahlung des Kaufpreises, also die Kaufgeldforderung, erlange. Erst in diesem Zeitpunkte werde die Kaufgeldforderung im Rechtssinne begründet und damit erworben. Das Bayerische Oberste Landesgericht betrachte in seinem Falle, in dem der privatschriftliche Kaufvertrag am 1. August 1918 abgeschlossen, der Eigentumsübergang aber erst am 5. Mai 1919 eingetragen sei, den 1. August 1918 als Erwerbstag der Forderung, indem es den § 141 Abs. 2 BGB. anwende. Es verkenne, daß die Berechnung des Goldmarkbetrags als Grundlage der Aufwertung in den §§ 2, 3 AufwG. in positiver Weise geregelt und für die Berechnung der Tag des Erwerbes als maßgebend erklärt sei. Der Erwerbstag sei nach den Vorschriften des allgemeinen bürgerlichen Rechts festzustellen, und zwar im vorliegenden Falle wie in dem des Bayerischen Obersten Landesgerichts, auf den Tag der Eintragung des Eigentumsübergangs. Die Auslegungsregel des § 141 Abs. 2 BGB. könnte nur in dem Falle von Bedeutung sein, daß sie die Feststellung eines anderen Erwerbstags ermöglichte. Das sei aber nicht der Fall. Das Reichsgericht führe in Bd. 75 S. 115 aus, die Heilung wirke nicht zurück; sie sei der Bestätigung eines nichtigen Vertrags nach § 141 BGB. gleichzusetzen, und schon aus dem Wortlaute dieses Paragraphen, der die Bestätigung für eine Wiederholung des Vertrags in gesetzlicher Form erkläre, ergebe sich, daß erst von den Heilungstatsachen an, nicht rückwärts, der Vertrag gültig werde. Aus dem Wortlaute des zweiten Satzes des § 313 BGB. sei zu schließen, daß der Gesetzgeber eine Rückbeziehung der Heilung nicht gewollt habe. Im Anschluß hieran stelle das Reichsgericht fest, daß zur Zeit der angeblichen Übergabe des Grundstücks wegen noch nicht vorliegenden formgültigen Vertrags noch keine Kauf-Rechte und Pflichten des Klägers und seiner Ehefrau bestanden hätten. Das Reichsgericht stehe also ersichtlich auf dem Standpunkt, daß der Verkäufer erst in dem Zeitpunkt, in dem der Formmangel geheilt werde, eine rechtlich begründete Kaufgeldforderung erwerbe, und lehne die Auffassung ab, daß es infolge der Heilung des Formmangels so anzusehen sei, als ob der Verkäufer bereits mit dem Abschluß des Kaufvertrags die Forderung erworben habe. Nach dem maßgebenden allgemeinen bürgerlichen Recht sei hiernach die Kaufgeldforderung in den erörterten Fällen erst im Zeitpunkt der Eintragung des Eigentumsübergangs im Rechtssinne begründet und damit im Sinne des Aufwertungsgesetzes erworben worden. Das Bayerische Oberste Landesgericht und ebenso das Landgericht hätten somit die Vorschriften der §§ 2, 3 Abs. 1, § 10 Abs. 3 AufwG., §§ 141, 313 BGB. verletzt, indem sie den Tag des Abschlusses des Kaufvertrags als Erwerbstag angesehen hätten.

Die Voraussetzungen für die Zuständigkeit des Reichsgerichts sind nach § 74 Abs. 1 AufwG. und § 28 Abs. 2 und 3 FGG. gegeben. Die zwischen dem Kammergericht und dem Bayerischen Obersten Landesgericht bestehende Streitfrage ist die, ob bei Heilung eines wegen Formmangels nichtigen Grundstückskaufvertrags durch spätere Auflassung und Eintragung gemäß § 313 Abs. 2 BGB. als der für die Berechnung des Goldmarkbetrags entscheidende Zeitpunkt des „Erwerbs" der Kaufpreisforderung der Zeitpunkt, in dem durch Auflassung und Eintragung der Formmangel geheilt wird, oder in Anwendung des § 141 Abs. 2 BGB. der Tag des Abschlusses des Kaufvertrags anzusehen ist.

Die weitere Beschwerde ist form- und fristgerecht eingelegt; sie mußte auch Erfolg haben.

Es bedarf hier keiner Entscheidung der Frage, ob in Fällen der vorliegenden Art die „Begründung" einer Kaufpreisforderung im Sinne des § 10 Abs. 1 Nr. 5 und Abs. 3 AufwG. erst mit dem Zeitpunkt der Heilung des formnichtigen Vertrags oder, in Anwendung des § 141 Abs. 2 BGB., bereits mit dessen Abschluß erfolgt. Denn in jedem Falle handelt es sich hier um eine nach dem 31. Dezember 1908 (§ 10 Abs. 1 Nr. 5 AufwG.) und zwischen dem 1. Januar 1912 und dem 1. Januar 1922 (§ 10 Abs. 5 AufwG.) begründete Forderung. Es kann daher, sowohl vom Standpunkt des Kammergerichts als auch von dem des Bayerischen Obersten Landesgerichts aus, keinem Zweifel unterliegen, daß sie nach allgemeinen Vorschriften unter Abweichung von dem normalen Höchstsatz — unbeschadet der Herabsetzung nach § 8 AufwG. — höher und geringer aufgewertet werden darf, wobei allerdings die Aufwertung durch den Höchstsatz von 100 v. H. des Goldmarkbetrags der Forderung begrenzt ist.

Im übrigen ist dem Kammergericht darin beizupflichten, daß eine unmittelbare Anwendung des § 141 Abs. 2 BGB. abzulehnen ist.

Allerdings hat der erkennende Senat in seinem Urteil vom 7. November 1911 in RGZ. Bd. 75 S. 115 ausgesprochen, daß die Heilung eines formlosen Kaufvertrags durch nachfolgende Auflassung und Eigentumseintragung der Bestätigung eines nichtigen Vertrags nach § 141 Abs. 2 BGB. gleichzusetzen sei. Damit hat jedoch nicht gesagt werden sollen, daß sich die Heilung eines formnichtigen Kaufvertrags rechtlich als eine Bestätigung eines nichtigen Vertrags im Sinne des § 141 Abs. 2 BGB. darstelle. Eine solche rechtliche Gleichstellung verbietet sich schon aus dem Grunde, weil diese Vorschrift eine rechtsgeschäftliche Bestätigung des nichtigen Geschäfts durch die Parteien voraussetzt, die als eine „erneute Vornahme" dieses Geschäfts zu beurteilen ist. Die Bestätigung im Sinne dieser Vorschrift muß daher allen Anforderungen des Rechtsgeschäfts der entsprechenden Art genügen; sie muß bei einem nach § 313 BGB. formbedürftigen Rechtsgeschäft die vorgeschriebene Form erfüllen. Dem entspricht jedoch nicht die Auflassung, die im Verein mit der Eigentumseintragung den nichtigen Vertrag zu heilen vermag, da sie vermöge ihrer abstrakten Natur nicht imstande ist, den ursprünglichen formnichtigen Kaufvertrag in dem in § 141 Abs. 2 BGB. vorausgesetzten Sinne einer Neuvornahme zu bestätigen. Es kann daher in der durch Auflassung und Eigentumsübertragung eingetretenen Heilung eines formnichtigen Kaufvertrags nicht eine Bestätigung dieses Vertrags erblickt werden, und danach ist für eine unmittelbare Anwendung des § 141 Abs. 2 BGB. auf Fälle der hier vorliegenden Art allerdings kein Raum.

Der der Vorschrift des § 141 Abs. 2 zugrunde liegende Rechtsgedanke muß aber auch hier zur Geltung kommen. Der erkennende Senat hat wiederholt ausgesprochen, daß in der Auflassungserklärung ein mittelbares Bekenntnis der Beteiligten zu dem ganzen Inhalte des schuldrechtlichen Grundgeschäfts zu finden ist, das durch die Auflassung gerade zur Ausführung gebracht werden soll (vgl. z. B. RGZ. Bd. 108 S. 333; Bd. 109 S. 354). Daher spricht eine tatsächliche Vermutung dafür, daß die Vertragsparteien, wenn sie sich in diesem Sinne durch die Auflassung zum Inhalt eines von ihnen abgeschlossenen formnichtigen Kaufvertrags bekennen, einander das gewähren wollen, was sie bei Abschluß des Vertrags einander zu gewähren beabsichtigten. Ist dies aber der Fall, so muß dem vermuteten Parteiwillen entsprechend auch der Goldmarkbetrag der Forderung nach dem Zeitpunkt des Abschlusses des formnichtigen Vertrags und nicht nach dem Zeitpunkt seiner Heilung berechnet werden. Dem steht die Vorschrift des § 2 AufwG., nach welcher der Berechnung des Goldmarkbetrags der Forderung der Zeitpunkt ihres Erwerbs zugrunde gelegt werden soll, nicht entgegen. Denn der in dieser Bestimmung festgesetzte Stichtag kann dann keine Beachtung finden, wenn die Vertragschließenden, wie es nach ihrem vermuteten Vertragswillen in Fällen der vorliegenden Art zutrifft, sich einander mittelbar schuldrechtlich zur Berücksichtigung eines anderen Stichtags verpflichtet haben.

Unter dem Gesichtspunkt eines vermuteten Parteiwillens in dem angegebenen Sinne hat aber das Landgericht den Sachverhalt noch nicht geprüft; es ist in Übereinstimmung mit dem Bayerischen Obersten Landesgericht zu der Annahme, daß der Tag des Vertragsschlusses den Stichtag für die Berechnung des Goldmarkbetrags darstelle, lediglich auf Grund der unzutreffenden unmittelbaren Anwendung des § 141 Abs. 2 BGB. gelangt. Diese Prüfung wird es nachzuholen haben. Ergibt sie nichts, was die erwähnte tatsächliche Vermutung zu widerlegen vermag, so ist nach dem Dargelegten der Tag des Vertragsschlusses zugrunde zu legen. Wird die Vermutung jedoch widerlegt, so kommt als Stichtag für die Berechnung des Goldmarkbetrags der Zeitpunkt der Heilung des formnichtigen Vertrags in Betracht, da die Kaufpreisforderung nach den zutreffenden Darlegungen des Kammergerichts erst mit diesem Augenblick erworben ist und die Vorschrift in § 2 AufwG. in diesem Falle nicht durch abweichende Parteibestimmung außer Kraft gesetzt worden ist.

---

3. Ist für die Berechnung des Goldmarkbetrags einer Kaufgeldforderung nach §§ 2, 3 Abs. 1 AufwG. der Tag des Angebots oder der Tag der Annahme maßgebend, wenn der Kaufvertrag in der Weise zustande gekommen ist, daß ein vom Verkäufer gemachtes Angebot erst in einem späteren Zeitpunkt angenommen wurde?

V. Zivilsenat. Beschl. v. 21. Dezember 1926 i. S. K. w. S. u. C. V B 26/26.

I. Aufwertungsstelle Essen.
II. Landgericht Essen.

Der Sachverhalt ergibt sich aus folgenden **Gründen**:

Zu notariellem Protokoll vom 15. Mai 1914 boten die Erblasser des Beschwerdeführers der Beschwerdegegnerin mehrere in Gelsenkirchen belegener Grundstücke mit der Maßgabe zum Kauf an, daß sie sich bis zum 1. November 1919 an diesen Antrag für gebunden erklärten. Auf den vereinbarten Kaufpreis von 650000 ℳ sollte der Betrag von 5000 ℳ bei der Auflassung gezahlt, in Anrechnung auf den Kaufpreis eine Darlehenshypothek von 260000 ℳ — abzüglich der in der Zwischenzeit vorgenommenen Amortisation — übernommen und der Rest mit $4^1/_4$ v. H. verzinslich als Restkaufgeldhypothek eingetragen werden. Dieses Angebot nahm die Beschwerdegegnerin zu notariellem Protokoll vom 29. Oktober 1919 an. In der notariellen Verhandlung vom 2. Juni 1920 wurde der Kaufpreis mit Rücksicht darauf, daß die Verkäufer einen zugesagten Umbau nicht ausgeführt hatten, auf 632000 ℳ ermäßigt, der damals noch nicht getilgte Kaufpreisrest auf 350000 ℳ festgesetzt und die Eintragung einer Restkaufgeldhypothek in dieser Höhe für die Verkäufer zu gleichen Teilen bewilligt. Gleichzeitig erfolgte die Auflassung an die Käuferin. Dementsprechend ist die Eintragung der Restkaufgeldhypothek von 350000 ℳ am 4. Dezember 1920 im Grundbuch erfolgt; am gleichen Tage ist auch die Käuferin als Eigentümerin eingetragen worden. Die Hypothek ist am 6. April 1923 gelöscht worden, nachdem die Käuferin am 12. August 1922 15000 ℳ und am 29. Dezember 1922 335000 ℳ bezahlt hatte.

Der Beschwerdeführer hat Aufwertung der 350000 ℳ auf 100 v. H. des Nennbetrags abzüglich des Goldmarkbetrags der geleisteten Zahlungen begehrt. Durch Beschluß vom 23. April 1926 hat die Aufwertungsstelle den Aufwertungsbetrag der hier allein in Betracht kommenden persönlichen Forderung auf 57804,90 Gℳ festgesetzt. Dabei ist für die Berechnung des Goldmarkbetrags der Tag der Annahme des Kaufangebots, der 29. Oktober 1919, zugrunde gelegt worden. Das Landgericht hat die gegen diesen Beschluß erhobene sofortige Beschwerde zurückgewiesen; es stimmt der Ansicht der Aufwertungsstelle bei, daß der Tag der Annahme des Kaufangebots für die Berechnung des Aufwertungsbetrags maßgebend sei. Mit der sofortigen weiteren Beschwerde begehrt der Beschwerdeführer Abänderung des Beschlusses, indem er nach wie vor den Standpunkt einnimmt, daß der Tag des Angebots, der 15. Mai 1914, der Aufwertung zugrunde gelegt werden müsse. Das Kammergericht möchte dem Landgericht beitreten und die sofortige weitere Beschwerde zurückweisen. Es sieht sich jedoch hieran durch die Entscheidung des Oberlandesgerichts Stuttgart vom 5. Juni 1926 (JRsch. 1926 Nr. 1639, JW. 1926 S. 2210) gehindert, die den Tag des Angebots für maßgebend hält, und hat daher die sofortige weitere Beschwerde dem Reichsgericht zur Entscheidung vorgelegt.

Die Voraussetzungen für die Zuständigkeit des Reichsgerichts sind nach § 74 Abs. 1 S. 5 AufwG. und § 28 Abs. 2, 3 FGG. gegeben. Die sofortige weitere Beschwerde ist statthaft, form- und fristgerecht eingelegt und auch sachlich begründet.

Zu entscheiden ist die Frage, ob für die Berechnung des Goldmarkbetrags einer Kaufgeldforderung der Tag des Angebots oder der Tag der Annahme maßgebend ist, wenn Angebot und Annahme, durch welche der Kaufvertrag zustande gekommen ist, zeitlich auseinanderliegen. Dabei bedarf es hier keiner Entscheidung der Frage, welcher von beiden Tagen als Tag der Begründung der Forderung im Sinne des § 10 Abs. 1 Nr. 5 und Abs. 3 AufwG. anzusehen ist. Denn es handelt sich auf alle Fälle, mag man diesen oder jenen Tag zugrunde legen, um eine nach dem 31. Dezember 1908 (§ 10 Nr. 5) und zwischen dem 1. Januar 1912 und dem 1. Januar 1922 (§ 10 Abs. 3) begründete Forderung. Sie unterliegt daher unzweifelhaft einer höheren oder geringeren Aufwertung nach den allgemeinen Vorschriften unter Abweichung von dem normalen Höchstsatz — unbeschadet der Herabsetzung nach § 8 —, wobei der Satz von 100 v. H. des Goldmarkbetrags der Forderung nicht überschritten werden darf.

Die streitige Frage ist in dem vom Oberlandesgericht Stuttgart vertretenen Sinne zu entscheiden. Zwar ist „Erwerb" im Sinne des § 2 AufwG. nicht der Erwerb im wirtschaftlichen, sondern der Erwerb im Rechtssinn, und es würde daher allerdings, wenn diese Vorschrift auf Fälle der vorliegenden Art anzuwenden wäre, ein Erwerb der Kaufpreisforderung erst im Zeitpunkt der Annahme des Angebots vorliegen. Denn vorher besteht ein Anspruch des Verkäufers auf Zahlung des Kaufpreises gegen den Käufer nicht; er findet erst mit der Annahme des Angebots seine rechtliche Grundlage.

Das Aufwertungsgesetz hat jedoch mit der Vorschrift in § 2, daß der Berechnung des Goldmarkbetrags der Forderung der Tag des Erwerbes der Forderung zugrunde zu legen sei, nur den Regelfall im Auge, in dem der Kaufvertrag durch sofortige Annahme des Angebots zustande kommt. An Fälle der vorliegenden Art, in denen zwischen dem Kaufangebot und seiner Annahme eine Zeitspanne liegt, hat der Gesetzgeber nicht gedacht, als er in § 2 den Erwerbstag der Forderung als maßgebenden Zeitpunkt festsetzte. Das ergibt sich aus den Beratungen der Gesetzesvorlage im Ausschuß und in der zweiten Lesung, bei denen über einen Antrag des Abgeordneten Best beraten wurde, in § 2 als maßgebenden Tag für die Berechnung des Goldmarkbetrags nicht den Tag des Erwerbes, sondern den Tag der Begründung des Anspruchs festzusetzen. Dabei hatte der Abgeordnete darauf hingewiesen, daß, wenn man an Stelle des Begründungszeitpunkts den Erwerbszeitpunkt setze, der Gläubiger vielfach nur ein Milliontel dessen erhalte, was er zu erhalten habe (Reichstagsdrucks. III. Wahlperiode 1924/25 Nr. 1125 S. 6, 7, 30, Berat. des 18. Ausschusses; Nr. 1140 S. 3004/3005, 2. Berat. des AufwG.). Daß man bei den Beratungen über diesen, ersichtlich auf Fälle der Forderungsübertragung bezüglichen, Antrag die nach der ganzen Sachlage naheliegende Erörterung der Frage unterlassen hat, ob bei Fällen des zeitlichen Auseinanderfallens von Angebot und Annahme der Tag des Angebots oder der der Annahme für die Berechnung des Goldmarkbetrags entscheidend sein solle, spricht dafür, daß man bei der Bestimmung des Erwerbstags als entscheidenden Zeitpunkts an Fälle der vorliegenden Art überhaupt nicht gedacht hat. Daher ist zu prüfen, wie der Gesetzgeber, wenn er solche Fälle im Auge gehabt hätte, die Frage der Berechnung des Goldmarkbetrags geregelt hätte. Zu berücksichtigen ist hierbei, daß der Preis nach den zur Zeit des Angebots herrschenden Geldverhältnissen festgesetzt worden ist, und daß deshalb die vom Verkäufer eines Grundstücks durch Stellung des Verkaufsangebots eingegangene Bindung nach Treu und Glauben — von besonderer abweichender Gestaltung des Einzelfalls abgesehen — nur dahin verstanden werden kann, daß er das Grundstück zu einem Preise veräußern will, der dem Geldwertstand zur Zeit des Angebots entspricht. Aus diesem Grunde hat der erkennende Senat in ständiger Rechtsprechung angenommen, daß die Aufwertung von Grundstückskaufpreisen bei langfristigen Angeboten nach den allgemeinen Vorschriften nicht nach dem Tage der Annahme, sondern nach dem der Stellung des Angebots zu bemessen ist. Die gegenteilige Ansicht führt zu Ergebnissen, die mit den Grundsätzen von Billigkeit, Treu und Glauben nicht im Einklang stehen.

---

4. Kann die vertragliche Einräumung der Befugnis zur Aufführung von Theaterstücken als Pachtvertrag im Sinne des Preußischen Stempelsteuergesetzes angesehen werden?

Preuß. Stempelsteuergesetz vom 16. März 1924 Tarifstellen 48 III u. 71.

VI. Zivilsenat. Urt. v. 19. Oktober 1926 i. S. Land Preußen (Bekl.) w. S. F. Verlag Akt.-Ges. (Kl.). VI 272/26.

I. Landgericht I Berlin.
II. Kammergericht daselbst.

Unter dem 5. Juli 1924 wurde zwischen Siegfried T., vertreten durch die klagende Firma, und der Direktion des Deutschen Theaters zu Berlin G. m. b. H., vertreten durch den Direktor R., ein schriftlicher „Sondervertrag" abgeschlossen, in dessen § 1 bestimmt war, daß der letztgenannten Vertragschließenden (der „Bühnenleitung") das ausschließliche Recht übertragen werde, das Werk von Bernard Shaw „Die heilige Johanna", deutsch von Siegfried T., in deutscher Sprache am Deutschen Theater in Berlin aufzuführen. Im § 2 war unter der Überschrift „Aufführungspflicht" vorgeschrieben: „Die Bühnenleitung verpflichtet sich, das Werk am obengenannten Theater in der obengenannten Stadt zur Aufführung zu bringen mit Elisabeth B. in der Hauptrolle und unter der Regie von Herrn Professor Max R." ... Nach § 3 („Aufführungstermin") verpflichtete sich die Bühnenleitung, das Werk als Abendvorstellung zwischen dem 18. September und 18. Oktober 1924 zur ersten Aufführung zu bringen und nicht in der Zeit vom 10. bis 22. Dezember. Im § 4 („Urheberanteil") war bestimmt, daß die Bühnenleitung für die Überlassung des Werkes von der Bruttoeinnahme einen Urheberanteil von 10 v. H. zu zahlen habe. Im § 5 war die Abrechnung der sich aus § 4 ergebenden Beträge geordnet, im § 6 die käufliche Überlassung des Musikmaterials an die Bühnenleitung. Die Dauer des Vertrags wurde im § 7 auf die Zeit vom Vertragsschluß bis 31. Mai 1925 bestimmt. Im § 8 war für gröbliche Vertragsverletzungen eine Vertragsstrafe bedungen, die insbesondere verwirkt sein sollte, wenn die Bühnenleitung die Erstaufführung nicht innerhalb der im § 3 vereinbarten Frist bewirken oder die in den §§ 4 und 5 festgelegten Verpflichtungen nicht einhalten würde.

Ein im wesentlichen gleichlautender und auf dasselbe Theaterstück bezüglicher „Sondervertrag" wurde am 15. Juli 1924 zwischen Siegfried T., vertreten durch die Klägerin, und dem Direktor H. v. B. als zum Abschlusse des Vertrags legitimiertem Vertreter des konzessionierten Schauspielunternehmens Schauspielhaus München geschlossen. In diesem Vertrage war § 2 dahin gefaßt: „Die Bühnenleitung verpflichtet sich, das Werk am obengenannten Theater in der obengenannten Stadt zur Aufführung zu bringen mit Charlotte S. in der Hauptrolle". Im § 3 war hier bestimmt, daß das Werk als Abendvorstellung bis spätestens 31. Dezember 1924 zur ersten Aufführung zu bringen sei, jedoch erst nach den Aufführungen in Wien, Berlin und Dresden, erst nach dem 7. November 1924 und nicht in der Zeit vom 10. bis 22. Dezember.

Die Klägerin hat je ein Stück der Vertragsurkunden dem Finanzamt Börse (für Stempelsteuer) in Berlin vorgelegt. Dieses verwendete je einen Landesstempel zu 3 Goldmark und verfügte zugleich am 15. Juli 1924: „Wiedervorzulegen alljährlich am 1. Juli, zuerst am 1. Juli 1925 mit der Anzeige, welche Beträge auf Grund des § 4 insgesamt und welche seit der letzten Vorlage des Vertrags gezahlt sind. An Stempel sind $^{6}/_{10}$% von der gezahlten Summe zu entrichten."

Auf Grund des in einem anderen Rechtsstreit der Parteien ergangenen Urteils des VI. Zivilsenats des Reichsgerichts vom 16. Juni 1925 (RGZ. Bd. 111 S. 49) vertrat die Klägerin gegenüber dem Finanzamt Börse die Ansicht, daß außer dem entrichteten Stempel von 3 GM keine weitere Stempelpflicht für die Verträge mit den beiden Bühnenleitungen bestehe. Mit Schreiben vom 24. September und 5. November 1925 erhielt jedoch das Finanzamt seine Forderung eines Stempels von $^{6}/_{10}$% der auf Grund beider Verträge gezahlten Summen aufrecht, und zwar nicht als

Kaufstempel, sondern als Pachtstempel gemäß Tarifstelle 48 III des Landesstempelgesetzes in der Fassung vom 16. März 1924. Nach Mitteilung der in Frage kommenden Summen durch die Klägerin forderte das Finanzamt mit Schreiben vom 20. November 1925 für den Vertrag mit dem Deutschen Theater in Berlin einen Stempel von 590 RM, von dem es die entrichteten 3 RM abzog, und für den Vertrag mit dem Schauspielhaus München einen solchen von 50,50 — 3 = 47,50 RM.

Hiergegen wandte sich die Klägerin mit einer im Dezember 1925 erhobenen Feststellungsklage. Ihrem Antrag entsprechend erkannte das Landgericht dahin: Das Verlangen des Finanzamts Börse nach der Wiedervorlage der Verträge vom 5. Juli 1924 und 15. Juli 1924 über „Die heilige Johanna", sowie der Ansatz des Landesstempels mit $^{6}/_{10}$% der auf Grund der Verträge gezahlten Beträge sind unberechtigt. Die Verträge sind lediglich gemäß Tarifstelle 18 Nr. 2 (Tarifstelle 71 des Stempelsteuergesetzes alter Fassung) mit je 3 RM zu verstempeln. Die Berufung des Beklagten wurde zurückgewiesen. Auch seine Revision blieb erfolglos.

Gründe:

Die beiden Verträge, um deren Stempelpflicht gestritten wird, haben im wesentlichen denselben Inhalt wie der von der Klägerin, ebenfalls als Vertreterin des Siegfried T., mit dem Direktor des Stadttheaters zu Landsberg a. W. am 20. April 1924 abgeschlossene Vertrag, dessen Stempelpflicht im Urteil des erkennenden Senats vom 16. Juni 1925 (RGZ. Bd. 111 S. 49) gewürdigt worden ist. Was dort zu den Fragen des anzuwendenden Gesetzes, der Zulässigkeit des Rechtswegs und der Berechtigung der Klägerin zur Sache gesagt ist, hat auch hier zu gelten. Ebenso ist die dort begründete Annahme, daß der Vertrag nicht die Beurkundung eines Veräußerungsgeschäfts darstellt (Tarifstelle 32 StStG. a. F.), auch hier aufrechtzuerhalten. Denn in den jetzt zu beurteilenden Verträgen sind ebenfalls derartige örtliche und zeitliche Beschränkungen der Aufführungsbefugnis vorgesehen, sodaß daraus die gleichen rechtlichen Folgerungen zu ziehen sind.

Neu tritt nunmehr der Gesichtspunkt auf, daß es sich, wie der Beklagte meint, um Pachtverträge handle, die nach Tarifstelle 48 III StStG. a. F. stempelpflichtig seien. Das Kammergericht hat diese Auffassung nicht gebilligt. Es erachtet die streitigen Verträge als solche besonderer Art, die nur nach Tarifstelle 71 des Stempelsteuergesetzes in der maßgebenden Fassung vom 16. März 1924 zu versteuern seien. Die Annahme eines Pachtvertrags wird abgelehnt, weil sich die Verträge nicht darauf beschränkten, den Theaterunternehmern das Recht zur Aufführung gegen Entgelt zu überlassen, sie vielmehr auch verpflichteten, das Theaterstück in bestimmter Besetzung während genau festgelegter Zeitdauer zur Aufführung zu bringen. Diese Verpflichtung sei nicht als eine Nebenverpflichtung anzusehen, bezwecke vielmehr, die Aufführung des Stückes an bedeutenden Theatern zu sichern und es dadurch in den Spielplan der deutschen Bühnen einzuführen.

Die Revision bekämpft diese Darlegungen. Ihr ist zuzugeben, daß die Pacht unkörperlicher Dinge, die einen Ertrag gewähren, dem geltenden Rechte keineswegs fremd ist (vgl. RGZ. B. 70 S. 20 u. 70, Bd. 75 S. 404/405, Bd. 96 S. 220). Demnach ist auch nicht grundsätzlich zu verneinen, daß die entgeltliche Überlassung der Ausnutzung von Befugnissen, die das Urheberrecht verleiht (§ 8 LitUG.), einen Pachtvertrag darstellen könnte. Eine solche Auffassung hat aber auch der Berufungsrichter nicht kundgegeben. Seinen Ausführungen ist ebensowenig zu entnehmen, daß er etwa der Meinung wäre, eine Vertragsvorschrift, die den Pächter zum Gebrauch der verpachteten Sache oder des verpachteten Rechts verpflichtet, stehe mit dem Wesen der Pacht im Widerspruch. Eine solche Ansicht wäre nicht zu billigen, vielmehr wäre es in Übereinstimmung mit dem III. Zivilsenat des Reichsgerichts (Urteile vom 8. Dezember 1911 III 69/11 und vom 16. Oktober 1925 III 548/24) für durchaus statthaft zu erachten, wenn im Wege der Nebenabrede zu einem Pachtvertrag dem Pächter eine derartige Verpflichtung auferlegt wird, die freilich nicht ohne weiteres in jedem Pachtvertrag enthalten ist. Der Vorderrichter faßt indes die in den §§ 2 und 3 der streitigen Verträge von den Bühnenleitungen übernommenen Verpflichtungen als hauptsächliche, denjenigen über die Zahlung des Urheberanteils (§§ 4, 5) mindestens gleichgeordnete auf. Darin ist die tatsächliche Feststellung zu sehen, daß die Vertragschließenden die eingehend geregelte und im § 7 der „Allgemeinen Bestimmungen für den Geschäftsverkehr" — die im § 10 der Verträge zu einem wesentlichen Bestandteil der Abmachungen erklärt sind — noch weiter ausgestaltete Aufführungspflicht als Hauptleistung haben bedingen wollen, d. h. als eine Leistung, auf die es dem Vertragschließenden Siegfried T. in hohem Grade ankam, die er unter allen Umständen erlangen wollte (RGZ. Bd. 101 S. 431). Diese Feststellung ist für den Revisionsrichter bindend. Sie wird zudem noch getragen durch die Erwägung, es erhelle gerade aus dem Umstande, daß das Shaw'sche Stück „Die heilige Johanna" zur Zeit der Vertragsschlüsse für Deutschland neu war, deutlich das Interesse seines Übersetzers an der Einführung in den Spielplan möglichst vieler deutscher Bühnen; dafür spricht auch die bevorzugte Stellung der §§ 2 und 3 im Texte der Verträge und die Festsetzung von Vertragsstrafen im § 8 besonders für den Fall der nicht rechtzeitig bewirkten Erstaufführung.

Ist aber die Aufführungspflicht als Hauptleistung vertraglich aufgestellt, so läßt sie sich in der Tat dem Rahmen des Pachtvertrags, wie er im § 581 Abs. 1 BGB. gegeben ist, nicht einfügen. Das Kammergericht hat daher ohne Rechtsirrtum die Verträge für solche von besonderer Art erklärt, die nur nach Tarifstelle 71 StStG. a. F. zu versteuern waren.

---

5. Ist eine Vollmacht stempelpflichtig, die in einer über einen Dienstvertrag errichteten Urkunde erteilt ist?

Preuß. Stempelsteuergesetz vom 27. Oktober 1924 § 10 und Tarifstellen 18, 19.

VI. Zivilsenat. Urt. v. 19. Oktober 1926 i. S. Land Preußen (Bekl.) w. T. Aktiengesellschaft (Kl.). VI 274/26.

I. Landgericht I Berlin.
II. Kammergericht daselbst.

Die A. J. E.-Gesellschaft m. b. H. übertrug durch schriftlichen Vertrag vom 1. März 1925 der Klägerin die Verwaltung eines ihr gehörigen Hausgrundstücks in Berlin. Im § 1 des Vertrags, der die von der Klägerin übernommenen Verpflichtungen aufzählt, lautet der dritte Satz: „Sie hat die Vollmacht, die A. J. E.-Gesellschaft m. b. H. Behörden gegenüber zu vertreten, Mietverträge abzuschließen und zu kündigen, sowie alle gerichtlichen und außergerichtlichen Handlungen vorzunehmen, die im Rahmen dieses Vertrags erforderlich sind". Im § 2 wird das der Klägerin zu gewährende Entgelt auf $2^1/_2$ v. H. der gesetzlichen Friedensmiete des Grundstücks bestimmt, im § 3 ihr die Befugnis erteilt, bei Ablauf eines jeden Monats die ihr zustehenden Beträge einzubehalten. Nach § 4 sollte der Vertrag zunächst vom 1. Januar 1925 ab auf die Dauer von 11 Monaten laufen, sich aber, wenn von keiner Seite eine Kündigung erfolge, fortlaufend um je 6 Monate verlängern.

Das Finanzamt Börse (für Stempelsteuer) in Berlin hat für diesen Vertrag durch Bescheid vom 2. April 1925 einen Stempel von 3 GM nach Tarifstelle 18 des Preußischen Stempelsteuergesetzes in der Fassung der Bekanntmachung vom 27. Oktober 1924 und einen solchen von 1266,50 GM nach Tarifstelle 19 Abs. 1 daselbst angefordert. Der letztere Betrag wurde errechnet als $^1/_{10}$ v. H. von 1266696 GM, d. i. 76 v. H. der Friedensmiete fürs Jahr mal $12^1/_2$ wegen unbestimmter Dauer des Vertrags (§ 6 Abs. 9 StStG.). Die Klägerin bezahlte am 30. Juni 1925 die erforderten 1269,50 RM. Sie vertritt jedoch die Ansicht, daß der Stempel nach Tarifstelle 19 Abs. 1 zu Unrecht erhoben worden sei, und verlangt mit der Klage Rückzahlung des Betrags.

Das Landgericht verurteilte den Beklagten zur Zahlung von 1268 RM, indem es nur einen Stempel in Höhe von 1,50 RM nach Tarifstelle 19 Abs. 3 als gerechtfertigt ansah. Das vom Beklagten angerufene Kammergericht schränkte die Verurteilung auf die Summe von 1266,50 RM ein, indem es den mit erforderten Stempel von 3 RM nach Tarifstelle 18 Nr. 2 für berechtigt erklärte, wies aber im übrigen die Berufung zurück. Die Revision des Beklagten hatte Erfolg.

Gründe:

Das Kammergericht hebt zutreffend hervor, daß die streitige Stempelpflicht nach der neuen Fassung des Preußischen Stempelsteuergesetzes in der Bekanntmachung vom 27. Oktober 1924, in Kraft seit dem 1. November 1924, zu beurteilen ist.

Die Entscheidung des Berufungsgerichts läßt sich aber nicht aufrechterhalten. Es nimmt an, der vorliegende Dienstvertrag schließe einerseits seinem Wesen nach die Erteilung von Vollmachten zur Vornahme von Geschäften rechtlicher Natur für den Dienstherrn in sich, gehe aber anderseits über eine bloße Vollmachtserteilung für derartige Geschäfte hinaus, indem ihre Vornahme nur einen Teil der Verwaltertätigkeit bilde. Seien solche Geschäfte in einem

Vertrage besonders benannt, so diene das nur der Bestimmung des Umfanges der Verwaltertätigkeit im Einzelfalle. Der in Rede stehende Vertrag gebe der Klägerin keine Befugnisse, die nach der Verkehrssitte einem Verwalter nicht übertragen zu werden pflegten. Es sei nicht angängig, einen Teil der Befugnisse des Verwalters herauszunehmen und zum Gegenstand besonderer Besteuerung zu machen. Der Vertrag sei einheitlich nach Tarifstelle 18 Nr. 2 StStG. n. F. zu versteuern.

Das Kammergericht sagt nicht, auf welche Vorschriften des Stempelsteuergesetzes es seine Auffassung gründet. Es kann hier nur § 10 dieses Gesetzes maßgebend sein, der die „Versteuerung mehrerer in derselben Urkunde enthaltener Gegenstände" besonders regelt. Daß „mehrere Gegenstände" vorliegen, unterliegt keinem Zweifel. Ein Dienstvertrag nach § 611 BGB. und eine Vollmachtserteilung nach § 167 BGB. sind rechtlich verschiedene Geschäfte, von denen jedes ohne das andere vorgenommen werden kann. Hieraus wäre die vom Beklagten vertretene Anwendbarkeit des 2. Absatzes des § 10 zu folgern (wonach der Betrag des Stempels für jedes Geschäft besonders zu berechnen und die Urkunde mit der Summe dieser Stempelbeträge zu belegen ist), wenn nicht die Ausnahmevorschrift des 3. Absatzes des Paragraphen einschlägt. Das ist indes zu verneinen, ohne daß es einer Entscheidung darüber bedarf, ob ein einheitliches Rechtsgeschäft im Sinne der Vorschrift als gegeben anzunehmen ist. Denn auch wenn man dies bejahen wollte, würde es an der dort geforderten Voraussetzung fehlen, daß das einheitliche Rechtsgeschäft „nach dem Tarife steuerpflichtig" ist. Diesem Erfordernis ist, wie der erkennende Senat als früherer VII. Zivilsenat in ständiger Rechtsprechung angenommen hat, nur dann genügt, wenn das Geschäft in dem dem Gesetze beigegebenen Stempeltarif als ein besonderer stempelpflichtiger Rechtsvorgang vorgesehen ist (Urteile vom 22. Oktober 1907 VII 6/07 und vom 26. September 1916 VII 165/16, vgl. auch JW. 1899 S. 199 Nr. 59). Dies ist beim Dienstvertrag nicht der Fall. Daß ein solcher als ein „Vertrag über sonstige vermögensrechtliche Gegenstände, wenn keine andere Tarifstelle zur Anwendung kommt" nach der allgemeinen Vorschrift in Tarifstelle 18 Nr. 2 Abs. 1 StStG. n. F. stempelpflichtig ist, reicht nicht aus.

Hiernach ist in Anwendung der Regel des § 10 Abs. 2 StStG.

grundsätzlich zu bejahen, daß neben der letzterwähnten Verstempelung des Dienstvertrags auch die der Klägerin im Vertrag vom 1. März 1925 erteilte Vollmacht stempelpflichtig ist, und zwar nach Tarifstelle 19 StStG. n. F. Die im Abs. 7a daselbst vorgesehene Befreiung kann nicht Platz greifen, da sich die Vollmacht keineswegs auf die Vertretung vor Behörden beschränkt. Ob etwa die von der Revisionsbeklagten ferner geltend gemachte Befreiungsvorschrift in Tarifstelle 18 Nr. 2 Abs. 3b einschlägt, kann unerörtert bleiben, weil in Ermangelung einer Anschlußrevision die Stempelpflicht des streitigen Vertrags aus Tarifstelle 18 Nr. 2 Abs. 1 mit 3 RM bereits rechtskräftig feststeht.

Bei Aufhebung des angefochtenen Urteils ist die Sache an das Berufungsgericht zurückzuverweisen zur Prüfung der von der Klägerin gegen die Höhe des Vollmachtstempels in den Vorinstanzen erhobenen Einwendungen. Namentlich wird im Hinblick auf das Urteil RGZ. Bd. 71 S. 334 zu erwägen sein, ob nicht der Klägerin die Ermäßigung des Steuersatzes nach Tarifstelle 19 Abs. 2a StStG. n. F. zustatten kommt.

---

6. Ist die Berufung zulässig, wenn sie während der für die Gebührenzahlung gesetzten Frist auf einen geringeren Betrag beschränkt wird und innerhalb der Frist die Zahlung der dem eingeschränkten Antrag entsprechenden, von der zugestellten Berechnung aber abweichenden Prozeßgebühr nachgewiesen wird?

ZPO. § 519.

IV. Zivilsenat. Beschl. v. 22. Oktober 1926 i. S. B. u. Gen. (Kl.) w. F. u. Gen. (Bekl.). IV B 46/26.

I. Landgericht Hamburg.
II. Oberlandesgericht daselbst.

Die Frage wurde bejaht aus folgenden Gründen:

Die Kläger wurden mit ihrer auf Zahlung eines Teilbetrags von 14000 RM gerichteten Klage abgewiesen. Nach Inhalt der Berufungsschrift fochten sie das Urteil seinem ganzen Umfange nach an. Der Vorsitzende des Berufungsgerichts bestimmte durch eine demnächst ordnungsmäßig zugestellte Verfügung gemäß § 519

Abs. 6 ZPO. die Frist zum Nachweis der Zahlung der Prozeßgebühr bis einschließlich 17. April 1926; nach dem beigefügten Vermerk des Gerichtsschreibers wurde die Gebühr nach einem Streitwert von 14000 RM auf 300 RM berechnet. Mit Schriftsatz vom 16. April zogen die Kläger die Berufung für einen Betrag von 9000 RM zurück und ermäßigten Klageforderung und Berufungsantrag auf 5000 RM. Sie baten gleichzeitig, „den Gerichtskostenvorschuß entsprechend zu ermäßigen" und zahlten die nach einem Streitwert von 5000 RM berechnete Prozeßgebühr mit 165 RM ein. Der Schriftsatz vom 16. April und der Nachweis der Einzahlung der Prozeßgebühr gingen beim Berufungsgericht am 17. April ein. Die Zustellung des Schriftsatzes ist nicht nachgewiesen. Auf das Gesuch um Ermäßigung des „Vorschusses" ist keine Entscheidung ergangen. Das Oberlandesgericht hat die Berufung als unzulässig verworfen, weil trotz der späteren Beschränkung des Rechtsmittels die ursprünglich erforderte Gebühr zu zahlen gewesen sei, und sich auf die in RGZ. Bd. 112 S. 141 abgedruckte Entscheidung des VI. Zivilsenats des Reichsgerichts berufen.

Es trifft zu, daß der mit zulässiger sofortiger Beschwerde angefochtene Beschluß den in der angeführten Entscheidung des VI. Zivilsenats niedergelegten Grundsätzen entspricht. Der erkennende Senat hat aber nach nochmaliger Prüfung sich ihnen nicht anzuschließen vermocht. . . . .

Wie schon in der Begründung zum Entwurf eines Gesetzes zur Änderung des Gerichtskostengesetzes (Drucks. d. Reichstags I 1920/22 Nr. 5301) unter Nr. 42 Abs. 5 zum Ausdruck gebracht ist, sollte der Berufungskläger nicht verpflichtet werden, die Bestimmung der Frist zur Zahlung der Prozeßgebühr und deren Berechnung durch den Gerichtsschreiber abzuwarten. Vielmehr wurde die Erwartung ausgesprochen, es werde sich binnen kurzem die Regel herausgebildet haben, daß die Parteien, namentlich wenn sie durch Anwälte vertreten seien, von sich aus die Prozeßgebühr sofort durch Aufkleben von Kostenmarken auf die Urschrift beglichen. Wird die Prozeßgebühr bezahlt, die nach dem Gesetze dem Staat infolge Einlegung der Berufung und nicht erst infolge der Verfügung des Vorsitzenden zusteht, so bedarf es ihrer Einforderung nicht mehr. Die Partei kann allerdings die Fristsetzung durch das Gericht abwarten. Sie ist dann an diese gebunden (RGZ. Bd. 112 S. 378), nicht auch an die ihr beigefügte Berechnung der Gebühr durch den Gerichtsschreiber. Der Berufungskläger darf zwar diese Berechnung der Zahlung zugrunde legen und kann dann später nicht mit der Begründung zurückgewiesen werden, daß der Betrag zu niedrig angesetzt worden sei. Er ist aber berechtigt, den Ansatz nachzuprüfen, und wird seiner Verpflichtung gerecht, wenn er den richtigen Betrag innerhalb der Frist einzahlt und das dem Gericht nachweist. Nur diese Auslegung kann dem Sinne des § 519 Abs. 6 ZPO. gerecht werden. Ihr steht die Fassung des Gesetzes, nach der die Zahlung der „von ihm erforderten" Prozeßgebühr verlangt wird, nicht entgegen. Ebensowenig ist aus dem bei Warn. 1916 Nr. 152 abgedruckten Beschluß des V. Zivilsenats ein Bedenken herzuleiten. Dort ist für das frühere Recht die Meinung abgelehnt worden, daß die Ermäßigung des Revisionsantrags eine Ermäßigung des Gerichtskostenvorschusses nach sich ziehe. Wie schon in RGZ. Bd. 110 S. 366 hervorgehoben, bedeutet es aber gerade eine wesentliche Abweichung des neuen Rechts, daß an die Stelle der Vorschußpflicht die Verpflichtung zur Zahlung der Prozeßgebühr selbst getreten ist. Nach § 81 GKG. a. F. kam eine Änderung des fällig gewordenen Gerichtskostenvorschusses nur bei Erweiterung, nicht auch bei Ermäßigung des gestellten Antrags in Frage; im letzteren Falle blieb er unberührt. Im Gegensatz dazu hat das neue Recht die Vorschußberechnung fallen lassen und an ihre Stelle die Einforderung der Prozeßgebühr selbst gesetzt, deren Höhe nach § 30 GKG. n. F. durch die völlige oder teilweise Zurücknahme des Rechtsmittels beeinflußt wird. Es sollte, wie in der Begründung zum Entwurf ausgeführt ist, der wiederholten Behandlung der Gebührenfrage, wie sie das Vorschußsystem mit sich brachte, nach Möglichkeit vorgebeugt werden und von vorneherein eine richtige, die Nachbehandlung vermeidende Berechnung der Prozeßgebühr eintreten.

Der Anrufung der vereinigten Zivilsenate bedarf es nicht, da der VI. Zivilsenat erklärt hat, an seiner abweichenden in RGZ. Bd. 112 S. 141 niedergelegten Auffassung nicht festhalten zu wollen.

Nach vorstehendem ist die Frage dahin zu stellen, ob die Berufungskläger innerhalb der ihnen gesetzten Frist den Nachweis der Zahlung der von ihnen geschuldeten Prozeßgebühr geführt haben. Diese Frage ist zu bejahen.

Die Kläger haben ihre Berufung vor Ablauf der im § 519

Abs. 6 ZPO. bestimmten Frist teilweise zurückgenommen. Bei entsprechender Anwendung des § 30 Satz 2 GKG. wurde nunmehr die Prozeßgebühr in voller Höhe nur aus dem streitig bleibenden Teile des Beschwerdegegenstandes geschuldet, aus dem zurückgenommenen Betrage dagegen nach Satz 1 nur zur Hälfte. Daß kostenrechtlich die Zurücknahme gegenüber dem Berufungsgericht genügte, folgt aus den auch nach dem neuen Recht noch zutreffenden Darlegungen in Warn. 1912 Nr. 355. Für die Frage der Zulässigkeit der Berufung kommt unter dem Gesichtspunkt des § 519 Abs. 6 ZPO. nur die auf den streitig gebliebenen Betrag entfallende volle Gebühr in Betracht. Es handelt sich, da die Berufung teilweise zurückgenommen ist und nach dem Gesetze (§ 14 Abs. 2, § 30 GKG.) für jeden Teil eine besonders zu berechnende Gebühr in Frage kommt, nicht um eine einheitliche Gebühr. Abgesehen davon hat § 519 Abs. 6 offensichtlich nur die an den streitigen Teil der Berufung geknüpfte Gebühr im Auge. Da die Berufungskläger die Zahlung dieser Gebühr innerhalb der ihnen durch die Verfügung des Vorsitzenden gestellten Frist nachgewiesen haben, muß der angefochtene Beschluß aufgehoben und die Sache zu anderweitem Befinden an das Berufungsgericht zurückverwiesen werden.

---

7. 1. Wird die Verjährung des Pflichtteilsanspruchs durch die Klage des Pflichtteilsberechtigten auf Erteilung von Auskunft aus § 2314 BGB. unterbrochen?

2. Läuft die kurze Verjährungsfrist des § 2332 Abs. 1 BGB., solange der Pflichtteilsberechtigte die ihn beeinträchtigende Verfügung für ungültig hält?

BGB. §§ 209, 2314, 2332.

IV. Zivilsenat. Urt. v. 25. Oktober 1926 i. S. Sch. (Kl.) w. Sch. (Bekl.). IV 54/26.

I. Landgericht Glogau.
II. Oberlandesgericht Breslau.

Der am 7. März 1917 verstorbene Töpfermeister Sch. hinterließ vier Söhne, darunter den Kläger, und eine Tochter, die Beklagte. In einem eigenhändigen Testament vom 1. Februar 1908 setzte er die Beklagte als alleinige Erbin ein; bezüglich des Klägers heißt es im Testament: „Mein Sohn Bernhard ist auch einer, dem das vierte Gebot, sollst Vater und Mutter ehren, fernlag, will ihn aber mit einem Pflichtteil von . . . (Lücke) bedenken". Bei der gerichtlichen Testamentseröffnung am 23. Mai 1921 war der Kläger zugegen; er bestritt zu Protokoll, daß Unterschrift, Ort und Datum vom Erblasser eigenhändig geschrieben seien. In einem Vorprozeß verlangte er, die Ungültigkeit des Testaments behauptend, als gesetzlicher Erbe von der Beklagten Auskunft über den Bestand der Erbschaft (§ 2027 BGB.); hilfsweise stützte er den Anspruch auf sein Pflichtteilsrecht (§ 2314). Das Landgericht erachtete das Testament für gültig und den Klagegrund des § 2314 für gegeben, sofern der Kläger schwöre, er habe im Jahre 1917 den Inhalt des Testaments nicht gekannt. Nachdem der Kläger diesen Eid geleistet hatte, wurde die Beklagte durch Läuterungsurteil vom 21. September 1923 zur Auskunfterteilung verurteilt. Auf Zwangsmaßregeln hin erhielt der Kläger von ihr im April 1924 ein Nachlaßverzeichnis.

Mit der vorliegenden, im Dezember 1924 erhobenen Klage verlangt der Kläger von der Beklagten Leistung des Offenbarungseids dahin, daß sie den Bestand des Nachlasses in dem vorgelegten Verzeichnis so vollständig angegeben habe, als sie dazu imstande sei, sowie als Pflichtteil den Betrag von 8500 RM. Das Landgericht erachtete die Einrede der Verjährung für durchgreifend und wies die Klage ab. Das Berufungsgericht bestätigte diese Entscheidung. Die Revision des Klägers hatte Erfolg.

Aus den Gründen:

. . . Das Berufungsgericht folgt der zu § 2332 BGB. im Komm. v. RGR. Anm. 1 a. E. und von Staudinger-Herzfelder Anm. 3 vertretenen Meinung, daß durch die Klage auf Auskunfterteilung aus § 2314 BGB. die Verjährung des Pflichtteilsanspruchs nicht unterbrochen wird. Das im ersteren Kommentar angezogene Urteil des Senats vom 22. April 1907 IV 474/06, das die Frage nach preußischem Landrecht entscheidet, bemerkt nebenher, daß die Entscheidung nach dem Bürgerlichen Gesetzbuch ebenso ausfallen müßte. An dieser Auffassung hält der Senat auch nach erneuter Prüfung fest. Auszugehen ist von dem Grundsatz des § 194 BGB., daß der Verjährung der gegebene Anspruch unterliegt. Dem entspricht die Vorschrift des § 209 BGB., die dahin geht, daß die Erhebung der

Klage die Verjährung dann unterbricht, wenn die Klage auf Befriedigung oder auf Feststellung des Anspruchs gerichtet ist. Nach allgemeiner Meinung tritt daher die Unterbrechung nur insoweit ein, als Rechtshängigkeit entsteht, d. h. als der Anspruch geltend gemacht wird. Soweit der Anspruch nicht rechtshängig wird und über ihn auch nicht entschieden werden kann, läuft die Verjährung weiter. Daher beschränkt sich die Unterbrechung bei Geltendmachung eines Teils des Anspruchs nur auf diesen Teil; sie erstreckt sich nicht auf die Hauptforderung, wenn nur Zinsen eingeklagt werden.

Der Anspruch auf Auskunfterteilung aus § 2314 BGB. deckt sich nun noch nicht mit dem Pflichtteilsanspruch selbst, wenn er ihn auch voraussetzt. Das Verlangen auf Auskunftserteilung ist zwar ein Ausfluß des Pflichtteilsrechts; sein Wesen erschöpft sich aber darin, daß es vorbereitend der demnächstigen Geltendmachung des Pflichtteilsanspruchs dienen soll (RGZ. Bd. 50 S. 225). Daraus folgt, daß durch die Klage auf Auskunfterteilung der Pflichtteilsanspruch selbst noch nicht rechtshängig wird, und daß demnach die Unterbrechung der Verjährung dieses Anspruchs nicht sowohl durch die vorbereitende Klage auf Auskunfterteilung, als vielmehr erst durch die Klage auf Leistung oder auf Feststellung des Pflichtteilsanspruchs herbeigeführt wird. Den praktischen Bedürfnissen ist durch die Vorschrift des § 254 ZPO. hinreichend Rechnung getragen. Sie bietet dem Pflichtteilsberechtigten die Möglichkeit, mit der Klage auf Auskunfterteilung zugleich den Anspruch auf den Pflichtteil selbst — unter Vorbehalt der Angabe des zu fordernden Betrages — anhängig zu machen und sich auf diese Weise dagegen zu sichern, daß der Pflichtteilsanspruch vor Beendigung des Streites über die Auskunftspflicht verjährt.

Dagegen sind die Bedenken begründet, welche die Revision gegen die Auffassung des Berufungsgerichts erhebt, daß die Zweifel des Klägers an der Gültigkeit des Testaments nicht geeignet seien, den Beginn der kurzen Verjährung nach § 2332 Abs. 1 BGB. zu beeinflussen. Nach dieser Vorschrift läuft die Frist von dem Zeitpunkt an, in dem der Pflichtteilsberechtigte vom Eintritt des Erbfalls und von der ihn beeinträchtigenden Verfügung Kenntnis erlangt. Vielfach wird die Meinung vertreten, es genüge Kenntnis schlechthin und es komme nicht darauf an, ob der Pflichtteilsberechtigte die ihn beeinträchtigende Wirkung der Verfügung erfaßt habe. Diese Auslegung haftet indessen zu eng am Wortlaut des Gesetzes. Wie bereits in dem Urteil des Senats RGZ. Bd. 70 S. 360 dargelegt, ist es zwar nicht erforderlich, daß der Pflichtteilsberechtigte die ihn beeinträchtigende Verfügung in allen Einzelheiten selbst geprüft und danach ihre juristische Natur zutreffend bestimmt hat. Wesentlich ist aber, daß er richtig erkannt hat, er sei durch die Verfügung von der Erbfolge ausgeschlossen. Wenn der Pflichtteilsberechtigte nicht weiß, ob die Unterschrift des Erblassers unter dem ihn von der gesetzlichen Erbfolge ausschließenden Testament echt ist, und wenn er deshalb das Testament für ungültig ansieht, so hat er noch nicht die nach § 2332 Abs. 1 BGB. erforderliche Kenntnis von der ihn beeinträchtigenden Verfügung erlangt. Er kennt die Verfügung zwar, aber nicht in ihrer ihn beeinträchtigenden Wirkung. Die fragliche Kenntnis setzt zwar nicht die volle Überzeugung von der Gültigkeit voraus; sie erfordert aber zuverlässiges Erfahren der in Betracht kommenden Umstände und liegt jedenfalls dann nicht vor, wenn der Pflichtteilsberechtigte Zweifel an der Echtheit der Verfügung hat, die nach Lage der Verhältnisse berechtigt erscheinen.

Diese Auffassung steht im Einklang mit den die Fristen der §§ 2082 und 2306 BGB. betreffenden Entscheidungen des Senats, WarnRspr. 1914 Nr. 26, Gruch. Bd. 59 S. 431 und RGZ. Bd. 107 S. 192. Die Gesetzesmaterialien stehen nicht entgegen. Nach den Motiven (Bd. 5 S. 426) ist die Fassung: „Kenntnis der erlittenen Verletzung" vermieden und die in § 2332 BGB. übergegangene Fassung auf Grund der Erwägung gewählt worden, daß weder die Möglichkeit einer unrichtigen (rechtlichen) Auffassung der Verfügung (z. B. ob sie eine Erbeinsetzung oder ein Vermächtnis enthalte) noch die Unkenntnis des Pflichtteilsberechtigten vom Bestande der Nachlaßmasse eine besondere Berücksichtigung erfordere (vgl. RGZ. Bd. 104 S. 195). Keiner der beiden Fälle steht hier in Frage.

Hiernach wirft die Revision nicht ohne Grund die Frage auf, ob der Kläger, der gleich nach der Verkündung und Vorlegung des Testaments die Echtheit der Unterschrift bestritten und im Vorprozeß die Ungültigkeit des Testaments geltend gemacht hat, nicht erst durch die Beweiserhebung im Vorprozeß, frühestens also durch das Gutachten des Schreibsachverständigen vom 12. April 1922 zuverlässige Kenntnis von der Gültigkeit des Testaments und damit erst die die dreijährige Verjährungsfrist des § 2332 in Lauf setzende

„Kenntnis der ihn beeinträchtigenden Verfügung" erlangt hat. Ist die Frage zu bejahen, so war im Zeitpunkt der Erhebung der vorliegenden Klage die Verjährung seines Pflichtteilsanspruchs noch nicht eingetreten. Hierzu, insbesondere zu der Frage, ob der Kläger nach der besonderen Lage des Falles berechtigte Zweifel an der Echtheit des Testaments haben konnte, hat das Berufungsgericht noch keine Stellung genommen.

---

8. 1. Steht dem Eigentümer einer gestohlenen Sache, die vom gutgläubigen Erwerber weiterveräußert worden und nicht mehr zu erlangen ist, der Anspruch auf Ersatzherausgabe des Erlöses nach § 281 BGB. zu?

2. Kann er gegen den Erwerber den Bereicherungsanspruch aus § 816 Abs. 1 Satz 1 BGB. geltend machen, weil durch seine Klage auf den Erlös dessen Verfügung genehmigt und wirksam geworden sei?

IV. Zivilsenat. Urt. v. 28. Oktober 1926 i. S. der Industriewerke A.-G. R. (Kl.) w. die Firma A. (Bekl.). IV 273/26.

I. Landgericht Bremen, Kammer für Handelssachen.
II. Oberlandesgericht Hamburg.

In der Zeit von Oktober 1921 bis Mai 1922 hat der Angestellte G. der Klägerin Metallschrott, das der Klägerin gehörte, waggonweise verschoben und u. a. 7 Wagenladungen mit insgesamt 121300 kg an die Beklagte verkauft, die das Schrott an auswärtige Käufer weiter veräußerte. G. ist wegen Diebstahls und Betrugs rechtskräftig zu Strafe verurteilt worden. Die Klägerin verlangt von der Beklagten Ersatz und hat in einem Vorprozeß den damals eingeklagten Teilbetrag von 2000 GM zugesprochen erhalten. Im gegenwärtigen Rechtsstreit nimmt sie die Beklagte aus demselben Sachverhalt auf Zahlung weiterer 4450,73 GM nebst Zinsen in Anspruch. Das Landgericht hat, unter Abweisung der Klage im übrigen, die Beklagte zur Zahlung von 1027 RM verurteilt. Das Oberlandesgericht hat die Berufung der Klägerin gegen dieses Urteil zurückgewiesen. Es hält den Klaganspruch für unbegründet, sieht sich aber nicht in der Lage, das landgerichtliche Urteil abzuändern, weil die Beklagte Anschlußberufung nur für den Fall eingelegt hatte, daß der gegnerischen Berufung stattgegeben werden sollte.

Auf die Revision der Klägerin ist das Berufungsurteil aufgehoben und die Sache an das Berufungsgericht zurückverwiesen worden.

Aus den Gründen:

Das Berufungsgericht hält es in Übereinstimmung mit seiner bisherigen Rechtsprechung (vgl. die Urteile des Oberlandesgerichts Hamburg LZ. 1925 Sp. 609 und 1926 Sp. 594) nicht für zulässig, die Vorschrift des § 281 BGB. auf den dem Sachenrecht angehörenden Herausgabeanspruch des Eigentümers gegen den gutgläubigen Besitzer anzuwenden. Es läßt § 281 nur bei vertraglichen Ansprüchen gelten und tritt damit in bewußten Gegensatz zu dem Urteil des früheren VI. Zivilsenats des Reichsgerichts vom 26. Juni 1922 (RGZ. Bd. 105 S. 84). Zur Begründung seiner Ansicht führt es aus: Der Besitz sei die tatsächliche Voraussetzung des Anspruchs aus § 985 BGB. Es erscheine nicht angängig, in dem Vorgang der freiwilligen Veräußerung, der durch Wegfall dieser tatsächlichen Voraussetzung das Erlöschen des Anspruchs herbeiführe, einen Umstand zu erblicken, der im Sinne des § 281 BGB. die Leistung unmöglich mache. Bei vertraglichen Beziehungen entspreche es dem Willen verständiger Vertragsparteien, daß der Gläubiger an Stelle einer nachträglich unmöglich gewordenen Leistung auf einen dem Schuldner zufallenden Ersatz Anspruch erheben könne; er bleibe dann zu einer ausbedungenen Gegenleistung, soweit sie noch ausstehe, verpflichtet. Bestehe dagegen, wie bei dem Anspruch aus § 985 BGB., keine vertragliche Beziehung, so sei aus dem vermutlichen Willen der Parteien keine Entscheidung zu entnehmen. Im Vertragsrecht fülle die Vorschrift des § 281 für den Fall unvertretbarer Unmöglichkeit eine durch §§ 275, 280 nicht geregelte Lücke. Wolle man sie auf den Erlös bei der Weiterveräußerung einer Ware durch den gutgläubigen Besitzer anwenden, so übertrage man eine Ergänzungsvorschrift auf ein Gebiet, in dem sie einen Normalfall regeln würde. Denn die freiwillige Veräußerung einer gutgläubig erworbenen Ware entspreche dem normalen wirtschaftlichen Verlauf. Eine Regelung des Anspruchs des Eigentümers für diesen Normalfall gehöre aber nach der Systematik des Bürgerlichen Gesetzbuchs in den IV. Titel des III. Abschnitts des Sachenrechts, nicht in den I. Titel des Abschnitts: Inhalt der Schuldverhältnisse. Es fehle hiernach an einer Gleichartigkeit und an zwingenden gesetzgeberischen Zweckmäßigkeitsgründen für eine auch nur analoge Anwendung des § 281 BGB.

Diesen Ausführungen ist in ihrem wesentlichen Inhalt und jedenfalls im Ergebnis beizupflichten. § 281 BGB. beruht auf dem Gedanken, daß das Schuldverhältnis trotz der nachträglich eingetretenen Unmöglichkeit der Leistung nicht vernichtet wird, sondern seine Wirkung in einer anderen Richtung, und zwar in der Verpflichtung zur Ersatzherausgabe, äußert. Auch diese Verpflichtung hat also in dem bestehenden Schuldverhältnis ihren Rechtsgrund. Dieses muß aber so beschaffen sein, daß es seiner Natur nach eine Änderung der Leistungspflicht überhaupt zuläßt, es muß m. a. W. die Möglichkeit des Weiterbestehens der Verpflichtung in sich selbst tragen. Das ist ohne weiteres der Fall bei schuldrechtlichen, z. B. vertraglichen Verhältnissen, wo die nicht zu vertretende Unmöglichkeit den Schuldner zwar von der ursprünglichen Leistungspflicht befreit, das ganze Schuldverhältnis aber noch nicht zum Erlöschen bringt, weil regelmäßig anzunehmen ist, daß hierauf der Verpflichtungswille nicht gerichtet war. Für Fälle dieser Art ist die Vorschrift des § 281 BGB. gegeben. Anders liegt die Sache bei dem dinglichen Herausgabeanspruch des Eigentümers gegen den — redlichen — Besitzer. Hier führt der bloße Besitzverlust zum Erlöschen des dinglichen Anspruchs, gleichviel, ob dem Besitzer die Wiederbeschaffung der weggegebenen Sache und ihre Herausgabe an den Eigentümer möglich ist oder nicht. Es handelt sich nicht darum, daß eine bestehende Unmöglichkeit der Herausgabe den Besitzer von seiner ursprünglichen Verpflichtung befreit, vielmehr ist die Rechtslage die, daß mit der Tatsache des Besitzverlusts dem dinglichen Verpflichtungsverhältnis, also demjenigen, das den Herausgabeanspruch, nicht aber die schuldrechtlichen Erstattungsansprüche aus §§ 987 flg. BGB. zum Gegenstand hat, der Boden entzogen wird und daß es wegen Wegfalls des Besitzes als einer für den dinglichen Anspruch wesentlichen Voraussetzung kraft Gesetzes überhaupt und im ganzen erlischt. Dann kann aber § 281 BGB. keine Anwendung finden, da in seinem Fall die Möglichkeit eines Fortbestehens der Verpflichtung vorhanden sein muß. Wenn der vormalige VI. Senat in dem erwähnten Urteil ohne nähere Begründung ausspricht, es sei kein zwingender Grund dafür erkennbar, daß die Regelung des § 281 sich nur auf schuldrechtliche (vertragliche) Herausgabe- oder Leistungsansprüche, nicht aber auf den Vindikationsanspruch des Eigentümers beziehe, so übersieht er, daß gerade die besondere Natur des dinglichen Anspruchs bei ihm die Anwendung des § 281 nicht zuläßt. Der jetzt erkennende Senat vermag sich daher ebensowenig wie der Berufungsrichter der gedachten Auffassung anzuschließen. Einer Anrufung der vereinigten Zivilsenate bedurfte es im Hinblick auf RGZ. Bd. 108 S. 58 nicht. Die gleiche Ansicht über Nichtanwendbarkeit des § 281 BGB. wird vertreten im Kommentar der Reichsgerichtsräte Anm. 5 zu § 985 BGB. . . . .

Die Klägerin hat ihren Anspruch auch auf Bereicherung gestützt und hierüber hat sich, wie die Revision mit Recht geltend macht, das Berufungsurteil überhaupt nicht ausgesprochen. Als Bereicherungsanspruch aber erscheint der Klaganspruch seinem Grunde nach gerechtfertigt. Der Anwendung der §§ 812, 818 Abs. 2 BGB. würde allerdings entgegenstehen, daß die Beklagte bloß den Besitz, nicht das Eigentum erlangt hat (§ 935 BGB.) und daß die Klägerin nach Verlust des Besitzes nur Ersatz der in der Zwischenzeit von der Beklagten gewonnenen Gebrauchsvorteile fordern könnte (§ 818 BGB.), was nicht Gegenstand der Klage ist. Dagegen sind hier die Voraussetzungen des § 816 Abs. 1 Satz 1 BGB. gegeben. Die Verfügung der Beklagten über die gestohlene Sache durch Weiterveräußerung an einen Dritten ist zwar der Klägerin als der Eigentümerin gegenüber nach § 935 BGB. unwirksam gewesen; sie konnte aber gemäß § 185 Abs. 2, § 184 Abs. 1 BGB. durch Genehmigung wirksam werden, und eine solche Genehmigung ist darin zu finden, daß die Klägerin den Erlös aus dem Weiterverkauf nunmehr mit der Klage für sich in Anspruch nimmt. In dieser Beziehung ist auf die Ausführungen im Urteil des erkennenden Senats vom 12. März 1923 (RGZ. Bd. 106 S. 44) zu verweisen, an denen festgehalten wird. Kein Bedenken läßt sich daraus herleiten, daß, wenn der Eigentümer aus der Kette mehrerer Erwerber einen späteren herausgreift, diesem keine Möglichkeit geboten wäre, seinen Vordermann nach § 440 Abs. 2 BGB. in Anspruch zu nehmen. Denn wie in dem angezogenen Urteil ausgesprochen wird, muß die Herausgabe des Erlöses den dort angeführten, den Haftungsanspruch des

Vordermannes begründenden Tatbeständen gleichgestellt werden. Abzulehnen ist auch die Annahme, daß infolge der Rückwirkung der Genehmigung der Verfügende, hier die Beklagte, nicht mehr ein Nichtberechtigter im Sinne des § 816 Abs. 1 Satz 1 BGB. gewesen sei und deshalb die Anwendbarkeit dieser Vorschrift entfalle. Denn der Begriff der Nichtberechtigung in § 816 ist derselbe wie in § 185 und bedeutet nichts anderes, als daß der Verfügende im Zeitpunkt der Verfügung tatsächlich zu ihr nicht berechtigt war; die Verfügung soll im Falle der Genehmigung wirksam sein, obwohl sie von einem Nichtberechtigten vorgenommen ist, und es soll nur so angesehen werden, als ob sie von einem Berechtigten getroffen wäre....

---

9. 1. Ist der Grundstücksverkäufer auf Grund eines vor dem Jahre 1923 formwidrig abgeschlossenen Vertrags verpflichtet, dem Käufer zur behördlichen Genehmigung zu verhelfen?

2. Über die Wirkungen der Einrede allgemeiner Arglist gegenüber der Klage auf Berichtigung des Grundbuchs bei nicht genehmigtem, formwidrigem Kaufvertrage.

3. Zurückbehaltungsrecht wegen Verwendungen und Kaufpreiszahlungen auf das Grundstück gegenüber der Klage auf Berichtigung des Grundbuchs.

Preuß. Gesetze über den Verkehr mit Grundstücken vom 10. Februar 1923 (§§ 1, 10flg., 15) und vom 20. Juli 1925 (Art. I). BGB. §§ 249, 273 Abs. 1 und 2, §§ 313, 873 Abs. 2, § 894.

V. Zivilsenat. Urt. v. 22. Januar 1927 i. S. W. (Bekl.) w. P. u. Gen. (Kl.). V 191/26.

I. Landgericht I Berlin.
II. Kammergericht daselbst.

Durch notariellen Vertrag vom 22. Oktober 1922 verkauften die Kläger ihr in B. belegenes Hausgrundstück an den Beklagten und ließen es an ihn auf. Der Kaufpreis betrug 1 Million Mark, wurde aber nur in Höhe von 600000 *M* beurkundet. Seit dem 16. März 1923 steht der Beklagte im Grundbuch als Eigentümer eingetragen. Weder der Kaufvertrag noch die Auflassung ist behördlich genehmigt worden.

Mit ihrem auf diesen Sachverhalt gestützten, zuletzt auf ihre Wiedereintragung als Eigentümer gerichteten Klagantrag haben die Kläger in beiden Vorinstanzen zur Hauptsache obgesiegt. Der Beklagte hat in der Berufungsinstanz beantragt, die Klage abzuweisen, im Falle seiner Verurteilung aber die Berichtigung des Grundbuchs nur Zug um Zug gegen Zahlung eines Betrags von nicht unter 5000 RM als Aufwertung für einen am 22. Oktober 1922 gezahlten Betrag von 1 Million PM auf Grund freien Ermessens des Gerichts auszusprechen. Außer dem aus diesem Antrag erhellenden Einwande des Zurückbehaltungsrechts macht er noch ein solches wegen der auf das Grundstück gemachten Verwendungen, sowie ferner geltend, der Grundstücksverkauf habe nach Heilung der Formwidrigkeit der behördlichen Genehmigung nicht mehr bedurft; überdies könne die Genehmigung noch nachgeholt und bis zur endgültigen Entscheidung darüber die Grundbuchberichtigung nicht verlangt werden. Schließlich verstoße das Klagebegehren auch gegen Treu und Glauben, sowohl deswegen, weil die Kläger trotz Kenntnis des Grundstücksverkehrgesetzes die Eintragung zugelassen und über ein Jahr lang geduldet hätten, als auch wegen ihres — näher dargelegten — arglistigen Verhaltens bei den Verkaufsverhandlungen gegenüber dem Bevollmächtigten des Beklagten, einem geschäftlich unerfahrenen Manne.

Die Revision des Beklagten hatte Erfolg.

Gründe:

1. Das Berufungsgericht stützt seine Annahme, daß den Klägern der mit der Klage geltend gemachte Anspruch auf Berichtigung des Grundbuchs aus § 894 BGB. zustehe, auf § 15 Satz 2 Pr. GVerkG. vom 10. Februar 1923 und meint, es bedürfe keiner Erörterung über die Rechtsgültigkeit des Gesetzes gleichen Namens vom 20. Juli 1925. Denn dieses habe nur die Streitfrage zwischen dem Reichsgericht und dem I. Zivilsenat des Kammergerichts über die zwischen dem 1. Januar und 16. Februar 1923 abgeschlossenen Kaufgeschäfte klarstellen wollen. Der notarielle Kaufvertrag vom 22. Oktober 1922 habe eine unrichtige Beurkundung des vereinbarten Kaufpreises enthalten und sei deshalb nach §§ 313, 125 BGB. nichtig gewesen. Die nachfolgende Auflassung und Eintragung habe diesen Formmangel nicht gemäß § 313 Satz 2 geheilt, weil eine solche Heilung nur durch eine rechtswirksame Auflassung und Eintragung

erfolgen könne, im vorliegenden Falle zum mindesten aber die Eigentumseintragung vom 16. März wegen Verstoßes gegen den § 10 GVerkG. vom 10. Februar 1923 nicht rechtswirksam gewesen sei. Liege sonach ein gültiges Kaufgeschäft im Sinne von § 15 Satz 2 nicht vor, so habe nach § 10 die Eigentumseintragung nicht ohne Nachweis der erteilten Genehmigung erfolgen dürfen. Ein Eigentumsübergang auf den Beklagten sei mithin bisher nicht eingetreten, der Sachbestand des Grundbuchs deshalb unrichtig. Selbst unter Berücksichtigung des Umstandes, daß die Genehmigung der Auflassung noch nachträglich erteilt werden könne und deshalb die Bindung der Parteien sich noch in der Schwebe befinde, dürfe den Klägern der Verlust ihrer grundbuchmäßigen Eigentümerstellung nicht zugemutet werden. Der Streit der Parteien darüber, ob die behördliche Genehmigung noch erfolgen könne, sei bei der Entscheidung über den Berichtigungsanspruch belanglos.

Den vom Berufungsgericht eingenommenen Rechtsstandpunkt hält die Revision für unzutreffend, indem sie sich namentlich über Verstöße gegen die §§ 894, 249, 242 BGB., das Grundstücksverkehrsgesetz und gegen die Grundsätze über die Arglisteinrede beschwert. Nach ihrer Auffassung können die Kläger den Anspruch auf Berichtigung des Grundbuchs so lange nicht geltend machen, als die Erteilung der behördlichen Genehmigung noch möglich ist, weil die entgegengesetzte Stellungnahme der den Klägern obliegenden allgemeinen Rechtspflicht widerspreche, alles erforderliche zu tun, um die Genehmigung herbeizuführen, und alles zu unterlassen, was den endgültigen Eigentumserwerb des Beklagten gefährden könnte. Eine derartige Stellungnahme sei arglistig.

Dem kann nicht beigetreten werden. Vielmehr ist, was die Rechtslage beim Zusammentreffen des Mangels der im § 313 Satz 1 BGB. vorgeschriebenen Form mit dem Fehlen der erforderlichen behördlichen Genehmigung anlangt, an dem vom erkennenden Senat in RGZ. Bd. 111 S. 245 aufgestellten, vom Berufungsgericht befolgten Grundsatze festzuhalten; danach braucht der Veräußerer den Verlust seiner grundbuchmäßigen Eigentümerstellung dann nicht zu dulden, wenn wie hier der Verlust auf Grund eines Vertrags eingetreten ist, der formungültig ist und deshalb der Wirkung unter den Parteien auch ohne Rücksicht auf das Erfordernis der Genehmigung entbehrt. Das Grundbuch steht dann mit der wirklichen Rechtslage nicht im Einklang und es fehlt im Regelfalle an ausreichenden rechtlichen Gründen dafür, zu verhindern, daß der Veräußerer den ihm zur Zeit günstigen Stand der Verhältnisse ausnutzt. Ist das den Eigentumswechsel bezweckende Verpflichtungsgeschäft wegen Verstoßes gegen § 313 Satz 1 BGB. ungültig und vermag auch das Hinzutreten von Auflassung und Eintragung wegen Mangels der Genehmigung die Heilwirkung nach § 313 Satz 2 nicht auszuüben, so hat der Veräußerer die Rechtsstellung als Eigentümer trotz der Eintragung nicht verloren. Das Grundbuch ist also unrichtig.

Mit Unrecht wirft die Revision den Klägern Arglist vor, die darin bestehen soll, daß sie einer ihnen dem Beklagten gegenüber obliegenden Pflicht zuwidergehandelt haben, alles zu tun, was erforderlich ist, um die Genehmigung herbeizuführen, und alles zu unterlassen, was den endgültigen Eigentumserwerb des Beklagten gefährden könnte. Eine solche Pflicht ist bei formungültigen Grundstücksveräußerungen gemeinhin zu verneinen. Zwar hält der erkennende Senat in ständiger Rechtsprechung bei formgerechten Geschäften dieser Art, solange die behördliche Genehmigung noch nicht erteilt worden ist, eine gegenseitige Treupflicht der Vertragsparteien für gegeben, alles erforderliche zu tun, um die Genehmigung herbeizuführen, insbesondere bei dem behördlichen Verfahren mitzuwirken und die nach § 6 GVerkG. vorgeschriebenen Versicherungen der Behörde gegenüber abzugeben. Vgl. u. a. Urteil vom 10. Februar 1926 V 147/25, JW. 1926 S. 1427, und zuletzt noch Urteil vom 27. November 1926 V 247/26. Bei formwidrigem Grundstücksgeschäft jedoch besteht mangels schuldrechtlicher Bindung grundsätzlich keine Pflicht des Verkäufers, dem Käufer zur behördlichen Genehmigung der Grundstücksveräußerung zu verhelfen. Auch der Versuch geht fehl, eine derartige Pflicht mit dem Vorhandensein einer dem § 873 Abs. 2 BGB. entsprechenden Einigung zu rechtfertigen. Diese erzeugt nach der ihr im Rahmen des bürgerlichen Rechts zugewiesenen Wirkung zwar eine dingliche Bindung der Beteiligten. Sie kann nicht widerrufen und nur unter den in RGZ. Bd. 108 S. 331, Bd. 111 S. 98 erläuterten Voraussetzungen kondiziert werden. Keineswegs aber stellt die gemäß § 873 Abs. 2 erklärte Einigung einen im Sinne von § 305 mit § 241 BGB. ein Schuldverhältnis begründenden Vertrag dar, der einen Anspruch auf Leistung gewähren könnte. Die Tatsache der Bindung gemäß § 873 Abs. 2 erzeugt mithin für sich allein keine klagbare Forderung auf Beschaffung desjenigen, was etwa noch fehlt, um die Rechtsänderung durch Eintragung herbeizuführen oder die Rechtsmängel einer bereits vollzogenen Eintragung zu beseitigen (RGKomm. zu § 873 Anm. 13). Entgegenstehendes ist auch in RGZ. Bd. 108 S. 331 und in Gruch. Bd. 57 S. 948 nicht ausgesprochen worden. Beim Vorliegen eines formungültigen Verpflichtungsgeschäfts und beim Fehlen der Heilwirkung von Auflassung und Eintragung handelt daher der Verkäufer mangels entgegenstehender Berechtigung des Käufers nicht arglistig, wie die Revision meint, wenn er seine Mitwirkung zur Behebung der Unwirksamkeit versagt.

2. Insofern gilt für die vor dem Jahre 1923 abgeschlossenen Grundstücksveräußerungsgeschäfte, die vor dem Inkrafttreten des Preuß. Gesetzes über den Verkehr mit Grundstücken vom 10. Februar 1923 noch nicht ihre Erledigung durch Eintragung im Grundbuch gefunden haben, nichts abweichendes, obwohl den zu demselben Ergebnis gelangenden Erwägungen des Berufungsgerichts nicht überall beigepflichtet werden kann.

So erscheint es nicht angängig, mit ihm für das Erfordernis der Genehmigung ausschließlich den § 15 Satz 2 des alten und nicht zugleich den Art. I des neuen GVerkG. zu beachten. Allerdings bezweckte dieses Gesetz mit seinem Art. I Satz 2, zweiter Halbsatz, in erster Reihe, die zwischen dem Reichsgericht und dem Kammergericht wegen der sog. beschränkten Rückwirkung entstandene Streitfrage zum Austrag zu bringen. Wenn aber der bezeichnete Halbsatz mit den Worten „nach § 15 Satz 2 bedürfen der Genehmigung" beginnt und wenn er am Schlusse nicht den dort gebrauchten Ausdruck „gültigen Rechtsgeschäfts" wiederholt, sondern durch „rechtswirksam abgeschlossenen Verpflichtungsgeschäfts" ersetzt, so nimmt das Berufungsgericht mit Unrecht an, die Gesetzesstelle betreffe nur die beschränkte Rückwirkung (RGZ. Bd. 108 S. 360) bei Rechtsgeschäften, die in den Zeitraum zwischen dem 1. Januar 1923 und dem Inkrafttreten des alten GVerkG. fallen, während die Übergangsvorschrift in § 15 Abs. 2 doch auch von den vor diesem Zeitraum abgeschlossenen Rechtsgeschäften handelt. Und den vorbezeichneten Ausdruck hat das Gesetz gerade für diese Geschäfte gewählt, wegen deren im Schrifttum die im folgenden erörterten Bedenken geäußert worden waren. An der Gesetzesänderung hätte das Berufungsgericht mithin nicht vorübergehen dürfen.

Ihre Nichtbeachtung gefährdet indessen den Bestand des angegriffenen Urteils nicht. Denn die von Amts wegen vorzunehmende Nachprüfung der im Schrifttum gleichfalls angezweifelten Rechtsgültigkeit der Gesetzesänderung nach ihrem Inhalt und ihrer Entstehung führt zu der Erkenntnis, daß es sich bei ihr nicht um eine sachliche Änderung, sondern nur um eine von entgegenstehenden reichsrechtlichen Normen nicht betroffene Erläuterung dessen handelt, was bei richtiger Auslegung bereits im § 15 Satz 2 des älteren Gesetzes als Wille des Landesgesetzgebers zu finden war.

Zwar ist im Schrifttum auch eine Auflassung, die wie die hier fragliche vor dem 1. Januar 1923 auf Grund eines formwidrigen Verpflichtungsgeschäfts erklärt worden war, als ein „gültiges Rechtsgeschäft" im Sinne von § 15 Satz 2 bezeichnet und als der Genehmigungspflicht enthoben hingestellt worden. Die Unrichtigkeit dieser Ansicht ergibt sich aber schon daraus, daß im § 15 Satz 2 die „Rechtsvorgänge", die zur dinglichen Rechtsänderung zusammentreffen müssen (Auflassung und Eintragung im Grundbuch), ausdrücklich den „Rechtsgeschäften" gegenübergestellt sind. Damit, daß diesen, nicht aber jenen die Eigenschaft der Gültigkeit innewohnen muß, ist klargelegt, daß die Übergangsvorschrift von der Genehmigungspflicht nach § 1 des älteren Gesetzes lediglich die vor dem 1. Januar 1923 gültig geschlossenen Grundgeschäfte ausnehmen wollte, daß also hier die Ausnahme ebenso umgrenzt worden ist wie im neuen Gesetze, wenn es von den vor dem 1. Januar 1923 rechtswirksam abgeschlossenen Verpflichtungsgeschäften spricht. Im Einklang damit ist auch im § 1 Abs. 1 Satz 3 des älteren Gesetzes die Genehmigung des zugrunde liegenden Verpflichtungsgeschäfts allgemein gefordert, die der Auflassung aber nur dann, wenn jenes nicht genehmigt ist. Demnach ist bei den vor dem 1. Januar 1923 abgeschlossenen Verpflichtungsgeschäften jedesmal zu prüfen, ob sie als solche rechtswirksam waren. Wird die Frage bejaht, so ist Genehmigungsfreiheit, andernfalls Genehmigungspflicht und zwar zunächst für das Verpflichtungsgeschäft, nötigenfalls für die Auflassung (§ 1 Abs. 1 Satz 3) anzunehmen. Eine Ausnahme von der Genehmigungspflicht tritt bei sämtlichen vor dem Inkrafttreten des älteren Gesetzes abgeschlossenen Verpflichtungsgeschäften — vgl. RGZ. Bd. 108 S. 361 i. Verb. mit dem neueren Gesetze — nur dann ein, wenn die Rechtsänderung am 16. Februar 1923 durch Eintragung im Grundbuche vollzogen und damit der Tatbestand abgeschlossen war, der den dinglichen Rechtserwerb, wenn nötig auf dem Weg über den § 313 Satz 2 BGB., zur Vollendung bringt.

Mit Recht hat deshalb das Berufungsgericht für das streitige, erst am 16. März 1923 in das Grundbuch eingetragene Veräußerungsgeschäft den Nachweis der Genehmigung nach § 1 des älteren GVerkG. gefordert. Verfehlt ist nur, daß es sich dabei für das Nichteintreten der Heilung der Formwidrigkeit auch auf § 10 GVerkG. berufen hat. Dort und im nachfolgenden Paragraphen ist eine Rechtsunwirksamkeit der Eintragung bei genehmigungspflichtigen Geschäften nicht verordnet, vielmehr nur den zuständigen Behörden Anweisung erteilt worden, wie sie zu verfahren haben, wenn im Grundbuche Rechtsänderungen eingetragen werden sollen, bei denen behördliche Genehmigung in Frage kommt, oder wenn solche Rechtsänderungen trotz mangelnder Genehmigung Eingang ins Grundbuch gefunden haben.

3. Das Berufungsgericht erachtet den Einwand des Beklagten für unbegründet, daß zum wenigsten die verspätete Erhebung des Anspruchs auf Berichtigung arglistig sei. Insofern bestehen keine rechtlichen Bedenken gegen das angefochtene Erkenntnis. Die Revision erhebt solche auch nicht.

Wohl aber hält sie die Auffassung des Berufungsgerichts für rechtsirrig, daß es dem Beklagten verwehrt sei, sich gegenüber jenem Anspruch auf Arglist des Vertragsgegners beim Zustandekommen des Veräußerungsgeschäfts zu berufen. Wenn auch die beim Vertragsschluß vorhandene Arglist der Kläger nicht die Rechtmäßigkeit der Eintragung des Beklagten als Grundstückseigentümers bei fehlender behördlicher Genehmigung begründe, so folge daraus doch nicht, daß die Kläger trotz ihrer Arglist das Recht haben sollen, die Berichtigung des Grundbuches zu ihren Gunsten herbeizuführen. Das komme einer Belohnung ihrer Arglist gleich.

Das Berufungsgericht ist auf die tatsächliche Begründung der Einrede der allgemeinen Arglist nicht weiter eingegangen. Für diesen Rechtszug ist deshalb die Behauptung des Beklagten mit den ihr beigefügten Einzelheiten als richtig zu unterstellen, daß die

Kläger den ausländischen Beklagten in der Person seines geschäftsunerfahrenen Bevollmächtigten über die Bedeutung einer unrichtigen Beurkundung des Kaufpreises getäuscht und ihm zugesichert haben, irgendwelche Weiterungen und Rechtsnachteile seien ausgeschlossen. Die Erheblichkeit dieser Tatsachen meint das Berufungsgericht mit der Erwägung verneinen zu können, die Zulassung der Arglisteinrede gegenüber dem hier erhobenen Anspruch auf Berichtigung des Grundbuchs würde zur Folge haben, daß die gemäß den Vorschriften des GVerkG. tatsächlich bestehende Unrichtigkeit des Grundbuchs entgegen dem Willen des Gesetzgebers bestätigt und verewigt würde. Das sei nicht angängig, wenn man beachte, daß die Bestimmungen jenes Gesetzes öffentlichrechtlicher Natur und im öffentlichen Interesse zum Schutze gegen die Überfremdung des städtischen Grundbesitzes erlassen seien.

Diese an sich zutreffend dargestellte Bedeutung des GVerkG. schließt indessen die Zulassung der Arglisteinrede in der Art und in dem Umfang nicht aus, wie sie in der Rechtsprechung des erkennenden Senates, namentlich in RGZ. Bd. 107 S. 180 und 357, gegenüber der Berufung auf Nichtigkeit wegen Formmängel deswegen gewährt wird, weil insoweit die — sonst zu verneinende — Rechtsschutzwürdigkeit der Interessen einer an einem Schwarzkauf beteiligten Partei bejaht werden muß (vgl. Urteil vom 19. April 1926 V 387/25, LZ. 1926 Sp. 696 Nr. 6). Der gemeinwirtschaftliche Zweck eines Gesetzes hat für die gegenseitigen privatrechtlichen Beziehungen von Vertragsparteien, die ihre dem Wirkungsbereich des Gesetzes unterliegenden Vereinbarungen treffen, nur insoweit Bedeutung, als der Gesetzgeber jenem Zwecke nach dem Inhalt des Gesetzes Wirkung verschafft hat. Als Beispiel mag die im § 8 der Verordnung gegen die Valutaspekulation vom 8. Mai 1923 verordnete Nichtigkeit der gegen den § 2 verstoßenden Geschäfte dienen. Im GVerkG. vom 10. Februar 1923 kommt als eine die Vertragsfreiheit beschränkende Vorschrift nur die im § 1 vorgesehene Genehmigung in Betracht. Wie sie privatrechtlich wirken soll, ist im Gesetze selbst nicht ausdrücklich geregelt. In ihm sind nur den Behörden bestimmte, auf den Schutz der gemeinwirtschaftlichen Interessen abzielende Befugnisse erteilt (§§ 10flg.). Das Reichsgericht hat mangels solcher ausdrücklichen Regelung entsprechend der rechtsähnlichen Lage bei der Bundesratsverordnung über den Verkehr mit landwirtschaftlichen Grundstücken vom 15. März 1918 (vgl. RGZ. Bd. 103 S. 106, Bd. 111 S. 245) dem öffentlichrechtlichen Zwecke des Gesetzes durch die Auslegung Rechnung getragen, daß die endgültige Bindung der an einem genehmigungspflichtigen Grundstücksveräußerungsgeschäft beteiligten Parteien und die Wirksamkeit ihres Rechtsgeschäfts hinausgeschoben ist, bis die Entschließung der Verwaltungsbehörde darüber erfolgt, ob sie die Vereinbarungen gutheißen will oder nicht. Das hat zur notwendigen Folge, daß bis dahin nach dem aus dem GVerkG. zu entnehmenden Willen des Gesetzgebers das Rechtsgeschäft im Verhältnis der Parteien zueinander — mit der bereits hervorgehobenen, auf die Treupflicht zur Mitwirkung bei Beendigung des Schwebezustandes bezüglichen Maßnahme — als ungültig zu behandeln ist, gleichviel, ob es im übrigen als gültig zu betrachten wäre. Darüber hinaus aber gibt das GVerkG. keinerlei Anhalt dafür, daß über Grundstücksveräußerungen, insbesondere das Formerfordernis nach bürgerlichem Rechte, anders zu entscheiden wäre als früher. Der erkennende Senat hat denn auch für die Anwendung der erwähnten Bundesratsverordnung vom 15. März 1918, obwohl diese in ihrem § 7 noch strafrechtliche Schutzmaßregeln für die Einhaltung ihrer Gebote getroffen hat, den Einwand der Arglist sogar gegenüber der Berufung auf die behördliche Entscheidung über die Genehmigung zugelassen in dem aus RGZ. Bd. 110 S. 365 ersichtlichen weiten Umfange.

Die vom Berufungsgericht und im Schrifttume weiter geltend gemachten Bedenken gegen die Zulassung des Einwandes der allgemeinen Arglist sind insgesamt nicht stichhaltig. Wie auch die Entscheidung über die privatrechtliche Pflicht des Beklagten, in die Berichtigung des Grundbuches zu willigen, ausfallen möge, so steht es doch den zur Wahrung der öffentlichrechtlichen Interessen berufenen Behörden frei, die im Gesetze zugelassenen Maßnahmen zu treffen und durch sie denjenigen, der sich eine mit jenen Interessen nicht zu vereinbarende Rechtsstellung verschafft hat, an ihrer Ausnutzung zu hindern. Von einer Verewigung der Unrichtigkeit des Grundbuchs kann nicht gesprochen werden, wenn es sich in einem Falle, wie dem vorliegenden, um die Rechtsbeziehungen während eines Schwebezustandes handelt, bei dem es den Parteien überlassen bleiben muß, wie sie sich über ihre privatrechtlichen Interessen weiter auseinandersetzen. Einwendungen aus dem schuldrechtlichen Verhältnis und insbesondere aus einem bei seiner Begründung und Durchführung vorgekommenen arglistigen Verhalten sind nach der Rechtsprechung des Senates auch gegenüber dem Anspruch auf Berichtigung des Grundbuchs keineswegs ausgeschlossen (RGZ. Bd. 78 S. 377, Bd. 80 S. 321, Bd. 81 S. 291; Gruch. Bd. 58 S. 1037). Nicht minder fehl geht der Hinweis darauf, daß das Reichsgericht im Falle des Nachweises der Arglist die Pflicht zur Wiederherstellung des früheren Zustandes gemäß § 249 BGB. auf den rechtlichen Gesichtspunkt des Schadensersatzes gestützt habe (RGZ. Bd. 107 S. 365), daß aber der Beklagte mit seinem Vorbringen nicht die Rechtsgültigkeit seiner Eintragung als Eigentümer bewirken könne. Denn dieser stehe der Mangel der vorgeschriebenen Genehmigung entgegen, auf die sich die angebliche Arglist der Kläger nicht erstreckt habe und nach der Zeit des Vertragsschlusses nicht erstreckt haben könne. Letzteres trifft allerdings zu. Auch würde das Begehren nach Feststellung der Rechtsgültigkeit des Kaufgeschäfts begründeten Bedenken begegnen. Nicht sie kommt aber hier in Frage. Vielmehr erstreben die Kläger mit der Klage bloß die Einwilligung des Beklagten in ihre Wiedereintragung als Eigentümer. Und diesem Anspruch gegenüber ist der Beklagte, solange über die behördliche Genehmigung noch nicht entschieden worden ist, nicht auf die Ansprüche aus § 251 BGB. beschränkt. Sind die Kläger zum Schadensersatz verpflichtet, so haben sie nach § 249 in erster Reihe den Zustand herzustellen, der bestehen würde, wenn der zum Ersatze verpflichtende Umstand nicht eingetreten wäre. Da dieser nach den als wahr zu unterstellenden Behauptungen des Beklagten in einem Verschulden beim Zustandekommen des ursprünglichen Verpflichtungsgeschäftes besteht, so haben die Kläger den Beklagten so zu stellen, als ob die von ihnen hervorgerufene Formwidrigkeit des Kaufvertrags nicht bestände. Sie haben also aus dem Gesichtspunkte der Herstellungspflicht alles zu tun, was den endgültigen Eigentumserwerb herbeiführen, und alles zu unterlassen, was ihn gefährden kann. Zu dieser Verpflichtung gehört die Unterlassung der Klage auf Berichtigung des Grundbuchs, die demnach bei erweislicher Arglist der Kläger abzuweisen wäre, solange nicht die Behörde über die Genehmigung entschieden hat. Was aber die behördliche Genehmigung anlangt, so müßte die Arglist dazu führen, daß es so angesehen würde, als ob statt eines formwidrigen ein formgerechter Vertrag vorläge, zwar nicht im Verhältnis zur Genehmigungsbehörde, die nach dem Gesetz die Genehmigung zum formwidrigen Vertrag auch dann zu erteilen oder zu verweigern befugt ist, wenn er vor dem 1. Januar 1923 abgeschlossen worden ist; wohl aber im Verhältnis der Parteien zueinander. Dann würde es nach der bereits erwähnten Rechtsprechung des Senats die Treupflicht erfordern, daß die Kläger dem Beklagten ihre Mitwirkung zum Genehmigungsverfahren in dem aus JW. 1926 S. 1427 ersichtlichen Umfange zu gewähren haben.

Der Schluß des zweiten Absatzes der Entscheidung des Senats in RGZ. Bd. 111 S. 245, auf den das Berufungsgericht seine gegenteilige Meinung stützen zu können glaubt, besagt nur, daß in der damals behandelten Sache die Behauptungen tatsächlich nicht ausreichten, um die Einrede der allgemeinen Arglist zu rechtfertigen.

4. Aus diesen Gründen wird sich das Berufungsgericht in erneuter Verhandlung damit zu befassen haben, ob die Arglist der Kläger erweislich und demgemäß unter Anwendung der angeführten Rechtsgrundsätze geeignet ist, zur Abweisung des Klaganspruches zu führen. Für den gegenteiligen Fall aber muß noch erörtert werden, ob das Berufungsgericht befugt war, das vom Beklagten hilfsweise geltend gemachte Zurückbehaltungsrecht wegen Erstattung der Zahlungen auf den Kaufpreis und ein ferneres Zurückbehaltungsrecht wegen Verwendungen auf das verkaufte Grundstück deswegen zu versagen, weil beide Ansprüche noch nicht fällig seien.

Letztere Annahme wird von der Revision als rechtsirrig bekämpft.

Bei den auf das Grundstück gemachten Verwendungen entnimmt der Berufungsrichter das Fehlen der Fälligkeit daraus, daß nach § 1001 BGB. der Anspruch auf Ersatz der Verwendungen erst erhoben werden könne, wenn der Eigentümer die Sache wiedererlangt habe, daß dieser Zeitpunkt jedoch mit dem Durchdringen des Anspruchs auf Berichtigung des Grundbuchs noch nicht eingetreten sei. Für den Anspruch auf Rückzahlung des Kaufpreises wird die Fälligkeit deshalb verneint, weil der Grundstückskauf keineswegs als nichtig oder unwirksam bezeichnet werden könne. Er werde in vollem Umfange gültig, sobald die Genehmigung von der zuständigen Verwaltungsbehörde erteilt sei. Erst wenn die

Genehmigung versagt wäre, könnten die Kläger das Grundstück zurückverlangen und müßten dann den Kaufpreis angemessen aufgewertet an den Beklagten zurückzahlen. Dieser Rückzahlungsanspruch sei derzeit noch nicht einmal entstanden. Ein derartiges Ergebnis entspreche auch der Billigkeit. Allerdings dürfe nicht verkannt werden, daß die Kläger durch die Berichtigung des Grundbuchs wieder verfügungsfähige Eigentümer würden und dem Beklagten infolgedessen ein bedeutsames Befriedigungsobjekt für seine Gegenansprüche entziehen könnten. Diese Folge ergebe sich aber daraus, daß wegen der Zuwiderhandlung gegen das GVerkG. die Kläger den Verlust ihrer grundbuchmäßigen Eigentümerstellung nicht zu dulden brauchten. Dagegen müßten die rein schuldrechtlichen Interessen des Beklagten zurücktreten. Er könne sich ja durch ein im Wege einstweiliger Verfügung zu erwirkendes Veräußerungsverbot in der Regel wohl ausreichend schützen.

Diese Erwägungen stehen im Widerspruch mit der Rechtsprechung des erkennenden Senats, an der festzuhalten ist. Allerdings macht der § 1001 BGB. das Entstehen des Anspruchs auf Ersatz der Verwendungen des Besitzers einer Sache davon abhängig, daß der Eigentümer diese wiedererlangt. Neben dem Zurückbehaltungsrecht nach § 1000 besteht aber noch das auf die allgemeinen Vorschriften des § 273 gestützte. Und aus dessen Abs. 2 leitet das Reichsgericht, wenn der Anspruch auf Berichtigung des Grundbuchs erhoben wird, die Befugnis des zur Rückübertragung des Buchrechts Verpflichteten her, bereits gegenüber jenem Anspruche das Zurückbehaltungsrecht geltend zu machen. Denn mit dem Verlangen auf Herausgabe des Buchrechts wird ein Anspruch auf Herausgabe eines Gegenstands erhoben. Verwendungen auf den Gegenstand des Eigentumsrechts sind jedoch als solche auf dieses selbst anzusehen (RGZ. Bd. 114 S. 268 und die dort angegebenen Entscheidungen). Auch wegen der Kaufpreiszahlungen aus nichtigem Grundstücksveräußerungsgeschäft gewährt der erkennende Senat nach Vorgang von RGZ. Bd. 72 S. 66 gegenüber der dinglichen Berichtigungsklage das Zurückbehaltungsrecht auf Grund des § 273 Abs. 1 BGB. (Urteil vom 27. Oktober 1926 V 104/26, LZ. 1927 Sp. 48). Es ist nicht einzusehen, weshalb bei solchen rein bürgerlichrechtlichen Beziehungen das etwaige Zurückbehaltungsrecht des Beklagten wegen seiner (entgegen der Annahme des Berufungsgerichts nicht nach Aufwertungs-, sondern nach Bereicherungsgrundsätzen zu beurteilenden) Ansprüche auf Rückgewähr des Kaufpreises aus dem Gesichtspunkt einer „Zuwiderhandlung" gegen das GVerkG. hinter den Anspruch auf „Berichtigung" des Grundbuchs zurücktreten sollte. Zwar trifft die Erwägung des Berufungsgerichts zu, daß eine Genehmigung des hier streitigen Grundstücksveräußerungsvertrags immer noch erfolgen kann, wenn die zuständige Behörde die Genehmigung zu erteilen für gut befindet. Damit wird aber die Fälligkeit der Gegenansprüche des Beklagten beim Durchdringen des Anspruchs auf Berichtigung des Grundbuchs nicht hinausgeschoben. Denn mit der Bewilligung der Rechtsänderung im Grundbuche muß der Beklagte eine Rechtsstellung räumen, deren Aufgabe mit der Herausgabe des Grundstücks zum wenigsten gleichwertig ist. Verkennt doch das Berufungsgericht selbst nicht, daß die Entziehung des Buchrechts für den Gegner das wichtige Recht zur grundbuchmäßigen Verfügung auslöst, die zudem gegenwärtig nicht mehr durch Genehmigungsvorschriften beschränkt wird. Die Möglichkeit, eine einstweilige Verfügung zu erwirken, bietet keinen ausreichenden Ersatz für den unbegründeten Rechtsverlust. Gibt man einerseits trotz des Schwebezustandes dem Veräußerer die Befugnis, den Verlust seiner grundbuchmäßigen Eigentümerstellung rückgängig zu machen, so entspricht es anderseits schließlich auch der Billigkeit, daß man dem Erwerber, selbst dem noch im Besitz des Grundstücks befindlichen, aber nicht mehr darüber verfügungsberechtigten, das Recht auf Erstattung seiner Verwendungen und Kaufpreiszahlungen auf das Grundstück zugesteht.

---

10. Was versteht § 20 des Reichsmietengesetzes vom 24. März 1922 unter einer vom Vermieter oder Mieter übernommenen, ihm nach den Vorschriften des Bürgerlichen Gesetzbuchs über den Mietvertrag nicht obliegenden Verpflichtung?

III. Zivilsenat. Urt. v. 2. November 1926 i. S. Deutsches Reich (Bekl.) w. G. u. Gen. (Kl.). III 489/25.

I. Landgericht Hamburg.
II. Oberlandesgericht daselbst.

Das Grundstück der Kläger wurde auf Grund des Gesetzes über die Kriegsleistungen vom Deutschen Reich beschlagnahmt und der interalliierten Kontrollkommission zur Verfügung gestellt. Als Vergütung wurde durch Vertrag vom 31. Januar/17. Februar 1921 eine jährliche Miete von 50000 ℳ und eine Entschädigung für entgangenen Gewinn und etwaige Bauschäden von ebenfalls 50000 ℳ vereinbart. Nachdem am 20. März 1923 die Kläger die gesetzliche Miete verlangt hatten, wurde in einer Besprechung vom Juli 1923 eine Einigung erzielt, wonach vom 1. Juli 1923 ab als Miete 5% des Gehaltes eines unverheirateten Beamten der Gehaltsgruppe III Stufe 3 in Hamburg und weiter als Entschädigung ein Betrag, der 45% des Gehaltes desselben Beamten entspräche, gezahlt werden sollten. Die Abmachung sollten Vertreter beider Parteien entwerfen. Der Vertreter des Deutschen Reichs, des Beklagten, ersuchte am 27. Juli 1923 den Vertreter der Kläger, dem Landesfinanzamt ein einem mittlerweile vom Reich übersandten Vertragsentwurf entsprechendes und bis zum 31. August 1923 befristetes Angebot zugehen zu lassen. Dies geschah. Da eine Annahme innerhalb der Frist nicht erfolgte, verlängerten die Kläger mündlich die Frist bis zum 15. September 1923. Am Nachmittag dieses Tages teilte der Beklagte durch Fernsprecher dem Bürovorsteher des Anwalts der Kläger mit, der Reichsminister sei einverstanden, es müßten aber noch einige Punkte des Entwurfs gemäß einer inzwischen unter den Parteien gepflogenen Besprechung abgeändert werden. Am 20. September 1923 sandte der Beklagte die Ausfertigungen zur Unterschrift an die Kläger, die nicht unterzeichneten, da die Annahme nicht ordnungsmäßig erfolgt sei. Weitere Besprechungen blieben ohne Erfolg.

Die Kläger forderten dann die gesetzliche Miete und neben ihr einen gleich hohen Betrag für entgangenen Geschäftsgewinn und Bauschäden. Sie verlangen mit der Klage für die Zeit vom 1. Juli 1923 bis 30. Juni 1924 an Rückständen 3329,46 GℳM nebst Zinsen, vom 1. Juli 1924 ab monatlich 225 RℳM Entschädigung.

Das Landgericht hat die erste Forderung dem Grunde nach für gerechtfertigt erklärt, die zweite abgewiesen. Das Oberlandesgericht hat die erste Forderung in Höhe von 2654,46 Gℳ abgewiesen, den restlichen Anspruch und den zweiten dem Grunde nach für gerechtfertigt erklärt.

Die Revision des Beklagten wurde zurückgewiesen aus folgenden

Gründen:

... Die Frage, ob den Klägern neben der gesetzlichen Miete ein Anspruch auf eine besondere Entschädigung zusteht, bejaht das Berufungsgericht. Nach § 20 RMG. entfalle mit der gesetzlichen Miete jede vom Mieter übernommene, nach dem Bürgerlichen Gesetzbuch ihm nicht obliegende Nebenleistung, sofern sie auf die Festsetzung des Mietzinses offenbar von Einfluß gewesen sei. Bei Abschluß des Vertrags vom Januar 1921 sei die Entschädigung auf die Höhe der Miete ohne Einfluß gewesen. Mit dem 15. September 1923 habe sich dies geändert. Die Berechnung der Miete mit $^1/_{10}$ und der Entschädigung mit $^9/_{10}$ des Gesamtbetrags sei durch die wirtschaftlichen Verhältnisse nicht gerechtfertigt gewesen und zum Zwecke der Ersparung von Grundsteuer und dgl. erfolgt. Hier sei die Höhe der Miete also durch die Entschädigung beeinflußt. Deshalb sei aber der Entschädigungsanspruch mit Eintreten der gesetzlichen Miete nicht ganz weggefallen. Die Kläger hätten einen vollen Schadensanspruch gehabt, der sich mit dem Anspruch auf Miete nicht gedeckt habe. Es sei zulässig gewesen, beide Ansprüche getrennt zu behandeln. Den einen zu verneinen, weil die gesetzliche Miete gefordert werde, sei unmöglich. § 20 treffe nur reine Mietverhältnisse; ob der Entschädigungsanspruch darunter falle, sei zweifelhaft; jedenfalls könne er insoweit nicht erlöschen, als er die Höhe der Miete nicht beeinflußt habe. Das gleiche folge aus § 117 Abs. 2 BGB. Der Anspruch der Kläger auf die Entschädigung sei also dem Grunde nach gerechtfertigt.

Die Revision rügt in erster Reihe Verkennung der wirtschaftlichen und rechtlichen Natur des Mietzinses. In ihm sichere sich der Vermieter die Vergütung für alle Nachteile, die ihm durch die Aufgabe von Besitz und Gebrauch der Mietsache entständen; darunter fielen der entgangene Gewinn, aber auch die baulichen und anderen Schäden. Inwieweit diese Auffassung für eine völlig freie Raumwirtschaft zutrifft, die dem Vermieter die Berücksichtigung aller dieser Umstände bei der Errechnung der zu fordernden Miete gestattete, kann dahingestellt bleiben. Jedenfalls gilt sie nicht für das Gebiet der Wohnungszwangswirtschaft und des Reichsmietengesetzes. Diese lassen eine Berechnung der Miete nach den bezeichneten Grundsätzen nicht nur nicht zu, sie ziehen im Gegenteil ausdrücklich einen scharfen Trennungsstrich zwischen der gesetzlichen Miete als der Vergütung für die Raumüberlassung und der Entschädigung für etwa entstehende Nachteile, indem sie die letztere, z. B. im Falle der Beschlagnahme der Räume, neben der anderen zubilligen. Ist hiernach die Ansicht der Revision schon von der Mietgesetzgebung abgelehnt, so kann sie erst recht keine Beachtung finden im vorliegenden Falle, wo zwei selbständige Ansprüche, der eine aus dem Mietverhältnis auf Mietzins, der zweite aus dem Kriegsleistungsgesetz auf Entschädigung, nebeneinander stehen und nach der Feststellung des Berufungsurteils von Anfang an von den Parteien als selbständige behandelt und auseinandergehalten worden sind.

Zu Unrecht macht aber auch die Revision weiter geltend, mit der Feststellung des Berufungsgerichts, in dem entgangenen Gewinn sei ein Teil des Mietanspruchs der Kläger enthalten, sei der Tatbestand des § 20 RMG. gegeben und die Entschädigungsverpflichtung sei erloschen. Es sei nur zu fragen, ob sie auf die Höhe der Miete offenbar von Einfluß gewesen sei; inwieweit die Höhe dadurch beeinflußt worden sei, komme nicht in Betracht. § 20 RMG. bestimmt, daß, wenn die gesetzliche an die Stelle der vereinbarten Miete tritt, die Verpflichtung zur Tragung der Betriebskosten und zur Instandhaltung des Mietraums sich nach den Vorschriften des Bürgerlichen Gesetzbuchs richtet, daß außerdem jede vom Vermieter oder vom Mieter übernommene, ihm nach den Vorschriften des Bürgerlichen Gesetzbuchs über den Mietvertrag nicht obliegende Verpflichtung erlischt, sofern sie auf die Festsetzung der Miete offenbar von Einfluß war. Im übrigen bleiben die auf Gesetz oder Vertrag beruhenden Rechte und Pflichten der Vertragsteile unberührt. Das Reichsmietengesetz baut die Berechnung der gesetzlichen Miete auf der Friedensmiete auf. Aus dieser wird unter Abzug von Hundertsätzen für friedensmäßige Betriebs- und Instandhaltungskosten und für Nebenleistungen, wie z. B. Heizung und Warmwasserversorgung, die Grundmiete als das Entgelt der eigentlichen Raumnutzung errechnet (§ 2). Zu dieser treten dann wieder — unter Abtrennung und Verselbständigung der weiteren Nebenleistungen (§ 2 Abs. 1, § 12 RMG.) — bewegliche Zuschläge für Zinsensteigerung, Betriebs- und Instandsetzungskosten (§ 3) sowie für große Instandsetzungsarbeiten (§ 7). Grundmiete und Zuschläge ergeben die gesetzliche Miete. Die erstere bildet also die Grundlage der ganzen Berechnung und stellt den Betrag dar, der sich nach Abrechnung aller nicht auf die reine Raumnutzung entfallenden Bestandteile des im Verkehrsleben im allgemeinen einheitlich vereinbarten Mietzinses ergibt. Ihrer Herausschälung aus der vereinbarten Miete, zugleich aber auch deren Freistellung von allen begrifflich und gesetzlich nicht zu ihr gehörigen Teilen des Mietzinses sollte § 20 RMG. dienen.

Hierzu führt die Begründung zum Reichsmietengesetz aus:

„Grundsätzlich wird der bürgerlich rechtliche Mietvertrag nur insoweit berührt, als es sich um die Höhe der von dem Mieter als Entgelt für den Mietraum zu bewirkenden Leistung handelt. Sonstige aus dem Mietverhältnis sich ergebenden Rechte oder Verbindlichkeiten, mögen sie auf Gesetz oder Vertrag beruhen, werden von der in dem Entwurfe vorgesehenen Regelung nicht betroffen. Dieser Grundsatz muß aber naturgemäß eine Ausnahme insoweit erleiden, als ein Vertragsteil eine ihm nach den Vorschriften des Bürgerlichen Gesetzbuchs oder nach dem Mietvertrage nicht obliegende Leistung übernommen hat, die für die Festsetzung des Mietzinses offenbar von Einfluß war."

Die Begründung weist dann darauf hin, daß eine vertraglich übernommene Verpflichtung des Mieters zur Tragung der Betriebs- und Instandsetzungskosten mit der gesetzlichen Miete fortfallen müsse und zwar auch ohne den Nachweis eines Einflusses auf die Festsetzung der Höhe der vereinbarten Miete, da diese Kosten nach den Vorschriften des Bürgerlichen Gesetzbuchs dem Vermieter zur Last fielen und er nunmehr zu ihrer Deckung einen Zuschlag erhalte. Dann fährt sie fort:

„Abgesehen von diesem Falle ... können auch noch andere Sonderverpflichtungen bestimmend für die Höhe des Mietzinses gewesen sein, wie z. B. die Verpflichtung zur Hausbesorgung oder zur Leistung anderer Dienste. Soweit sich aus den Vertragsverhandlungen oder den Umständen ergibt, daß der Mietzins gerade mit Rücksicht auf diese Verpflichtungen höher oder niedriger festgesetzt worden ist, sollen auch diese Verpflichtungen mit dem Zeitpunkt enden, in dem die gesetzliche Miete an die Stelle des vereinbarten Mietzinses tritt."

Die Begründung zum Gesetze bestätigt also das oben Gesagte. Nebenleistungen werden beim Abschluß von Mietverträgen in der Regel nicht besonders in Ansatz gebracht; die Miete wird in einer bestimmten einheitlichen Summe festgesetzt, bei deren Bemessung ihnen dadurch Rechnung getragen wird, daß der Mietzins höher oder niedriger vereinbart wird, als es ohne sie geschehen würde. Wollte man nun die Grundmiete als das Entgelt für die Raumnutzung im Sinne des Bürgerlichen Gesetzbuchs schaffen, so mußte die vereinbarte Miete, wenn und soweit über den gesetzlichen Rahmen hinausgehende Nebenverpflichtungen sie nach oben oder nach unten beeinflußt hatten, je nachdem herab- oder heraufgesetzt werden, um die Grundmiete zu ermitteln. Damit mußten aber notwendigerweise mit dem in der vereinbarten Miete enthaltenen Entgelt auch die Nebenleistungen fallen. Den Parteien blieb es überlassen, diese Leistungen durch anderweite, die Miethöhe nicht beeinflussende Abreden — Hausbesorgung, Lieferung von Licht und Kraft usw. — neu zu begründen.

Als solche Verpflichtungen führt das Reichsmietengesetz Heizstoffe für Sammelheizung und Warmwasserversorgung, sowie andere von der obersten Landesbehörde zu bestimmende Nebenleistungen — Glasversicherung, Treppen- und Flurbeleuchtung, Fahrstuhlbenutzung usw. (preuß. AusfVo. vom 12. Juni 1922) —, endlich die Begründung des Gesetzes Hausbesorgung und andere Dienste auf. Erfaßt werden sollten hiernach nur Nebenleistungen, die, mögen sie nun im Mietvertrag oder in besonderen Vereinbarungen begründet sein, sich aus dem Verhältnis der Parteien als Vermieter und Mieter ergeben, die aber zur Raumüberlassung und Raumnutzung in unmittelbarer Beziehung stehen und in ihnen ihre Grundlage haben, also dem räumlichen Verhältnis der Parteien zum Mietraum entspringen. So wenig aber das Reichsmietengesetz in § 20 „im übrigen die auf Gesetz und Vertrag beruhenden Rechte und Pflichten der Vertragsteile aus dem Mietvertrage", also Vertragsdauer, Ausschluß der Aufrechnung usw. erfassen sollte, ebensowenig wollte es andere rechtliche und vertragliche Beziehungen der Parteien, die selbständig außerhalb des Mietvertrags entstanden sind, in den Kreis des § 20 einbeziehen. Man braucht nur den häufig vorkommenden Fall ins Auge zu fassen, daß ein Mieter dem Vermieter ein Darlehen gewährt hat und daß mit Rücksicht hierauf der Mietzins niedriger vereinbart oder daß seine Höhe durch das Maß des Zinssatzes beeinflußt worden ist. Es bedarf keines Wortes, daß das Gesetz mit der Wahl der gesetzlichen Miete die Verpflichtung zur

Rückzahlung der Darlehenssumme oder zur Entrichtung der Zinsen nicht als eine Nebenleistung aus dem Mietvertrag betrachtet wissen und in Wegfall bringen wollte.

Ein solches Ergebnis würde, wie sich aus der Begründung ergibt, der Absicht des Gesetzgebers entschieden zuwiderlaufen. Er wollte den Mieter gegen zu hohe Mieten schützen, wollte aber auch anderseits dem Vermieter eine Einnahme sichern, die ihn in den Stand setzt, der ihm obliegenden öffentlichrechtlichen Pflicht zur Erhaltung des Wohnraums nachzukommen. Dieser Zweck erforderte, daß für beide Teile die volle Grundmiete als Unterlage der gesetzlichen Miete galt, daß sie nicht durch den Wegfall einer Nebenleistung höher oder niedriger gestellt wurde, als es dem Werte der Raumnutzung mit Rücksicht auf die vereinbarte Miete entsprach. Dem einen oder anderen Teile einen ungerechtfertigten Vorteil zu verschaffen, lag dem Gesetze fern. Er wäre aber gegeben, wenn sämtliche, auch unabhängig vom Mietverhältnis entstandenen Ansprüche, die in irgendeine Beziehung zur Miethöhe gebracht sind, mit dem Eintritt der gesetzlichen Miete erlöschen würden. Selbst eine dahingehende ausdrückliche Vereinbarung der Parteien hätte nach § 19 Abs. 1 RMG. diesen Erfolg nicht herbeiführen können.

Im vorliegenden Falle waren den Klägern zwei selbständige Ansprüche an den Beklagten erwachsen, der eine aus dem Kriegsleistungsgesetz, der andere aus dem Mietvertrag. Als solche sind sie auch stets von den Parteien anerkannt und auseinandergehalten worden; die Entschädigungsforderung war und galt unter ihnen nicht als eine Nebenleistung aus dem Mietverhältnis. Sie ist zu einer solchen auch nicht dadurch geworden, daß die Parteien die anfänglich angemessen berechneten Leistungen des Beklagten später innerhalb des Gesamtrahmens in ein anderes Verhältnis — 1 (Miete) : 9 (Entschädigung) statt 1 : 1 — gebracht haben. Denn dies ist, wie das Berufungsgericht feststellt, aus steuerlichen Gründen geschehen; die Selbständigkeit der beiden Forderungen sollte, wie die auch jetzt noch aufrechterhaltene Trennung dartut, nicht in Frage gestellt werden.

Ein Erlöschen des Entschädigungsanspruchs kann nach alledem nicht angenommen werden. Der Anspruch der Kläger auf ihn ist vom Berufungsgericht mit Recht dem Grunde nach für gerechtfertigt erklärt worden.

Selbstverständlich können aber die Kläger die Entschädigung nicht in der Höhe und in dem Verhältnis zur Miete fordern, wie die Parteien sie zuletzt in Ansatz gebracht haben. Denn dieses Verhältnis entsprach, wie das Berufungsgericht ausspricht, weder der Wirklichkeit noch dem wahren Willen der Parteien; es wurde mit Rücksicht auf Steuerersparnis lediglich rechnerisch festgelegt und ein Teil der Miete wurde in der Entschädigungsforderung versteckt. Mit der gesetzlichen Miete, für die im vorliegenden Falle die nach § 2 Abs. 4 RMG. festzusetzende Friedensmiete in voller Höhe die Grundlage zu bilden hätte, würden die Kläger den in der Entschädigung enthaltenen Mietanteil doppelt erhalten. Das wäre ein ungerechtfertigter Vorteil, der ihnen nicht zusteht. Hier ist ein Ausgleich zu schaffen, wie ihn das Berufungsgericht aus § 117 Abs. 2 BGB. nicht auf rein rechnerischer Grundlage, sondern unter Berücksichtigung der einschlägigen Verhältnisse bereits vorsieht.

---

11. Ist in einem Rechtsstreit wegen Beschädigung einer auf das Reich übergegangenen Wasserstraße das Reich oder einstweilen noch das betreffende Land zur Klage berechtigt? Ist für solche Ansprüche der Rechtsweg zulässig? Wie verhält es sich mit der Passivlegitimation des Reichs und der Zulässigkeit des Rechtswegs für Schadensersatzansprüche des Schiffseigners, dessen Kahn von der Kanalbehörde unberechtigt auf Grund von § 61 Nr. 4 der Strom- und Schiffahrtspolizeiverordnung vom 29. Dezember 1922 festgehalten worden ist? Wann ist ein solches Anhalten des Kahnes im Sinne dieser Verordnung unberechtigt?

GVG. § 13. RVerf. Art. 97, 131. Reichswasserstraßen-Vertrag von 1921 (Reichsgesetz vom 29. Juli 1921, RGBl. S. 961) §§ 1, 9, 11. Strom- und Schiffahrts-Polizeiverordnung für die westdeutschen Kanäle vom 29. Dezember 1922 (RGBl. 1923 II S. 2) § 61 Nr. 4.

I. Zivilsenat. Urt. v. 13. November 1926 i. S. Deutsches Reich (Bekl. und Widerkl.) w. Sch. (Kl. und Widerbekl.). I 49/26.

I. Landgericht Duisburg.
II. Oberlandesgericht Düsseldorf.

Der Kläger ist Eigentümer des eisernen Schleppkahns „Drei Brüder". Bei einer Fahrt durch den Rhein-Herne-Kanal wurde der Kahn am 16. Januar 1924 von einem Kahnschlepper des Beklagten geschleppt. Auf dieser Schleppfahrt rannte der Kahn gegen den Kopfsteg einer Schleuse und beschädigte ihn. Am folgenden Tage wurde der Kahn wegen dieser Beschädigung auf Grund von § 61 Nr. 4 der Strom- und Schiffahrts-Polizeiverordnung für die westdeutschen Kanäle vom 29. Dezember 1922 von Beamten der Kanalbauverwaltung festgehalten und seine Freigabe von Zahlung einer Sicherheit von 5000 G*M* abhängig gemacht. Der Kläger bot die Stellung einer Bürgschaft an. Die Kanalverwaltung erklärte aber, eine Bürgschaft nur annehmen zu können, wenn der Bürge sich verpflichte, den für Beseitigung des Schadens verausgabten Betrag zunächst einmal zu bezahlen. Am 2. April 1924 hinterlegte dann der Kläger den geforderten Betrag; darauf wurde der Kahn von der Kanalverwaltung freigegeben.

Der Kläger begehrte Feststellung, daß der Beklagte gegen ihn keine Ansprüche wegen des Schadensfalls habe, weiter Verurteilung des Beklagten zur Rückzahlung des hinterlegten Betrages sowie zum Ersatz des ihm durch die Festhaltung des Kahns erwachsenen Schadens. Der Beklagte forderte widerklagend den durch den hinterlegten Betrag nicht gedeckten Teil seines Schadens.

Das Landgericht entsprach unter Abweisung der Widerklage den ersten beiden Klaganträgen und erklärte den dritten Klaganspruch dem Grunde nach für berechtigt. Die Berufung des Beklagten wurde zurückgewiesen. Seine Revision hatte keinen Erfolg.

Gründe:

1. Es handelt sich zunächst um die Frage, ob der Kläger dem Beklagten für die Beschädigung des Kopfstegs aufzukommen hat. Der Beklagte hat seine Passivlegitimation bestritten. Es kann aber keinem Zweifel unterliegen, daß sie gegeben ist. Nach § 1 des Staatsvertrags betreffend den Übergang der Wasserstraßen von den Ländern auf das Reich (genehmigt durch Reichsgesetz vom 29. Juli 1921 RGBl. 1921 S. 961 und preußisches Gesetz vom 26. September 1921 GS. S. 519) und Anl. A Nr. 106 dieses Vertrags ist zusammen mit anderen Wasserstraßen auch der Rhein-Herne-Kanal mit allen Bestandteilen und allem für die Verwaltung erforder-

lichen Zubehör in das Eigentum des Reichs übergegangen. Wird also eine zum Kanal gehörige Anlage beschädigt, so ist das Eigentum des Reichs beschädigt. Das Reich ist daher berechtigt, von dem Haftpflichtigen Entschädigung zu fordern. Es ist insoweit Träger einer bürgerlichrechtlichen Berechtigung. Daraus folgt, daß bei einer negativen Feststellungsklage des wegen Beschädigung solcher Anlagen von der Kanalbehörde in Anspruch Genommenen das Reich der richtige Beklagte ist. Dem steht nicht entgegen, daß nach der Bestimmung in § 11 des Vertrags die einstweilige Verwaltung der Wasserstraßen in gewissem Umfange durch die mittleren und unteren Behörden der Länder geführt wird. Da sie nach dieser Vertragsbestimmung auf Kosten des Reichs und unter Leitung des Reichsverkehrsministeriums erfolgt, so werden diese Behörden, wie das angefochtene Urteil mit Recht ausführt, insoweit lediglich als Organe des Reichs tätig. Der Geschädigte und Schadensersatz Fordernde ist aber das Reich.

Da es sich bei diesem Anspruche des Reichs um eine bürgerliche Rechtsstreitigkeit im Sinne von § 13 GVG. handelt, hat das Reich auch vor den ordentlichen Gerichten Recht zu nehmen. Der hiergegen gerichtete Angriff der Revision ist daher unberechtigt....

(Es folgen Ausführungen über die Verschuldensfrage, die zuungunsten des Beklagten entschieden wird.)

2. Der Kläger fordert in seinem zweiten Klagantrag Rückzahlung der geleisteten Sicherheit. Das Berufungsgericht hat diesem Antrag ebenfalls ohne Rechtsirrtum entsprochen. Zu Unrecht wird auch hier von der Revision die Bejahung der Passivlegitimation des Beklagten und die Zulassung des Rechtswegs gerügt. Es handelt sich um die Rückforderung einer dem Reich wegen Beschädigung von Reichsvermögen gestellten Sicherheit. Nach § 9 des erwähnten Staatsvertrags fließen alle Einnahmen aus dem Betriebe der übernommenen Wasserstraßen dem Reich zu. Das Wasserbauamt, welches das hinterlegte Geld vereinnahmt hat, ist, wie bereits ausgeführt, nur ein Organ des Reichs und hat bei der Einnahme des Geldes nur als solches gehandelt. Gegen die Haftung des Reichs für die Rückzahlung des hinterlegten Betrages können daher keine Bedenken bestehen. Ebensowenig zweifelhaft kann die Zulässigkeit des Rechtswegs sein. Es liegt ein rein bürgerlichrechtlicher Anspruch gegen das Reich vor. Dabei mag dahingestellt

bleiben, ob die Einforderung des Pfandgeldes zunächst in Verfolgung öffentlichrechtlicher Zwecke erfolgt ist. Wird durch eine ordnungsmäßig ergangene Entscheidung festgestellt, daß der Entschädigungsanspruch nicht besteht, zu dessen Sicherung das Pfandgeld dienen sollte, so entfällt damit auch das der Zulässigkeit des ordentlichen Rechtswegs möglichenfalls entgegenstehende öffentliche Interesse an der Sicherstellung. Der Geltendmachung des Rückforderungsanspruchs vor den ordentlichen Gerichten können dann weder formell noch materiell Bedenken entgegenstehen. Der zweite Klagantrag ist somit auch sachlich begründet.

3. Im dritten Klagantrag hat der Kläger schließlich Ersatz des Schadens verlangt, der ihm durch das Festhalten seines Kahnes bis zur Hinterlegung des Pfandgeldes entstanden ist.

Der Beklagte hat diesem Anspruch gegenüber zunächst wieder die Unzulässigkeit des Rechtswegs eingewandt. Er hat sich dafür auf § 6 des preußischen Gesetzes über die Zulässigkeit des Rechtswegs in Beziehung auf polizeiliche Verfügungen vom 11. Mai 1842 (GS. S. 192) berufen, wonach etwaige Entschädigungsansprüche wegen einer unzulässigen polizeilichen Verfügung erst nach deren im Wege des Verwaltungsverfahrens erfolgter Aufhebung geltend gemacht werden können, und er hat darauf hingewiesen, daß die Anhaltung des Kahnes und die Forderung von Pfandgeld sich als eine polizeiliche Verfügung darstellten und diese bisher nicht aufgehoben worden sei. Demgegenüber hat das Berufungsgericht ausgeführt: Die Untersagung der Weiterfahrt gemäß § 61 Nr. 4 der Verordnung vom 29. Dezember 1922 sei keine polizeiliche Verfügung im Sinne des Gesetzes vom 11. Mai 1842, sondern nur eine gesetzlich zugebilligte Verweigerung des Weiterschleppens bis zur Sicherstellung des rein privatrechtlichen Anspruches auf Schadensersatz. Selbst wenn man aber eine polizeiliche Verfügung in dieser Maßregel erblicken wolle, so sei sie durch Art. 131 Abs. 1 RVerf. aufgehoben. Diese Bestimmung greife auch gegenüber Amtspflichtverletzungen der hier in Frage stehenden, als Organe des Reichs tätigen preußischen Beamten durch.

Die Revision hält diese Auffassung für rechtsirrig. Dem Berufungsgericht ist indes im Ergebnis beizutreten. Von der Zulässigkeit des Rechtswegs kann nur die Rede sein, soweit die Anwendbarkeit des § 6 des Gesetzes vom 11. Mai 1842 in Betracht kommt.

Mit Recht hat das Berufungsgericht unter Bezugnahme auf den gemäß Art. 13 RVerf. ergangenen Beschluß des Reichsgerichts vom 20. Februar 1923 (RGZ. Bd. 106 S. 34) darauf hingewiesen, daß jene Gesetzesnorm durch Art. 131 Abs. 1 Satz 3 der Reichsverfassung für aufgehoben zu erachten ist. Das Gesetz vom 11. Mai 1842 hatte außerdem gegenüber Maßnahmen von Landesbeamten, soweit solche, wie hier, als Organe des Reichs mit der Ausübung der diesem zustehenden öffentlichen Gewalt betraut und daher Reichsbeamten im Sinne des Staatshaftungsgesetzes gleichzuachten sind (RGZ. Bd. 104 S. 261), schon an und für sich nicht zur Anwendung zu gelangen (RGZ. Bd. 92 S. 240, 304; Bd. 99 S. 254). Daß nach § 15 des Staatsvertrags die bisherigen Landesgesetze für die übernommenen Wasserstraßen zunächst in Kraft bleiben sollen, kann jenem aus den Grundsätzen der Reichsbeamtenhaftung entwickelten Satze nicht entgegenstehen. Nach der Begründung des Gesetzentwurfs (Verhandlungen des Reichstags Bd. 367 Nr. 2235 S. 25) bezieht sich diese Bestimmung auch nur auf wasserrechtliche Vorschriften der Länder.

Das angefochtene Urteil hat den Anspruch des Klägers dem Grunde nach für berechtigt erklärt. Es hat dazu ausgeführt: Die Festhaltung des Kahnes sei ohne rechtlichen Grund erfolgt. Der Beklagte habe daher für sie zu haften. Die Vorschrift des § 61 Nr. 4 der Strom- und Schiffahrts-Polizeiverordnung berechtige den Beklagten nicht, nach seiner Wahl Pfandgeld oder Bürgschaft zu fordern. Die Zurückweisung der durch den Kläger angebotenen Bürgschaft, insbesondere die Forderung, daß der Bürge vor Prüfung der Verschuldensfrage zunächst einmal zahle, sei daher unberechtigt, die mangelnde Berechtigung dieses Verlangens auch dem Beklagten bekannt gewesen.

Das Berufungsgericht will die Schadensersatzpflicht des Beklagten danach von zwei Gesichtspunkten aus begründen. Es nimmt einmal an, die Festhaltung des Kahnes sei als solche mangels einer Schadensersatzpflicht des Klägers unberechtigt gewesen und verpflichte daher den Beklagten zum Schadensersatz. Es leitet die Haftung des Beklagten aber auch aus dem Verhalten seiner Beamten bei der Zurückweisung der angebotenen Bürgschaft ab. Insofern hat es offenbar die Haftung des Reichs für seine Beamten gemäß Art. 131 RVerf. im Auge.

Was zunächst den zweiten Punkt angeht, so ist für die Haftung des Beklagten erforderlich, daß einer seiner Beamten in Ausübung der ihm anvertrauten öffentlichen Gewalt schuldhaft und ursächlich für den eingetretenen Schaden die ihm einem Dritten gegenüber obliegende Amtspflicht verletzt hat. Diese Voraussetzungen sind in dem angefochtenen Urteil ausreichend festgestellt. Daß die Beamten der Kanalverwaltung bei ihren Maßnahmen als Organe des Reichs in Tätigkeit traten, ist bereits dargelegt worden. Das Reich ist somit auch für den auf diese Maßnahmen gegründeten Schadensersatzanspruch der richtige Beklagte. Auch insoweit ist daher der die Passivlegitimation des Reichs bestreitende Revisionsangriff unbegründet. Der dem § 61 Nr. 4 im angefochtenen Urteil gegebenen Auslegung ist beizutreten. Wenn in dieser Vorschrift die Gestattung der Weiterfahrt von der ausreichenden Sicherstellung des geforderten Schadensersatzes durch Pfandgeld oder Bürgschaft abhängig gemacht wird, so ergibt sich schon aus der Natur dieser Arten von Sicherheitsleistung und ihrer unterschiedslosen Nebeneinanderstellung der klare Sinn der Vorschrift, die Mittel aufzuzählen, die es dem Angehaltenen ermöglichen sollen, das Anhalten des Kahns abzuwenden. Nach dem Charakter der ganzen Verordnung, die vom wasserpolizeilichen Standpunkt aus Vorschriften für die Benutzer des Kanales gibt, kann es sich nicht um eine bloße für die Beamten bestimmte Anweisung darüber handeln, welche Sicherheitsleistung nach ihrem Ermessen in Frage kommen soll. Keinesfalls kann auch dem Begriff der Sicherheitsleistung durch Bürgschaft im Sinne der Verordnung die Bedeutung beigelegt werden, daß der Bürge nicht nur für die Schadenssumme aufzukommen, sondern von vorneherein einen entsprechenden Betrag zu zahlen habe. Ein derartiger Sinn der Vorschrift würde über die regelmäßige Bedeutung einer Sicherheitsleistung durch Bürgschaft weit hinausgehen. Sollte die Vorschrift eine weittragende Bedeutung erhalten, so hätte dies zum Ausdruck gebracht werden müssen. Mit Recht gelangt somit der Vorderrichter zu dem Ergebnis, die Beamten des Beklagten seien nicht berechtigt gewesen, die angebotene Bürgschaft abzulehnen. Daß diese den Verzicht auf die Einrede der Vorausklage enthalte, konnte nach dem Wortlaut der Bestimmung nicht gefordert werden. Allerdings hat das Berufungsgericht nicht ausdrücklich ausgesprochen, daß die Beamten der Kanalverwaltung, die bei Zurückweisung der Bürgschaft und bei der weiteren Festhaltung des Kahns in Ausübung der ihnen anvertrauten öffentlichen Gewalt handelten, ein Verschulden treffe. Aus dem Zusammenhalt seiner Ausführungen ergibt sich aber, daß es ein solches Verschulden angenommen hat. Dies folgt namentlich aus dem Hinweis darauf, daß dem Beklagten (gemeint sind seine Beamten) das Unrichtige seines Standpunktes bekannt gewesen sei. Die letztere Feststellung ist tatsächlicher Natur und der Nachprüfung des Revisionsgerichts entzogen. Legt man sie zugrunde, so hat das angefochtene Urteil ein Verschulden der in Betracht kommenden Beamten ohne Rechtsirrtum angenommen. Es handelt sich außerdem um eine so klare Bestimmung, daß ein Mißverstehen ihrer Bedeutung nur auf Fahrlässigkeit beruhen kann.

Schon diese Erwägungen tragen die angefochtene Entscheidung. Es erübrigt sich aus diesem Grunde eine Stellungnahme zu der Frage, ob der Beklagte bei Festhalten eines Kahnes auf Grund des § 61 Nr. 4 der Verordnung stets dann schadensersatzpflichtig wird (wie es das angefochtene Urteil anscheinend annimmt), wenn sich die Annahme der Kanalbehörde von der Haftbarkeit des Schiffseigners mangels Verschuldens der Besatzung als unbegründet erweist.

---

12. 1. Beschränkt sich die durch die Beiordnung begründete Verpflichtung des Armenanwalts stets darauf, daß er einen ihm von der armen Partei zu erteilenden Prozeßauftrag annehmen muß, oder ist er unter Umständen verpflichtet, ohne einen solchen Auftrag abzuwarten, alsbald von sich aus die Interessen der armen Partei wahrzunehmen?

2. Ist es einem Anwalt, der einer armen Partei zur Führung eines Prozesses wegen Anfechtung der Ehelichkeit beigeordnet worden ist, als Verschulden anzurechnen, wenn er es trotz möglicherweise bevorstehenden Ablaufs der Anfechtungsfrist unterläßt, alsbald die Anfechtungsklage zu erheben?

ZPO. § 115 Abs. 1 Nr. 3.

III. Zivilsenat. Urt. v. 26. November 1926 i. S. K. (Kl.) w. S. (Bekl.). III 536/25.

I. Landgericht Detmold.
II. Oberlandesgericht Celle.

Am 8. Oktober 1922 gebar die Ehefrau des Klägers eine Tochter, von der er behauptet, daß sie nicht von ihm erzeugt sei; er habe seit dem Jahre 1918 eine Zuchthausstrafe verbüßt; von der Geburt des Kindes habe er, nachdem er am 25. November 1922 aus dem Zuchthaus entwichen sei, am 27. November 1922 Kenntnis erhalten. Am 5. November 1923 beantragte der Kläger, der sich damals wieder in einer Strafanstalt befand, zu Protokoll des Gerichtsschreibers, ihm zur Anfechtung der Ehelichkeit des Kindes das Armenrecht zu bewilligen und einen Rechtsanwalt beizuordnen. Durch Beschluß vom 8. November 1923 gab das Landgericht dem Antrage statt. Zugleich wurde dem Kläger zur vorläufig unentgeltlichen Wahrnehmung seiner Rechte der Beklagte als Rechtsanwalt beigeordnet. Dieser tat zunächst nichts in der Sache; auf Anfrage des Klägers vom 30. November 1923 antwortete er am 19. Dezember, daß die Frist zur Klagerhebung seit dem 27. November verstrichen sei und eine Klage jetzt keine Aussicht auf Erfolg mehr biete. Durch Beschluß des Landgerichts vom 21. März 1924 wurde dem Kläger das Armenrecht wieder entzogen.

Der Kläger behauptet, daß der Beklagte seine Pflichten als Armenanwalt fahrlässigerweise nicht erfüllt habe. Er sei verpflichtet gewesen, alsbald nach Empfang des ihn dem Kläger beiordnenden Beschlusses die nötigen Schritte zur rechtzeitigen Klagerhebung zu tun. Er habe das unterlassen und damit dem Kläger die Möglichkeit genommen, die Ehelichkeit des nicht von ihm erzeugten Kindes anzufechten. Der Kläger müsse diesem Unterhalt gewähren und sei dadurch geschädigt. Für den Schaden müsse ihm der Beklagte aufkommen. Er verlangt die Verurteilung des Beklagten zur Zahlung gewisser Geldbeträge und die Feststellung seiner Schadensersatzpflicht.

Der Beklagte behauptet, den Beschluß vom 8. November 1923 erst am 15. erhalten zu haben. Er habe dann auf Nachricht vom Kläger gewartet, ohne dessen Auftrag er nicht habe tätig werden können. Ihn treffe also für diese Versäumung der Anfechtungsfrist keine Verantwortung. Ein Verschulden liege lediglich beim Kläger, der das Armenrecht erst kurz vor Ablauf der Frist beantragt, es auch unterlassen habe, ihn, Beklagten, alsbald mit Anweisung zu versehen. Er bestreitet auch, daß dem Kläger irgendein Schaden entstanden sei.

Die Vorinstanzen haben die Klage abgewiesen. Die Revision des Klägers blieb erfolglos.

Gründe:

Das Oberlandesgericht hat die Klage abgewiesen sowohl deshalb, weil dem Beklagten durch die Beiordnung als Armenanwalt keine Rechtspflicht auferlegt worden sei, für den Kläger tätig zu werden, ehe ihn dieser mit der erforderlichen Anweisung versehen habe, als auch deshalb, weil den Beklagten kein Verschulden treffe. Den ersten Entscheidungsgrund vermag der Senat nicht zu billigen, während wegen des zweiten dem Berufungsgericht zwar nicht in der Begründung, wohl aber im Ergebnis beizupflichten ist.

1. Die Armenrechtsbewilligung ist ein öffentlichrechtlicher Akt der staatlichen Armenfürsorge. Sie gibt der armen Partei das Recht, daß ihr, soweit eine Vertretung durch Anwälte geboten ist, zur vorläufig unentgeltlichen Wahrnehmung ihrer Rechte ein Rechtsanwalt beigeordnet werde. Die Auswahl des beizuordnenden Rechtsanwalts erfolgt durch den Vorsitzenden des Gerichts aus der Zahl der bei diesem zugelassenen Anwälte. Die Wirkung der Beiordnung ist gesetzlich nicht ausdrücklich umschrieben worden. Sie ergibt sich aus dem Zweck der Beiordnung, der in der — vorläufig unentgeltlichen — Wahrnehmung der Rechte der armen Partei besteht. Dieser Zweck wird regelmäßig dadurch erfüllt, daß sich der beigeordnete Anwalt bereit hält, mit der Partei einen Dienstvertrag abzuschließen, um nach seinem Zustandekommen für sie tätig zu werden. Die für den Anwalt durch die Beiordnung begründete Rechtspflicht besteht dann darin, daß er den Vertragsantrag der Partei nicht ablehnen kann, daß er den Auftrag, sie im Prozeß zu vertreten, annehmen und ausführen muß.

Es gibt aber Fälle, in denen der Zweck der Beiordnung eines Armenanwalts auf diese Weise nicht erreicht wird. Die arme Partei ist etwa rechtsunkundig und weiß nicht, daß das Tätigwerden des Anwalts noch einen besonderen Auftrag von ihrer Seite voraussetzt, so daß sie erst von rechtskundiger Seite zu seiner Erteilung veranlaßt werden muß. Das zu tun, ist dann Pflicht des beigeordneten Anwalts, der gerade auch dazu berufen ist, der Rechtsunkenntnis der armen Partei abzuhelfen. Eine besondere Sachgestaltung kann sich ferner daraus ergeben, daß der Ablauf einer Frist droht, deren Einhaltung keinen Aufschub duldet, vielmehr ein alsbaldiges Handeln des Anwalts ohne Abwarten eines Parteiauftrags erfordert. Die Wahrnehmung der Rechte der armen Partei, die das Ziel der Anwaltsbeiordnung bildet, ist nur gesichert, wenn in einem solchen Falle dem Anwalt die Pflicht obliegt, auf Grund der richterlichen Anordnung nach außen hin tätig zu werden, das zur Wahrung der Frist Nötige schon zu veranlassen, ehe er in vertragliche Beziehungen zur Partei getreten ist. Im Verhältnis zu ihr regeln sich dann die Rechtsfolgen seines Handelns nach den Vorschriften über die Geschäftsführung ohne Auftrag, während er nach außen als Vertreter ohne Vertretungsmacht erscheint. Die Rechtslage ist hier also zunächst nicht dieselbe, wie wenn zwischen Partei und Anwalt bereits ein Dienstvertrag geschlossen und ihm Prozeßvollmacht erteilt worden ist. Das bildet aber keinen entscheidenden Grund gegen die durch den Zweck der Armenrechtsbewilligung und der Anwaltsbeiordnung gebotene Folgerung, daß der Anwalt in Ausnahmefällen alsbald von sich aus die Rechte der armen Partei wahrnehmen muß.

Eine schuldhafte Verletzung der dem Rechtsanwalt durch seine Beiordnung auferlegten Pflichten macht ihn schadensersatzpflichtig. Das gilt nicht bloß dann, wenn er den Vertragsantrag der armen Partei ablehnt, sondern auch dann, wenn er die ihm in besonderen Fällen — wie sie beispielsweise dargelegt worden sind — obliegenden weitergehenden Pflichten zu erfüllen verabsäumt. Diese Pflichten sind kein bloßer Ausfluß der in § 28 RAO. dem Rechtsanwalt auferlegten allgemeinen Pflicht, seine Berufstätigkeit gewissenhaft auszuüben, sodaß dahingestellt bleiben kann, ob ihre Verletzung eine Schadensersatzpflicht auszulösen vermag (vgl. dazu RGZ. Bd. 79 S. 92). Vielmehr entspringen sie der besonderen Vorschrift des § 115 Abs. 1 Nr. 3 ZPO. Durch diese werden in dem dargelegten Umfang schon durch die Beiordnung Rechtspflichten des Anwalts der armen Partei gegenüber begründet, sodaß sie bei fahrlässiger Nichterfüllung vom Anwalt Schadensersatz fordern kann.

Zu demselben Ergebnis ist der Senat bereits in seinem Urteil vom 1. März 1907 III 351/06 gelangt, wo es heißt:

„Aus der Beiordnung als Armenanwalt erwächst dem Rechtsanwalt die Pflicht, die Prozeßhandlung, deren Vornahme in bestimmter Frist zur Wahrnehmung der Rechte der armen Partei geboten ist, auch ohne vorgängigen Auftrag der letzteren zur Vertretung vorzunehmen, es sei denn, daß ohne vorgängige Instruktion von ihrer Seite die Vornahme nicht möglich ist. Das ergibt sich ohne weiteres aus dem Zwecke der Beiordnung und wird nicht dadurch in Frage gestellt, daß der Armenanwalt von der Aufgabe, seine Vertretungsbefugnis durch Vollmacht eventuell nachzuweisen, nicht entbunden ist."

Wegen fahrlässiger Verletzung der bezeichneten Pflicht ist der damals verklagte Anwalt für schadensersatzpflichtig erklärt worden. Zweifelhaft kann freilich sein, ob nicht der VII. Zivilsenat in seiner RGZ. Bd 94 S. 342 abgedruckten Entscheidung einen zum Teil abweichenden Standpunkt einnimmt. Mit ihm stimmt der jetzt erkennende Senat darin überein, daß das Armenrechtsgesuch im Zusammenhalt mit der Beiordnung des Anwalts durch den Vorsitzenden des Gerichts, wenigstens für die Regel, noch keinen Dienstvertrag zwischen ihm und der Partei zum Abschluß bringt, ihn auch nicht zum Prozeßbevollmächtigten macht (so schon RGZ. Bd. 95 S. 338). Dagegen würde dem Urteil des VII. Zivilsenats dann nicht beigepflichtet werden können, wenn es die unmittelbar schon durch die Beiordnung begründeten Pflichten des Anwalts unter allen Umständen auch für die erörterten Sonderfälle darauf beschränken wollte, daß er sich der armen Partei zum Abschluß eines Dienstvertrags zur Verfügung zu stellen habe. Von einer Auseinandersetzung mit dem dort Ausgeführten kann aber abgesehen werden, weil die Klage auch bei Annahme einer weitergehenden Verpflichtung des Beklagten abgewiesen werden muß. Denn den Beklagten trifft kein nachweisbares Verschulden.

2. Das Berufungsgericht hat eine Fahrlässigkeit des Beklagten verneint, weil die Annahme eines unmittelbar bevorstehenden Ablaufs der Anfechtungsfrist für ihn durchaus nicht nahe gelegen habe, da er aus dem Beschluß über seine Beiordnung gesehen habe, daß sich der Kläger in Strafhaft befinde und daß die Geburt des Kindes bereits 13 Monate zurückliege. Gerade letztere Tatsache gebietet den umgekehrten Schluß. Die Frist zur Anfechtung der Ehelichkeit eines Kindes beträgt ein Jahr und beginnt mit dem Zeitpunkt, in dem der Mann die Geburt des Kindes erfährt. Sie kann also frühestens ein Jahr nach der Geburt ablaufen. Ist danach mit dem Fristende nicht

zu rechnen, solange das Kind das erste Lebensjahr noch nicht vollendet hat, so erhält die Sachlage mit Beendigung dieses ersten Jahres ein völlig anderes Gesicht. Von da an muß, wer nicht weiß, wann der Mann von der Geburt des Kindes Kenntnis erlangt hat, in jedem Augenblick mit der Möglichkeit des Fristablaufs rechnen. Er darf sich also nicht bei dem Gedanken beruhigen, die Frist werde wohl noch nicht unmittelbar zu Ende gehen, sondern er muß mit dem alsbaldigen Fristende rechnen und danach sein Handeln einrichten. Das gilt ganz besonders für einen Rechtsanwalt, zu dessen Aufgabe es gehört, den Ablauf von Fristen zum Nachteile der seinem Schutz anvertrauten Personen zu verhüten. So ist es durchaus unrichtig, wenn das Berufungsgericht meint, der Beklagte habe nach Eingang des Armenrechtsbeschlusses seine Wiedervorlage mit einer Frist von einigen Wochen verfügen können. War er überhaupt verpflichtet, schon auf Grund des Beschlusses für den Kläger tätig zu werden, so mußte er sofort eingreifen, da er aus dem Beschluß sah, daß es sich um die Anfechtung der Ehelichkeit eines schon über ein Jahr alten Kindes handelte. Wie der Umstand, daß sich der Kläger in Strafhaft befand, ein Zuwarten des Beklagten soll rechtfertigen können, ist nicht recht verständlich. Ein, wenngleich beschränkter, Verkehr mit der Außenwelt steht den Zuchthausgefangenen offen. Auch der Kläger mochte von der Geburt des Kindes alsbald brieflich Kenntnis erhalten haben, ganz abgesehen davon, daß der Beklagte gar nicht wissen konnte, seit wann sich der Kläger in der Strafanstalt befand.

Hätte der Beklagte der drohenden Gefahr des Ablaufs der Anfechtungsfrist Rechnung getragen, so hätte er, wie das durchaus üblich ist, die Armenrechtsakten eingesehen. Aus ihnen hätte er erfahren, daß die Frist mit dem 27. November 1923 ablief, da der Kläger zu Protokoll des ihn über sein Armenrechtsgesuch vernehmenden Gerichtsschreibers erklärt hatte, daß er von der Geburt des Kindes seit dem 27. November 1922 wisse. Der Beklagte wäre aber auch auf Grund der Armenrechtsakten in der Lage gewesen, die zur Fristwahrung gebotene Klagerhebung alsbald vorzunehmen, ohne zuvor noch Nachricht vom Kläger zu erhalten. Denn die Akten enthielten bereits alle Angaben, die hierzu erforderlich waren. Die in den §§ 613, 641 Abs. 1 ZPO. vorgeschriebene besondere Vollmacht hätte der Beklagte nachreichen können, ebenso die Geburtsurkunde des Kindes.

Reichen die Erwägungen des Oberlandesgerichts danach nicht

aus, den Beklagten wegen der Versäumung der Anfechtungsfrist zu entlasten, so muß doch aus anderen Gründen zu seinen Gunsten entschieden werden.

Der VII. Zivilsenat ist in der angeführten Entscheidung bei Erörterung der Wirkungen der Armenrechtsbewilligung (a. a. O. S. 344/345) zu dem Ergebnis gelangt, daß der armen Partei durch die Beiordnung ein Anwalt zur Verfügung gestellt werde, daß es aber ihrer freien Entschließung vorbehalten bleibe, seine Dienste in Anspruch zu nehmen. Ähnliches sagt der I. Zivilsenat in seinem RGZ. Bd. 89 S. 42 veröffentlichten Urteil, auf das der VII. Zivilsenat a. a. O. S. 346 besonders hinweist. Beide Urteile sind nicht bloß von den vorinstanzlichen Gerichten, die in dieser Sache entschieden haben, sondern auch von beachtenswerten Schriftstellern (so z. B. von Stein, ZPO. § 115 Nr. V 2; ebenso jetzt Stein-Jonas am gleichen Orte) dahin aufgefaßt worden, daß der durch die Beiordnung für den Anwalt begründete Zwang nur bedeute, er habe sich zum Vertragsschluß mit der armen Partei bereitzuhalten, während für ihn eine Pflicht, unter Umständen im Interesse einer rechtsunkundigen Partei oder zur Wahrung einer Frist auch ohne Auftrag zu handeln, nur als Berufspflicht bestehe, deren Nichterfüllung keine Schadensersatzpflicht auslöse (vgl. hierzu die Ausführungen des VII. Zivilsenats, a. a. O. S. 347, der diese Berufspflicht als Anstandspflicht bezeichnet). Dem Beklagten kann kein Vorwurf daraus gemacht werden, wenn er die Rechtsprechung des Reichsgerichts in demselben Sinne verstanden und geglaubt hat, daß ihm durch die Beiordnung als Armenanwalt noch keine rechtlich bindende Verpflichtung auferlegt worden sei, von sich aus für den jetzigen Kläger tätig zu werden, wenn er vielmehr der Auffassung gewesen ist, er dürfe zunächst einen Auftrag der Partei abwarten. So ist es nicht angängig, ihm sein Untätigbleiben zum Verschulden anzurechnen. Mangels einer Fahrlässigkeit ist er dem Kläger nicht schadensersatzpflichtig geworden.

Ob sich ein Rechtsanwalt nach Veröffentlichung der jetzigen Entscheidung zu seiner Entlastung noch auf die erwähnte frühere Rechtsprechung des Reichsgerichts und das sich an sie anschließende Schrifttum wird berufen können, kann zurzeit dahingestellt bleiben. Es mag nur darauf hingewiesen werden, daß ein Rechtsanwalt im Zweifelsfalle das Verfahren einzuschlagen hat, das die größte Sicherung gegen Schädigung der Partei gewährt.

13. 1. Zum Begriffe des „äußeren Ereignisses“ im Sinne von § 58 Abs. 2 der Allgemeinen Deutschen Seeversicherungs-Bedingungen von 1919.

2. Ist es für die Haftungsbefreiung des Versicherers wegen Seeuntüchtigkeit des Schiffes nach § 58 Abs. 1 das. von Bedeutung, ob die für den Schadensfall ursächliche fehlerhafte Beschaffenheit des Schiffes auch bei pflichtmäßiger Sorgfalt des Versicherten nicht vermeidbar war?

Allgemeine Deutsche Seeversicherungs-Bedingungen von 1919 (ADS.) § 58. HGB. § 821.

I. Zivilsenat. Urt. v. 27. November 1926 i. S. B. & Co. (Kl.) w. R.-Versicherungs-A.-G. u. Gen. (Bekl.). I 112/26.

I. Landgericht Bremen, Kammer für Handelssachen.
II. Oberlandesgericht Hamburg.

Der für die Klägerin im Jahre 1922 auf der Germaniawerft in Kiel neuerbaute Motorschoner „Christel B.“ verließ den Bauhafen auf seiner ersten Reise am 7. Oktober 1922 in Ballast mit der Bestimmung nach St. Nicholas (La Plata). Er erreichte den Bestimmungshafen ohne Unfall und versegelte von hier am 10. Dezember 1922 mit einer Maisladung nach den Azoren für Order. Am 12. Dezember lief er Montevideo an und setzte noch am gleichen Tage die Reise fort. Während der nächsten Reisetage arbeitete das Schiff schwer in hoher Dünung bei südlichen Winden in der Stärke 3—6. Am 19. Dezember 1922 wurden vormittags gegen 9 Uhr 9 Fuß Wasser im Raum gepeilt, nachdem das Schiff am Tage vorher noch dicht befunden worden war. Nach Anlaufen von Rio de Janeiro als Nothafen wurde festgestellt, daß ein Niet an der Backbordbilge fehlte und dadurch das Wasser in das Schiff eingedrungen war.

Das Kasko, Motor und Kajüte nebst Einrichtung und Inventar der „Christel B.“ waren bei einer Reihe von Versicherungsgesellschaften, darunter auch den Beklagten, versichert. Die Klägerin verlangt von ihnen den auf sie entfallenden Schadensanteil. Die Beklagten, welche die in § 58 ADS. für den Fall von Seeuntüchtigkeit des Schiffes ausgesprochene Haftungsbefreiung für sich in Anspruch nehmen, fordern widerklagend Rückzahlung des von ihnen auf große Haverei geleisteten vorläufigen Einschusses.

Landgericht und Oberlandesgericht haben der Widerklage entsprochen und die Klage abgewiesen. Die Revision der Klägerin blieb erfolglos.

Gründe:

Zutreffend geht das angefochtene Urteil in Übereinstimmung mit dem Landgericht davon aus, daß dem Versicherer, wenn er bei einer Kaskoversicherung gemäß § 58 der Allgemeinen Deutschen Seeversicherungs-Bedingungen von 1919 seine Haftungsbefreiung wegen Seeuntüchtigkeit des versicherten Schiffes geltend machen will, zunächst der Beweis obliegt, daß der Schadensfall nicht in ursächlichem Zusammenhang mit einem äußeren Ereignis steht. Ist dieser Beweis geführt, so tritt die Vermutung des § 58 Abs. 2 ADS. ein, daß der Schaden durch die im Absatz 1 als haftungbefreiend genannte Tatsache der Seeuntüchtigkeit verursacht worden sei. Es ist dann Sache des Versicherungsnehmers, zu beweisen, daß entgegen der vertraglichen Vermutung Seeuntüchtigkeit nicht die Ursache des Schadens war.

Daß bei der Entstehung des Schadens ein äußeres Ereignis mitgewirkt habe, ist vom angefochtenen Urteil mit den Gründen des erstinstanzlichen Richters verneint worden. Dieser hatte festgestellt, daß die „Christel V." seit der Ausreise von Montevideo nur von den gewöhnlichen Gefahren der Seeschiffahrt, denen ein seetüchtiges Schiff gewachsen sein müsse, bedroht gewesen sei. Wenn das Berufungsgericht danach das Mitwirken eines äußeren Ereignisses bei dem Seeunfall verneint, so liegt keine Verkennung des Begriffs „äußeres Ereignis" im Sinne von § 58 ADS. vor.

Seetüchtigkeit bedeutet im allgemeinen nach herrschender Anschauung (vgl. Ritter, Seeversicherung, § 58 Anm. 5 und die dort Angeführten) die Fähigkeit des Schiffes, die gewöhnlichen, unvermeidlichen Gefahren der in Aussicht genommenen Seefahrt zu bestehen. Die Seetüchtigkeit eines Schiffes hängt somit im wesentlichen von seiner Beschaffenheit, seiner Einrichtung und Ausrüstung ab. Wenn nun die Allgemeinen Deutschen Seeversicherungs-Bedingungen von 1919 in § 58 das Mitwirken eines äußeren Ereignisses bei der Entstehung eines Schadens als ein Beweisanzeichen dafür verwerten, daß Seeuntüchtigkeit, also die dem Schiff eigentümliche Beschaffenheit, für den Schaden nicht ursächlich gewesen ist, so stellen sie den Begriff des „äußeren Ereignisses" und des durch die Beschaffenheit des Schiffes bedingten Ereignisses einander gegenüber. Ähnlich brachten die Allgemeinen Seeversicherungs-Bedingungen von 1867 bei der in der alten Fassung ihres § 70 enthaltenen Beweisregel den Begriff des „außerordentlichen Elementarereignisses" und des „besonderen Seeunfalls" zu dem durch Seeuntüchtigkeit bedingten Ereignis in Gegensatz (vgl. Voigt, ASB. 1867 S. 440). Daraus läßt sich für die Begriffsbestimmung des „äußeren Ereignisses" im Sinne von § 58 ADS. entnehmen, daß hierunter ein solches Ereignis, eine solche Seegefahr verstanden werden muß, die geeignet sind, einem in See gesandten und zum Bestehen der gewöhnlichen und unvermeidlichen Seegefahren tauglichen Schiffe Schaden zuzufügen, die also den bei einem solchen Schiffe eingetretenen Schaden erklärlich erscheinen lassen (vgl. auch Ritter a. a. O. Anm. 35). Es läßt sich nicht erkennen, daß das Berufungsgericht von einer anderen Auffassung des Begriffes des „äußeren Ereignisses" ausgegangen wäre. Die Revision erhebt insoweit auch keinen Angriff.

Nachdem das angefochtene Urteil verneint hat, daß bei dem Schadensfall ein äußeres Ereignis mitgewirkt habe, gelangt es weiter zu dem Ergebnis, daß die danach Platz greifende Vermutung des § 58 Abs. 2 ADS. nicht widerlegt sei. Entsprechend der Behauptung der Klägerin unterstellt es, der Unfall der „Christel V." beruhe darauf, daß ein infolge zu raschen Erkaltens spröde gewordenes Niet oder ein Niet, das aus einem anderen in seiner Beschaffenheit liegenden Grunde der beanspruchten Spannung nicht gewachsen war, während der Reise herausgefallen sei und so der See das Eindringen in den Schiffsraum ermöglicht habe. In dem Vorhandensein eines solchen, der Gefahr der Lockerung und des Herausfallens ausgesetzten Nietes erblickt es einen Konstruktionsfehler des Schiffes und schließt daraus auf seine Seeuntüchtigkeit, weil das Schiff, mit diesem Fehler behaftet, nicht geeignet gewesen sei, die mit der Reise verbundenen gewöhnlichen Gefahren der Seeschiffahrt zu überstehen.

Die Revision macht demgegenüber geltend: Seeuntüchtigkeit eines Schiffes im Sinne von § 58 ADS. könne dann nicht angenommen werden, wenn der Verlust oder die Beschädigung die Folge einer Gefahr seien, die der Schiffsbau bei allen derartigen Schiffen ganz allgemein einschließe. Bei sämtlichen Stahlschiffen bestehe aber, wie für die Revisionsinstanz zu unterstellen sei, auch bei sonst bester Beschaffenheit immer die Gefahr, daß ein Niet herausfalle. Ein so weitgehender Sinn des Begriffes der Seetüchtigkeit in § 58 ADS. sei bei seiner Abfassung, wie die Materialien ergäben, nicht beabsichtigt gewesen. Denn damit wäre für Stahlschiffe, falls der Verlust oder die Beschädigung des Schiffes auf das Herausfallen eines Niets zurückzuführen seien, die Widerlegung der Rechtsvermutung in § 58 Abs. 2 von vorneherein ausgeschlossen, den Worten „im Zweifel" für diese Fälle also jeder Sinn genommen.

Diese Ausführungen der Revision sind nicht geeignet, die Stellungnahme des angefochtenen Urteils als unrichtig erscheinen zu lassen. Auszugehen ist gemäß der Unterstellung des angefochtenen Urteils davon, daß sich das Schiff infolge fehlerhafter Beschaffenheit eines Niets in einem Zustand befand, in dem es nicht unbedingt geeignet war, die gewöhnlichen Gefahren der See zu bestehen. Den Allgemeinen Deutschen Seeversicherungs-Bedingungen liegt nach § 58, wie schon dem preußischen Seerecht vom 1. Dezember 1727 und dem Entwurf eines Handelsgesetzbuchs für die preußischen Staaten von 1857 (vgl. Motive dazu S. 343 und Ritter a. a. O. Anm. 3), die Auffassung zugrunde, daß der Versicherer die Gefahren nicht tragen soll, die in der fehlerhaften Beschaffenheit des versicherten Gegenstandes begründet sind. Darin liegt eine Einschränkung des dieses Vertragsrecht grundsätzlich beherrschenden Satzes (§ 28 ADS.), daß in das Risiko des Versicherers im allgemeinen alle Gefahren fallen, denen das versicherte Schiff während der Dauer der Versicherung ausgesetzt ist. Die Haftung des Versicherers ist insofern objektiv beschränkt. Mit Recht bemerkt daher auch das angefochtene Urteil — und die Revision stimmt ihm zu —, daß es auf Wissen und Willen des Versicherten in bezug auf die fehlerhafte Beschaffenheit des Schiffes nicht ankomme. Dann aber ist es für die Anwendbarkeit der Haftungsbeschränkung ohne jede Bedeutung, ob bei Stahlschiffen derartige Fehler unvermeidlich sind. Entscheidend ist allein, daß nach den Vertragsbedingungen vom Versicherer die Haftung für eine Gefahr der hier vorliegenden Art nicht übernommen werden sollte....

Die Materialien zu den Allgemeinen Deutschen Seeversicherungs-Bedingungen von 1919, auf welche die Klägerin für ihre Auffassung

Bezug nimmt, dienen ihr nicht zur Stütze, sprechen vielmehr gegen sie. Aus ihnen geht hervor, daß die an den Beratungen des Entwurfs beteiligten Maklerkreise in einem Antrag den Versuch gemacht haben, in den Entwurf eine Bestimmung hineinzubringen, wonach die Haftung der Versicherer bei Seeuntüchtigkeit eines Schiffes bestehen bleiben sollte, wenn der Versicherungsnehmer trotz gehöriger Sorgfalt die Seeuntüchtigkeit weder kannte noch kennen mußte. Dieser Antrag ist jedoch nicht berücksichtigt worden (Bruck, Materialien zu den Allgemeinen Deutschen Seeversicherungs-Bedingungen Bd. I S. 223). Das spricht dafür, daß die Haftung der Versicherer allein abhängig gemacht werden sollte von der objektiven Beschaffenheit des Schiffes ohne Rücksicht auf die Vermeidbarkeit oder Unvermeidbarkeit eines Fehlers. Wenn daher das Berufungsgericht angenommen hat, daß die Klägerin den Nachweis der Seetüchtigkeit des Schiffes nicht erbracht habe, so hat es dabei den Begriff „Seetüchtigkeit" nicht verkannt.

---

14. Kann ein die Wiedereinsetzung in den vorigen Stand begründender unabwendbarer Zufall angenommen werden, wenn die Fristversäumung auf das Verschulden einer Person zurückzuführen ist, der die Partei die Führung des Verkehrs mit dem Prozeßbevollmächtigten übertragen hatte? Macht es einen Unterschied, ob der Verkehrsvertreter ein Anwalt oder ein Richtanwalt ist? Ist das Verschulden eines Angestellten des Verkehrsvertreters einem eigenen Verschulden des Verkehrsvertreters gleichzustellen?

ZPO. §§ 85, 232, 233.

IV. Zivilsenat. Beschl. v. 2. Dezember 1926 i. S. St.-B. Versicherungs-Aktiengesellschaft (Kl.) w. Reichsbahn-Gesellschaft (Bekl.). IV B 69/26.

I. Oberlandesgericht Darmstadt.

Sachverhalt und Entscheidung ergeben sich aus den Gründen:

Durch den angefochtenen Beschluß war der Antrag der Klägerin zurückgewiesen worden, ihr die Wiedereinsetzung in den vorigen Stand gegen die Versäumung der Frist zum Nachweise der Zahlung der für die Berufungsinstanz erforderten Prozeßgebühr zu erteilen.

Die dagegen erhobene sofortige Beschwerde ist gemäß § 238 Abs. 2 Satz 1, § 519b Abs. 2 ZPO. zuzulassen (RGZ. Bd. 108 S. 347, 384 Abs. 2); sie erweist sich aber als unbegründet. Denn das Berufungsgericht hat die Annahme eines unabwendbaren Zufalls im Sinne des § 233 Abs. 1 ZPO. mit Recht um deswillen verneint, weil die Unterlassung rechtzeitiger Zahlung der Prozeßgebühr auf einem von der Klägerin zu vertretenden Versehen der U. AGes. beruhe. Die vorliegenden Urkunden ergeben hierüber Folgendes:

Die U., eine Maklergeschäfte für das Versicherungsgewerbe betreibende Aktiengesellschaft, die den für den Rechtsstreit in Betracht kommenden örtlichen Verhältnissen näher stand als die Klägerin, war von dieser ersucht worden, ihre Interessen im Rechtsstreit wahrzunehmen. Sie tat das schon im ersten Rechtszug und erteilte, nachdem das Landgericht die Klage abgewiesen hatte, im Einverständnis mit der Klägerin einem Rechtsanwalt beim Oberlandesgericht den Auftrag zur Einlegung der Berufung. Der Anwalt holte durch ihre Vermittlung die Prozeßvollmacht der Klägerin ein, verkehrte auch sonst nur mit der U. Demgemäß teilte er ihr auch die ihm zugestellte Fristbestimmung aus § 519 Abs. 6 ZPO. und die entsprechende Kostenanforderung mit, und zwar in einer Form, daß der Empfänger der Mitteilung nicht im unklaren über ihre Bedeutung sein konnte. Bei der U. wurde auf diese Mitteilung infolge eines angeblichen Büroversehens nichts veranlaßt.

Bei dieser Sachlage muß mit dem Oberlandesgericht davon ausgegangen werden, daß die Klägerin die U. beauftragt hat, den Verkehr mit dem zum Prozeßbevollmächtigten für die Berufungsinstanz bestellten Rechtsanwalt zu führen. Ein solcher Auftrag umschloß die Ermächtigung, gegenüber dem Prozeßbevollmächtigten im Namen der Auftraggeberin zu handeln. Die U. war damit von der Klägerin zu ihrer Vertreterin für die Verkehrsführung bestellt. Ob die Übernahme dieser Vertretung sich als eine bloße „unter Geschäftsfreunden übliche" Gefälligkeit darstellte, ist unerheblich. Ein Verschulden dieser Vertreterin muß sich die Klägerin bei der Beurteilung ihres Wiedereinsetzungsantrags gemäß § 232 Abs. 2 ZPO. wie ein eigenes Verschulden anrechnen lassen. Der Senat hat allerdings in dem Beschluß vom 3. Juni 1926 (JW. 1926 S. 2574 Nr. 2) grundsätzlich ausgesprochen, daß das Vorhandensein eines Vertreters im Sinne des § 232 Abs. 2, abgesehen von den Fällen einer gesetzlichen Vertretung (§§ 51, 53 ZPO.) und der Zulassung eines Vertreters ohne Vollmacht (§ 89 ZPO.), die Erteilung einer gültigen Vollmacht voraussetze, und er hat diese Voraussetzung für einen Fall verneint, in dem eine Partei ihre Vertretung für die Berufungsinstanz einem Manne übertragen hatte, von dem sie in den falschen Glauben versetzt worden war, er sei Rechtsanwalt und zur Durchführung des von ihm übernommenen Prozeßführungsmandats befähigt. In jenem Falle war die einem Nichtanwalt erteilte Prozeßvollmacht nach § 78 Abs. 1 ZPO. unwirksam. Die Gültigkeit der hier in Rede stehenden Vollmacht aber ist nicht zu bezweifeln. Denn es handelt sich hier nicht um eine Vollmacht zur Prozeßführung, sondern um eine Vollmacht zur Verkehrsführung mit dem Prozeßbevollmächtigten. Eine solche Vollmacht kann auch im Anwaltsprozeß einem nicht beim Prozeßgericht zugelassenen Rechtsanwalt oder einer anderen Person als einem Rechtsanwalt erteilt werden. Daß ein sogenannter Verkehrsanwalt als Vertreter im Sinne des § 232 Abs. 2 anzusehen ist, hat das Reichsgericht oft anerkannt (vgl. JW. 1923 S. 835 Nr. 12, WarnRspr. 1926 Nr. 124 und den das Verschulden eines ausländischen Verkehrsanwalts der Partei anrechnenden Beschluß vom 18. September 1926 IV 456/26). Einen den Verkehr führenden Nichtanwalt in dieser Beziehung anders zu behandeln als einen Anwalt, ist weder nach dem Wortlaute des § 232 Abs. 2 noch innerlich gerechtfertigt. Auf die Gleichstellung weist auch der schon im Beschluß vom 3. Juni 1926 hervorgehobene Zusammenhang des § 232 Abs. 2 mit § 85 ZPO. hin. Dort wird der Grundsatz der unmittelbaren Stellvertretung mit den Worten aufgestellt: „Die von dem Bevollmächtigten vorgenommenen Prozeßhandlungen sind für die Partei in gleicher Art verpflichtend, als wenn sie von der Partei selbst vorgenommen wären." Ebensowenig wie dieser Grundsatz in Fällen, in denen eine Vertretung durch Anwälte nicht geboten ist, auf einen Anwalt als Bevollmächtigten zu beschränken ist (vgl. § 79 ZPO.), liegt eine solche Beschränkung im Sinne des § 232 Abs. 2.

Ein der Klägerin anzurechnendes Verschulden der U. ist freilich noch nicht ohne weiteres damit gegeben, daß bei dieser ein „Büroversehen" vorgekommen ist. Die Angestellten eines Sachwalters sind weder dessen Vertreter noch die der Partei. Soweit sie als Erfüllungsgehilfen des Sachwalters bei Ausführung der von ihm übernommenen Geschäftsbesorgung in Betracht kommen, haftet der Sachwalter nach § 278 BGB. zwar privatrechtlich; diese Haftung ist aber nach feststehender Rechtsprechung auf das öffentlichrechtliche Gebiet des Zivilprozesses nicht zu übertragen (RGZ. Bd. 96 S. 324, JW. 1923 S. 14 Nr 3). Schuldhaftes Verhalten des Bureaupersonals der U. könnte deshalb einen unabwendbaren Zufall darstellen, für den die U. prozeßrechtlich nicht verantwortlich wäre und der somit auch der Klägerin zugute käme. Der Fall müßte dann aber so liegen, daß die U. selbst oder genauer ihre Vorstandsmitglieder als ihre gesetzlichen Vertreter das Hindernis für die Einhaltung der Frist durch Anwendung der nach Lage der Sache angemessenen und vernünftigerweise zu erwartenden äußersten Sorgfalt nicht haben abwenden können. Daß der Fall so liege, hätte zur Begründung des Wiedereinsetzungsgesuchs dargelegt werden müssen. Das ist nicht geschehen. In der mit dem Wiedereinsetzungsgesuch überreichten eidesstattlichen Versicherung eines Vorstandsmitglieds der U. wird die Versäumung zwar darauf zurückgeführt, daß ein Buchhalter infolge eines „ganz unverständlichen" Versehens die in Rede stehende Kostenanforderung als bereits durch eine andere Kostenzahlung erledigt angesehen habe. Aber es wird nichts darüber gesagt, ob sich dieser Buchhalter sonst als zuverlässig erwiesen hat und ob er in einer der Verkehrsführung im Prozeß entsprechenden Weise angeleitet und beaufsichtigt worden ist. . . .

---

15. 1. Was setzt der Unterlassungsanspruch wegen übler Nachrede voraus?

2. Wann kann sich der Verleger eines Schriftwerks, worin üble Nachrede enthalten ist, auf Wahrnehmung berechtigter Interessen berufen?

3. Schließt guter Glaube an die Wahrheit der Nachrede die Verantwortlichkeit des Verlegers aus?

4. Beschränkt sich der Unterlassungsanspruch wegen übler Nachrede auf bestimmte Arten der Behauptung und Verbreitung?

BGB. §§ 824, 823 Abs. 2. verb. m. StGB. §§ 186, 185, 193.

I. Zivilsenat. Urt. v. 6. Dezember 1926 i. S. U. & Co. (Bekl.) w. K. (Kl.). I 137/26.

I. Landgericht I Berlin.
II. Kammergericht daselbst.

Im Jahre 1920 erschien im Verlage der Beklagten das Buch des Prinzen W.: „Vom roten zum schwarzen Prinzen, Mein Kampf gegen das k. u. k. System." Es enthält Erinnerungen des Verfassers, hauptsächlich aus dem Weltkriege. Neben Erlebnissen und Beobachtungen an der Front tragen solche aus dem politischen Getriebe, namentlich aus der Zeit, da er den Posten eines ungarischen Ernährungsministers bekleidete, das meiste zum Inhalte bei.

Der Kläger wird um seiner politischen Tätigkeit willen in dem 459 Seiten starken Buch oftmals erwähnt. Viele der Bemerkungen, die sich auf ihn beziehen, sind seiner Meinung nach ehrverletzend. Er findet in ihnen unter anderem den Vorwurf der Bestechlichkeit: heimlicher Annahme von Geldern, welche die Feinde Österreich-Ungarns ihm hätten zukommen lassen, damit ihre Sache dadurch gefördert werde und ihnen der Sieg zufalle.

Zwei Stellen hebt der Kläger besonders hervor: Die eine handelt im Zusammenhang mit Vorgängen aus dem April 1918 von der erbitterten Gegnerschaft zwischen dem Kläger und Graf Stefan Tisza. Es wird einer Reise gedacht, die der Kläger im Frühjahr 1914 nach Amerika machte. „Bei Kriegsausbruch" heißt es da, „wurde K. auf der Rückreise von Amerika in Paris angehalten und interniert. Die Franzosen ließen ihn jedoch frei, als er sich ehrenwörtlich verpflichtete, nicht gegen die Entente zu kämpfen und in seinem Lande eine pazifistische Bewegung hervorzurufen. Von diesem Ehrenwort erfuhr man in Ungarn erst viel später." An einer andern Stelle, die sich mit der Entwicklung nach dem Zusammenbruch und dem Abschluß des Waffenstillstandes im Herbst 1918 beschäftigt, heißt es: „Wie unsere Feinde K. und seine Herrschaft, seinen Charakter und seine Persönlichkeit, sein ganzes Verhalten während des Krieges einschätzten, kam bei der ersten Begegnung in Belgrad für ganz Österreich-Ungarn überraschend zutage; die Behandlung, die der französische General Franchet d'Esperey K. und seinem Stabe (L. H. usw.) zuteil werden ließ, war so entwürdigend, war so berechnet, dem Verräter die Verachtung des Gegners zu zeigen, daß sie sich kein ungarischer Unteroffizier hätte bieten lassen, wenn er Ehre im Leibe und sein gutes Recht auf seiner Seite gefühlt hätte. — General Franchet d'Esperey mußte jedenfalls schon in Kenntnis gewesen sein (ebenso wie ich es kurz darauf erfuhr), daß in den Akten des Quai d'Orsay sich eine Quittung K.'s über jene Beträge, angeblich 5 Millionen Franken, befindet, die er von der französischen Regierung für defaitistische Zwecke erhalten hatte. Der französische General gab ihm zu erkennen, daß er von den Franzosen nicht höher als ein gemeiner Kriegsspion eingeschätzt wurde."

Mit der vorliegenden gegen den Prinzen W. und die Aktiengesellschaft U. & Co. gerichteten Klage verlangte der Kläger die Verurteilung beider, die Weiterverbreitung der Behauptung zu unterlassen, er habe von der Entente Geld genommen, um in ihrem Sinne tätig zu sein. Dem Prinzen W. wurde die Klageschrift nicht zugestellt und es fand gegen ihn keine Verhandlung statt. Die Beklagte U. & Co. entgegnete unter anderem, die Behauptungen, in denen der Kläger eine ehrenkränkende Nachrede finde, seien wahr.

Landgericht und Oberlandesgericht gaben der Klage statt. Die Revision der Beklagten hatte keinen Erfolg.

Gründe:

1. Das angefochtene Urteil entnimmt dem von der Beklagten verlegten Buche des Prinzen W. die Behauptung: der Kläger habe während des Weltkriegs vom Feindbund Geld genommen, um in dessen Sinne tätig zu sein. So versteht das Berufungsgericht die Äußerungen des Buches, die sich auf den Kläger beziehen und jene Frage berühren. So werden sie — das Urteil betont es — auch von den Parteien übereinstimmend verstanden. Schon in den beiden besonders hervorgehobenen Stellen sei klar behauptet: der Kläger habe von der französischen Regierung 5 Millionen Franken „für defaitistische Zwecke" in Empfang genommen; also zu dem Ende, dafür zu wirken, daß sein Staat dem Feind unterliege. Allerdings werde nicht ausdrücklich gesagt, der Kläger habe sich persönlich mit dem Gelde bereichern wollen; indessen könne das nicht entscheiden. Wer in einem Kriege, in den sein Vaterland verwickelt sei — möge er ihn billigen oder nicht, über Möglichkeit und Nützlichkeit von Friedensverhandlungen denken, wie er wolle —, hinter dem Rücken der verfassungsmäßigen Regierung seines Landes vom Feinde Geld nehme, um Bewegungen zu fördern, welche die Widerstandskraft seines Landes schwächen müßten, der gelte nach feststehenden Anschauungen als Landesverräter.

Diese Ausführungen enthalten keinen Rechtsirrtum. Der Kläger selber teilt, wie das Berufungsgericht sagt, diese Auffassung, die das ihm nachgesagte Verhalten kennzeichnet; er meint also, daß man ihn mit Grund einen Landesverräter hieße, wenn er so gehandelt hätte, wie das Buch des W. behauptet. Die Angriffe der Revision in diesem Punkte können nicht durchdringen. Das Berufungsgericht nimmt keineswegs, wie man ihm vorwirft, das Strafgesetzbuch zur wesentlichen Entscheidungsnorm für die rechtliche und sittliche Würdigung geschichtlicher Vorgänge. Es will auch keine gedanklich unanfechtbare allgemeine Begriffsbestimmung des Landesverrats geben, sondern nur feststellen, daß tatsächlich nach geltenden Lebensanschauungen als Landesverräter beurteilt werde, wer so handle, wie es nach Behauptungen und Andeutungen des W.'schen Buches der Kläger getan haben soll. Das Buch enthält über den Kläger keine bloßen Urteile und Meinungsäußerungen, sondern Angaben über bestimmte in die Wirklichkeit getretene, dem Beweise zugängliche Vorkommnisse, namentlich den Empfang von Geld gegen Zusage und Leistung gewisser dem geldgebenden Feind erwünschter Tätigkeit, also die Behauptung von Tatsachen (RGSt. Bd. 55 S. 131). Die Zweifelsfrage der Revision, ob man Angehörige der wider ihren Willen losgerissenen, unter fremde Gewaltherrschaft gezwungenen Völker und Volksteile mit gleichem Maße messen und des Landesverrats bezichtigen würde, taugt nicht zur Gegenprobe auf die Richtigkeit des bemängelten Ausspruchs. Denn solche besonderen Umstände lagen beim Kläger nicht vor. Für ihn war der Stand der Dinge klar, jeder Zweifel darüber, wo sein Staat und Volk stünden und wo die Feinde, völlig ausgeschlossen. Ebensowenig läßt sich die Auffassung des Kammergerichts durch den Hinweis der Revision widerlegen, daß gegen manchen durch Hochverrat oder Landesverrat zur Macht Gelangten die strafgerichtliche Sühne ausbleibe, und daß vielleicht sogar die Rüge des geschichtlichen Urteils vor der Tatsache des Erfolges, mindestens einstweilen, verstumme.

Mit Unrecht sucht die Revision in der Beurteilung des Berufungsgerichts einen Widerspruch zu der Behauptung des Klägers: soweit er in Verhandlungen mit dem Feind auf den Friedensschluß hingewirkt habe, sei das mit Wissen und Willen Kaiser Karls geschehen. Damit werden zwei völlig verschiedene Dinge in eine

Gemeinschaft gebracht, die ihnen nicht zukommt. Auch W. erzählt in seinem Buche: Kaiser Karl habe sich von des Klägers anscheinend vorzüglichen französischen Verbindungen Nutzen für die Friedensverhandlungen versprochen. Aber dies bedeutet kein Einverständnis damit, daß der Kläger heimlich vom Feinde Geld nehme oder genommen habe, um Zermürbung, Zersetzung und Unterwerfung des eigenen Volkes und Staates zu betreiben; der Kläger will nach dem ganzen Zusammenhang seiner Sachdarstellung dergleichen auch gar nicht behaupten.

Die weitere Bemerkung der Revision, daß man private Angelegenheiten von öffentlichen wohl unterscheiden müsse, und daß eine im öffentlichen Leben tätige Person weniger Schutz gegen Tadel und absprechendes Urteil genieße als eine beliebige andere, trifft nicht die hier wesentlichen Fragen; der Versuch der Beklagten, die Einschränkung des Rechts am eigenen Bilde bei Personen aus dem Bereiche des Zeitgeschichte (§ 23 Abs. 1 Nr. 1 Kunstschutz-Ges. vom 9. Januar 1907) zu entsprechender Anwendung auf Rechtslagen wie die gegenwärtige zu bringen, geht fehl. Auch ein Politiker braucht sich die Nachrede unehrenhaften Verhaltens nicht gefallen zu lassen, wenn sie der Wahrheit widerstreitet. Daß er insofern wehrloser dastehe, als jedermann sonst, ist nicht zuzugeben; dem Inhalte des Gesetzes wie dem Zweck und Sinn der Rechtsordnung entspricht das nicht.

An anderer Stelle sagen die Gründe des angefochtenen Urteils mit Beziehung auf die Beklagte, daß das Bewußtsein des ehrenkränkenden Charakters der in dem verlegten Buch aufgestellten Behauptung genüge, um ihre Verantwortlichkeit zu begründen. Der Zusammenhang ergibt, daß damit jenes Bewußtsein der gesetzlichen Vertreter der Beklagten — für die Zeit, als das Werk erschien, und für die darauf folgende Zeit seiner bestimmungsmäßigen Verbreitung — aus dem Parteivortrag, überhaupt aus den ersichtlichen Umständen, entnommen und sonach festgestellt wird. Ständige Gesetzesauslegung sieht darin die zureichende Feststellung vorsätzlichen Handelns (RGSt. Bd. 25 S. 359; RGZ. Bd. 57 S. 241, Bd. 58 S. 216, Bd. 62 S. 139, Bd. 63 S. 148, Bd. 76 S. 319, Bd. 79 S. 60).

Das Berufungsurteil folgert also mit Recht: Die verfassungsmäßig berufenen Vertreter der beklagten Aktiengesellschaft haben durch den Verlag des W.'schen Buches eine den Kläger verächtlich machende und ihn in der öffentlichen Meinung herabwürdigende Behauptung verbreitet. Sie haben damit gegen § 186 StGB. verstoßen, wenn die Behauptung nicht erweislich wahr ist. Und wenn sie nicht wahr ist, so hat die Beklagte, weil sie für die Handlungen ihrer Vertreter wie für eigene haftet (§ 31 BGB., § 231 HGB.), wegen ehrenkränkender Nachrede auf Verlangen des Betroffenen nach den Grundsätzen über unerlaubte Handlungen Schadensersatz zu leisten (§ 823 Abs. 2 BGB. verb. m. § 186 StGB.).

Da das Berufungsgericht vorsätzliches Handeln der Beklagten feststellt, so kommt die Anwendung des § 824 BGB., dessen Verletzung von der Revision gerügt wird, hier nicht in Betracht. Diese Vorschrift füllt im Gefüge des bürgerlichen Rechts eine Lücke aus, die verbliebe, wenn nur der § 823 Abs. 2 BGB. verb. m. §§ 185—187 StGB. den durch Beleidigung oder üble Nachrede (oder Verleumdung) Geschädigten oder Gefährdeten schützte. Die genannten strafrechtlichen Bestimmungen setzen für die Behauptung oder Verbreitung „unwahrer Tatsachen" über einen anderen, wenn nicht Handeln wider besseres Wissen (§ 187), so doch wenigstens das Bewußtsein ehrenkränkender Wirkung des Behaupteten (§ 186 StGB.) voraus. Weil das den Rechtsschutzbedürfnissen des bürgerlichen Verkehrs nicht in allen Fällen genügt, erkennt der § 824 auch die fahrlässige Behauptung oder Verbreitung von Tatsachen, wenn sie Kredit, Erwerb oder Fortkommen des Betroffenen gefährden kann, als Unterlage eines Schadensersatzanspruchs an. Der Ausdehnung auf fahrlässiges Verhalten (§ 276 Abs. 1 Satz 2 BGB.) entspricht es, daß hier der Kläger das Verschulden des Beklagten beweisen, also dartun muß, dieser hätte bei Anwendung der im Verkehr erforderlichen Sorgfalt die Unwahrheit erkennen müssen. Solcher Beweis schließt notwendig den für die Unwahrheit selbst in sich (RGZ. Bd. 51 S. 380, Bd. 56 S. 285). Im vorliegenden Fall übersieht jedoch die Beklagte, wenn sie Verletzung des § 824 BGB. rügt, die vom Berufungsrichter getroffene Feststellung ihres Vorsatzes; ihr liegt also der Beweis der Wahrheit ob (RGSt. Bd. 19 S. 387).

2. Die Beklagte verficht die Rechtsansicht, daß sie mit Verlag und Verbreitung des Buches berechtigte Interessen wahrnehme; eigne sowohl als die weitester (auch deutscher) Kreise, denen daran

gelegen sei, die Erinnerungen des Prinzen W. kennen zu lernen. Sie meint, daß sie darum, einer „publizistischen Pflicht" genügend, wegen unwahrer Nachrede nicht strafbar sei, weil weder aus der Form der verbreiteten Äußerungen noch aus den Umständen, unter denen sie verbreitet würden, „das Vorhandensein einer Beleidigung", also die Absicht, zu beleidigen, hervorgehe (§ 193 StGB.).

Im einzelnen Falle ist auf Grund verständiger, billiger Beurteilung des Sachverhältnisses zu bestimmen, ob „Wahrnehmung berechtigter Interessen" vorliegt. Soll jemand sich auf sie berufen können, so muß er zu der Angelegenheit, über die er sich geäußert hat, in Beziehungen stehen, vermöge deren sie ihn persönlich nahe angeht. Daß es keine fremde, sondern seine eigene Sache sei, wird nicht gefordert. Ob es sich um private oder öffentliche Dinge handelt, macht ebenfalls keinen Unterschied (RGSt. Bd. 59 S. 415 u. a.; RGZ. Bd. 51 S. 378, Bd. 56 S. 285, Bd. 85 S. 442/4). Zur Wahrnehmung berechtigter Interessen gehört daher, wenn im Einklang mit Rechtsordnung und guten Sitten ausgeübt, z. B. auch die Verfolgung von Zwecken, die durch Stellung in Gemeinde oder Staat bedingt, von Gemeindegesetzgebung oder Verfassung gewährleistet werden; desgleichen das Eintreten für rechtliche oder sittliche Belange anderer, sofern gewisse nähere Beziehungen dem Handelnden dazu Anlaß geben. Ist ein vom Täter verfolgter Zweck so geartet, daß er bei Wahrheit des erhobenen Vorwurfs als berechtigt anzuerkennen wäre, dann bleibt er berechtigt, auch wenn die Behauptung sich nicht beweisen läßt, vom Täter jedoch für wahr gehalten wurde. Grundsätzlich aber muß entscheiden, ob bei verständiger Würdigung des einzelnen Falles die Anteilnahme des Täters an den in Frage stehenden Belangen auch gegenüber dem Recht auf Achtung fremder Ehre ein von der Rechtsordnung anerkanntes Interesse ist (RGSt. Bd. 59 S. 415 u. a.).

Nach bisher festgehaltener Gesetzesauslegung ist die Tagespresse nicht schlechthin befugt, geschweige denn verpflichtet, vermeintliche Übelstände, Mißgriffe, Vergehen auch unter Verletzung der Ehre einzelner Personen bekanntzumachen und öffentlich zu rügen. Vielmehr darf der Schriftleiter einer Zeitung, wie jeder andere, Mißstände und Verfehlungen, die seiner Meinung nach hervorgetreten sind, nur dann straflos in einer fremde Ehre beeinträchtigenden Weise besprechen, wenn es sich um Angelegenheiten handelt, die ihn selbst wegen seines besonderen Verhältnisses zu ihnen nahe angehen oder mit deren Vertretung er durch Auftrag betraut ist. An dieser Voraussetzung fehlt es z. B. bei den allgemeinen politischen Vorkommnissen und Fragen, die den Schriftleiter nicht näher als jeden anderen berühren (RGSt. Bd. 59 S. 416 u. a.). Zwar lassen sich diese Grundsätze, wie sie sich für den Schriftleiter laufend erscheinender Druckerzeugnisse ausgebildet haben, nicht ohne weiteres auf den Verleger eines Buches übertragen. Schon wegen vielfacher Verschiedenheiten nach Zweck, Inhalt, Form und Leserkreis wird die jeweils gerechte Abmessung der Befugnisse nur nach Prüfung des einzelnen Falles möglich sein. Grundsätzlich aber ist auch der Verleger wie der Schriftsteller selbst an die Grenzen gebunden, die das Gesetz zum Schutze fremder Ehre dem allgemeinen Recht der freien Meinungsäußerung (RVerf. Art 118) zieht. Auch er kann sich also nicht auf den Schutz des § 193 StGB. berufen, wenn ein von ihm verlegtes und somit verbreitetes Schriftwerk die Ehre eines Dritten durch Behauptung nicht erweislich wahrer Tatsachen angreift und die Sache, um die es sich handelt, ihn nicht näher als jeden anderen Staatsbürger angeht (RGSt. Bd. 56 S. 383). Der Verlagsvertrag allein kann nicht schlechthin genügen, eine sachliche Beziehung zu schaffen, vermöge deren ein berechtigtes Interesse für den Verleger entstünde, den Inhalt des verlegten Werkes auch auf die Gefahr der Kränkung fremder Ehre zu verbreiten. Schon ohne den Vertragsabschluß muß eine sachliche Beziehung gegeben sein. Je nach der Art des Schriftwerks, dem besonderen Arbeitsgebiet des Verlags und allen sonst erfahrungsmäßig wichtigen Umständen des Falles ist zu prüfen, ob sie vorliegt. Stets wird dabei, sofern es sich, wie hier, um ehrenrührige Nachrede bestimmten Inhalts handelt, auch zu fragen sein, ob die etwa zum Gesamtstoffe vorhandene nähere Beziehung sich notwendig auf diese Einzelheit miterstreckt oder nicht. Nur bei bejahender Antwort ist berechtigtes Interesse anzuerkennen.

Das Berufungsgericht prüft, ob der Beklagten der durch Wahrnehmung berechtigter Interessen begründete Schutz (§ 193 StGB.) gebühre, und verneint es: Dahinstehen könne, ob ein Verleger zur Wahrnehmung berechtigter Interessen handle, wenn er ein ernstes, wissenschaftliches Werk verlege, worin nicht erweislich wahre, aber auch nicht widerlegte und widerlegbare Behauptungen als geschichtliche Tatsachen hingestellt seien. Hier komme das nicht in Frage. Das vorliegende Buch sei nach Form und Inhalt lediglich auf das Unterhaltungsbedürfnis der Leser zugeschnitten. Diese Würdigung gehört überwiegend dem tatsächlichen Gebiete an und zeigt keinen rechtlichen Irrtum. Die damit gewonnene Feststellung führt zur Anwendung des ständig anerkannten Satzes, daß die Rücksichten auf menschliche Ehre den Zwecken der Unterhaltung und des Zeitvertreibs nicht aufzuopfern sind (RGSt. Bd. 19 S. 241). Eine wissenschaftliche Untersuchung, auf welche die Begriffe des Behauptens und Verbreitens von Tatsachen im gewöhnlichen Sinne strafrechtlicher Vorschriften unanwendbar wären, liegt nach der zutreffenden, rechtlich fehlerfreien Annahme des Berufungsgerichts nicht vor (RGZ. Bd. 84 S. 294).

Der Revision ist nicht zuzugeben, daß das Berufungsgericht bei seinen für die Verneinung berechtigter Interessen maßgeblichen Erwägungen alles Schrifttum in wissenschaftliches und unterhaltendes habe scheiden wollen und durch die aus solcher nicht erschöpfenden Teilung gezogenen Folgen einen rechtlichen Fehler begehe. Wissenschaftliche Werke sind nur des Gegensatzes wegen als Beispiel genannt; vollständige Aufzählung der Literaturgattungen ist, wie der Zusammenhang erweist, nicht beabsichtigt. Entscheiden muß, daß das Berufungsgericht dem Buche des Prinzen W. ausdrücklich nur den Zuschnitt auf das Unterhaltungsbedürfnis zuspricht. Keineswegs wird damit verkannt, daß die sehr verschiedenartigen Erinnerungsbücher, zumal der jüngsten Vergangenheit, selbst wenn sie vorwiegend unterhalten sollen, unter Umständen als geschichtliche Quellen für Tatsachenermittlung zu verwerten sind, gewiß auch zur Beurteilung des Geisteslebens, der Wandlungen in Denkart und Gesittung beitragen mögen. In den Erwägungen, aus denen die Wahrnehmung berechtigter Interessen verneint wird, läßt sich demnach kein Verstoß gegen Rechtsregeln finden. Es ist nicht ersichtlich, daß etwas bei der Beurteilung unbeachtet geblieben wäre, woraus auf besonders nahe Beziehungen der Beklagten zum Tatsacheninhalt des Buches und namentlich zu den vom Kläger abgewehrten Behauptungen geschlossen werden könnte.

Verbreitet somit die Beklagte das W.'sche Buch einschließlich der in ihm enthaltenen Behauptungen über den Kläger nicht zur Wahrnehmung berechtigter Interessen, so bewendet es dabei, daß die Beklagte die Wahrheit der behaupteten Tatsachen erweisen muß, nicht der Kläger die Unwahrheit (RG. VI 50/06 im Recht 1907 Nr. 756).

3. Das Berufungsurteil sieht den Wahrheitsbeweis als mißlungen an und ist der Überzeugung, daß er mit den weiter angebotenen Beweismitteln auch nicht erbracht werden könne. (Wird ausgeführt.) Diese sämtlichen Erwägungen gehören dem Bereiche der Tatsachenwürdigung an und sind vom Revisionsgerichte nicht nachzuprüfen.

Das angefochtene Urteil geht sodann auf den Einwand der Beklagten ein, daß ihre Verantwortlichkeit für die ehrenkränkende Nachrede wegfalle, weil ihr die Behauptungen — in Gestalt der zum Drucke dargebotenen Handschrift — von einem Gewährsmanne zugetragen worden seien, den sie für zuverlässig habe halten dürfen. Solche Berufung auf Mitteilungen anderer entspreche, führt das Kammergericht aus, weder allgemeinen Rechtsgrundsätzen noch dem Verhältnis des Verlegers zum Verfasser des Werkes. Setze doch auch nach bürgerlichem Rechte die schädigende Handlung (§ 823 BGB., § 186 StGB.) nicht das Bewußtsein von der Unerweislichkeit der behaupteten Tatsache voraus. Sogar durch guten Glauben an die Wahrheit werde die Schadensersatzpflicht nicht ausgeschlossen. Es genüge das Bewußtsein, daß die aufgestellte Behauptung ehrenkränkend sei. Diese Darlegungen entsprechen anerkannten Rechtsgrundsätzen (RGSt. Bd. 19 S. 387, Bd. 25 S. 357, Bd. 29 S. 46 u. a.). (Es folgt Zurückweisung eines weiteren Revisionsangriffs.)

4. Dem festgestellten Tatbestand entsprechend sieht das Berufungsgericht einen Anspruch auf Unterlassung weiteren Verbreitens der beleidigenden Behauptungen als begründet an.

Die Gefahr der Wiederholung durch weiteres Verbreiten des Werkes wird ohne Bedenken für vorliegend erachtet. Sie ist in der Bestimmung eines zum Vertrieb fertigen gedruckten Buches erfahrungsmäßig begründet. Die Beklagte hat, wie das angefochtene Urteil bemerkt, selbst nicht eingewandt, daß keine weitere Verbreitung stattfinden solle, oder daß sie die beanstandeten Stellen entfernen werde.

Das Berufungsgericht nimmt ferner ein Rechtsschutzbedürfnis als gegeben an. Der Kläger erhebt im gegenwärtigen Rechtsstreit einen vorbeugenden Anspruch auf künftige Unterlassung einer bestimmten, an sich ehrenkränkenden Nachrede. Gegen den Tatbestand, auf den er seine Klage gründet, könnte er den Schutz einer Strafvorschrift (§ 186 StGB.) anrufen. In solchen Fällen hat die Rechtsprechung das Erfordernis besonderen Rechtsschutzbedürfnisses für die Unterlassungsklage aufgestellt. Man hat erwogen: Wo die Wiederholung einer Handlung als gesetzlich verboten bereits mit öffentlicher Strafe bedroht sei, fehle das Bedürfnis für weitere zivilrechtliche Strafandrohung. Das Mittel zur Durchführung des auf Unterlassung unerlaubter Handlungen gerichteten Urteils sei die Zivilstrafe des § 890 ZPO. Obwohl sie den Zweck der Willensbeugung verfolge, kennzeichne sie sich (im Gegensatz zu der Vollstreckungsmaßregel des § 888 ZPO.) als wirkliche Strafe, Sühne für begangenes Unrecht; sie werde deshalb auch nach strafrechtlichen Grundsätzen festgesetzt (RGZ. Bd. 36 S. 418, Bd. 38 S. 424, Bd. 53 S. 182). Wo sich die Zuwiderhandlung gegen den Strafausspruch des Urteils mit der gegen ein staatliches Strafgebot decke, das um des Gemeinwohls willen erlassen sei, könne diese strafgesetzliche Norm nicht außer acht gelassen werden. Soweit der Staat als Hüter der öffentlichen Ordnung Strafe androhe, könne nicht nebenher eine private Strafdrohung ergehen, welcher der Staat als Zwangsvollstrecker seine Hand leihen solle. Es gebe nur eine Strafe für eine unter öffentliche Strafe gestellte Handlung, und das sei die öffentliche des Strafgesetzes; ihr müsse die zivilrechtliche weichen. Auch wenn für die Strafverfolgung (wie im vorliegenden Falle) nur der Weg der Privatklage offenstehe, müsse das gelten. Bloß in besonders gearteten Fällen, namentlich bei Hindernissen der Strafverfolgung, wurde ein Bedürfnis zivilrechtlichen Schutzes neben dem strafrechtlichen und damit die Abwehrklage auf Unterlassung für statthaft erachtet (RGZ. Bd. 77 S. 222, Bd. 82 S. 62, Bd. 88 S. 131, Bd. 91, S. 268 u. 354, Bd. 95 S. 342, Bd. 98 S. 39). Diese Auffassung wird im Schrifttum überwiegend als ungerechtfertigte Verkümmerung bürgerlichrechtlichen Schutzes (so Gierke DPrR. III § 215 S. 977 Anm. 92) bekämpft, in der Rechtsprechung ebenfalls oft abgelehnt (Rosenthal UnlWG. 5. Aufl. S. 69—73, Enneccerus Lehrb. bürg. R. I 2 § 465, I 2a Anm. 16 geben Belege). Auch das Berufungsgericht nimmt gegen sie Stellung. Wäre die bisherige Rechtsmeinung festzuhalten, so müßte dem Berufungsgericht im Ergebnis für den vorliegenden Fall dennoch zugestimmt werden. Denn aus Gründen, die auf dem Gebiet erfahrungsmäßiger Tatsachenwürdigung liegen, sieht es ein besonderes Rechtsschutzbedürfnis des Klägers als gegeben an. Ohne ausdrücklichen Widerspruch der Beklagten hat der Kläger im zweiten Rechtszuge behauptet, er habe schon im Jahre 1920 wegen der Veröffentlichungen, auf die er jetzt den Unterlassungsanspruch gründet, beim Amtsgericht Berlin-Mitte Privatklage gegen den Prinzen W. erhoben. Nachdem Prinz W. unterm 10. Januar 1921 dem Gerichte schriftlich mitgeteilt hätte, daß er sich auf die Klage nicht einlasse, habe das Amtsgericht das Verfahren eingestellt. Die Beschwerde des Privatklägers sei vom Landgericht zurückgewiesen worden, weil dieses Verfahren gegen den in Ungarn befindlichen ungarischen Staatsangehörigen, der sich nicht gestellen wolle, undurchführbar sei. Privatklage wider den Verleger des W.'schen Buches aber verspricht nach den vorwiegend auf tatsächlichem Gebiete liegenden Erwägungen des Kammergerichts keinen sicheren Erfolg. Die Beklagte U. & Co. ist Aktiengesellschaft, also Verbandsperson. Nach anerkannter Rechtsprechung (RGSt. Bd. 16 S. 123) und überwiegender Lehrmeinung kann eine juristische Person nicht als Täterin einer Beleidigung strafgerichtlich belangt werden. Es bliebe darum nur übrig, ein Strafverfahren gegen einzelne Personen (namentlich Vorstandsmitglieder) durchzuführen. Das Berufungsgericht nimmt an, der Kläger würde dadurch keine Gewähr dafür erlangen, daß die erwirkten Strafen auch auf die Beklagte selbst genügenden Druck ausübten, um die Weiterverbreitung der beanstandeten Behauptung zu verhindern. Die maßgeblichen Erwägungen, auf die sich die Annahme eines besonderen Rechtsschutzbedürfnisses gründet, sind aus erfahrungsmäßigen Vermutungen tatsächlicher Art gewonnen. Einen rechtlichen Irrtum enthalten sie nicht.

5. So gelangt das Kammergericht in grundsätzlicher Übereinstimmung mit dem Landgericht ohne Verstoß gegen §§ 823, 824 BGB., §§ 186, 185, 193 StGB. dazu, daß der Unterlassungsanspruch gerechtfertigt sei.

Den Inhalt des begehrten Verbots erklärt es für unbedenklich. Dieses geht, nach dem Klagantrag, schlechtweg und allgemein dahin, die Weiterverbreitung der Behauptung zu unterlassen, daß der Kläger von der Entente Geld genommen habe, um in ihrem Sinne tätig zu sein. Zwar fügte der Klagantrag dann das Verlangen der Vernichtung (von Druckexemplaren und Platten des Buches „Vom roten zum schwarzen Prinzen") an; aber nicht so, als beziehe sich das Verbreitungsverbot nur auf dieses Verbreitungsmittel des W.'schen Werkes und der darin enthaltenen Behauptungen. Es leuchtet ein, daß es dem Willen des Klägers nicht entsprechen kann, die Verbreitung der Nachrede auf diesem einen, allerdings wohl besonders wirksamen Wege hintanzuhalten, auf allen übrigen aber, z. B. mündlich oder in anderen Druckwerken, freizugeben. Die abweichende Auslegung der Revision ist abzulehnen. Sie kann sich nicht darauf berufen, daß es z. B. offen stehen müsse, die wider den Kläger erhobenen Vorwürfe rein geschichtlich zu berichten. Diese Möglichkeit bleibt allerdings unverschränkt; auch die sachlich prüfende Ausführung, ob nach allem bislang Ersichtlichen ein starker Verdacht gegen den Kläger bestehe oder nicht, kann der geschichtlichen Untersuchung selbstverständlich nicht verwehrt sein. Weitere Möglichkeiten der Erörterung, etwa zu politischen Kampfzwecken, im einzelnen daraufhin zu behandeln, ob und inwieweit sie in der einen oder andern Gestalt noch freistehen, ist nicht die Aufgabe des gegenwärtigen Urteils.... (Es folgt noch die Erörterung einer Prozeßrüge.)

---

16. Kann der Ehegatte, gegen den auf Aufhebung der ehelichen Gemeinschaft erkannt ist, lediglich zu dem Zweck Berufung einlegen, um die Scheidung der Ehe aus beiderseitigem Verschulden herbeizuführen?

BGB. § 1575.

IV. Zivilsenat. Urt. v. 6. Dezember 1926 i. S. Ehem. J. (Kl.) w. Ehefr. J. (Bekl.). IV 688/26.

I. Landgericht Köln.
II. Oberlandesgericht daselbst.

Das Landgericht hat die Scheidungsklage des Ehemanns abgewiesen und auf die Widerklage der Ehefrau die eheliche Gemeinschaft der Parteien aufgehoben. Der Ehemann hat Berufung eingelegt mit dem Antrage, statt der Aufhebung der ehelichen Gemeinschaft die Scheidung der Ehe auszusprechen und die Beklagte für mitschuldig an der Scheidung zu erklären. Das Berufungsgericht hat auf Scheidung der Ehe erkannt, aber den klagenden Ehemann für den allein schuldigen Teil erklärt. Die Revision des Klägers bezweckte, die Mitschuldigerklärung der Beklagten zu erreichen. Sie hatte Erfolg.

Aus den Gründen:

Der vom Kläger gestellte Berufungsantrag gibt Anlaß zu der von Amts wegen vorzunehmenden Prüfung, ob die Berufung zulässig war.

Nach § 1575 Abs. 1 Satz 2 BGB. kann der Ehegatte, gegen den auf Aufhebung der ehelichen Gemeinschaft geklagt ist, den Antrag stellen, daß die Ehe, falls die Klage begründet ist, geschieden werde. Er kann hierbei weiter beantragen, den klagenden Teil nach § 1574 Abs. 2 für mitschuldig an der Scheidung zu erklären. Denn die — auf Grund eines nach § 1575 Abs. 1 Satz 2 BGB. gestellten Antrages die Scheidung herbeiführende — Klage auf Aufhebung der ehelichen Gemeinschaft ist so anzusehen, wie wenn sie als Scheidungsklage erhoben wäre (vgl. § 1575 Abs. 2 BGB.). Was hier von der Klage gesagt ist, gilt entsprechend auch für die Widerklage. Es fragt sich aber, ob der Ehegatte, gegen den auf Aufhebung der ehelichen Gemeinschaft erkannt ist, Berufung lediglich zu dem Zweck einlegen kann, einen Antrag gemäß § 1575 in Verbindung mit § 1574 BGB. zu stellen. Dies ist zu bejahen. Der verurteilte Ehegatte ist zwar dadurch nicht beschwert, daß auf Aufhebung der ehelichen Gemeinschaft statt auf Scheidung erkannt ist. Aber seine Beschwerung ergibt sich aus §§ 1576, 1586 BGB. Danach treffen den an der Aufhebung der ehelichen Gemeinschaft für schuldig erklärten Ehegatten dieselben Rechtsnachteile wie den an der Scheidung schuldigen Teil, und hierbei verbleibt es, wenn das Aufhebungsurteil in ein Scheidungsurteil umgewandelt wird. Diese Folge von sich abzuwehren, hat der verurteilte Ehegatte ein Interesse, und dieses wahrt er auch dadurch, daß er gegen das die Aufhebung der ehelichen Gemeinschaft aussprechende Urteil Berufung einlegt mit dem Antrag nach § 1575 und dem Antrag, den klagenden Teil für mitschuldig zu erklären. Für den vorliegenden Fall kommt hinzu, daß die Scheidungsklage des Klägers abgewiesen ist. Das Ziel seiner Scheidungsklage verfolgt er aber auch, wenn er mit seiner Berufung die Mitschuldigerklärung der Beklagten verlangt (vgl. JW. 1905

S. 154 Nr. 42). Er hat zwar wegen der Abweisung seiner Scheidungsklage keine Berufung eingelegt. Er bleibt aber durch sie beschwert und sucht diese Beschwerung von sich abzuwälzen, indem er infolge seines Antrages nach § 1575 BGB. die Scheidung herbeiführt, und durch seinen Antrag nach § 1574 BGB. zugleich die Mitschuldigerklärung der Beklagten erstrebt. Er will also im Ergebnis dasselbe Ziel wie mit der Scheidungsklage erreichen. Nur wehrt er sich nicht dagegen, daß er auch selbst schuldig an der Scheidung ist.

Die Entscheidung in RG. Bd. 100 S. 209 steht dieser Auffassung nicht entgegen. Sie behandelt nur die Frage, in welchen Fällen der obsiegende Kläger oder Widerkläger im Ehestreite Berufung einlegen darf....

---

17. 1. Ist ein in der Zeit des Währungsverfalls getroffenes Abkommen, das die Entgelte aus einem älteren Dauervertrag nach dem Börsenpreis von Roggen und Öl bemißt, auch beim Fehlen besonderer Parteiabrede als bloß vorläufiges Abkommen anzusehen?

2. Berechtigt die Wiederbefestigung der deutschen Währung ohne weiteres zum Rücktritt von Verträgen wegen Änderung der Vertragsgrundlage?

BGB. §§ 133, 157, 242.

V. Zivilsenat. Urt. v. 8. Dezember 1926 i. S. Deutsche Erdöl-Aktiengesellschaft (Kl.) w. H. u. Gen. (Bekl.). V 226/26.

I. Landgericht Lüneburg.
II. Oberlandesgericht Celle.

Zwischen den Beklagten als Grundbesitzern einerseits und Rechtsvorgängern der Klägerin als Unternehmern anderseits sind in den Jahren 1898 und 1906 Verträge abgeschlossen worden, denen zufolge die Grundbesitzer den Unternehmern das ausschließliche dingliche Schürf-, Bohr- und Gewinnungsrecht einräumten. Der Förderzins für Mineralöle wurde auf eine Mark je Barrel festgesetzt und u. a. bestimmt, daß bis zur Mineralien- (Öl-) Förderung oder Ergebnislosigkeit der Bohrung für die Überlassung der Bohrgerechtsame den Grundbesitzern jährlich 1200 ℳ bezahlt werden sollten.

Am 8. Juni 1923 kam nach längeren Verhandlungen der Klägerin mit den genannten und andern Grundbesitzern, die sich zu einer Genossenschaft m. b. H. zusammengeschlossen hatten, eine „Vereinbarung wegen Vertragsentgelte" zustande, wodurch die Entgelte einheitlich mit Wirkung seit 1. Januar 1923 neu festgesetzt wurden. Darin ist vereinbart:

A. Der Förderzins wird auf 2 v. H. des geförderten Rohöls bestimmt, aber nicht in Natur, sondern in Reichswährung nach Maßgabe einer Berechnung, die zunächst Zahlung in Goldmark vorsieht. Die Umrechnung der Goldmark in Reichswährung soll nach dem Briefkurs des nordamerikanischen Dollars an der Berliner Börse am Stichtag geschehen, wobei ein Dollar gleich 4,25 G.M gesetzt wird. Für die Berechnung ist davon auszugehen, daß der Preis für 100 kg wasserfreies Wietzer Rohöl 7,50 G.M beträgt. Dieser Goldmarkpreis ist auf dem Preis für Pennsylvanisches Rohöl aufgebaut. Falls sich die Notierung dafür an der Newyorker Börse um mehr als 20% nach oben oder unten verändert, ist ein Zuschlag oder Abzug vorgesehen. Verliert der bezeichnete Dollar die Führung als Standard-Goldwährung unter den Devisen, so ist als Ersatz für ihn zur Umrechnung der Goldmark in Papiermark, ebenso an Stelle der Notiz von pennsylvanischem Rohöl ein anderer Wertmesser zur Feststellung von Veränderungen im Goldwert des Wietzer Rohöls neu zu vereinbaren.

B. Oberflächenentschädigung.

Die Deutsche Erdöl-Aktiengesellschaft zahlt an die Grundstückseigentümerin für jeden durch ihren Betrieb in Anspruch genommenen Morgen (2500 qm) Vertragsoberfläche jährlich eine Entschädigung in Höhe des Wertes von 50 kg Roggen nach dem amtlichen Briefkurse für märkischen Roggen an der Berliner Produktenbörse in Reichswährung.

C. Wartegeld.

Für jeden nicht in Anspruch genommenen Morgen ist ein Betrag in Höhe des Wertes von 3 kg Roggen, sonst wie zu B, zu zahlen.

Stichtage und Abrechnungsperioden sind näher festgesetzt. Für die Zeit vom 1. April 1922 bis 31. Dezember 1922 sollen die Grundeigentümer das Vierhundertfache der für diesen Zeitraum tatsächlich gezahlten Entgelte erhalten zur Abfindung aller Ansprüche für die Vergangenheit.

Am 30. Juli 1924 hat die Genossenschaft der Klägerin mitgeteilt, daß das Abkommen vom 8. Juni 1923 infolge völliger Veränderung der für den Abschluß maßgeblichen Umstände unhaltbar geworden sei, daß es wegen Irrtums über die von der Klägerin unrichtig angegebenen Betriebsverhältnisse angefochten werde, daß die unrichtige Vorstellung über die tatsächlichen Verhältnisse den in dem Abkommen liegenden Vergleich nichtig mache, daß auch die zugesagte Meistbegünstigung nicht gewährt worden sei. Die Beklagten haben sich mit Schreiben vom 13. November 1924 noch besonders von dem Abkommen losgesagt.

Die Klägerin ist mit ihrer auf Feststellung der Rechtsverbindlichkeit des Abkommens vom 8. Juni 1923 gerichteten Klage in den Vorinstanzen unterlegen. Ihre Revision hatte Erfolg.

Aus den Gründen:

... Der sachliche Revisionsangriff der Klägerin betrifft nur denjenigen Teil der Entscheidungsgründe, der sich mit der Art des Abkommens von 1923 als bloß einstweiliger Regelung und den daraus herzuleitenden Folgerungen befaßt und für die Rechtfertigung des der Klägerin ungünstigen Standpunkts des Berufungsgerichts allein in Betracht kommt. Hierzu erwägt das Urteil anläßlich der Bescheidung des auf § 779 BGB. gestützten Gegenvorbringens der Beklagten:

Wenn sie auch behaupteten, sie hätten sich in der Annahme geirrt, daß man mit der Papiermark noch als Wertmesser rechnen müsse, während in Wirklichkeit die Währung bereits vernichtet gewesen sei, und daß es nicht so bald wieder zu einer festen Währung kommen und deshalb Öl und Roggen auf absehbare Zeit der Wertmesser bleiben würden, der sie zur Zeit des Abkommens gewesen seien, so sei doch der von beiden Parteien richtig unterstellte Sachverhalt das Auseinanderbrechen der Währung gewesen. Es habe auf der Hand gelegen, daß die Zustände bereits unhaltbar geworden waren und daß eine Änderung, sei es durch Stillstand der Inflation und Erholung der Mark, sei es durch Einführung einer neuen Währung unter Anerkennung der Vernichtung der alten, alsbald kommen müsse und werde. Trotz dieser Kenntnis hätten die Parteien Anlaß gehabt, ihre Verhältnisse einstweilen zu regeln, weil es ungewiß gewesen sei, wann und wie die Neuordnung der Währung erfolgen werde.

Damit sei bereits der Gesichtspunkt gewonnen, aus dem der Rechtsstreit entschieden werden müsse. Es habe in der Natur der Sache gelegen, daß das Abkommen von 1923, soweit es von den bestehenden Währungsverhältnissen veranlaßt war, ein Provisorium habe schaffen sollen. Da sich das von selbst verstanden habe, sei es bedeutungslos, daß es nicht ausgesprochen worden sei. Jeder habe sich damals gefragt: „was wird werden?“ und habe von diesem Gesichtspunkt aus seine in die Zukunft hinein reichenden Verhältnisse geregelt. Man brauche gar nicht mit dem von den Beklagten in den Vordergrund gestellten Satze der Entkräftung von Verträgen durch Veränderung der „Geschäftsgrundlage“ zu operieren in einem Falle, wo, wie hier, bei Dauer-, ja „Ewigkeits“-Verträgen so klar auf der Hand liege, daß die bei aller Kompliziertheit im einzelnen primitive, erst in einer Inflationszeit möglich gewordene Entgeltsberechnung auf Naturaliengrundlage nicht über die Zeit der Inflation oder Inflationsgefahr gelten sollte. Die Zeit der Roggen- und Kohlenanleihen sei vorbei, soweit menschliche Voraussicht reiche. Was davon noch vorhanden sei, müsse liquidiert werden. So müsse auch das Abkommen von 1923 liquidiert werden, aber nur hinsichtlich des einen Punktes, der Festsetzung des Entgelts. Es bleibe insbesondere bei der Einheitlichkeit der Vergütungen, der Abrechnungsregelung. Dieses Ergebnis würde auch bei Annahme veränderter Geschäftsgrundlage herauskommen, denn die Unwirksamkeit abgestorbener Teile eines Vertrags berühre die trennbaren Teile nicht. Die §§ 139, 155 BGB. seien geeignet, in analoger Anwendung die gesetzliche Rechtfertigung dieses aus neuen Verhältnissen geschaffenen Satzes zu geben. Das Entgelt müsse neu gestaltet werden. Es könne nicht einfach die Entgeltsfestsetzung des Urvertrags hervorgeholt und in Reichsmark umgerechnet werden; auch diese sei abgestorben. Wenn auch die Beklagten es nicht wahr haben wollten, so liege es doch auf der Hand, daß das Abkommen von 1923 auch unter Berücksichtigung der veränderten wirtschaftlichen Verhältnisse im Betriebe der Klägerin geschlossen worden sei. Wie das Abkommen von 1923 eine Fortbildung des Urvertrags gewesen sei, so müsse auch die jetzt notwendig gewordene Neuregelung eine Fortentwickelung darstellen, welche im Verfolge der bisherigen Entwickelung den Vertrag den neuen Verhältnissen anpasse. Kämen die Parteien nicht zu einer gütlichen Einigung, so müsse der Richter mit einem rechtsgestaltenden Urteil eingreifen, wie das in den verwandten Pachtangelegenheiten kraft besonderen Gesetzes geschehe. Da der Gesetzgeber Fälle der vorliegenden Art dem Richter überlassen habe, so müsse der Richter solche Machtvollkommenheit für sich beanspruchen. Das Urteil werde dann den Zeitpunkt der Beendigung des Provisoriums festzustellen und die zu berücksichtigenden Verhältnisse der Parteien zu ermitteln und nach billigem Ermessen zu verwerten haben.

Die Revisionsbegründung führt zur Rechtfertigung ihrer Rüge von Verstößen gegen die §§ 256 ZPO., 133, 157, 242 BGB. u. a. an:

In sachlicher Hinsicht beruhe das Berufungsurteil allein auf dem sonst nirgendwo vertretenen Glaubenssatz, daß alle auf längere Zeit abgeschlossenen Verträge aus der Zeit fortgeschrittener Markentwertung, in denen Entgelte in Rohstoffen vereinbart worden seien, grundsätzlich nur eine einstweilige Regelung bis zur Erholung der Papiermark oder bis zur Schaffung einer neuen festen Währung darstellten. Diese Annahme werde nicht mit einer Auslegung des besonderen Vertragswillens der Parteien auf Grund ihrer Erklärungen und Verabredungen begründet, sondern als neuer Rechtssatz aufgestellt. Aber selbst wenn man von der Aufstellung eines allgemeinen Erfahrungssatzes sprechen könnte, unterliege auch ein solcher der Nachprüfung in der Revisionsinstanz. Er würde zu rechtlich unmöglichen Folgerungen führen und stehe im Widerspruch zu der herrschenden Rechtsprechung, aber auch zu den Parteibehauptungen. Die Beklagten selbst hätten nicht von einer einstweiligen Regelung gesprochen, sondern in ihren Schriftsätzen sich mehrfach darauf berufen, daß sie durch den Vertrag für die Ewigkeit gebunden sein sollten, sowie daß sie zunächst gegen die Dauer des Vertrags Bedenken geäußert, diese aber später wieder fallen gelassen hätten. Auch die Klägerin habe dasselbe behauptet und unter Beweis gestellt. Im Ergebnis laufe die angegriffene Entscheidung, die auch die Entgelte der Urverträge nicht wieder aufleben lassen wolle, darauf hinaus, daß im Widerspruch zu der Rechtsprechung auf wertbeständiger Grundlage festgesetzte Entgelte abermals aufgewertet werden sollten. Hierfür fehle es namentlich an dem erforderlichen Grade der Störung des Gleichgewichts zwischen Leistung und Gegenleistung.

(Folgt Erörterung einer Verfahrensrüge.)

Die sachlichen Bedenken gegen das Berufungsurteil betreffen die Gründe, mit denen das Gericht seine Überzeugung belegt, das Abkommen von 1923 habe, soweit es von den damals bestehenden Währungsverhältnissen veranlaßt war, ein „Provisorium" schaffen sollen. Diese Überzeugung wird nicht etwa mit einer Auslegung des Abkommens selbst gerechtfertigt, sondern mit der vermeintlichen Erkenntnis, daß selbstverständlich bei einem Dauervertrag der hier in Betracht kommenden Art eine durch die Währungsnot hervorgerufene Entgeltsfestsetzung auf der Grundlage von Naturerzeugnissen die Inflationszeit nicht überdauern dürfe, vielmehr „liquidiert" werden müsse und zwar durch Gestaltungsurteil. Das Berufungsurteil zieht, wenn auch nicht mit ausdrücklicher Begründung, aus diesem Satze die Rechtsfolge, daß trotz des Versagens aller sonstigen Einwendungen der Beklagten der Rechtsbestand der Entgeltvereinbarung jetzt, zurzeit gefestigter Währung, hinfällig geworden sei und daß die Klage deshalb abgewiesen werden müsse.

Dieser Auffassung kann nicht beigetreten werden. Auch für Vertragsverhältnisse von längerer Dauer, die von den Kriegsfolgen betroffen worden sind, hat der erkennende Senat bereits in RGZ. Bd. 102 S. 102 ausgesprochen, im Interesse der Rechtssicherheit müsse an dem Grundsatze festgehalten werden, daß Verträge zu wahren sind, soweit nicht ganz besondere Umstände im Einzelfall eine abweichende Beurteilung erfordern. Diese Meinung hat er später im Einklang mit derjenigen anderer Senate des Reichsgerichts nur insofern eingeschränkt, als er unter bestimmten Voraussetzungen bei erheblicher Wertverschiebung zwischen Leistung und Gegenleistung infolge der Währungsverhältnisse dem Vertragsschuldner das Abgehen vom Vertrage gestattet hat (vgl. u. a. RGZ. Bd. 103 S. 332/3, Bd. 106 S. 13, Bd. 110 S. 376, JW. 1925 S. 2597 Nr. 9). Die Erwägungen des Berufungsgerichts lassen eine zureichende Begründung dafür vermissen, daß der vorliegende Sachverhalt anders beurteilt werden müßte. Es liegt keineswegs auf der Hand, daß ein Abkommen, laut dessen die Vertragsparteien schon vor der allgemeinen Besserung der Währungsverhältnisse über einen von ihnen für hinreichend wertbeständig angesehenen Wertmesser der Gegenleistung aus einem langfristigen Vorkriegsvertrag einig geworden sind, auch dann stets als ein vorläufiges zu betrachten sei, wenn diese Eigenschaft nicht durch Auslegung seines Inhalts unter Heranziehung der Begleitumstände nach den allgemeinen Auslegungsregeln zu ermitteln ist. Eine derartige Regelung ist rechtswirksam, soweit ihr nicht besondere gesetzliche Verbote entgegenstehen; solche kommen hier nicht in Betracht. Sie muß auch, sobald sie sich als endgültig herausstellt, so lange Bestand behalten, bis die Parteien durch neue vertragliche Abmachungen etwaige Schwierigkeiten zu beseitigen für gut befunden haben, die sich der Entgeltsberechnung auf der Grundlage von fremden Währungseinheiten oder von Rohstoffen entgegenstellen. Letztere sind im gegebenen Fall entsprechend dem Vertragsverhältnis ausgewählt worden, ihre regelmäßige Preisgestaltung mithin den Parteien vertraut gewesen. Für den Förderzins sollte das vom Unternehmer aus den Tiefen der Erde geförderte Mineralöl als Wertmesser dienen, für die Oberflächenentschädigungen der Roggen, als eines der wichtigsten von den Grundeigentümern aus der Oberfläche gewonnenen Bodenerzeugnisse. Daß der Roggenpreis auch anderwärts, teils aus Anlaß des Währungsverfalls der Nachkriegszeit, teils unabhängig davon in weitem Umfang als Wertmesser für länger andauernde Hergabe ländlicher Grundstücke verwendet wird, zeigen die Beispiele der Roggenrentenbriefe (RGZ. Bd. 109 S. 174) und des Erbpachtkanons in Mecklenburg (RGZ. Bd. 113 S. 93). Hier ist zudem der Roggen sowohl wie das Erdöl nicht selbst als Gegenstand der Leistung gewählt worden, wie es sonst bei Verträgen aus damaliger Zeit vorgekommen ist; vielmehr sollten beide Erzeugnisse nur der Preisbestimmung in Reichswährung mit Hilfe einer Goldmarkberechnung auf Dollargrundlage dienen. Dieser Vertragsinhalt könnte für die Frage, ob eine Dauervereinbarung oder eine vorläufige Notmaßnahme vorliegt, ebenso ins Gewicht fallen, wie der fernere, der einen Ausgleich etwaiger Preisschwankungen und sogar die Möglichkeit vorsieht, daß der amerikanische Dollar als Standardwährung ausscheidet. Auch darf nicht unbeachtet bleiben, daß nach dem Vortrag der Parteien das neue Abkommen einen Ausgleich der Vertragsentgelte im Rahmen der Genossenschaft vorsah und daß die Neuregelung in gewissem Umfang sich als die Bildung eines gesellschaftlichen Verhältnisses zwischen Unternehmer und Eigentümer darstellte.

Darüber abschließend zu befinden, ist indessen das Revisionsgericht nicht in der Lage, weil tatsächliche Vertragsauslegung in Frage steht und aus dem angefochtenen Erkenntnis nicht entnommen werden kann, ob das Berufungsgericht die streitige Vereinbarung ebenso beurteilt hätte, wenn es, wie erforderlich, davon ausgegangen wäre, daß es sich nicht um eine rechtsgrundsätzlich vorläufige und mittels Gestaltungsurteils fortzubildende Regelung, sondern um die den Vorschriften der §§ 133, 157 BGB. unterliegende Nachprüfung handelt, ob die Parteien eine vorläufige oder eine endgültige Festsetzung der Entgelte vorgenommen haben. Deshalb mußte die angefochtene Entscheidung aufgehoben und die Sache zur weiteren Verhandlung und Entscheidung an die Vorinstanz zurückverwiesen werden.

Zu den Ausführungen der Parteien in diesem Rechtszug ist noch zu bemerken: Bei dem von der Revisionsbegründung betonten Umstand, die Beklagten hätten zugegeben, daß es sich um einen Dauer-, ja Ewigkeitsvertrag handle, bleibt noch zu prüfen, ob sich diese Erklärungen der Beklagten nicht hauptsächlich auf die sogenannten Urverträge beziehen, deren Rechtsbeständigkeit von keiner der Parteien angegriffen wird. Gerade das Bestehen der auf lange Dauer abgeschlossenen Urverträge, die von der angegriffenen Entgeltsregelung nur in einzelnen Punkten abgeändert worden sind, muß aber bei der Auslegung erheblich ins Gewicht fallen. Das Berufungsgericht wendet sich dagegen, daß die Entgeltsfestsetzung im Urvertrag hervorgeholt und in Reichsmark umgerechnet werde. Auch Oertmann geht in seinem für die Klägerin erstatteten Gutachten lediglich von der Vereinbarung aus, die im Jahre 1923 zustande kam und sich in der Hauptsache auf Festlegung der Vertragsentgelte beschränkt. Das Berufungsgericht wird aber auf der Grundlage der gesamten Parteivereinbarungen zu untersuchen haben, ob bei der Entgeltsvereinbarung von 1923 der Wille der Beteiligten dahin ging, in Bezug auf die Vertragsentgelte an der ursprünglichen Preisvereinbarung festzuhalten und sie nur so lange auf eine selbstgewählte wertbeständige Grundlage zu stellen, bis nach Eintritt geordneter Währungsverhältnisse die endgültige Angleichung an den im Dauervertrag vereinbarten, aber immer noch für maßgebend erachteten Preis wieder möglich werden sollte; oder ob man zwar die alte Entgeltfestsetzung aufgeben, aber dennoch nur für die Zeit der Währungsnot eine vorläufige Regelung an ihre Stelle treten lassen wollte; oder ob man endlich die Entgelte, unabhängig von ihrer früheren Höhe und von späteren Wechselfällen der Währung, dauernd auf eine neue Grundlage zu stellen gedachte, die für geeignet gehalten wurde, immerdar einen wertbeständigen Ausgleich der vertragsmäßigen Gegenleistung zu sichern. Jede dieser Möglichkeiten ist gegeben und es läßt sich keine von ihnen als allgemeiner Erfahrungssatz aufstellen, der des Hinzutretens weiterer Anhaltspunkte nicht bedürfte.

Wenn die bisher nicht festgestellten Begleitumstände der Vereinbarung von 1923 in Verbindung mit dem Inhalt aller Verträge eine Auslegung im Sinne der ersteren Möglichkeit rechtfertigen, so hätte das zur Folge, daß zwar nicht auf Grund einer rechtsgestaltenden Fortentwicklung, wohl aber auf Grund einer dem ursprünglichen Vertragswillen gerecht werdenden Interessenabwägung nach den vom Reichsgericht dem § 242 BGB. entnommenen Grundsätzen die Entgelte neu festgesetzt werden und die so gefundenen Reichsmarkbeträge an die Stelle der bloß vorläufigen Regelung treten müßten. Dann könnte dem Klagantrag im gegenwärtigen Rechtsstreit nicht mehr stattgegeben werden. Ob bei der zweiten Möglichkeit neue Vereinbarungen erforderlich wären oder ob dasselbe gelten müßte wie bei der ersten, würde gleichfalls durch Vertragsauslegung zu ermitteln sein. Haben dagegen die Parteien im Abkommen von 1923 die Geldleistungen endgültig auf wertbeständige Grundlage stellen wollen, so kommt keine Aufwertung, sondern lediglich die Anwendung der clausula rebus sic stantibus in Frage. In dieser Hinsicht ist vom Reichsgericht ausgesprochen worden, daß die wirtschaftlichen Folgeerscheinungen der Herstellung der Mark als wertbeständiger Währungseinheit nicht wie der vorangegangene Währungsverfall einschneidend genug gewesen sind, um eine völlige Umwälzung der allgemeinen wirtschaftlichen Verhältnisse und damit einen Rückgriff auf jene Klausel zu rechtfertigen (WarnRspr. 1926 Nr. 20, DJZ. 1926 Sp. 745). Der Rücktritt der Beklagten aus diesem allgemeinen Gesichtspunkt wäre mithin ohne Hinzutreten besonderer Umstände nicht begründet.

18. 1. Welche Wirkung haben Einfuhrverbote überseeischer Länder auf den Bestand eines Seeversicherungsvertrags und auf die Anzeigepflicht des Versicherungsnehmers?

2. Was ist unter „Waffen" im Sinne von Art. 170 des Versailler Vertrags zu verstehen?

3. Wann ist die unrichtige Beantwortung einer vom Versicherer vor Abschluß einer Seeversicherung gestellten Frage für den Bestand des Versicherungsvertrags ohne Bedeutung?

Allgemeine Deutsche Seeversicherungs-Bedingungen von 1919 §§ 19, 20, 21. Versailler Vertrag Art. 170.

I. Zivilsenat. Urt. v. 8. Dezember 1926 i. S. P. Versich.-Akt.-Ges. (Bekl.) w. S. (Kl.). I 187/26.

I. Landgericht Hamburg, Kammer für Handelssachen.
II. Oberlandesgericht daselbst.

Die Klägerin hatte an die S. Co. Ltd. in Shanghai, eine chinesische Firma, 300 Mauserpistolen und 50000 Patronen verkauft und verlud die Ware im Mai 1924 von Hamburg nach Hankau. Bei der Beklagten hatte sie laut einer Police vom 28. Mai 1924 für den Transport einschließlich Beschlagnahme Versicherung genommen. Maßgebend waren die Allgemeinen Deutschen Seeversicherungs-Bedingungen von 1919 (ADS.). Der Versicherungswert war auf 9500 amerikanische Dollars taxiert. Die Ware wurde in Singapore von den englischen Behörden beschlagnahmt. Die Klägerin hat am 11. Dezember 1924 den Abandon erklärt und verlangt mit der Klage Zahlung des taxierten Betrages, hilfsweise des Gegenwertes in Goldmark. Die Beklagte wandte ein: Der Versicherungsvertrag sei nichtig, da er gegen deutsche und ausländische Gesetze verstoße, und zwar gegen Art. 170 des Vertrags von Versailles und gegen § 1 des deutschen Gesetzes vom 22. Dezember 1920/26. Juni 1921. Es handle sich um Kriegsgerät. Außerdem sei gegen ein Übereinkommen zwischen England, China und anderen Staaten vom 10. September 1919 zur Verhinderung der Waffeneinfuhr nach China verstoßen. In zweiter Reihe habe die Klägerin jedenfalls ihrer Anzeigepflicht zuwidergehandelt. Sie habe die Beklagte nicht auf die gesetzlichen Verbote und jenes Übereinkommen hingewiesen, habe auch behauptet, es sei für die Ware eine deutsche Ausfuhrbewilligung erteilt, obgleich eine solche nicht erforderlich gewesen und deshalb auch nicht erteilt worden sei. Die Klägerin erwiderte, es handle sich nicht um Kriegswaffen. Das Übereinkommen vom 10. September 1919 habe für deutsche Staatsangehörige keine Bedeutung. Der chinesische Käufer habe eine chinesische Einfuhrbewilligung besessen. Die Anzeigepflicht sei nicht verletzt worden. Auch die Klägerin habe von jenem Übereinkommen keine Kenntnis gehabt.

Landgericht und Oberlandesgericht haben der Klage stattgegeben. Die Revision der Beklagten hatte keinen Erfolg.

Gründe:

Das Berufungsgericht hat ausgeführt, die Einwendungen der Beklagten sowohl gegen die Gültigkeit als auch gegen den Bestand des Versicherungsvertrags seien unberechtigt. Ein Versicherungsvertrag sei zwar auch dann nichtig, wenn er nicht selbst gegen Gesetz oder gute Sitten verstoße, wohl aber ein Unternehmen zu fördern bestimmt sei, das dergleichen Verstöße enthalte. Das liege aber im Streitfalle nicht vor. Das Unternehmen, der Transport der Mauserpistolen nebst Munition von Hamburg nach Hankau, verstoße zunächst nicht gegen ein deutsches Ausfuhrverbot, da die Pistolen bei einem Kaliber von 7,63 mm und einer Lauflänge von 96 mm nicht zu den Kriegswaffen oder militärischen Waffen gehörten. Was sodann die convention relative au contrôle du commerce des armes vom 10. September 1919 angehe, so möge es sein, daß dieser zwischen ausländischen Regierungen geschlossene Staatsvertrag in England und in China als Gesetz gelte. Aber für deutsche Staatsangehörige habe er keine Geltung; die Ausfuhr von Waffen aus Deutschland falle nicht unter seine Bestimmungen. Außerdem habe die Käuferin, die Firma S. Co. Ltd. in Shanghai, dem dortigen deutschen Konsulat Dokumente vorgelegt, nach denen sie vom Kriegsministerium in Peking die Einfuhrerlaubnis für die Pistolen nebst Munition erlangt habe, und das Konsulat habe darüber eine Bescheinigung ausgestellt. Danach sei die Klägerin wegen der Einfuhr in China jedenfalls in gutem Glauben gewesen, so daß sie nicht gegen die guten Sitten gehandelt habe, einerlei ob die Einfuhr in China aus irgendwelchen anderen Gründen dennoch rechtswidrig gewesen wäre. Nichtigkeit des Versicherungsvertrags wegen Verstoßes gegen ein

Gesetz oder gegen die guten Sitten sei also nicht nachgewiesen. Sonach handle es sich weiter darum, ob die Klägerin bei der Versicherungsnahme gegen die ihr obliegende Anzeigepflicht verstoßen habe. Auch das sei zu verneinen. Der Klägerin werde einmal vorgeworfen, daß sie das Bestehen der Konvention und wiederholte Beschlagnahmen von Waffensendungen nach China bewußt verschwiegen habe. Diese beiden Umstände seien allerdings für das Risiko der Versicherung von Erheblichkeit gewesen. Aber die Beklagte habe von der Beschlagnahme von Waffensendungen Kenntnis gehabt. Sie habe versucht, wegen dieser besonderen Gefahr die Versicherung zu stornieren, habe aber auf Anraten ihres Hamburger Bevollmächtigten davon Abstand genommen und in Kenntnis der Gefahr den Versicherungsvertrag bestätigt. Daran sei sie gebunden. Was ferner die Konvention anlange, so sei für die Beklagte nur die Tatsache der Beschlagnahme von Bedeutung gewesen, nicht aber, ob die Beschlagnahme durch die Konvention veranlaßt worden sei. Endlich werde der Klägerin vorgeworfen, daß sie die Frage nach dem Vorliegen einer deutschen Ausfuhrbewilligung bejaht habe, obwohl eine solche nicht erteilt worden sei. Das sei ebenfalls nicht von rechtlicher Erheblichkeit. Es habe sich um ausfuhrfreie Ware gehandelt. Wenn der Beklagten das nicht genügt habe, sondern ihr gerade die ausdrückliche Bewilligung der Ausfuhr von Wichtigkeit gewesen sein sollte, so hätte sie bei ihrer Frage auf diesen Unterschied hinweisen müssen, was nicht geschehen sei. Danach sei der Klaganspruch begründet.

Die Revision wendet hiergegen ein: Nach den nicht widerlegten Behauptungen der Beklagten hätten die Pistolen ein Visier für mehr als 1000 m und eine Lauflänge von mehr als 10 cm gehabt. Es seien also nach der außerhalb Deutschlands herrschenden Auffassung Kriegswaffen gewesen. Bei dieser Sachlage habe die Klägerin ihre Anzeigepflicht verletzt. Sie habe von dem ihr bekannten Bestehen der Konvention Anzeige machen müssen; denn die Konvention habe gerade die Beförderung solcher Waffen nach China verhindern wollen, sei also für die Höhe des Beschlagnahmerisikos von erheblicher Bedeutung gewesen. Ohne Bedeutung sei es demgegenüber, ob die chinesische Regierung die Einfuhr gestattet habe und ob die Beklagte Kenntnis von früheren Beschlagnahmen gehabt habe. Weiter habe nach der unwiderlegten Behauptung der

Beklagten der Prokurist R. ihres Hamburger Bevollmächtigten gefragt, ob die Klägerin eine besondere Ausfuhrerlaubnis besitze. Das habe der Prokurist der Klägerin bejaht. Bei der Eindeutigkeit der Frage nehme das Berufungsgericht mit Unrecht an, daß eine allgemeine Ausfuhrfreiheit der besonderen Ausfuhrerlaubnis gleichstehe und daß, wenn auf den Unterschied beider Wert gelegt wurde, dieser Unterschied bei der Fragestellung hervorzuheben gewesen wäre. Die besondere Ausfuhrbewilligung hätte eine Herabminderung des Risikos bedeutet. Die Beantwortung der ganz klar gestellten Frage sei, entgegen der Annahme des Berufungsgerichts, für die Entschließung der Beklagten entscheidend gewesen. Denn die deutschen Behörden würden eine besondere Ausfuhrbewilligung nur dann erteilt haben, wenn ein Verstoß gegen die Bestimmungen der Verbandsmächte nicht habe in Frage kommen können. Endlich habe sich das Berufungsgericht einer Prüfung der Frage, ob die Anfechtung des Versicherungsvertrags wegen arglistiger Täuschung begründet sei, nicht entziehen dürfen.

Diesen Ausführungen kann nicht zugestimmt werden.

Mit Recht hat das Berufungsgericht zunächst verneint, daß der Versicherungsvertrag um deswillen nichtig sei, weil er gegen ein Gesetz oder die guten Sitten verstoßen hätte. Objektiv verstieß der Vertrag weder gegen ein deutsches Gesetz, noch gegen ein Einfuhrverbot des Bestimmungslandes. Das ist von der Revision auch nicht in Zweifel gezogen worden. Dagegen hat die Revision in der mündlichen Verhandlung im Anschluß an ein beigebrachtes Privatgutachten Nichtigkeit des Vertrags um deswillen behauptet, weil „das versicherte Risiko rechtswidrig sei", nämlich gegen die für die Transportreise örtlich maßgebenden ausländischen Gesetze verstoße. Es ist nicht ganz klar, ob dabei an die mehrerwähnte Konvention oder an den Versailler Vertrag gedacht ist. Allein gegen die Konvention verstößt der Transport nicht, wie das Gutachten selbst an anderer Stelle annimmt und sich aus dem noch näher darzulegenden Inhalt der Konvention ergibt. Auch gegen den Versailler Vertrag ist nicht verstoßen worden. Dessen Artikel 170, der die Ausfuhr von Waffen, Munition und Kriegsmaterial aus Deutschland verbietet, hat seine für die deutschen Gerichte bindende Auslegung durch die Gesetze vom 31. August 1919 und vom 26. Juni 1921 gefunden. Danach ist nur die Ausfuhr von Kriegswaffen und von

Munition für Kriegswaffen verboten. Um solche handelt es sich aber nach der für die deutschen Gerichte maßgebenden Auffassung der deutschen Behörden nicht. Nichtigkeit des Versicherungsvertrags liegt also nicht vor.

In zweiter Reihe stützt sich die Revision auf eine Verletzung der Anzeigepflicht der Klägerin und sie leitet diese Verletzung aus zwei Umständen her. Erstens habe die Klägerin von dem Bestehen der Konvention vom 10. September 1919, welcher Deutschland allerdings nicht beigetreten sei, Kenntnis gehabt und habe der Beklagten von dieser Konvention Mitteilung machen müssen, da sie für die Größe des Risikos und somit für die Entschließungen der Beklagten von Erheblichkeit gewesen sei. Diese Schlußfolgerung ist nicht zutreffend. Die Konvention, abgedruckt im Deutschen Kolonialblatt 1920 S. 49, bestimmt im Art. 1, daß die vertragschließenden Mächte sich verpflichten, die Ausfuhr der weiterhin aufgeführten Kriegswaffen zu untersagen, nämlich ... gezogene kleinkalibrige Hinterladewaffen jeden Modells. Nach Art. 2 soll die Ausfuhr von Feuerwaffen, auch wenn sie nicht zum Kriegsgebrauch geeignet sind, untersagt werden, wofern sie für die im Art. 6 aufgezählten Länder bestimmt sind. Da jedoch zu diesen Ländern China nicht gehört, so ist die Einfuhr von Waffen, die nicht zum Kriegsgebrauch geeignet sind, nach China nicht verboten. Nach Art. 6 Abs. 1 und Nr. 3 soll allerdings die Beförderung (le transport) von Waffen jeglicher Art im Roten Meere und im Golf von Aden, also in Gewässern, die auf dem Beförderungsweg der streitigen Pistolen lagen, verhindert werden, doch bezieht sich diese Vorschrift nach den näheren Bestimmungen des Kapitels IV, besonders Art. 12flg., nur auf einheimische Schiffe von weniger als 500 Tonnen. Danach kommt die Konvention im vorliegenden Fall für die Einfuhr nach China, mag es sich um Kriegswaffen handeln oder nicht, überhaupt nicht in Betracht. Sie könnte nur insofern von tatsächlicher Bedeutung sein, als sie die Behörden jener Mächte geneigt machen könnte, Waffen, die sich als Kriegswaffen darstellen, zu beschlagnahmen, auch wenn die in der Konvention vorgesehenen Tatbestände nicht vorliegen. Aber nach der geschilderten Sachlage kommt es für die Verletzung der Anzeigepflicht hierauf nicht entscheidend an. Denn nach § 19 ADS. sind solche Umstände anzuzeigen, deren Vorhandensein für die Übernahme der Gefahr erheblich ist, d. h.

für die Entschließungen der Versicherungsgesellschaft, ob sie das Risiko decken wolle. Nach § 20 bleibt aber der Versicherer trotz unterlassener Anzeige solcher Umstände verpflichtet, wenn ihm diese Umstände bekannt waren. Eine derartige Kenntnis war bei der Beklagten vorhanden, wie das Berufungsgericht ohne rechtlichen Verstoß festgestellt hat. (Wird ausgeführt.) Die Beklagte hat also das Risiko übernommen im Bewußtsein, daß bei Waffentransporten „fast immer mit einem Verlust zu rechnen sei". Dann kann sie sich auf die Unterlassung der Anzeige nicht mit Erfolg berufen. Mit Recht hat das Berufungsgericht weiter ausgeführt, daß es für die Beklagte nicht von Bedeutung sein konnte, ob die von ihr selbst befürchtete hohe Wahrscheinlichkeit der Beschlagnahme gerade auf das Bestehen der Konvention oder auf eine andere Ursache zurückzuführen war. Jedenfalls hat die Beklagte es in dieser Richtung an beweiskräftigen Darlegungen fehlen lassen. Es genügt deshalb die von ihr selbst zugestandene Kenntnis der Höhe des Risikos, um die rechtliche Erheblichkeit einer etwaigen Verletzung der Anzeigepflicht hinsichtlich der Konvention auszuschließen.

Weiter hat die Beklagte geltend gemacht, ihr Bevollmächtigter habe vor Abschluß des Versicherungsvertrags die Frage gestellt, ob die Klägerin im Besitz einer Ausfuhrbewilligung sei, und diese Frage habe der Prokurist der Klägerin bejaht. Die Klägerin hat diese Behauptung bestritten. Das Berufungsgericht hat die Streitfrage nicht durch Beweiserhebung geklärt, hat vielmehr angenommen, daß es für die Beklagte nicht von Bedeutung gewesen sein könne, ob für die Pistolen eine einzelne besondere Ausfuhrbewilligung erteilt worden sei oder ob derartige Ware allgemein ausfuhrfrei sei; wenn die Beklagte auf diesen Unterschied habe Wert legen wollen, so hätte sie das klar zum Ausdruck bringen müssen. Dagegen wendet sich, wie erwähnt, die Revision mit dem Hinweis, daß eine besondere Ausfuhrbewilligung nur dann erteilt worden wäre, wenn die deutschen Behörden die Ausfuhr für politisch unbedenklich gehalten hätten; deshalb sei die Frage von besonderer Bedeutung gewesen, auch sei sie in vollkommen klarer Weise gestellt worden. Es kann jedoch auch in diesem Punkte dem Berufungsgericht nicht entgegengetreten werden. Nach § 21 ADS. gelten Umstände, nach denen der Versicherer ausdrücklich gefragt hat, im Zweifel als erheblich, sind also vom Versicherten anzuzeigen. Aber dies gilt eben nur im Zweifel. Hier konnte — so müssen die Feststellungen des Berufungsgerichts aufgefaßt werden — der Befragte aus der Frage keineswegs entnehmen, daß es nicht darauf ankommen sollte, ob die Ausfuhr aus Deutschland erlaubt war und erfolgen durfte, sondern eine Auskunft darüber gewünscht wurde, ob die Ausfuhr für diesen Einzelfall ausdrücklich bewilligt war. Gegen diese Feststellung ist vom Rechtsstandpunkt aus nichts einzuwenden. Jetzt nachträglich, nachdem der Streitfall nach allen Richtungen erörtert ist, mag sich der Gedanke aufdrängen, daß eine besondere, für den Einzelfall erteilte Bewilligung das Risiko unbedenklicher erscheinen lassen konnte. Das beweist aber nicht, daß damals die Klägerin dies als den Sinn der vom Bevollmächtigten der Beklagten gestellten Frage erkennen konnte oder mußte. Auch das von der Beklagten beigebrachte Schreiben ihres Bevollmächtigten, in dem dieser erklärt, daß die Klägerin „bestimmt die Erlaubnis haben dürfte, Waffen ausführen zu dürfen", weist durchaus nicht darauf hin, daß der Schreiber eine besondere Erlaubnis zur Ausfuhr gerade dieser Waffen im Sinne hatte. Danach sind die Ausführungen des Berufungsgerichts auch zu diesem Punkte rechtlich nicht zu beanstanden.

---

19. 1. Ist für die Vollstreckung von Urteilen in der Schweiz und insbesondere im Kanton Schaffhausen die Gegenseitigkeit verbürgt?

2. Darf die Revision rügen, daß die Frage nach der Verbürgung der Gegenseitigkeit falsch beantwortet sei, weil über den Inhalt des fremden Rechtes unrichtige Feststellungen getroffen worden seien?

ZPO. §§ 328, 723.

VI. Zivilsenat. Urt. v. 10. Dezember 1926 i. S. L. & Co. (Kl.) w. A. N. GmbH. (Bekl.). VI 344/25.

I. Landgericht Aachen, Kammer für Handelssachen.

Die Beklagte führte früher die Firma Br. & Cie. GmbH. in Aachen. Unter dieser Firma wurde sie durch ein Urteil des schweizerischen Bezirksgerichts in Stein a./Rhein vom 15. Februar 1923 verurteilt, an die Klägerin 51069,58 schweizer Franken nebst 5%

Zinsen seit Klagerhebung und Prozeßkosten zu zahlen. Dieses Urteil wurde durch ein rechtskräftig gewordenes Urteil des Obergerichts des Kantons Schaffhausen vom 9. November 1923 bestätigt. Mit der gegenwärtigen Klage beantragt die Klägerin, die erwähnten Urteile der schweizerischen Gerichte für vollstreckbar zu erklären. Das Landgericht hat durch Versäumnisurteil vom 22. Mai 1924 dem Antrag entsprochen, dann aber auf Einspruch der Beklagten durch sein Urteil vom 20. Mai 1925 das Versäumnisurteil aufgehoben und die Klage abgewiesen. Die Klägerin hat in zulässiger Weise gegen das landgerichtliche Urteil unmittelbar Revision eingelegt und ihre erstinstanzlichen Anträge aufrechterhalten.

Der Senat hat durch Beschluß vom 23. Februar 1926 eine Beweisaufnahme über den Inhalt des schweizerischen und des schaffhauser Rechts veranlaßt, soweit es sich dabei um die Vollstreckung ausländischer Urteile in der Schweiz und namentlich im Kanton Schaffhausen handelt. Das schweizerische Bundesgericht hat unter dem 15. Juli 1926, die Justizdirektion des Kantons Schaffhausen unter dem 30. Juli 1926, der Reichsminister der Justiz unter dem 26. August 1926 die nachgesuchte Auskunft erteilt. Die Revision ist sodann zurückgewiesen worden.

Gründe:

1. Das Landgericht hat das von der Klägerin gemäß §§ 722 flg. ZPO. beantragte Vollstreckungsurteil zu erlassen abgelehnt, weil die Urteile der schweizerischen Gerichte im allgemeinen und die der schaffhauser Gerichte im besonderen mangels Verbürgung der Gegenseitigkeit nicht anerkannt werden dürften, §§ 723 Abs. 2 Satz 2, 328 Abs. 1 Nr. 5 ZPO. Das Landgericht folgt dabei im wesentlichen den Ausführungen des erkennenden Senats in dem — einen züricher Fall betreffenden — Urteil vom 8. Februar 1924 (RGZ. Bd. 107 S. 308). Vorgelegen hat dem Landgericht auch eine Auskunft der Justizdirektion des Kantons Schaffhausen vom 27. März 1925. Diese ließ indessen noch einigen Zweifeln Raum, und deshalb hat der Senat gemäß § 293 ZPO. die im Tatbestand erwähnten weiteren Auskünfte eingeholt. Er hat sich dazu im Gegensatz zu der bisherigen Rechtsprechung des Reichsgerichts für befugt erachtet, weil nach nochmaliger Prüfung der Frage der von Stein-Jonas, Anm. VII C zu § 328 ZPO., vertretenen Ansicht beizutreten war. Wird vom Instanzgericht festgestellt, daß die Gegenseitigkeit ver-

bürgt ist oder daß sie nicht verbürgt ist, so wird damit keine tatsächliche Feststellung im Sinne des § 561 ZPO. getroffen, denn diese Vorschrift bezieht sich nur auf den Tatbestand des einzelnen abzuurteilenden Falles. Das fremde Recht muß bei jenen Entscheidungen allerdings herangezogen werden, es wird dabei aber nicht als Rechtssatz auf einen gegebenen Tatbestand angewendet. Die Frage, was das fremde Recht bestimmt, ist vielmehr eine reine Vorfrage für die auf deutschem Rechtsgebiet liegende Hauptfrage, ob die Gegenseitigkeit verbürgt ist. Wird von der Revision eingewendet, daß die Frage nach der Verbürgung der Gegenseitigkeit falsch beantwortet sei, weil über den Inhalt des fremden Rechts unrichtige Feststellungen getroffen worden seien, so wird damit lediglich ein Verstoß gegen § 328 Abs. 1 Nr. 5 ZPO. gerügt, und das ist gemäß § 549 Abs. 1 ZPO. zulässig.

Die Vereinigten Zivilsenate brauchten nicht angerufen zu werden. Die früheren Entscheidungen des Reichsgerichts rühren in der Hauptsache von dem jetzt erkennenden, bis Ende 1923 als der VII. bezeichneten Zivilsenat her. Die Entscheidung des I. Zivilsenats vom 20. Mai 1891 (Gruch. Bd. 37 S. 417) betrifft noch die Zivilprozeßordnung von 1877, während es sich vorliegend um die Zivilprozeßordnung von 1898 und ihre späteren Fassungen handelt.

2. Da die Justizhoheit in der Schweiz den einzelnen Kantonen zusteht, so ist zu prüfen, ob die Gegenseitigkeit gerade mit dem Kanton Schaffhausen verbürgt ist. Die in allen Kantonen geltenden Vorschriften des schweizerischen Bundesrechts kommen dabei aber in erster Reihe in Betracht. In dem schon erwähnten Urteil RGZ. Bd. 107 S. 308 hat der Senat ausgesprochen, daß Art. 59 der schweizerischen Bundesverfassung der Verbürgung der Gegenseitigkeit entgegensteht. Dabei muß auch heute auf Grund erneuter Erwägung verblieben werden. Der Art. 59 a. a. O. schreibt vor:

„Der aufrechtstehende Schuldner, welcher in der Schweiz einen festen Wohnsitz hat, muß für persönliche Ansprachen vor dem Richter seines Wohnorts gesucht .... werden."

Hier wird keine prozessuale Zuständigkeitsvorschrift gegeben, es wird vielmehr die Gerichtsbarkeit der einzelnen Kantone gegeneinander und entsprechend auch gegen das Ausland abgegrenzt. Welches Gericht innerhalb des Kantons zuständig ist, bestimmt die Gerichtsstandsordnung des Kantons. „Art. 59 bestimmt nur den

Kanton, dessen Gerichte kompetent sind, nicht aber das kompetente Gericht innerhalb des Kantons; er hat insofern nur interkantonale, nicht intrakantonale Bedeutung" (Burckhardt, Kommentar der schweizerischen Bundesverfassung S. 258). Entsprechend erklärt das schweizerische Bundesgericht in seiner Auskunft vom 15. Juli 1926 unter 1d, daß die in der schaffhauser Prozeßordnung vorgesehenen Gerichtsstände des Delikts (§ 106) und des Erfüllungsorts (§ 105) zwar innerhalb des Kantons verbindlich, im interkantonalen Verhältnis aber mit Art. 59 der Bundesverfassung unvereinbar seien.

3. Durch diese Bestimmung wird also die fremde Gerichtsbarkeit, sowohl die der anderen Kantone als auch die des Auslandes, in weitem Umfang ausgeschlossen. Das geschieht nicht zugunsten der Kantone, sondern zugunsten der einzelnen in der Schweiz wohnhaften Personen, in erster Reihe also, wenn auch nicht ausschließlich, zugunsten der schweizerischen Bürger selbst. Das äußert sich darin, daß die Kantone unbedingt an die Vorschrift des Art. 59 gebunden sind, daß ihre abweichenden Vorschriften nur innerhalb des Kantons anerkannt werden, daß aber die einzelne begünstigte Person auf ihre Rechte aus Art. 59 verzichten kann. Mit Recht sagt die Auskunft der Justizdirektion in Schaffhausen vom 30. Juli 1926 unter Nr. 1b, daß Art. 59 „ein subjektives, verfassungsmäßiges Recht des einzelnen Bürgers begründet".

Die Möglichkeit des Verzichts der einzelnen begünstigten Person ist denn auch die einzige in Betracht kommende Einschränkung, welche die Wirksamkeit des Art. 59 erleidet. Wenn das schweizerische Bundesgericht noch hervorhebt, daß Art. 59 der Erhebung eines mit dem eingeklagten Anspruch im Zusammenhang stehenden Gegenanspruchs am Gerichtsstand der Hauptklage nicht entgegensteht, so ist das gegenüber der oben angeführten Verzichtsmöglichkeit kaum etwas Neues. Wer selbst bei dem Gericht eines anderen Kantons oder eines anderen Staates klagt, unterwirft sich damit für den eingeklagten Anspruch und alle mit ihm in Zusammenhang stehenden Gegenansprüche der fremden Gerichtsbarkeit, d. h. er verzichtet für diese Gegenansprüche auf seine Rechte aus Art. 59. Und wenn das schweizerische Bundesgericht weiter noch hervorhebt, daß unter Art. 59 nicht fällt die Geltendmachung dinglicher Ansprüche einschließlich der durch dingliche Rechte gesicherten Ansprüche und ebenso nicht die Geltendmachung familienrechtlicher und erbrechtlicher Ansprüche, so wird damit weniger eine Beschränkung der Wirksamkeit des Art. 59, als vielmehr sein schon von vornherein begrenzter Inhalt betont.

Einen stillschweigenden Verzicht auf die Rechte aus Art. 59 sehen die schweizerischen Gerichte dann als gegeben an, wenn der Begünstigte sich vor einem fremden Gericht vorbehaltlos „einläßt" d. h. zur Sache verhandelt. Wer im Versäumnisweg verurteilt wird, ohne daß er vorher zur Sache verhandelt hätte, hat also auf seine Rechte aus Art. 59 nicht verzichtet.

4. Im Kanton Schaffhausen hat man versucht, den weittragenden Folgen des Art. 59 dadurch zu begegnen, daß man ausländischen Urteilen schon dann die Vollstreckbarkeit bewilligt, wenn der Gerichtsstand, der das ausländische Gericht zuständig machte, auch dem schaffhauser Gesetz bekannt ist, vgl. die Auskunft der Justizdirektion vom 30. Juli 1926 unter 2a Abs. 2 und die Auskunft derselben Stelle vom 27. März 1925 unter II Abs. 1 und 2. Von dieser Auffassung geht auch das Urteil des Obergerichts des Kantons Schaffhausen vom 10. Mai 1918 aus, das der Reichsminister der Justiz seiner Auskunft vom 26. August 1926 beigefügt hat. Es war in Deutschland gegen einen aufrechtstehenden Schuldner mit festem Wohnsitz in der Schweiz vom Gericht des Hauptprozesses nach § 34 ZPO. ein Urteil erlassen worden, nach welchem der Beklagte gewisse Rechtsanwaltsgebühren bezahlen sollte. Dieses Urteil ist für vollstreckbar erklärt worden, weil die Zuständigkeit des deutschen Gerichts auch nach der schaffhauser Gesetzgebung gegeben gewesen sei. Das wird wiederum daraus hergeleitet, daß nach den Artikeln 10 und 11 des schaffhauser Gesetzes über die Erhebung von Staatsgebühren und die Ausrichtung von Parteientschädigungen bei den Gerichten vom 8. November 1915 (Offizielle Sammlung der bestehenden Gesetze für den eidgenössischen Stand Schaffhausen, Neue Folge Bd. 13 S. 99) dem Richter die Möglichkeit gegeben sei, im Zusammenhang mit der Prozeßentschädigung auch die Höhe der Anwaltskosten festzusetzen.

Es ist nicht zu verkennen, daß die vorstehend gekennzeichnete Rechtsansicht der schaffhauser Justizbehörden geeignet wäre, die sich aus Art. 59 der Bundesverfassung ergebenden Schwierigkeiten in gewissem Umfange zu beseitigen, denn die schaffhauser Prozeßordnung (a. a. O. Bd. 4 S. 435) kennt besondere Gerichtsstände für persönliche Ansprüche. Nach § 105 das. kann gegen Personen ohne festen Wohnsitz in der Schweiz am Erfüllungsort geklagt werden, wenn der Beklagte sich dort aufhält oder dort Vermögen besitzt, in das vollstreckt werden kann, und nach § 106 das. können Entschädigungsforderungen aus Vergehen am Tatort geltend gemacht werden. Indessen wird die Rechtsansicht der schaffhauser Justizbehörden vom schweizerischen Bundesgericht nicht gebilligt. Es tritt ihr in seiner Antwort auf die Fragen zu 1a und b ausdrücklich entgegen, indem es sagt:

„Falls die schaffhauser Gerichte deshalb, weil das schaffhauser Recht die besonderen Gerichtsstände des Erfüllungsorts, des Vermögens und des begangenen Delikts kennt, gegen einen hier wohnhaften Schuldner, der von einem entsprechenden deutschen Gerichte verurteilt worden ist, die Vollstreckung gewähren, so könnte sich derselbe beim Bundesgericht wegen Verletzung von Art. 59 der Bundesverfassung mit Erfolg beschweren."

Sonach wird durch die Praxis der schaffhauser Gerichte, welche auf einer vom schweizerischen Bundesgericht deutlich mißbilligten Rechtsauffassung beruht, die Gegenseitigkeit im Sinne des § 328 Abs. 1 Nr. 5 ZPO. nicht „verbürgt". In jedem Einzelfall kann durch die Anrufung des Bundesgerichts die Praxis der schaffhauser Gerichte erfolgreich bekämpft werden.

5. In ihrer Auskunft vom 27. März 1925, im vorletzten Absatz daselbst, hat die Justizdirektion des Kantons Schaffhausen darzulegen gesucht, daß trotz Art. 59 die Deutschen in der Schweiz nicht schlechter gestellt seien als die Schweizer in Deutschland; es werde die Zuständigkeit gegen einen im Deutschen Reich wohnhaften Deutschen in der Schweiz nicht bejaht werden, wenn die Schweiz bei gleicher Sachlage die Zuständigkeit eines deutschen Gerichts für einen Schweizer nicht anerkenne. Auch dem tritt das schweizerische Bundesgericht, in der Antwort auf die Frage 3, entgegen. Es sagt:

„Der in der Schweiz belangte, in Deutschland wohnhafte Beklagte kann sich auf Art. 59 der Bundesverfassung nicht berufen und er kann zur Einlassung vor einem kantonalen Gerichtsstand verhalten werden, der mit Art. 59 der Bundesverfassung im Widerspruch steht."

Damit verliert übrigens die vom schweizerischen Bundesgericht in der Antwort auf die Frage 1d gemachte, mehr beiläufige Bemerkung, daß die Gerichtsstände der §§ 105 und 106 der schaffhauser Prozeßordnung auch im internationalen Verhältnis mit Art. 59 unvereinbar seien, ihre Bedeutung. Es ist auch wirklich nicht abzusehen, wie jemand, der in der Schweiz keinen festen Wohnsitz hat, sich auf Art. 59 sollte berufen können.

Nun hat allerdings das schweizerische Bundesgericht dem oben mitgeteilten Satze noch hinzugefügt:

> „Immerhin läge in der Ablehnung der Zuständigkeit durch die kantonalen Gerichte in einem solchen Falle — durch eine entsprechende Anwendung von Art. 59 der Bundesverfassung — keine bundesrechtswidrige Verletzung dieser Bestimmung, da sie nur zum Schutze des Schuldners aufgestellt ist."

Dadurch wird aber an der Rechtslage nichts geändert. Der schweizerische Kläger mag keinen Anspruch darauf haben, daß dem nicht schweizerischen Beklagten der Schutz des Art. 59 versagt wird; gleichwohl bleibt es dabei, daß der nicht schweizerische Beklagte den Schutz des Art. 59 nicht für sich fordern darf. Eine damit im Widerspruch stehende Praxis der Gerichte, die nicht einmal als bereits bestehend bezeugt ist, vermag die Gegenseitigkeit im Sinne des § 328 Abs. 1 Nr. 5 ZPO. nicht zu „verbürgen".

6. Das Ergebnis dieser Feststellungen ist also, daß die sämtlichen schweizerischen Kantone einschließlich des Kantons Schaffhausen Urteile, die in Deutschland im Gerichtsstand des Erfüllungsorts (§ 29 ZPO.), des Vermögens (§ 25 ZPO.) oder des Delikts (§ 32 ZPO.) wegen persönlicher Ansprüche gegen aufrechtstehende Schuldner mit festem Wohnsitz in der Schweiz ergehen, grundsätzlich nicht vollstrecken dürfen. Dabei ist noch hervorzuheben, daß auch die besondere Vereinbarung eines Erfüllungsorts keine Ausnahme von Art. 59 begründet. Ausgeschaltet wird sein Eingreifen nur durch einen Verzicht des Begünstigten, wie das oben unter Nr. 3 dargelegt ist. Auch bei einem Verhandeln zur Sache vor dem deutschen Gericht genügt ein Vorbehalt der Rechte aus Art. 59, um die Vollstreckbarkeit des deutschen Urteils in der Schweiz und auch im Kanton Schaffhausen auszuschließen.

Im Gegensatz dazu sind in Deutschland Urteile, die im Kanton Schaffhausen im Gerichtsstand der §§ 105 und 106 der schaffhauser Prozeßordnung und in anderen Kantonen in ähnlichen Gerichtsständen ergangen sind, bis zu dem Urteil des erkennenden Senats vom 8. Februar 1924 anstandslos vollstreckt worden. Hier klafft ein Zwiespalt, der nicht als unerheblich angesehen werden kann. Das beweisen auch die vom schweizerischen Bundesgericht mitgeteilten, zwar nicht amtlichen, von den Parteien aber nicht beanstandeten Zahlen. Die Gerichte des Kantons Schaffhausen haben allerdings die Vollstreckung deutscher Urteile mit Rücksicht auf die Vorschrift des Art. 59 der Bundesverfassung noch nicht abgelehnt. Da es sich aber um eine bundesrechtliche Vorschrift handelt, die in der ganzen Schweiz gilt, kann und muß auch die Wirkung ins Auge gefaßt werden, die sie in anderen Kantonen gehabt hat. Im Kanton Bern sind in den Jahren 1922—26 von 19 Vollstreckungsbegehren deutscher Gerichte 6 wegen Eingreifens des Art. 59 der Bundesverfassung abgewiesen worden. Aus demselben Grunde hat das Bezirksgericht in Zürich in den Jahren 1920—23 von 20 Begehren 3 und das Obergericht in Zürich in denselben Jahren von 2 Begehren eines abgewiesen. Etwa jedes vierte deutsche Vollstreckungsgesuch verfällt danach in den Kantonen Bern und Zürich der Ablehnung, und so wird auch zahlenmäßig deutlich, daß in der gesamten Schweiz der Art. 59 der Bundesverfassung einer Verbürgung der Gegenseitigkeit im Sinne des § 328 Abs. 1 Nr. 5 ZPO. entgegensteht.

7. Das schweizerische Bundesgericht hat sich dieser Erkenntnis nicht verschlossen und deshalb Vorschläge angedeutet, „wie die bestehende Ungleichheit in dem Umfang der Anerkennung fremder Gerichtsbarkeit beseitigt werden könnte". Nach seiner Meinung könnte „deutscherseits die Vollstreckung von schweizerischen Urteilen in gleichem Maße verweigert werden, wie von den schweizerischen Gerichten gegenüber deutschen Urteilen, sei es, daß jeweilen nur der einzelne Fall ins Auge gefaßt oder daß allgemein schweizerische Urteile nicht vollstreckt würden, die über einen persönlichen Anspruch gegen einen in Deutschland wohnenden aufrechtstehenden Schuldner ergangen sind, ohne daß die schweizerische Gerichtsbarkeit anerkannt worden wäre". Beide Wege sind für den deutschen Richter nach Lage der deutschen Gesetzgebung nicht gangbar. Das deutsche Recht kennt keine dem Art. 59 der Bundesverfassung entsprechende Vorschrift und der Richter kann sie von sich aus nicht schaffen. Ebensowenig ist er in der Lage, die Entscheidung jeweils auf den einzelnen Fall abzustellen und zu prüfen, ob die Schweiz

ein unter denselben Umständen ergangenes deutsches Urteil vollstrecken würde. Dieser Gedanke, der auch in den Ausführungen der Revision anklang, scheitert am Wortlaut und Sinn des § 328 Abs. 1 Nr. 5 ZPO. Danach ist die Anerkennung des Urteils eines ausländischen Gerichts ausgeschlossen, wenn — nicht soweit — die Gegenseitigkeit nicht verbürgt ist. Das deutsche Recht kennt hier kein mehr oder minder; die Frage, ob die Gegenseitigkeit verbürgt ist, muß mit einem klaren ja oder nein beantwortet werden. Wesentliche Verschiedenheiten in der Rechtslage müssen dahin führen, daß die Frage verneint wird. Solche wesentliche Verschiedenheiten bestehen, wie sich aus Art. 59 der Bundesverfassung ergibt, zwischen dem schweizerischen Bundesrecht und dem deutschen Recht, und deshalb kann die Gegenseitigkeit in der ganzen Schweiz einschließlich des Kantons Schaffhausen nicht als verbürgt angesehen werden.

8. Das Landgericht ist weiter der Meinung, daß die schaffhauser Prozeßordnung schwerere Bestimmungen über die Prüfung der Rechtskraft des Urteils und der Zuständigkeit des Gerichts enthalte als die Reichszivilprozeßordnung. Was das Landgericht hier im einzelnen im Auge hat, ist nicht ganz sicher, da nur gesagt ist, daß die rechtlichen Verhältnisse in Schaffhausen nicht wesentlich anders liegen als nach RGZ. Bd. 107 S. 308flg. in Zürich. Die Beweisaufnahme des Senats hat sich deshalb auch auf diesen Punkt erstreckt. Eines näheren Eingehens auf ihr Ergebnis zu dieser Frage bedarf es aber nicht mehr, da die Entscheidung schon wegen der Vorschrift des Art. 59 der Bundesverfassung zuungunsten der Revision ausfallen muß. Kurz sei indessen bemerkt, daß die Bestimmungen der schaffhauser Prozeßordnung in der Art, wie sie von den Gerichten des Kantons ausgelegt und angewendet werden, wohl kaum irgendwie erheblich von den deutschen Vorschriften abweichen.

---

20. 1. Ist ein eigenhändiges Testament in seiner Gesamtheit gültig, wenn der Erblasser mit einem früheren, wegen fehlender Eigenhändigkeit der Ortsangabe nichtigen, Testament einen „Nachtrag" in solche unmittelbare räumliche Verbindung gebracht hat, daß die neue formgerechte Datierung und die neue Unterschrift das Ganze äußerlich decken?

2. Wird die Gültigkeit eines eigenhändigen Testaments dadurch beeinträchtigt, daß es im Eingang und am Schluß verschiedene Zeitangaben enthält?

BGB. § 2231 Nr. 2.

IV. Zivilsenat. Urt. v. 13. Dezember 1926 i. S. J. (Kl.) w. P. (Bekl.). IV 520/26.

I Landgericht Halle a. S.
II Oberlandesgericht Naumburg a. S.

Die Klägerin ist eine Schwester, die Beklagte die Witwe des im Jahre 1911 gestorbenen Fabrikbesitzers Samuel P. aus Halle a/S. Dieser hat ein privatschriftliches Testament hinterlassen. Das Testament ist auf einem Geschäftsbriefblatt errichtet. Es trägt hinter dem Datum „Halle a/S., den 29. Decbr 1906" die Überschrift „Mein letzter Wille" und beginnt mit Angaben über die Höhe und Zusammensetzung des Vermögens. Daran schließen sich die Einsetzung der Beklagten zur alleinigen Erbin, die Aussetzung eines Nadelgeldes von jährlich 10000 ℳ für die Tochter Else K. geb. P. und die Bestimmung, daß die Klägerin, solange sie lebe, monatlich 100 ℳ erhalte sowie zwei weitere Vermächtnisverordnungen. Dann folgt die Unterschrift „Samuel P." Diese Niederschrift füllt 1½ Seiten des Blattes. Unmittelbar dahinter steht auf der zweiten Seite die mit „Nachtrag:" überschriebene Bestimmung: Falls der Schwiegersohn Otto K. in die Fabrik des Erblassers als sein Nachfolger eintreten sollte (dieser Fall ist nicht eingetreten), solle das Einkommen zur einen Hälfte der Frau des Erblassers, zur anderen Hälfte seinen Kindern Otto und Else K. gehören. Darunter befindet sich das Datum „Halle a/S. den 2. Januar 1907" und neben diesem Datum wiederum die Unterschrift „Samuel P." Alles dies hat der Erblasser eigenhändig geschrieben mit Ausnahme eines Teiles des ersten Datums. Dieses Datum ist in der Weise hergestellt, daß der Erblasser in einen Vordruck „Halle a/S., den .... 19..." den Monatstag „29. Decbr" und die dritte und vierte Ziffer der Jahreszahl „06" mit eigener Hand eingefügt hat.

Die Klägerin fordert auf Grund des Testaments für die Zeit vom 1. Januar 1924 die Zahlung von 100 Goldmark monatlich. Landgericht und Oberlandesgericht haben die Klage abgewiesen, weil das Testament vom 29. Dezember 1906 formungültig sei. Die Revision der Klägerin hatte Erfolg.

Aus den Gründen:

... Dem Berufungsgericht ist darin beizutreten, daß das Testament vom 29. Dezember 1906 als solches, also für sich allein (ohne den Nachtrag) betrachtet, den Formerfordernissen des § 2231 Nr. 2 BGB. nicht genügt, weil die Ortsangabe in dem Datum „Halle a/S., den 29. Decbr 1906" nicht von der Hand des Erblassers herrührt, auch aus dem Texte des Testaments über den Ort seiner Errichtung nichts zu entnehmen ist. Es fragt sich aber, ob die am 29. Dezember 1906 niedergeschriebenen Bestimmungen nicht durch den formgerecht vollzogenen Nachtrag Gültigkeit erlangt haben. Das Berufungsgericht verneint dies mit folgender Begründung: Der Erblasser sei bei der Niederschrift des Nachtrags von der Annahme ausgegangen, daß das Testament vom 29. Dezember 1906 gültig sei. Weil er an dieser Gültigkeit nicht gezweifelt habe, habe er bei der Niederschrift des Nachtrags nicht den Willen gehabt, die vorhergehenden Bestimmungen zu wiederholen, sie zum Gegenstand und Bestandteil seiner neuen Willenserklärung zu machen. Das Testament vom 29. Dezember 1906 sei ein abgeschlossenes Ganzes für sich gewesen. Der Nachtrag habe die Erklärung eines neuen Entschlusses enthalten, der aber nur einen beschränkten Teil der früheren Willenserklärung erfaßt habe. Das gehe aus dem Inhalte des Nachtrags klar hervor und daran könne auch die Wahl des Wortes „Nachtrag" nichts ändern. Denn dieses Wort bedeute hier nur, daß der Erblasser etwas nachzutragen habe, nicht aber, daß er die Bestimmungen des Testaments noch einmal wiederholen, sie zum Bestandteil seiner neuen Willenserklärung machen wolle. Dies treffe auch bei Berücksichtigung dessen zu, daß der Nachtrag sich räumlich unmittelbar dem Testamente vom 29. Dezember 1906 anschließe und zeitlich kurz nach diesem am 2. Januar 1907 niedergeschrieben worden sei. Diese rein äußerlichen Umstände könnten das Fehlen des Willens des Erblassers nicht ersetzen.

Diese Ausführung ist nicht rechtlich zwingend. Der vorliegende Fall berührt sich mit dem im Urteil des erkennenden Senats vom 9. Juli 1925 (RGZ. Bd. 111 S. 247) entschiedenen Falle, wird auch von den im Urteil vom 2. Januar 1919 (WarnRspr. 1919 Nr. 70) angestellten Erwägungen getroffen. Der § 2231 Nr. 2 BGB. schreibt für das privatschriftliche Testament eine vom Erblasser unter Angabe des Ortes und Tages eigenhändig geschriebene und unterschriebene Erklärung vor. Er erfordert aber keine Einheit der Errichtungshandlung und deshalb auch nicht, daß die Erklärung von vornherein in der Absicht geschrieben sei, ein Testament, und zwar gerade dieses Testament zu errichten. Auch ein Schriftstück, das der Erblasser früher zu einem anderen Zwecke oder, was hier in Betracht kommt, als ein früheres Testament niedergeschrieben hatte, kann von ihm dazu benutzt werden, um es durch eigenhändige Zusätze ergänzenden oder berichtigenden Inhalts mit neuer Orts- und Zeitangabe und neuer Unterschrift so zu vollenden, daß es sein nunmehr gewolltes Testament werde. Ob das frühere Testament gültig oder wegen Testierunfähigkeit des Erblassers zur Zeit seiner Errichtung oder wegen eines Formverstoßes, wie hier wegen fehlender Eigenhändigkeit der Ortsangabe, nichtig war, macht dabei keinen Unterschied. Einem irrigen Glauben des Erblassers an die Gültigkeit des früheren Testaments kommt darum nicht die ihm vom Berufungsgericht zugeschriebene entscheidende Bedeutung zu. Daß die zweite Niederschrift zusammen mit der ersten das nunmehr geltende Testament sein soll, muß sich aus der Urkunde selbst ergeben. Hier hat die Zusammenfassung der beiden vier Tage auseinander liegenden Niederschriften zu einem Testament nicht nur dadurch ihren Ausdruck gefunden, daß der Erblasser die ihm erforderlich erscheinende Ergänzung auf dasselbe Blatt unmittelbar hinter die erste Niederschrift gesetzt hat, sondern auch dadurch, daß er durch die Bezeichnung der neuen Niederschrift als „Nachtrag" auf die früheren Anordnungen hingewiesen hat. Wird einer schriftlichen Willenserklärung ein „Nachtrag" hinzugefügt, so wird damit nach dem gewöhnlichen Sinne des Wortes eine Bezugnahme auf die frühere Erklärung ausgesprochen, die durch den Nachtrag ergänzt oder geändert wird. Dafür, daß der vorliegende „Nachtrag", der — allerdings nur unter einer nicht eingetretenen Bedingung — die vom Erblasser gewollte erbrechtliche Stellung der beiden Hauptbeteiligten, seiner Frau und seiner Tochter, erheblich beeinflußte, nicht diese zurückbezügliche, sondern eine davon abweichende selbständige Bedeutung haben sollte, ist vom Berufungsgericht nichts angeführt; es besteht auch sonst dafür kein Anhalt. Es erscheint daher als die nächstliegende und darum gebotene Auffassung, daß der Erblasser, als er diesen Nachtrag mit der früheren

Niederschrift in eine solche unmittelbare räumliche Verbindung setzte, daß die neue formgerechte Datierung und die neue Unterschrift das Ganze äußerlich deckten, zum Ausdruck brachte, die so zusammengefaßten Erklärungen seien sein nunmehr bestehender letzter Wille".

Gemäß dieser Auffassung stellt sich das vorliegende Testament als ein solches mit zwei Zeitangaben dar, von denen die eine am Eingang, die andere am Schluß steht. Das ist unschädlich; das jüngere, am Schluß stehende Datum bezeichnet die Zeit des endgültigen Abschlusses der Testamentserrichtung und damit die Zeit der Testamentserrichtung im gesetzlichen Sinne (KGJ. Bd. 37 A S. 119, Bd. 52 S. 79).

Der Vermächtnisanspruch der Klägerin ist hiernach an sich begründet. Die Frage, in welcher Höhe die für sie in der alten deutschen Mark ausgesetzte Rente auf Grund ergänzender Testamentsauslegung oder an Hand des § 242 BGB. (RGZ. Bd. 108 S. 85, WarnRspr. 1923/24 Nr. 3, 1926 Nr. 6) aufzuwerten ist, muß zunächst vom Tatrichter geprüft werden....

---

21. Finden die in Art. 2 der 9. Ergänzung des Besoldungsgesetzes vom 18. Juni 1923 gegebenen Kürzungsbestimmungen auch auf das Ruhegehalt eines Reichsbeamten Anwendung, der vor Erlaß des Gesetzes vom 17. Mai 1907, betreffend Änderungen des Reichsbeamtengesetzes vom 31. März 1873, in den Ruhestand getreten ist und später im Kommunaldienst einen weiteren Anspruch auf Ruhegehalt erworben hat?

RBG. § 59. Personal-Abbau-Verordnung vom 27. Oktober 1923 Art. 10 § 9.

III. Zivilsenat. Urt. v. 14. Dezember 1926 i. S. Sch. (Kl.) w. Deutsches Reich (Bekl.). III 246/26.

I. Landgericht Stettin.

Der Kläger, der Marinezahlmeister war, wurde zum 1. Dezember 1901 mit Pension in den Ruhestand versetzt. Im Jahre 1904 trat er in die Kommunalverwaltung ein. Zuletzt war er Bürgermeister der Stadt C. Als solcher ist er inzwischen ebenfalls mit Pension in den Ruhestand getreten. Neben seinen kommunalen Bezügen wurde ihm bis Mai 1924 seine Pension als Marinezahlmeister gewährt. Ihre Zahlung hat das Reich dann aber unter Berufung auf die Vorschriften der 9. Ergänzung des Besoldungsgesetzes vom 18. Juni 1923 (RGBl. I S. 385) und der Personal-Abbau-Verordnung vom 27. Oktober 1923 (RGBl. I S. 999) eingestellt. Der Kläger sieht darin die Verletzung eines wohlerworbenen Rechts. Er verlangt deshalb mit der Klage Zahlung seiner Reichspension für die Zeit vom Juni 1924 bis zum September 1925 und für die spätere Zeit Feststellung der Zahlungsverpflichtung des Beklagten. Das Landgericht hat die Klage abgewiesen. Die vom Kläger unmittelbar eingelegte Revision blieb erfolglos.

Gründe:

Dem Landgericht, das die Klage auf Grund der §§ 59, 58 Abs. 2 RBG. in der Fassung von Art. 2 der 9. Ergänzung des Besoldungsgesetzes abgewiesen hat, wirft die Revision vor, es habe unterlassen, den nach diesen Vorschriften dem Kläger zustehenden Pensionsbetrag zu berechnen. Dieser Berechnung bedurfte es jedoch nicht, da der Kläger nach der im angefochtenen Urteil in bezug genommenen Klageschrift selbst vorgetragen hat, er beziehe als Bürgermeister ein Ruhegehalt, das höher sei als sein Einkommen zur Zeit seiner Pensionierung als Marinezahlmeister. Daraus ergibt sich ohne weiteres, daß die Grenze, bis zu der die angeführten Bestimmungen die Zahlung von Reichspension neben einer später anderweit erdienten Pension zulassen, bereits erreicht ist. Der Kläger kann also gegenwärtig keinen Pensionsanspruch gegen das Reich geltend machen, sofern die §§ 59, 58 Abs. 2 a. a. O. in ihrer derzeitigen Gestalt auf ihn anzuwenden sind. Hiervon hängt die Entscheidung des Rechtsstreits ab.

Als der Kläger aus seiner Stellung als Marinezahlmeister ausschied und in den Kommunaldienst eintrat, galt § 59 RGB. noch in seiner ursprünglichen, nicht auf § 58 Abs. 2, sondern auf § 57 Nr. 2 verweisenden Fassung vom 31. März 1873 (RGBl. S. 61). Eine Verminderung der Pension, die einem in den Ruhestand versetzten Reichsbeamten zustand, trat nur dann ein, wenn er im Reichs- oder Staatsdienst, nicht auch, wenn er im Dienst einer Gemeinde Einkommen bezog oder einen neuen Pensionsanspruch erwarb. Diesem Rechtszustand bereitete Art. 1 des Gesetzes vom 17. Mai 1907, betr. Änderungen des

Reichsbeamtengesetzes vom 31. März 1873 (RGBl. S. 201), ein Ende, indem es durch Änderung der §§ 57 und 59 RBG. für das Ruhen und die Kürzung von Pension beim Bezug anderweiten Diensteinkommens oder Ruhegehalts die Anstellung oder Beschäftigung als Beamter im Kommunaldienst dem Reichs- und Staatsdienst gleichstellte. Zugleich wurde das Maß der Pensionskürzung beim Erdienen eines weiteren Ruhegehalts verschärft. Nach Art. 2 Abs. 4 des Gesetzes vom 17. Mai 1907 galten die neuen Kürzungsbestimmungen auch für die beim Inkrafttreten des Gesetzes bereits pensionierten Beamten. Abs. 6 das. schränkte aber diesen Grundsatz dahin ein, daß der den bereits pensionierten Beamten auf Grund der neuen Vorschriften zu zahlende Betrag nicht hinter dem zurückbleiben dürfe, der ihnen nach den bis dahin geltenden Bestimmungen zustehe. Daraus ergab sich für den Kläger ein Anspruch auf unveränderten Weiterbezug seiner Marinezahlmeisterpension troß seines Eintritts in den Kommunaldienst. Ihre Zahlung ist denn auch erst auf Grund der im Jahre 1923 erfolgten Neuregelung der Kürzungsbestimmungen des Reichsbeamtengesetzes eingestellt worden.

Art. 2 der 9. Ergänzung des Besoldungsgesetzes hat durch Änderung der §§ 57, 59 RBG. die Anrechnung anderweiter Bezüge auf eine Reichspension dahin ausgedehnt, daß eine Pensionskürzung nicht bloß, wie bisher, dann eintritt, wenn Diensteinkommen oder Pension auf Grund einer Anstellung oder Beschäftigung als Beamter oder in der Eigenschaft eines Beamten gezahlt wird, sondern ganz allgemein dann, wenn die Vergütung für die Tätigkeit im öffentlichen Dienst oder die neu erdiente Pension unmittelbar oder mittelbar aus öffentlichen Mitteln fließt. Diese Erweiterung der Pensionskürzung soll insbesondere die im öffentlichen Dienst auf Grund privater Dienstverträge beschäftigten Reichspensionäre treffen (Begründung zur 9. Ergänzung des Besoldungsgesetzes, Reichstagsdrucksache Nr. 5897 der 1. Wahlperiode 1920/23 S. 8). Für die Reichspensionäre, die Kommunalbeamte werden, liegt darin gegenüber dem Gesetze vom 17. Mai 1907 keine Verschärfung. Die Pensionäre, die wie der Kläger auf Grund von Art. 2 Abs. 6 des letztgenannten Gesetzes mit Rücksicht auf die ihnen günstigeren Bestimmungen des Reichsbeamtengesetzes vom 31. März 1873 überhaupt keine Pensionskürzung erlitten, wurden von der 9. Ergänzung des Besoldungsgesetzes nicht betroffen, und zwar nicht bloß deshalb, weil das Gesetz vom 18. Juni 1923, das nicht mit der in Art. 76 RVerf. vorgesehenen Mehrheit angenommen worden ist, in die unter dem Schutze von Art. 129 Abs. 1 Satz 3 RVerf. stehenden Sonderrechte der vor Erlaß des Gesetzes vom 17. Mai 1907 pensionierten Beamten nicht eingreifen konnte, sondern in erster Reihe deshalb, weil die 9. Ergänzung des Besoldungsgesetzes keinen Anhalt dafür bietet, daß sie diese Sonderrechte hat treffen wollen. Art. 2 das. ändert nur die im Reichsbeamtengesetz selbst enthaltenen Kürzungsbestimmungen ab. Art. 11 sagt allerdings, daß, soweit in anderen Reichsgesetzen als dem Reichsbeamten- und dem Beamtenhinterbliebenengesetz Vorschriften über das Ruhen von Pensionen (auch Übergangsgebührnissen), Witwen- und Waisengeldern aus Anlaß einer Verwendung des Versorgungsberechtigten enthalten sind, diese Vorschriften als den vorstehenden Artikeln 2 und 3 entsprechend geändert gelten. Er kann jedoch, wie die angeführte Begründung (a. a. O. S. 11 zu Art. 10 des Entwurfs) und die mit ihr übereinstimmenden Bemerkungen und Erläuterungen des Reichsministers der Finanzen zur Neuregelung der Versorgungsbezüge auf Grund der 9. Ergänzung des Besoldungsgesetzes vom 14. Juni 1923 (RBesBl. S. 189) unter Nr. 7 ergeben, nur auf die den §§ 57flg. RBG. entsprechenden Kürzungsvorschriften allgemeiner Art bezogen werden, wie sie insbesondere in den Militärversorgungsgesetzen enthalten sind, nicht auch auf Sonderbestimmungen vom Charakter des Art. 2 Abs. 6 des Gesetzes vom 17. Mai 1907. Würde der dort zugunsten der damals schon pensionierten Beamten gemachte Vorbehalt unter Art. 11 der 9. Ergänzung des Besoldungsgesetzes fallen, so würde das seine Aufhebung, seine völlige Beseitigung bedeuten, eine Folge, die über den Wortlaut des Art. 11 hinausginge, der nur von einer Änderung gesetzlicher Bestimmungen spricht. Den vor dem Ergehen des Gesetzes vom 17. Mai 1907 in den Ruhestand getretenen Reichsbeamten war also durch die 9. Ergänzung des Besoldungsgesetzes die bisherige Rechtsgrundlage für ihren Anspruch auf unverkürzte Pensionszahlung nicht genommen worden, so daß sie für seine Geltendmachung nicht auf den Härteausgleich des Art. 17 das., auf eine gnadenweise Bewilligung durch den Reichsminister der Finanzen angewiesen waren. Sollte der Minister mit Nr. 9 seiner oben genannten Bemerkungen vom 14. Juni 1923 auch diesen Fall haben treffen wollen, so könnte seiner Auffassung nicht beigetreten werden.

Es kommt aber weiter noch in Frage, ob die Personal-Abbau-Verordnung die auf Art. 2 Abs. 6 des Ges. vom 17. Mai 1907 beruhenden Sonderrechte der vorher pensionierten Beamten beseitigt hat. Art. 129 Abs. 1 Satz 3 RVerf. stand dem nicht im Wege, da die auf Grund des ErmächtigungsG. vom 13. Oktober 1923 (RGBl. I S. 943) erlassene Verordnung von den Grundrechten der Reichsverfassung abweichen durfte. Die entscheidende Bestimmung findet sich in Art. 10 § 9 PersAbbVo. Ihr Wortlaut:

„Werden Versorgungsberechtigte im Reichs- oder in einem sonstigen öffentlichen Dienste verwendet, so werden ihre Versorgungsbezüge nach Maßgabe der in der 9. Ergänzung des Besoldungsgesetzes vorgesehenen Kürzungsbestimmungen geregelt"

ist insofern eigenartig, als nur eine anderweite „Regelung" der Versorgungsbezüge vorgeschrieben wird, also anscheinend nur eine Verfahrensvorschrift, eine Anweisung an die Regelungsbehörden gegeben werden soll. Daß eine Änderung der Versorgungsansprüche selbst eintrete, wird nicht gesagt. Sie ist indessen, wie aus Sinn und Zweck der Vorschrift mit Sicherheit entnommen werden kann, beabsichtigt. Die Verordnung will die Ansprüche auf Versorgung unmittelbar nach Maßgabe der bezeichneten Kürzungsvorschriften herabsetzen. Eine am Wortlaut des § 9 haftende Auslegung ist es auch, wenn der Kläger ihn beschränken will auf die Versorgungsberechtigten, die im Reichs- oder in einem öffentlichen Dienst noch verwendet werden, von seiner Anwendung also die Versorgungsberechtigten ausschließen will, die, wie er selbst, in einem solchen Dienste verwendet wurden, aus ihm aber mit Ruhegehalt ausgeschieden sind. Schon rein sprachlich ist dieser Schluß nicht zwingend. Daß er sachlich unhaltbar ist, ergibt sich ohne weiteres daraus, daß zu den in der 9. Ergänzung des Besoldungsgesetzes vorgesehenen Kürzungsbestimmungen auch der dort neu gefaßte § 59 RBG. gehört, der gerade den Fall regelt, daß ein Reichspensionär außerhalb des Reichsdienstes eine Pension erdient. Daß Art. 10 § 9 PersAbbVo. seine Anwendung nicht ebenso wie die der übrigen Kürzungsbestimmungen hat sicherstellen wollen, muß als ausgeschlossen bezeichnet werden.

Die Tragweite des Art. 10 § 9 kann sich nicht in einer einfachen Wiederholung der bereits in der 9. Ergänzung des Besoldungsgesetzes getroffenen Kürzungsbestimmungen erschöpfen. Er würde dann jeder eigenen Bedeutung entbehren, seine Aufnahme in die Personal-Abbau-Verordnung wäre also überflüssig gewesen. Mit ihm muß eine Ausdehnung der Kürzungsvorschriften über ihren bisherigen Bereich hinaus beabsichtigt gewesen sein. Und diese kann, da sachlich der Inhalt der Kürzungsbestimmungen durch Verweisung auf das frühere Gesetz bestimmt wurde, mithin unverändert blieb, nur in einer Erweiterung des von den fraglichen Bestimmungen betroffenen Personenkreises liegen. Die 9. Ergänzung des Besoldungsgesetzes war, wie bereits erwähnt, gezwungen, vor den wohlerworbenen Rechten der Beamten haltzumachen. Den Reichspensionären, die bei Erlaß des Gesetzes vom 18. Juni 1923 schon Diensteinkommen oder Pension anderweit aus öffentlichen Mitteln bezogen, konnte ihr aus Reichsmitteln fließendes Ruhegehalt nur im Rahmen der alten Bestimmungen, nicht aber nach Maßgabe der Neufassung und der damit verbundenen Erweiterung der Kürzungsvorschriften entzogen werden. Es kann nichts anderes angenommen werden, als daß Art. 10 § 9 PersAbbVo. diese Sonderstellung der vor Erlaß der 9. Ergänzung des Besoldungsgesetzes pensionierten Reichsbeamten hat beseitigen, den neuen Einschränkungen alle Reichspensionäre hat unterwerfen wollen. Nur bei dieser Auslegung gewinnt § 9 a. a. O. eine wirkliche Bedeutung.

Denkbar wäre es allerdings, eine Unterscheidung zu machen zugunsten der ältesten Reichspensionäre, der schon vor dem Erlaß des Gesetzes vom 17. Mai 1907 in den Ruhestand getretenen. Ihnen hat, wie oben dargelegt, Art. 2 Abs. 6 das. Schutz gewährt gegen die in Art. 1 vorgeschriebene, verstärkte Pensionskürzung. Danach behielten insbesondere die Reichspensionäre, welche Kommunalbeamte wurden, Anspruch auf ihre volle Reichspension. Die Bestimmungen der 9. Ergänzung des Besoldungsgesetzes gaben nun zwar dem Pensionskürzungsrecht formell eine vollständig neue Grundlage. Materiell aber enthielten sie neue Vorschriften in diesem Punkte nur, insoweit die von ihr umgestalteten §§ 57flg. RBG. sachlich über das Gesetz vom 17. Mai 1907 hinausgingen. Daraus könnte man folgern, daß Art. 10 § 9 PersAbbVo., der sich ja auf eine Bezugnahme auf die 9. Ergänzung des Besoldungsgesetzes beschränkt, nur die ungeschmälerte Durchführung der in ihr enthaltenen sachlichen Änderungen des Pensionskürzungsrechts hat sicherstellen wollen. Seine dann immer noch sehr erhebliche Bedeutung würde darin bestehen, daß die durch die 9. Ergänzung des Besoldungsgesetzes eingeführte Erweiterung der Kürzung von Versorgungsbezügen dieselbe Kraft hätte wie die im Gesetze vom 17. Mai 1907 enthaltene. Alle seit dessen Ergehen pensionierten Reichsbeamten müßten sich die volle Anwendung des neuen Kürzungsrechts gefallen lassen. Dagegen würde, ebensowenig wie die neuen Vorschriften des Gesetzes vom 17. Mai 1907 selbst, ihre Wiederholung und Erweiterung in dem Gesetz vom 18. Juni 1923 eine Minderung der Pensionsansprüche der schon vor dem Ergehen des ersteren in den Ruhestand versetzten Reichsbeamten herbeigeführt haben.

Für eine derartige, den ältesten, wohl nur noch in geringer Zahl vorhandenen Pensionären einzuräumende Sonderstellung ließe sich anführen, daß die Personal-Abbau-Verordnung, darin mit der 9. Ergänzung des Besoldungsgesetzes durchaus übereinstimmend, keinerlei Hinweis auf eine beabsichtigte Aufhebung des Art. 2 Abs. 6 des Gesetzes vom 17. Mai 1907 enthält. Dieser Erwägung kann indessen keine durchschlagende Kraft beigemessen werden. Der allgemeine und uneingeschränkte Wortlaut von Art. 10 § 9 verbietet es, irgendeine Unterscheidung in ihn hineinzutragen. Die Vorschrift fordert Anwendung der Kürzungsbestimmungen der 9. Ergänzung des Besoldungsgesetzes ohne Rücksicht darauf, ob ihr Inhalt alt oder neu ist. Sie bezweckt, wie die Personal-Abbau-Verordnung überhaupt, die Verminderung der Personalausgaben des Reichs und der Länder. Damit ist eine Schonung von Sonderrechten auch nur der ältesten Pensionäre nicht vereinbar. Die Härte, die unleugbar in ihrer Beseitigung liegt, ist nicht so groß wie die, mit welcher zur Behebung der finanziellen Not des Reichs und seiner Glieder in die wohlerworbenen Rechte anderer Beamtengruppen eingegriffen worden ist.

Daß man bei Erlaß der Personal-Abbau-Verordnung dem Art. 10 § 9 eine solche Tragweite hat geben wollen, dafür sprechen die zu ihr erlassenen Ausführungsbestimmungen II vom 27. Februar 1924 (RBesBl. S. 49), die der Kläger zu Unrecht für seine Rechtsansicht verwerten will. Sie enthalten in Nr. I 19 (zu Art. 10 § 9) folgende Bemerkung:

„Bei der 9. Ergänzung des Besoldungsgesetzes ist im Reichstag eine Feststellung, daß die Verabschiedung des Gesetzes mit der für ein verfassungsänderndes Gesetz erforderlichen Zweidrittelmehrheit erfolgt ist, nicht gemacht worden. Die neuen Kürzungsbestimmungen konnten deshalb nur so weit angewendet werden, als dadurch nicht wohlerworbene Rechte der Beamten verletzt wurden. Durch § 9 soll lediglich die restlose Durchführung der durch die 9. Ergänzung des Besoldungsgesetzes geänderten Kürzungsbestimmungen ermöglicht werden. . . ."

Davon, daß irgendeine Gruppe der pensionierten Beamten in ihren wohlerworbenen Rechten hat geschont werden sollen, sagt die Reichsregierung, die auch die Personal-Abbau-Verordnung erlassen hat, hier nichts. Wenn es in Nr. I 2 das. (zu Art. 10 § 1) heißt:

„Die Versorgungsgebührnisse der Ruhegehaltsempfänger, die aus Anlaß ihrer Verwendung im Reichs- oder in einem sonstigen öffentlichen Dienst im Sinne des § 57 Nr. 2 RBG. eine Vergütung aus öffentlichen Mitteln erhalten, unterliegen nach wie vor nur den bisher für sie schon geltenden Ruhensvorschriften (vgl. Nr. 17 und 19) . . . .",

so soll damit, wie der folgende Satz erweist, nur erläutert werden, welche Versorgungsgebührnisse der in Art. 10 §§ 1—8 geregelten Kürzung bei Privateinkommen unterliegen. Was unter den „bisher für sie geltenden Ruhensvorschriften" zu verstehen ist, wurde, wie der Hinweis auf Nr. 17 und 19 der Ausführungsbestimmungen völlig außer Zweifel stellt, an anderer Stelle geregelt. Gerade die oben wiedergegebene Nr. 19 zeigt, daß auch gegenüber bisher unberührt gebliebenen Sonderrechten die neuen Kürzungsbestimmungen voll durchgeführt werden sollen.

Der Kläger hat demnach seit Erlaß der Personal-Abbau-Verordnung Anspruch auf Reichspension nur noch nach Maßgabe des Reichsbeamtengesetzes in seiner jetzigen Fassung. Sie muß ihm nach dessen §§ 59, 58 Abs. 2 zum vollen Betrage gekürzt werden. Mithin ist die vom Landgericht ausgesprochene Klagabweisung gerechtfertigt.

---

22. Zur Frage der Haftung einer gewerbsmäßigen Auskunftei für die Richtigkeit ihrer Auskünfte.

BGB. §§ 138, 276, 278, 638.

VI. Zivilsenat. Urt. v. 14. Dezember 1926 i. S. Auskunftei W. Sch. (Bekl.) w. offene Handelsgesellschaft W. & T. (Kl.). VI 342/26.

I. Landgericht I Berlin.
II. Kammergericht daselbst.

Die Klägerin hatte vom 13. April 1920 ab auf ein Jahr ein Bezugsrecht auf 10 Kreditauskünfte von der Beklagten erworben. Mit Schreiben vom 3. Juli 1924 erbat sie von der Beklagten eine Einzelauskunft über „Herrn A. C., Berlin W., ... straße 22" und brachte zum Ausdruck, daß ihr daran liege, über den Herrn möglichst umgehend etwas zu erfahren, weshalb sie die Beklagte bitte, dem Überbringer des Briefes die entsprechenden Mitteilungen im geschlossenen Umschlag mitzugeben und die Kosten von ihm einzuziehen. Die Beklagte, für die bei der Erledigung des Geschäfts ihre Angestellten Major a. D. W. und Abteilungsleiter S. tätig wurden, verfuhr dem Ersuchen entsprechend. In ihrer Auskunft, die am 4. Juli 1924 erteilt wurde, gab sie zunächst bekannt, daß die Firma A. C. im Dezember 1917 als Kommanditgesellschaft ins Handelsregister eingetragen worden sei, daß ihr alleiniger persönlich haftender Gesellschafter der Kaufmann F. W. K. in Berlin-Charlottenburg sei und daß noch zwei Kommanditisten vorhanden seien. Sodann verbreitete sich die Auskunft über die Entwicklung des seit 1905 bestehenden Geschäfts und fuhr fort:

„F. W. K. hat während des Krieges durch Beschaffung von Kapital für Kriegsbetriebe große Umsätze erzielt und sich dadurch ein großes Vermögen erworben. Er wird als umsichtiger, energischer und gewandter Geschäftsmann bezeichnet. Der C.'sche Konzern arbeitet, wie wir hörten, erfolgreich. Die Unternehmungen gelten für gut fundiert. Es sind selbst für ganz große Transaktionen entsprechende Kapitalien vorhanden, die Umsätze sind ganz bedeutend. Die Verhältnisse finden da, wo wir nachfragten, vertrauensvolle Beurteilung."

Während bis dahin die Auskunft als unter dem 19. Dezember 1923 aufgestellt bezeichnet war, wurde anschließend als Ergänzung vom 3. April 1924 noch mitgeteilt:

„Bei neuer Anfrage hörten wir, daß die Firma ein lebhaftes Geschäft erzielt und daß diejenigen, die sich der Geschäftsverbindung bedienten, zufrieden waren. Befragte Stellen äußerten sich dahin, daß das Unternehmen weiterhin gute Beziehungen zu Finanzkreisen unterhält und dadurch in der Lage ist, auch geschäftliche Transaktionen in größerem Stil durchzuführen."

Die Auskunft besagte nichts über eine Bestrafung des F. W. K. Tatsächlich war dieser aber, wie der Beklagten bekannt war, durch Urteil der Strafkammer des Landgerichts I in Berlin vom 8. April 1910 wegen Betruges und schwerer Urkundenfälschung in fünf Fällen, begangen in den Jahren 1906 bis 1908 zum Nachteil der Firma A. Ko. in Berlin, bei der K. damals angestellt war, zu 5 Jahren Gefängnis und 5 Jahren Ehrverlust rechtskräftig verurteilt worden.

Die Klägerin behauptet, sie sei auf Grund der günstigen Auskunft der Beklagten, die auch noch weitere Unrichtigkeiten enthalten habe, mit der Firma A. C. Kommanditgesellschaft am 5. und 6. Juli 1924 derart in Geschäftsverbindung getreten, daß sie von ihr 50000 RM auf die Dauer von 6 Monaten entlieh gegen 20 v. H. Jahreszinsen und pfandweise Hingabe von Wertpapieren im damaligen Kurswerte von über 80000 RM. Am 26. Juli 1924 habe sie der Firma C. 10000 RM zurückbezahlt und von ihr einen entsprechenden Teil der Wertpapiere zurückerhalten. Die übrigen habe aber die Firma C. veräußert und sei deshalb am 5. Januar 1925, als die Rückzahlung der restlichen 40000 RM erfolgen sollte, zur Rückgabe der Wertpapiere außerstande gewesen. Im März 1925 sei das Konkursverfahren über das Vermögen der Kommanditgesellschaft eröffnet worden. Die Klägerin habe hierdurch eine Vermögensschädigung von über 100000 RM erlitten, wozu noch entgangener Gewinn hinzutrete. Mit der Behauptung, die Beklagte sei ihr wegen der schuldhaft erteilten mangelhaften und falschen Auskunft ersatzpflichtig, hat die Klägerin Zahlung eines Teilbetrags von 3000 RM gefordert. Das Landgericht hat die Klage abgewiesen. Die Klägerin legte Berufung ein und erhöhte ihren Anspruch auf 4100 RM. Das Kammergericht erkannte auf einen den Inhabern der klagenden Handelsgesellschaft zugeschobenen Eid folgenden Inhalts: „Bei Abschluß des Darlehensvertrags mit der Firma A. C. in Berlin am 5./6. Juli 1924 habe ich nicht gewußt, daß der persönlich haftende Gesellschafter dieser Firma, der Kaufmann F. W. K., wegen Betruges und Urkundenfälschung mit einer längeren Freiheitsstrafe vorbestraft gewesen ist.“ Im Falle der Leistung des Eides durch sämtliche Inhaber der Klägerin soll der Klaganspruch dem Grunde nach für gerechtfertigt erklärt, andernfalls die Klage abgewiesen werden.

Die Revision der Beklagten führte zur Aufhebung des Berufungsurteils und zur Zurückverweisung der Sache.

Gründe:

Frei von rechtlichen Bedenken ist die Annahme des Kammergerichts, daß der zwischen den Parteien am 4. Juli 1924 über die entgeltliche Erteilung der Auskunft geschlossene Vertrag für einen Werkvertrag nach §§ 631 flg. BGB. zu halten ist.

Die auf § 638 BGB. gestützte Verjährungseinrede der Beklagten ist vom Berufungsgericht zurückgewiesen worden. Die dagegen gerichtete Revisionsrüge ist unbegründet. Die Annahme, daß die Anwendbarkeit des § 638 zu verneinen ist, wenn der Schaden, dessen Ersatz verlangt wird, nicht unmittelbar und allein durch einen Mangel des Werkes, sondern nur durch das Hinzutreten eines besonderen selbständigen Ereignisses herbeigeführt ist, steht im Einklang mit der reichsgerichtlichen Rechtsprechung (RGZ. Bd. 64 S. 43, Bd. 71 S. 175, Bd. 95 S. 3, WarnRspr. 1920 Nr. 33). Im vorliegenden Falle muß die Veräußerung der verpfändeten Wertpapiere durch die Firma A. C., welche die Schädigung der Klägerin unmittelbar verursachte, als ein derartiges selbständiges Ereignis gelten.

Die Revision macht dem angefochtenen Urteil ferner den Vorwurf, daß ungeprüft geblieben sei, ob gerade durch ein Verschulden des F. W. K., das mit den ihm anhaftenden, von der Beklagten verschwiegenen betrügerischen Eigenschaften zusammenhing, der Schaden bei der Klägerin entstanden sei. Auch diese Rüge ist abzulehnen. Der Berufungsrichter hat tatsächlich festgestellt, daß sich die Klägerin bei Kenntnis der Vorstrafe des K. in Geschäftsbeziehungen mit der Firma A. C. nicht oder nur mit entsprechenden Sicherungsmaßnahmen eingelassen hätte und daß dies auch für die Beklagte ersichtlich war. Das durch die Verschweigung der Bestrafung verursachte und nach der Meinung des Berufungsgerichts von der Beklagten zu vertretende schadenstiftende Ereignis war also der Abschluß des Vertrags vom 5./6. Juli 1924 zwischen der Klägerin und der Firma C., dessen Abwicklung dann später wirtschaftliche Schädigungen der Klägerin mit sich brachte. Unter welchen besonderen Umständen diese Schädigungen eintraten und welche Schuld K. persönlich daran trug, brauchte das Berufungsgericht nicht zu erörtern. Im Verfahren über den Grund des Schadensersatzanspruchs genügte jedenfalls die Feststellung, daß der Vertragsschluß mit der Firma C. und damit die gleichzeitig erfolgte Aushändigung der in Frage stehenden Wertpapiere an sie auf das Verhalten der Beklagten ursächlich zurückzuführen war, womit zugleich klargestellt wurde, daß die Klägerin den von ihr behaupteten Schaden, dessen Wahrscheinlichkeit der Berufungsrichter für dargetan erachtet, nicht erlitten haben würde, wenn ihr die Beklagte die Vorbestrafung des K. offenbart hätte.

Sodann wendet sich die Revision gegen die Auslegung, die das Kammergericht den Vertragsbedingungen über den Haftungsausschluß gegeben hat. Jene Bedingungen, von denen rechtsirrtumsfrei festgestellt ist, daß sie auch für die Klägerin bindend geworden sind, befinden sich auf den von der Beklagten ausgegebenen Anfragevordrucken, auf deren Grundlage sie ihre Auskünfte zu erteilen pflegt. Sie sind sonach dazu bestimmt, soweit nicht etwa im Einzelfalle Abweichendes besonders vereinbart wird, gegenüber einem jeden, der bei einer Geschäftsstelle der weitverzweigten Organisation der Beklagten um Auskunft nachsucht, Vertragsinhalt zu werden und also alle Vertragsverhältnisse übereinstimmend zu regeln, welche die Beklagte eingeht, sei es in der Form entgeltlicher Einzelauskünfte, sei es mittels Vorbezahlung für Erteilung einer bestimmten Anzahl von Auskünften innerhalb einer festgesetzten Frist. Deshalb ist anzunehmen, daß jene Vertragsbedingungen der freien Auslegung durch den Revisionsrichter unterliegen, denn die Erwägungen, die der erkennende — früher als der VII. bezeichnete — Zivilsenat in seinem Urteil vom 13. Dezember 1912 (RGZ. Bd. 81 S. 117) über allgemeine Versicherungsbedingungen angestellt hat, treffen auch hier zu (vgl. auch RGZ. Bd. 103 S. 415). Um so mehr muß dies gelten, da sich unter den Vertragsbedingungen der Beklagten die Bestimmung findet, daß beiderseitiger Erfüllungsort — und damit Gerichtsstand nach § 29 ZPO. — der Sitz des den Auftrag entgegennehmenden Büros der Beklagten sein soll. Rechtsstreitigkeiten über Verträge, welche die Beklagte unter ihren allgemeinen Bedingungen eingegangen ist, können somit vor vielen deutschen Gerichten, auch in verschiedenen Oberlandesgerichtsbezirken, anhängig werden; deshalb ist ihre freie Auslegung durch das Revisionsgericht zur Wahrung der Rechtseinheit geboten.

Das Kammergericht faßt die Vorschriften über den Haftungsausschluß in dem Sinn auf, daß der Beklagten die Haftung für

Vorsatz ihrer Angestellten nur insoweit erlassen sei, als schuldhaftes Handeln von Vertrauensleuten oder sonstigen Hilfspersonen bei der Vornahme der Ermittlungen, welche die Grundlage für die zu erteilenden Auskünfte bilden, in Frage komme, nicht aber für ihre im Innendienst verwendeten Angestellten, deren Verschulden im vorliegenden Falle in Rede stehe. Dieser engen Auslegung kann jedoch nicht beigestimmt werden. Der in Nr. 2 der maßgebenden Bedingungen für Einzelauskünfte an die Spitze gestellte Satz: „Die Auskunftei W. Sch. ist für die Folgen keiner wie immer gearteten Entschließung haftbar, die auf Grund dieser Auskunft getroffen wird" läßt sich nur in dem Sinn auffassen, daß sich die Beklagte völlig freizeichnen wollte. Zwar konnte ihr die Haftung für Vorsatz ihrer Inhaber gemäß § 276 Abs. 2 BGB. nicht im voraus erlassen werden, aber dieser Fall liegt so fern, daß man ihn offenbar besonderer Erwähnung nicht für wert hielt. Die Vorschrift im § 278 BGB. sollte aber jedenfalls in vollem Umfang ausgeschaltet werden. Der Berufungsrichter stützt sich auf den zweiten Satz in Nr. 2 und auf Nr. 1 der Bedingungen; es ist aber nicht erkennbar, daß dadurch die Tragweite des oben mitgeteilten ersten Satzes in Nr. 2 hätte eingeschränkt werden sollen. Aus der allgemeinen Vorschrift in Nr. 1 darüber, was die Beklagte vertragsmäßig zu leisten hat, läßt sich für die Frage, in welchem Umfang sie für die Richtigkeit ihrer Auskünfte einstehen will, nichts entnehmen. Der unter Nr. 2 noch beigefügte Satz „Das Risiko, das mit der Verwendung von Vertrauensmännern und Angestellten verknüpft ist, trägt ausschließlich der Anfragende; er entsagt jedem Anspruch auf Ersatz für Nachteile, die sich auf Versehen oder Verschulden von Hilfspersonen zurückführen lassen, und verzichtet auf jeden Nachweis darüber, bei wem und durch wen die Auskunft eingeholt worden ist" soll offenbar nur der Erläuterung des vorangestellten Grundsatzes gegenüber den Kunden der Beklagten dienen. Eine Absicht, den vorher ganz allgemein ausgesprochenen Haftungsausschluß einzuschränken, tritt dabei nicht hervor; namentlich ist das Wort „Angestellte" in der Art gebraucht, daß es auf die sämtlichen Angestellten der Beklagten, also auch die in ihrem Innendienst tätigen, bezogen werden muß.

Der Einwand der Revisionsbeantwortung, der Haftungsausschluß verstoße gegen die guten Sitten und sei daher nach § 138 Abs. 1 BGB. nichtig, ist abzulehnen. Sie meint, die

Erwägungen, welche das Reichsgericht zur Frage der Rechtsverbindlichkeit der Haftungsbeschränkungen der Spediteure angestellt hat (RGZ. Bd. 99 S. 107, Bd. 103 S. 82, Bd. 106 S. 386), träfen auch hier zu. Indes ist weder dargetan, daß sich alle gewerbsmäßigen Auskunfteien zusammengeschlossen und gleichartige Bedingungen ihrem Kundenkreise auferlegt hätten, noch kann zugegeben werden, daß ihr Gewerbebetrieb für den Verkehr ebenso unentbehrlich wäre, wie dies beim Speditionsgewerbe angenommen worden ist. Ohne Inanspruchnahme der Spediteure kann der Handel nicht leben; niemand ist aber in gleicher Weise gezwungen, mit Auskunfteien in vertragliche Beziehungen zu treten.

Der bedungene Haftungsausschluß besteht sonach gemäß § 276 Abs. 2 und § 278 Satz 2 BGB. zu Recht und muß, da im vorliegenden Falle nur ein Verschulden von Angestellten der Beklagten in Betracht kommt, zur Verneinung eines Schadensersatzanspruchs gegen die Beklagte führen, soweit er aus dem Werkvertrag hergeleitet wird. Da im Gegensatz hierzu das angefochtene Urteil das Bestehen eines solchen Anspruchs für den Fall der Eidesleistung feststellt, ist seine Aufhebung geboten, ohne daß auf das sonstige Vorbringen der Revision noch einzugehen wäre. Die Sache ist an das Berufungsgericht zurückzuverweisen, das noch den aus den §§ 826, 831 BGB. entnommenen Klagegrund zu prüfen haben wird.

---

23. 1. Zur Frage der Neuheit, des technischen Fortschritts und der erfinderischen Bedeutung eines Gebrauchsmusters.

2. Wird die Schutzfähigkeit eines Gebrauchsmusters dadurch beeinträchtigt, daß der danach hergestellte Gegenstand nicht gebrauchsfertig, sondern in Teilen geliefert wird, die erst vom Bezieher zusammengestellt werden sollen?

3. Zur Frage der Raumverkörperung des Erfindungsgedankens.

4. Wann liegt eine des Gebrauchsmusterschutzes fähige neue Gestaltung eines bekannten Modells für einen anderen Zweck vor?

Gesetz betr. den Schutz von Gebrauchsmustern vom 1. Juni 1891/7. Dezember 1923, § 1.

I. Zivilsenat. Urt. v. 15. Dezember 1926 i. S. B. (Kl.) w. R. (Bekl.). I 277/26.

I. Landgericht Duisburg, Kammer für Handelssachen.
II. Oberlandesgericht Düsseldorf.

Die Beklagte ist Inhaberin des deutschen Gebrauchsmusters Nr. 803435, eine Registriermappe betreffend. Der Schutzanspruch lautet: „Registriermappe, dadurch gekennzeichnet, daß auf ihrem Rücken zwei senkrechte Rubriken nebeneinander angeordnet sind, von denen die eine ein von oben nach unten laufendes Alphabet oder eine Zahlenreihe, die andere dagegen freie Felder aufweist, in welchen durch Aufkleben von Oblaten in beliebiger Form und Farbe Markierungsmerkmale für Haupt- und Untergruppen geschaffen werden, sodaß beim Zusammenstellen der Mappen zu einer Registratur die zu einer Haupt- bzw. Untergruppe gehörigen Markierungen eine wagerechte gerade Linie bilden, von denen die erstere sich bei jeder Hauptgruppe, die letztere dagegen bei jeder Untergruppe um die Höhe eines Feldes nach unten senkt, wodurch eine zwangsläufige Einordnung von selbst gegeben ist und auf den ersten Blick selbst bei einer ausgedehnten Registratur die richtige Stellung der Registriermappen kontrolliert werden kann." Die Klägerin verlangt Einwilligung in die Löschung dieses Gebrauchsmusters, weil es der Schutzfähigkeit ermangele. Das Landgericht hat nach dem Klagantrag erkannt. Das Oberlandesgericht hat die Klage abgewiesen. Die Revision der Klägerin hatte keinen Erfolg.

Gründe:

Nach den mit dem Inhalt der Anmeldeakten übereinstimmenden Feststellungen des Berufungsgerichts besteht der Zweck des Gebrauchsmusters der Beklagten in der Herstellung einer Ordnung in einer Registratur, bei der die aufzubewahrenden Urkunden in Mappen gelegt und diese in gewisser Reihenfolge nebeneinander aufgestellt werden. Zu diesem Zweck sind die Rücken der Mappen durch gerade und parallele Striche in zwei nebeneinander liegende senkrechte Spalten und diese wieder durch wagerechte Linien in Felder eingeteilt. Die Felder der einen Spalte sind in der Reihenfolge des Alphabets mit untereinander stehenden Buchstaben oder mit Zahlen in der Reihenfolge dieser oder in ähnlicher Weise bedruckt, die Felder der danebenliegenden Spalte sind nicht bedruckt. Oben über den beiden Spalten wird ein Leitbuchstabe (Leitzahl) aufgeklebt. Dieser wird ferner dadurch kenntlich gemacht, daß eine Oblate einer beliebigen Farbe und Form (z. B. schwarz und kreisrund) in ein Feld der einen nicht bedruckten Spalte geklebt wird, und zwar neben den seiner Bezeichnung entsprechenden Buchstaben, zum Beispiel b, wenn der über den Spalten aufgeklebte Leitbuchstabe B ist. So werden die Hauptgruppen gekennzeichnet. Die Kennzeichnung der Untergruppen geschieht dadurch, daß in der mit Buchstaben (Zahlen) bedruckten Spalte sowohl das unmittelbar über, wie das unmittelbar unter dem Buchstaben (der Zahl) der Untergruppe befindliche Feld mit einer Oblate anderer Farbe, und bei der mit der Anmeldung eingereichten Zeichnung auch anderer Form (z. B. blau quadratisch), beklebt wird. Ist also z. B. der Buchstabe der Untergruppe e, so werden die Felder d und f mit diesen Oblaten beklebt. Die Aufstellung der Mappen ist so gedacht, daß die Mappen jeder Gruppe und innerhalb der Gruppe die Mappen jeder Untergruppe zusammengestellt werden und daß die Hauptgruppen untereinander und ebenso die zu jeder Hauptgruppe gehörigen Untergruppen untereinander in der Reihenfolge des Alphabets (der Zahlen) stehen. Geschieht dies, so bilden alle denselben Buchstaben in den Haupt- und in den Untergruppen betreffenden Oblaten wagerechte Linien, die sich über alle Mappen der Haupt- oder Untergruppe fortlaufend hinwegziehen, und zwar stehen diese Linien um so höher, je weiter nach vorn im Alphabet die Buchstaben ihren Platz haben und je niedriger die durch sie bezeichneten Zahlen sind. Die Oblaten jeder Hauptgruppe stehen um eine Stufe tiefer als die der unmittelbar vorangehenden Hauptgruppe, und entsprechendes gilt für die Untergruppen. Wird eine Mappe der einen Hauptgruppe ordnungswidrig zwischen die Mappen einer anderen Hauptgruppe gestellt, so zeigt sich an dieser Stelle eine Unterbrechung der die andere Hauptgruppe anzeigenden Oblatenreihe. Wird die Mappe einer Untergruppe zwischen die Mappen einer anderen Untergruppe gestellt, so sind dort die diese andere Untergruppe anzeigenden beiden Oblatenreihen unterbrochen.

Die Klägerin hat zur Begründung ihrer Klage unter anderem behauptet, daß das Modell des Gebrauchsmusters der Beklagten nicht neu sei, und die Revision kommt darauf zurück. Die Behauptung trifft indessen nur für die äußere Form der Mappe zu, die man schon lange gekannt hat und die nichts besonderes aufweist, nicht aber für die Ausbildung des Mappenrückens. Bei der Prüfung dieser Frage ist die Orga-Mappe der Firma G. vollständig auszuscheiden, weil bestritten und von der Klägerin nicht nachgewiesen ist, daß sie zur Zeit der Anmeldung des Gebrauchsmusters der Beklagten bereits in öffentlichen Druckschriften beschrieben oder im Inland offenkundig benutzt worden war (§ 1 Abs. 2 GebrMG.). Sie wird in der Revisionsbegründung auch nicht erwähnt. In Betracht kommen daher nur das Gebrauchsmuster Nr. 649379 der Firma G. und die Unyp-Mappe. Bei dem Gebrauchsmuster Nr. 649379 ist der Rücken der Mappe durch wagerechte Linien in Felder eingeteilt zur Aufnahme der Leitbuchstaben in der Form, daß jeder folgende Leitbuchstabe eine Stufe tiefer steht. Dagegen ist der Rücken nicht durch eine senkrechte Linie in zwei Spalten geteilt und sind Untergruppen nicht vorgesehen, jedenfalls nicht durch eine Staffelung wie bei dem Gebrauchsmuster der Beklagten kenntlich. Bei der Unyp-Mappe ist der Rücken zwar durch eine senkrechte Linie in zwei Spalten geteilt und beide Spalten zeigen eine Anzahl von Feldern, die durch wagerechte Linien abgeteilt sind, aber die Zahl dieser Felder in beiden Spalten ist verschieden. Die Felder der einen Spalte sind mit dem Buchstaben des Alphabets und in der Reihenfolge des Alphabets bedruckt. Die zweite Spalte enthält Felder in geringerer Zahl. Ihr oberstes Feld ist für den Anfangsbuchstaben bestimmt, der bei dem in den Akten befindlichen Muster mit farbigem Stift eingeschrieben ist. Das Feld unmittelbar darunter ist durch zwei senkrechte Linien in drei Unterfelder geteilt, in die der zweite, dritte und vierte Buchstabe eingeschrieben werden sollen. Der zweite Buchstabe wird ferner in der anderen Hauptspalte mit Tusche oder Tinte bedeckt, und zwar in anderer Farbe als der Anfangsbuchstabe. Auf diese Weise entsteht zwar eine Staffelung in den durch die zweiten Buchstaben bezeichneten Untergruppen, aber der Anfangs- (Leit-) Buchstabe befindet sich bei allen Mappen auf der gleichen Höhe. Keine dieser Mappen weist, wie das Berufungsgericht hiernach ohne Rechtsirrtum festgestellt hat, eine Anordnung auf, bei der sowohl die Leitbuchstaben wie die Untergruppen auf den Mappenrücken in fortlaufend abgestufter Weise, sei es unter Benutzung von

Oblaten sei es auf andere Art, kenntlich gemacht werden. Insofern liegt daher jedenfalls Neuheit vor, und der Revision ist es nicht gelungen, dagegen etwas beachtliches vorzubringen.

Das Berufungsgericht nimmt ferner ohne Rechtsirrtum an, daß diese Neuerung einen nicht unerheblichen technischen Fortschritt gebracht habe, und weiterhin, daß ihr auch erfinderische Bedeutung zukomme. In letzterer Beziehung ist erwogen worden, daß der Vorteil, der bei dem Gebrauchsmuster Nr. 649379 in der Abstufung der Leitbuchstaben liege, bei der Unyp-Mappe zugunsten einer Abstufung der Untergruppen allein wieder aufgegeben worden sei, anscheinend weil man noch keinen Weg gefunden gehabt habe, eine Abstufung beider Buchstabengruppen auf dem Mappenrücken ohne Gefährdung der Übersichtlichkeit durchzuführen. Der Gedanke, durch den die Beklagte zur Lösung dieser Aufgabe geführt worden sei, indem sie nur eine Buchstabenreihe verwandt und durch Anbringung von Oblaten neben und in dieser zwei sich gegenseitig nicht störende Stufenreihen zur gleichzeitigen Kennzeichnung der Leit- und Zweitbuchstaben hergestellt habe, sei keineswegs so naheliegend, daß er von jedem Fachmann ohne weiteres zur Ausführung hätte gebracht werden können. Diese zum wesentlichen Teil tatsächliche Würdigung ist ebenfalls nicht aus Rechtsgründen zu beanstanden. Es ist der Revision nicht zuzugeben, daß das Berufungsgericht zu geringe Anforderungen gestellt habe.

Unzutreffend ist ferner die Ansicht der Revision, daß die Beklagte nur Schutz für ein System, eine Gebrauchsanweisung, ein Verfahren beanspruche; geschützt ist vielmehr, wie das Berufungsgericht mit Recht annimmt, eine Registriermappe, also ein körperlicher Gegenstand. Für diese Frage ist es nach der gleichfalls zutreffenden Ansicht des Berufungsgerichts unerheblich, ob die Mappen in vollständig gebrauchsfertigem Zustand den Kunden geliefert oder ob Mappen und Oblaten getrennt abgegeben werden und dann die Beklebung der Mappen mit Leitbuchstaben und Oblaten erst durch die Kunden erfolgen soll. Auch in letzterem Falle würde nichts daran geändert werden, daß Gegenstand des Schutzes die in bestimmter Weise eingerichtete und mit Leitbuchstaben und Oblaten versehene Registriermappe ist. Sie bildet das Modell im Sinne von § 1 GebrMG. Genauer gesagt handelt es sich um soviel Registriermappen und soviel Modelle, als sich bei Zusammenstellung jedes

Leitbuchstabens mit jedem Buchstaben der Untergruppen ergeben. Für sie alle ist Schutz beansprucht worden, und dieser Schutz wird nicht dadurch ausgeschlossen, daß der vom Erfinder verfolgte Zweck nur erreicht wird, wenn die hierfür von ihm ausgebildeten Mappen in bestimmter Weise gebraucht werden. Ebensowenig betrifft das Gebrauchsmuster der Beklagten ein bloßes Flächenmuster, sondern das vorhandene Muster kommt nur als Ausgestaltung eines Körpers, der Mappe, in Betracht. Das ist auch die Meinung des Berufungsgerichts, auf dessen Hilfserwägung für den entgegengesetzten Fall hiernach nicht eingegangen zu werden braucht.

Nach feststehender Rechtsprechung des Reichsgerichts kann die Verwendung eines bekannten Modells zu einem neuen Zweck den Gebrauchsmusterschutz nicht begründen (RGZ. Bd. 50 S. 126, Bd. 106 S. 238, Bd. 114 S. 147; WarnRspr. 1916 Nr. 289). Anders aber verhält es sich, wenn das bekannte Modell dem neuen Zweck angepaßt und dementsprechend gestaltet werden mußte, weil es in der alten Gestalt hierzu nicht geeignet war (RGZ. Bd. 106 S. 238; WarnRspr. 1916 Nr. 289). Letzteres ist in dem in RGZ. Bd. 106 S. 238 entschiedenen Falle verneint worden, weil an dem bekannten Modell nur bestimmte Buchstaben und Zahlen angebracht worden waren, die lediglich ihrer Bedeutung als Schriftzeichen entsprechend sich an den menschlichen Geist wenden sollten, ohne räumlich in irgendeiner Weise in die Erscheinung zu treten. Das ist damals für unzureichend erachtet worden und daran ist festzuhalten. Die Entscheidung der vorliegenden Frage hängt deshalb davon ab, ob in der Ausbildung, die der Rücken der bekannten Mappe durch die Beklagte erfahren hat, eine neue Gestaltung, Anordnung oder Vorrichtung im Sinne von § 1 GebrMG. zu erblicken ist.

Dies wird nicht schon dadurch ausgeschlossen, daß sich die auf dem Mappenrücken befindlichen Buchstaben oder Zahlen an den menschlichen Geist wenden. Das geschieht zunächst jedenfalls insoweit, als derjenige, der die Mappen benutzt, daraus entnehmen soll, welche Urkunde in jede einzelne Mappe zu legen ist. Doch ist dies für die vorliegende Erfindung, die sich auf die Ordnung der Mappen untereinander bezieht, wenn auch vorausgesetzt, so doch von nebensächlicher Bedeutung. Die Ordnung der nach dem Gebrauchsmuster der Beklagten ausgebildeten Mappen untereinander kann hergestellt und aufrechterhalten werden, wenn man sich ohne Beachtung der Buchstaben oder Zahlen allein nach den durch die Oblaten gebildeten Linien richtet. Freilich ist auch insoweit eine gewisse Tätigkeit des menschlichen Geistes vorausgesetzt, die durch die Linienzüge der Oblaten angeregt werden soll. Aber es würde zu weit gehen und sich aus dem Gesetz nicht rechtfertigen lassen, wenn man deswegen die Schutzfähigkeit verneinen wollte; denn naturgemäß erfordert jedes Gebrauchsmuster sinngemäßen Gebrauch, der nur durch den menschlichen Geist vermittelt werden kann. Diese Vermittlung wird vom Gesetz nicht ausgeschlossen, sondern vielmehr vorausgesetzt. Erforderlich ist nur, daß der Erfindungsgedanke auch räumlich in die Erscheinung tritt, sich in dem Modell verkörpert und nicht nur in Schriftzeichen äußert, die sich lediglich an den menschlichen Geist wenden sollen, wie es in dem in RGZ. Bd. 106 S. 238 entschiedenen Fall zutraf.

An einer räumlichen Verkörperung des Erfindungsgedankens fehlt es vorliegend nicht. Hierbei bedarf es keiner Stellungnahme zu der Streitfrage, ob Modell im Sinne des Gesetzes vom 1. Juni 1891 nur ein plastischer Gegenstand sein kann; denn die Mappe ist ein solcher. Es handelt sich vielmehr darum, ob sich die neue Gestaltung (Anordnung oder Vorrichtung) eines bekannten Modells für einen anderen Zweck gemäß § 1 Abs. 1 des Gesetzes im Raume nach drei Richtungen hin darstellen muß oder ob es genügt, wenn dies auf einer ebenen Fläche geschieht. Das Gesetz bietet für eine Einschränkung in ersterem Sinne keinen Anhalt; es muß daher das letztere als hinreichend angesehen werden. Die zur Kennzeichnung der Haupt- und Untergruppen dienenden Oblaten stehen aber nach der Erfindung an bestimmten Stellen des Mappenrückens. Der Erfindungsgedanke tritt dadurch räumlich in die Erscheinung und ist insofern in einer den gesetzlichen Anforderungen hinreichenden Weise im Modell verkörpert. Darin liegt eine das Modell der Beklagten von den bisher üblichen Mappen unterscheidende neue Gestaltung.

24. 1. Voraussetzungen für den Gegeneinwand der gegenwärtigen Arglist gegen die Einrede der Verjährung.

2. Innerhalb welcher Frist muß nach Aufhören der den Gegeneinwand der Arglist begründenden Verhältnisse der Anspruch gerichtlich geltend gemacht werden?

3. Genügt hierzu eine bei einem unzuständigen Gericht erhobene Klage?

BGB. §§ 242, 205, 211 Abs. 2, 212.

VI. Zivilsenat. Urt. v. 17. Dezember 1926 i. S. A. G. u. Söhne (Kl.) w. G. D. F. GmbH. (Bekl.). VI 446/26.

I. Landgericht Hildesheim.
II. Oberlandesgericht Celle.

Die Klägerin kaufte von der Beklagten am 19. Dezember 1923 15000 kg = etwa 19000 Stück neue Weißzuckersäcke von bestimmter Größe und Schwere mit Websaum und doppelt eingelegter Maschinennaht. Die Lieferung, die nach dem Vertrag zu März/April 1924 erfolgen sollte, fand auf Grund späterer Abrede erst am 9. August 1924 statt, indem die Beklagte die Säcke bis dahin auf Wunsch der Klägerin im Magazin ihrer Weberei einlagerte. Die Zahlung wurde dagegen entsprechend der ursprünglichen Vereinbarung am 20. Mai 1924 bewirkt. Bei der alsbald nach der Lieferung vorgenommenen Prüfung der Säcke, wobei eine Füllung nicht stattfand, zeigten sich keine Mängel. Die Säcke wurden, da sie erst im Laufe der von Anfang Oktober bis Ende Februar dauernden Betriebszeit der Zuckerfabrik der Klägerin benötigt wurden, bei dieser auf Lager genommen und, da vorher andere Säcke zur Verwendung kamen, erst Anfang Januar 1925 hervorgeholt und benutzt. Hierbei stellte sich heraus, daß sie nicht hielten, vielmehr teils schon beim Einfüllen des Zuckers teils bei der Aufstapelung in oder neben der Naht rissen, weil diese nach der Mitte des Sackes zu kurz, zum Teil auch gar nicht gefaßt war. Die Klägerin teilte dies der Beklagten am 7. Januar unter Angabe des Grundes der Verspätung der Untersuchung mit, erklärte, daß sie Schadensersatz oder neues Nähen der Säcke verlangen müsse, und bat um Besuch eines Vertreters der Beklagten behufs Regelung der Sache an Ort und Stelle. Die Beklagte antwortete am 8. Januar unter Ausdruck ihres Bedauerns, daß sie die Beschwerde an die liefernde Weberei weitergegeben habe und ihr Vertreter B. in der zweiten Januarhälfte kommen und mit der Klägerin Rücksprache nehmen werde. B. erschien am 28. Februar; er erkannte den Fehler an und stellte fest, daß er erst bei Auftrennen der Naht wahrzunehmen war. Nachdem die Klägerin dann auf Ersuchen der Beklagten dieser einige Säcke zur Nachprüfung geschickt und Anfang Mai 1925 einen neuen Besuch von B. erhalten hatte, wurde sie am 4. Mai von der Beklagten ersucht, zunächst 500 Säcke an eine Br.er Firma zu schicken, bei der versucht werden sollte, den Mangel durch Neunähen zu beseitigen. Der Versuch wurde auch unternommen, es erwies sich aber, daß die Säcke auch nach dem Nachnähen ausrissen. Die Klägerin teilte dies der Beklagten im Schreiben vom 8. Juni 1925 mit, stellte zugleich die ganze Sendung zur Verfügung und ersuchte um einwandfreie Ersatzlieferung. Die Beklagte lehnte dies ab, weil die Klägerin den Mangel zu spät gerügt habe und ihre Lieferantin, bei der sie sich trotzdem um einen Ausgleich bemüht habe, jedes Entgegenkommen ablehne.

Die Klägerin beansprucht mit der am 4. August 1925 zugestellten Klage die Zurücknahme der gelieferten Säcke, die Lieferung neuer einwandfreier Ware und die Zahlung von 14% Zinsen aus dem mit 14223,80 RM entrichteten Preise seit dem 7. Januar 1925. Sie wurde in den beiden Vorinstanzen abgewiesen. Ihre Revision hatte Erfolg.

Gründe:

Das Berufungsgericht läßt ebenso wie das Landgericht dahingestellt, ob die am 7. Januar 1925 vorgenommene Bemängelung der am 9. August 1924 gelieferten Säcke etwa deshalb als rechtzeitig anzusehen ist, weil der ordnungsmäßige Geschäftsgang der Zuckerfabrik eine Füllung der Säcke erst nach Beginn der Anfang Oktober einsetzenden Betriebszeit gestattet und auch nicht sofort nach deren Beginn, vor Heranziehung der ganzen Partie zum Einfüllen von Zucker, eine besondere Probefüllung erfordert habe. Es gelangt zur Abweisung der Klage mit der Begründung, daß die Ansprüche der Klägerin wegen der Mängel — obgleich die Verjährungsfrist erst vom 9. August 1924 laufe, nicht etwa von der Einlagerung der Säcke bei der Lieferantin der Beklagten ab — verjährt seien, weil ein die Verjährung unterbrechendes Anerkenntnis der Beklagten nicht vorliege, und daß auch der von der Klägerin erhobene Gegeneinwand der Arglist in den Tatsachen keine Grundlage finde. Der Revision ist zuzugeben, daß diese Erwägungen, soweit sie sich auf den Einwand der Arglist beziehen, auf Rechtsirrtum beruhen.

Das Berufungsgericht führt in dieser Hinsicht zunächst aus, es liege nichts für die Annahme vor, daß die Beklagte die Klägerin absichtlich durch Verhandlungen über den Ablauf der Frist hinaus hingehalten und hierdurch in ihr den Glauben erweckt hätte, der Einwand der Verjährung werde nicht erhoben werden; es erwägt weiter, daß die Klägerin durch ihre Verhandlungen mit der Beklagten nicht „gehindert" worden sei, eine gerichtliche Beweissicherung zu beantragen. Es geht also von der Ansicht aus, der Einwand der Arglist sei nur begründet, wenn der Schuldner den Gläubiger absichtlich über den Ablauf der Frist hinaus hingehalten und ihm durch sein Verhalten die fristgerechte Erhebung der Klage unmöglich gemacht habe, oder es hält doch wenigstens ein absichtliches Hinhalten oder ein Unmöglichmachen der Klagerhebung bis nach Ablauf der Frist für die notwendige Voraussetzung des Einwands. Diese Ansicht kann aber, in Übereinstimmung mit der beim Reichsgericht seit geraumer Zeit zur Herrschaft gelangten Auffassung über den Einwand der gegenwärtigen Arglist, nicht als zutreffend erachtet werden. Allerdings hat sich in jenem Sinne der II. Zivilsenat in der Entscheidung RGZ. Bd. 64 S. 223 ausgesprochen. Er ist aber von dieser Meinung in der Entscheidung RGZ. Bd. 78 S. 134 zurückgekommen. Der ehemalige VI., der VII., der V. und der I. Zivilsenat haben in den Entscheidungen RGZ. Bd. 57 S. 376, Bd 87 S. 281, Bd 109 S. 309; JW. 1919 S. 102 Nr. 2 und S. 304 Nr. 4 aus dem Grundsatze von Treu und Glauben mit Recht gefolgert, daß die Verjährungseinrede schon dann mit dem Gegeneinwand der Arglist zurückgewiesen werden kann, wenn der Schuldner den Gläubiger durch sein Verhalten, sei es auch unabsichtlich, von der rechtzeitigen Erhebung der Klage abgehalten hat, weil mit einem solchen Verhalten die Erhebung der Verjährungseinrede unvereinbar ist. Hierbei kann es entsprechend jener Begründung des Gegeneinwands nicht darauf ankommen, ob das Verhalten des Schuldners dem Gläubiger die Wahrung der Verjährungsfrist unmöglich gemacht hat, vielmehr muß zur Rechtfertigung des Gegeneinwands ein Verhalten des Schuldners genügen, das dem Gläubiger nach verständigem Ermessen ausreichenden Anlaß bot, die Klagerhebung aufzuschieben.

Nun stellt das Berufungsgericht im weiteren Verlauf seiner Ausführungen freilich auch fest, daß die Beklagte der Klägerin im Schriftwechsel keinen begründeten Anlaß zu der Annahme gegeben habe, sie werde in einem etwaigen Rechtsstreit von einem ihr zustehenden Rechtsbehelf, insbesondere der Verjährungseinrede, keinen Gebrauch machen. Aber das Verhalten des Schuldners kann den Gläubiger auch in anderer Weise zum Aufschub der Klagerhebung bewegen, namentlich indem es ihn zu der Annahme veranlaßt, daß ein Rechtsstreit nicht notwendig, vielmehr auch ohne solchen vollständige Befriedigung des Anspruchs oder doch eine Einigung mit erträglichem Ergebnis zu erzielen sein werde. Eine Prüfung, ob nicht das Verhalten der Beklagten im vorliegenden Falle die Klägerin nach dieser Richtung hin bestimmen konnte, hat das Berufungsgericht nicht vorgenommen. In der Tat war aber das von der Beklagten auf den Brief der Klägerin vom 7. Januar 1925 beobachtete Verhalten geeignet, nach dieser Richtung zu wirken. Mangels anderer ersichtlicher Umstände, auf welche die Versäumung der Frist zurückgeführt werden könnte, muß daher angenommen werden, daß es für den Aufschub der Klagerhebung bestimmend gewesen ist. Die Beklagte hat in ihrer Antwort vom 8. Januar ihr Bedauern ausgesprochen, daß die Klägerin „über die Naht der Säcke Klage zu führen habe", die Begründung dieser Klage aber mit keinem Worte in Zweifel gezogen und für die zweite Hälfte des Monats, die noch innerhalb der am 9. Februar ablaufenden Verjährungsfrist lag, den Besuch ihres Vertreters zu einer Rücksprache in Aussicht gestellt, ohne sich zu den von der Klägerin erhobenen Ersatzansprüchen oder zu den für die späte Rüge angegebenen Erklärungsgründen zu äußern. Aus der Bemerkung, daß sie die Reklamation an ihre Lieferantin weitergeben werde, war ein Vorbehalt, daß sie die Befriedigung der Ansprüche von der Haltung der Lieferantin abhängig mache, nicht zu entnehmen. Die Klägerin konnte daher auf Grund dieses Schreibens bei dem langjährigen glatten Geschäftsverkehr und den freundlichen Beziehungen der Parteien annehmen, daß die Beklagte ihre Ansprüche anerkennen und entweder in voller Höhe oder doch in annehmbarem Betrage befriedigen werde, ohne daß es einer Klagerhebung oder Beweissicherung bedürfe. Wenn der für die zweite Januarhälfte angekündigte Besuch des Vertreters der Beklagten sich dann bis Ende Februar verspätete, so brauchte die Klägerin angesichts der oben bezeichneten Art der Beziehungen der Parteien hieraus keinen Grund zu Zweifeln an der gütlichen Erledigung ihrer Ansprüche zu entnehmen. Das Verhalten der Beklagten mußte die Klägerin also bewegen, von gerichtlichen Schritten bis zu dem in Aussicht gestellten Besuch abzusehen, obgleich inzwischen die Verjährungsfrist ablief. Danach ist es aber mit Treu und Glauben und den Gewohnheiten und Anforderungen des anständigen Geschäftsverkehrs nicht vereinbar, wenn jetzt die Beklagte der Klägerin die Versäumung der Verjährungsfrist entgegenhält.

Wenn die Beklagte ausführt, daß die Verjährung durch ihr entgegenkommendes Verhalten äußerstenfalls nur bis zu dem Zeitpunkt als gehemmt angesehen werden dürfe, an dem sich die Ergebnislosigkeit der Verhandlungen herausgestellt habe, daß am 8. Januar 1925 nur noch ein Monat von der Verjährungsfrist übrig gewesen, die Klage aber erst weit mehr als einen Monat nach jenem Zeitpunkt und zudem zunächst bei dem örtlich unzuständigen Landgericht in Schweidnitz erhoben worden sei, so beruht dies in mehrfacher Hinsicht auf Rechtsirrtum. Eine Hemmung der Verjährung mit der im § 205 BGB. bestimmten Wirkung, daß die Hemmungsdauer nicht in die Verjährungsfrist eingerechnet wird, findet nur in den im Gesetz bestimmten Fällen statt, und zu diesen gehört die Einrede der Arglist oder ein sie begründendes Verhalten des die Verjährung vorschützenden Schuldners nicht. Aus entsprechenden Gründen kann allerdings auch nicht etwa angenommen werden, daß nach Aufhören der die Einrede der Arglist begründenden Umstände die Verjährungsfrist, wie nach einer Unterbrechung der Verjährung, von neuem beginne. Vielmehr ist nach den Grundsätzen von Treu und Glauben, auf denen der Einwand der Arglist gegen die Verjährungseinrede beruht, die Frist, innerhalb deren nach Aufhören der den Arglisteinwand rechtfertigenden Verhältnisse der Anspruch durch Klage oder in anderer zur Unterbrechung der Verjährung geeigneter Weise geltend zu machen ist, nach den Anforderungen des anständigen Geschäftsverkehrs und den Umständen des Falles zu bestimmen. Danach ist aber die am 4. August 1925 bewirkte Klagerhebung als rechtzeitig zu erachten, nachdem erst mit

Brief der Beklagten vom 6. Juli 1925 das nach dem Scheitern des letzten Vermittlungsvorschlags gestellte Ersuchen der Klägerin um Ersatzlieferung endgültig abgelehnt worden war.

Daß die Klage zunächst bei einem örtlich unzuständigen Gericht erhoben worden ist, steht ihrer Berücksichtigung nicht entgegen. Aus § 212 BGB. ergibt sich, daß die beim unzuständigen Gericht erhobene Klage bis zu ihrer Abweisung durch ein die Unzuständigkeit rechtskräftig aussprechendes Urteil für die Unterbrechung der Verjährung die gleiche Wirkung hat, wie wenn sie beim zuständigen Gericht erhoben wäre. Die Verweisung an das zuständige Gericht nach § 276 ZPO. hebt die Wirkung der Unterbrechung nicht auf, wie die Abweisung wegen Unzuständigkeit, vielmehr kann nur, wenn die Parteien den Rechtsstreit bei dem Gericht nicht betreiben, an das er verwiesen wurde, eine Endigung der Unterbrechung durch Stillstand des Verfahrens nach § 211 Abs. 2 BGB. in Frage kommen. Entsprechendes muß für die hier zur Entscheidung stehende Frage gelten, ob die Klage nach Aufhören der den Arglisteinwand rechtfertigenden Umstände durch Einreichung beim unzuständigen Gerichte rechtzeitig erhoben werden kann und inwiefern ihre Wirkung durch den Ausspruch der Unzuständigkeit und die Verweisung des Rechtsstreits an das zuständige Gericht beeinträchtigt wird. Im vorliegenden Falle hat aber die Verweisung des Rechtsstreits an das Landgericht in Hildesheim am 14. Oktober 1925 stattgefunden und darauf hat bei diesem Gericht die Beklagte am 22., die Klägerin am 24. dess. Mts. eine Ladung behufs weiterer Verhandlung des Rechtsstreits eingereicht. Von einem Stillstand des Rechtsstreits nach der Unzuständigkeitserklärung kann hiernach keine Rede sein.

Der Gegeneinwand der Arglist gegen die Verjährungseinrede der Beklagten ist mithin durch ihr Verhalten gerechtfertigt und der Klägerin auch nicht etwa durch ungehörige Säumnis nach Aufhören der ihn begründenden Umstände verloren gegangen. Deswegen muß das angefochtene Urteil aufgehoben werden, ohne daß es auf die von der Revision weiter angeregte Frage ankommt, ob eine Unterbrechung der Verjährung durch Anerkennung des Anspruchs stattgefunden hatte. Da die Entscheidung über den Klaganspruch noch von der bisher nicht geklärten Frage der Rechtzeitigkeit der Mängelrüge abhängt, ist die Sache zur anderweiten Verhandlung und Entscheidung an das Berufungsgericht zurückzuverweisen.

25. Sind Verträge, durch die sich ein Rechtsanwalt von seinem Auftraggeber ein von dem Erfolg im Rechtsstreit abhängiges, nach der Höhe des zu erstreitenden Betrages abgestuftes Sonderhonorar versprechen läßt, wegen Sittenwidrigkeit im Sinne von § 138 Abs. 1 BGB. nichtig?

III. Zivilsenat. Urt. v. 17. Dezember 1926 i. S. Eheleute L. (Bekl.) w. G. (Kl.). III 21/26.

I. Landgericht Nürnberg.
II. Oberlandesgericht daselbst.

Der Kläger vertrat die beklagte Ehefrau als Prozeßbevollmächtigter in einem Rechtsstreit, den sie Anfang November 1922 beim Landgericht N. gegen den Rentner D. anhängig gemacht hatte. Der Rechtsstreit wurde durch einen Vergleich beigelegt, in dem u. a. bestimmt war, daß D. der Beklagten 22000 $ zu zahlen habe. Der Kläger hatte, nachdem er im Oktober 1922 für seine Auftraggeberin das Armenrecht erwirkt hatte und ihr als Rechtsanwalt beigeordnet worden war, sich im Frühjahr 1923 von ihr einen Honorarschein ausstellen lassen, wonach sie sich verpflichtete, ihm für den Fall, daß und soweit sie aus den Ansprüchen gegen den im Auslande wohnenden D. etwas erhielte, außer den gesetzlichen Gebühren ein Honorar in Höhe von 5% des Erlangten und, soweit letzteres 10000 $ oder deren Markwert übersteige, 10% davon zu entrichten. Die Beklagte, die ebenso wie ihr mitverklagter Ehemann die Rechtsverbindlichkeit des Honorarversprechens bestreitet, hat auf das Sonderhonorar erst 750 $ unter Vorbehalt bezahlt. Der Kläger, der die Sondervergütung auf 5% aus 10000 $ und 10% aus 12000 $, also auf 1700 $ berechnet und sich hieran 100 $ kürzen läßt, fordert im jetzigen Rechtsstreit von der Beklagten den Rest von 850 $; gegen ihren Ehemann klagt er auf Duldung der Zwangsvollstreckung. Das Landgericht hat die Klage abgewiesen, das Oberlandesgericht hat ihr stattgegeben. Auf die Revision der Beklagten ist das Berufungsurteil aufgehoben und die Berufung des Klägers zurückgewiesen worden.

Gründe:

Die Beklagten sind der Meinung, daß der Honorarvertrag schon deshalb nichtig sei, weil er gegen das aus § 115 Nr. 3 ZPO.

und dem Eingangssatz des § 93 RAGebO. zu entnehmende Verbot verstoße, wonach der einer armen Partei beigeordnete Rechtsanwalt sich von ihr keine Vergütung für seine Mühewaltung zusagen lassen darf. Ferner machen die Beklagten geltend, daß der Vertrag auch wegen des wucherlichen Inhalts, den sie ihm beimessen, ungültig sei. Das Berufungsgericht hat diese Einwendungen zurückgewiesen. Die Gründe, aus denen dies erfolgt ist, bedürfen keiner Nachprüfung. Denn jedenfalls ist entgegen dem Berufungsgericht anzunehmen, daß der Vertragsinhalt gegen die guten Sitten verstößt und wegen seiner hieraus folgenden Unwirksamkeit als Klagegrundlage nicht dienen kann (§ 138 Abs. 1 BGB.). Von entscheidender Bedeutung ist hierbei die Form, in der sich der Kläger die Sondervergütung für seine Bemühungen hat versprechen lassen. Er hat sich das Honorar nicht in einer bedingungslos zu zahlenden bestimmten Summe, sondern in Bruchteilen des zu erstreitenden oder durch Vergleich oder auf anderem Wege zu erzielenden Betrags ausbedungen. Weiterhin hat er das Entgelt so bemessen, daß der ihm zu zahlende Bruchteil der seiner Auftraggeberin etwa zufließenden Summe steigen solle, wenn diese sich auf mehr als 10000 $ belaufen würde. Schon dadurch, daß er in solcher Weise die Verpflichtung der Beklagten zur Zahlung des Sonderhonorars von ihrem Erfolg im Rechtsstreit abhängig machte, gab er der Honorarvereinbarung eine Form, die er mit Rücksicht auf die Standespflichten des Anwalts nicht wählen durfte. Der Rechtsanwalt ist ein Organ der Rechtspflege. Als solches darf er sich bei der Ausübung seiner Tätigkeit als Beistand und Berater der Partei nur von Rücksichten auf die von ihm zu vertretende Sache selbst leiten lassen. Er muß sich die hierzu erforderliche Freiheit der Partei gegenüber wahren. Diese seine Stellung gefährdet er und würdigt er herab, wenn er das Interesse an einer angemessenen Entlohnung seiner Mühewaltung mit dem Interesse der Partei dadurch verquickt, daß er es in Abhängigkeit zu ihrem Erfolg im Rechtsstreit versetzt. Der Ehrengerichtshof für deutsche Rechtsanwälte hat wiederholt Vereinbarungen dieser Art als standeswidrig im Sinne von § 28 RAO. bezeichnet (EGH. Bd. 5 S. 74, Bd. 7 S. 121, Bd. 15 S. 208, Bd. 16 S. 296). Eine besondere Verschärfung erfährt hier der Verstoß gegen die Standeswürde durch die Abstufung des Honorars nach der Höhe des Betrags, den die Beklagte im Prozeß erzielen würde. Der Anwalt, der sich mit der Partei auf ein solches mit der Größe des Prozeßerfolgs steigendes Honorar einigt, setzt sich dem Verdacht aus, daß er seine Bemühungen entsprechend der Höhe des Entgelts für seine Tätigkeit steigert (EGH. Bd. 17 S. 193). Mag auch bei besonderer Gestaltung des Falles von der Anwendung dieser Grundsätze abzusehen sein, so sind doch hier keine Umstände gegeben, die eine solche Ausnahmebehandlung rechtfertigten. Was das Berufungsgericht in dieser Hinsicht anführt, reicht als Grundlage für die Durchbrechung der Regel nicht hin. Eine besondere Bedeutung mißt es dem Umstand bei, daß der Rechtsstreit zwischen der Beklagten und D. in die Zeit des fortschreitenden Verfalls der deutschen Währung fiel und daß die Maßnahmen, die der Gesetzgeber zur Bekämpfung der hieraus erwachsenen Not der Anwaltschaft traf, sich als unzureichend erwiesen, so daß die Anwälte zu Vereinbarungen von Sondervergütungen ihre Zuflucht nehmen mußten. Diese Erwägung dient nur zur Rechtfertigung von Honorarabkommen in der Inflationszeit überhaupt, beseitigt aber nicht die Bedenken, die dagegen bestehen, daß der Anwalt sich die Sondervergütung in der Gestalt eines Erfolgshonorars und noch dazu eines nach dem Grade des Erfolgs abgestuften Honorars versprechen läßt. Auch die weiteren vom Berufungsgericht hervorgehobenen Umstände, daß der in Frage stehende Rechtsstreit sehr verwickelt und schwierig war, daß es sich um einen hohen Streitwert handelte und daß eine Valutaforderung den Gegenstand des Streites bildete, vermögen den Vorwurf nicht zu entkräften, der dem Kläger gegenüber aus der Einkleidung des Honorarversprechens in jene besondere Form herzuleiten ist. Wenn die Sache so läge, daß die Beklagte ohne erhebliche Verletzung ihrer eigenen Interessen die Zahlung der Sondervergütung in einer anderen Gestalt nicht hätte übernehmen können, oder wenn ähnliche Gründe sie genötigt hätten, auf der Vereinbarung des besonderen Entgelts in der gewählten Form zu bestehen, so würde darin, daß der Kläger sich das Versprechen für den Fall des Obsiegens usw. im Rechtsstreit erteilen ließ, kein Verstoß gegen die Berufspflichten des Anwalts zu finden sein. Begleitumstände dieser Art sind jedoch vom Berufungsgericht nicht dargelegt worden und wenn sie gegeben wären, so bliebe immer noch die Unvereinbarkeit des Abkommens mit der Standeswürde des Anwalts wegen der Staffelung des Honorars nach der Höhe der zu erstreitenden Summe bestehen. Die Tatsache, auf welche der Vorderrichter verweist, daß nämlich der Kläger bei dem Übereinkommen der von ihrem Ehemann beratenen Frau eines Anwalts gegenüberstand, ändert hieran nichts. Trotz dieses Sachverhalts blieb das nach dem Maße des Erfolgs im Rechtsstreit abgestufte Versprechen der Beklagten, wie es in der Entscheidung des Ehrengerichtshofs Bd. 17 S. 193 heißt, der für den Anwalt beschämende Ausdruck der Meinung, daß dieser seine Leistung nach der Höhe des Entgelts einrichte. Ebensowenig wird die Annahme der Unverträglichkeit der Abstufung mit der Standesehre durch die Erwägung des Berufungsgerichts widerlegt, daß, je höher der Betrag sei, den die Partei erlange, um so leichter ihr das Versprechen der Abgabe eines Teiles des Erlangten falle. Dieser Gedanke würde die Annahme jeder Zusicherung eines abgestuften Honorars als mit dem Ansehen des Anwaltsstandes vereinbar erscheinen lassen, wovon nach dem Dargelegten keine Rede sein kann. Auch die Tatsache, daß die Beklagte selbst die Gewährung einer Sondervergütung angeregt hat, führt nicht zu einer dem Kläger günstigeren Beurteilung des vorliegenden Tatbestandes, dem die ausschlaggebende Besonderheit gerade dadurch verliehen wird, daß der Kläger sich die Zusage in der erwähnten Form erteilen ließ. Dasselbe gilt von der Bemerkung des Klägers in dem Schreiben, mit dem er den Entwurf des Honorarscheins der Beklagten zur Unterzeichnung übersendete, sie brauche den Schein nicht zu unterschreiben. Und das gleiche gilt ferner von der Äußerung des mitbeklagten Ehemannes in dem Briefe, dem der unterschriebene Schein beilag, er halte das Honorar für angemessen.

Nun prägt zwar der Umstand, daß ein Vertrag unter Verletzung der Standesehre geschlossen wird, der Vereinbarung noch nicht ohne weiteres den Stempel des Unsittlichen auf. Gehört jedoch die Person, der die Verletzung zur Last fällt, einem Stande an, der, wie der Anwaltsstand, vermöge seines Berufs bei der Aufrechterhaltung der Rechtsordnung mitzuwirken hat, also der Träger wichtiger öffentlichrechtlicher Funktionen ist, so wird der Verstoß in den Kreisen der billig und gerecht Denkenden wegen der strengen Anforderungen, die an das Verhalten der Angehörigen jener Berufe gestellt werden, als sittlich anstößig empfunden (RGZ. Bd. 83 S. 110). Schon wenn der objektive Inhalt eines Abkommens dem sittlichen Empfinden und dem Anstandsgefühl der Gesamtheit widerspricht, ist der Vertrag wegen Unvereinbarkeit mit den guten Sitten nichtig (§ 138 Abs. 1 BGB.). Der erkennende Senat hat auch bereits in einem Falle, in dem sich ein Rechtsanwalt neben den gesetzlichen Gebühren einen Bruchteil der Klagesumme als Honorar hatte versprechen lassen, die Abmachung wegen Sittenverstoßes als nichtig angesehen (SA. Bd. 69 Nr. 255).

Aus dem Vorausgehenden ergibt sich zugleich die Nichtigkeit der Zusage, die der Ehemann der Beklagten dem Kläger nach dem Zustandekommen des Vergleichs mit D. im Namen seiner Frau erteilt haben und die nach der Behauptung des Klägers gelautet haben soll, wenn dieser auf dem Sonderhonorar bestehe, so werde der vereinbarte Betrag eben gezahlt werden.

---

26. 1. Zur verfahrensrechtlichen Behandlung von Rechtsstreitigkeiten, in welchen frühere Angestellte vom Arbeitgeber Aufwertung und Zahlung von Ruhegehalt beanspruchen und der Beklagte die Aussetzung des Verfahrens gemäß § 77 AufwG. mit der Begründung beantragt, daß die Entscheidung von der Höhe der Aufwertung eines der in § 64 bezeichneten Ansprüche abhänge.

2. Ist die Verteilung der Streitigkeiten über die Höhe der Aufwertung auf zwei Stellen in Art. 9, 14, 21 der Durchführungs-Vo. vom 8. Juli 1926 zum AufwG. als gültig anzuerkennen?

3. Durfte der Streitpunkt, ob eine Betriebspensionskasse im Sinne von Art. 2 der bezeichneten Verordnung vorliegt, unter die durch Art. 14 der allgemeinen Aufwertungsstelle zugewiesenen Fragen eingereiht werden?

III. Zivilsenat. Urt. v. 21. Dezember 1926 i. S. Oberschles. Koksw. A.-G. (Bekl.) w. Kr. (Kl.). III 618/25.

I. Landgericht I Berlin.
II. Kammergericht daselbst.

Aus den Gründen:

Der Kläger, der früher Angestellter der Beklagten war und am 1. Juni 1920 bei ihr ausgeschieden ist, begehrt die Aufwertung und Zahlung von Ruhegehaltsbezügen, die ihm für den

Zeitraum vom 1. Januar 1923 bis zum 30. September 1924 zukommen. Die Einwendungen, welche die Beklagte gegen den Grund der Klageforderung erhoben hat, sind vom Vorderrichter mit Recht zurückgewiesen worden....

Gemäß § 242 BGB. kann der Kläger die Aufwertung der ihm hiernach gegen die Beklagte noch zustehenden, ihrem Nennbetrag nach unstreitigen Ruhegehaltsbezüge verlangen. Die eingeklagte Forderung ist daher dem Grunde nach gerechtfertigt. Im Hinblick auf § 64 AufwG. und die nach dem Erlaß des Berufungsurteils auf Grund dieser Vorschrift sowie der §§ 72, 88 Abs. 2 das. ergangenen Durchführungsverordnung vom 8. Juli 1926 (RGBl. I S. 403), die am 1. August 1926 in Kraft getreten ist, hatte sich das Revisionsgericht auf eine Vorabentscheidung im Sinne von § 304 ZPO. zu beschränken. Die Entscheidung über die Höhe der Aufwertung war nach § 70 Nr. 5 AufwG. der Aufwertungsstelle zu überlassen und das Verfahren war, soweit es nicht durch das Zwischenurteil seine Erledigung findet, gemäß § 77 auszusetzen, ohne daß vorerst noch darüber zu befinden war, ob ein Anspruch an eine Betriebspensionskasse im Sinne der nunmehrigen Begriffsbestimmung in Art. 2 der DurchfVo. auch wirklich vorliegt. Dieser Zweifelspunkt fällt in das Gebiet der allgemeinen Entscheidung, welche die neben der Aufwertungsstelle für einzelne Aufwertungsstreitigkeiten (Art. 21 DVo.) durch Art. 9 geschaffene Aufwertungsstelle zur Regelung der in Art. 14 bezeichneten Fragen, also auch darüber zu treffen hat, ob die in Betracht kommende Kasse als Betriebspensionskasse anzusehen ist.

Die Entscheidung dieser Stelle kann nur einheitlich gegenüber allen an dem Verfahren (Art. 11 flg.) beteiligten Gläubigern ergehen und sie wirkt auch für und gegen die Gläubiger, die sich nicht an dem Verfahren beteiligt haben (Art. 15). Auch ist sie für die mit der Entscheidung der Einzelstreitigkeiten betraute Aufwertungsstelle bindend (Art. 21 S. 2). Die Gültigkeit einer solchen verfahrensrechtlichen Regelung durch die Durchführungsverordnung unterliegt keinem Bedenken. Zu einer Verteilung der die Höhe der Aufwertung betreffenden Streitigkeiten auf zwei Stellen, von denen die eine nur unter den Parteien, die andere über die Parteien hinaus Recht zu schaffen in der Lage ist, war die Reichsregierung schon kraft der allgemeinen Ermächtigung in § 72 S. 1 verbunden mit § 70 Nr. 5

AufwG. berechtigt; ferner war sie auch vermöge der ihr in § 88 Abs. 2 verliehenen Befugnis berechtigt, die zur Durchführung des Gesetzes erforderlichen Rechtsverordnungen zu erlassen. Es ist dies eine der Maßnahmen, welche der Ausfüllung des allgemeinen Rahmens dienen, auf den sich das Gesetz bei Regelung der Einrichtung der Aufwertungsstellen und des Verfahrens vor ihnen beschränkt hat. Der Umstand, daß das Gesetz in den Überschriften der Unterabteilungen des 11. Abschnitts nur von der Aufwertungsstelle spricht und namentlich auch in § 64 sich dieser Ausdrucksweise bedient, ist deshalb ohne Bedeutung. Die Auslegung darf nicht an der Fassung einzelner Bestimmungen und Abschnittsbezeichnungen haften, sondern muß die einschlagenden Vorschriften in ihrem Zusammenhang ins Auge fassen.

Ebensowenig wird die Gültigkeit der Durchführungsverordnung oder richtiger der hierher gehörigen Vorschrift in Art. 14 dadurch in Frage gestellt, daß der Streitpunkt, ob eine Betriebspensionskasse vorliegt, unter die der Zuständigkeit der allgemeinen Aufwertungsstelle unterstellten Fragen eingereiht wird. Das Kammergericht hat in einer Entscheidung vom 1. November 1926, die in einem Rechtsstreit zwischen den jetzigen Parteien über die Pensionsansprüche des Klägers für die Zeit vom 1. Oktober 1925 an ergangen ist, das Gegenteil angenommen, weil die Reichsregierung mit der bezeichneten Anordnung die Grenzen der ihr in § 64 AufwG. erteilten Ermächtigung überschritten habe. Die erwähnte Frage falle daher — so meint es — lediglich in den Zuständigkeitsbereich der ordentlichen Gerichte. Dieser Ansicht kann nicht beigepflichtet werden. Indem der § 64 S. 1 verb. mit § 70 Nr. 5 der Aufwertungsstelle die Streitigkeiten über die Höhe der Aufwertung von Ansprüchen an Betriebspensionskassen zuweist und zwar ausschließlich zuweist, erklärt er sie zugleich für zuständig, über alle Streitpunkte zu entscheiden, von denen die Entscheidung über die Höhe abhängt. Zu diesen zählt, wie der § 63 Abs. 2 Nr. 6 ergibt, auch die hier zur Erörterung stehende Frage. Nur die Entscheidung darüber, ob der im Streit befangene Anspruch eine Vermögensanlage ist und deshalb der Beschränkung des § 63 Abs. 1 unterliegt, oder ob er der freien, in ihrem Ausmaß durch das Gesetz nicht begrenzten Aufwertung zugänglich ist, wird durch die Stellungnahme zu der bezeichneten Frage bedingt. Die Zulässigkeit der Aufwertung überhaupt, über welche

10*

die Gerichte zu befinden haben (RGZ. Bd. 114 S. 86), ist von der Beantwortung jener Frage regelmäßig unabhängig. Jedenfalls liegt hier kein Fall vor, in welchem dieser Frage die Bedeutung einer Vorfrage auch für die Aufwertung im allgemeinen zukommt, wie er sich als vereinzelte Erscheinung bei der Anwendung des § 65 wegen der Verweisung auf § 63 Abs. 2 ergeben kann. Mit der Schaffung der Aufwertungsstellen und der Begründung ihrer Zuständigkeit bezweckte der Gesetzgeber, Streitigkeiten über den Aufwertungsbetrag einer schnellen Entscheidung zuzuführen. Die folgerichtige Durchführung dieser Absicht machte es notwendig, daß er die im Zusammenhang mit der Festsetzung des Betrags getroffene Entscheidung darüber, ob eine Kasse als Betriebskasse zu gelten habe, an der Rechtskraft der Entscheidung über die Höhe der Aufwertung teilnehmen ließ. Ersichtlich aus diesem Grunde schreibt Art. 20 DVo. vor, daß die rechtskräftige Entscheidung der allgemeinen Aufwertungsstelle, also neben der Entscheidung über die Höhe des Aufwertungssatzes auch die Entscheidung über die in Rede stehende Vorfrage, für die Gerichte und Verwaltungsbehörden bindend sei. Dieser Vorschrift und ihrem Zwecke würde es zuwiderlaufen, wenn sich die Gerichte neben der Zuständigkeit für die Frage, ob der aufzuwertende Anspruch und das Recht des Gläubigers auf Aufwertung dem Grunde nach gerechtfertigt sind, auch die Zuständigkeit für die regelmäßig nur für die Entscheidung über die Höhe der Aufwertung bedeutungsvolle Frage beilegen wollten.

---

27. Unter welchen Voraussetzungen ist die in der Liste der Genossen vermerkte Übernahme weiterer Geschäftsanteile einer Genossenschaft mit beschränkter Haftpflicht durch einen Genossen trotz Verstoßes gegen §§ 136, 137 des Genossenschaftsgesetzes gültig?

GenG. §§ 136, 137, 147.

II. Zivilsenat. Urt. v. 5. Oktober 1926 i. S. K. (Bekl.) w. Landbank W. GmbH. Konkursmasse (Kl.). II 586/25.

I. Landgericht Frankfurt a. O.
II. Kammergericht Berlin.

Der Beklagte ist der — während des Rechtsstreits in Konkurs geratenen — Landbank W. e. GmbH. unter Beteiligung mit einem Geschäftsanteil als Genosse beigetreten und hat gleichzeitig vier weitere Geschäftsanteile von je 500 RM übernommen. Er hat bisher auf keinen der Geschäftsanteile etwas eingezahlt. Die Übernahmeerklärung wegen der weiteren Geschäftsanteile ist vom Vorstand, jedoch ohne die vorgeschriebene Versicherung, daß die übrigen Geschäftsanteile erreicht seien, zum Genossenschaftsregister eingereicht worden und das Registergericht hat hierauf die Beteiligung des Beklagten mit den weiteren Geschäftsanteilen in die Liste der Genossen eingetragen. Auf Einzahlung der fünf Geschäftsanteile in Anspruch genommen, hat der Beklagte unter anderem eingewandt, daß die Übernahme der vier weiteren Anteile wegen Verstoßes gegen §§ 136, 137 GenG. nichtig sei. Landgericht und Berufungsgericht hielten diesen Einwand für unbegründet und verurteilten den Beklagten nach dem Klagantrag zur Einzahlung der fünf Geschäftsanteile in Höhe von zusammen 2500 RM nebst Zinsen. Die Revision des Beklagten hatte keinen Erfolg.

Aus den Gründen:

Das Berufungsgericht hat die Rechtsverbindlichkeit der in der Liste der Genossen vermerkten Übernahme weiterer Geschäftsanteile trotz Verstoßes gegen §§ 136 und 137 Abs. 2 GenG. und § 37 Abs. 5 des Statuts bejaht. Unstreitig hat der Beklagte bisher auf die fünf Geschäftsanteile nichts eingezahlt, und der Vorstand hat eine Versicherung, wie sie § 137 Abs. 2 Satz 2 GenG. für die Einreichung der Übernahmeerklärung vorschreibt, nicht abgegeben. Die Eintragung der Übernahme der vier weiteren Anteile in die Liste der Genossen ist trotzdem erfolgt. Das Berufungsgericht erwägt: § 136 GenG. bezwecke den Schutz der Genossenschaftsgläubiger. Ein Genosse könne sich auf eine nicht zu seinem Schutz bestimmte Vorschrift nicht um seines persönlichen Vorteils willen berufen. Das Gesetz schütze auch die Befolgung der Vorschrift nur durch die in § 137 vorgesehene Versicherung und die in § 147 auf deren Unrichtigkeit gesetzten Strafen. Demnach sei die Wirksamkeit der Eintragung der Übernahme mehrerer Geschäftsanteile nicht von der erfolgten Einzahlung der vorherigen Geschäftsanteile abhängig. § 137 Abs. 2 S. 2 enthalte nur eine Ordnungsvorschrift, deren Nichtbeachtung auf den Rechtsbestand des Eintrags gleichfalls ohne Einfluß sei.

Die Revision greift diese Ausführungen als rechtsirrig an. Sie kann aber damit nicht durchdringen. Es liegt eine ordnungsmäßige, unbedingte schriftliche Übernahmeerklärung des Beklagten im Sinne des § 137 Abs. 1 vor. Sie wurde von ihm der Genossenschaft ausgehändigt und vom Vorstand zur Eintragung in die Liste der Genossen bei Gericht eingereicht (§ 137 Abs. 2). Daraufhin erfolgte die Eintragung (§ 137 Abs. 3). Damit sind die formellen Voraussetzungen einer rechtswirksamen Übernahme mehrerer Geschäftsanteile gegeben. Es fehlt allerdings an der materiellen Voraussetzung des § 136 GenG. Allein die Beachtung dieser letzteren Vorschrift ist, wie das Berufungsgericht mit Recht ausführt, nur durch die in § 137 Abs. 2 GenG. vorgesehene Versicherung und diese wiederum durch die Strafbestimmung des § 147 GenG. geschützt. Eben weil sich jeder Gläubiger und Mitgenosse darauf verlassen darf und verlassen wird, daß die Einzahlung der bisherigen Geschäftsanteile vor dem Erwerb weiterer Anteile erfolgt und daß damit den gesetzlichen Vorschriften Genüge geschehen ist, wäre es mit dem Gesetz, das den Schutz der Gläubiger und der Mitgenossen bezweckt, unvereinbar, wenn trotz sonst ordnungsmäßiger Übernahmeerklärung, Einreichung zur Anmeldung bei Gericht und Eintragung in die Liste sich ein Genosse auf die Vorschriften der §§ 136, 137 Abs. 2 berufen könnte, um sich einer von ihm mit Zustimmung der Genossenschaft eingegangenen, durch Eintragung in die Genossenliste mit seinem Wissen und Willen öffentlich verlautbarten Verpflichtung zum Schaden der Gläubiger zu entschlagen. Gerade die Festhaltung eines Genossen an einer derart eingegangenen und bekannt gegebenen Verpflichtung ist mittelbar ein wirksames Mittel zur Einhaltung des § 136 GenG. Es ist denn auch in der Rechtsprechung des Reichsgerichts anerkannt (vgl. z. B. RGZ. Bd. 62 S. 309, Bd. 73 S. 403, Urteil vom 8. Februar 1911 I 589/09), daß nicht nur § 137 Abs. 2 S. 2 GenG., sondern auch § 136 das. keine „Muß"vorschrift ist und daß jedenfalls ein Verstoß gegen die letztere Vorschrift durch nachträgliche Einzahlung der vorausgegangenen Geschäftsanteile geheilt wird. Dann ist es aber nur folgerichtig, wenn der in der Liste der Genossen verlautbarten Beteiligung mit weiteren Geschäftsanteilen in solchen Fällen von vornherein Rechtsverbindlichkeit beigemessen wird (vgl. Deumer, Das Recht der eingetragenen Genossenschaften S. 221). . . .

28. Wirkt die durch das Reichsgesetz vom 19. Juli 1926 erfolgte Aufhebung der Preistreibereiverordnung auf bürgerlichrechtliche Tatbestände zurück?

Reichsgesetz vom 19. Juli 1926 Art. I, IV. BGB. § 134. StGB. § 2 Abs. 2.

II. Zivilsenat. Urt. v. 5. Oktober 1926 i. S. Firma H. H. (Kl.) w. die offene Handelsgesellschaft L. O. H. u. Gen. (Bekl.). II 192/26.

I. Landgericht I Berlin.
II. Kammergericht daselbst.

Die beklagte offene Handelsgesellschaft hat von der Klägerin am 21. April 1925 400000 Blechplomben für 9 RM je Tausend gekauft. Gegen die auf Zahlung des Kaufpreises gerichtete Klage haben die Beklagten eingewandt, die Klägerin beziehe die Ware von der Herstellerin, der Firma H. und Sch. in Berlin, deren Mitinhaber H. der Inhaber der klagenden Firma sei, zum Preise von 3,30 RM je 1000 Stück. Durch diesen wirtschaftlich unnötigen Umweg über die Klägerin verteure diese die Ware aus Eigennutz um 200% und darin liege nicht nur ein Preiswucher, sondern auch ein Verstoß gegen das Kettenhandelsverbot, da die Ware zu den Gegenständen des täglichen Bedarfs zu rechnen sei.

Das Landgericht hat die Ware nicht als Gegenstand des täglichen Bedarfs angesehen und die Beklagten nach dem Klagantrag verurteilt. Das Kammergericht hat die Klage auf Grund des Einwands des Kettenhandels abgewiesen. Die Revision der Klägerin führte zur Aufhebung und Zurückverweisung.

Aus den Gründen:

Durch Art. I des Reichsgesetzes vom 19. Juli 1926, das am Tage nach seiner Verkündung in Kraft trat, ist die Preistreibereiverordnung vom 13. Juli 1923 aufgehoben worden. Das Gesetz vom 19. Juli 1926 legt sich insofern rückwirkende Kraft bei, als nach Art. IV auf Verstöße gegen die nach Art. I, II aufgehobenen Vorschriften, die vor dem Inkrafttreten des Gesetzes begangen sind, § 2 Abs. 2 StGB. Anwendung findet. Nach letzterer Vorschrift ist bei Verschiedenheit der Strafgesetze von der Zeit der begangenen Handlung bis zur Aburteilung das mildeste Gesetz anzuwenden, sodaß die Straftat entweder nach dem mildesten der inzwischen erlassenen Gesetze zu beurteilen oder aber strafrechtlich nicht mehr verfolgbar ist, wenn bis zur Aburteilung der rechtliche Zustand eingetreten ist, daß die Handlung überhaupt nicht mehr unter Strafe steht. Der innere Grund dieser allgemeinen Strafvorschrift ist der, daß eine abzuurteilende, zur Zeit ihrer Begehung strafbare Handlung von einem geläuterten Rechtsstandpunkt aus nicht nach den Gesetzen einer vergangenen Zeit beurteilt, die Strafe oder die Strafbarkeit der Handlung überhaupt vielmehr nach den Rechtsanschauungen der Gegenwart, d. h. der Zeit der Aburteilung, gewürdigt werden soll.

Es folgt daher aus der Anwendbarkeit des § 2 Abs. 2 StGB., daß Verstöße gegen die Preistreibereiverordnung, auch soweit sie vor dem Inkrafttreten des Gesetzes vom 19. Juli 1926 begangen wurden, strafrechtlich als solche nicht mehr geahndet werden können. Darauf, ob man im Art. IV des Gesetzes vom 19. Juli 1926 eine Rückwirkung oder einen gesetzgeberischen Verzicht auf die Anwendung eines Strafgesetzes erblicken will, kommt hierbei nichts an.

Auf diese rein dem Gebiete des Strafrechts angehörende Folge beschränkt sich indessen die Bedeutung der Rückwirkung. Soweit daher nach bürgerlichem Recht, durch Verstöße gegen die Preistreibereiverordnung, die vor deren Aufhebung begangen sind, Rechtsgeschäfte nach § 134 BGB. ihrer Wirksamkeit entkleidet oder aus diesen Verstößen andere zivilrechtliche Folgen abgeleitet werden können, werden diese durch das Gesetz vom 19. Juli 1926 nicht berührt. Hätte der Gesetzgeber der Rückwirkung des straflosen Rechtszustands eine über den § 2 Abs. 2 StGB. hinausgreifende Tragweite auch für die Wirksamkeit von Rechtsgeschäften beimessen wollen, so hätte jenen Verstößen die rechtserhebliche Bedeutung für solche bürgerlichrechtliche Tatbestände versagt werden müssen, die sich unter der Herrschaft der Preistreibereiverordnung verwirklicht haben. Insoweit hat sich jedoch das Gesetz vom 19. Juli 1926 rückwirkende Kraft nicht beigelegt. (Es wird weiter ausgeführt, daß Kettenhandel nicht vorliegt.)

29. 1. Durfte eine Bank im Juni 1923 die von ihr verwahrten Wertpapiere, die für Ende 1923 gekündigt waren, vom Schuldner aber vorzeitig zum vollen Nennwert unter Zinsvergütung bis Ende 1923 eingelöst wurden, ohne Zustimmung des Kunden vorbehaltlos in dieser Weise zur Einlösung bringen?

2. Ist sie durch § 79 AufwG. vor der Haftung für den durch Verlust des Aufwertungsrechts ihren Kunden entstandenen Schaden geschützt? Hindert die bezeichnete Vorschrift die Annahme eines ursächlichen Zusammenhangs zwischen der Einlösung der Wertpapiere und diesem Schaden?

3. Kann der Vormund des Kunden die eigenmächtige Handlungsweise der Bank ohne Zustimmung eines etwaigen Gegenvormunds oder des Vormundschaftsgerichts wirksam genehmigen?

AufwG. § 79. BGB. §§ 1812flg., 1829.

III. Zivilsenat. Urt. v. 19. Oktober 1926 i. S. B. (Kl.) w. V.- u. Sp.-Bank (Bekl.). III 488/25.

I. Landgericht Lübeck.
II. Oberlandesgericht Hamburg.

Für den wegen Geisteskrankheit bevormundeten Kläger lagen bei der beklagten Bank Wertpapiere in offenem Depot, darunter Vorkriegsobligationen der L.-B.er Eisenbahngesellschaft im Nennwert von 63000 *M*. Die Gesellschaft kündigte die Obligationen für Ende 1923 und gab am 23. April 1923 bekannt, daß der Nennwert einschließlich Zinsen bis 31. Dezember 1923 alsbald in Empfang genommen werden könne. Die Beklagte reichte Ende Juni 1923 die 63000 *M* Obligationen der Schuldnerin zur Einlösung ein, nahm den Nennwert mit Zinsen ohne Vorbehalt in Empfang und schrieb das Empfangene im Wert von rund zwei Goldmark dem Kläger auf sein Girokonto gut. Im Frühjahr 1924 (nach Erlaß der 3. Steuernotverordnung) beschloß die Eisenbahngesellschaft, die noch nicht eingelösten Stücke jener Schuldverschreibungen auf 15 v. H. des Nennwerts in Gold aufzuwerten, und in der Folgezeit löste sie dann auch die ihr vorgezeigten Stücke in dieser Höhe ein. Der Kläger behauptet, die Beklagte habe seine Stücke im Juni 1923 unbefugt zur Einlösung gebracht, dadurch gegen ihre Verwahrerpflichten verstoßen, auch sein Eigentum widerrechtlich verletzt. Ohne dieses Vorgehen der Beklagten würde er im Frühjahr 1924 auf seine Obligationen 9450 Goldmark von der Eisenbahngesellschaft erhalten haben. Diesen Betrag abzüglich der empfangenen zwei Goldmark hat er verlangt. Das Landgericht hat dem Klagantrag stattgegeben. Auf die Berufung der Beklagten hat das Oberlandesgericht durch Teilurteil die Klage in Höhe von 4950 RM abgewiesen.

Die Revision des Klägers führte zur Aufhebung des Urteils.

Gründe:

Die Beklagte hat auf das Einlösungsangebot der Obligationenschuldnerin die vom Vormund des Klägers in dessen Namen bei ihr hinterlegten Obligationen im Juni 1923 bei der Schuldnerin eingereicht und die Auszahlung in Höhe des Nennwerts mit Zinsen bis Ende 1923 vorbehaltlos entgegengenommen. Das Berufungsgericht stellt fest, daß, wenn die Beklagte die Präsentation der Wertpapiere bis zu der am 31. Dezember 1923 eingetretenen Fälligkeit, also bis zu einem Zeitpunkt hinausgeschoben hätte, in dem der Aufwertungsgedanke schon in weitem Maße durchgedrungen gewesen sei, die Annahme des Einlösungsbetrags unter Vorbehalt erfolgt wäre und der Kläger sein Recht auf Aufwertung nicht verloren hätte. Von dieser rechtlich bedenkenfreien Erwägung aus ergibt sich die Haftung der Beklagten, wenn die vorzeitige Einlösung der Obligationen sich nicht mehr im Rahmen der Befugnisse gehalten hat, welche der Bank nach ihren Bedingungen für die Aufbewahrung und Verwahrung von Wertpapieren zustanden. Der Kläger kann sie zwar nach der mit rückwirkender Kraft ausgestatteten, auch noch in der Revisionsinstanz zu berücksichtigenden Vorschrift in § 79 AufwG. nicht um deswillen verantwortlich machen, weil sie im Vertrauen auf den Stand der Gesetzgebung oder Rechtsprechung bei der Vorlegung der unstreitig der Aufwertung nach dem bezeichneten Gesetz unterliegenden Wertpapiere mit einer solchen nicht gerechnet hat. Wohl aber kann er sie haftbar machen, wenn die Beklagte mit der die Ursache des Schadens bildenden vorzeitigen und vorbehaltlosen Einziehung die Grenzen ihrer Verwaltungsbefugnisse schuldhaft überschritten hat, und dies wird vom Berufungsgericht ohne Rechtsverstoß bejaht.

Nach den Geschäftsbedingungen der Beklagten war sie verpflichtet und folglich auch berechtigt, die ihr zur Aufbewahrung übergebenen Wertpapiere im Falle der Kündigung bei Verfall zur Einlösung zu bringen. Mochte es in Zeiten normaler wirtschaftlicher Verhältnisse auch noch im Sinne dieser Bedingungen liegen, daß die Beklagte gekündigte Stücke, deren Zinsen bis zur Fälligkeit ausgezahlt wurden, schon vorher bei der Schuldnerin zur Einlösung vorlegte, so durfte sie doch keinesfalls in einer Zeit des wirtschaftlichen Verfalls und der Währungszerrüttung, welche die Entschließung darüber, ob von dem Angebot der früheren Einlösung Gebrauch zu machen sei, besonders schwierig gestaltete, ohne die Zustimmung des Hinterlegers hierzu schreiten. Mit einer solchen Handlungsweise verletzte sie die ihrem Kunden nach Treu und Glauben geschuldeten Rücksichten, d. h. ihre Vertragspflichten, und zwar unter Außerachtlassung der im Verkehr erforderlichen Sorgfalt, also fahrlässig (§ 276 BGB.). Die nächste Folge ihres Verhaltens war, daß der Vorbehalt unterblieb, der nach der Annahme des Vorderrichters im Falle der Hinausschiebung der Einziehung bis in den Dezember 1923 hierbei gemacht worden wäre. Erst infolge der Aufwertungsgesetzgebung hatte diese Unterlassung die Wirkung, daß der Kläger der Ansprüche, die ihm sonst auf Grund der dort getroffenen Regelung zugestanden hätten, und des Vorteils, der ihm infolge der freiwilligen Zahlung des Aufwertungsbetrags durch die Schuldnerin schon im Frühjahr 1924 zugeflossen wäre, verlustig ging. Bei solchem Sachverlauf hat der Schaden des Klägers als durch das vertragswidrige Verhalten der Beklagten verursacht zu gelten. Ein ursächlicher Zusammenhang im Rechtssinn ist zwar nach der vom Reichsgericht ständig festgehaltenen Auffassung nicht ohne weiteres schon dann gegeben, wenn das spätere Ereignis nicht ohne das vorausgegangene, als Ursache anzusehende eingetreten wäre, es muß vielmehr ein sogenannter adäquater Zusammenhang bestehen, d. h. die gesetzte Bedingung muß im allgemeinen und nicht nur unter besonders eigenartigen, nach dem regelmäßigen Lauf der Dinge nicht in Betracht zu ziehenden Umständen zur Ermöglichung oder Herbeiführung des Erfolgs geeignet gewesen sein. Es läßt sich aber keineswegs sagen, daß im Juni 1923 die Möglichkeit, es werde doch noch zu einer gesetzlichen oder freiwilligen Aufwertung von Vorkriegsobligationen kommen, außerhalb des Bereichs jeder vernünftigen Berechnung gelegen habe. Wenn zufolge der ausdrücklichen Vorschrift des § 79 AufwG. einem Verwalter fremden Vermögens daraus kein Vorwurf gemacht werden darf, daß er mit der kommenden Aufwertung nicht gerechnet hat, so ist damit nicht gesagt, daß für die Frage des ursächlichen Zusammenhangs zwischen einer im Sommer 1923 begangenen Rechtsverletzung und einem durch sie bedingten, aber allein infolge der neueren Regelung der Aufwertungsfrage möglich gewordenen Schaden dieser Umschwung in Gesetzgebung und Rechtsprechung als ein außerhalb aller vernünftigen Berechnung liegender, ungewöhnlicher Umstand angesehen werden müßte. Voraussehbare Folgen und adäquate Folgen sind nicht dasselbe (RGZ. Bd. 81 S. 361). Mag es auch nicht schuldhaft gewesen sein, daß die Beklagte bei der Einlösung der Obligationen des Klägers im Juni 1923 nicht mit der Möglichkeit einer späteren Aufwertung rechnete, so muß sie doch dem Kläger für den Entgang der Aufwertungssumme einstehen, wenn sie mit der Einlösung schuldhaft ihrer Verwahrerpflicht zuwidergehandelt und zugleich schuldhaft das Eigentum des Klägers an den Wertpapieren verletzt hat.

Das Berufungsgericht weist, obwohl es im Ergebnis ebenfalls grundsätzlich eine Haftbarkeit der Beklagten annimmt, doch den Schadensersatzanspruch des Klägers ab, soweit er sich auf die Einlösung von Obligationen im Nennwert von 32000 ℳ gründet, weil der Vormund des Klägers die Verfügung der Beklagten in diesem Teilumfang stillschweigend dadurch nachträglich genehmigt habe, daß er auf den Empfang eines Kontoauszugs vom 5. Dezember 1923 bis zum Mai 1924 geschwiegen hat, obgleich er aus dem Auszug erkennen konnte und bei pflichtmäßiger Sorgfalt erkennen mußte, daß die Beklagte über Obligationen im Nennwert von 32000 ℳ vorzeitig verfügt hatte.

Das Berufungsgericht unterläßt jedoch zu prüfen, ob die Rechtswirksamkeit der nachträglichen Genehmigung angesichts der Vorschriften in §§ 1812flg. BGB. dadurch bedingt war, daß ein etwaiger Gegenvormund oder das Vormundschaftsgericht zustimmte, und ob die etwa notwendige Zustimmung erfolgt und der Vorschrift in § 1829 Abs. 1 S. 2 Genüge geschehen ist. Das Revisionsgericht vermag diese Frage beim Mangel der erforderlichen tatrichterlichen Feststellungen nicht zu beantworten, will aber nicht unterlassen, darauf hinzuweisen, daß es sich hier nicht darum handelt, ob die Einlösung der Papiere gegenüber der Eisenbahngesellschaft wirksam zustande gekommen ist oder nicht. Denn die Parteien sind darüber einig, daß die Schuldnerin durch die Einlösung, sei es auf Grund des § 365, sei es des § 366 HGB., von jeder Verpflichtung aus den Papieren freigeworden ist. Insoweit ist es unerheblich, ob die Genehmigung des Gegenvormunds oder des Vormundschaftsgerichts vorlag oder nicht. Es handelt sich vielmehr nur darum, ob für das Innenverhältnis zwischen dem Kläger und der Beklagten durch die nachträgliche Genehmigung die von Hause aus unberechtigte Verfügung der letzteren über die Wertpapiere zu einer befugten geworden ist, aus der keine Schadensersatzansprüche des Klägers mehr hergeleitet werden können. Eine solche Genehmigung enthält unter allen Umständen einen Verzicht auf Ersatz des Schadens, der aus der unberechtigten Verfügung etwa schon erwachsen oder noch zu erwarten ist, also eine Verfügung des Vormunds über eine Forderung des Mündels, mochte der Verzicht schon durch die einseitige Genehmigung oder erst mit Annahme der Verzichterklärung durch die Beklagte wirksam werden können....

---

30. Über die Zulässigkeit der Stellvertretung bei den Senatspräsidenten der Oberlandesgerichte.

GVG. §§ 62 flg., 117. ZPO. § 216 Abs. 2.

VII. Zivilsenat. Urt. v. 20. Oktober 1926 i. S. H. (Kl.) w. H. (Bekl.). VII 15/26.

I. Landgericht Dresden.
II. Oberlandesgericht daselbst.

Die zugleich den Sachverhalt ergebenden Gründe lauten wie folgt:

Durch das Urteil des Oberlandesgerichts in D. vom 14. Dezember 1925 ist das Urteil des Landgerichts daselbst vom 9. April 1925 bestätigt worden, durch welches die Ehe der Parteien geschieden worden war. Der erkennende Senat des Berufungsgerichts, dessen ordentlicher Vorsitzender der Senatspräsident K. war, ist in der mündlichen Verhandlung, auf die das Urteil ergangen ist, mit dem dienstältesten Rat, Oberlandesgerichtsrat W., als Vorsitzenden und zwei Oberlandesgerichtsräten als Beisitzern besetzt gewesen.

Mit der Behauptung, diese Besetzung sei unvorschriftsmäßig

gewesen, hat der Kläger auf Grund des § 579 Abs. 1 Nr. 1 ZPO. die Nichtigkeitsklage erhoben, deren prozessuale Voraussetzungen erfüllt sind.

Der Senatspräsident K. hat über die in seinem Senat seit den Gerichtsferien 1925 bestehende Geschäftsverteilung am 12. März 1926 folgende dienstliche Erklärung abgegeben:

Dem Senat gehörten der Präsident und vier Beisitzer an. Vom Präsidenten würden auf längere Zeit, meist auf etwa ein halbes Jahr, die Sitzungstage und die Beisitzer bestimmt. Gleichzeitig würden unter den Sitzungstagen diejenigen festgesetzt, an denen Ehesachen zu verhandeln seien. An diesen Tagen führe das dienstälteste Mitglied des Senats den Vorsitz, während an ihnen die drei anderen Mitglieder des Senats als Beisitzer tätig würden, unter denen das dienstälteste Mitglied die zwei an jeder einzelnen Sache teilnehmenden Beisitzer bestimme. In diesen Sitzungen würden außer Ehesachen und Eheverfügungssachen nur solche Sachen verhandelt, bei denen der Senatspräsident aus besonderen Gründen, z. B. gemäß §§ 41flg. ZPO., an der Mitwirkung verhindert sei. Diese Art der Geschäftsverteilung beruhe nicht auf einer Anordnung des Präsidiums, sondern auf einer solchen des Senatspräsidenten, der sich durch die Geschäftsbelastung behindert fühle, in allen Sachen den Vorsitz zu führen, da darunter die erforderliche genaue Durcharbeitung aller Sachen leiden müßte. Die eingehenden Berufungen in Ehesachen bearbeite zunächst der Senatspräsident. Doch gebe er die Bearbeitung der Armensachen und der einstweiligen Verfügungen zum Teil an den dienstältesten Rat ab. Die Terminsbestimmung, soweit sie nicht in den Verhandlungsterminen erfolge, finde durch den Senatspräsidenten statt. Dringliche Verfügungssachen würden bisweilen erforderlichenfalls an den Sitzungstagen behandelt, an denen der Präsident den Vorsitz führe.

Das Oberlandesgericht ist der Auffassung, daß das Gericht in der Verhandlung vom 14. Dezember 1925 vorschriftsmäßig besetzt gewesen sei, und hat die Klage demgemäß abgewiesen.

Die Revision rügt Verletzung der §§ 117, 66 GVG. und führt hierzu im einzelnen folgendes aus:

Unter „Verhinderung" im Sinne des § 66 a. a. O. verstehe das Gesetz lediglich eine am Tage der Verhandlung objektiv bestehende Unmöglichkeit der Verhandlung; dagegen genüge nicht das Gefühl, in Zukunft so überlastet zu sein, daß eine Verhinderung eintreten werde. Es sei daher unzulässig, daß ein Senatspräsident von vornherein sich grundsätzlich für gewisse Sachen als verhindert erkläre. Auf dem hier eingeschlagenen Wege würden unzulässigerweise auf die Dauer, nicht etwa nur für Zeiten besonders starken Geschäftsgangs, Hilfssenate für die Ehesachen, und zwar nicht einmal auf Anordnung des Präsidiums, sondern des Senatspräsidenten gebildet, und es werde entgegen dem Geiste des Gerichtsverfassungsgesetzes auf unabsehbare Zeit für gewisse, einem besonderen Rechtsgebiet angehörende Sachen, noch dazu für Ehesachen, eine Rechtsprechung mit geringeren Anforderungen an die Zusammensetzung des Gerichtshofs eingeführt, als sie für die Sachen aus den übrigen Rechtsgebieten gestellt würden. Überdies aber habe der Senatspräsident K., wie der Wortlaut seiner Erklärung ergebe, sich gar nicht für „verhindert erklärt", den Vorsitz zu führen, sondern sich nur „behindert gefühlt"; damit sei der Voraussetzung des § 66 S. 1 GVG. nicht genügt.

Diese Rügen sind unbegründet.

Nach § 117 GVG. in Verbindung mit §§ 62, 66 das. führen in den Senaten der Oberlandesgerichte der Oberlandesgerichtspräsident und die Senatspräsidenten den Vorsitz; im Falle der Verhinderung des ordentlichen Vorsitzenden tritt das dienstälteste Senatsmitglied an seine Stelle. Da diese Vorschriften dem Senatspräsidenten selbstverständlich bekannt waren, so muß in seiner dienstlichen Äußerung, daß er sich an der Führung des Vorsitzes an allen Sitzungstagen „behindert fühle", seine Erklärung, daß er an der Übernahme des Vorsitzes „verhindert sei", um so mehr gefunden werden, da er als Grund seiner Behinderung Geschäftsbelastung und damit einen Umstand angegeben hat, der nach allgemeiner Ansicht, ebenso wie z. B. Beurlaubung und Dienstunfähigkeit infolge Erkrankung, als Verhinderungsgrund anerkannt ist. Ob der ordentliche Vorsitzende sich infolge Geschäftsüberlastung für verhindert erachtet, unterliegt seinem pflichtmäßigen, in der Revisionsinstanz nicht nachprüfbaren Ermessen. Zu Unrecht bemängelt ferner die Revision im Gegensatz zu der ständigen Rechtsprechung des Reichsgerichts (RGSt. Bd. 25 S. 389, Bd. 54 S. 299, Bd. 55 S. 202, 238, Bd. 56 S. 64; JW. 1895 S. 517 Nr. 2, 1915 S. 96 Nr. 13), daß der Senatspräsident K. sich bereits bei der Bestimmung der

Sitzungstage und mithin etwa 6 Monate vorher an der Führung des Vorsitzes für verhindert erklärt hat. Denn abgesehen davon, daß der Grund der Verhinderung, die Geschäftsüberlastung, auf längere Zeit hinaus ihre Wirkung äußert und der Vorsitzende dies sehr wohl schon gelegentlich der Terminsanberaumungen zu übersehen vermag, wiederholt der Vorsitzende seine von vornherein abgegebene Verhinderungserklärung — die ihn von der Übernahme des Vorsitzes nicht abhalten könnte und nicht einmal dürfte, falls der Verhinderungsgrund inzwischen weggefallen ist — stillschweigend vor jeder Sitzung dadurch, daß er die Führung des Vorsitzes seinem Stellvertreter tatsächlich überläßt. Daß es zu erheblichen Schwierigkeiten in der ordnungsmäßigen Erledigung der Geschäfte führen müßte, wenn der Vorsitzende, wie die Revision anscheinend will, erst jeweils am Sitzungstage oder kurz vorher sich für verhindert erklären würde, mag nur nebenbei bemerkt werden. Die, noch dazu ohne Anordnung des Präsidiums erfolgte, Einrichtung eines Hilfssenats oder einer besonderen Senatsabteilung auf unabsehbare Zeit kommt im vorliegenden Falle nicht in Frage. Denn vom Vorsitzenden abgesehen nehmen dieselben Richter an allen Sitzungen teil, der ordentliche Vorsitzende kann, wie bereits hervorgehoben ist, jederzeit den Vorsitz in allen Sitzungen übernehmen, und die von der Revision beanstandete Geschäftsverteilung bestand zur Zeit der Erlassung des Ehescheidungsurteils erst seit etwa 3 Monaten. In allen diesen Punkten unterscheidet sich der vorliegende Fall von dem durch das Urteil des Reichsgerichts vom 28. Oktober 1914 (JW. 1915 S. 96 Nr. 13) entschiedenen sehr wesentlich. Hier waren die beiden Senatsabteilungen nicht nur durchweg aus anderen Richtern zusammengesetzt, jede von ihnen hatte insbesondere nicht nur ihren eigenen von vornherein bestimmten Vorsitzenden, sondern jede von ihnen erledigte auch auf die Dauer eines ganzen Geschäftsjahrs die ihr zugewiesenen Geschäfte selbständig und unabhängig von der anderen, ohne daß eine Mitwirkung der Mitglieder der einen Abteilung an der Erledigung der der anderen Abteilung zugewiesenen Geschäfte in Frage kam; im Falle der Verhinderung des Oberlandesgerichtspräsidenten, des Vorsitzenden der einen Abteilung, vertrat ihn nicht einmal das dienstälteste Mitglied des Senats, sondern das dienstälteste Mitglied der Abteilung in der Führung des Vorsitzes. Mit Recht hat daher das Reichsgericht in einem solchen Falle die Rüge unvorschriftsmäßiger Besetzung des Gerichts für begründet erklärt.

Nun wird allerdings, wie der Revision zugegeben werden muß, durch die nach der dienstlichen Äußerung vom 12. März 1926 beim 10. Zivilsenat des Berufungsgerichts getroffene Geschäftsverteilung eine Sachlage geschaffen, die sich in einem Punkte dem JW. 1915 S. 96 Nr. 18 entschiedenen Falle immerhin insofern nähert, als der Regel nach einerseits alle Ehesachen, anderseits aber nur diese, nicht unter dem Vorsitz des ordentlichen Vorsitzenden, sondern seines Stellvertreters verhandelt werden. Zugunsten einer solchen Regelung ließe sich geltend machen, daß es zur Wahrung der Einheitlichkeit der Rechtsprechung erwünscht erscheine, die Streitigkeiten aus bestimmten Rechtsgebieten unter demselben Vorsitzenden entscheiden zu lassen, und daß gerade die Ehesachen ein Gebiet darstellen, auf dem durch die ausgiebige Rechtsprechung des Reichsgerichts über alle wesentlichen Rechtsfragen Klarheit geschaffen ist. Allein diesen Gesichtspunkten gegenüber würde die Erwägung besondere Beachtung verdienen, daß es zur Wahrung des Vertrauens des Volkes zur Rechtspflege nicht wünschenswert erscheint, wenn der vom Gesetz berufene ordentliche Vorsitzende sich bei der Entscheidung in Ehesachen, die für die Beteiligten von weitaus größerer Wichtigkeit zu sein pflegt als die in vermögensrechtlichen Streitigkeiten, regelmäßig selbst ausschaltet. Diese Erwägung vermag jedoch nicht zur Aufhebung des angefochtenen Urteils zu führen. Denn abgesehen davon, daß eine strenge Scheidung zwischen Ehesachen und Nichtehesachen nach der amtlichen Erklärung vom 12. März 1926 nicht durchgeführt ist, hat sich der Senatspräsident K. innerhalb des Rahmens seiner gesetzlichen Befugnisse gehalten, indem er in den Fällen seiner Verhinderung die Verhandlung der Ehesachen seinem Stellvertreter im Vorsitz überläßt. Denn nach § 216 Abs. 2 ZPO. steht ihm als dem Vorsitzenden die Bestimmung der Termine und damit die Sitzungsvergebung und nach §§ 69, 117 GVG. die Verteilung der Geschäfte auf die Mitglieder des Senats zu. In welcher Weise er diese Befugnisse ausüben will, unterliegt seinem pflichtmäßigen Ermessen. In solche Ermessens- und Zweckmäßigkeitsfragen im Wege der Revision einzudringen, ist, wie bei allen inneren Angelegenheiten der Gerichte, z. B. bei der Verteilung der Geschäfte durch das Präsidium und der Bestellung der Berichterstatter durch den Vorsitzenden, schlechthin unzulässig.

Endlich kann der Revision auch darin nicht beigetreten werden, daß das gerügte Verfahren gegen den Geist und Sinn des Gerichtsverfassungsgesetzes verstoße. Das Verfahren hält sich, wie gezeigt, im Einklang mit den bestehenden gesetzlichen Bestimmungen. Bei den heutigen Verhältnissen ist es infolge der Zunahme der Geschäfte bei den Gerichten kaum mehr durchführbar, daß, wie es das vor fast 50 Jahren unter ganz anderen Verhältnissen erlassene Gerichtsverfassungsgesetz in Aussicht nahm, die Vorsitzenden der Kammern und Senate, zumal großer Gerichte, alle ihnen obliegenden Dienstgeschäfte selbst erledigen, und den Weg zur Abhilfe hat das Gesetz bereits in den §§ 66, 117 gewiesen, indem es für Verhinderungsfälle die Führung des Vorsitzes durch das dienstälteste Mitglied zugelassen hat.

---

31. Unter welchen Umständen kann beim Versendungskauf der Spediteur als Erfüllungsgehilfe des Verkäufers angesehen werden?

BGB. §§ 278, 447.

III. Zivilsenat. Urt. v. 21. Oktober 1926 i. S. Gebr. W. (Kl.) w. L. (Bekl.). III 471/25.

I. Landgericht München I, Kammer für Handelssachen.
II. Oberlandesgericht daselbst.

Am 3. März 1924 hatte die Klägerin einen Waggon Tuchnähte, ein nässeempfindliches Gut, an die Beklagte verkauft, lieferbar franko Waggon Karlsruhe nach Station E. (Pfalz). Zur Vertragserfüllung ließ die Klägerin die Ware von Luzern an die Speditionsfirma N. in Karlsruhe abgehen. Dabei war der Wagen mit drei Decken der schweizerischen Bundesbahnen bedeckt. Der Firma N. erteilte die Klägerin den Auftrag, den Wagen mit neuem Frachtbrief, im übrigen aber durchgehend an die Beklagte weiterzuleiten, zuvor jedoch die schweizer Bahndecken zu entfernen und durch Reichsbahndecken zu ersetzen. Die Firma N. gab den in Karlsruhe einlaufenden Wagen unverändert nach der Regiebahn-Grenzstation Maxau auf, entfernte dort die schweizer Decken, unterließ aber die anderweite Bedeckung, da sie Reichsbahndecken nicht bekommen konnte, und ließ den Wagen mit neuem Frachtbrief unbedeckt an die Beklagte weiterlaufen. Der Wagen kam in den Regen, die Ware verdarb und die Beklagte verweigerte die Annahme. Vorsorglich ließ die Beklagte den Wagen entladen und nahm die Ware in vorläufige Verwahrung. Im beiderseitigen Einverständnis wurde die Ware später veräußert.

Mit der Klage verlangt die Klägerin den Kaufpreis für die Ware. Das Landgericht hat die Klage abgewiesen, das Oberlandesgericht die Berufung der Klägerin zurückgewiesen. Dieses hat erwogen, daß den Spediteur ein Verschulden treffe und daß nach den Umständen des Falles die Klägerin im Verhältnis zur Beklagten für dieses Versehen des Spediteurs einzustehen habe, weil der Spediteur das Versehen bei Erfüllung einer ihm von der Klägerin erteilten Weisung begangen habe und daher die allgemeine Regel des § 447 BGB. im vorliegenden Fall unanwendbar sei. Die Revision der Klägerin blieb ohne Erfolg.

Gründe:

Die Weisung der klagenden Verkäuferin an den Spediteur, nach Eintreffen der Sendung in Karlsruhe die schweizer Decken zu entfernen und durch reichsbahneigene Decken zu ersetzen, war nach den Feststellungen des Berufungsrichters der Besorgnis der Klägerin entsprungen, die französische Verwaltung der Regiebahn, der die Weiterbeförderung der Ware in die Pfalz oblag, werde die Decken nicht zurückgeben und die Klägerin werde Ersatzansprüche wegen Nichtrückgabe der Decken zu gewärtigen haben. Die Weisung war also von der Klägerin im eigenen Interesse getroffen. Indessen enthielt sie nach der Annahme des Berufungsrichters darum noch nicht ein Verschulden der Klägerin selbst, das diese im Verhältnis zu der Beklagten zu vertreten hätte. Diese Annahme beschwert die Klägerin nicht, läßt aber auch — entgegen der Ansicht der Beklagten — keinerlei Rechtsirrtum erkennen.

Nach dem unstreitigen Sachverhalt hat der Spediteur die Weisung der Klägerin nur teilweise befolgt; er hat wohl die schweizer Decken entfernt, jedoch unterlassen, sie durch andere Decken zu ersetzen. Infolgedessen war die Ware bei der Weiterbeförderung der Nässe ausgesetzt und ist verdorben. Das Verhalten des Spediteurs enthielt — auch darüber sind die Parteien einig — eine Außerachtlassung der im Verkehr erforderlichen Sorgfalt (§ 276 BGB., § 408 HGB.). Im Streit ist nur, ob die Klägerin im Verhältnis zur Beklagten das Verschulden des Spediteurs zu vertreten hat. Dies wäre dann der Fall, wenn der Spediteur als Erfüllungshilfe der Klägerin anzusehen wäre, sodaß diese gemäß § 278 BGB. für sein Versehen haftete.

Für ihren die Haftung ablehnenden Standpunkt bezieht sich die Klägerin auf § 447 BGB. In der Tat hat die Klägerin, den Vertragsbedingungen entsprechend, die Ware franko Karlsruhe geliefert und mit der Weiterbeförderung von dort aus den Spediteur beauftragt. Spätestens von da ab haftete nach der bezeichneten Vorschrift die Klägerin nicht mehr für die zufällige Verschlechterung der Ware und nicht mehr für ein Versehen des Spediteurs; sie hatte mit der Übergabe an diesen ihre Verpflichtung aus dem Kaufvertrag erfüllt (§§ 446, 447 BGB., RGZ. Bd. 62 S. 331, Bd. 99 S. 56). Für ein Versehen des Spediteurs, das dieser rein im eigenen Geschäftskreis begangen hätte und das nicht durch eine Weisung der Klägerin veranlaßt wäre, würde die Klägerin danach allerdings nicht zu haften haben.

Diese Rechtslage hat auch der Berufungsrichter nicht verkannt; vielmehr ist er selbst von den hier dargelegten Erwägungen ausgegangen. Aber mit Recht findet er die für die Beurteilung des Falles ausschlaggebende Besonderheit darin, daß die Speditionsfirma das für den Schaden ursächliche Versehen unmittelbar in Ausführung einer Weisung der Klägerin begangen hat, einer Weisung, mit der die Klägerin nicht etwa die Interessen der Beklagten wahrgenommen, sondern lediglich ihre eigenen Interessen, wennschon in durchaus erlaubter Weise, verfolgt hatte. Damit ist die Anwendung des vom Berufungsrichter hier als entscheidend herangezogenen § 278 BGB. gerechtfertigt. Die Klägerin war auf Grund des Kaufvertrags der Beklagten gegenüber verpflichtet, die Ware in vertragsmäßiger Beschaffenheit zu übergeben. Zu dem Ende mußte sie die Ware ordnungsmäßig verwahrt, also bedeckt, zur Beförderung bringen. Dieser Pflicht ist die Klägerin bis zur Übergabe an den Spediteur nachgekommen. Mit dieser Übergabe endete an sich jene Pflicht. Aber gerade im Zeitpunkt der Übergabe hat die Klägerin noch mit der in Rede stehenden Weisung, zwar in erlaubter und nicht schuldhafter Weise, aber immerhin in Wahrnehmung ihrer eigenen Belange, in den Beförderungsverlauf eingegriffen, indem sie die bisherige Bedeckung der Ware entfernen ließ. Tat sie das, so war sie auch verpflichtet, für die

Wiederbedeckung zu sorgen. Jene Weisung war, wie die Klägerin selbst hervorgehoben hat, einheitlich und untrennbar; hat der Spediteur versehentlich nur den ersten Teil der Weisung erfüllt und den zweiten unerfüllt gelassen, so hat er in Erfüllung einer der Klägerin der Beklagten gegenüber obliegenden Vertragspflicht und insofern als Erfüllungsgehilfe der Klägerin gehandelt. Diese Annahme steht im Einklang mit der Entscheidung RGZ. Bd. 101 S. 152; dort ist ausgesprochen, daß der Spediteur zwar nicht allgemein (§ 447 BGB.), aber doch unter besonderen Umständen als Erfüllungsgehilfe des Verkäufers anzusehen ist. Solche besondere Umstände hat der Berufungsrichter ohne Rechtsirrtum auch im vorliegenden Fall als gegeben angenommen, so daß die weitere Annahme der Haftung der Klägerin für das Versehen der Speditionsfirma auf Grund des § 278 BGB. keinem Bedenken begegnet.

---

32. 1. Trägt der Versicherer nach § 69 Abs. 2 Nr. 3 der Allg. Seeversicherungsbedingungen von 1867 (ASB.) auch die zur Vermeidung eines drohenden Arrestes aufgewandten Kosten?

2. Zum Begriff der Kosten, die im Sinne von § 84 Nr. 3, § 66 ASB. „zur Abwendung größerer Nachteile notwendig oder zweckmäßig" aufgewandt sind, und zur Frage der Erstattungsfähigkeit solcher Kosten, soweit sie die Versicherungssumme übersteigen, nach § 92 Abs. 2 ASB.

I. Zivilsenat. Urt. v. 23. Oktober 1926 i. S. H. Allgemeine Versicherungs-AG. und Gen. (Bekl.) w. Reederei H. F. C. A. (Kl.). I 408/25.

I. Landgericht Hamburg, Kammer für Handelssachen.
II. Oberlandesgericht daselbst.

Die Klägerin ist Eigentümerin des Dampfers „Cronshagen". Das Kasko dieses Dampfers war auf Grund einer am 8. November 1917 geschlossenen taxierten Zeitpolize in Höhe von 650000 *M* bei den Beklagten versichert. Für den Versicherungsvertrag galten vereinbarungsgemäß die Allgemeinen Seeversicherungsbedingungen von 1867. Während der Versicherungszeit stieß in der Nacht vom 3. zum 4. September 1918 der bezeichnete Dampfer in der Nähe von

Furusund mit dem schwedischen Dampfer „Halland" zusammen. Dabei wurde die „Cronshagen" leicht und die „Halland" schwer beschädigt. Die „Cronshagen" lief Stockholm als Nothafen an. Die Reederei der „Halland" drohte wegen des ihr entstandenen Kollisionsschadens der Klägerin die Arrestierung der „Cronshagen" an und verlangte zur Abwendung des Arrestes die Stellung einer Sicherheit von 200000 schwedischen Kronen. Im Einverständnis und auf Anweisung der Beklagten stellte die Klägerin die verlangte Sicherheit und ließ sich auf den von der Reederei der „Halland" vor den schwedischen Gerichten gegen sie angestrengten Rechtsstreit über den der „Halland" erwachsenen Kollisionsschaden ein. Über den Gang dieses Rechtsstreits sind die Beklagten fortlaufend unterrichtet worden. Sie haben während Schwebens des schwedischen Prozesses der Klägerin in einem Schreiben vom 3. April 1922 zum Ausdruck gebracht, daß für sie wegen des unmittelbaren und des mittelbaren Kollisionsschadens keinesfalls eine Haftung über 100% der Versicherungssumme in Frage komme. Die Klägerin hat damals diese Auffassung der Beklagten ausdrücklich abgelehnt. Jede Partei ist im Verlauf der weiterhin zwischen ihnen über diese Frage gepflogenen Verhandlungen auf ihrem Standpunkt stehengeblieben. Die Klägerin verlangt jetzt von den Beklagten Ersatz eines Teils der ihr durch die Sicherheitsleistung und die Führung des schwedischen Prozesses entstandenen Kosten, und zwar einen Reichsmarkbetrag, der dem Wert von 5343,24 schwedischen Kronen nebst Zinsen am Tage der Zahlung entspricht. Die Beklagten haben diesen Anspruch nach Grund und Betrag bestritten. Die Instanzgerichte haben der Klage stattgegeben. Nach Erlaß des Berufungsurteils ist die von der Reederei der „Halland" gegen die jetzige Klägerin vor den schwedischen Gerichten angestellte Klage durch Urteil des höchsten schwedischen Gerichtshofs endgültig abgewiesen worden. Die Revision der Beklagten hatte keinen Erfolg.

Gründe:

Durch das Urteil des höchsten schwedischen Gerichtshofs ist klargestellt, daß im Verhältnis der Parteien des gegenwärtigen Rechtsstreits ein mittelbarer Kollisionsschaden, für den die Beklagten der Klägerin nach § 69 Abs. 2 Nr. 7 ASB. einzustehen hätten, nicht in Frage kommt. Diese nach Erlaß des Berufungsurteils eingetretene Sach- und Rechtslage kann hier zugrunde gelegt werden, weil damit für die im gegenwärtigen Rechtsstreit maßgeblichen Gesichtspunkte eine hier beachtliche Verschiebung zum Nachteil der einen oder anderen Partei, insbesondere der Beklagten, nicht verbunden ist. Die Revision meint, daß mit dem Ausscheiden des in § 69 Abs. 2 Nr. 7 angeführten Versicherungsfalls des mittelbaren Kollisionsschadens ohne weiteres den Klagansprüchen der Boden entzogen sei. Das ist nicht zutreffend.

1. Die zur Abwendung der angedrohten Arrestierung des Dampfers „Cronshagen" aufgewandten Kosten.

Nach Ansicht des Berufungsgerichts fallen diese Kosten unter § 69 Abs. 2 Nr. 3 ASB., da diese Vorschrift nicht nur die Kosten eines tatsächlich „verhängten" Arrestes, sondern auch die zur Vermeidung eines drohenden Arrestes aufgewandten Kosten umfasse. Die hierzu vom Vorderrichter unter Hinweis auf die Bedeutung des Wortes „Gefahr" in § 69 Abs 2 Nr. 3 gemachten Ausführungen sind zutreffend. Danach ist ein selbständiger Versicherungsfall gegeben, der vom Bestehen eines mittelbaren Kollisionsschadens nach § 69 Nr. 7 grundsätzlich unabhängig ist. Es kommt folgendes hinzu: Nach den Feststellungen des Berufungsgerichts haben die Beklagten der Klägerin gegenüber ihr Einverständnis erklärt sowohl mit der gerichtlichen Austragung der von der Reederei des Dampfers „Halland" gegen die Klägerin erhobenen Ansprüche als auch mit der Hinterlegung von 200000 schwedischen Kronen. Mit Recht weist dieses Gericht darauf hin, daß die Frage, ob die Kosten der Hinterlegung als notwendig oder zweckmäßig aufgewandt im Sinne von § 84 Nr. 3 ASB. zu erachten sind, nicht schon um deswillen verneint werden kann, weil im § 84 Nr. 3 von einem Einverständnis oder Auftrag des Versicherers nicht die Rede sei. Vielmehr bedeutet gerade das Einverständnis der Beklagten, daß die Aufwendung im Verhältnis der Parteien als notwendig und zweckmäßig zu gelten hat. Die Sicherheitskosten sind aber auch zur Abwendung größerer Nachteile im Sinne von § 84 Nr. 3, § 66 a. a. O. aufgewandt worden. Auf Grund der Versicherungspolize hafteten die Beklagten der Klägerin gemäß § 69 Abs. 2 Nr. 7 ASB. für unmittelbaren und mittelbaren Kollisionsschaden. Der Versicherungsfall war gegeben, da ein unmittelbarer Kollisionsschaden am Dampfer „Cronshagen" entstanden war. Es drohte der größere, von den Versicherern zu vertretende Nachteil des mittelbaren Kollisionsschadens, falls die Reederei des Dampfers „Halland" mit ihren aus der Kollision gegen die Klägerin hergeleiteten Ansprüchen durchdringen und deswegen den Dampfer „Cronshagen" mit Arrest belegen sollte. Zur Abwendung dieses „größeren Nachteils" dienten unter anderem die Kosten der Sicherheitsleistung (vgl. auch Ritter, Recht der Seeversicherung § 36 Anm. 8 S. 619). Die so aufgewandten Kosten fallen nach ausdrücklicher Vorschrift von § 84 Nr. 3 ASB. den Beklagten zur Last. Dort ist bestimmt, daß die betreffenden Kosten von den Versicherern zu tragen sind, „selbst wenn die ergriffenen Maßnahmen erfolglos geblieben sind". Damit ist klar zum Ausdruck gebracht, daß die Versicherer in gleicher Weise erstattungspflichtig sind, wenn die Aufwendungen Erfolg hatten. Die Beklagten können sich also in dieser Beziehung nicht darauf berufen, daß durch die Sicherheitsleistung die Arrestierung der „Cronshagen" abgewandt und durch den Ausgang des schwedischen Prozesses den aus der Kollision hergeleiteten Ansprüchen der Reederei des Dampfers „Halland" gegen die Klägerin (mittelbarer Kollisionsschaden) der Boden entzogen worden ist.

2. Die Kosten des in Schweden geführten Prozesses.

Hier gilt im wesentlichen dasselbe wie von den Kosten der Sicherheitsleistung. Die von der Reederei der „Halland" gegen die Klägerin in Schweden angestrengte Klage sollte die Erstattung des der ersteren entstandenen Kollisionsschadens herbeiführen. Wäre dort die jetzige Klägerin unterlegen, so hätte sie einen Schaden dadurch erlitten, daß sie der klagenden Reederei deren Kollisionsschaden ersetzen mußte. Für jenen Schaden hätten die Beklagten der Klägerin nach § 69 Abs. 2 Nr. 7 ASB. grundsätzlich einzustehen gehabt. Die Feststellungen des Berufungsgerichts ergeben, daß im Verhältnis der Parteien des gegenwärtigen Prozesses die Klägerin den schwedischen Rechtsstreit zwar im eigenen Namen, aber insoweit für Rechnung der Beklagten führen sollte, als letztere am Ausgang dieses Rechtsstreits interessiert waren, d. h. insoweit, als die Beklagten der Klägerin im Fall ihres Unterliegens gemäß § 69 Abs. 2 Nr. 7 ASB. haftpflichtig waren. Soweit diese Haftpflicht der Beklagten reichte, bedeutete ein etwaiges Unterliegen der Klägerin in jenem Prozeß einen von den Beklagten zu vertretenden Schaden und im Hinblick auf den eigenen Kollisionsschaden der Klägerin einen „größeren Nachteil" im Sinne von § 84 Nr. 3 ASVB. Das Obsiegen der Klägerin in dem schwedischen Prozeß bedeutete unter anderem die Abwendung dieses Schadens und größeren Nachteils. Soweit die Kosten jenes Prozesses zur Abwendung in diesem Sinn aufgewandt waren, sind sie also nach den Feststellungen des Berufungsgerichts gemäß § 84 Nr. 3 ASV. aufgewandt worden und von den Beklagten zu erstatten, und zwar aus dem schon dargelegten Grund ohne Rücksicht darauf, ob die Aufwendung der Kosten ohne oder, wie hier, mit Erfolg geschehen ist.

Diesen Erwägungen gegenüber können sich die Beklagten nicht auf die Entscheidung in RGZ. Bd. 38 S. 55 berufen. Dort ist erörtert, daß die Kosten eines Prozesses zwischen dem Versicherungsnehmer und einem Dritten wegen des diesem zugefügten Kollisionsschadens nichts mit dem versicherten Interesse des Versicherungsnehmers zu tun hätten und daß sie weder zum versicherten Schaden gehörten, noch auch zur Ermittlung dieses Schadens aufgewandt würden, sondern zur Erzielung einer Entscheidung darüber, ob eine Ersatzpflicht vorliege. Das ist an sich zutreffend. So wird denn auch mit Recht von Ritter, Recht der Seeversicherung § 78 Anm. 15 S. 982/983, ausgeführt, daß die Versicherung gegen mittelbaren Kollisionsschaden keine Rechtsschutzversicherung sei und nur in Wirksamkeit trete, wenn eine begründete Verpflichtung des Versicherungsnehmers zur Erstattung des dem Dritten erwachsenen Kollisionsschadens vorliege. Das ändert aber nichts an der selbständigen und vom Eintritt des Versicherungsfalles des mittelbaren Kollisionsschadens nach § 69 Abs. 2 Nr. 7 ASV. unabhängigen Verpflichtung des Versicherers nach § 84 Nr. 3 daselbst. Zu dieser Verpflichtung ist in RGZ. Bd. 38 S. 55, wie die Revision mit Recht hervorhebt, keine nähere Stellung genommen. Sollte aus den dortigen Ausführungen etwas den vorstehenden Darlegungen Widersprechendes entnommen werden können, so würde dies nicht mehr aufrechtzuerhalten sein. Die von der Revision angeführten Bemerkungen bei Ritter a. a. O. § 78 Anm. 12 beziehen sich auf die ADS. von 1919 und sind hier schon um deswillen nicht heranzuziehen, weil sie den Fall im Auge haben, daß es dem pflichtmäßigen Ermessen des Versicherungsnehmers überlassen ist, ob er die mehrerwähnten Prozeßkosten aufwenden will oder nicht. Sie treffen keinesfalls auf den Fall zu, wenn und soweit jene Prozeßkosten wie hier auf Weisung der Versicherer aufgewandt worden sind. Die Darlegungen des

Berufungsgerichts, daß die Beklagten eine solche Weisung (Auftrag) an die Klägerin erteilt haben, lassen einen hier beachtlichen Rechtsirrtum nicht erkennen. Sie werden durch die von der Revision erhobenen Einwendungen, die im wesentlichen auf tatsächlichem Gebiet liegen, nicht erschüttert.

Hiernach bedarf es keines näheren Eingehens auf den vom Berufungsgericht in Anlehnung an RGZ. Bd. 38 S. 55 vertretenen Standpunkt, daß durch die von den Beklagten an die Klägerin gegebene Anweisung zur Prozeßführung zwischen den Parteien ein Auftragsverhältnis außerhalb des Versicherungsvertrags begründet worden sei, auf Grund dessen die Beklagten der Klägerin die Prozeßkosten gemäß §§ 669, 670 BGB. erstatten müßten. Vielmehr ist davon auszugehen, daß im vorliegenden Falle die Kosten der Sicherheitsleistung wie die Kosten des schwedischen Prozesses als erstattungsfähige Aufwendungen im Sinne von § 84 Nr. 3 ASB. anzusehen sind. Ist dies aber richtig, so hat auf solche Aufwendungen oder Kosten auch § 92 Abs. 2 a. a. O. Anwendung zu finden. Somit sind derartige Kosten grundsätzlich vollständig und auch über die Versicherungssumme hinaus zu erstatten. Die von diesem Grundsatz in § 92 Abs. 4 gemachte Ausnahme liegt nicht vor. Die Vorschrift in § 92 Abs. 4 ist eine aus dem Rahmen der grundsätzlichen Regelung in § 92 Abs. 2 herausfallende Sonderbestimmung zur Einschränkung der Haftung des Versicherers für mittelbaren Kollisionsschaden (vgl. auch Ritter a. a. O. § 37 Anm. 14 a. E. S. 624; Hans. GZtg. 1924 Hauptbl. S. 144 Sp. 2). Eine solche Bestimmung ist streng auszulegen. Dies um so mehr, als die Allg. Seevers.-Bedingungen in erster Reihe von den Versicherern abgefaßt sind und von ihnen — wie auch hier von den Beklagten — jeweils zum Inhalt eines Versicherungsvertrags erhoben werden. Nach dem klaren Wortlaut von § 92 Abs. 4 tritt aber die dort vorgesehene Haftungsbeschränkung der Versicherer nur ein, „wenn der Schaden des Versicherten ganz oder teilweise durch einen Schiffszusammenstoß verursacht worden ist und infolge des Umstandes die Größe der Versicherungssumme übersteigt, daß der Versicherte wegen des Zusammenstoßes einem Dritten Schadensersatz leisten muß". Es muß also ein mittelbarer Kollisionsschaden vorliegen, der allein oder zusammen mit den übrigen Versicherungsschäden die Versicherungssumme übersteigt. Dieser Fall ist hier nicht gegeben, weil nach dem

Ausgang des schwedischen Prozesses ein mittelbarer Kollisionsschaden überhaupt nicht in Frage kommt. Zu Unrecht wendet demgegenüber die Revision ein, es sei ein sinnloses Ergebnis, daß die Versicherer für Aufwendungen zur Abwehr von Nachteilen über die Versicherungssumme hinaus haften sollen, während ihre Haftpflicht beim Zusammentreffen solcher Aufwendungen mit anderen Schadensersatzansprüchen des Versicherten nach § 92 Abs. 4 ASB. auf die Höhe der Versicherungssumme beschränkt sei. Der Vorschrift in § 92 Abs. 2 liegt der Gedanke zugrunde, daß der Versicherte von der Tragung solcher Aufwendungen grundsätzlich befreit sein soll, die er zweckmäßigerweise oder auf Veranlassung der Versicherer zur Beseitigung, Verringerung oder Ermittlung des Versicherungsschadens gemacht hat. Und dieser Grundsatz wird nach § 92 Abs. 4 nur in dem einen Sonderfall des mittelbaren Kollisionsschadens durchbrochen, weil hier dem Versicherer die unbeschränkte Haftung besonders gefährlich und bei der Begrenzung ihrer Haftpflicht die Bezugnahme auf die Versicherungssumme praktisch erschien.

Auf einem anderen Gebiet liegt die Frage, ob die Weisung der Beklagten an die Klägerin zur Führung des schwedischen Prozesses oder die notwendige und zweckmäßige Aufwendung von Kosten im Sinne von § 84 Nr. 3 ASB. auch solche Prozeßkosten umfaßt, die einen Streitwert betreffen, an dem die Versicherer nicht interessiert sind, weil er allein oder zusammen mit anderen Versicherungsschäden die grundsätzlich auf die Höhe der Versicherungssumme beschränkte Haftpflicht der Versicherer übersteigt (§ 92 Abs. 1 ASB.). Indessen bedarf es hier keines näheren Eingehens auf diese Frage. Denn dafür ist im vorliegenden Fall in erster Reihe entscheidend das Verhältnis der Versicherungssumme zum Streitwert im schwedischen Prozeß zu dem Zeitpunkt der Anweisung der Beklagten an die Klägerin zur Führung dieses Prozesses. Die Klägerin hat behauptet, daß zu dieser Zeit die Versicherungssumme bei weitem ausgereicht habe, um den von der Reederei der „Halland" der Klägerin angedienten Kollisionsschaden zu decken, der später Gegenstand des schwedischen Prozesses wurde. Diese Behauptung der Klägerin war von den Beklagten nicht bestritten worden. War aber zu jener Zeit der Streitwert im schwedischen Prozeß nicht höher als die Versicherungssumme (in schwedische Währung umgerechnet), so würde eine Änderung dieses Verhältnisses durch Entwertung der Versicherungssumme während des Rechtsstreits höchstens dann nach der hier fraglichen Richtung von Bedeutung sein, wenn die Beklagten deswegen der Klägerin gegenüber bei ihrem Auftrag zur Prozeßführung Einschränkungen gemacht hätten. Dergleichen ist aber weder behauptet noch sonst ersichtlich.

Im übrigen ist auch die Höhe der Klageforderung als solche nicht bestritten. Die Feststellungen des Berufungsgerichts genügen, um eine Vorschußpflicht der Beklagten nach § 152 ASB. an sich als begründet erscheinen zu lassen. Die Frage, ob und in welchem Umfange die Klägerin auf Grund ihres Obsiegens im schwedischen Prozeß die jetzt eingeklagten Beträge von ihrer schwedischen Prozeßgegnerin erstattet bekommen hat oder bekommen muß, ist von den Parteien nicht erörtert worden und kann hier dahingestellt bleiben.

---

33. 1. Verstößt der Verkauf einer zahnärztlichen Praxis gegen die guten Sitten?

2. Stellt eine zahnärztliche Praxis, insbesondere dann, wenn sie nach dem Tode ihres Inhabers veräußert wird, ein Erwerbsgeschäft im Sinne des § 1822 Nr. 3 BGB. dar?

3. Muß die vormundschaftsgerichtliche Genehmigung im Falle des § 1822 BGB. schriftlich erteilt werden?

BGB. § 138 Abs. 1, § 1822 Nr. 3.

II. Zivilsenat. Urt. v. 29. Oktober 1926 i. S. U. (Kl.) w. Dr. G. (Bekl.). II 57/26.

I. Landgericht Frankfurt a. O.
II. Kammergericht Berlin.

Die Anfang Dezember 1922 verstorbene Mutter der minderjährigen Klägerin Brigitte U., die Witwe des im Oktober 1922 gestorbenen Zahnarztes Dr. U. in F., hatte Anfang November jenes Jahres mit dem Beklagten einen Vertrag geschlossen, durch den sie ihm in eigenem Namen und zugleich als damalige gesetzliche Vertreterin der Klägerin „die zahnärztliche Praxis" ihres Ehemanns „einschließlich der Kundschaft und der Abtretung der Rechte aus dem Mietvertrag über die zur Praxis gehörige Parterrewohnung" um 400000 ℳ verkaufte. Mitverkauft wurden „das gesamte Instrumentarium außer Verbrauchsgegenständen" und „die Einrichtungen des einen Operationszimmers", nicht mitverkauft dagegen verschiedene andere Gegenstände, z. B. ein Röntgenapparat und die „Privatmöbel". Übergabe der Gegenstände und Zahlung des Kaufpreises ist erfolgt. Eine schriftliche vormundschaftsgerichtliche Genehmigung des Vertrags hat nicht stattgefunden. Zum Vormund der Klägerin wurde nach dem Tode der Witwe des Dr. U. die Großmutter des Kindes, Frau Adele U., bestellt.

Mit der Behauptung, der Vertrag verstoße als Verkauf einer zahnärztlichen Praxis gegen die guten Sitten und sei auch wegen Nichteinholung der vormundschaftsgerichtlichen Genehmigung nichtig, verlangt die Klägerin Feststellung der Unwirksamkeit des Vertrags in allen Teilen und Herausgabe der überlassenen zahnärztlichen Praxis nebst Geschäftsräumen und den übergebenen Einrichtungsgegenständen Zug um Zug gegen Zahlung von 400 RM. In beiden Vorinstanzen wurde die Klage abgewiesen. Die Revision der Klägerin führte zur Aufhebung und Zurückverweisung.

Aus den Gründen:

Mit Recht ist der Berufungsrichter der Ansicht, daß der im oben bezeichneten Vertrag bewirkte Verkauf der „zahnärztlichen Praxis" des verstorbenen Zahnarztes Dr. U. nicht gegen die guten Sitten verstoße. Gegenstand des Verkaufs können in solchem Falle naturgemäß nur gewisse Möglichkeiten sein, die sich dahin zusammenfassen lassen, daß die Patienten, die vom früheren Inhaber der Praxis behandelt wurden, jedenfalls zum Teil aus Gewohnheit auch den Übernehmer der Praxis aufsuchen werden, zumal dann, wenn dieser in den Geschäftsräumen des vorigen Inhabers seine Tätigkeit ausübt. So geht denn auch die Verkehrsauffassung heutzutage dahin, daß in einem Falle wie hier nach dem Ableben des Inhabers einer zahnärztlichen Praxis Gegenstand der Veräußerung nicht etwa nur Instrumente, Apparate und sonstige bewegliche Sachen, sondern gerade auch die Möglichkeiten oder Wahrscheinlichkeiten sein können, vermöge deren sich die Tätigkeit des Übernehmers in gewissem Umfang tatsächlich oft als Fortsetzung der Arbeit des Verstorbenen darstellt. Auch die reichsgerichtliche Rechtsprechung faßt die entgeltliche Übertragung einer zahnärztlichen Praxis, jedenfalls in neuerer Zeit, nicht mehr schlechthin als Verstoß gegen die guten Sitten auf. Ein solcher soll vielmehr, wie in RGZ. Bd. 75 S. 120 und ähnlich schon in Bd. 66 S. 139 ausgeführt ist, nur unter besonders gearteten Umständen, z. B. dann vorliegen, wenn der Vertrag dem Käufer unverhältnismäßig schwere Belastungen auferlegt, infolge deren zu befürchten ist, daß er darauf angewiesen sein werde, unter Außerachtlassung der Interessen seiner Patienten die Erzielung besonders hoher Einnahmen anzustreben. Derartige Erwägungen greifen aber hier nicht Platz.

Dagegen vermag der erkennende Senat der Annahme nicht beizutreten, daß es sich beim Verkauf der zahnärztlichen Praxis des Dr. U. nicht um die Veräußerung eines Erwerbsgeschäfts im Sinne des § 1822 Nr. 3 BGB. gehandelt habe. Die das Vorliegen eines Erwerbsgeschäfts verneinenden Ausführungen des Berufungsgerichts sind von dem Gedanken beherrscht, daß der Auffassung, wonach auch der ärztliche und zahnärztliche Beruf im Rahmen eines Erwerbsgeschäfts ausgeübt werden kann. zwar kein Bedenken entgegenstehe, daß aber ein Erwerbsgeschäft wie das des verstorbenen Dr. U. das Leben des Ausübenden nicht überdaure. Denn nicht in jedem Erwerbsgeschäft sei — so meint das Berufungsgericht — die Person des Ausübenden ohne weiteres ersetzbar in dem Sinne, daß durch den Inhaberwechsel das Wesen des betreffenden Geschäfts unberührt bleibe. Beim ärztlichen und zahnärztlichen Beruf liege der Schwerpunkt des Unternehmens in persönlichen Eigenschaften des Ausübenden und in dem von den Patienten ihm entgegengebrachten Vertrauen. Diese persönliche Tätigkeit sei aber einer unmittelbaren Nachfolge in der Person eines Berufsgenossen nicht fähig; der Bestand des Unternehmens stehe und falle vielmehr mit der Person des Unternehmers. Die Vorstellung, daß der Nachfolger im Beruf das alte Unternehmen lediglich fortsetze, beruhe auf einer irrtümlichen wirtschaftlichen Ideenverbindung. Abgesehen von den gegenständlichen Hilfsmitteln könnten allerdings auch gewisse in der Gewöhnung des Publikums begründete Beziehungen, die durch die Ausübung der Praxis geschaffen worden und auch der wirtschaftlichen Ausbeutung fähig seien, den Tod des Inhabers wenigstens für einige Zeit überdauern. Das Unternehmen als Ganzes werde aber vom Übernehmer nicht einfach fortgesetzt. In Wahrheit begründe vielmehr der Nachfolger, wenn auch unter Zuhilfenahme gewisser Rückstände des alten Unternehmens, eine neue Praxis und ein neues Unternehmen.

Der Berufungsrichter geht hiernach selbst davon aus, daß beim Wechsel des Inhabers einer ärztlichen (zahnärztlichen) Praxis nicht bloß körperliche Sachen wie Instrumente und Einrichtungsgegenstände, sondern auch gewisse durch die Ausübung der Praxis geschaffene und in der Gewöhnung des Publikums begründete Beziehungen der wirtschaftlichen Ausbeutung, also auch der Veräußerung fähig seien. Dies ist durchaus richtig und wird durch die Erfahrung des täglichen Lebens nur bestätigt. Freilich spielen beim Verhältnis zwischen dem Arzt (Zahnarzt) und seinen Patienten persönliche Eigenschaften des Betriebsinhabers eine viel größere Rolle als beim Inhaber eines kaufmännischen Geschäfts im Verhältnis zu seiner Kundschaft. Das steht aber der Annahme nicht entgegen, daß gerade auch beim Arzt oder Zahnarzt gewisse Beziehungen des Publikums namentlich zu den Räumen, worin die ärztliche Tätigkeit ausgeübt wurde, den Tod des Praxisinhabers vielfach überdauern und Gegenstand entgeltlicher Übertragung sein können und sind. Die Überlassung dieser Beziehungen und günstigen Möglichkeiten bildet das Wesentliche beim Verkauf einer ärztlichen (zahnärztlichen) Praxis, soweit nicht zugleich Einrichtungsgegenstände, Instrumente oder andere bewegliche Sachen mitveräußert worden sind. Daß für solche Beziehungen und Möglichkeiten oft nicht unerhebliche Vergütungen bezahlt werden, ist bekannt. Man kann also nicht sagen, daß nach dem Tod eines Arztes (Zahnarztes) nichts mehr vorhanden sei, was unter der verkehrsüblichen Bezeichnung „Praxis" verkauft werden könnte. Daß es sich dabei nicht um eine eigentliche Fortsetzung des Unternehmens des Verstorbenen handelt, der sogenannte Nachfolger vielmehr nur bei Einsetzung eigener Tüchtigkeit ein nachhaltiges günstiges Ergebnis zu erzielen vermag, versteht sich von selbst. Was er unter dem Titel der „Praxis" seines Vorgängers erworben hat, sind nur gewisse Grundlagen und Anknüpfungsmomente, deren erfolgreiche Ausnutzung seine eigene Sache ist. Im übrigen mag zu den Ausführungen des Berufungsgerichts noch bemerkt werden, daß das, was dort über den Verkauf der Praxis eines verstorbenen Arztes oder Zahnarztes gesagt wird, folgerichtig auch dann gelten müßte, wenn der Veräußerer ein (noch lebender) Arzt oder Zahnarzt selbst ist.

Demgemäß kann das, was die Witwe des Dr. U. zugleich als gesetzliche Vertreterin der Klägerin zusammen mit dem „Instrumentarium" und anderen Gegenständen an den Beklagten verkauft hat, unbedenklich als Erwerbsgeschäft im Sinne des § 1822 Nr. 3 BGB. bezeichnet werden. Die Annahme des Verkaufs eines Erwerbsgeschäfts ist aber auch geboten von der Erwägung aus, daß Gegenstand des Kaufgeschäfts mit Ausnahme einiger Einrichtungsgegenstände die Gesamtheit dessen war, was vom zahnärztlichen Betrieb des verstorbenen Dr. U. für den Beklagten als dessen Nachfolger praktische Bedeutung und für die Hinterbliebenen Verkäuflichkeitswert hatte. Wenn, was nicht zweifelhaft ist, der zahnärztliche Betrieb des Dr. U. zu seinen Lebzeiten ein Erwerbsgeschäft dargestellt hat, so ist es nur folgerichtig, auch dem, was nach seinem Tode durch Kauf auf den Beklagten überging, den gleichen rechtlichen Charakter beizulegen. Man wird dazu um so eher gelangen müssen, als — wirtschaftlich betrachtet — die der Veräußerung fähige „Praxis" des Verstorbenen in Fällen wie hier häufig einen Vermögenswert von nicht zu unterschätzender Bedeutung für die Hinterbliebenen darstellt. Der Vorschrift des § 1822 Nr. 3 BGB., soweit es sich um die Veräußerung eines Erwerbsgeschäftes handelt, liegt aber gerade der gesetzgeberische Gedanke zugrunde, daß derartige erheblichere Vermögenswerte, wenn sie ganz oder zum Teil einem Minderjährigen gehören, nicht leichtfertig und jedenfalls nicht ohne vormundschaftsrichterliche Genehmigung weggegeben, veräußert werden sollen. Demnach bedurfte der Kaufvertrag vom November 1922 solcher Genehmigung.

Eine schriftliche Genehmigung des zuständigen Vormundschaftsgerichts ist nicht erteilt worden; darüber sind die Parteien einig. Schriftlichkeit ist aber auch zu einer wirksamen Genehmigung im Sinne des § 1822 nicht unbedingtes Erfordernis. Es genügt vielmehr, wenn der Vormundschaftsrichter die Genehmigung dem Vormund gegenüber mündlich ausgesprochen hat. Daß dies geschehen sei, hat der Beklagte unter Beweisantritt behauptet; die Genehmigung soll der „Frau U." (worunter nach Sachlage die Vormünderin Frau Adele U. zu verstehen ist) oder ihrem Vertreter Rechtsanwalt L. gegenüber erklärt worden sein. Dieser Beweisantritt ist nach dem Ausgeführten erheblich. Zur Erhebung des Beweises muß das angefochtene Urteil aufgehoben und die Sache zur neuen Verhandlung und Entscheidung in die Berufungsinstanz zurückverwiesen werden. . . .

34. Unter welchen Voraussetzungen ist ein Arbeitgeberverband zum Abschluß von Tarifverträgen fähig und berechtigt?

Verordnung über das Schlichtungswesen vom 30. Oktober 1923.

III. Zivilsenat. Urt. v. 29. Oktober 1926 i. S. des Verbandes der S.'schen Schuhfabrikanten (Kl.) w. den Werkmeisterverband der Schuhindustrie (Bekl.). III 550/25.

I. Landgericht Frankfurt a. M.
II. Oberlandesgericht daselbst.

Der Beklagte trat i. J. 1924 wegen Abschlusses eines Tarifvertrags an den Kläger heran, der sich jedoch ablehnend verhielt. Der Beklagte wandte sich deshalb an den Schlichtungsausschuß in Dr., und dieser machte durch Schiedsspruch vom 1. August den Parteien einen Tarifvertragsvorschlag, der mangels Annahme durch den Kläger von dem Schlichter des Landes für verbindlich erklärt wurde. Infolgedessen erhob der Kläger, der schon vor dem Schlichtungsausschuß und dem Schlichter seine Tariffähigkeit bestritten hatte, Klage auf Feststellung, daß der Zwangstarifvertrag unwirksam sei und für die Mitglieder der Parteien keine Verbindlichkeiten erzeuge. Das Landgericht und das Oberlandesgericht wiesen die Klage ab. Die Revision des Klägers hatte keinen Erfolg.

Gründe:

Die Parteien streiten über die Tariffähigkeit des Klägers. Fehlte sie ihm zur Zeit des Schiedsspruchs und seiner Verbindlicherklärung, so sind beide Verwaltungsakte unwirksam und nicht geeignet, Rechte und Pflichten zwischen den Parteien zu erzeugen. Das Reichsgericht hat vor dem Inkrafttreten der neuen Verordnung über das Schlichtungswesen vom 30. Oktober 1923 wiederholt ausgesprochen, daß die Nachprüfung der Zuständigkeit des Schlichtungsausschusses und des Demobilmachungskommissars für den Erlaß eines Schiedsspruchs und für seine Verbindlicherklärung zu den Aufgaben der ordentlichen Gerichte gehört (vgl. RGZ. Bd. 104 S. 181, Bd. 105 S. 331; JW. 1925 S. 225 Nr. 4). An diesem Rechtszustand haben die neue Schlichtungsverordnung und der Übergang der Zuständigkeit zur Verbindlicherklärung tariflicher Schiedssprüche vom Demobilmachungskommissar auf den Schlichter nichts geändert. Mit Recht hat das Oberlandesgericht daher die strittige Frage erörtert und geprüft, ob Schlichtungsausschuß und Schlichter ihre Schlichtungs- und Spruchtätigkeit einem nicht tariffähigen Verband, d. h. einem Verband gegenüber ausgeübt haben, der ihr nicht unterworfen war.

Nicht jede Arbeitgebervereinigung, die wirtschaftliche Zwecke verfolgt, kann Partei eines Tarifvertrags sein. Die Fähigkeit dazu besitzen, wie der Senat bereits im Urteil vom 9. Oktober 1925 (RGZ. Bd. 111 S. 355) ausgesprochen hat, nur solche Arbeitgebervereinigungen, zu deren Verbandsaufgaben es gehört, gerade die wirtschaftlichen Arbeitgeberinteressen ihrer Mitglieder gegenüber den wirtschaftlichen Arbeitnehmerinteressen zu vertreten und zur Geltung zu bringen (vgl. auch RGZ. Bd. 107 S. 144). Ergibt sich diese Absicht aus dem Wesen oder der Betätigung des Vereins, so ist er auch zum Abschluß von Tarifverträgen fähig und berechtigt, ohne daß es eines besonderen Ausspruchs der Bereitschaft dazu in der Satzung bedarf (vgl. RGZ. Bd. 111 S. 356). Mit diesen Rechtsgrundsätzen stehen die entscheidenden Feststellungen des Oberlandesgerichts im Einklang, wenn seinen Erwägungen auch nicht überall zu folgen ist.

Der von ihm festgestellte Tatbestand weicht von demjenigen, der dem Urteile vom 9. Oktober 1925 zugrunde lag, erheblich ab. Damals klagte ein Haus- und Grundbesitzerverein gegen einen Portierverband auf Feststellung der Unwirksamkeit eines Zwangstarifvertrags. Zahlreiche Mitglieder des Haus- und Grundbesitzervereins beschäftigten keine Portiers, waren also keine Arbeitgeber. Dieser Umstand ließ es, da die Satzung als Vereinszweck die Wahrnehmung der gemeinsamen Interessen der Haus- und Grundbesitzer bezeichnete, zweifelhaft erscheinen, ob die Regelung des Arbeitsverhältnisses der Portiers ihrem Wesen nach wirklich innerhalb des Aufgabenkreises des Vereins liege, und mußte dazu führen, von dem Oberlandesgericht eine Prüfung des Sachverhalts nach dieser Richtung zu verlangen. Im gegebenen Falle lautet § 2 der Satzung der Klägerin wie folgt: „Zweck des Vereins ist die Wahrnehmung der gemeinsamen gewerblichen Interessen der S. Schuhfabrikanten und die Förderung der S.'schen Schuhindustrie".

Das Berufungsgericht versteht das dahin, daß die Schuhfabrikanten sich nicht nur als Gewerbetreibende, sondern gerade auch in ihrer Eigenschaft als Arbeitgeber zu dem klagenden Verband zusammengeschlossen haben und daß dieser dazu berufen ist, „ihren Arbeitgeberinteressen als solchen zu dienen“. Diese Auslegung der Satzung bindet das Revisionsgericht. Von ihr aus konnte der Berufungsrichter, da eine langfristige Regelung von Lohn- und Arbeitsbedingungen unbedenklich in den Bereich der Arbeitgeberinteressen fällt, zu dem Ergebnis gelangen, daß der klagende Verband zum Abschluß von Tarifverträgen fähig und berechtigt sei. Zur Unterstützung seiner Auffassung weist das Oberlandesgericht zutreffend darauf hin, daß für ihre Richtigkeit auch das Verhalten des Klägers selbst spreche. Dieser hat sich nämlich zunächst auf Verhandlungen mit dem Beklagten eingelassen und sie schließlich nicht etwa unter Berufung auf seine Unfähigkeit zum Abschluß von Tarifverträgen, sondern deshalb abgebrochen, weil seine vier Zweigvereine gegen einen allgemeinen Landestarif Widerspruch erhoben hätten.

Bei dieser Sachlage waren aber auch die Voraussetzungen für das Zustandekommen eines Zwangstarifvertrags gegeben. Denn die Verbindlicherklärung bedeutet rechtlich nichts anderes als die Ersetzung der fehlenden Zustimmung einer an sich tariffähigen Partei zu dem Tarifvertragsvorschlag eines Schlichtungsausschusses durch einen staatlichen Hoheitsakt (§ 6 Abs. 3 der neuen SchlVo.).

Die Revision meint, aus der Tatsache allein, daß ein Verein notwendigerweise nur aus Arbeitgebern bestehe, dürfe nicht auf seine Tariffähigkeit und Tarifberechtigung geschlossen werden. Wenn sich beispielsweise Arbeitgeber zum gemeinschaftlichen Bezuge von Rohstoffen oder zur gemeinsamen Vertretung ihrer Interessen dem Staate gegenüber zu einem Verband vereinigten, hätten sie damit keineswegs dem Verband die Regelung ihrer Beziehungen zu den Arbeitnehmern anvertraut. Das ist richtig. Die Revision übersieht aber, daß in den von ihr angeführten Beispielen die Eigenschaft der Verbandsmitglieder als Arbeitgeber nur nebensächlich ist und mit den Verbandszwecken in keinem Zusammenhang steht. Der Verband soll ihre Wirtschaftsinteressen als Gewerbetreibender, als Bezieher, Erzeuger und Verkäufer von Waren, nicht aber ihre wirtschaftlichen Arbeitgeberinteressen gegenüber den Arbeitnehmern wahren. Das letztere ist aber nach der Feststellung des Oberlandesgerichts gerade Zweck und Ziel des klagenden Verbandes. Ihr gegenüber kann die Revision auch mit der Behauptung nicht gehört werden, er sei lediglich zur straffen Zusammenfassung der Landesvereine der S.'schen Schuhfabrikanten gegründet und berufen.

Nun hat der Kläger allerdings im Laufe des Rechtsstreits seiner Satzung die Bestimmung hinzugefügt, daß der Abschluß von Tarifverträgen nicht zu den Verbandsaufgaben gehöre. Ob dieser Zusatz das künftige Zustandekommen von Tarifverträgen zu hindern geeignet ist, bedarf hier keiner Entscheidung. Keinesfalls vermag er, wie das Oberlandesgericht zutreffend ausführt, die zur Zeit der Verbindlicherklärung vorhandene Tariffähigkeit des Klägers mit rückwirkender Kraft zu beseitigen und dem rechtsgültig geschlossenen Zwangstarifvertrag nachträglich seine Wirksamkeit zu nehmen.

---

35. 1. Zum Begriff des kunstgewerblichen Kunstwerks.

2. Verstößt es gegen die guten Sitten im Sinne von § 1 des Gesetzes gegen den unlauteren Wettbewerb, das Ergebnis fremder Arbeit durch Herstellung und Vertrieb von Waren auszunützen, die mit den älteren Erzeugnissen eines anderen verwechselt werden können?

2. Erstreckt sich ein solcher Schutz gegen Wettbewerb auch auf massenhaft hergestellte Dutzendware oder beschränkt er sich auf Gegenstände, die sich durch gewisse Eigenart von der Masse abheben?

Gesetz gegen den unlauteren Wettbewerb § 1. BGB. § 826.

I. Zivilsenat. Urt. v. 30. Oktober 1926 i. S. H. A.-G. (Bekl.) w. Ph. A.-G. (Kl.). I 55/26.

I. Landgericht Osnabrück.
II. Oberlandesgericht Celle.

Die Klägerin hat sich im Sommer 1922 von S. in Berlin das Gipsmodell einer Puppe anfertigen lassen. Die Puppe stellt einen Jungen dar, der mit gespreizten Beinen, die Hände in den Hosentaschen, dasteht und Kopf und Blick nach links wendet. Seit Dezember 1922 bringt die Klägerin Gummipuppen der von S. entworfenen Form in den Handel. S. hat ihr sein Urheberrecht abgetreten.

Später als die Klägerin jene Gummipuppen, hat die Beklagte Puppen aus Zelluloid auf den Markt gebracht, in denen die Klägerin Nachbildungen oder Nachahmungen der ihrigen sieht. Sie hat mit der vorliegenden Klage in erster Reihe Kunstwerkschutz beansprucht, in zweiter Reihe sich auf die Vorschriften gegen unlauteren Wettbewerb und auf § 826 BGB. berufen und verlangt Unterlassung, Feststellung der Schadensersatzpflicht und Rechnungslegung.

Das Landgericht wies die Klage ab, weil kein Erzeugnis eigenpersönlicher schöpferischer Tätigkeit, also kein Werk der bildenden Kunst vorliege. Das Oberlandesgericht gab den drei Klaganträgen statt. Es verneinte zwar ebenfalls die Kunstwerkeigenschaft, nahm aber unlauteren Wettbewerb an. Die Revision der Beklagten hatte keinen Erfolg.

Gründe:

1. Das Berufungsgericht geht davon aus, daß Erzeugnisse des Kunstgewerbes unter der Herrschaft des Gesetzes gegen unlauteren Wettbewerb vom 9. Januar 1907 — anders als nach früherem Rechte — Kunstwerkschutz genießen (§ 2 des Gesetzes). Zutreffend hebt es hervor, daß ein Werk der bildenden Kunst, wenn es, z. B. als Kinderspielzeug, dem Gebrauche dient, nicht wegen dieser Zweckbestimmung außerhalb des den Kunstwerken eingeräumten Schutzbereichs liegt. Nach dem Augenschein an Modell und Ausführungsform, erfahrungsmäßige Beobachtungen verwertend, würdigt es die von der Klägerin hergestellte Puppe dahin, daß in ihr allerdings ein eigenartiger Gedanke von gewissem besonderem Reize Ausdruck finde: drollige Schelmerei, verbunden mit kindlichem Selbstbewußtsein. „Der kleine Mann trägt noch Strümpfchen bis an die Waden und eine kindliche Mütze, hat aber Sporthemdenbluse mit Schlips und Sporthose wie ein Erwachsener. Zum Zeichen der Herausforderung stemmt er die Arme in die Seiten (Hände in den Hosentaschen) und gibt diesem Selbstbewußtsein einen kindlichen, versöhnenden Zug durch den schief gelegten Kopf mit dem Blicke nach links unten." Den Gesamteindruck mag die Klägerin mit dem sprichwörtlichen des „kleinen Gernegroß" richtig kennzeichnen. Das Berufungsgericht erkennt der Puppe einen solchen Grad von Eigenart zu, daß man den Urheber billigerweise gegen Nachahmung nicht schutzlos lassen könne. Gleichwohl verneint es die Kunstwerkeigenschaft und bemerkt: Zu einem Werke der bildenden Kunst gehöre ein höherer Grad ästhetischen Gehaltes als zu einem Erzeugnis des Gewerbes, das an sich nach dem Musterschutzgesetz vom 11. Januar 1876 als Geschmacksmuster schutzfähig sei. Dieser „ästhetische Überschuß" sei hier

nicht vorhanden. Obschon dem Modell ein gewisser eigener Reiz zugestanden werden müsse, sei er doch zu gering, als daß er nach den im Leben herrschenden Anschauungen die Einordnung in die Kunst rechtfertige. Die Empfindung des — auch im Zerrbild sich äußernden — Schönen sei (diesem Modell gegenüber) derart unvollkommen, daß man das Gebilde nicht künstlerisch nennen könne.

Die Klägerin meint, das Berufungsgericht stelle damit in Wahrheit alle wesentlichen Merkmale eines Werkes der bildenden Kunst fest und unterlasse nur, aus ihnen folgerichtig den gedanklich notwendigen Schluß zu ziehen. Denke man sich die nach S.'s Modell körperlich ausgeführte Puppe flächenhaft im Bilde wiedergegeben, so sei nicht zu bezweifeln, daß von dem Dargestellten eine eigenartige, ansprechende, fesselnde Wirkung auf das Schönheitsgefühl ausgehe und daß man es ohne Bedenken schön finde, an ästhetischem Werte jedenfalls höher stelle als manches zur bildenden Kunst gerechnete kubistische Gemälde.

Die Ausführungen des Berufungsgerichts bewegen sich großenteils auf dem Gebiet erfahrungsmäßiger Würdigung äußerer und innerer Tatsachen des Empfindungslebens und Geschmacksurteils. Ein Verstoß gegen Rechtsgrundsätze liegt, soweit sie sich auf deren Anwendung erstrecken, nicht zutage. Den etwa möglichen Bedenken in der von der Klägerin angedeuteten Richtung nachzugehen, besteht kein Anlaß. Denn der Rechtsgrund des unlauteren Wettbewerbs trägt die Entscheidung des Berufungsgerichts. Auch wenn — nach weiterer Prüfung gewisser vorwiegend tatsächlicher Fragen — Kunstwerkschutz zuzubilligen wäre, so würde sich damit im Ergebnis an dem nur von der Beklagten angegriffenen Berufungsurteil nichts ändern.

2. Das Berufungsgericht findet in dem Verhalten der Beklagten Handlungen im geschäftlichen Verkehr zu Zwecken des Wettbewerbs, die unter den hier festgestellten besonderen Umständen gegen die guten Sitten und somit wider das Verbot unlauteren Wettbewerbs (§ 1 des Gesetzes vom 7. Juni 1909) verstoßen.

In eingehender Darlegung und Würdigung der durch Augenschein festgestellten Merkmale, welche die Puppe der Klägerin kennzeichnen, kommt das angefochtene Urteil zu dem Ergebnis: Ein eigenartiger Gedanke sei durch eine ihm entsprechende Form zum Ausdruck gebracht, und der Aufgabe, dies zu bewerkstelligen, sei

Mühe und Arbeit nebst einem nicht unerheblichen Maße von Aufwendungen gewidmet worden. Darauf, wie hoch der Wert dieser Opfer gewesen sei, komme es nicht an. Entscheiden könne auch nicht S.'s Beruf oder Vorbildung, sondern allein seine vor Augen stehende Leistung. Die Möglichkeit, daß etwa das Modell als Geschmacksmuster eintragungsfähig wäre, hindere nicht den Anspruch aus dem Wettbewerbsgesetz. Mit Recht wendet das Berufungsgericht den anerkannten Grundsatz an, daß es dem Empfinden der gerecht Denkenden, den Forderungen des redlichen Verkehrs und somit den guten Sitten widerstreitet, sich das mit besonderen Mühen und Kosten errungene Arbeitsergebnis eines anderen wettbewerbsmäßig, also zum Nachteil dessen anzueignen, dem billigerweise die Früchte davon zukommen müßten (RGZ. Bd. 111 S. 256 mit Anführungen). Dies trifft auch dann zu, wenn die Möglichkeit eines Sonderschutzes durch Eintragung in die Geschmacksmusterrolle bestanden hätte, jedoch nicht ausgenützt worden ist. Das Berufungsurteil hebt richtig hervor, daß auf solche Weise das Geschmacksmustergesetz nicht überflüssig gemacht wird, die Anwendungsbereiche dieses Gesetzes und des gegen unlauteren Wettbewerb erlassenen sich nicht decken, sondern zum Teil auseinanderfallen. In den festgestellten besonderen Umständen des vorliegenden Falles findet es ohne Rechtsirrtum den Verstoß gegen die guten Sitten. Es legt dar: Die Puppen, welche die Beklagte herstelle und verkaufe, seien mit den seit Jahren von der Klägerin vertriebenen völlig wesensgleich. Die Verschiedenheit des Werkstoffs sei bedeutungslos; die Abnehmerkreise seien die nämlichen. Verschiedenheit in der Farbe der Kleidungsstücke bilde für den Durchschnittskäufer ebenfalls kein Unterscheidungsmerkmal. Das Kennzeichnende der Puppen in Gesamteindruck und Einzelzügen kehre bei den drei Puppen der Beklagten genau wieder. Die kleinen Abweichungen seien gleichgültiges Beiwerk; denn sie ließen den Durchschnittskäufer immer noch in dem Glauben, es handle sich um Puppen der Klägerin. Den Einwand, daß der Verkehr derartige Puppen als bloße Massenware betrachte, besonderes und neues an der Ausstattung mithin schon deshalb ohne weiteres Gemeingut sei und nicht geschützt werden könne, beseitigt das Oberlandesgericht, indem es hervorhebt: Der Puppe der Klägerin wohne doch so viel Eigenart inne, daß man sie gegen Verwechslung mit der sich ihr eng anschließenden, ja völlig gleichenden

Ware eines Wettbewerbers billigerweise nicht völlig schutzlos lassen könne.

Die dagegen gerichteten Revisionsangriffe können nicht durchdringen. Die Beklagte meint: Wenn sich das Ergebnis geistiger Tätigkeit aus irgendeinem gesetzlich vorgesehenen Grunde nicht zum Urheberschutz eigne, also kein persönliches Recht entstehe, so müsse sich jeder gefallen lassen, daß das Ergebnis dieser seiner Arbeit Gemeingut werde; man erkläre sonst auf einem Umwege — durch Ausschließung angeblich sittenwidriger Handlungen — für geschützt, was nach den Urheberrechtsgesetzen nicht geschützt werden könne und solle. Mit Unrecht gehe das Berufungsgericht von dem Grundsatz aus, daß man nicht befugt sei, die Früchte der Gedanken und der Arbeit eines anderen zu genießen, nur weil mangels Eintragung kein Sonderschutz nach einem der Gesetze über gewerbliches Urheberrecht bestehe.

Daran, daß massenhaft hergestellte gewöhnliche Dutzendware, die der Eigenart ermangelt und für die kein Musterschutz begründet worden ist, gegen Nachahmung grundsätzlich nicht geschützt wird, ist freilich festzuhalten. Das Berufungsurteil verkennt das keineswegs. Es hebt gerade die unter besonderen Umständen begründete Ausnahme von dieser Regel hervor. Denn daß eine schrankenlose Ausnützung fremder Gedanken und Arbeiten auch außerhalb des Gebietes der gewerblichen Schutzrechte nicht schlechtweg freisteht, ist ebenfalls anerkannter Rechtsgrundsatz. Neben den besonderen Bestimmungen der gewerblichen Schutzgesetze stehen ergänzend die des allgemeinen bürgerlichen Rechts und des Gesetzes gegen den unlauteren Wettbewerb; nur soweit jenes Sonderrecht die Anwendung dieser ergänzenden Vorschriften ausdrücklich oder sinngemäß ausschließt, muß sie unterbleiben (RGZ. Bd. 73 S. 296, Bd. 77 S. 432, Bd. 79 S. 417, Bd. 83 S. 389, Bd. 88 S. 186, Bd. 92 S. 113, Bd. 100 S. 8, Bd. 111 S. 256; RG. in WarnRspr. 1911 Nr. 80; RG. in JW. 1913 S. 1106 Nr. 7; 1915 S. 579 Nr. 13). Für den vorliegenden Fall kommt jedoch solche Ausschließung nicht in Betracht. Das angefochtene Urteil stellt die völlige Wesensgleichheit der Puppen der Beklagten mit jenen der Klägerin fest; der Zusammenhang ergibt klar, daß es damit die Gleichheit des äußeren Anscheins und Eindrucks meint, also die Verwechselbarkeit für den Durchschnittskäufer. Da hierbei der Augenschein von größter

Wichtigkeit ist, unterliegt die Annahme des Berufungsgerichts, daß die Verschiedenheit des Werkstoffs bedeutungslos sei und nicht den Ausschlag gebe, keinem rechtlichen Bedenken. Weiterhin stellt das Oberlandesgericht ausdrücklich als seine Überzeugung fest: Die Beklagte habe die Puppen der Klägerin gerade nachgeahmt, um sie gewerblich auszunützen; sie habe den — eine gewisse Eigenart aufweisenden — Gedanken der Klägerin aufgegriffen, weil sie sich davon besonderen Absatz ihrer Ware versprochen habe; im Bewußtsein dieser zugkräftigen Eigenschaften habe sie so gehandelt, um sich Vorteile zuzuführen, die nach der Denkart der gerecht und billig Empfindenden, zumal des ehrbaren Kaufmanns, der Klägerin gebührten.

Das vom Berufungsgericht gewonnene Ergebnis, daß die Beklagte im geschäftlichen Verkehr zu Zwecken des Wettbewerbs Handlungen vorgenommen habe, die gegen die guten Sitten verstoßen, ist hiernach nicht zu beanstanden. Zutreffend hat das angefochtene Urteil nach § 1 UnlWG. auf Unterlassung des Herstellens und Verkaufens einer Puppe erkannt, deren Merkmale, denen der Klägerin entsprechend, in der Formel angegeben sind. Das Verschulden (zum mindesten Fahrlässigkeit) der Beklagten ist einwandfrei festgestellt. Nicht stichhaltig ist der Einwand der Beklagten, daß das Landgericht die Klage abgewiesen, auf die billige und gerechte Denkart also einen anderen Maßstab angewandt habe als das Oberlandesgericht. Denn das Landgericht hat nur den Klagegrund des Kunstschutzes erörtert, den des § 1 UnlWG. und des § 826 BGB. aber beiseite gelassen. Somit rechtfertigt sich auch die Verurteilung zum Ersatze des Schadens, der durch Verkauf der nachgeahmten Puppen verursacht worden ist (UnlWG. § 1).

---

36. 1. Umfang der Sorgfaltspflicht eines für den zweiten Rechtszug bestellten Prozeßbevollmächtigten.

2. Ist der Prozeßbevollmächtigte des ersten Rechtszugs, der nach dessen Beendigung und nach Abgabe seiner Handakten an den Prozeßbevollmächtigten des zweiten Rechtszugs den Verkehr zwischen diesem und der Partei nicht vermittelt, im Verhältnis der beiden zueinander als eine Person anzusehen, deren sich die Partei zur Erfüllung ihrer aus § 254 Abs. 2 BGB. sich ergebenden Pflicht zur Schadensabwendung bedient?

III. Zivilsenat. Urt. v. 2. November 1926 i. S. P. (Kl.) w. B. u. Gen. (Bekl.). III 534/25.

I. Landgericht München I.
II. Oberlandesgericht daselbst.

Im April 1918 erhob Frau Z. — die spätere Ehefrau des jetzigen Klägers —, vertreten durch den Rechtsanwalt St., vor dem Landgericht gegen den Kaufmann K. jun. eine Schadensersatzklage in Höhe von 2000 ℳ. In der Klageschrift war vorgetragen, daß K. sie im Juni 1916 durch die bewußt falsche Vorspiegelung, er habe einen sicheren Käufer für ihr Haus an der Hand, zum billigen Verkauf ihres Warenlagers an den Vater K. veranlaßt habe. Dadurch sei ihr Geschäftshaus entwertet und ihr ein Schaden von 25000 ℳ entstanden, von dem sie unter Vorbehalt der Geltendmachung des Restes zunächst nur den genannten Teilbetrag fordere.

Durch Urteil vom 1. März 1919 wurde der Klaganspruch dem Grunde nach für berechtigt erklärt. Die Berufung des Beklagten K. wurde vom Oberlandesgericht am 9. März 1920 zurückgewiesen. Nachdem dieses Urteil die Rechtskraft erlangt hatte, lud der erstinstanzliche Prozeßbevollmächtigte St. den Beklagten K. im Januar 1921 zur Verhandlung über die Höhe des Schadens und erweiterte zugleich den Klagantrag auf 30000 ℳ. Das Landgericht verurteilte den K. zur Zahlung von 2000 ℳ, wies aber im übrigen die Klage wegen des vom Beklagten erhobenen Einwands der Verjährung ab. Diese Entscheidung wurde rechtskräftig.

Im vorliegenden Rechtsstreit verlangt der Kläger, der inzwischen Frau Z. geheiratet hat, von ihren zweitinstanzlichen Prozeßvertretern im Vorprozeß, den beiden Beklagten, Schadensersatz in Höhe von 6000 ℳ, weil sie während des Berufungsverfahrens nicht für rechtzeitige Unterbrechung der Verjährung gesorgt hätten. Das Landgericht erachtete den Klaganspruch nur zu einem Viertel dem Grunde nach für gerechtfertigt. Die Berufungen beider Teile blieben erfolglos. Auf die Revision des Klägers wurde der Klaganspruch in vollem Umfange dem Grunde nach für berechtigt erklärt.

Gründe:

Der Entscheidung ist folgender vom Berufungsgericht festgestellter Sachverhalt zugrunde zu legen.

Nachdem im Vorprozeß K. das ihm ungünstige Grundurteil vom 1. März 1919 mit der Berufung angefochten hatte, beauftragte Frau Z. durch ihren erstinstanzlichen Prozeßbevollmächtigten St. die Beklagten mit ihrer Vertretung im zweiten Rechtszuge. Die Beklagten nahmen den Auftrag an und Ende April übersandte St. ihnen seine Handakten. Seitdem verkehrten sie ohne Vermittlung des St. unmittelbar mit Frau Z. Aus den St.'schen Handakten war für jeden Rechtskundigen ersichtlich, daß Frau Z. nur einen kleinen Teil ihres auf 25000 ℳ bezifferten Schadens eingeklagt hatte und daß die Verjährung hinsichtlich des noch nicht rechtshängigen Restes ihrer Forderung gemäß § 852 BGB. Ende August oder Anfang September 1919 ablief, da der Betrug an Frau Z. im Juni 1916 verübt war und sie von ihm und ihrer Schädigung bereits durch einen vom 30. August 1916 datierten Brief K.'s Kenntnis erlangt hatte. Die Beklagten haben sich aber erst im Oktober 1919 nach Eingang der Berufungsbegründung K.'s mit dem Inhalte der St.'schen Handakten beschäftigt und vermochten daher erst nach Ablauf der Verjährung die Sach- und Rechtslage zu überschauen.

Das Oberlandesgericht macht den Beklagten ihre Untätigkeit während der Monate Mai, Juni, Juli und August 1919 zum Vorwurf und rechnet es ihnen als Verschulden an, daß sie in dieser Zeit weder durch Einlegung einer Anschlußberufung noch dadurch, daß sie Frau Z. zur Erhebung einer neuen Klage veranlaßten, die Verjährungsgefahr abgewendet haben. Diese Erwägung muß für zutreffend erachtet werden. Mit ihr überspannt der Berufungsrichter nicht, wie im Gegensatz zu der Ansicht der Beklagten anzunehmen ist, die an ihre Sorgfaltspflicht zu stellenden Anforderungen. Die Übernahme der Prozeßvertretung und der Empfang der St.'schen Handakten begründeten für sie die berufliche Pflicht, ihre Auftraggeberin so zu beraten und ihr eigenes Prozeßverhalten so einzurichten, daß jede von einem Rechtskundigen, wenn auch nur als möglich, erkennbare Schädigung der Frau Z. vermieden und ihr zu ihrem Rechte verholfen wurde. Dazu gehörte vor allem, daß sie sich unverzüglich, d. h. innerhalb einer angemessenen, bei der gegebenen Sachlage nach Tagen zu bemessenden Frist mit dem Prozeßstoff bekannt machten und ihn daraufhin prüften, ob und welche prozessualen Maßnahmen er zur ordnungsmäßigen Wahrnehmung der Ansprüche der Klägerin erfordere. Die Beklagten haben aber grundlos diese Prüfung länger als 5 Monate verzögert und damit die ihnen als Beratern und Prozeßbevollmächtigten der damaligen Klägerin obliegenden Vertragspflichten schuldhaft verletzt.

Ihre Säumnis wird auch nicht durch den von ihnen besonders betonten Umstand entschuldigt, daß sie die Vertretung einer im ersten Rechtszug siegreichen Partei übernommen hatten. Er kann auf den Umfang ihrer Anwaltspflichten keinen oder doch keinen wesentlichen Einfluß ausüben. Denn mit Abschluß des Anwaltsdienstvertrags war die volle Verantwortung für die Prozeßführung auf sie übergegangen. Die Beklagten durften sich nicht darauf verlassen, daß Rechtsanwalt St. sie auf die zur Wahrung der Z.'schen Interessen etwa notwendigen Maßnahmen rechtzeitig hinweisen würde. Sich über sie ohne Rücksicht auf die Tätigkeit des erstinstanzlichen Prozeßbevollmächtigten schlüssig zu machen, war lediglich ihre Sache.

Den ursächlichen Zusammenhang zwischen der Pflichtverletzung der Beklagten und der Schädigung der Frau Z. hat das Oberlandesgericht gemäß § 287 ZPO. einwandfrei festgestellt. Die Bejahung der Schadensersatzpflicht der Beklagten unterliegt daher keinem rechtlichen Bedenken. Dagegen kann die Auffassung des Berufungsrichters nicht gebilligt werden, daß ihre Haftung auf ein Viertel des Schadens zu beschränken sei. Er geht zwar zutreffend davon aus, daß Frau Z. nach § 254 Abs. 2 BGB. verpflichtet gewesen sei, alle in ihrer Macht stehenden Maßnahmen zur Abwendung oder Minderung eines drohenden Schadens zu ergreifen. Rechtsirrig ist es aber, wenn er den Rechtsanwalt St. als eine Person bezeichnet, deren sich Frau Z. den Beklagten gegenüber zur Erfüllung ihrer Pflicht zur Schadensverhütung und Schadensminderung bediente und für deren schuldhafte Nichterfüllung dieser Pflicht sie gemäß § 278 BGB. ebenso einzustehen habe, als wenn sie ihr selbst zur Last fiele. Zwar kann auch ein rechtsgeschäftlicher Vertreter, insbesondere ein Prozeßbevollmächtigter, Erfüllungsgehilfe der Partei im Sinne der § 254 Abs. 2, § 278 BGB. sein (vgl. RGZ. Bd. 55 S. 329). Das ist aber der Natur der Sache nach nur so lange möglich, als der Rechtsanwalt mit der Angelegenheit, deren Behandlung zur Schädigung seiner Partei führt, befaßt und mit der Interessenvertretung des Geschädigten betraut ist.

Im gegebenen Falle hatten jedoch die rechtsgeschäftlichen Verpflichtungen des St. der Frau Z. gegenüber mit der Absendung seiner Handakten an die Beklagten ihr Ende erreicht. Damals, d. h. Ende April 1919, hatte Frau Z. noch keinen Schaden erlitten. Zu dessen Verhütung standen den Beklagten noch etwa 4 Monate zur Verfügung. Da St. mit der Verkehrsvermittlung zwischen Frau Z. und den Beklagten nicht beauftragt war, vermochte er weder rechtlich noch tatsächlich den weiteren Verlauf des Prozesses zu beeinflussen. Fortan war es nicht mehr seine, sondern lediglich der Beklagten Aufgabe, die Prozeßinteressen der Frau Z. wahrzunehmen und sie vor Schaden zu bewahren. St. und die Beklagten waren also mit dem Rechtsstreit der Frau Z. wider K. nicht nebeneinander, sondern nacheinander befaßt. Die Tätigkeit des St. und seine Pflicht zur Vertretung der Z.'schen Interessen endeten, als die gleiche Pflicht und die Prozeßtätigkeit der Beklagten begannen. Daraus folgt, daß St. der Frau Z. als Gehilfe bei Erfüllung der ihr den Beklagten gegenüber obliegenden Pflichten nicht dienen konnte und nicht gedient hat.

Hat St. sich gleichfalls eines für den Verjährungsablauf und den Schaden der Frau Z. mitursächlichen Versehens schuldig gemacht, so ist die Rechtslage nicht anders zu beurteilen, als wenn Frau Z. nacheinander mehrere Anwälte um Rechtsauskunft ersucht und von allen dieselben falschen, ihr schädlichen Ratschläge erhalten hätte. Dann wären sämtliche Anwälte der Frau Z. als Gesamtschuldner verantwortlich und sie könnte den einen oder den anderen wegen des ganzen Schadens haftbar machen, ohne daß einer in seinem Verhältnis zu Frau Z. unter Berufung auf den Fehler der anderen Anwälte gemäß §§ 254, 278 BGB. Minderung seiner Ersatzpflicht fordern könnte (§ 421 BGB.). Das gilt im vorliegenden Falle auch von den Beklagten. Zu ihren Vertragspflichten gehörte es, einen etwaigen Mißgriff des St. in der Verjährungsfrage nach Möglichkeit wieder gutzumachen. Ein solcher Mißgriff ist aber, falls ihnen dazu Mittel und Zeit zu Gebote standen, nicht geeignet, sie von den Folgen ihrer eigenen Lässigkeit ganz oder teilweise zu entlasten. Daß sie bei pflichtgemäßer Sorgfalt den Verjährungsablauf mit Leichtigkeit hätten hindern können, ist bereits dargelegt worden. Der Kläger kann sich sonach wegen des ganzen seiner Ehefrau erwachsenen Schadens an die Beklagten halten.

37. Genügt es zur Begründung der Berufung, wenn die Berufungsschrift im Texte nur die Erklärung der Berufungseinlegung und daneben in Verbindung mit der Bezeichnung der Parteien und der Akten auch eine Angabe über den Streitgegenstand enthält?

ZPO. § 519 Abs. 3 Nr. 1.

V. Zivilsenat. Beschl. v. 3. November 1926 i. S. W. (Bekl.) w. A. u. Gen. (Kl.). V B 20/26.

I. Landgericht II Berlin.
II. Kammergericht daselbst.

Die sofortige Beschwerde des Beklagten gegen den Beschluß des Kammergerichts, durch den seine Berufung wegen Nichteinhaltung der Begründungsfrist als unzulässig verworfen worden war, wurde als unbegründet zurückgewiesen aus folgenden

Gründen:

Der Beschwerdeführer hat rechtzeitig Berufung eingelegt gegen das Urteil des Landgerichts, durch das er verurteilt war, den Klägern ein Grundstück herauszugeben, in ihre Wiedereintragung als Eigentümer zu willigen und eine von ihm herbeigeführte Belastung des Grundstücks zur Löschung zu bringen. Seine Berufungsschrift enthielt außer der Angabe der Parteien und ihrer Prozeßbevollmächtigten, des Aktenzeichens und des Streitgegenstandes (Herausgabe eines Grundstücks) nur die Erklärung der Berufungseinlegung, dagegen weder Berufungsanträge, noch die Angabe neuer Tatsachen, Beweismittel oder Beweiseinreden, die geltend gemacht werden sollten. Ein formulierter Berufungsantrag und eine als Berufungsbegründung bezeichnete Eingabe folgten erst nach Ablauf eines Monats seit Einlegung der Berufung nach, ohne daß die Frist verlängert worden wäre.

Die Wahrung der Frist für die Begründung der Berufung hängt hiernach davon ab, ob anzuerkennen ist, daß schon in der Berufungsschrift den für die Begründung geltenden Vorschriften des § 519 Abs. 3 ZPO. genügt ist. Das Kammergericht hat dies wegen Fehlens eines bestimmten Berufungsantrags oder sonstigen sicheren Anhalts für den Umfang der beabsichtigten Anfechtung des ersten Urteils verneint. Demgegenüber weist die Beschwerde erneut darauf hin, daß der Angabe, Streitgegenstand sei die Herausgabe eines Grundstücks, mit Sicherheit die Absicht der Anfechtung im ganzen Umfange zu entnehmen gewesen sei; denn die Herausgabe des Grundstücks habe den umfassendsten Teil des Klaganspruchs gebildet, dessen Ablehnung notwendig die Weigerung der Wiederumschreibung des Grundstücks und der Löschung der Hypothek mitumschlossen habe. Dem ist aber schon deshalb nicht beizutreten, weil in der mit der Parteienbezeichnung und dem Aktenzeichen verbundenen, offensichtlich aus dem Kopf des angefochtenen Urteils entnommenen und vom sachlichen Inhalt der Berufungsschrift durch den Platz auf der linken Seite des Schriftstücks auch äußerlich getrennten Angabe über den Streitgegenstand nur eine Angabe zur äußeren Kennzeichnung der Streitsache, nicht aber eine Angabe darüber erblickt werden kann, in welchem Umfange die Anfechtung des ersten Urteils beabsichtigt werde. Mit Recht hat das Berufungsgericht aber auch angenommen, daß aus der Berufungsschrift, selbst bei Berücksichtigung der vorerwähnten Angabe, zwar eine gewisse Wahrscheinlichkeit, keineswegs aber die von der Rechtsprechung beim Fehlen eines bestimmt gefaßten Antrags immerhin erforderte Sicherheit über den Umfang der beabsichtigten Anfechtung des Urteils gewonnen werden konnte (JW. 1926 S. 814 Nr. 13, S. 1562 Nr. 11). Die Anführung nur eines von den drei Klagansprüchen würde, wenn man ihr überhaupt nach der bezeichneten Richtung Bedeutung beimessen wollte, Zweifeln über den Umfang der Berufung Raum gelassen haben. Damit steht auch nicht im Widerspruch, daß in dem Beschluß des Senats vom 3. Juli 1926 V 75/26 angenommen worden ist, beim Fehlen einer bestimmten Angabe über den Umfang der Anfechtung müsse für die Gebührenberechnung die Vorentscheidung soweit als angefochten gelten, wie sie dem Anfechtenden nachteilig sei. Denn dort handelte es sich um eine aus der unbeschränkten Revisionseinlegung zum Zwecke der Gebühreneinforderung zu folgernde bloße Annahme, hier aber ist nach der Vorschrift des § 519 Abs. 3 Nr. 1 ZPO. Gewißheit darüber zu verlangen, in welchem Umfang die Berufung verfolgt werden soll. Hier genügte daher die Berufungsschrift dem genannten Erfordernis um so weniger, als darin die zur Aufnahme des Antrags bestimmten Teile des Vordrucks ausdrücklich durchstrichen waren.

38. 1. Liegt ausnahmslos in jeder Weiteraufgabe eines am Bestimmungsort eingetroffenen Frachtguts auf neuen Frachtbrief eine Abnahme im Sinne von § 97 der Eisenbahn-Verkehrsordnung?

2. Zur Frage der Rechtsstellung des Spediteurs, dem die Eisenbahn unanbringliches Bahnfrachtgut gemäß § 81 Abs. 3 EVerkO. zur Einlagerung übergeben hat.

I. Zivilsenat. Urt. v. 3. November 1926 i. S. Ch. (Kl.) w. Deutsche Reichsbahn-Gesellschaft (Bekl.). I 411/25.

I. Landgericht Mainz.
II. Oberlandesgericht Darmstadt.

Wegen des Sachverhalts wird auf das in RGZ. Bd. 109 S. 61 abgedruckte Urteil vom 11. Oktober 1924 verwiesen. In dem nicht mit abgedruckten Teil dieser Entscheidung war darauf hingewiesen worden, daß der damals festgestellte Sachverhalt nicht erkennen lasse, wer Empfänger der Wagenladung war, ob die Klägerin selbst oder eine in den Schriftsätzen erwähnte Firma R. Nunmehr ist festgestellt worden, daß zwei Frachtverträge in Frage kommen. Die Klägerin hatte mit Frachtbrief vom 27. Juni 1919 das Frachtgut an ihre eigene Anschrift in Mainz aufgeliefert. Dort kam der Wagen am 6. Juli 1919 an, aber es fand sich niemand ein, der das Gut für die Klägerin abnahm. Deshalb gab die Bahn es an den Spediteur R. gegen Zahlung der Kosten zur Einlagerung heraus. R. hatte seine Lagerräume nicht am Hauptbahnhof in Mainz, sondern in Mainz-Kastel. Daher blieb der Bahnwagen unentladen und wurde auf neuen Frachtbrief R.'s vom 21. Juli 1919 nach Mainz-Kastel gesandt. Dort traf er am 23. Juli 1919 ein und am gleichen Tage fand die amtliche Tatbestandsaufnahme statt, die den Verlust von drei Ballen Stoff ergab.

Das Berufungsgericht verurteilte die Beklagte in Höhe eines Teilbetrags und wies die Klägerin mit der Mehrforderung ab. Hiergegen legten beide Streitteile ohne Erfolg Revision ein.

Aus den Gründen:

.... Die Beklagte beschwert sich darüber, daß ihr Vorbringen gegen den Grund des Anspruches — was an sich zutrifft — vom Vorderrichter nicht gewürdigt worden ist. Die Beklagte hatte eingewandt, sie sei gemäß § 97 Abs. 1 EVerkO. von ihrer Haftung freigeworden, weil sie das Frachtgut nach § 81 Abs. 3 das. an R. zur Einlagerung ausgeliefert habe, was nach § 76 Abs. 1 S. 2 das. der Übergabe des Gutes an den Empfänger gleichstehe. Daß die Auslieferung an R. gegen Bezahlung der Fracht geschah, steht nach dem Tatbestand des angefochtenen Urteils fest. Gleichwohl kann nicht anerkannt werden, daß die Ansprüche gegen die Bahn gemäß § 97 Abs. 1 EVerkO. erloschen sind. Die Ersatzübergabe an einen Spediteur nach § 81 Abs. 3 das. erfordert, daß der Spediteur, der hier als eine Art von Treuhänder für die Ladungsbeteiligten auftritt, in den Stand gesetzt wird, den Zustand des Frachtguts nachzuprüfen. Das liegt in der Natur der Sache. Andernfalls würden auch die Folgen einer Hinterlegung unanbringlicher Güter für die Ladungsbeteiligten von einer Schwere sein, die in keinem Verhältnis stünde zur Veranlassung der Hinterlegung. Die formelle Ausstellung eines neuen Frachtbriefs war nötig, weil sonst der Bahnwagen nicht an den Speicher des Spediteurs herangebracht werden konnte. Sie diente also nur der Auslieferung des Frachtguts an ihn. Unter diesen Umständen erweckte im vorliegenden Falle die Ausstellung des zweiten Frachtbriefes nur äußerlich den Schein, als sei das Gut bereits dem Spediteur ausgeantwortet worden. In Wahrheit geschah dies erst in Mainz-Kastel. Der Fall liegt ähnlich wie in den Urteilen des Senats vom 4. November 1925 I 27/25 (SeuffArch. Bd. 80 Nr. 32) und vom 22. September 1926 I 430/25 (RGZ. Bd. 114 S. 308), wo gleichfalls nur formell ein neuer Frachtbrief ausgestellt worden war, eine wirkliche Abnahme des Guts aber trotzdem noch nicht stattgefunden hatte. . . .

---

39. Kann das Berufungsgericht eine Ehe aus § 1565 BGB. scheiden, wenn das Landgericht nur aus § 1568 BGB. geschieden und nur der Scheidungsbeklagte, nicht aber der Scheidungskläger Berufung eingelegt hat?

BGB. §§ 1565, 1568. ZPO. § 536.

II. Zivilsenat. Urteil v. 21. Dezember 1926 i. S. Ehemann M. (Kl.) w. Ehefrau M. (Bekl.). II 268/26.

I. Landgericht II Berlin.
II. Kammergericht daselbst.

Die Parteien haben mittels Klage und Widerklage die Scheidung ihrer Ehe beantragt. Die Klage des Ehemanns wurde auf §§ 1565 und 1568 BGB., die Widerklage der Ehefrau auf die Behauptung gestützt, daß der Kläger ehebrecherische oder mindestens ehewidrige Beziehungen zu einer gewissen P. unterhalte. Das Landgericht wies die Klage ab und gab der Widerklage statt auf Grund der Feststellung ehewidriger Beziehungen des Klägers zur P. (BGB. § 1568). Die Berufung des Klägers, der das landgerichtliche Urteil allein anfocht, wurde zurückgewiesen. In den Entscheidungsgründen des kammergerichtlichen Urteils ist zur Widerklage ausgesprochen, daß die Ehe wegen Ehebruchs des Klägers mit der P. geschieden worden sei. Die Revision des Klägers hatte insoweit Erfolg, als es bei der Scheidung aus § 1568 BGB. sein Bewenden behalten mußte.

Aus den Gründen:

... Es ist rechtsirrtümlich und verletzt den § 536 ZPO., wenn das Kammergericht, ohne daß die Beklagte als Widerklägerin das landgerichtliche Urteil angegriffen hatte, die vom ersten Richter aus § 1568 BGB. geschiedene Ehe wegen Ehebruchs des Klägers mit der P., also aus § 1565 das. geschieden hat. Denn die Scheidungsgründe aus §§ 1568 und 1565 BGB. sind wegen der teils privatrechtlichen, teils öffentlichrechtlichen Folgen (§ 172 StGB., §§ 1312, 1328 BGB.), die sich an den Ehebruch knüpfen, nicht gleichwertig. Für den Scheidungsbeklagten bildet es daher eine Beschwer für sich, wenn auf eine Klage aus §§ 1568 und 1565 BGB. die Scheidung wegen Ehebruchs ausgesprochen wird, und er kann je nach Umständen dieses Urteil mit der alleinigen Begründung anfechten, daß zu Unrecht nicht auf Scheidung aus § 1568 erkannt worden sei. Die gegenteilige Meinung ist in den neuesten Entscheidungen des IV. Zivilsenats (RGZ. Bd. 110 S. 45, Bd. 115 S. 1) aufgegeben worden. Die notwendige Folge der jetzigen Auffassung ist — und sie wird auch in RGZ. Bd. 110 S. 46 anerkannt —, daß das Berufungsgericht eine Scheidung aus § 1565 nicht aussprechen darf, wenn das Landgericht nur aus § 1568 geschieden hat und eine Abänderung des Urteils durch den Scheidungskläger (hier die Beklagte als Widerklägerin) nicht beantragt ist. Die dem entgegenstehenden Entscheidungen des IV. Senats in Gruch. Bd. 49 S. 367 und JW. 1912 S. 466 Nr. 13, die von der namentlich in RGZ. Bd. 55 S. 244 vertretenen Auffassung der Gleichwertigkeit der beiden Scheidungsgründe beherrscht waren, stehen der Revision nicht im Wege. Denn von den Grundsätzen, die zu jenen Entscheidungen geführt haben, ist der IV. Zivilsenat selbst in RGZ. Bd. 110 S. 46 abgegangen.

---

40. Ist die Vorlegungsfrist für einen im Inland ausgestellten, in New York zahlbaren Scheck nach amerikanischem Recht zu bestimmen?

Scheckgesetz § 11 Abs. 2 Satz 2, Bekanntmachung des Bundesrats vom 19. März 1908.

II. Zivilsenat. Urt. v. 4. Januar 1927 i. S. Gebr. K. (Kl.) w. Kreuznacher Volksbank (Bekl.). II 237/26.

I. Landgericht Koblenz.
II. Oberlandesgericht Köln.

Die Beklagte hat am 19. April 1923 einen Scheck über 1320 Dollars auf das Bankhaus K., N. & K. in New York ausgestellt und darin als Zahlungsempfänger „die Firma J. M. in Kreuznach oder Überbringer" genannt. Nach der Behauptung der Klägerin wollte ihr Gesellschafter H. Ki. an jenem Tage bei der Beklagten 20000 Franken gegen Dollars umtauschen. Er zahlte den Frankenbetrag in Noten ein und erhielt dafür von der Beklagten durch Vermittlung der Firma J. M. als Gegenwert obigen Scheck über 1320 Dollars zahlungshalber und außerdem 328 Franken. Diesen Scheck ließ die Klägerin am 27. Juli 1923 der bezogenen Bank in New York zur Zahlung vorlegen. Die Bank war jedoch Ende Mai oder Anfang Juni 1923 in Konkurs geraten und der Scheck wurde daher nicht eingelöst.

Die Klägerin ist, zugleich aus abgetretenem Recht der Firma J. M., gegen die Beklagte klagbar geworden mit dem Antrag, ihr 1320 Dollars nebst 6% Zinsen seit dem 27. Juli 1923 zu zahlen. Sie behauptet, der Scheck sei rechtzeitig vorgelegt worden, hilfsweise hafte die Beklagte auf Herausgabe der Bereicherung oder aus dem zugrunde liegenden Kassa-Austauschgeschäft. Die Beklagte wandte ein, sie könne als Scheckausstellerin nicht haftbar gemacht werden, weil die Vorlegungsfrist nicht eingehalten sei. Aus ungerechtfertigter Bereicherung hafte sie auch nicht, weil kein Kassa-Austauschgeschäft vorliege. Das Landgericht gab der Klage statt; das Oberlandesgericht wies sie ab. Die Revision der Klägerin blieb erfolglos.

Aus den Gründen:

Nach § 11 Abs. 2 Satz 2 des Scheckgesetzes bestimmt der Bundesrat die Vorlegungsfrist für Schecks, die im Inland ausgestellt und im Ausland zahlbar sind, sofern das ausländische Recht keine Vorschrift über die Zeit der Vorlegung enthält. Diese Frist ist durch Bekanntmachung des Bundesrats vom 19. März 1908 (RGBl. S. 85) auf 2 Monate bestimmt, wenn der Scheck dem Bezogenen in den Vereinigten Staaten von Amerika zur Zahlung vorzulegen ist. Sie kommt indessen nach der Auffassung des Berufungsgerichts nicht zur Anwendung, weil § 322 Art. 17 des New Yorker Scheckgesetzes vorschreibe, daß ein Scheck „within a reasonable time“ vorzulegen sei, die angemessene Frist jedoch nach den Anschauungen des New Yorker Verkehrs nicht auf einen längeren Zeitraum als einen Monat zu erstrecken sei.

Diese Darlegung unterliegt insofern der Nachprüfung des Revisionsgerichts, als nach deutschem Rechte zu beurteilen ist, ob das New Yorker Scheckgesetz „keine Vorschrift über die Zeit der Vorlegung enthält“. Denn die Entscheidung des Berufungsgerichts bindet das Revisionsgericht nur dann, wenn das nicht revisible Recht nach Maßgabe des revisiblen anzuwenden war. Die Nachprüfung konnte jedoch zu keinem anderen Ergebnis führen als dem des Berufungsgerichts.

Wenn auch das New Yorker Scheckgesetz eine zeitlich fest umgrenzte Vorlegungsfrist nicht enthält, so ist die Frist doch bestimmbar und soll nach amerikanischer Anschauung nach den Verkehrsbedürfnissen bestimmt werden. Für die deutsche Rechtsauffassung läßt sich aber nicht sagen, daß ein Gesetz, das eine angemessen zu berechnende Frist bestimmt, keine Vorschrift über die Zeit der Vorlegung enthalte. Dem steht § 186 BGB. nicht entgegen; denn er besagt nur, daß, wenn ein Gesetz bestimmte Fristen enthalte, für diese die Auslegungsvorschriften der §§ 187flg. BGB. maßgebend seien. Dem § 186 ist daher, jedenfalls für das Scheckrecht, nicht zu entnehmen, daß nach deutscher Rechtsauffassung nur solche Fristen anerkannt werden sollen, die zeitlich fest begrenzt sind, und die Fassung des § 11 des Scheckgesetzes bringt mit hinreichender Klarheit zum Ausdruck, daß deutsches Recht nur dann anzuwenden ist, wenn es im ausländischen Rechte an Bestimmungen über die Zeit der Vorlegung gänzlich fehlt (vgl. Lessing Scheckgesetz 2. Aufl. S. 153, 154; Niemeyer im Bank-Archiv Band 24 S. 76; Bernstein in JW. 1924 S. 1552 Anm.; Lion in Hans.RZ. 1925 Sp. 153flg.).

Dies war auch der gesetzgeberische Gedanke bei Erlassung des deutschen Scheckgesetzes. Wie die Begründung zum Entwurf des Scheckgesetzes von 1892 zu § 8 und zum Entwurf von 1908 zu § 11 ergibt, wurde von den deutschen Handelskreisen, entgegen der dehnbaren Fristbestimmung des englisch-amerikanischen Rechts, für Deutschland eine festbegrenzte Vorlegungsfrist gefordert. Dementsprechend hat das deutsche Sche kgesetz für die im Inland ausgestellten und zahlbaren Schecks eine Vorlegungsfrist von 10 Tagen bestimmt. Liegt dagegen der Ausstellungsort außerhalb des Reichsgebietes, so ist nach dem Entwurf von 1892 (§ 8 Abs. 2) der Scheck spätestens am fünften Tage nach Ablauf desjenigen Zeitraums zur Zahlung vorzulegen, der erforderlich ist, um ihn vom Ausstellungsort mit den gewöhnlichen Transportmitteln nach dem Zahlungsort zu senden, und das nämliche soll für den im Reichsgebiet ausgestellten, außerhalb des Reichsgebiets zahlbaren Scheck gelten, sofern das ausländische Recht keine Vorlegungsfrist vorschreibt. Dieser Gesetzesvorschlag ging also gleichfalls von einer dehnbaren Frist aus, an deren Stelle nach dem Entwurf von 1908, der Gesetz geworden ist, die vom Bundesrat zu erlassenden Vorschriften treten sollen; für Schecks jedoch, die im Inland ausgestellt und im Ausland zahlbar sind, sollen jene Vorschriften nur gelten, wenn das ausländische Recht keine Vorschrift über die Zeit der Vorlegung enthält. Über die Bedeutung dieser Einschränkung der Anwendbarkeit deutschen Rechts hat, wie die Begründung beider Entwürfe ergibt, kein Zweifel geherrscht, da zu § 8 des ersten und zu § 11 des zweiten Entwurfs ausdrücklich bemerkt wurde, daß deutsches Recht nur maßgebend sein solle, wenn das ausländische Recht Vorschriften über eine Vorlegungsfrist überhaupt nicht kenne.

Findet sonach amerikanisches Recht Anwendung, so ist die Annahme des Berufungsgerichts, daß nach diesem Rechte unter Zugrundelegung der New Yorker Verkehrsauffassung der streitige Scheck spätestens innerhalb Monatsfrist, also bis zum 19. Mai 1923, vorzulegen gewesen sei, für das Revisionsgericht bindend (§ 562 ZPO.).

Das Berufungsgericht geht also ohne Rechtsirrtum davon aus, daß die Klägerin ihr Rückgriffsrecht gegen die Beklagte als Ausstellerin verloren habe, weil der Scheck der bezogenen New Yorker Bank erst am 27. Juli 1923 zur Zahlung vorgelegt und von ihr nicht eingelöst wurde. . . .

---

41. 1. Ist im Interesse der Rechtssicherheit für Handelssachen an dem Satze festzuhalten, daß grundsätzlich bis August 1922 Mark gleich Mark war?

2. Behält der auf Grund der früheren Rechtsprechung erklärte Rücktritt des Verkäufers vom Vertrage seine Gültigkeit, wenn der Verkäufer dem Käufer bei außerordentlicher, unvorhersehbarer Verschiebung der Gleichwertigkeit zwischen Leistung und Gegenleistung vergeblich Gelegenheit zur freiwilligen Erhöhung des Kaufpreises gegeben und dann sich vom Vertrage losgesagt hatte, und kommt es hierbei darauf an, daß ein unter der Herrschaft des Aufwertungsrechts erklärter Rücktritt nur bei schuldhafter Verweigerung der Aufwertung (positiver Vertragsverletzung) wirksam ist?

3. Kann in der Erklärung des Verkäufers, daß mit Rücksicht auf die Geldentwertung oder die Warenteuerung die Lieferung zum bedungenen Preise unbillig sei, die Geltendmachung einer auf-

schiebenden Einrede liegen, die bis zur freiwilligen Preiserhöhung den Lieferungsverzug ausschloß?

BGB. §§ 242, 285, 326.

II. Zivilsenat. Urt. v. 7. Dezember 1926 i. S. Eisen- u. Stahlwerk H. Akt.-Ges. (Kl.) w. Kommand.-Ges. K. & L. u. Gen. (Bekl.). II 169/26.

I. Landgericht Dortmund.
II. Oberlandesgericht Hamm.

Nachdem die Klägerin in einem Vorprozeß wegen teilweiser Nichtlieferung von 3000 Tonnen Schrott aus vier Abschlüssen vom 20. August 1919 von ihrem angeblichen Schaden in Höhe von 1656799,49 *M* im September 1920 den Teilbetrag von 500000 *M* eingeklagt und nach rechtskräftiger Verurteilung der Beklagten am 4. August 1921 ausbezahlt erhalten hatte, strengte sie wegen des Restbetrages von 1156799,49 *M* nebst Verzugszinsen sowie wegen der Feststellung, daß ihr der Geldentwertungsschaden ersetzt werden müsse, Ende August 1921 eine neue Klage an. In erster Instanz erstritt sie ein obsiegendes Urteil. Das von den Beklagten angerufene Oberlandesgericht erklärte durch rechtskräftig gewordenes Zwischenurteil vom 9. Januar 1925 den Anspruch der Klägerin, die im Wege der Anschlußberufung nunmehr 95999,95 G*M* nebst Zinsen forderte, dem Grunde nach für gerechtfertigt. In der Folge verurteilte das Oberlandesgericht die Beklagten unter Abweisung der Klage im übrigen zur Zahlung von 14000 R*M* nebst Zinsen. Auf die Revision der Klägerin wurden die Beklagten zur Zahlung von (im ganzen) 47999,97 R*M* nebst Zinsen verurteilt; der weitergehende Klaganspruch wurde abgewiesen.

Aus den Gründen:

(Nach Erledigung einer Prozeßrüge wird fortgefahren:) In der Sache selbst konnte das angefochtene Urteil nicht aufrechterhalten werden, da der Berufungsrichter den Schadensersatz wegen teilweiser Nichterfüllung der vier Abschlüsse vom 20. August 1919 in der Weise berechnet, daß er vom Eindeckungspreis von

1300 ℳ je Tonne aus den am 27. April 1920 vorgenommenen Deckungskäufen nicht den ursprünglichen Vertragspreis in Höhe von 324 ℳ je Tonne in Abzug bringt, sondern mit Rücksicht auf die in der Zeit vom 20. August 1919 bis zum 27. April 1920 eingetretene Entwertung der Papiermark den Tonnenpreis auf 800 ℳ aufwertet. Hiermit setzt sich der Berufungsrichter, wie er selbst erklärt, in bewußten Gegensatz zu der Rechtsprechung des Reichsgerichts. Nach der Entscheidung des erkennenden Senats (RGZ. Bd. 113 S. 136) muß grundsätzlich bis August 1922 die Mark gleich Mark gerechnet werden. Entscheidend hierfür war die Erwägung, daß der Verkehr erst nach dem damaligen großen Kurssturz aufgehört hat, auf eine Wiedererholung des Wertes der Mark zu hoffen, und daß es daher gerechtfertigt erscheint, sie bis dahin als Wertmesser gelten zu lassen. Hieran hält der Senat jedenfalls für Handelssachen fest. Die Härten, die in dieser Behandlungsweise liegen, sind im Interesse der gerade für den Handelsverkehr unbedingt gebotenen Rechtssicherheit hinzunehmen. Auch lassen sie sich, wie der Senat auch schon in jener früheren Entscheidung hervorgehoben hat, in manchen Fällen durch Beobachtung der Grundsätze der früheren Rechtsprechung vermeiden. Hatte der Verkäufer bei einer außerordentlichen, unvorhersehbaren Verschiebung der Gleichwertigkeit zwischen Leistung und Gegenleistung, mit der bei Vertragsabschluß nicht gerechnet worden war, dem Käufer vergeblich Gelegenheit zu freiwilliger Erhöhung des Kaufpreises gegeben und war er dann vom Vertrage zurückgetreten (vgl. RGZ. Bd. 103 S. 328), so behält der Rücktritt seine Gültigkeit und es ist unerheblich, daß ein unter der Herrschaft des Aufwertungsrechts erklärter Rücktritt nur bei schuldhafter Verweigerung der Aufwertung, d. h. bei ernsthafter und endgültiger Erfüllungsweigerung (positiver Vertragsverletzung, vgl. RG. Bd. 111 S. 156) wirksam ist. Auch wenn der Verkäufer nicht den Rücktritt erklärt, aber das Verlangen des Käufers nach Lieferung zum bedungenen Preis in Hinblick auf die in der Zwischenzeit eingetretene Geldentwertung oder Warenverteuerung als unbillig gerügt hatte, wird ihm nicht selten zu helfen sein. Man wird darin die Geltendmachung einer aufschiebenden Einrede finden können, die bis zur freiwilligen Preiserhöhung den Lieferungsverzug ausschloß. Im vorliegenden Falle freilich kommt alles das nicht in Betracht, weil die Verpflichtung der

Beklagten zum Ersatz des Schadens durch das rechtskräftig gewordene Zwischenurteil vom 9. Januar 1925 dem Grunde nach festgestellt ist....

---

42. Ist am 15. August 1922 als Stichtag für die Aufwertung ausnahmslos festzuhalten?

BGB. § 242.

II. Zivilsenat. Urt. v. 18. Februar 1927 i. S. J. (Kl.) w. Färberei-A.-G. G. B. u. Sohn u. Gen. (Bekl.). II 205/26.

I. Landgericht Krefeld.
II. Oberlandesgericht Düsseldorf.

Der Kläger war alleiniger Inhaber der Strang- und Stückfärberei H. J. u. Co. in A., zu der die Fabrikgebäude, sowie verschiedene Gerätschaften und Maschinen gehörten. Am 18. Oktober 1918 verkaufte er die Firma, die Maschinen, die Färbereigerätschaften und die Beteiligung am Strang- und Stückfärbereiverband an die Färberei-A.-G. G. B. u. Sohn zum Preise von 100000 *M*, der vom 1. Januar 1919 ab in jährlichen Raten von 20000 *M* gezahlt werden sollte. Als Übergabetag wurde im Kaufvertrag der 1. Oktober 1918 festgesetzt. Am 1. Januar 1919, 1. Januar 1920, 1. Januar 1921, 1. Januar und 1. September 1922 sind je 20000 *M* gegen Quittung des Klägers gezahlt worden.

Mit Schreiben vom 12. Dezember 1923 verlangte der Kläger Aufwertung sämtlicher Zahlungen unter Umrechnung des Kaufpreises und Anrechnung der geleisteten Zahlungen in Goldmark, und demgemäß Nachzahlung eines Betrags von 38675 G*M*. Hiervon hat er im März 1924 20000 R*M* gegen die Käuferin des Geschäfts (Beklagte zu 1) und die unstreitig in den Vertrag eingetretene Beklagte zu 2 als Gesamtschuldner eingeklagt. Die Beklagten machten geltend, die ganze Kaufpreisschuld sei durch die erwähnten fünf Zahlungen getilgt.

Das Landgericht sah die ersten drei Zahlungen als Vollzahlungen, die vom 1. Januar und 1. September 1922 dagegen nur als Teilleistungen an und verurteilte die Beklagten, indem es die beiden letzten Zahlungen von je 20000 *M* auf insgesamt

19950 RM aufwertete, zur Zahlung dieses Betrags nebst Zinsen. Der weitergehende Anspruch wurde abgewiesen. Auf Berufung der Beklagten und Anschlußberufung des Klägers setzte das Oberlandesgericht, das nur die letzte, am 1. September 1922 geleistete Zahlung von 20000 M als Teilleistung ansah und diese Rate auf 4670 RM aufwertete, den von den Beklagten noch zu zahlenden Betrag auf 4670 RM nebst Zinsen herab.

Die Revision des Klägers führte zur Aufhebung des angefochtenen Urteils, soweit dieses die Aufwertung der am 1. Januar 1922 gezahlten Rate abgelehnt hatte, und zur Zurückverweisung.

Aus den Gründen:

Das Berufungsgericht hat dem Kläger einen Aufwertungsanspruch nur für die am 1. September 1922, nicht aber auch für die am 1. Januar 1922 fällig gewesene und bezahlte Kaufpreisrate zugebilligt. Der erkennende Senat hat (vgl. namentlich RGZ. Bd. 113 S. 136, Urteil vom 20. April 1926) den Standpunkt eingenommen, daß der Satz „Mark gleich Mark" noch bis Mitte August 1922 seine Geltung behalten habe; es handelte sich damals um ein kaufmännisches Umsatzgeschäft. In einer weiteren Entscheidung vom 7. Dezember 1926 II 169/26 (oben S. 198), die wiederum eine solche Handelssache betraf, hat der Senat an dieser Auffassung festgehalten und gleichzeitig dargelegt, wie etwaigen besonderen Härten und Unbilligkeiten abgeholfen werden könnte. Davon abzugehen ist bei Geschäften der bezeichneten Art kein Anlaß. Es ist nun einmal Tatsache, daß im Verkehr, im Wirtschafts- und im Rechtsleben, namentlich auch auf dem Gebiete des öffentlichen Rechts die Mark bis weit in das Jahr 1922 hinein noch allgemein als Wertmesser gegolten hat, und daß im besonderen die staatlichen Machtmittel gerade auf die Erhaltung der Mark in dieser ihrer Eigenschaft eingestellt waren. Es darf ferner nicht außer acht gelassen werden, daß noch in den Jahren 1919—1921 die wichtigsten Gegenstände des täglichen Bedarfs, besonders Lebensmittel, der Zwangsbewirtschaftung unterlagen und daß für sie in Papiermark festgesetzte Höchstpreise galten, die nicht den Charakter von Gleit-, sondern von Festpreisen hatten. Zu berücksichtigen ist weiter, daß auch in Kaufmanns- und Handelskreisen noch bis Mitte 1922 ernstlich mit einer Besserung der Mark gerechnet wurde, wie denn auch zeitweise die in- und ausländische Kaufkraft der Mark sich ziemlich gleich geblieben ist, ja sich nicht unerheblich gebessert hat. So erholte sich die Mark, am Dollarkurs gemessen, von einem Tiefstand von rund 103 P.M Februar 1920 wieder auf rund 35 P.M Ende Mai 1920 und sank erst im September 1921 wieder bis unter 100 und noch tiefer. Ähnliche Schwankungen zeigen sich zwischen November 1921 (Tiefstand 295) und Anfang Januar 1922 (Erholung auf rund 168). Es ist endlich im Ernst nicht zu bestreiten, daß der Markverfall um die Mitte 1922 einen ganz anderen Charakter annahm, als er ihn bis dahin gezeigt hatte. Geht man z. B. von den Geldwertzahlen aus, so war der Stand der Mark in der Zeit von Anfang Januar 1919 bis Anfang Mai 1922 folgender:

1919	Anfang Januar:	3,20 . . .	31. Dezember:	6,38
1920	„ „	7,35 . . .	31. „	12,5
1921	„ „	12,7 . . .	31. „	20,8
1922	„ „	21,5 . . .	Anfang Mai:	39,5.

Die Wertverschiebungen bewegten sich demnach innerhalb der einzelnen Jahre zwischen 60 und 100%. Dagegen sank von Anfang Mai 1922 der Geldwert von 39,5 bis Ende August 1922 auf 119. Die Entwertung war also innerhalb der Spanne von nur 4 Monaten rund um das Dreifache fortgeschritten. Ähnliche Ergebnisse bieten die anderen Maßstäbe (Dollar, Zeilersche Zahlen). Gerade dieser plötzliche unaufhaltsame Sturz von Mitte des Jahres 1922 ab hat dazu geführt, daß damals die Mark im Verkehr als eigentlicher Wertmesser mehr und mehr preisgegeben und durch andere Maßstäbe (Goldmarkrechnung, Multiplikator u. dgl.) ersetzt wurde. Tatsache ist aber, daß bis dahin gerade auch der kaufmännische Verkehr im wesentlichen sich nach dem Satze „Mark gleich Mark" abgewickelt und daß im besonderen der kaufmännische Güter- und Warenaustausch sich auf dieser Grundlage wirtschaftlich und rechtlich vollzogen hat. Diesem Gang der Verhältnisse darf und muß auch im Rahmen des § 242 BGB. Rechnung getragen werden. Eine allgemeine Wiederaufrollung dieser unter der Herrschaft des Satzes „Mark gleich Mark" äußerlich ordnungsmäßig erledigten Rechtsverhältnisse müßte gerade auf dem Gebiete der kaufmännischen Umsatzgeschäfte zu völlig unhaltbaren Zuständen, vorab zu einer unerträglichen Rechtsunsicherheit führen. Es kommt hinzu, daß, solange in diesem Erwerbszweig noch ernstlich mit einer Besserung der Mark gerechnet wurde und gerechnet werden konnte, jedes nicht auf sofortige Zahlung abgestellte Geschäft einen spekulativen Einschlag hatte. Weiterhin ergab sich aus der Eigenart des kaufmännischen Betriebs, daß der Betriebsinhaber für die nämlichen Sachgüter bald Käufer, bald Verkäufer war. Er hatte demgemäß weder einseitig unter den Nachteilen des Satzes „Mark gleich Mark" zu leiden, noch war er lediglich deren Nutznießer; vielmehr brachte der kaufmännische Geschäftsbetrieb selbst schon einen gewissen Ausgleich der Geldwertschwankungen mit sich. Den besonderen Bedürfnissen des kaufmännischen Güterumsatzes, dessen Eigenart der Massenabschluß typisch gleicher Geschäfte bildet, trägt endlich eine gleichförmige Lösung der Aufwertungsfrage durchaus Rechnung. Sie entspricht gerade dem auf diesem Gebiet vorherrschenden Bedürfnis nach möglichster Rechtssicherheit, Einfachheit und Klarheit der wirtschaftlichen und rechtlichen Verhältnisse. Dem Kaufmann, dessen Gewerbebetrieb auf raschen Umschlag der Ware gegen Geld und möglichst baldige Wiederanlegung der vereinnahmten Zahlungen in Sachgütern gerichtet ist, dem eine solche Anlage und damit die Möglichkeit eines besonderen Schutzes vor der Geldentwertung am ehesten geboten war, ist nach alledem gemäß § 242 BGB. unter Berücksichtigung des beiderseitigen Parteiwillens unbedenklich anzusinnen, daß er eine als Erfüllung geleistete und angenommene Zahlung auch hinterher als solche gelten läßt. Darauf hat sich auch in aller Regel der Abnehmer eingerichtet. Für einen nachträglichen Aufwertungsanspruch ist daher hier kein Raum. Bei dem Satze „Mark gleich Mark" muß es aus teilweise gleichen Gründen auch für die Schadensersatzansprüche wegen Nichterfüllung und die Schadensberechnung bei Rechtsverhältnissen dieser Art bis zu dem angegebenen Zeitpunkt sein Bewenden haben. Die Wahl eines anderen Wertmessers für die Frühzeit der Geldentwertung bietet erhebliche Schwierigkeiten. Die allgemeinen Maßstäbe, wie Reichsteuerungszahlen, Dollarkurs, Zeilersche Zahlen, Richtzahlen des Aufwertungsgesetzes, würden nicht selten für die besonderen Verhältnisse des einzelnen Geschäftszweigs überhaupt nicht passen. Ob die Rechnung nach dem üblichen Verdienst in Zeiten solcher wirtschaftlicher Krisen, wie sie in den Jahren 1918 bis 1923 herrschten, wirklich sichere und zuverlässige Anhaltspunkte bieten kann, ist zum mindesten zweifelhaft. In diesem Zusammenhang sei auch darauf hingewiesen, daß, sobald der Kaufpreis nach allgemeinen Grundsätzen aufzuwerten ist, der Verkäufer also einen Aufwertungsanspruch hat, es fraglich ist, ob auf seiner Seite noch Verzug vorliegt und ob nicht vielmehr dem Schadensersatzanspruch des Käufers damit der Boden entzogen ist.

Es läßt sich weiter nicht schlechthin sagen, daß, wenn eine Vergleichung zwischen dem nach irgendeinem der sogenannten festen Wertmesser umgerechneten Vertrags- und dem Eindeckungspreis ziffermäßig keinen Schaden des Käufers ausweist, ein solcher überhaupt nicht erwachsen ist. Daß und wie sich auch hier bei Festhalten an dem Satze „Mark gleich Mark" besondere Härten vermeiden lassen, ist gleichfalls in der eingangs erwähnten Entscheidung vom 7. Dezember 1926 (oben S. 200) dargelegt.

Um ein Geschäft des kaufmännischen Güterumsatzes oder des täglichen Wirtschaftslebens handelt es sich aber im vorliegenden Falle nicht; vielmehr steht der Verkauf eines Handelsgeschäfts mit maschinellem Zubehör in Frage. Geschäfte dieser Art haben einen ganz anderen Charakter. Sie sind vereinzelt und haben für den Verkäufer eine besondere, vielfach lebenswichtige Bedeutung; sie sollen und werden in der Regel, auch für den Käufer erkennbar, die Grundlage oder wenigstens mit die Grundlage für die künftige wirtschaftliche Existenz des Veräußerers bilden. Für solche Geschäfte treffen die vorstehenden Erwägungen teils überhaupt nicht zu, teils können sie nicht schlechthin ausschlaggebend sein. Hier muß vielmehr unter Aufgabe der bisher vertretenen abweichenden Meinung im einzelnen Fall von vornherein besonders geprüft werden, ob vor August 1922 geleistete Zahlungen nach § 242 BGB. noch als Vollzahlungen und nicht vielmehr nur als Teilzahlungen nach Maßgabe ihres inneren Wertes gelten können. Bei Rechtsverhältnissen dieser und ähnlicher Art (z. B. auch bei Ansprüchen im Sinne des § 63 Abs. 2 Nr. 1 bis 6 AufwG.) ist Raum für eine Behandlung der Aufwertungsfrage nach den Gesichtspunkten, wie sie der V. Zivilsenat in seinem Urteil RGZ. Bd. 114 S. 399 für Grundstücksverkäufe entwickelt hat. Ein Aufwertungsanspruch greift in solchen Fällen nicht bloß dann durch, wenn der innere Wert der geleisteten Zahlung wirtschaftlich nur mehr verschwindend gering war. Er kann vielmehr schon dann gerechtfertigt sein, wenn seit der Begründung des Schuldverhältnisses bis zu seiner Tilgung eine solche Verschiebung des inneren Wertes der Mark eingetreten ist, daß es bei Berücksichtigung der Verhältnisse der Beteiligten und der sonstigen Umstände als unbillig gelten müßte, wenn der Schuldner den Gläubiger an dem Satze „Mark gleich Mark" festhalten wollte. Gerade in Fällen dieser Art wird sich auch der Schuldner von vornherein darüber klar gewesen sein, daß seine Leistung entfernt nicht „schuldgerecht", sondern in Wirklichkeit nur eine Teilleistung gewesen ist und daß sich der Gläubiger zur Annahme nur verstanden hat, weil er sich ihrer nicht erwehren konnte.

Am 18. Oktober 1918, dem Tag des Kaufabschlusses, stellten 20000 PM dar:

gerechnet nach	Dollarkurs	rund	12500 GM
„ „	der Tabelle des Aufwertungsgesetzes	„	12900 „
„ „	den Geldwertzahlen	„	6900 „

Am 1. Januar 1922 dagegen:

gerechnet nach	Dollarkurs nur noch	rund	450 GM
„ „	der Tabelle des Aufwertungsgesetzes nur noch	„	500 „
„ „	den Geldwertzahlen nur noch	„	1000 „

Auf jeden Fall war also eine außerordentlich starke Entwertung eingetreten; denn je nach dem Maßstab hatten die gezahlten 20000 PM noch rund $^1/_{30}$ oder $^1/_7$ des ursprünglichen Wertes. Angesichts einer Wertverschiebung von solchem Ausmaß läßt sich, wie der Revision zuzugeben ist, die Ablehnung des Aufwertungsbegehrens wegen der Januarrate 1922 mit der Begründung des Berufungsgerichts nicht halten. Eine Vermögensanlage im Sinne des Aufwertungsgesetzes liegt nicht vor; vielmehr handelt es sich um einen reinen Anspruch aus gegenseitigem Vertrag, der diese seine Eigenschaft auch nicht dadurch verloren hat, daß die Zahlung gestundet war und ratenweise zu erfolgen hatte (vgl. WarnRspr. 1926 Nr. 58, 59). Die Frage, ob der Anspruch durch Verzicht oder verspätete Geltendmachung erloschen ist (wie die Beklagten behaupten), bedarf, wie auch die Höhe der Aufwertung selbst, noch weiterer tatsächlicher Klärung. . . .

43. 1. Ist die Verordnung über die Aufwertung von Versicherungsansprüchen vom 22. Mai 1926 rechtsgültig?

2. Ist sie noch in der Revisionsinstanz zu beachten, wenn das Urteil des Berufungsgerichts vor ihrem Inkrafttreten erlassen ist?

3. Wer ist nach der Verordnung zur Entscheidung berufen?

VI. Zivilsenat. Urt. v. 5. November 1926 i. S. C. Vers. A.-G. (Bekl.) w. B. (Kl.). VI 259/26.

I. Landgericht Nürnberg.
II. Oberlandesgericht daselbst.

Im Februar 1913 nahm der Kläger, ein Arzt, bei der Beklagten auf 10 Jahre eine Versicherung gegen die gesetzliche Haftpflicht bis zum Gesamtbetrag von 50000 *M* für jede einzelne beschädigte Person. Im Jahre 1919 behandelte er die Buchhalterin H. mit Röntgenstrahlen. Diese erhob daraufhin Schadensersatzansprüche gegen den Kläger. Der Rechtsstreit endete mit einem Vergleich. Der Kläger verpflichtete sich, der H. 5000 R*M* in monatlichen Raten von 100 R*M* zu zahlen und am 1. März 1925 mit den Zahlungen zu beginnen. Die Kosten wurden gegeneinander aufgehoben. Mit der gegenwärtigen Klage verlangt der Kläger von der Beklagten Erstattung der im Vorprozeß aufgewendeten Kosten, Erstattung der bisher bezahlten Monatsraten und Befreiung von seinen künftigen Verpflichtungen aus dem Vergleich.

Das Landgericht erkannte im wesentlichen nach den Anträgen der Klage. Die Berufung der Beklagten wurde durch Urteil vom 15. April 1926 zurückgewiesen. Ihre Revision hatte Erfolg.

Gründe:

Die Revision macht mit Recht geltend, daß für das Verhältnis der Parteien jetzt die Verordnung der Reichsregierung über die Aufwertung von Versicherungsansprüchen vom 22. Mai 1926 maßgebend ist.

1. Die Rechtsgültigkeit dieser Verordnung wäre zu beanstanden, wenn man der von Mügel in seinem Kommentar zum Aufwertungsgesetz (Anm. 2 zu § 59) entwickelten Ansicht beitreten müßte. Das ist aber abzulehnen. Es steht in der Rechtsprechung des Reichsgerichts (vgl. RGSt. Bd. 55 S. 246 und JW. 1924 S. 192) fest, daß der Reichsregierung die Befugnis zum Erlaß von

Rechtsverordnungen auch durch einfaches Reichsgesetz übertragen werden kann, wenn die erteilte Vollmacht nach Zeit und Gebiet oder Personenkreis beschränkt ist. Die Verordnung vom 22. Mai 1926 ist auf Grund des § 59 Abs. 2 des Aufwertungsgesetzes vom 16. Juli 1925 erlassen worden. Nachdem in Abs. 1 a. a. O. von den Ansprüchen der Versicherten aus Lebensversicherungsverträgen und gewissen Kranken-, Unfall- und Haftpflicht-Versicherungsverträgen gesprochen worden ist, heißt es in Abs. 2:

„Die Reichsregierung . . . . wird ermächtigt, Bestimmungen über die Voraussetzungen, die Art und die Höhe der Aufwertung von Ansprüchen der Versicherten aus Versicherungsverträgen anderer Art zu erlassen".

Die Ermächtigung erstreckt sich also nur auf die vom Aufwertungsgesetz selbst nicht betroffenen Versicherungsverträge. Das ist eine sachliche und zugleich eine persönliche Beschränkung; denn nur für eine bestimmte Anzahl von Versicherten darf die Reichsregierung eine Verordnung erlassen. Ihre zeitliche Begrenzung trägt die Vorschrift des § 59 Abs. 2 ohne weiteres in sich. Die Aufwertung von Versicherungsansprüchen aus der Inflationszeit und alle damit zusammenhängenden Fragen werden in einigen Jahren ohnehin erledigt sein, und damit endet dann auch das Verordnungsrecht der Reichsregierung. Die sämtlichen Aufwertungsfragen sind eben doch nur Übergangsfragen, Fragen des Übergangs von der erst langsam, dann schneller sich entwertenden alten Markwährung zu der neuen Reichsmarkwährung.

Das Verlangen Mügels, daß das Gesetz selbst einen Rahmen hätte aufstellen müssen, innerhalb dessen die Regelung der Reichsregierung sich zu bewegen hätte, geht zu weit. Damit wird mehr gefordert als eine Begrenzung der Ermächtigung nur nach der Zeit und dem Gebiet oder dem Personenkreis.

2. Die Verordnung vom 22. Mai 1926 ist nach ihrem Art. 13 am Tage ihrer Verkündung in Kraft getreten und nach Art. 7 macht sie nur vor rechtskräftigen gerichtlichen Entscheidungen halt. Deshalb muß die Verordnung auch auf das Verhältnis der gegenwärtig streitenden Parteien angewendet werden, obwohl sie erst nach der Entscheidung des Berufungsgerichts erlassen worden ist.

3. In die Zuständigkeit der ordentlichen Gerichte wird durch die Verordnung insoweit eingegriffen, als nach Art. 11 die Vor-

schriften des 11. und 12. Abschnitts des Aufwertungsgesetzes sinngemäß angewendet werden sollen. Einen Streit über die Höhe der Aufwertung würde also nach § 69 AufwG. die Aufwertungsstelle zu entscheiden haben. Ein Streit über die Höhe der dem Kläger nach der Verordnung vom 22. Mai 1926 gebührenden Aufwertung besteht bisher nicht und wird sich auch kaum erheben, da diese Verordnung, soweit ersichtlich, überall feste Sätze und bestimmte Zeiten angegeben hat, nach denen gerechnet werden soll. Sollte die Beklagte gemäß Art. 4 eine Herabsetzung der Aufwertung verlangen, so wärd insoweit allerdings die Zuständigkeit der Aufwertungsstelle gegeben. Bis diese gesprochen hätte, müßte das gerichtliche Verfahren ausgesetzt werden. . . . .

---

44. 1. Sind Bestimmungen in den Pachtverträgen, wonach der Pächter die künftig auf das Pachtgrundstück zu legenden öffentlichen Lasten tragen soll, auch auf die Landabgabe im Sinne von Art. I des Betriebssteuergesetzes vom 11. August 1923 und auf die Rentenbankzinsen im Sinne von § 8 der Rentenbankverordnung vom 15. Oktober 1923 zu beziehen?

2. Sind Vertragsabreden der unter 1 angegebenen Art durch Art. III § 1 Satz 2 des bezeichneten Gesetzes und § 8 Abs. 2 der bezeichneten Verordnung unberührt geblieben?

III. Zivilsenat. Urt. v. 5. November 1926 i. S. Zi. u. Gen (Bekl.) w. v. Sch. (Kl.). III 558/25.

I. Landgericht Prenzlau.
II. Kammergericht Berlin.

Der Beklagte Zi. hat durch Vertrag vom 8. April 1904 das Rittergut A., der Ehemann der Beklagten B. hat durch Vertrag vom 21. April 1904 das Rittergut W. und der Beklagte Zü. hat durch Vertrag vom 1. Januar 1909 das Rittergut F. vom Kläger gepachtet. An Stelle des Pächters B. ist nach seinem Tode seine Witwe als Pächterin eingetreten. Der Verpächter hat folgende Beträge gezahlt: den gemäß Art. III § 1 des Gesetzes über die Besteuerung der Betriebe vom 11. August 1923 (RGBl. I S. 769) von ihm als Eigentümer der Pachtgrundstücke zu tragenden, auf die Zeit vom September bis Dezember 1923 zu entrichtenden Teil der Landabgabe (Betriebssteuer), sowie den nach der Verordnung über die Errichtung der Deutschen Rentenbank vom 15. Oktober 1923 (RGBl. I S. 963) auf ihn entfallenden Teil der am 1. April und am 1. Oktober 1924 fällig gewesenen Rentenbankzinsen. Er ist der Meinung, daß nach den Bestimmungen, die in den Pachtverträgen über die Tragung der öffentlichen Abgaben enthalten sind, die bezeichneten Leistungen im Verhältnis des Verpächters zum Pächter den Beklagten obliegen, und verlangt mit der Klage Erstattung der von ihm entrichteten Beträge. Die Beklagten erstreben mit der Widerklage die Feststellung, daß sie auch zur Zahlung der künftig fällig werdenden Rentenbankzinsen nur in Höhe der durch die bezeichnete Verordnung den Pächtern auferlegten Beträge verpflichtet seien. Das Landgericht hat der Klage entsprochen und die Widerklage abgewiesen. Die Berufung der Beklagten ist zurückgewiesen worden. Auch ihre Revision ist erfolglos geblieben.

Aus den Gründen:

Der Kläger hat mit der Entrichtung der Abgaben, deren Erstattung er von den Beklagten fordert, Pflichten erfüllt, die nach Art. III § 1 des Betriebssteuergesetzes vom 11. August 1923 und nach § 8 Abs. 1 der Rentenbankverordnung vom 15. Oktober 1923 ihm dort dem Reich, hier der Rentenbank gegenüber oblagen. Er glaubt, daß im Verhältnis zwischen ihm und seinen Pächtern diese allein zur Tragung der Abgaben verpflichtet sind, und stützt sich hierbei auf Bestimmungen in den Pachtverträgen. Die Verträge stimmen darin überein, daß sie den Pächtern die auf den Pachtgrundstücken gegenwärtig haftenden und künftig auf sie zu legenden öffentlichen Lasten aufbürden. ... Die Beklagten sind der Meinung, daß die Vertragsabreden, auch wenn sie an sich dem Kläger zur Seite stehen sollten, für das Gebiet der hier in Betracht kommenden Abgaben durch Art. III § 1 Satz 2 BStG. und § 8 Abs. 2 RBVo. ihrer Wirksamkeit entkleidet sind. Sie sehen in diesen Bestimmungen zwingende Vorschriften, die für das Fortbestehen abweichender Vereinbarungen keinen Raum mehr lassen. Zutreffend hat jedoch das Berufungsgericht ausgeführt, daß die erste Vorschrift, wie ihr enger Zusammenhang mit dem die Abgabenpflicht regelnden Satz 1 ergibt, die Verpflichtung zur Tragung der Betriebssteuer nur dem Reich gegenüber regelt, nicht aber im Innenverhältnis zwischen

Eigentümer und Betriebsunternehmer, also auch nicht im Verhältnis zwischen Verpächter und Pächter. Die zweite Vorschrift besagt zwar, daß „im Verhältnis zueinander" der Eigentümer zur Zahlung von einem Viertel, der Pächter zur Zahlung von drei Vierteilen der Zinsen verpflichtet ist, die vom Kapital der auf den Pachtgrundstücken haftenden Rentenbankgrundschuld — vgl. § 6 Abs. 4 RBVo. — zu entrichten sind. Allein ein zwingender Charakter kann der Bestimmung nicht beigelegt werden. Der Gesetzgeber würde durch eine Vorschrift solcher Art die Vertragsfreiheit der Beteiligten auf einem Gebiete, das von jeher der unbehinderten rechtsgeschäftlichen Gestaltung der Beteiligten offenstand (vgl. § 546 BGB.), beseitigt haben. Zur Annahme eines so weit gehenden Eingriffs läge nur Grund vor, wenn Rücksichten auf die guten Sitten oder das Allgemeinwohl erkennbar wären, die ihn zu einer solchen Regelung bestimmt haben könnten. Da jedoch bei anderen öffentlichen Abgaben dem Verpächter und dem Pächter nach wie vor freie Hand für die Verteilung der Lasten untereinander verblieben ist, so ist nicht anzunehmen, daß öffentliche Interessen, etwa die Absicht der Erhaltung eines leistungsfähigen Pächterstandes oder die Absicht des Schutzes der Pächter gegen Bedrückung durch die Verpächter, den Gesetzgeber für das beschränkte Gebiet der Rentenbankzinsen zu einer abweichenden Regelung im Sinne zwingenden Rechts bewogen haben könnten. Hierzu lag um so weniger Veranlassung vor, als zwar der § 8 Abs. 3 RBVo. nur gegen die unbillige Verteilung der Zinsenlast nach Absatz 2 ein Mittel zur Abhilfe bot, die ordentlichen Gerichte aber dem Pächter unter den Voraussetzungen des § 138 BGB. und unter dem Gesichtspunkt der clausula rebus sic stantibus (RGZ. Bd. 104 S. 218, Bd. 107 S. 151) Hilfe gewähren konnten. Überdies konnten die Länder schon beim Inkrafttreten der Rentenbankverordnung kraft der Ermächtigung in § 1 der Reichspachtschutzordnung vom 9. Juni 1920/29. Juni 1922 in den dort bezeichneten Grenzen durch die Errichtung von Pachteinigungsämtern Schutz bieten. Weiter reichte der Schutz gegen unbillige Lastenverteilung in bezug auf andere Steuern und Abgaben auch nicht, obschon sie sich hier nicht minder drückend als bei Rentenbankzinsen gestalten konnte. Es kann auch nicht zugegeben werden, daß dem Gesetzgeber die Absicht beigemessen werden müsse, mit dem § 8 Abs. 2 die bereits vor dem Inkrafttreten der Rentenbankverordnung getroffenen Abmachungen über die Lastenverteilung aufzuheben, weil bei diesen die Vertragschließenden an die außerordentliche Belastung der Betriebe mit der Rentenbankgrundschuld schwerlich gedacht hätten. Auch gegen diesen Mißstand gaben die Pachtschutzordnungen der Länder durch die Ausrüstung der Pachteinigungsämter mit den der Reichspachtschutzordnung entsprechenden Abänderungsbefugnissen, deren Voraussetzungen durch die dritte Reichspachtschutzordnung vom 13. Februar 1924 ermäßigt wurden, die Möglichkeit eines weitgehenden Schutzes an die Hand.

Die Beklagten haben ferner geltend gemacht, daß dem Kläger die oben bezeichneten Vertragsbestimmungen um deswillen nicht zugute kämen, weil sie den Pächtern die öffentlichen Lasten aufbürdeten, zu diesen aber die Rentenbankzinsen nicht zu zählen seien. Dieser auch von der Revision vertretenen Ansicht kann ebenfalls nicht beigestimmt werden. Die Errichtung der Rentenbank und die damit in Verbindung stehenden Maßnahmen, insbesondere die Belastung der landwirtschaftlichen Grundstücke mit zu verzinsenden Grundschulden, sowie die damit beabsichtigte Herstellung einer Grundlage für die von der Bank auszugebenden Rentenbriefe und Rentenmarkscheine (§§ 12 bis 15 RBVo.) dienten dem Zwecke, dem Währungsverfall Einhalt zu tun und die Finanzen des Reichs zu ordnen. Auf die Durchführung der Belastungen, namentlich auf das Ermittlungs- und Festsetzungs-, das Rechtsmittel-, Erhebungs- und Beitreibungsverfahren sind sinngemäß die Vorschriften der Reichsabgabenordnung anzuwenden. Sachlich zuständig sind die Finanzbehörden des Reichs (§§ 31 flg. der vorläuf. Durchführungsbest. vom 14. November 1923, RGBl. I S. 1092). Die Belastungen sind kraft Gesetzes ohne Eintragung in das Grundbuch entstanden (§ 6 RBVo.). Diese gesetzliche Regelung begründet die Annahme, daß die Zinsenlast eine öffentliche Last ist. Hiergegen spricht auch nicht die Tatsache, daß die als Gläubigerin der Zinsen zu betrachtende Rentenbank die Eigenschaft einer juristischen Person des Privatrechts hat (§ 1 S. 3), daß die Eigentümer der belasteten Grundstücke im Verhältnis der von ihnen eingebrachten Grundschulden am Kapital der deutschen Rentenbank beteiligt sind (§ 11) und daß diese Anteilseigner am bilanzmäßigen Reingewinn der Bank teilnehmen (§ 18 Nr. 2). Die Errichtung der Bank in Gestalt eines privatrechtlichen Betriebs ist nur die der Organisation dienende Rechtsform, in der sie im Verkehr auftritt, und ändert nichts an ihrer oben bezeichneten öffentlichen Aufgabe. Daß aber die Beteiligung der Grundstückseigentümer an der Bank nicht die Gegenleistung für die von ihnen zu übernehmende Grundschuld bildet, sondern ebenfalls nur organisatorischen Zwecken der ähnlich wie eine Aktiengesellschaft ausgestalteten Bank dient, erhellt daraus, daß die Anteilseigner von dem ihnen zufallenden Teile des Reingewinns nur einen Betrag bis zur Höhe von 6 vom Hundert des Wertes der Einlagen, keinesfalls also mehr erhalten, als sie selbst an Zinsen entrichten (§ 6 Abs 4, § 9 Abs. 1 S. 3).

Der Verwertung der Vertragsbestimmungen als Klagegrundlage steht auch nicht im Wege, daß in ihnen von Lasten die Rede ist, die auf den Pachtgrundstücken haften, oder von öffentlichen Lasten, die auf sie zu legen sind. Denn unter diesen Lasten sind, wie in § 546 BGB., die den Eigentümer als solchen treffenden Lasten zu verstehen. Die Pflicht zur Verzinsung der Rentenbankgrundschuld fällt ohne Zweifel hierunter. Daß auch die Betriebssteuer zu diesen Abgaben zu zählen ist, erhellt schon aus der Fassung des Art. I unter 2 und des Art. III § 1 BStG. Die Abgabe wird hiernach erhoben von Betrieben, die dauernd landwirtschaftlichen usw. Zwecken dienen, nach Maßgabe des Art. III, und hier wird in § 1 als abgabepflichtig ausdrücklich der Eigentümer bezeichnet. Für den Fall, daß neben dem Eigentümer ein anderer als Betriebsunternehmer steht, wird bestimmt, daß der Eigentümer die Abgabe zur Hälfte zu entrichten hat. Auch der der Betriebssteuer zugrunde liegende Gedanke, diejenigen Sachwerte einer besonderen Besteuerung zu unterwerfen, die von der Geldentwertung am wenigsten betroffen waren, läßt ersehen, daß der Eigentümer als solcher mit ihr belastet werden sollte. Mit Rücksicht hierauf muß es als unerheblich angesehen werden, daß in Art. II § 2 Nr. 4 die Befreiung von der Betriebssteuer Personen zugestanden ist, denen nach den dort bezeichneten Grundsätzen und Verträgen ein Anspruch auf Befreiung von der persönlichen Steuerpflicht zusteht, und daß nach Art. IV § 3 die Betriebssteuern nicht wie sonstige Sachwertsteuern (Ertragssteuern) von der Einkommensteuer abgezogen werden dürfen, zumal da bei dieser Vorschrift auch der Gedanke einer möglichst scharfen Erfassung des Steuerpflichtigen mitgewirkt haben kann (vgl. Strutz, Handbuch des Reichssteuerrechts S. 518flg.).

Endlich war auch dem Angriff keine Folge zu geben, den die Revision gegen die Auslegung der zur Klagebegründung dienenden Vertragsnormen erhebt. Sogenannte typische Vertragsklauseln, deren Sinn und Tragweite das Revisionsgericht frei und unbehindert durch die tatrichterliche Deutung feststellen könnte, liegen nicht vor. Die Abreden in den Pachtverträgen über die Tragung der öffentlichen Lasten weisen nicht in regelmäßiger Wiederkehr denselben Inhalt auf, sondern regeln die Frage verschieden. Die Auffassung des Berufungsgerichts kann daher nur darauf geprüft werden, ob sie vor den Auslegungsgrundsätzen des BGB. (§§ 133, 157) standhält. Ein Verstoß hiergegen ist nicht erkennbar. Nach den Gründen des angefochtenen Urteils gewinnt es allerdings zunächst den Anschein, als ob der Berufungsrichter die Vertragsbestimmungen dahin würdige, daß der Verpächter von allen gegenwärtigen und künftigen öffentlichen Lasten jeder Art befreit sein solle, die den Pachtzins schmälern würden. Später wird aber ausgeführt, es sei der Sinn solcher Vertragsnormen, daß der Pächter alle die öffentlichen Lasten tragen müsse, die ein selbstwirtschaftender Eigentümer aus den Erträgnissen des Gutes bestreiten würde. Diese Auffassung, welche ersichtlich die nach den Regeln einer ordnungsmäßigen Wirtschaft aus dem Ertrag des Grundstücks und nicht aus der Vermögenssubstanz zu bestreitenden öffentlichen Lasten im Auge hat, trägt den Anforderungen von Treu und Glauben zur Genüge Rechnung. Sie ist für die Entscheidung des Berufungsgerichts ausschlaggebend geworden. Der Vorderrichter prüft, ob die Betriebssteuer und die Rentenbankzinsen Lasten der bezeichneten Art darstellen, und bejaht dies. In bezug auf die Betriebssteuer heißt es in den Urteilsgründen, wenn auch eine Abgabe von diesem Umfang zunächst mit Hilfe von Kredit oder aus dem Vermögensstock zu entrichten gewesen sei, so habe doch für einen vernünftig wirtschaftenden Landwirt die Möglichkeit und die Notwendigkeit bestanden, den Aufwand aus den Erträgnissen des Gutes alsbald zu decken. Auch eine solche Abgabe hält sich noch innerhalb der Grenzen einer Ertragssteuer im dargelegten Sinne. . . .

---

45. Zum Begriff der Löschbereitschaft als Erfordernis für den Lauf der Löschzeit.

Binnenschiffahrtsgesetz §§ 47, 48, 56.

I. Zivilsenat. Urt. v. 6. November 1926 i. S. N. V. Maatschappy Rynschipp „Ines" (Kl.) w. A. Th.-Hütte (Bekl.). I 412/25.

I. Landgericht Duisburg, Kammer für Handelssachen.
II. Oberlandesgericht Düsseldorf.

Am 28. Februar 1923 ist der im Eigentum der Klägerin stehende Kahn „Ines" mit einer Ladung Eisenerz, die nach Hamborn für die Beklagte bestimmt war, vor dem dieser gehörigen Hafen Schwelgern vor Anker gegangen. Der Schiffer des Kahns meldete sich am selben Tage bei der Beklagten löschbereit und letztere stellte darüber auf der Rückseite des Ladescheins eine Bescheinigung aus. Zur Löschung des Kahns ist es zunächst nicht gekommen; erst am 3. April 1923 wurde mit der Löschung begonnen. Der Schiffer unterbrach aber die Löschung bereits nach zwei Stunden, weil die Beklagte sich weigerte, ihm Liegegeld für die Zeit vom 10. März 1923 ab zu zahlen. Er erklärte ihr dann, daß er für die Klägerin als Frachtführerin wegen der beanspruchten Liegegelder das gesetzliche Pfandrecht an der Ladung ausübe. Erst am 25. Oktober 1923 hat die Klägerin das so geltend gemachte Pfandrecht aufgehoben. Darauf ist der Kahn entladen worden.

Die Klägerin beansprucht die Zahlung von Liegegeld für die Zeit vom 10. März bis 25. Oktober 1923. Die Beklagte bestreitet den Anspruch nach Grund und Betrag. Sie wendet ein, daß der Kahnschiffer der Klägerin während der Zeit vom 2. März bis 25. Oktober 1923 nicht löschbereit gewesen und daß ferner die Löschung durch zufällige Umstände im Sinne von BinnenschiffG. § 48 Abs. 3 Satz 2 verhindert gewesen sei. Denn in der Zeit vom 2. März bis 3. April 1923 sei der Hafen Schwelgern wie jeder andere in Betracht kommende Löschplatz durch Maßnahmen der französisch-belgischen Besatzungsbehörden in einer Weise gesperrt gewesen, daß die Löschung unmöglich gewesen sei. In der Zeit vom 3. April bis 25. Oktober 1923 aber habe der Kahnschiffer der Klägerin die Herausgabe der Ladung ohne berechtigten Grund verweigert.

Im ersten Rechtszug wurde der Klaganspruch dem Grunde nach für berechtigt erklärt. Das Berufungsgericht wies die Klage ab. Die Revision der Klägerin hatte keinen Erfolg.

Gründe:

Nach den Feststellungen des Berufungsgerichts hat sich der Kahnschiffer der Klägerin bei der Beklagten am 28. Februar 1923 löschbereit gemeldet und ist zu dieser Zeit sowie am folgenden Tage, dem 1. März 1923, löschbereit gewesen. Aber seine Löschbereitschaft sei — wie weiter ausgeführt wird — durch die am 1. März 1923 einsetzenden Maßnahmen der belgisch-französischen Besatzungsbehörden bis zum 3. April 1923 aufgehoben gewesen. Diese Maßnahmen der Besatzungsbehörden hätten sich auch gegen den Kahnschiffer gerichtet. Denn das allgemeine Verbot der Besatzungsbehörden, Waren der hier fraglichen Art, solange sie nicht in der verlangten Weise verzollt würden, zu löschen, habe sich auch gegen ihn gerichtet. Hätte der Kahnschiffer mit der Entlöschung des Kahnes begonnen, so wäre er voraussichtlich von den Franzosen ebenso verhaftet worden wie andere Schiffer in gleicher Lage. Danach habe tatsächlich ein Hindernis für die Entlöschung des Kahns auch in der Person des Kahnschiffers bestanden. Auch wäre dieses Hindernis, wie aus dem damaligen Gesamtverhalten der fremden Besatzungsbehörden zu entnehmen sei, nicht ohne weiteres behoben worden, wenn die Beklagte die Zölle und sonstigen Gebühren für die im Kahn befindliche Ware an die Besatzungsbehörden gezahlt hätte. Außerdem sei der Beklagten dieser Weg zur Beseitigung des auch für den Kahnschiffer bestehenden Löschungshindernisses wegen eines Verbots der Reichsregierung und aus nationalen Gründen verschlossen gewesen.

Die Einwendungen, welche die Revision gegen diese, im wesentlichen auf tatsächlichem Gebiet liegenden Feststellungen erhebt, sind nicht durchschlagend. Die Revision meint, das Löschungsverbot der Besatzungsbehörden habe sich nur gegen den Ladungsempfänger, d. i. die Beklagte, richten können und habe nach Inhalt und Zweck nur die Ladung, nicht den Kahn als solchen betroffen. Denn Kahnschiffer und Kahnbesatzung hätten mit der Löschung des Kahns selbst nichts zu schaffen. Die Löschung habe vielmehr allein der Ladungsempfänger vorzunehmen. Der Kahnschiffer habe nur den Kahn zum Löschen bereitzustellen und könne sich im übrigen völlig untätig verhalten. Anderseits sei der Lauf der Löschzeit dadurch nicht berührt worden, daß der Beklagten durch Maßnahmen der fremden Besatzungsbehörden ein geeigneter Hafen und ein geeigneter Löschplatz genommen worden sei.

Nun handelt es sich um eine Ladung Eisenerz, also um „lose Güter" im Sinne von § 56 BinnenschiffG. Solche Güter sind in der Weise zu löschen, daß der Empfänger sie im Schiff abnimmt und ihre weitere Entladung bewirkt. Das bedeutet aber nicht, daß der Kahnschiffer an der Entlöschung völlig unbeteiligt ist. Vielmehr hat auch er hier an der einen Teil der Löschung bildenden Ausladung der Güter aus dem Schiff insofern mitzuwirken, als er das Löschgut im Schiffe dem Empfänger zur Abnahme anweisen und ihm zugänglich machen, also unter Umständen, wenn es sich um einen verdeckten Kahn handelt, die Luken des Kahns aufdecken muß usw. Die Entlöschung besteht keinesfalls in einer einseitigen, vom Willen und Handeln des Kahnschiffers unabhängigen Tätigkeit des Empfängers und seiner Beauftragten, sondern erfordert immer ein gewisses Mitwirken des Kahnschiffers und gegebenenfalls ein Hand-in-Hand-Arbeiten beider. Demgemäß traf das Eingreifen der Besatzungsbehörde auch den Kahnschiffer, indem ihm die zur Entlöschung erforderliche Mitwirkung untersagt wurde. Dieses Verbot, mit dessen gewaltsamer Durchführung auch gegen den Kahnschiffer nach den Feststellungen des Berufungsgerichts gerechnet werden mußte, stand der für eine gewöhnliche Abwicklung der Entlöschung erforderlichen Mitwirkung des Kahnschiffers entgegen. Und zwar gilt dies auch dann, wenn der Kahnschiffer subjektiv bereit gewesen sein sollte, dem Verbot der Besatzungsbehörden zu trotzen. Denn einmal war nach den Feststellungen des Berufungsgerichts mit dem Unterbinden der Mitwirkung des Kahnschiffers bei der Entlöschung durch Zwangsmaßnahmen der Besatzungsbehörden zu rechnen. Außerdem brauchte sich die Beklagte auf eine solche verbotswidrige und für sie nicht ungefährliche Mitwirkung des Kahnschiffers überhaupt nicht einzulassen. Vielmehr fehlte es im Verhältnis der Parteien objektiv an der Löschbereitschaft des Kahnschiffers und bestand nicht nur ein außerhalb des Schiffes und seiner Besatzung liegendes Ablieferungshindernis (BinnenschiffG. § 52 Abs. 2). Ob dies auch dann zutreffen würde, wenn es im freien Belieben der Beklagten gestanden haben sollte, durch Entrichtung des von den Besatzungsbehörden verlangten Zolles das Löschungsverbot zu beseitigen, kann dahingestellt bleiben, da eine solche Möglichkeit nach den Feststellungen des Berufungsgerichts nicht vorlag. Der danach anzunehmende Mangel der Löschbereitschaft ist, wie weiter aus dem Urteil des Berufungsgerichts erhellt, spätestens am 2. oder 3. März 1923 eingetreten und hat bis zum 3. April 1923 gedauert. Solange der Kahnschiffer nicht löschbereit gewesen ist, war der Lauf der Löschzeit unterbrochen, ohne Rücksicht darauf, ob die Beklagte ihrerseits imstande war, einen geeigneten Löschplatz anzuweisen und die Güter abzunehmen. Zu Unrecht macht daher die Klägerin geltend, daß die Löschzeit am 9. März abgelaufen und sie zur Forderung von Liegegeld vom 10. März 1923 ab befugt sei. Der Kahnschiffer der Klägerin war somit auch nicht berechtigt, wegen einer solchen Liegegeldforderung die am 3. April 1923 begonnene Entlöschung des Kahns nach zweistündiger Arbeit zu unterbrechen und erst am 25. Oktober 1923 wieder aufzunehmen. Demnach ist der Anspruch der Klägerin auf Liegegeld vom 3. April bis 25. Oktober 1923 unbegründet.

---

46. Kann ein Unternehmerverband auch dann eine monopolartige Machtstellung einnehmen, wenn ihm nicht alle einschlägigen Betriebe angehören? Verstößt die Freizeichnung der Mitglieder eines solchen Verbandes von der Haftung für eigenes Verschulden gegen die guten Sitten?

BGB. § 138.

I. Zivilsenat. Urt. v. 8. November 1926 i. S. A., Aktiengesellschaft (Bekl.) w. H. (Kl.). I 154/26.

I. Landgericht Köln, Kammer für Handelssachen.
II. Oberlandesgericht daselbst.

Der Kläger hatte bei der Beklagten, einer Speditionsfirma, am 16. Oktober 1920 mehrere Ballen Futterstoffe eingelagert. Um die Jahreswende 1922/23 stellte die Beklagte fest, daß 6 dieser Ballen vom Lager verschwunden waren. Ihr Abhandenkommen war auf Unredlichkeiten zweier Angestellten der Beklagten zurückzuführen.

Der Kläger verlangt Ersatz des ihm entstandenen Schadens, und zwar vorläufig in Höhe eines Teilbetrags. Er hat unter anderem geltend gemacht, daß der Verlust der Ballen die Folge eines eigenen Verschuldens der Beklagten bei Leitung ihres Lagerhausbetriebs sei. Diese hat ein solches Verschulden bestritten und ferner eingewendet, nach den für das Vertragsverhältnis maßgebenden allgemeinen Bedingungen des Kölner Spediteurvereins beschränke sich ihre Haftung auch für solches Verschulden auf die Höchstsumme von 400 GM für den Schadensfall.

Die Vorinstanzen haben den Klaganspruch dem Grunde nach ohne Beschränkung auf diese Höchstsumme für berechtigt erklärt. Die Revision der Beklagten blieb erfolglos.

Aus den Gründen:

... Ausgehend davon, daß der Beklagten ein eigenes Verschulden an dem durch unredliche Angestellte entstandenen Verlust des Klägers zur Last falle, hat das Berufungsgericht die von ihr auf Grund allgemeiner Verbandsbedingungen eingewandte Beschränkung ihrer Haftung für solchen Verlust auf einen unverhältnismäßig geringen Betrag als unzulässig bezeichnet. Es hat Bezug genommen auf die Rechtsprechung des Reichsgerichts, wonach die Freizeichnung von der gesetzlichen Haftung für eigenes Verschulden gegen die guten Sitten verstößt und deshalb nichtig ist, wenn sie unter Ausnutzung einer Monopolstellung erfolgt, und hat festgestellt, daß auch die letztere Voraussetzung hier gegeben sei. Im angefochtenen Urteil heißt es zu diesem Punkt: Zwar treffe es zu, daß die Vereinigung der Kölner Spediteure nicht restlos alle dort ansässigen Speditionsfirmen zu ihren Mitgliedern zähle. Selbst wenn die Vereinigung aber, wie die Beklagte behaupte, nur rund 200 von den in Köln bestehenden etwa 250 Speditionsgeschäften zu ihren Mitgliedern rechnen könne, so stehe doch fest, daß sich unter ihnen alle größeren und kapitalkräftigen Unternehmungen dieses Geschäftszweigs befänden. Der Großkaufmann sei jedoch auf die Inanspruchnahme dieser größeren Betriebe angewiesen, weil nur sie ihm für eine Ausführung des Vertrags unter vollster Ausnutzung aller neuzeitlichen Errungenschaften und im Falle von Verlusten für die Fähigkeit voller Schadensersatzleistung Gewähr böten. Daraus ergebe sich ihre monopolartige Stellung, die es ihnen gestatte, den auf sie angewiesenen Firmen ihre Bedingungen aufzuzwingen.

Diese Darlegungen enthalten keinen Rechtsirrtum.

In der Rechtsprechung des Reichsgerichts (RGZ. Bd. 103 S. 82, Bd. 106 S. 386[1]) war die Unwirksamkeit gewisser Haftungsbeschränkungen in den von den Unternehmerverbänden aufgestellten und von ihren Mitgliedern zu benutzenden allgemeinen Bedingungen damit begründet worden, daß es gegen das sittliche Empfinden des billig und gerecht denkenden Teiles des Volkes verstoße, wenn

[1]) Zu vgl. RG. in Seuff. Arch. Bd. 79 Nr. 101; RG. in Richter-Ztg. 1926, Spruchbeil. Nr. 345. D. R.

jemand eine tatsächlich bestehende Lage, nach welcher die Geschäftswelt allein auf die Benutzung seiner Dienste und der von ihm unterhaltenen Einrichtungen angewiesen sei, dazu ausnutze, um unter Umkehrung der vom Gesetzgeber gewollten und vom Verkehr als billig empfundenen Rechtslage sich unverhältnismäßige Vorteile auszubedingen. Diese Erwägung muß gleichfalls durchgreifen, wenn zwar kein absolutes Monopol der in Betracht kommenden Unternehmen in Frage kommt, diese aber eine Gruppe bilden, auf deren Inanspruchnahme eine bestimmter Kreis der Geschäftswelt bei der Abwicklung seiner Geschäfte angewiesen ist, weil die Angehörigen jener Gruppe nach der Anschauung des Verkehrs im wesentlichen allein die Gewähr für eine den Anforderungen dieses Verkehrs entsprechende Ausführung des Geschäfts bieten und im Falle des Haftungseintritts ausreichenden Vermögensrückhalt besitzen, um Ersatzforderungen nachkommen zu können. In solchem Falle befindet sich eben der kaufmännische Verkehr gegenüber jener Unternehmergruppe in einer Zwangslage. Die Inanspruchnahme der Mitglieder dieser Gruppe erfolgt somit, wie dem hierauf abzielenden Revisionsangriff entgegenzuhalten ist, nicht aus freier Abwägung der damit verbundenen Vor- und Nachteile. Daß diese bisher im wesentlichen auf das Speditionsgeschäft angewandten Grundsätze auch auf Lagergeschäfte Anwendung finden müssen, bedarf keiner weiteren Erörterung. . . .

---

47. Zur Auslegung des § 16 Abs. 1 des Reichsmietengesetzes vom 24. März 1922.

III. Zivilsenat. Urt. v. 11. November 1926 i. S. D.-Gesellschaft (Kl.) w. G. (Bekl.). III 568/25.

I. Landgericht I Berlin.
II. Kammergericht daselbst.

Der Beklagte hat in dem der Klägerin gehörigen Hause Ch.-straße 46 in Berlin einen Erdgeschoßladen nebst zwei Hinterräumen und einem Keller mietweise inne. Die Klägerin behauptet, die Räume fielen unter § 16 des Reichsmietengesetzes vom 24. März 1922, da sie durch Umbau früherer Hotelräume neu geschaffen seien, und hält sich daher für berechtigt, eine angemessene Miete zu fordern. Im vorliegenden Rechtsstreit begehrt sie die Feststellung, daß auf das Mietverhältnis der Parteien das Reichsmietengesetz keine Anwendung finde. Das Landgericht und das Kammergericht wiesen die Klage ab. Die Revision der Klägerin blieb erfolglos.

Gründe:

Um die Bautätigkeit anzuregen und so der Raumnot abzuhelfen, befreit § 16 Abs. 1 RMG. „durch Um- oder Einbauten neu geschaffene Räume" von den Mietzinsbeschränkungen, denen der Gesetzgeber ältere, bereits vor dem 1. Juli 1918 bezugsfertige Wohn- und gewerbliche Räume aus sozialpolitischen Gründen unterworfen hat. Nicht also auf das Mittel, den Ein- oder Umbau, sondern auf den Erfolg, die Neuschaffung von Räumen, legt der Gesetzgeber entscheidendes Gewicht. Nur sie, nicht Um- und Einbauten schlechthin, sollen zur Bekämpfung der Raumnot wirtschaftlich bevorzugt werden. Als neu im Sinne des Gesetzes sind daher nur solche Räume anzusehen, die bisher nicht zu Wohn- oder Geschäftszwecken geeignet, durch die Bautätigkeit des Eigentümers oder eines Dritten gerade einem dieser Zwecke dienstbar gemacht werden. Von diesem Gesichtspunkt aus unterliegt die Entscheidung des Berufungsgerichts keinen rechtlichen Bedenken.

Nach seinen Feststellungen haben die Erdgeschoßräume des Hauses folgendes Schicksal gehabt. Sie waren seinerzeit wenigstens zum weitaus größten Teil als Läden gebaut und verwendet worden. Im Jahre 1905 wurde das ganze Gebäude dem Hotelbetrieb gewidmet. Demgemäß wurden auch die Läden für die Zwecke des Hotels zu einer Vorhalle, zu Gast- und Lesezimmern und dergleichen umgestaltet. Im Jahre 1920 wurde der Hotelbetrieb eingestellt, und nunmehr wurde das Erdgeschoß wieder seiner ursprünglichen Bestimmung zugeführt und in Läden verwandelt. Bei dieser Gelegenheit wurden die Fußböden etwas gesenkt, Scheidewände gezogen und eine unmittelbare Verbindung zwischen den Läden und dem Hofe sowie zwischen den Läden und den dazu gehörigen Kellern hergestellt.

Im übrigen ist mit dem Kammergericht auch für die Revisionsinstanz von der Richtigkeit der Behauptung der Klägerin auszugehen, daß ein Teil der dem Beklagten vermieteten Hinterräume aus dem ehemaligen Luftschacht des Hotels bestehe.

Durch alle diese baulichen Eingriffe sind aber, selbst wenn man der ursprünglichen Bauart und der ursprünglichen Verwendung des Erdgeschosses keinen Einfluß auf die Rechtslage einräumt, nicht neue Räume im Sinne des Reichsmietengesetzes hergestellt, sondern nur bereits vorhandene Geschäftsräume in eine Anzahl kleinerer, gleichfalls für geschäftliche Zwecke bestimmter Räume zerlegt worden. Die Klägerin hat nicht etwa erst die Möglichkeit einer gewerblichen Ausnutzung des Erdgeschosses, sondern nur die Möglichkeit einer Änderung seiner bisherigen gewerblichen Nutzung geschaffen. Das kann aber die Anwendung des § 16 Abs. 1 RMG. ebensowenig rechtfertigen, wie es die der neuen Nutzungsart und den geschäftlichen Bedürfnissen der Gewerbetreibenden angepaßte bauliche Ausgestaltung der Räume vermag. Die Errichtung von Wänden, die Anlegung von Türen, die Senkung des Bodens haben sie nicht erst zu Geschäftsräumen gemacht, sondern nur ihre Verwendbarkeit und Nutzbarkeit als solche gehoben.

Nach dem eigenen Vortrag der Klägerin stellt, wie das Kammergericht zutreffend hervorhebt, der umgebaute Luftschacht nur einen unselbständigen, wirtschaftlich nicht erheblichen Teil der Nebengelasse des dem Beklagten vermieteten Ladens dar. Unter solchen Umständen teilt er das rechtliche Schicksal der Hauptsache. Er vermag es ebensowenig zu beeinflussen, wie die Klägerin verlangen kann, daß er für sich allein als neuer Raum im Sinne des Mietrechts behandelt wird. Das Berufungsgericht brauchte daher keine endgültige Feststellung nach der Richtung zu treffen, ob der ehemalige Luftschacht wirklich umgebaut und in die Mieträume des Beklagten einbezogen ist. . . .

---

48. Kann nach den Vorschriften der Zivilprozeßordnung in der Fassung der Bekanntmachung vom 13. Mai 1924 ein Verstoß gegen den in § 128 ZPO. aufgestellten Grundsatz der Mündlichkeit gemäß § 295 Abs. 1 ZPO. geheilt werden?

II. Zivilsenat. Urt. v. 12. November 1926 i. S. Firma Bl. & Co. (Bekl.) w. Firma B. GmbH. (Kl.). II 63/26.

I. Landgericht I Berlin, Kammer für Handelssachen.
II. Kammergericht daselbst.

Die Frage ist bejaht worden.

Aus den Gründen:

... Nicht begründet ist die Rüge, es verstoße gegen § 128 ZPO., daß der Berufungsrichter die Eidesleistung durch Beschluß angeordnet habe, obwohl die Erklärung der Beklagten über die Annahme des ihr zugeschobenen Eides nur in einem vorbereitenden Schriftsatz, nicht aber in der mündlichen Verhandlung erfolgt sei. In der Verhandlung vom 29. September 1925 hatte die Klägerin die schon im Schriftsatz vom 3. Januar 1925 angekündigte Eideszuschiebung wiederholt. Die Beklagte hat sich über die Annahme des Eides in jener Verhandlung augenscheinlich nicht erklärt, vielmehr wurde ihr durch Verfügung vom 10. Oktober aufgegeben, sich auf das Vorbringen der Klägerin so rechtzeitig schriftlich zu äußern, daß ihre Erklärung bei der am 27. Oktober 1925 zu verkündenden Entscheidung berücksichtigt werden könne. Darauf hat die Beklagte den Eid in einem Schriftsatz vom 14. Oktober 1925 unter Verwahrung gegen seine Erheblichkeit angenommen und gebeten, ihn zutreffendenfalls nur in Überzeugungsform zu fassen. Das Oberlandesgericht hat dann ohne weitere mündliche Verhandlung durch den am 17. Oktober 1925 verkündeten Beschluß die Leistung des Eides durch die Beklagte angeordnet.

Hiernach liegt an sich eine Verletzung des in § 128 ZPO. aufgestellten Grundsatzes der Mündlichkeit vor, da bei der Entscheidung des Rechtsstreits nur das von den Parteien in der mündlichen Verhandlung Vorgetragene oder nach § 137 Abs. 3 ZPO. in Bezug Genommene berücksichtigt werden darf. Dieser Grundsatz hat aber eine erhebliche Einschränkung erfahren durch § 7 der Entlastungsverordnung in der Fassung vom 13. Mai 1924 und durch die neueren, gemäß der Verordnung über das Verfahren in bürgerlichen Rechtsstreitigkeiten vom 13. Februar 1924 in die Zivilprozeßordnung eingefügten Vorschriften der §§ 251a, 331a und 272a über die Entscheidung nach Lage der Akten und über die Berücksichtigung gewisser nur in einem Schriftsatz mitgeteilter Parteierklärungen. Jetzt kann daher an der früheren Auffassung (RGZ. Bd. 54 S. 7, Bd. 90 S. 356) nicht mehr festgehalten werden, es handle sich im Falle des § 128 ZPO. um einen der Verfügung der Parteien vollständig entzogenen, schlechthin zwingenden Grundsatz des Verfahrens. Deshalb wird ein Verzicht der Parteien auf die Rüge der Verletzung dieses Grundsatzes nach § 295 ZPO. jetzt nicht mehr ausgeschlossen sein. Hier liegt allerdings keiner der hervorgehobenen Fälle vor, in denen eine Berücksichtigung der bloß schriftlich mitgeteilten Erklärungen einer Partei bei der zu treffenden Entscheidung zugelassen ist. Aber es muß aus jener weitgehenden Durchbrechung des Grundsatzes der Mündlichkeit gefolgert werden, daß eine Partei, die nach Schluß der Verhandlung noch in einem Schriftsatz Erklärungen zur Berücksichtigung bei einer zu erwartenden Entscheidung abgibt, sich ihrerseits nicht darüber beschweren kann, wenn das Gericht das so Erklärte bei seiner Entscheidung verwertet. Nur der Gegner könnte gegen ein derartiges Verfahren Widerspruch erheben. Jedenfalls besteht aber jetzt, wie schon erwähnt, die Möglichkeit, in solchem Falle den § 295 ZPO. anzuwenden und einen Verzicht im Sinne dieser Vorschrift anzunehmen, wenn die betroffene Partei in der nächsten nach der Verkündung stattfindenden Verhandlung keine Rüge erhebt. Eine solche Rüge ist, was die Berücksichtigung der bloß schriftlichen Erklärung der Beklagten betrifft, vor dem Berufungsgericht nicht rechtzeitig erhoben worden. Deshalb kann die Beklagte gemäß § 558 ZPO. in der Revisionsinstanz nicht mehr mit ihr gehört werden. ...

---

49. Von welchem Zeitpunkt ab entfällt für den Bergbautreibenden gegenüber Schadensersatzansprüchen öffentlicher Verkehrsanstalten aus § 148 des preuß. Allg. Berggesetzes der Einwand aus § 150 daselbst?

Preuß. Allg. Berggesetz §§ 148, 150, 153.

V. Zivilsenat. Urt. v. 13. November 1926 i. S. Bergwerksges. H. (Bekl.) w. preuß. Staat (Kl.). V 128/26.

I. Landgericht Essen.
II. Oberlandesgericht Hamm.

Infolge des Bergbaubetriebs der Beklagten sind an dem über ihr Abbaufeld führenden, dem klagenden Fiskus gehörigen Rhein-Herne-Kanal auf einer Strecke die Böschungen gesunken. Die Kosten der Beseitigung dieser Senkungen hat die Beklagte dem

Kläger insoweit erstattet, als die Senkungen durch Bergbau verursacht sind, welcher nach der im Juli 1914 erfolgten Inbetriebnahme des Kanals stattgefunden hat. Die Erstattung der übrigen Kosten hat sie mit der Begründung verweigert, daß sie für die aus dem früheren (alten) Bergbau erwachsenen Schäden zufolge § 150 des preußischen Allgemeinen Berggesetzes deshalb nicht hafte, weil dem Kläger bei der Erbauung des Kanals die den Böschungen aus diesem Bergbau drohende Gefahr bei Anwendung gewöhnlicher Aufmerksamkeit nicht habe unbekannt bleiben können. Der Kläger hält diesen Einwand für unbegründet, weil der Bergbautreibende den öffentlichen Verkehrsanstalten für den ihnen durch Bergbau zugefügten Schaden ohne Rücksicht darauf hafte, wann der Abbau erfolgt sei. Jedenfalls sei für die von der Beklagten gemachte Unterscheidung zwischen Schäden aus altem und neuem Bergbau nicht der Zeitpunkt der Inbetriebnahme der Anlage maßgebend; vielmehr habe die Beklagte auf diese Anlage schon seit der wegen ihrer landespolizeilichen Prüfung erfolgten Offenlegung, zum mindesten aber seit der Festsetzung ihres Planes Rücksicht nehmen müssen, und hafte also auch von da ab schlechthin für die durch weiteren Bergbau verursachten Schäden. Äußerstenfalls habe diese Rechtsfolge bei Beginn, unter allen Umständen aber bei Fertigstellung des Kanalbaus eintreten müssen. Der Kläger hat deshalb Klage auf Erstattung der ihm erwachsenen Kosten erhoben. Die Vorinstanzen haben ihm einen Teil des verlangten Betrags zugesprochen, im übrigen die Klage abgewiesen. Die Revision der Beklagten wurde zurückgewiesen aus folgenden

Gründen:

Das Berufungsurteil beruht auf der Erwägung, daß die Klage an sich auf Grund des § 148 ABG. schlüssig begründet sei und daß ihr die Beklagte in Höhe des dem Kläger zuerkannten Betrags einen Einwand aus § 150 dieses Gesetzes nicht entgegenhalten könne. Denn insoweit handle es sich um Ersatz von Schaden, der dem Kläger durch den erst nach Offenlegung des Planes der Kanalanlage erfolgten Bergbau der Beklagten verursacht worden sei. Von diesem Zeitpunkt ab sei der Beklagten erkennbar gewesen, welches Gelände für den Betrieb des Kanals in Anspruch genommen werde und sei sie daher wegen der den öffentlichen Verkehrsanstalten in § 153 ABG. eingeräumten Sonderstellung verpflichtet gewesen, auf das vom

Kläger geplante Unternehmen bei ihrem Bergbau Rücksicht zu nehmen und Vorkehrungen zu treffen, damit es durch Fortsetzung des Bergbaues nicht geschädigt werde.

Die Revision macht geltend, daß dem Bergbautreibenden eine so weitgehende Rücksichtnahme gegenüber einer erst geplanten Anlage nicht angesonnen werden könne, daß ihm vielmehr der Schutz des § 150 ABG. erst dann zu versagen sei, wenn die Anlage fertig gestellt und in Betrieb genommen sei. Jedenfalls könne kein früherer Zeitpunkt als der des Baubeginns als Stichtag für den Beginn der verschärften Haftung des Bergbautreibenden angesehen werden. Denn früher stehe nicht mit Sicherheit fest, ob das Unternehmen zur Ausführung gelange, und es sei auch in einigen Fällen tatsächlich vorgekommen, daß geplante Unternehmungen der hier fraglichen Art nicht ausgeführt worden seien. Es widerstreite daher dem öffentlichen Interesse, die Einschränkung des Bergbaues schon mit dem vom Berufungsrichter angenommenen Zeitpunkt beginnen zu lassen.

Die Rüge ist nicht begründet. Mit Recht beruft sich der Berufungsrichter darauf, daß die von ihm vertretene Rechtsauffassung, die bereits in einem früher von ihm entschiedenen Falle seinem Urteil zugrunde gelegt worden war, vom erkennenden Senat in seinem Urteil vom 24. Februar 1923 V 544/22 gebilligt worden ist. Von dieser Rechtsauffassung abzugehen, bieten die Ausführungen der Revision keinen Anlaß. Denn der Zweck der den öffentlichen Verkehrsanstalten in § 153 ABG. eingeräumten Sonderstellung erfordert es, daß auf ihre Belange vom Bergbautreibenden nicht erst von der Inbetriebsetzung oder Fertigstellung ihrer Anlagen oder auch nur vom Baubeginn ab, sondern schon von dem Zeitpunkt an Rücksicht genommen wird, in dem erkennbar geworden ist, nach welchem Plane sie errichtet werden sollen, da andernfalls die Ausführung dieses Planes durch Fortsetzung des Bergbaues in der Zwischenzeit nicht nur in empfindlichster Weise gestört, sondern unter Umständen sogar in Frage gestellt werden könnte. Auch ist dem Berufungsrichter nicht entgegenzutreten, wenn er angenommen hat, daß der hier als maßgebend bezeichnete Zeitpunkt als eingetreten jedenfalls mit der im landespolizeilichen Prüfungstermin erfolgten Verhandlung über den bereits vorher offengelegten Plan anzusehen ist. Diesen Erwägungen gegenüber kann die von der Revision hervorgehobene Möglichkeit nicht in Betracht kommen, daß es nicht zur Ausführung des von der Verkehrsanstalt geplanten Unternehmens kommen werde, und daß solchenfalls der Bergbautreibende bei Zugrundelegung des Rechtsstandpunkts des Berufungsrichters zwecklos und dem öffentlichen Interesse am Bergbau zuwider in seinem Betrieb behindert sei. Denn ein solcher Fall wird sich immerhin nur als Ausnahmefall darstellen und kann daher nicht für die Beurteilung anders liegender Regelfälle, wie des hier gegebenen, maßgebend sein. Es ist vielmehr den überwiegenden Interessen der öffentlichen Verkehrsanstalten der Vorzug zu geben und es kann daher unerörtert bleiben, ob nicht das Gesetz dem Bergbautreibenden für Ausnahmefälle der erwähnten Art Mittel und Wege an die Hand gibt, um einer zu weit gehenden zwecklosen Beschränkung seines Betriebs zu begegnen. Deshalb ist an der vom Senat in seinem Urteil vom 24. Februar 1923 vertretenen Rechtsauffassung festzuhalten. Soweit aus beiläufigen Ausführungen früherer Urteile des Senats (RGZ. Bd. 28 S. 341; Bd. 103 S. 221) entnommen werden könnte, daß ein anderer als der hier als maßgebend bezeichnete Zeitpunkt als Stichtag zu erachten wäre, hat der Senat diese Auffassung bereits in seinem vorerwähnten Urteil aufgegeben.

---

50. Zur Frage der Umwertung von Genußscheinrechten.

II. DurchfVo. zur GoldbilanzenVo. § 33. AufwG. §§ 33flg., § 63 Abs. 1 und Abs. 2 Nr. 1. BGB. § 242.

II. Zivilsenat. Urt. v. 16. November 1926 i. S. T. AG. (Bekl.) w. St. (Kl.). II 135/26.

I. Landgericht Bremen.
II. Oberlandesgericht Hamburg.

Die verklagte Aktiengesellschaft hat bei der Goldmarkumstellung ihre Stammaktien von 1000 P*M* auf 340 G*M* umgewertet. Im Mai und September 1921 hatte sie je 3000, im September 1922 weitere 6000 Genußscheine im Nennwert von je 1000 P*M*. ausgegeben. In den auf den Inhaber gestellten Genußscheinen sind drei Rechte verbrieft: ein Gewinnanteilsrecht, ein Beteiligungsrecht am Liquidationserlös und ein Ablösungsanspruch für den Fall der nur der Beklagten zustehenden Kündigung. Berechtigt sind die einzelnen Genußscheininhaber Nach den Ausgabebedingungen erhält jeder von ihnen vom jeweiligen bilanzmäßigen Reingewinn den gleichen Anteil wie ein Stammaktionär, ferner im Fall der Auflösung der Gesellschaft aus der Liquidationsmasse (nach Auskehrung des Aktiennennwerts samt etwaigen Gewinnrückständen an die Aktionäre) den Nennwert des Genußscheins, bei Unzulänglichkeit der Masse unter entsprechender Kürzung, während ein etwaiger Überschuß ganz den Aktionären verbleibt. Im Falle der Kündigung durch die Beklagte soll der Genußscheininhaber wiederum den Nennwert erhalten. Bei Herabsetzung des Stammkapitals durch Zusammenlegung der Stammaktien tritt nach der Satzung „ohne weiteres" eine entsprechende Herabsetzung des Nennwerts der Genußscheine ein unter gleichzeitiger verhältnismäßiger Kürzung des Gewinnanteils. Die Genußscheininhaber haben kein Aktionärrecht, insbesondere kein Stimmrecht, keinerlei Widerspruchsrecht gegen Satzungsänderungen, gegen etwaige Erhöhung oder Herabsetzung des Grundkapitals und gegen Bilanzbeschlüsse. Ebensowenig ist ihnen ein Bezugsrecht auf Aktien eingeräumt. Dagegen kann ihr Gewinnanteil und ihr Anspruch im Fall der Liquidation und der Kündigung ohne ihre Zustimmung nicht geändert oder aufgehoben werden. In der Goldmarkeröffnungsbilanz hat die Beklagte auf der Passivseite als „Genußscheinkonto" 300000 G*M* eingesetzt, also 25 G*M* für den einzelnen Genußschein. In der Generalversammlung wurde hierzu von Verwaltungsseite erklärt, daß dies der Betrag sei, der im Fall der Liquidation oder Kündigung an die Genußscheininhaber zu zahlen sei; er entspreche dem durchschnittlichen Goldwert der geleisteten Einzahlungen.

Der Kläger ist Inhaber von 16 Genußscheinen und zwar von 8 der ersten und von je 4 der zweiten und dritten Ausgabe. Er verlangt mit der Klage in erster Reihe Ausstellung von 16 neuen, nunmehr auf 340 G*M* (wie die Stammaktien), eventuell auf 260 G*M* lautenden Genußscheinen oder eine entsprechende Abstempelung der alten Genußscheine. Mit weiteren Hilfsanträgen begehrt er Verurteilung der Beklagten zur Bezahlung einer Summe, die dem jeweiligen Nennwert der auf 340 GM — hilfsweise 260 GM — umgestellten Stammaktie entspricht, im Liquidations- oder Kündigungsfall oder gleichinhaltliche Feststellung. Er beruft sich auf § 33 II. DVo. zur GoldbilVo. mit der Behauptung, daß die Genußscheinrechte „aktienabhängig" im Sinne dieser Bestimmung seien. In zweiter Reihe stützt er seine Anträge auch auf den Gesichtspunkt der Aufwertung und begründet sie des näheren damit, daß es sich um ein gesellschaftsähnliches Beteiligungsverhältnis handle, sodaß freie Aufwertung gelte und im Hinblick auf die von der Beklagten erzielten Substanzgewinne und die Art der Umstellung eine Aufwertung in Höhe von 340, hilfsweise 260 GM angemessen sei. Die Beklagte wandte ein: Dem Anspruch auf Ausfolgung neuer Genußscheine oder auf Abstempelung der alten mangle es an jeder Rechtsgrundlage, den Hilfsanträgen schon an den prozessualen Voraussetzungen. Sachlich treffe § 33 II. DVo. nicht zu. Es handle sich um reine Gläubigerrechte und zwar, soweit Aufwertung in Frage komme, um Vermögensanlagen ohne gesellschaftlichen Charakter. Deshalb gelte der gesetzliche Aufwertungssatz der III. SteuerNotVo. in Höhe von 15%, höchstens könne bis zum Goldmarkwert der Einzahlungen — durchschnittlich 25 GM — aufgewertet werden. Die Beklagte habe sich nur ihre Vermögenssubstanz erhalten. Die Genußscheine und Aktien der Beklagten seien auch börsenmäßig ganz verschieden bewertet worden.

Das Landgericht hat die Klage abgewiesen, da § 33 II. DVo. zur GoldbilVo. nicht zutreffe und über die Höhe der Aufwertung zurzeit nicht entschieden werden könne. Im Berufungsverfahren verlangte der Kläger neben seinem in I. Instanz gestellten Hauptantrag hilfsweise Feststellung dahin, daß der Nennwert der Genußscheine je 340 GM betrage. Die Beklagte trat auch diesem Antrag entgegen und begehrte widerklagend Feststellung, daß sie nicht verpflichtet sei, dem Kläger für die in seinem Besitz befindlichen Genußscheine im Fall der Kündigung oder Liquidation mehr auszuzahlen, als höchstens den Goldwert der auf die Genußscheine geleisteten Einzahlungen, errechnet über den Dollarkurs vom Tage der Zahlung. Das Berufungsgericht hat unter Abweisung der Widerklage die Beklagte verurteilt, dem Kläger nach ihrer Wahl entweder neue Genußscheine über 340 GM auszufolgen oder die bisherigen Genußscheine demgemäß abzustempeln.

Die Revision der Beklagten führte zur Aufhebung und Zurückverweisung.

Gründe:

... In Genußscheinen können Rechte verschiedenster Art verbrieft sein. Für die rechtliche Beurteilung kommt es deshalb zunächst darauf an, welcher Art diese Rechte im Einzelfall sind. Hier sind es — wie erwähnt — drei Rechte: ein Anteilsrecht am Jahresgewinn, ein Anrecht an die Liquidationsmasse und ein Recht auf Zahlung eines Geldbetrags im Falle der — nur der Beklagten zustehenden — Kündigung. Diese Rechte stellen nach der ständigen Rechtsprechung des Reichsgerichts Gläubigerrechte dar (RGZ. Bd. 30 S. 17, Bd. 49 S. 10, Bd. 83 S. 295, Bd. 105 S. 236, JW. 1915 S. 794). Für die Frage der Anwendbarkeit des § 33 II. DVo. ist das jedoch ohne Belang.

Wohl aber setzt diese Vorschrift zunächst voraus, daß die Rechte der einzelnen Genußscheininhaber in einer gewissen Beziehung zu Rechten der Einzelaktionäre stehen, im Gegensatz zu einer Ausgestaltung in der Weise, daß Rechte der Gesamtheit der Genußscheininhaber in ein derartiges Verhältnis zu Rechten der Aktionärschaft gebracht sind (vgl. Kahn GoldbilVo. § 8 S. 198, Rosendorff Goldmarkbilanz Anm. 30 S. 194/195, Breit GoldbilVo. § 8 II, Anm. 197 S. 156/157). Letzteres ist hier im allgemeinen nicht der Fall. In den Ausgabebedingungen sind im Gegenteil ausdrücklich die einzelnen Genußscheininhaber als die Berechtigten bezeichnet. Weiterhin soll aber nach § 33 II. DVo. die Aktienumstellung auf die einzelnen im Genußschein verbrieften Rechte nur dann und insoweit von Einfluß sein, als sich diese Einzelrechte nach den Rechten von Aktionären bestimmen. Darunter kann nur verstanden werden, daß sich der Inhalt des einzelnen Genußscheinrechts nach dem Inhalt eines der Aktionärrechte richtet. Es ist daher zu prüfen, ob und für welche Rechte der Genußscheininhaber diese Voraussetzung zutrifft.

Daß das Gewinnanteilsrecht der Genußscheininhaber in diesem Sinn „aktienabhängig" ist, kann füglich nicht in Zweifel gezogen werden.

Klar und unmißverständlich bestimmen die Ausgabebedingungen, daß jeder Genußscheininhaber aus dem bilanzmäßigen Reingewinn der Gesellschaft den gleichen Anteil wie ein Stammaktionär erhalten soll, und diese Aktienabhängigkeit hat in den Bedingungen für den Fall der Herabsetzung des Grundkapitals durch Zusammenlegung von Stammaktien noch weitere Ausgestaltung und Regelung erfahren. Ferner hängt die Höhe des jeweiligen Gewinnanteils ausschließlich von den jeweiligen Bilanzabschlüssen der Generalversammlung ab. Hierzu heben die Ausgabebedingungen noch ausdrücklich hervor, daß für die Feststellung des Gewinns die von der Generalversammlung genehmigten Jahresabschlüsse unbedingt und endgültig maßgebend seien und daß den Genußscheininhabern ein Recht zur Beanstandung dieser Beschlüsse nicht zustehe. Hinsichtlich des Rechts auf Gewinnanteil greift deshalb die Bestimmung des § 33 II. DVo. ein. Da mit der Umstellung eine Kapitalherabsetzung durch Zusammenlegung von Aktien nicht verbunden war, haben die Genußscheininhaber mithin den auf eine 340 GM-Aktie entfallenden Gewinnanteil zu beanspruchen (Quassowski-Susat Goldbilanzen, § 33, II. DVo. S. 348; Byk Komm. z. GoldbilVo. Anm. 1 zu § 33 II. DVo. S. 309; Kahn a. a. O. § 8 S. 197; Rosendorff a. a. O. S. 193 Anm. 28).

Daraus folgt aber keineswegs, daß deshalb auch ihre Beteiligung an der Liquidationsmasse und ihr Ablösungsanspruch im Fall der Kündigung sich auf 340 GM belaufe. Diese Folgerung zieht der Kläger selbst nicht; sie wäre auch schon mit dem Wortlaut des § 33 II. DVo. völlig unvereinbar. Was den Anspruch der Genußscheininhaber im Fall der Liquidation angeht, so ist nicht zu bestreiten, daß auch insoweit in gewissem Sinn Aktienabhängigkeit besteht. Einmal sollen die Genußscheininhaber im Fall der Liquidation überhaupt erst und nur dann zum Zuge kommen, wenn die sämtlichen Aktien nebst den etwaigen Rückständen von Gewinnanteilen zum Nennwert ausbezahlt sind, die Liquidationsmasse also den hierfür erforderlichen Betrag übersteigt. Allein dieser Art von Aktienabhängigkeit kann für die Anwendung des § 33 II. DVo. keine Bedeutung beigemessen werden. Ob die Genußscheininhaber insoweit vorzugs-, gleichzugs- oder nachzugsberechtigt sind, ist an und für sich unerheblich. Durch diese Bestimmung sind nicht sowohl die Beteiligungsrechte der einzelnen Genußscheininhaber zu Rechten der einzelnen Aktionäre in Beziehung gesetzt, als vielmehr die Rechte der Gesamtheit der Genußscheininhaber zu denen der Gesamtheit der Aktionäre. Die Genußscheine lauten sodann auf denselben

Nennbetrag wie die Aktien, und in den Ausgabebedingungen ist weiterhin bestimmt, daß sich im Fall der Herabsetzung des Stammkapitals durch Zusammenlegung der Stammaktien der Nennwert der Genußscheine und damit der auf sie bei der Liquidation entfallende Betrag ohne weiteres entsprechend mindern soll. Die Rechte der Genußscheininhaber im Liquidationsfall sind also nicht ein für allemal fest bestimmt, sondern sie sind mit dem Schicksal der Stammaktien über 1000 ℳ dergestalt verknüpft, daß eine etwaige Zusammenlegung der Aktien im Fall der Kapitalherabsetzung unmittelbar die entsprechende Herabminderung des Nennwerts der Genußscheine und damit ihrer Beteiligung an der Liquidationsmasse bewirkt. Die Rechtslage ist demnach die, daß wohl der Höchstbetrag der bei einer etwaigen Liquidation auf die Genußscheininhaber entfallenden Summe ein für allemal in Papiermark festgelegt ist, daß aber ein gleiches nicht für die Grenze nach unten gilt; insoweit besteht vielmehr allerdings Aktienabhängigkeit. Diese Beziehung genügt nun aber (entgegen der Ansicht des Klägers und der Auffassung des Berufungsgerichts, die freilich auch im Schrifttum vertreten ist, vgl. Byk a. a. O. S. 309 Anm. 1a und anscheinend auch Quassowski AufwG. S. 432b) noch nicht, um für den gegenwärtigen Fall die Anwendung des § 33 II. DVo. zu rechtfertigen. Denn wenn auch eine gewisse Abhängigkeit zwischen dem Beteiligungsrecht der Genußscheininhaber und dem Nennwert der Aktien besteht, so darf anderseits doch nicht übersehen werden, daß dieses Recht hier insofern eine weitere eigenartige Ausprägung erfahren hat, als es im Höchstmaß auf 1000 Pℳ beschränkt und damit gegenüber dem Liquidationsrecht des Aktionärs eigenartig und selbständig gestaltet ist. Die Genußscheininhaber erhalten hiernach weder denselben Anteil wie die Aktionäre noch einen Bruchteil oder einen Hundertsatz davon. Der Nennwert ist hier nicht, wie bei den Stammaktien, lediglich Rechnungsfaktor, sondern daneben das ein für allemal festgelegte Höchstmaß der Berechtigung an der Substanz der Gesellschaft überhaupt. Diese Schranke ist in den Ausgabebedingungen festgesetzt; sie ist auch nicht etwa inzwischen durch entsprechende Generalversammlungsbeschlüsse beseitigt worden. Die Generalversammlung der Beklagten hat im Gegenteil bei der Beschlußfassung über die Goldmarkumstellung Anträge aus der Mitte der Versammlung, die insoweit auf eine Gleichstellung der

Rechte der Genußscheininhaber mit denen der Aktionäre abzielten, abgelehnt und es damit bei jener Beschränkung belassen. Die Beschränkung ist ersichtlich zugunsten der Aktionäre getroffen, die über einen bestimmten Höchstbetrag hinaus durch die Liquidationsrechte der Genußscheininhaber nicht verkürzt werden sollen. Diese Schranke muß, was das Berufungsgericht verkennt, bei der Umwertung der Ansprüche der Genußscheininhaber Berücksichtigung finden. Die Rechtslage ist damit im Kern keine andere, als wenn der Nennbetrag als solcher die Grundlage für die Berechnung des Liquidationsrechts und des Einlösungsanspruchs im Fall der Kündigung bilden würde. Für die Umwertung von Genußscheinansprüchen dieser Art gelten aber nach der im Schrifttum allgemein vertretenen Auffassung nicht Umstellungs-, sondern Aufwertungsgrundsätze (Quassowski AufwG. S. 433 unter d; Quassowski-Susat Goldbil. S. 349/350 unter b; Rosendorff a. a. O. S. 194 Anm. 29aa; Kahn a. a. O. S. 197/198; Breit GoldbilVo. S. 160 Anm. 203 und im Zentralblatt für Handelsrecht von 1926 S. 277flg.). Für die Richtigkeit dieser Auslegung spricht im besonderen noch die Vorschrift des § 28 II. DVo. Hiernach sind Aktien, auf welche im Fall der Liquidation oder der Kündigung nur der Nennbetrag oder ein bestimmter Hundertsatz davon entfällt, einer Sonderregelung dergestalt unterworfen, daß für die Umstellung grundsätzlich der Goldmarkbetrag der Einlage maßgeblich ist, während sonst die Umwertung der Aktien durch die Ziffer des Goldmark-Grundkapitals und die Zahl der Aktien bestimmt wird. § 33 II. DVo. ist demnach nicht anwendbar. Damit entfällt der Entscheidungsgrund des Berufungsgerichts.

Die Umwertung des Liquidationsanspruchs — und gleiches gilt aus denselben Erwägungen auch für den Ablösungsanspruch im Fall der Kündigung — kann deshalb nur nach Aufwertungsgrundsätzen erfolgen. Die Klage ist auch hierauf gestützt. Auf diesen Klagegrund ist indessen nur das Landgericht, nicht auch das Berufungsgericht eingegangen, das hierzu von seinem Standpunkt aus keine Veranlassung hatte. Die Begründung, mit der das Landgericht auch insoweit allenthalben zur Klagabweisung gelangt ist, kann nicht durchschlagen. Es handelt sich hier um mehrfach bedingte Ansprüche. Der Anspruch auf Liquidationserlös ist bedingt durch den Eintritt der Liquidation, das Vorhandensein einer ausreichenden Liquidationsmasse sowie (der Höhe nach) weiter dadurch, daß keine Kapitalsherabsetzung durch Zusammenlegung von Aktien stattfindet. Letztere Bedingung gilt auch für den Ablösungsanspruch, der im übrigen durch die nur vom Willen der Beklagten abhängige Kündigung bedingt ist. Trotz dieser Bedingtheit ist der Inhalt der Leistung keineswegs so unbestimmt, daß zurzeit von einem Forderungsrecht überhaupt nicht mehr die Rede sein könnte. Die Grenzen der Leistungspflicht sind vielmehr für den Liquidations- und für den Kündigungsfall festgelegt. Auch bedingte Ansprüche, die auf einen Papiermarkbetrag lauten, sind der Aufwertung zugänglich. Auszugehen ist hierbei von dem Papiermarkbetrag von 1000 *M* (vgl. Mügel AufwG. § 2 Anm. 4; Breit im Zentralblatt für Handelsrecht 1926 S. 234). Der auf dieser Grundlage sich ergebende Aufwertungsbetrag würde sich dann nur im Fall einer künftigen Kapitalherabsetzung durch Zusammenlegung der Goldmark-Stammaktien entsprechend verringern. Rechtlich erhebt sich zunächst noch die (auch von der Beklagten aufgeworfene) Frage, ob für die Aufwertung der Ansprüche an die Liquidationsmasse und im Fall der Kündigung die §§ 33flg., § 63 Abs. 1 AufwG. maßgebend sind. Dies ist schon vom Landgericht für die entsprechenden Vorschriften der damals noch geltenden III. StNVo. mit zutreffender Begründung verneint worden. Es handelt sich bei beiden Ansprüchen eben nicht um solche, die bedingungslos auf Rückzahlung eines bestimmten Papiermarkschuldbetrags lauten. Beide Ansprüche entspringen ferner aus einem Beteiligungsverhältnis im Sinne des § 63 Abs. 2 Nr. 1 AufwG. (vgl. Breit im Zentralblatt für Handelsrecht 1926 S. 234/235; Quassowski AufwG. Anm. II B 1 d zu § 63 AufwG. und Anm. 1 A zu § 33 daselbst; Quassowski-Susat Goldbil. S. 349/350 Anm. b; auch Rosendorff Goldmarkbil. S. 194 d aa für die III. StNVo.). Es hat deshalb freie Aufwertung einzutreten (vgl. hierzu Breit a. a. O. S. 231, 235). Hierbei ist dem Umstand Rechnung zu tragen, daß es sich um gleichartige und gleichinhaltliche Massenrechte handelt, die an Inhaberpapiere geknüpft sind. Die Aufwertung muß deshalb nach § 242 BGB. eine schematische sein, da sonst die Rechte diese ihre eigentümliche, für ihre Umsatz- und Absatzfähigkeit wesentliche Eigenschaft verlieren würden. Daraus ergibt sich von selbst, daß bei der Aufwertung die besonderen Verhältnisse des Inhabers außer Betracht bleiben müssen.

Für die Höhe der Aufwertung bieten u. a. der Goldmarkwert der Einzahlung oder der Gratisausschüttung sowie der Börsenkurs Anhaltspunkte. In rechtlicher Hinsicht mag über den Anspruch des Klägers auf urkundliche Verbriefung der umgewerteten Rechte noch weiter bemerkt werden, daß hiergegen keine grundsätzlichen Bedenken bestehen. Die Genußscheine sind frei veräußerlich und auf den Inhaber gestellt, also zum Umlauf fähig und bestimmt. Es liegt aber auf der Hand, daß, solange sie auf Papiermark lauten, die Möglichkeit ihrer Veräußerung und ihre Bewertung sehr erschwert ist, weil etwas sicheres über das Anrecht im Fall der Liquidation sowie über den Goldmarkablösungsanspruch aus ihnen nicht mehr zu entnehmen ist. Deshalb ist die Beklagte gemäß § 242 BGB. verpflichtet, dem Kläger seine der neuen Währung angepaßten Ansprüche in der einen oder anderen Form entsprechend zu verbriefen (vgl. Breit a. a. O. S. 227).

Die zur Widerklage erhobene verfahrensrechtliche Rüge mangelnder Begründung (§ 551 Nr. 7 ZPO.) greift nicht durch, weil die Entscheidungsgründe des Berufungsgerichts zur Klage ohne weiteres die Abweisung der Widerklage nach sich ziehen mußten. Die Entscheidung zur Widerklage ist sonach aus denselben Gründen wie die zur Klage aufzuheben. Die Revision hat also in Klage und Widerklage Erfolg. Da die Sache noch weiterer tatsächlicher Klärung bedarf, ist sie nach dem Gesagten ihrem ganzen Umfang nach an das Berufungsgericht zurückzuverweisen.

---

51. Kann auch die plastische Ausgestaltung einer Ware Gegenstand des Warenzeichenschutzes sein? Bedeutung einer der Zeichenanmeldung beigefügten Beschreibung. Ist es möglich, daß ein als Flächenzeichnung eingetragenes Warenzeichen von einem anderen durch plastische Ausführung im ganzen oder einzelner charakteristischer Merkmale wiedergegeben wird?

WZG. §§ 1, 12, 20.

II. Zivilsenat. Urt. v. 16. November 1926 i. S. Th. (Bekl.) w. Firma S. Söhne (Kl.). II 74/26.

I. Landgericht Plauen, Kammer für Handelssachen.
II. Oberlandesgericht Dresden.

Die Klägerin betreibt eine umfangreiche Mundharmonikafabrikation. Einen großen Teil der von ihr erzeugten Ware verkauft sie nach England und anderen Ländern englischer Sprache. Seit dem Jahre 1898 fertigt sie Mundharmonikas an, deren Blechdecken in der rechten und linken oberen Ecke mit je einem symmetrisch angeordneten, schräg gestellten, plastischen trichterartigen Gebilde versehen sind. Diese Gebilde sind an der Rückseite der im übrigen geschlossenen Blechdecke geöffnet. Die Klägerin hat diese „Decke mit Hörnern" zunächst als Geschmacksmuster unter Nr. 428 im Musterregister des Amtsgerichts Klingenthal am 24. Januar 1899 eintragen lassen. Weiter hat sie ihrer Behauptung nach an der so gestalteten Decke unter Nr. 106819 Gebrauchsmusterschutz erworben. Nach Ablauf der Musterschutzfrist ist ihr auf ihre Anmeldung vom 22. Januar 1921 durch Eintragung vom 21. Februar 1921 unter Nr. 260685 der Zeichenrolle des Reichspatentamts das Bild einer Mundharmonikadecke, die ohne Inschrift oder sonstige Verzierung nur die beiden oben näher angegebenen trichterförmigen Gebilde zeigt, als Warenzeichen geschützt für Musikinstrumente, deren Teile und Saiten, insbesondere Mund- und Ziehharmonikas, Tasten-, Saiten-, Blechblas- und Schlaginstrumente und deren Teile. Außerdem ist ihr das Wort „Bandmaster" unter Nr. 33050 der Zeichenrolle für diese Waren geschützt. Die Klägerin versieht die Decken der von ihr hergestellten und für den Export nach England oder anderen englisch sprechenden Ländern bestimmten Mundharmonikas außer mit den angegebenen beiden plastisch herausgearbeiteten Füllhörnern auch mit der Inschrift „The Bandmaster". Sie behauptet, deshalb sei die ihr geschützte und mit ihrem Wortzeichen versehene Decke allgemein als „Bandmasterdecke" bekannt. Sie gelte in beteiligten Verkehrskreisen als Kennzeichen dafür, daß die mit ihr versehenen Mundharmonikas aus ihrem Gewerbebetrieb hervorgegangen seien.

Der Beklagte, ein englischer Händler, der in Klingenthal eine Geschäftsniederlassung besitzt und von ihr aus Mundharmonikas für den englischen Markt einkauft, hat solche Musikinstrumente dort herstellen lassen mit einer mit den beiden plastischen „Hörnern" versehenen Decke und mit der darauf angebrachten, ihm seit dem 5. Juli 1922 unter Nr. 289166 der Zeichenrolle des Reichspatentamts als Wortzeichen geschützten Inschrift „The National Band", und hat diese Mundharmonikas in England verkauft.

Die Klägerin hat, gestützt auf Zeichen- und Ausstattungsschutz sowie auf Verletzung des Gesetzes gegen den unlauteren Wettbewerb, Klage auf Unterlassung und auf Feststellung der Verpflichtung des Beklagten auf Ersatz des ihr durch sein Verhalten bereits erwachsenen und noch erwachsenden Schadens erhoben.

Beide Vorinstanzen haben der Klage stattgegeben. Die Revision des Beklagten hatte keinen Erfolg.

Gründe:

Das für die Klägerin eingetragene Warenzeichen Nr. 260685 stellt das Bild einer (blechernen) Mundharmonikadecke mit je einem an der rechten und linken oberen Ecke in symmetrischer Anordnung angebrachten, schräg gestellten plastischen trichterförmigen Gebilde dar.

Die Ansicht des Berufungsgerichts, bei letzterem handle es sich um Erhöhungen in der Form von Füllhörnern, die zwar nicht hätten eingetragen werden dürfen, aber infolge ihrer Eintragung, die für das Gericht bindend sei, Zeichenschutz erlangt hätten, verstößt gegen den in § 1 WZG. gegebenen Begriff des Warenzeichens. Danach sind Warenzeichen nur Zeichen, die im Geschäftsverkehr zur Unterscheidung der Waren des Anmelders von den Waren anderer dienen sollen. Dieser Begriff des Warenzeichens scheidet charakteristische Eigenschaften, charakteristische Formen und Gestalten der Ware oder ihrer Verpackung als Mittel der Kennzeichnung aus und läßt allein ein besonderes Merkzeichen zu, das mit der Ware oder ihrer Verpackung in Verbindung gebracht ist. Warenzeichen, seien es Bild- oder Wortzeichen, sind nur Herkunftszeichen, die den Namen oder die Firma des Herstellers oder des Händlers ersetzen. Das Zeichen, das in einer bildlichen Darstellung besteht, hat daher schon seinem Wesen nach flächenhafte Gestaltung. Die Eintragung von anderen als Flächengebilden in die Zeichenrolle wäre auch gar nicht möglich. Dadurch unterscheidet sich das Zeichen von der einer Eintragung nicht bedürfenden Ausstattung, die auch plastischen Eigentümlichkeiten der Ware Schutz verleihen kann. Die eigentümliche Form, Farbe, überhaupt die äußere Gestaltung der Ware, Verpackung usw. fällt unter den allgemeinen Begriff der Ausstattung, aber nicht unter den besonderen des Warenzeichens. Aus dem begrifflichen Inhalt des Zeichens folgt, daß durch die Eintragung z. B. eines Flaschenbildes nicht Schutz gegen die Nachahmung der plastischen Form der Flasche erlangt wird. Die zweckmäßige oder schöne Form der Gegenstände kann durch das Zeichenrecht nicht geschützt werden; ein solcher Schutz würde über den Zweck des Gesetzes, die Warenbezeichnungen zu schützen, hinausgehen (JW. 1901 S. 825, RGSt. Bd. 34 S. 275).

Die Erlangung eines Zeichenschutzes für die besondere Gestaltung der Mundharmonikadecke durch plastische Darstellung der beiden „Füllhörner" auf Grund einer Eintragung in die Zeichenrolle des Patentamts ist daher, als im Widerspruch mit den leitenden Grundsätzen des Warenzeichenrechts stehend, begrifflich ausgeschlossen.

Das Berufungsgericht irrt, wenn es meint, auch die plastische Gestaltung genieße Zeichenschutz, wenn sie in die Zeichenrolle eingetragen und der einzige Weg zur Abhilfe, nämlich die Einleitung eines Löschungsverfahrens gemäß § 8 Abs. 2 Nr. 2 WZG. wegen Unzulässigkeit der Eintragung, vom Gegner nicht eingeschlagen worden sei. Dieser Gesichtspunkt wäre nur dann maßgebend, wenn es sich um einen der Fälle des § 4 WZG. handelte, wenn also eine nach diesen Bestimmungen an sich nicht eintragbare Bezeichnung vom Patentamt eingetragen wäre. Denn eine solche Eintragung wäre begrifflich an sich nicht ausgeschlossen.

In Wahrheit ist eine solche plastische Form der beiden fraglichen Merkmale des Bildes der Harmonikadecke aber auch gar nicht in die Zeichenrolle eingetragen. Eine solche Eintragung wäre nach der obigen Darlegung eben nicht möglich. Die Schattierung am unteren Rande der beiden „Füllhörner" auf dem Bildzeichen ist irreführend, ändert hieran aber nichts, sondern gilt als Flächenschattierung. Weiter wird diese Feststellung des Umfangs des Zeichenschutzes auch nicht dadurch berührt, daß die der Anmeldung der Klägerin beigefügte Beschreibung folgenden Wortlaut hat: „Das angemeldete Zeichen stellt die Abbildung der oberen Deckplatte einer Mundharmonika dar. Schutz wird beansprucht für die besondere Ausgestaltung dieser Mundharmonikaplatte, die sich dadurch kennzeichnet, daß rechts und links in symmetrischer Anordnung trichterförmige Erhöhungen angebracht sind, die ein wesentliches Merkmal der Ausstattung dieser Mundharmonika des Anmelders sind." Denn die schriftliche Erklärung des Zeicheninhabers in der der Anmeldung beigefügten Beschreibung des Zeichens soll nur zur Erläuterung eines nicht genügend deutlichen Zeichenbilds dienen und bildet daher nur dann eine Ergänzung des Zeichens, wenn sie sich innerhalb dieses Rahmens hält. Sie ist dagegen insoweit nicht zu berücksichtigen, als sie mit dem eingetragenen Bilde im Widerspruch steht oder etwas enthält, was dem Bild fremd ist (RGZ. Bd. 48 S. 209). Sie ist namentlich dann ohne Bedeutung, wenn sie nur die subjektive Auffassung des Anmelders über den Inhalt oder die Tragweite des Zeichens wiedergibt, da sie dann über den vom Gesetz gewollten Zweck hinausgreift. Dieser Fall ist nach Obigem hier gegeben.

Da hiernach das eingetragene Bildzeichen ein Flächengebilde ist, nämlich ein Bild von der Oberfläche der Decke der Mundharmonika, wie sie die Klägerin herstellt und vertreibt, so erledigen sich dadurch ohne weiteres die Ausführungen des Beklagten in der Revisionsinstanz, daß die Decke als solche nicht Warenzeichen sein könne, weil sie einen notwendigen Bestandteil der Ware bilde und für sie unentbehrlich sei.

Nach den Grundsätzen des Zeichenrechts genießt das Warenzeichen in der eingetragenen, nicht aber in der willkürlich verwendeten Form Schutz; die erstere ist also für die Frage der Verwechslungsgefahr maßgebend. Der Umstand, daß die Klägerin ihr Zeichen anscheinend niemals als Flächenbild, sondern stets unter plastischer Herausarbeitung der beiden „Füllhörner" verwendet hat, ändert daran nichts. Anderseits wird aber auch die Verwechslungsgefahr nicht dadurch beseitigt, daß das in der Fläche dargestellte Zeichen durch plastische Ausführung im ganzen oder nur einzelner charakteristischer Merkmale von einem anderen wiedergegeben wird; vorausgesetzt, daß es sich bei dieser Wiedergabe — was der Beklagte bestreitet — noch um eine zeichenrechtliche Benutzung handelt, d. h. daß noch ein zur Herkunftangabe geeignetes Kennzeichnungsmittel in Betracht kommt. Das wäre dann nicht der Fall, wenn die körperliche Nachbildung dem Wesen der Ware, insbesondere ihren natürlichen Eigenschaften entspräche oder nur technischen Arbeits- oder Gebrauchszwecken der Ware diente. Wenn es sich um einen dieser Fälle handelte, so käme eben nicht mehr ein warenzeichenmäßiger Gebrauch, d. h. eine Benutzung des Zeichens durch einen Nachahmer zum Zwecke der Kennzeichnung der Herkunft der Ware in Frage und es wäre deshalb in der Nachbildung des Zeichens in plastischer Form kein Eingriff in den Zeichenschutz des Zeicheninhabers zu erblicken.

Dafür, daß die plastische Nachbildung der fraglichen Merkmale der der Klägerin geschützten Mundharmonikadecke auf der vom Beklagten in Verkehr gesetzten Ware gleicher Art nicht einen warenzeichenmäßigen Gebrauch darstellt, sondern allein technische Zwecke für die Verwendung der Ware verfolgt, fehlt es an ausreichendem Anhalt. (Wird näher ausgeführt und dann die Verwechslungsgefahr angenommen.)

---

52. Gilt Abs. 3 der Tarifstelle 15 des preußischen Stempelsteuergesetzes in der Fassung vom 27. Oktober 1924 auch für die in Abs. 2 erwähnten Höchstbetragshypotheken und -schiffspfandrechte?

VI. Zivilsenat. Urt. v. 16. November 1926 i. S. Preußischer Staat (Bekl.) w. Sch. & Co. (Kl.). VI 273/26.

I. Landgericht Stade.

Die Klägerin reichte am 16. November 1925 beim Amtsgericht H. eine Urkunde vom 10. November 1925 ein, in der sie die Eintragung einer Gesamtsicherungshypothek im Höchstbetrag von 500000 RM zugunsten einer englischen Firma die ihr einen weitgehenden Warenkredit eingeräumt hatte, auf zwei ihr gehörige, im Grundbuch von H. eingetragene Grundstücke bewilligte und beantragte. Die Hypothek wurde am 27. November 1925 eingetragen. Der Gerichtsschreiber berechnete zu der Urkunde aus der Tarifstelle 15 des preußischen Stempelsteuergesetzes in der Fassung vom 27. Oktober 1924 einen Stempel von 500 RM, der auf die Erinnerung der Klägerin nach Vorlage des über die Kreditgewährung nachträglich errichteten Kreditvertrags am 23./28. Dezember 1925 durch Beschluß des Amtsgerichts H. vom 7. Januar 1926 auf 3 RM ermäßigt wurde, weil der für die Kreditgewährung erhobene Stempel auch nur in Höhe dieses Betrags bemessen worden war. Im Dienstaufsichtsweg wurde der Stempelansatz des Gerichtsschreibers in Höhe von 500 RM wiederhergestellt.

Die Klägerin hat nunmehr den Rechtsweg beschritten und beantragt festzustellen, daß der Ansatz der Gerichtskostenrechnung vom

27. November 1925 mit 500 RM Stempel ungerechtfertigt sei und in Wegfall komme. Das Landgericht hat der Klage stattgegeben. Die vom Beklagten unmittelbar beim Reichsgericht eingelegte Revision ist ohne Erfolg geblieben.

Gründe:

Nach der Tarifstelle 15 des preußischen Stempelsteuergesetzes in der Fassung vom 27. Oktober 1924 sind „Gegenstand der Besteuerung" die Beurkundungen über die Sicherstellung von Rechten, der „Steuersatz" ist auf $^1/_{10}$ v. H. bemessen und für die „Berechnung der Stempelabgabe" ist der Wert der sichergestellten Werte maßgebend. Die Absätze 2 und 3 dieser Tarifstelle lauten:

Auf Höchstbetragshypotheken und -schiffspfandrechte im Sinne der §§ 1190 und 1271 BGB. findet der vorstehende Steuersatz gleichfalls Anwendung.

Der Stempel darf in keinem Falle den für die Beurkundung des sicherzustellenden Rechts zur Erhebung gelangenden Stempel übersteigen.

Den Absatz 3 hat das Landgericht in rechnerisch unstreitig richtiger Weise zugunsten der Klägerin angewendet. Das bekämpft die Revision unter Hinweis auf die Allgemeine Verfügung des preußischen Finanzministers vom 25. September 1925 (FMBl. S. 367). In dieser Verfügung werden die Stempelbehörden angewiesen, den Abs. 3 der Tarifstelle 15 auf Urkunden nicht anzuwenden, welche Höchstbetragshypotheken und Höchstbetragsschiffspfandrechte betreffen. Da jedoch der Finanzminister durch seine Verfügung das Gesetz nicht zu ändern vermag, kann sich nur fragen, ob die von ihm vertretene Auslegung des Gesetzes richtig ist und ob die von ihm angeführten Gründe zutreffen. Das ist aber zu verneinen.

In erster Reihe beruft sich der Finanzminister auf den Wortlaut des Abs. 2; dieser erkläre nur den „vorstehenden Steuersatz" für anwendbar, also nicht auch die Vorschrift über die „Berechnung der Stempelabgabe" und die sonstigen Vorschriften der Tarifstelle 15. Das ist an sich richtig und es kann zugegeben werden, daß der streitige Abs. 2 nicht besonders glücklich gefaßt ist. Die Auffassung des Finanzministers führt aber zu dem Ergebnis, daß die Höchstbetragshypotheken — darunter werden im folgenden die Höchstbetragsschiffspfandrechte immer mitverstanden — eigentlich in die Tarifstelle 15 nicht hineingehörten, daß sie dort gewissermaßen nur zufällig und als ein Fremdkörper hineingeraten seien, weil sie gerade dem „Steuersatz" unterworfen werden sollten, der für die Sicherstellung von Rechten vorgesehen ist. Das wäre ein auffälliges und allen Grundsätzen richtiger Gesetzgebungsarbeit widersprechendes Ergebnis. Es könnte nur dann hingenommen werden, wenn sonstige zwingende Gründe dafür sprächen. Solche zwingende Gründe findet der Finanzminister in der Entstehungsgeschichte der Vorschrift; aus dieser ist aber das Gegenteil zu folgern.

Der Abs. 2 ist in die Tarifstelle 15 — damals 59 — des preußischen Stempelsteuergesetzes durch die Novelle vom 26. Juni 1909 eingerückt worden, damals in folgender Form:

> Auf Höchstbetragshypotheken im Sinne des § 1190 BGB. finden die vorstehenden Steuersätze gleichfalls Anwendung.

Von Steuersätzen wurde gesprochen, weil die Sicherstellung von Rechten damals nicht einem Wertstempel, sondern einem — abgestuften — Feststempel von 0,50 bis zu 5,00 ℳ unterworfen war. Den Wertstempel brachte für die Tarifstelle 15 — damals 59 — erst das Gesetz vom 25. Juli 1923 (GS. S. 341).

Die Novelle vom 26. Juni 1909 fügte weiter in die Tarifstelle 14 — damals 58 —, welche die „Schuldverschreibungen, hypothekarische und persönliche aller Art" betrifft, den Zusatz ein:

> Urkunden, in denen der Betrag der verschriebenen Schuld nur dem Höchstbetrage nach bestimmt ist, sind dem Stempel dieser Tarifstelle nicht unterworfen.

Die beiden neuen Sätze der Novelle von 1909 gehören inhaltlich zusammen. Mit ihnen hat die Gesetzgebung einen Streit entschieden, der sich zwischen der Rechtsprechung des Reichsgerichts und der Auffassung des preußischen Finanzministers ergeben hatte. Ursprünglich waren beide Stellen darüber einig gewesen, daß nicht als „Schuldverschreibungen" im Sinne der preußischen Stempelgesetze vom 7. März 1822 und 31. Juli 1895 anzusehen seien: Urkunden über Kreditverträge, in denen der zu gewährende und zurückzuzahlende Kreditbetrag nur der Höchstsumme nach bezeichnet war, und Urkunden über sogenannte Kautionshypotheken, bei denen die Größe des Anspruchs noch unbestimmt war und nur der höchste Betrag eingetragen wurde, bis zu welchem das Grundstück haften sollte (§ 24 des Gesetzes über den Eigentumserwerb usw. vom 5. Mai 1872). Auch nach der Meinung des Reichsgerichts erforderte es der Begriff der Schuldverschreibung, daß die Pflicht zur Zahlung einer ihrer Höhe nach bestimmten Summe übernommen werde (RGZ. Bd. 8 S. 260 a. E., Gruch. Bd. 34 S. 1070 und JW. 1899 S. 118 Nr. 85). Von diesem Standpunkt aus waren die Kreditverträge nur dem allgemeinen Vertragsstempel unterworfen und die Urkunden über Kautionshypotheken waren als „Kautionsinstrumente" im Sinne des Gesetzes vom 7. März 1822 oder demnächst als Beurkundungen über die Sicherstellung von Rechten im Sinne des Gesetzes vom 31. Juli 1895 steuerpflichtig.

Später hat das Reichsgericht seine Ansicht geändert, und zwar im Hinblick auf § 6 Abs. 2 des Gesetzes vom 31. Juli 1895, der noch heute in unveränderter Fassung gilt. Danach ist die Stempelsteuer zunächst von dem höchstmöglichen Werte des Gegenstandes des Geschäfts zu berechnen; ist dann aber „die Leistung nicht bis zu den bestimmten Grenzen erfolgt, so wird nach Ausführung des Geschäfts die gezahlte Stempelsteuer bis auf den der wirklichen Leistung entsprechenden Betrag erstattet." So gelangte das Reichsgericht dazu, die obenerwähnten Urkunden dem Schuldverschreibungsstempel zu unterwerfen (vgl. JW. 1900 S. 405 Nr. 32, 1902 S. 195 Nr. 49 und RGZ. Bd. 68 S. 157). Die beiden ersten Entscheidungen betrafen Kreditverträge, die dritte bezog sich auf die an Stelle der preußischen Kautionshypothek getretene Höchstbetragshypothek des § 1190 BGB.

Der Finanzminister schloß sich der neueren Rechtsprechung des Reichsgerichts nicht an, obwohl er, wie Hummel-Specht in Anm. 20 zu Tarifstelle 58 auf S. 1042 mitteilen, bei Erlaß des Gesetzes vom 31. Juli 1895 den — allerdings vergeblichen — Versuch gemacht hatte, Schuldverschreibungen über eine nur dem Höchstbetrag nach feststehende Summe ausdrücklich in die Tarifstelle 58 — jetzt 14 — aufnehmen zu lassen. Er erließ vielmehr schon im Hinblick auf die Entscheidung in der JW. 1900 S. 405 Nr. 32 unter dem 20. Mai 1901 eine Allgemeine Verfügung betr. die stempelsteuerliche Behandlung von Kreditverträgen und einseitigen Kreditversprechen (Zentralblatt der Abgaben-Gesetzgebung und -Verwaltung 1901 S. 160 Nr. 74). Darin wird es im Anschluß an die ältere Rechtsprechung des Reichsgerichts für unzulässig erklärt, Kreditverträge dem Schuldverschreibungsstempel zu unterwerfen; sie bedürften nur des allgemeinen Vertragsstempels. Hieraus wird die wichtige Folgerung gezogen, daß die Beurkundung der Sicherstellung von Rechten aus Kreditverträgen nach dem damals zweiten, jetzt dritten Absatz der Tarifstelle 59, jetzt 15, des Landesstempelsteuergesetzes einen Sicherstellungsstempel bis zur Höhe des allgemeinen Vertragsstempels von damals 1,50 *M* erfordere; es sei also ein Sicherstellungsstempel von nur 0,50 oder 1,00 *M* notwendig, wenn der Höchstbetrag des eröffneten Kredits 600 oder 1200 *M* nicht übersteige.

Gleichzeitig erließ der Finanzminister am 20. Mai 1901 eine zweite Allgemeine Verfügung (a. a. O. S. 159 Nr. 73). Sie betraf die stempelsteuerliche Behandlung von Sicherungshypotheken und ordnete an, daß für die Höchstbetragshypotheken des § 1190 BGB. nur der Stempel der Tarifstelle 59, jetzt 15, erfordert werden dürfe.

In diesen beiden Verfügungen hatte der Finanzminister aus sachlichen Gründen, unbeeinflußt von dem jetzigen zweiten Absatz der Tarifstelle 15 — den es damals noch nicht gab — die Überzeugung vertreten, daß Urkunden über Höchstbetragshypotheken als Urkunden über die Sicherstellung von Rechten unter die Tarifstelle 15 (damals 59) fielen. Damit sollten sie allen Vorschriften der Tarifstelle 15 (59) unterworfen werden, auch der des damals zweiten, jetzt dritten Absatzes dieser Tarifstelle. Welche Wirkung dieser Absatz bei Beurkundungen der Sicherstellung von Rechten aus Kreditverträgen haben mußte, hat der Finanzminister damals im einzelnen dargelegt, und er hat keine Ausnahme für den Fall gemacht, daß die Rechte aus Kreditverträgen gerade durch die Bestellung einer Höchstbetragshypothek sichergestellt würden. Davon, daß die Höchstbetragshypotheken nach den Sätzen der Tarifstelle 15 (59), „aber bemessen nach der einzutragenden Summe" versteuert werden sollten — so sagt die Allgemeine Verfügung vom 25. September 1925 —, ist in den beiden Verfügungen vom 20. Mai 1901 keine Rede, auch nicht in der dort angezogenen Allgemeinen Verfügung des Finanzministers vom 26. September 1874, abgedruckt bei Severin, die preußischen Stempelabgaben S. 275 Anm. 12. Der Finanzminister hat vielmehr im Jahre 1901 offensichtlich auf demselben Standpunkt gestanden, den das Landgericht gebilligt hat und den der Finanzminister jetzt bekämpft.

Das Reichsgericht blieb im Gegensatz zum Finanzminister dabei, daß Urkunden über Höchstbetragshypotheken als Schuldverschreibungen zu versteuern seien, und lehnte die abweichende

Meinung des Finanzministers ausdrücklich ab (RGZ. Bd. 68 S. 159). Dieser Streit blieb also bestehen; ihn hat der Gesetzgeber im Jahre 1909 zugunsten des Finanzministers entschieden. Urkunden, in denen der Betrag der verschriebenen Schuld nur dem Höchstbetrag nach bestimmt ist, dürfen seit 1909 dem Schuldverschreibungsstempel nicht mehr unterworfen werden. Mit diesem Zusatz zu Tarifstelle 14 (58) war die Ansicht des Reichsgerichts abgelehnt. Es blieb nun aber die Möglichkeit offen, daß das Reichsgericht sagte: an sich gehören die streitigen Urkunden unter die Tarifstelle 14 (58); dort dürfen sie nicht mehr versteuert werden, also bleiben sie steuerfrei. Um dieser klar erkannten Möglichkeit zu entgehen und die vom Finanzminister bisher schon für notwendig erachtete Versteuerung der streitigen Urkunden nach Tarifstelle 15 (59) sicherzustellen, wurde in diese Tarifstelle der neue Absatz 2 eingeschaltet (vgl. Drucksachen des Abgeordnetenhauses, 21. Legislaturperiode, II. Session, Nr. 560A, S. 85). So wurde nicht nur die Ansicht des Reichsgerichts verneint, sondern auch die des Finanzministers bejaht. Davon, daß der damalige Absatz 2, jetzige Absatz 3, der Tarifstelle 15 (59) auf die streitigen Urkunden nicht angewendet werden sollte, ist bei allen diesen Verhandlungen nicht die Rede gewesen. Diese Ansicht tritt zum ersten Male in der Allgemeinen Verfügung vom 25. September 1925 hervor. Der Versuch des Finanzministers, ihre Richtigkeit aus der Entstehungsgeschichte des Gesetzes zu belegen, versagt also nicht nur, er schlägt sogar, wie sich aus den vorstehenden Darlegungen ergibt, gegen ihn aus.

Der Finanzminister hat endlich noch gemeint, daß der Abs. 2 in Tarifstelle 15 (59) nur geringe praktische Bedeutung hätte, wenn er im Sinne des Landgerichts ausgelegt würde. Das mag richtig sein und es ist auch anzuerkennen, daß der Absatz 3 der Tarifstelle 15 (59) den Ertrag der Steuer jetzt ungünstiger beeinflußt, als zu der Zeit, da der Stempel der Tarifstelle 15 (59) noch ein — abgestufter — Feststempel von geringer Höhe war; aber die Rücksicht auf den Ertrag der Steuer kann niemals dazu führen, die gesetzliche Vorschrift anders auszulegen, als ihr Sinn und Zusammenhang es erfordern und ihre Entstehungsgeschichte es bestätigt.

53. 1. Über den Umfang der Vertretungsmacht des Vorstands einer Aktiengesellschaft. Findet seine Vertretungsbefugnis nach außen ihre Grenze in dem satzungsgemäßen Zweck des Unternehmens?

2. Welche Bedeutung hat der Generalversammlungsbeschluß über nachträgliche Genehmigung eines vom Vorstand abgeschlossenen Rechtsgeschäfts, wenn die Genehmigung weder gesetzlich notwendig noch ausdrücklich vorbehalten war? Kann in einem derartigen Falle der Vertragsgegner der Aktiengesellschaft, der zugleich Aktionär ist, bei der Beschlußfassung über die Genehmigung des Rechtsgeschäfts mitstimmen?

3. Ist die Muttergesellschaft als Aktionärin bei einer Beschlußfassung, die den Abschluß eines Rechtsgeschäfts mit der Tochtergesellschaft betrifft, von der sie alle oder den größeren Teil der Geschäftsanteile besitzt, ohne weiteres vom Stimmrecht ausgeschlossen?

HGB. §§ 235, 252 Abs. 3, § 260.

II. Zivilsenat. Urt. v. 19. November 1926 i. S. O. (Kl.) w. Gußstahlwerk W., A.-G. (Bekl.). II 403/25.

I. Landgericht Bochum, Kammer für Handelssachen.
II. Oberlandesgericht Hamm.

Der Aufsichtsrat der Beklagten hat Anfang Dezember 1922 beschlossen, der St.-Konzern-GmbH. in Düsseldorf beizutreten, und zwar gegen den Widerspruch des Klägers, der dafür einen Beschluß der Generalversammlung und die Vornahme einer Statutenänderung für erforderlich hielt. Der Vorstand der Beklagten hat gleichwohl im Dezember 1922 Geschäftsanteile des St.-Konzerns in Höhe von 192000 ℳ von der Treuhandgesellschaft S. in Neunkirchen erworben. Der Kläger wollte dann die Frage des Beitritts der Beklagten zur St.-Konzern-GmbH. zur Entscheidung der Generalversammlung bringen und erwirkte, da er sich über die Fassung der Tagesordnung mit den Gesellschaftsorganen nicht einigen konnte, einen gerichtlichen Beschluß, der ihn ermächtigte, eine Generalversammlung einzuberufen zur Beschlußfassung über diese Angelegenheit sowie über eine entsprechende Statutenänderung. In der Generalversammlung vom 4. April 1924 wurde mit 27685 gegen

17320 Stimmen bei Enthaltung von 867 Stimmen die Genehmigung des Beitritts der Beklagten zur St.-Konzern-GmbH. beschlossen und die beantragte Statutenänderung einstimmig abgelehnt. Gegen den Genehmigungsbeschluß hat der Kläger, der in der Generalversammlung mit Aktien im Betrage von 8647000 M vertreten war, Widerspruch zu notariellem Protokoll und demnächst Klage auf Nichtigerklärung des den Beitritt zur St.-Konzern-GmbH. betreffenden Beschlusses erhoben.

Zur Begründung der Anfechtungsklage machte der Kläger geltend: Der Beschluß auf Beitritt zum St.-Konzern habe eine Abänderung des Gesellschaftszwecks enthalten und deshalb nur mit Dreiviertelmehrheit gefaßt werden können. Der Zweck der St.-Konzern-GmbH. erstrecke sich auf alle Geschäfte einschließlich der Handels- und Bankgeschäfte und auf die Beteiligung an anderen Unternehmungen, während sich das Unternehmen der Beklagten nach dem Statut auf den Betrieb einer Gußstahl- und Waffenfabrik und verwandter Geschäftszweige, auf den Handel mit den Fabrikaten und auf den Erwerb von Grundstücken und Unternehmungen zu den erwähnten Zwecken beschränke. Außerdem verstoße die Mitwirkung der Aktionärin Gebr. St.-GmbH. mit 24466 Stimmen gegen § 252 Abs. 3 HGB. Der Beschluß habe den Erwerb der Geschäftsanteile der Treuhandgesellschaft S. betroffen; diese habe bei der Übertragung nur als Strohmann oder Kommissionär der Gebr. St.-GmbH. gehandelt, die im Alleinbesitz aller Geschäftsanteile der S.-Gesellschaft sei. Tatsächlich sei die S.-Gesellschaft völlig abhängig von der Gebr. St.-GmbH. Endlich bestehe auch zwischen der Gebr. St.-GmbH. und der St.-Konzern-GmbH. kein Unterschied, da den Gebr. St. 52% der Anteile des Konzerns gehörten und die Beschlüsse der Gesellschaftsverwaltung nur mit einfacher Mehrheit gefaßt würden.

Die Beklagte hat bestritten, daß der Beitritt zur St.-Konzern-GmbH. eine Abänderung des Gegenstands des Unternehmens enthalte, da der Konzern eine reine Verwaltungsgesellschaft sei; der Beitritt zu Verbänden behufs Regelung der Produktion, des Absatzes u. dgl. sei nach § 19 des Gesellschaftsstatuts dem Aufsichtsrat zugewiesen, ohne daß die Einholung eines Beschlusses der Generalversammlung erforderlich sei. Der Beschluß der Generalversammlung habe nur die allgemeine Frage des Beitritts zum Konzern, nicht die Genehmigung des mit der S.-Gesellschaft abgeschlossenen Kaufvertrags über den Erwerb der Geschäftsanteile betroffen. Die Treuhandgesellschaft S. und die Gebr. St.-GmbH. seien zwei verschiedene selbständige Rechtspersönlichkeiten. Bei dem nachträglichen Beschluß über die Genehmigung des vollzogenen Erwerbs habe es sich nicht mehr um die Vornahme eines Rechtsgeschäfts, sondern nur um die Entlastung von Vorstand und Aufsichtsrat gehandelt.

Das Landgericht hat der Klage stattgegeben, weil es die Mitwirkung der Gebr. St.-GmbH. bei der Abstimmung nach § 252 Abs. 3 HGB. für unzulässig erachtete wegen der zwischen ihr und der S.-Gesellschaft bestehenden Personengleichheit. Das Oberlandesgericht hat die Klage abgewiesen. Die Revision ist erfolglos geblieben.

Gründe:

Der Kläger hat den Beschluß der Generalversammlung auf Genehmigung des Beitritts der Beklagten zur St.-Konzern-GmbH. aus zwei Gründen angefochten: einmal, weil dieser Beschluß eine Abänderung des Gegenstands des Unternehmens enthalte und deshalb mit Dreiviertelmehrheit hätte gefaßt werden müssen, und sodann, weil die Aktionärin Gebr. St.-GmbH. mitgestimmt habe, obwohl der Beschluß die Vornahme eines Rechtsgeschäfts mit ihr betroffen habe. Das Oberlandesgericht hat die Klage abgewiesen, weil die Voraussetzungen des § 252 Abs. 3 Satz 2 HGB. nicht gegeben seien und der Beschluß seinem Inhalt nach auch keine Abänderung des Gesellschaftszwecks bedeute. Dabei geht es in erster Reihe davon aus, daß Gegenstand des Beschlusses nicht die Genehmigung des konkreten Rechtsgeschäfts, des Erwerbs der Geschäftsanteile von der Treuhandgesellschaft S., sondern die allgemeine grundsätzliche Frage gewesen sei, ob die Beklagte sich an dem St.-Konzern beteiligen und zu diesem Zwecke eine Satzungsänderung vornehmen müsse. Danach habe der Beschluß überhaupt nicht das Erwerbsgeschäft mit der Treuhandgesellschaft S. betroffen. Weiterhin verneint das angefochtene Urteil, daß die S.-Gesellschaft und die St.-Konzern-GmbH. personengleich seien mit der Aktionärin der Beklagten, der Gebr. St.-GmbH., und hält aus diesem Grunde die Voraussetzungen des § 252 Abs. 3 Satz 2 HGB. nicht für gegeben. Endlich erblickt das Berufungsgericht in der bloßen Beteiligung an dem

Konzern in der Form des Beitritts zu der Gesellschaft mit beschränkter Haftung noch keine Veränderung des Gegenstands des Unternehmens.

Es bedarf keines Eingehens darauf, wie weit die Erwägungen des Berufungsgerichts im einzelnen haltbar und die dagegen erhobenen Revisionsangriffe begründet sind. Die Abweisung der Anfechtungsklage erweist sich jedenfalls aus einem anderen, von der Vorinstanz zwar erwähnten, aber nicht durchgeführten rechtlichen Gesichtspunkt aus als gerechtfertigt. Ihm gegenüber versagen auch die Revisionsangriffe.

Der angefochtene Beschluß betraf zwar seinem Wortlaut nach die „Genehmigung" des Beitritts der Beklagten zur St.-Konzern-GmbH. Sachlich aber handelte es sich dabei nicht um eine gesetzlich notwendige oder vertragsmäßig vorbehaltene Genehmigung, welche das den Beitritt enthaltende Rechtsgeschäft erst rechtswirksam machte; die Erteilung der Genehmigung hatte vielmehr tatsächlich nur die Bedeutung einer Entlastung des Vorstands und Aufsichtsrats. Denn der Vorstand hatte, bevor der Generalversammlungsbeschluß ergangen war und ohne die Genehmigung der Generalversammlung vorzubehalten, mit Zustimmung des Aufsichtsrats die Geschäftsanteile des St.-Konzerns von der Treuhandgesellschaft S. erworben, und der Erwerb war nach der Anmeldung von der St.-Konzern-GmbH. genehmigt worden. Damit war die Beklagte rechtswirksam dem St.-Konzern beigetreten. Denn nach außen ist der Vorstand einer Aktiengesellschaft zu allen Rechtshandlungen für die Gesellschaft berechtigt, soweit das Gesetz nicht selbst Ausnahmen macht und die Mitwirkung anderer Gesellschaftsorgane anordnet. Weitere Beschränkungen durch die Satzung oder durch Weisungen der Generalversammlung haben nach außen, Dritten gegenüber, keine rechtliche Wirkung (§ 235 Abs. 2 HGB.). Diese Vertretungsbefugnis des Vorstands wird nicht begrenzt durch den satzungsmäßigen Zweck des Unternehmens. Selbst wenn eine Rechtshandlung des Vorstands über den Gegenstand des Unternehmens hinausgeht, wird dadurch an der Gültigkeit des Rechtsgeschäfts nichts geändert. Der Beitritt zu dem Konzern durch Erwerb von Geschäftsanteilen der Konzerngesellschaft m. b. H. betrifft keinen Fall, in dem das Gesetz ausnahmsweise die Vertretungsmacht beschränkt hat. Etwaige Beschränkungen der Satzung haben, wie schon hervorgehoben, für die

Gültigkeit des Rechtsgeschäfts selbst keine Bedeutung, sondern kommen nur für die Frage der Haftung der Gesellschaftsorgane nach innen, der Gesellschaft gegenüber, in Betracht. Auch wenn der Beitritt zu dem Konzern zur Erweiterung des Geschäftsbetriebs der Beklagten über den satzungsmäßigen Gegenstand des Unternehmens hinaus führen sollte, so würde dadurch die Rechtsgültigkeit des Beitritts selbst nicht berührt.

War hiernach der vom Vorstand im Rahmen seiner unbeschränkten gesetzlichen Vertretungsmacht durch Erwerb der Geschäftsanteile vollzogene Beitritt zum St.-Konzern rechtswirksam, so konnte seine Gültigkeit auch nicht mehr von der Generalversammlung durch die Ablehnung der nachträglichen Genehmigung in Frage gestellt werden. Demnach wird die Rechtsstellung des Vertragsgegners durch die Beschlußfassung der Generalversammlung über die Genehmigung, wie sie auch ausfallen möge, nicht beeinflußt. Der Beschluß betrifft nicht mehr die Vornahme eines Rechtsgeschäfts mit ihm, da er dem Vertragsgegner gegenüber keine Wirkung äußern kann. Ein derartiger nachträglicher Genehmigungsbeschluß hat nur nach innen, für die Haftung der beim Abschluß beteiligten Gesellschaftsorgane, Bedeutung; er enthält lediglich eine Entlastung, einen Verzicht auf etwaige Regreßansprüche der Gesellschaft aus dem Vorgehen der Verwaltung. So liegt die Sache auch hier. Daß weder der Beschluß selbst noch die Tagesordnung das Wort „Entlastung" gebraucht, steht dem nicht entgegen (RGZ. Bd. 106 S. 258). Sachlich hatte der Beschluß keine andere Bedeutung, als daß die Generalversammlung nachträglich die Geschäftsführung des Vorstands und Aufsichtsrats wegen des Beitritts zum St.-Konzern für einwandfrei erklärte und auf etwaige Ansprüche wegen Überschreitung der Machtbefugnisse verzichtete. In einem derartigen Falle, wo der Vorstand das Rechtsgeschäft schon gültig abgeschlossen hat und es sich nur noch um die Entlastung der Verwaltung handeln kann, ist der Vertragsgegner, der zugleich Aktionär der Gesellschaft ist, nicht gehindert, bei der Beschlußfassung über die nachträgliche Genehmigung mitzuwirken, wie der erkennende Senat schon im Urteil vom 4. Januar 1924 II 320/23, DJZ. 1924 Sp. 317, ausgesprochen hat. Dagegen sind die Mitglieder des Vorstands und gegebenenfalls auch die des Aufsichtsrats nach § 252 Abs. 3 Satz 1 HGB. von der Abstimmung ausgeschlossen, weil es sich um ihre Entlastung handelt.

Hiernach durfte die Aktionärin Gebr. St.-GmbH., selbst wenn sie, wie der Kläger behauptet, als die eigentliche Vertragsgegnerin anzusehen wäre, bei der Beschlußfassung über die nachträgliche Genehmigung mitwirken. Der Beschluß ist deshalb aus diesem Grunde nicht anfechtbar. Auf ein Mitstimmen von Vorstands- und Aufsichtsratsmitgliedern ist aber die Klage nicht gestützt.

Erschöpft sich die Bedeutung des Beschlusses über die nachträgliche Genehmigung des rechtswirksam vollzogenen Beitritts zum St.-Konzern in der Wirkung einer Entlastungserklärung für die Mitglieder der Verwaltung, so kann nicht davon die Rede sein, daß der Beschluß selbst eine Abänderung des Gegenstands des Unternehmens enthalte und deshalb für seine Annahme eine Mehrheit von $^3/_4$ des bei der Beschlußfassung vertretenen Grundkapitals nötig gewesen wäre. Als Entlastungsbeschluß bedurfte er nach § 251 Abs. 1 in Verbindung mit § 260 Abs. 1 HGB. nur der einfachen Stimmenmehrheit, da in der Satzung der Beklagten keine weitergehenden Erfordernisse für einen solchen Beschluß aufgestellt sind. Der Beschluß selbst führte nicht zu einem Hinausgehen über den Zweck des Unternehmens; dies wäre höchstens eine Folge des durch den rechtsgültigen Abschluß des Vorstands veranlaßten Beitritts zum St.-Konzern. Daß auf diese Weise der Vorstand einer Aktiengesellschaft durch eigenmächtiges Handeln ohne einen Generalversammlungsbeschluß (HGB. § 275) eine Veränderung des Gegenstands des Unternehmens herbeiführen kann, ist eine notwendige Folge der Nichtbeschränkbarkeit seiner gesetzlichen Vertretungsmacht, die auch in dem satzungsgemäßen Zweck des Unternehmens keine Grenze findet. Die Revision sucht darzulegen, daß von diesem Standpunkt aus die Minderheit der Aktionäre, wenn, wie hier, das eigenmächtige Vorgehen der Verwaltung im Einverständnis mit einem bei dem Geschäft interessierten, für sich allein schon die einfache Stimmenmehrheit besitzenden Aktionär erfolge, solchen Eigenmächtigkeiten des Vorstands gegenüber völlig machtlos sei. Das ist nicht zutreffend. Auch eine Minderheit von 10% des Aktienkapitals ist nach §§ 268, 270 HGB. in der Lage, Ansprüche aus der Geschäftsführung der Verwaltung gegen diese geltend zu machen und Verzichte auf Erhebung solcher Ansprüche zu verhindern. Im übrigen entspricht es dem Wesen der Aktiengesellschaft, daß sich die Geschäftsführung nach dem Willen der Mehrheit richtet, soweit darin nicht im einzelnen

Falle ein die Rechte der Minderheit schädigender, gegen die guten Sitten verstoßender Mißbrauch enthalten ist.

Von dem Standpunkt aus, daß der Beschluß sich nur auf die Entlastung der Verwaltungsorgane bezogen habe, versagen die Anfechtungsgründe der Klage ohne weiteres. Selbst wenn aber angenommen würde, daß auch im Falle der nachträglichen Genehmigung eines vom Vorstand rechtswirksam und ohne Vorbehalt abgeschlossenen Rechtsgeschäfts der Vertragsgegener als Aktionär in der Generalversammlung nicht mitstimmen dürfe (eine Auffassung, die im Schrifttum mehrfach vertreten wird), so würde das hier nicht zu einer dem Kläger günstigen Entscheidung führen. Als Vertragsgegnerin käme hier nicht die St.-Konzern-GmbH. in Betracht, sondern allein die Treuhandgesellschaft S., von der die Beklagte die streitigen Geschäftsanteile erworben hat. Die Ausführungen des angefochtenen Urteils, daß die S.-Gesellschaft nicht personengleich sei mit der Aktionärin Gebr. St.-GmbH., die bei dem angefochtenen Beschluß mitgestimmt hat, lassen keinen Rechtsirrtum erkennen. Der Kläger macht geltend, die Treuhandgesellschaft S., deren Geschäftsanteile sämtlich im Besitz der Gebr. St.-GmbH. seien, hänge vollständig von dieser ab und habe deshalb bei der Übertragung der Geschäftsanteile der St.-Konzern-GmbH. auf die Beklagte als Kommissionär oder Strohmann der Gebr. St.-GmbH. gehandelt. Demgegenüber weist das Berufungsgericht darauf hin, daß nach feststehender Rechtsprechung trotz Vereinigung aller Geschäftsanteile in einer Hand die Gesellschaft mit beschränkter Haftung als solche rechtlich und tatsächlich fortbestehe, da sie unabhängig sei von der Person derer, denen die Anteile gehörten; deshalb begründe der Umstand, daß die Gebr. St.-GmbH. Inhaberin aller Geschäftsanteile der S.-Gesellschaft sei, für sich allein noch nicht die Personengleichheit der beiden Gesellschaften. Dabei hat das Oberlandesgericht nicht verkannt, daß unter gewissen Voraussetzungen bei einer derartigen Sachlage die Tochtergesellschaft lediglich als Strohmann der Muttergesellschaft anzusehen ist. Es hält aber hier mit Rücksicht auf die besonderen Verhältnisse eine derartige Annahme nicht für gerechtfertigt. Denn nach dem Rechtsverhältnis, wie es zwischen der St.-Konzern-GmbH. und der Treuhandgesellschaft S. hinsichtlich der von letzterer übernommenen Geschäftanteile bestanden habe, sei die S.-Gesellschaft verpflichtet gewesen, trotz ihres Abhängigkeitsverhältnisses von der Gebr. St.-GmbH. wegen der Abgabe von Geschäftsanteilen an solche Unternehmungen, die dem St.-Konzern beitreten wollten, nur den Weisungen der St.-Konzern-GmbH. nachzukommen; die Gebr. St.-GmbH. habe in dieser Beziehung auf die Entschließungen der S.-Gesellschaft keinen Einfluß gehabt. Die S.-Gesellschaft sei für die von ihr übernommenen Geschäftsanteile des St.-Konzerns, die dazu dienen sollten, durch ihre Abtretung an neue Mitglieder deren Aufnahme in den Konzern zu ermöglichen, lediglich Treuhänderin der St.-Konzern-GmbH. Diese Erwägungen lassen, soweit sie rechtlicher Natur sind, keinen Rechtsirrtum erkennen. Der mehrfache Hinweis auf den in RGZ. Bd. 104 S. 128 vertretenen Grundsatz, daß dann, wenn sich tatsächlich die unmittelbare Beteiligung nur hinter der rechtsgeschäftlichen Einkleidung verberge, die Sache über die Form siegen müsse, ist nach den hier gegebenen Verhältnissen nicht gerechtfertigt. In jenem Falle handelte es sich um eine verdeckte Stellvertretung; die Mitglieder des Konsortiums blieben trotz formellen Ausscheidens materiell an dem Geschäft beteiligt. Hier gründet sich die Entscheidung des Berufungsgerichts auf die selbständige Rechtspersönlichkeit der Gesellschaft mit beschränkter Haftung, auf ihre Verschiedenheit von den sie bildenden Personen und auf die besondere Rechtsstellung der S.-Gesellschaft als Treuhänderin der St.-Konzern-GmbH. Der erkennende Senat hat in RGZ. Bd. 103 S. 64 die Beteiligung von Tochtergesellschaften (Aktiengesellschaften und Gesellschaften mit beschränkter Haftung), deren sämtliche Aktien oder Geschäftsanteile sich in den Händen derselben Muttergesellschaft befanden, bei Abstimmungen über den Abschluß eines Vertrags mit der Muttergesellschaft nicht für unzulässig erachtet. Die mit vorstehenden Ausführungen und der angeführten Rechtsprechung teilweise in Widerspruch stehende Auffassung im Urteil des erkennenden Senats in RGZ. Bd. 108 S. 41 wird nicht mehr aufrechterhalten.

---

54. 1. Ergibt sich für die Monopolverwaltung ein Zwang zum Abschluß von Verträgen auf Lieferung von unverarbeitetem Branntwein ohne weiteres aus der Monopolstellung des Reichs, oder ist ein solcher Zwang aus § 87 des Branntweinmonopolgesetzes zu entnehmen?

2. Über die Bedeutung der sog. Bezugszahlen im Verkehr mit unverarbeitetem Branntwein. Soll den Inhabern von Bezugszahlen ein Anspruch auf Belieferung in Höhe des jeweils freigegebenen Hundertsatzes gewährt werden, oder greift auch ihnen gegenüber das allgemein vorbehaltene Ablehnungsrecht der Monopolverwaltung Platz?

Branntweinmonopolgesetz vom 8. April 1922 (RGBl. I S. 405) §§ 87, 89, 96.

II. Zivilsenat. Urt. v. 19. November 1926 i. S. B. A.-G. (Kl.) w. Deutsches Reich (Bekl.). II 108/26.

I. Landgericht I Berlin.
II. Kammergericht daselbst.

Durch Bekanntmachung vom 26. Februar 1923 erließ die Reichsmonopolverwaltung für Branntwein Verteilungsbestimmungen für den Bezug von Branntwein zu Trinkzwecken, wonach die Bestellungen auf Grundlage von monatlichen Bezugszahlen, deren jeweils freigegebener Hundertsatz bekanntgemacht wurde, angenommen werden sollten, im übrigen aber für die Bestellung und Lieferung auf die Bezugsbedingungen A vom 9. Februar 1923 (Reichsanzeiger Nr. 36) verwiesen wurde. Für den Oktober 1924 gab die Monopolverwaltung durch Bekanntmachung vom 27. September 1924 150 Hundertteile der Bezugszahl frei und teilte dabei mit, daß der Preis bis auf weiteres im Großverkauf von 300 Liter aufwärts 4 G.*M* für das Liter betrage. Nachdem am 21. Oktober 1924 eine Sitzung des Beirats stattgefunden hatte, in der ein Antrag der Monopolverwaltung auf Erhöhung des regelmäßigen Verkehrspreises für Sprit (unverarbeiteten Branntwein) auf 5 G.*M* für das Liter abgelehnt worden war, bestellte die Klägerin am 23. und 29. Oktober 1924 je 5000 Liter Sprit zum Preise von 4 G.*M* unter gleichzeitiger Zahlung der Kaufpreise. Die Monopolverwaltung lehnte die Annahme der ersten Bestellung mit Schreiben vom 25. Oktober 1924 unter Hinweis auf die mit Wirkung vom 21. Oktober verhängte Lieferungssperre und auf ihre Bezugsbedingungen A vom 20. Mai 1924 ab, erklärte sich aber auf Gegenvorstellung bereit, zu einem vorläufigen Preis von 5 G.*M* (bis zur Neufestsetzung) zu liefern. Ebenso verfuhr die Monopolverwaltung bezüglich der Bestellung vom 29. Oktober unter Nachforderung von 0,80 GM für das Liter. Die Klägerin leistete für beide Bestellungen die geforderte Nachzahlung unter Vorbehalt ihrer Rechte auf Rückforderung. Inzwischen hatte der Reichsfinanzminister durch Verordnung vom 29. Oktober 1924 (Reichsanzeiger vom 30. Oktober 1924) auf Beschwerde der Monopolverwaltung den regelmäßigen Verkehrspreis auf 4,80 GM für das Liter festgesetzt.

Mit der Klage begehrt die Klägerin Rückzahlung der von der Monopolverwaltung zu Unrecht nachgeforderten Preiserhöhungen zu einem Teilbetrag von 2000 RM, den sie in der Berufungsinstanz auf 4100 RM erhöht hat. Zur Begründung machte sie geltend, daß nach § 87 Abs. 1 BranntwMonG. für die Monopolverwaltung ein Zwang zum Abschluß von Verträgen auf Lieferung von Sprit bestehe, soweit die zur Verfügung stehenden Vorräte ausreichten, was in der hier in Betracht kommenden Zeit der Fall gewesen sei. Die Mitteilung vom 27. September 1924 über die Freigabe des Hundertsatzes der Bezugszahl für Oktober und über die Preise sei als ein bindender Vertragsantrag der Monopolverwaltung aufzufassen. Infolge seiner Annahme durch die Bestellungen vom 23. und 29. Oktober 1924 sei ein Lieferungsvertrag zu den bekanntgemachten Preisen zustandegekommen. Die Verhängung einer Lieferungssperre sei unzulässig gewesen. Die Monopolverwaltung habe so lange zu den festgesetzten Preisen liefern müssen, als nicht eine neue Festsetzung erfolgt sei. Der Beklagte bestritt das Bestehen eines Zwangs zum Abschluß von Verträgen für die Monopolverwaltung.

Das Landgericht hat die Klage abgewiesen, das Kammergericht die dagegen eingelegte Berufung zurückgewiesen. Auch die Revision der Klägerin blieb erfolglos.

Gründe:

Beide Vorinstanzen haben in der Bestimmung vom 27. September 1924 über Freigabe von 150% der Bezugszahl unter Mitteilung der damaligen Preise keinen Vertragsantrag der Monopolverwaltung, sondern nur eine Bereiterklärung erblickt, Vertragsanträge der Spritbezieher bis zur freigegebenen Höhe entgegenzunehmen. Demgemäß haben sie angenommen, daß durch die Bestellungen der Klägerin vom 23. und 29. Oktober 1924 noch kein Vertrag über die Lieferung von Sprit zustande gekommen sei. Sie lassen dahingestellt, ob eine Verpflichtung der Monopolverwaltung bestanden habe, mit jedem Inhaber einer Bezugszahl im Rahmen der freigegebenen Menge einen Lieferungsvertrag abzuschließen, halten aber auch beim Bestehen eines sog. Kontrahierungszwangs die Ablehnung der Bestellungen durch die Monopolverwaltung für berechtigt, weil es sich im vorliegenden Falle nicht um eine willkürliche Ablehnung gehandelt habe. Vielmehr liege eine zur zweckentsprechenden Durchführung der Monopolverwertung erforderliche Ausnahmemaßregel vor, wenn der Beklagte, um bei einer Erhöhung des Verkaufspreises, deren Bevorstehen durch Einberufung des Beirats bekannt geworden sei, einer spekulativen Ausnutzung der Sachlage durch die Spritbezieher vorzubeugen, eine kurze Lieferungssperre verfügt und während dieser Zeit die Bestellungen zu den alten Preisen abgelehnt habe, und zur Lieferung nur bei Bewilligung des noch festzusetzenden höheren Verkaufspreises bereit gewesen sei.

Die Revision macht dem angefochtenen Urteil den Vorwurf, daß es zu der Frage, ob und in welchem Umfang für die Monopolverwaltung ein Zwang zum Abschluß von Lieferungsverträgen bestand, keine bestimmte Stellung genommen habe, obgleich die Bejahung von wesentlicher Bedeutung sein könne nicht nur für die Entscheidung, inwiefern die Maßnahme der Monopolverwaltung als Ausnahme vom Vertragszwang zulässig gewesen sei, sondern auch für die Frage, welche Tragweite der Einführung der Bezugszahlen in Verbindung mit der Bekanntmachung vom 27. September 1924 für die eigene Bindung der Monopolverwaltung beizumessen sei. Diesem Revisionsangriff ist eine gewisse Berechtigung nicht abzusprechen. Es wäre in der Tat angebracht gewesen, daß die Vorinstanzen sich über das Vorliegen eines sog. Kontrahierungszwangs bestimmt ausgesprochen hätten, da dieser Umstand für die Beurteilung der rechtlichen Tragweite der erwähnten Bekanntmachung von Erheblichkeit ist. Aber auf diesem Mangel beruht das angefochtene Urteil nicht, da tatsächlich ein Zwang zum Abschluß für die Monopolverwaltung in dem von der Klägerin behaupteten Umfang nicht besteht.

Die Klägerin will einen Zwang der Monopolverwaltung zum Abschluß von Verträgen auf Lieferung von unverarbeitetem Branntwein in erster Reihe aus § 87 BranntwMonG. herleiten, meint aber weiter, daß sich ein solcher Zwang auch ohne weiteres aus der Monopolstellung des Reichs für den Vertrieb von Sprit ergebe. Nach beiden Richtungen ist die Auffassung der Klägerin verfehlt.

Das Landgericht hat schon mit Recht darauf hingewiesen, daß es dann, wenn dem Monopol des Reichs für unverarbeiteten Branntwein eine allgemeine Verpflichtung zum Abschluß von Lieferungsverträgen entsprechen sollte, nahegelegen hätte, das durch eine zweifelsfreie ausdrückliche Bestimmung im Branntweinmonopolgesetz klarzulegen, wie dies in anderen Fällen eines gesetzlichen Monopols (vgl. § 3 des Postgesetzes vom 28. Oktober 1871, RGBl. S. 347, § 5 des Telegraphengesetzes vom 6. April 1892, RGBl. S. 467) geschehen ist. Eine derartige Bestimmung ist im Branntweinmonopolgesetz nicht enthalten und es kann namentlich auch aus dessen § 87 kein solcher Zwang entnommen werden. Der Wortlaut dieser Vorschrift: „Die Reichsmonopolverwaltung bestimmt unter Berücksichtigung der zur Verfügung stehenden Branntweinbestände, in welcher Menge, zu welchen Zwecken und an wen Branntwein abzusetzen ist" spricht gegen einen derartigen Zwang. Denn die Bestimmung über den Umfang und den Zweck des Absatzes und über die Auswahl der Personen, an welche geliefert werden sollte, wird ja gerade der Reichsmonopolverwaltung überlassen, ohne daß ihr gleichzeitig die Verpflichtung auferlegt wird, jedem, der die Bezugsbedingungen erfüllt, auch wirklich Branntwein zu liefern. Allein aus den Worten „unter Berücksichtigung der zur Verfügung stehenden Branntweinbestände" läßt sich nicht schließen, daß die Monopolverwaltung beim Vorhandensein ausreichender Bestände alle an sie gerichteten Bestellungen auch ausführen muß. Daß § 87 a. a. O. der Reichsmonopolverwaltung bei Verwertung von unverarbeitetem Branntwein freie Hand lassen und ihr keinen Zwang zum Abschluß von Lieferungsverträgen auferlegen will, zeigt die abweichende Regelung, die in § 96 BranntwMonG. für den von der Monopolverwaltung hergestellten, dem Massenverbrauch dienenden einfachen Trinkbranntwein getroffen ist. Danach sind die Monopolerzeugnisse an jeden, der sich gewerbsmäßig mit dem Verkauf von Trinkbranntwein an Verbraucher befaßt (Wiederverkäufer), nach Maßgabe der zur Verfügung stehenden Bestände zu liefern. Nur wenn die Bestände nicht zur vollen Deckung des Bedarfs ausreichen, bestimmt die Monopolverwaltung den Kreis der Bezugsberechtigten. Hier wird also beim Vorhandensein ausreichender Bestände der Monopolverwaltung die Verpflichtung zur Lieferung an Wiederverkäufer auferlegt und damit in diesem Umfang ein Zwang zum Vertragsschluß begründet.

Ebenso ist aber auch die mehrfach im Schrifttum vertretene Auffassung der Revision abzulehnen, daß mit jedem rechtlichen Monopol ohne weiteres grundsätzlich ein Zwang der bezeichneten Art verbunden sei. Ein derartiger Zwang ist eine außerordentliche Maßnahme und stellt eine Abweichung von den sonst im Rechtsleben herrschenden Grundsätzen dar, die zum Teil auch in Art. 151 und 152 RVerf. Erwähnung gefunden haben. Deshalb bedarf er einer zweifelsfreien Anordnung durch die zuständige Stelle. Die Behandlung solcher Fälle durch die Gesetzgebung, die auch bei Gewährung eines rechtlichen Monopols eine ausdrückliche Bestimmung über den Zwang für erforderlich erachtet, spricht gegen die Auffassung der Revision. Jedenfalls muß es der Gesetzgebung freistehen, bei Schaffung eines Monopols einen Zwang zum Abschluß von Verträgen über den dem Monopol unterliegenden Gegenstand auszuschließen, und das ist nach dem oben Ausgeführten durch § 87 BranntwMonG. geschehen, wenn der Monopolverwaltung die Bestimmung überlassen wurde, welche Mengen, zu welchen Zwecken und an wen sie liefern will. Auch die von der Revision mehrfach für ihre Auffassung angeführte Schrift von Nipperdey, „Kontrahierungszwang und diktierter Vertrag", lehnt S. 51/53 grundsätzlich die von der Revision vertretene Meinung ab, will aber einen allgemeinen Kontrahierungszwang aus § 826 BGB. herleiten. Wenn durch das Nichtkontrahieren in einer gegen die guten Sitten verstoßenden Weise Schaden zugefügt würde, so bestehe — führt Nipperdey aus — eine Rechtspflicht zur Schadensverhütung durch Kontrahieren, d. h. ein Kontrahierungszwang. In der Rechtsprechung des Reichsgerichts (vgl. RGZ. Bd. 48 S. 114, Bd. 62 S. 264, Bd. 81 S. 316, Bd. 99 S. 107, Bd. 102 S. 396, Bd. 106 S. 387) ist allerdings anerkannt, daß der Mißbrauch einer rechtlichen oder tatsächlichen Monopolstellung, eine mit den guten Sitten des geschäftlichen Verkehrs im Widerspruch stehende Weigerung, zu den allgemeinen Bedingungen abzuschließen, oder das Bestreben, dem Gegner unbillige oder unverhältnismäßige Bedingungen aufzuerlegen, eine den Inhaber des Monopols zum Schadensersatz verpflichtende Handlung darstellen kann. Ob dieser Standpunkt aber zur Annahme einer rechtlichen Verpflichtung zum Abschließen zu bestimmten Bedingungen führen muß, ist zweifelhaft und kann hier dahingestellt bleiben. Denn in dem Verhalten der Reichsmonopolverwaltung, in der vorübergehenden Sperrung der Annahme der Bestellungen, in der Ablehnung der Bestellungen der Klägerin auf Lieferung zu den damals noch geltenden Preisen, deren Abänderung eben bevorstand, und in dem Erbieten, nur zu den zukünftigen höheren Preisen zu liefern, kann ein gegen die guten Sitten verstoßender Mißbrauch der Monopolstellung nicht gefunden werden. Diese Maßnahmen wurden nach den Feststellungen der Vorinstanzen von der Monopolverwaltung getroffen, um zu verhindern, daß die bekanntgewordene Absicht einer Erhöhung der Branntweinverkaufpreise, deren Ausführung infolge der notwendigen Mitwirkung des Beirats nicht sofort erfolgen konnte, den Branntweinbeziehern in der Zwischenzeit zu größeren Spekulationskäufen Veranlassung gebe. Hierdurch wäre die Wirkung dieser Maßnahme, die Einnahmen des Reichs aus der Verwertung des Monopols zu erhöhen, zum Schaden der Reichsfinanzen abgeschwächt worden. Wenn die Monopolverwaltung das Reich gegen die nachteiligen Folgen aus der umständlichen Art der Festsetzung der Verkaufspreise zu schützen suchte, so liegt in dem eingeschlagenen Verfahren kein Verstoß gegen die guten Sitten. Es war durch die früheren Bezugsbedingungen ausdrücklich für zulässig erklärt worden und findet auch in den jetzigen Bezugsbedingungen, die der Monopolverwaltung die Ablehnung von Bestellungen (im ganzen oder zum Teil) ermöglichen, eine genügende Grundlage. Danach muß nicht nur die Ablehnung einer einzelnen Bestellung, sondern auch die vorübergehende allgemeine Sperrung der Lieferungen für zulässig erachtet werden. Daß beim Verneinen eines Zwangs zum Abschluß die getroffenen Maßnahmen nicht im Widerspruch mit den Bestimmungen des Branntweinmonopolgesetzes stehen, kann nach dem oben Ausgeführten nicht bezweifelt werden. Sie halten sich innerhalb des Rahmens, der durch § 87 BranntwMonG. für die Bestimmungen der Monopolverwaltung beim Absatz von unverarbeitetem Branntwein gezogen ist.

Besteht für die Monopolverwaltung kein Zwang zum Abschluß von Lieferungsverträgen über unverarbeiteten Branntwein, so begegnet auch die Auffassung des Berufungsgerichts über die Bedeutung der Einführung der Bezugszahlen keinem rechtlichen Bedenken. Die Verteilungsbestimmungen der Reichsmonopolverwaltung für den Bezug von Branntwein zu Trinkzwecken vom 26. Februar 1923 weisen darauf hin, daß für die Bestellung und Lieferung die Bezugsbedingungen A vom 9. Februar 1923 maßgebend sind, in denen es unter anderem heißt, die Reichsmonopolverwaltung behalte sich vor, die Annahme von Bestellungen ganz oder teilweise abzulehnen. Sodann ordnen diese Bedingungen an, daß die Bestellungen auf Grundlage von monatlichen Bezugszahlen angenommen werden, und treffen nähere Bestimmung über die Berechnung der Bezugszahlen. Wenn das Kammergericht aus jenem Hinweis auf die Bezugsbedingungen entnimmt, daß den Inhabern von Bezugszahlen kein Anspruch auf Belieferung in Höhe des jeweils freigegebenen Hundertsatzes gewährt werden, sondern auch ihnen gegenüber das allgemein vorbehaltene Ablehnungsrecht Platz greifen sollte, so unterliegt diese Auslegung keinem rechtlichen Bedenken. Das angefochtene Urteil hat in tatsächlicher Würdigung des beiderseitigen Parteivorbringens über den Zweck der Einrichtung von Bezugszahlen angenommen, daß sie nicht, wie die Klägerin meint, dazu dienen sollten, den Branntweinbeziehern für den allmonatlichen Bezug einer bestimmten Menge Sprit zu den öffentlich bekanntgemachten festen Preisen eine Sicherheit zu gewähren; vielmehr seien damit lediglich Höchstgrenzen festgesetzt, bis zu denen die einzelnen Abnehmer Sprit bestellen könnten, um übermäßig große Bestellungen einzelner Bezieher von vornherein auszuschalten und die gleichmäßige Belieferung der Abnehmer zu regeln. Der Angriff der Revision, daß das angefochtene Urteil in diesem Punkte zum Vorbringen der Klägerin keine Stellung genommen habe, geht also fehl.

Von diesem Standpunkt aus ist auch die weitere Annahme der Vorinstanzen nicht zu beanstanden, daß in der am 27. September 1924 ergangenen Bekanntmachung über Freigabe von Sprit für den Oktober 1924 in Höhe von 150/100 der Bezugszahl kein bindender Vertragsantrag der Monopolverwaltung gegenüber den Inhabern von Bezugszahlen zu erblicken sei, sondern lediglich ein Anheimgeben, durch Bestellungen Vertragsangebote zu machen. Auch die damals geltenden Bezugsbedingungen vom 20. Mai 1924 enthalten den Vorbehalt wegen der Annahme von Bestellungen. Daß die gleichzeitige Mitteilung der Preise nicht die Bedeutung hatte, die Monopolverwaltung in Höhe des freigegebenen Prozentsatzes der Bezugszahl für den Oktober auf diese Preise festzulegen, wird durch den Zusatz „bis auf weiteres" klargestellt. Mit dem Eingang der Bestellungen der Klägerin kam daher, wie die Vorinstanzen zutreffend angenommen haben, noch kein Vertrag auf Lieferung der bestellten Spritmengen zu den damals festgesetzten Preisen zustande, vielmehr war die Monopolverwaltung in ihren Entschließungen über Annahme oder Ablehnung der Vertragsangebote frei und durfte sie ablehnen. Allerdings konnte die Verwaltung von sich aus nicht andere Verkaufspreise für Sprit festsetzen und den Beziehern in Rechnung stellen, sondern sie war dabei an die Mitwirkung des Beirats (§ 89 BranntwMonG.) gebunden oder mußte eine Änderung nach § 15 des Gesetzes herbeiführen. Aber sie hatte freie Hand, ob sie auf die zu den damaligen Preisen gemachten Bestellungen eingehen wollte. Wenn die Monopolverwaltung nach Ablehnung der Bestellungen der Klägerin sich dieser gegenüber auf ihre Vorstellungen erbot, trotz der Sperre die Bestellungen auszuführen, falls sich die Klägerin zur Zahlung der demnächst festzusetzenden Preise verpflichte, so kann darin eine mit den Anschauungen eines redlichen Geschäftsverkehrs unvereinbare, mißbräuchliche Ausnutzung der Monopolstellung nicht gefunden werden, wie oben bereits dargelegt wurde. Konnte die Monopolverwaltung auf Grund des § 87 BranntwMonG. und des Vorbehalts in ihren Bezugsbedingungen die Annahme von Bestellungen bis zur Festsetzung neuer Preise überhaupt ablehnen, so bedeutete es ein Entgegenkommen, wenn sie sich trotz der Sperre zur Lieferung für den neu festzusetzenden Preis bereit erklärte. Eine derartige Bestimmung der Höhe des Kaufpreises durch eine zukünftige, von einem Organ des Beklagten zu treffende Festsetzung des allgemeinen Verkaufspreises ist nach §§ 315 flg. BGB. zulässig. Die Frage, ob auch ohne den besonderen Hinweis auf die zukünftige Festsetzung die in der Bekanntmachung des Reichsfinanzministers vom 29. Oktober 1924 (veröffentlicht in der Nummer des Reichsanzeigers vom 31. Oktober 1924) ausgesprochene Rückwirkung der neuen Preisfestsetzung ab 22. Oktober 1924 rechtliche Wirkung haben würde, hat für den vorliegenden Sachverhalt keine Bedeutung, da die Lieferung nur unter der Bedingung erfolgte, daß der neue Preis maßgebend sein sollte.

55. Steht einem Verkäufer, der Waren unter Vorbehalt des Eigentums bis zur vollständigen Preiszahlung verkauft, dem Käufer jedoch gestattet hat, schon vorher die Waren weiterzuveräußern und seinen Abnehmern zu Eigentum zu übertragen, hinsichtlich der Gegenleistungen der Abnehmer ein Anspruch auf Ersatzaussonderung nach § 46 KO. zu?

VI. Zivilsenat. Urt. v. 19. November 1926 i. S. der Th. M. & Co. Akt.-Ges. (Kl.) w. M. Konkurs (Verwalter Dr. R.) (Bekl.). VI 332/26.

I. Landgericht Köln.
II. Oberlandesgericht daselbst.

Die Klägerin hatte dem Kaufmann M. in K. Textilwaren im Gesamtfakturenbetrag von 9848,85 RM geliefert, indem sie sich dabei das Eigentum an den Waren bis zur vollständigen Bezahlung des Kaufpreises vorbehielt. Ohne ihr eine Zahlung zu leisten, veräußerte M. den größten Teil der Waren. Danach wurde über sein Vermögen das Konkursverfahren eröffnet und der Beklagte zum Verwalter bestellt. Dieser gab der Klägerin auf ihr Verlangen den noch in der Konkursmasse vorhandenen Rest der gelieferten Waren — 9 Stück im Fakturenwerte von 614 RM — zurück.

Wegen der durch M. veräußerten Warenmengen verfolgte die Klägerin Ansprüche aus § 46 KO. Sie hat mit der im Dezember 1925 erhobenen Klage beantragt, den Beklagten zur Rechnungslegung darüber zu verurteilen, welche daraus hervorgegangenen Kaufpreisforderungen sich in der Konkursmasse befinden, welche dazu gehörigen Beträge er zur Masse eingezogen hat, und für welche Beträge die Schuldner nach der Eröffnung des Konkursverfahrens Wechsel gegeben haben, ferner den Beklagten zur Abtretung der noch ausstehenden Forderungen, zur Auszahlung der von ihm eingezogenen Beträge sowie zur Aushändigung der empfangenen Wechsel zu verurteilen. Der Beklagte hat die Anwendbarkeit des § 46 KO. bestritten.

Die Vorinstanzen haben die Klage abgewiesen. Die Revision der Klägerin blieb erfolglos.

Gründe:

Der Berufungsrichter lehnt zunächst aus Erwägungen, die größtenteils dem tatsächlichen Gebiet angehören, die Annahme ab, daß zwischen der Klägerin und dem Gemeinschuldner ein Kommissionsverhältnis im Sinne der §§ 383flg. HGB. bestanden habe. Gegen diesen Teil der Entscheidung bestehen keine rechtlichen Bedenken und werden auch von der Revision keine Angriffe erhoben.

Sodann stellt das Oberlandesgericht in Übereinstimmung mit dem ersten Richter tatsächlich fest, die Klägerin sei damit einverstanden gewesen, daß M. die Textilwaren vor Bezahlung des ihr dafür geschuldeten Kaufpreises weiter verkaufe und seinen Abnehmern zu Eigentum übertrage. Bei solcher Sachlage erachtet der Berufungsrichter, insoweit ebenfalls dem Landgericht beitretend, einen Aussonderungsanspruch der Klägerin gemäß § 46 KO. nicht für gegeben.

Die Revision bekämpft diese Rechtsauffassung. Wenn sie sich in erster Reihe auf den Wortlaut des § 46 beruft, so ist ihr zuzugeben, daß dieser auf den ersten Besicht die von ihr vertretene Ansicht zu stützen scheint. Bei näherer Untersuchung ergibt sich indes, daß dennoch die Voraussetzungen, unter denen der Anspruch des § 46 entsteht, nicht als erfüllt gelten können. Vielmehr ist zu verneinen, daß es sich um einen Gegenstand handelt, der der Aussonderung unterliegt.

Die hier aufzuwerfende Frage, wann von einem Gegenstand gesagt werden kann, daß er dem Gemeinschuldner nicht gehört, und wann ein Anspruch auf Aussonderung eines solchen Gegenstands aus der Masse begründet ist, beantwortet sich gemäß § 43 KO. lediglich „nach den außerhalb des Konkursverfahrens geltenden Gesetzen." Entscheidend ist mithin, wie der Inhalt des zwischen der Klägerin und dem Gemeinschuldner geschlossenen Kaufvertrags zu beurteilen ist. Dem Gemeinschuldner waren die Waren nach der den Revisionsrichter bindenden Feststellung des Berufungsgerichts mit der Maßgabe zum Besitz überlassen worden, daß sie Eigentum der Klägerin bis zum Zeitpunkt ihres Weiterverkaufs bleiben sollten. Sonach war die Sicherung, die sich die Klägerin ausbedang, von vornherein nur beschränkt: bis zur Weiterveräußerung sollten die Sachen ihr gehören, danach aber sollte ihre Kaufpreisforderung nicht länger gesichert sein. Demgemäß war auch ihr etwaiges Aussonderungsrecht im Konkurs ihres Abkäufers nur beschränkt: es sollte vereinbarungsgemäß nur bis zur Weiterveräußerung der Waren ausgeübt werden dürfen. Diese Vereinbarung schränkt also den Anspruch auf Aussonderung nach § 43 KO. ein und folgerichtig auch den auf die Ersatzaussonderung nach § 46 KO. Auch der letztere entfällt, nachdem der Gemeinschuldner befugterweise die Waren verkauft hatte.

Zum gleichen Ergebnis gelangt man, wenn man von dem gesetzgeberischen Zwecke des § 46 KO. ausgeht. Hier ist zunächst auf die Begründung des Entwurfs der Konkursordnung zu dem mit § 46 gleichlautenden § 38 a. F. (Hahn, Materialien zur KO., S. 182 bis 184) zu verweisen. Bei der Rechtfertigung der Ausdehnung des Anspruchs auf den Fall, daß die fremde Sache schon vor der Eröffnung des Konkursverfahrens vom Gemeinschuldner veräußert worden war, die Gegenleistung aber noch aussteht, finden sich dort (S. 183 Abs. 2) die Sätze:

> „Es würde aber zu einer offenbaren Unbilligkeit ausschlagen, wollte man gestatten, daß der Verwalter den Erlös für eine Sache, die dem Gemeinschuldner nicht gehörte und die er unrechtmäßig veräußert hatte, zur Konkursmasse und zur Verteilung unter alle Konkursgläubiger einzöge. Die Billigkeit verlangt, daß auch hier die Forderung auf den Erlös als dem Vindikationsberechtigten zustehend angesehen werde."

Hiernach haben die Billigkeitserwägungen des Gesetzgebers auf den Fall abgestellt, daß die Veräußerung durch den Gemeinschuldner unrechtmäßig war. Hält man hieran fest, so ist weiter mit Jaeger (Komm. zur KO., 5. Aufl. Anm. 3 zu § 46, Bd. I S. 711) von dem aus dem Wesen der Ersatzaussonderung herzuleitenden Satze auszugehen, daß § 46 KO. Ansprüche nicht schaffen, sondern lediglich verstärken will. Mit Recht folgert Jaeger daraus, daß es nicht Zweck der Gesetzesvorschrift sein kann, dem Schuldnervermögen im Konkursfall eine Haftung aufzubürden, die außerhalb des Konkurses gar nicht besteht und eine höchst unangemessene Begünstigung des Dritten auf Kosten des Gemeinschuldners und der Konkursgläubiger mit sich bringen würde. Von dieser Auffassung aus nimmt Jaeger (a. a. O. Anm. 3 a. E. S. 712) zu der hier zu entscheidenden Frage im Sinne der Unanwendbarkeit des § 46 KO. Stellung. Er erachtet mit Recht das in dieser Richtung gefällte Urteil des Oberlandesgerichts Kiel vom 28. März 1913 (Seuff.Arch. Bd. 68 Nr. 163 II S. 297) für zutreffend. Dieselbe Grundauffassung teilt auch Hellwig (Über Erweiterung des Eigentumsschutzes durch persönliche Ansprüche, mit besonderer Beziehung auf § 38 KO. a. F., im Archiv f. d. Ziv. Praxis Bd. 68 S. 217), indem er (a. a. O. S. 248) zur juristischen Natur des Anspruchs aus dieser Gesetzesstelle ausführt, der Schutz des Eigentums, den im allgemeinen die dingliche Klage gewähre, werde erweitert durch die persönliche Klage auf Abtretung des Vermögensrechts, das der Veräußerer durch die Verfügung über das fremde Vermögen erlangt hat, durch eine Verfügung, zu der er kein Recht hatte.

Die Revision vermag sich für ihre Anschauung nur auf die Urteile des Oberlandesgerichts Stettin vom 3. März und 3. April 1913 (Seuff.Arch. Bd. 68 Nr. 163 I S. 296, auch Rspr. d. OLG. Bd. 27 S. 253) zu beziehen. Dort wird indes die Anwendbarkeit des § 46 KO. auf den Fall einer befugten Veräußerung einer mit dem Eigentumsvorbehalt eines Dritten belasteten Sache durch den Gemeinschuldner lediglich aus dem Wortlaut der Gesetzesstelle abgeleitet und im übrigen die für die Anhänger der Gegenmeinung entstehende Frage erörtert, ob der Verkäufer des Gemeinschuldners die Abtretung der von diesem beim Weiterverkauf erzielten Preisforderung im vollen, den ursprünglichen Kaufpreis vielleicht übersteigenden Betrag oder nur bis zur Höhe des ihm selbst geschuldeten Preises beanspruchen kann, und es wird versucht, die Frage im letzteren Sinne zu lösen. Eine solche Beschränkung wäre jedoch, wie Jaeger a. a. O. zutreffend annimmt, mit dem § 46 KO. unvereinbar.

Auch was die Revision sonst vorträgt, kann nicht für gerechtfertigt erachtet werden. Sie meint, der durch die Weiterveräußerung der Waren entstandene Preisanspruch sei insoweit für den Gemeinschuldner ein materiell fremder, als er sich mit dem Anspruch der Klägerin auf Zahlung des Kaufpreises decke. Nach der vom Berufungsgericht festgestellten Vereinbarung trifft dies jedoch nicht zu. Der Gemeinschuldner sollte danach berechtigt sein, die Waren trotz des Eigentumsvorbehalts derart weiter zu verkaufen, daß die daraus entspringenden Preisforderungen — ohne jede Mitberechtigung der Klägerin — nur ihm zustanden. Irrig ist auch die weiterhin von der Revision vertretene Ansicht, durch die von ihr verfolgte Ersatzaussonderung werde kein neuer Anspruch für die Klägerin begründet, sondern nur die vertraglich vereinbarte Sicherung ihrer Kaufpreisforderung aufrechterhalten; denn es fehlt an der Vereinbarung einer so weit reichenden Sicherung.

56. 1. Gilt bei mündlichen Verhandlungen das Schweigen auf Erklärungen des Vertragsgegners auch dann als Zustimmung, wenn der Schweigende unmittelbar darauf schriftlich seinen gegenteiligen Standpunkt zum Ausdruck bringt?

2. Hat der Mäkler die vom Verkäufer versprochene Provision für das vermittelte Geschäft auch dann zu beanspruchen, wenn der Käufer zur Deckung des Kaufpreises dem Verkäufer nur seine eigenen Wechsel gibt, während ursprünglich die Hingabe von Kundenwechseln vorgesehen war?

BGB. §§ 147, 157, 652.

VI. Zivilsenat. Urt. v. 23. November 1926 i. S. Sch. (Bekl.) w. S. (Kl.). VI 390/26.

I. Landgericht I Berlin.
II. Kammergericht daselbst.

Der Kläger, der vordem die Agenturvertretung der Beklagten für Bekleidungs- und Ausrüstungsgegenstände in Oberschlesien hatte, vermittelte für die Beklagte im September 1924 den Verkauf von 75 Waggons Stahl zum Preise von 195000 ℳ an den Kaufmann C. Dafür war ihm von der Beklagten eine Provision von 10 v. H. des Kaufpreises versprochen worden. Die Beklagte lieferte aber dem Käufer den Stahl nicht, weil er die über den Kaufpreis gegebenen Wechsel nicht einlöste. Die Beklagte focht den Kaufvertrag wegen Irrtums und arglistiger Täuschung über die Kreditfähigkeit des C. an und erhob auch eine Schadensersatzklage gegen ihn. In diesem Prozeß kam es am 9. Dezember 1925 zwischen den damaligen Parteien zu einem gerichtlichen Vergleich, in dem C. anerkannte, daß der Vertrag über die Lieferung des Stahls mit rückwirkender Kraft unwirksam sei, und beide Parteien übereinstimmend erklärten, aus diesem Vertrag gegenseitig keine Ansprüche zu haben und gehabt zu haben.

Im gegenwärtigen Rechtsstreit macht der Kläger seine Provisionsforderung gegen die Beklagte geltend. Diese hat eingewendet, daß die Provision vom Eingang des Kaufpreises abhängig gewesen, ferner aber auch deshalb nicht erworben sei, weil das vermittelte Geschäft nicht den vorausgesetzten Inhalt gehabt habe; denn zur Deckung des Kaufpreises hätten Kundenwechsel gegeben werden sollen, C. habe sich aber nur zur Hingabe seiner eigenen Wechsel verstanden. In den Vorinstanzen wurde die Beklagte zur Zahlung verurteilt. Ihre Revision führte zur Aufhebung des Berufungsurteils und zur Zurückverweisung der Sache.

Gründe:

Ohne Rechtsirrtum nimmt das Berufungsgericht an, daß der Kläger bei der Vermittlung des Rechtsgeschäfts nicht mehr als Agent, sondern als Mäkler gehandelt hat. Als solcher erwarb er an sich die Provision zwar schon mit dem Abschluß des Geschäfts, aber es war auch für abweichende Vereinbarungen Raum. Eine derartige Abrede konnte auch stillschweigend geschehen. Sie lag hier um so näher, als bis dahin der Kläger seine Provision immer erst nach Eingang des Kaufpreises bekommen hatte, weil er Agent gewesen war. Es kam deshalb darauf an, ob die Parteien bei der Vereinbarung der ungewöhnlich hohen Provision von 10 v. H. des Kaufpreises nicht etwa davon ausgegangen sind, daß es mit deren Zahlbarkeit so, wie bisher, gehalten werden solle. Zur Entscheidung dieser Frage genügt es nicht, wenn das Berufungsgericht ausführt, es könne aus der Tatsache, daß der Kläger bei den früher vermittelten Geschäften die Provision erst nach Eingang des Kaufpreises erhalten habe, nicht gefolgert werden, daß auch beim gegenwärtigen Geschäft der Erwerb der Provision von der Bezahlung des Kaufpreises abhängig sein sollte, weil er hier Mäkler, dort aber Agent gewesen sei. Denn wenn es sich darum handelt, ob die Parteien es hinsichtlich der Provision bei der bisherigen Übung haben belassen wollen, so kann die stillschweigende Vereinbarung der früheren Bedingungen für den Erwerb der Provision nicht mit der Begründung abgelehnt werden, daß früher eine Agententätigkeit, jetzt aber eine Vermittlertätigkeit als Mäkler in Frage kam. Soll doch gerade festgestellt werden, ob die Parteien trotz der veränderten Stellung des Klägers das, was bisher hinsichtlich der Provision gegolten hatte, auch weiter haben gelten lassen wollen, und hierfür kann die Entscheidung nicht daraus entnommen werden, daß das Gesetz einen Unterschied zwischen dem Provisionserwerb als Agent und dem als Mäkler macht. Um so weniger fällt diese Verschiedenheit ins Gewicht, wenn den Parteien der rechtliche Unterschied zwischen der Stellung des Agenten und des Mäklers nicht geläufig war und sie namentlich nicht gewußt haben, daß der Verdienst des Mäklerlohns anders geregelt ist, als der Anspruch des Agenten auf die Provision. Denn in diesem Falle könnte ein gewolltes Festhalten an dem bisherigen Zustand in bezug auf den Provisionsverdienst um so näher liegen und damit vielleicht auch zu erklären sein, daß der Vertreter der Beklagten noch vor dem Abschluß des Kaufvertrags am 12. September 1924 den Kläger ausdrücklich darauf hingewiesen hat, seine Provision sei erst nach der Einlösung der Akzepte des C. fällig. In dem Schweigen des Klägers hierauf wäre dann nur ein Beweis für den Inhalt der vorangegangenen Abmachungen über den Erwerb der Provision zu finden gewesen, für den es auf die Frage nicht ankommt, wann das Schweigen als rechtsbegründende Zustimmung anzusehen ist.

Läßt sich nicht feststellen, daß die Parteien im Hinblick auf die frühere Übung auch für das gegenwärtige Geschäft daran haben festhalten wollen, die versprochene Provision solle dem Kläger nur für den Fall des Eingangs des Kaufpreises gezahlt werden, und daß dies von vornherein der Inhalt des Provisionsversprechens gewesen ist, so bleibt der Inhalt der späteren mündlichen Verhandlungen zwischen dem Kläger und dem Vertreter der Beklagten vom 12. September 1924 aufzuklären. Wenn der Kläger bei diesen Verhandlungen auf die Erklärung des Vertreters der Beklagten, daß, da vom Käufer keine Kundenwechsel zu erlangen seien, die Provision von der Beklagten nur bei Einlösung der Akzepte durch C. bezahlt werden könne, geschwiegen hat, so kann in seinem Schweigen eine rechtsverbindliche Zustimmung zu dem neuen Angebot der Beklagten gelegen haben, an die der Kläger auch gebunden blieb, wenn er es sich nachher anders überlegte und der Meinung war, daß er auf die geänderte Provisionszusage nicht hätte einzugehen brauchen. Die Auffassung des Berufungsgerichts, daß in dem etwaigen Schweigen des Klägers keine Zustimmung lag, weil er unmittelbar darauf gegen die Erklärung des Vertreters der Beklagten Widerspruch erhoben hat, ist rechtsirrig. Allerdings gilt Schweigen nur dann als Zustimmung, wenn es nach Treu und Glauben als solche aufgefaßt werden darf. Aber ob das der Fall ist, richtet sich, besonders bei mündlichen Verhandlungen, nicht nach dem späteren Verhalten des Schweigenden, sondern nach den Umständen zur Zeit der Verhandlungen. Durfte bei diesen der Vertragsgegner das Schweigen im Sinne eines Einverständnisses verstehen, so kam mit ihm eine Einigung über die nunmehrige Bedingtheit des Provisionsversprechens zustande, von der sich der Kläger — mochte es auch gleich darauf geschehen — nicht einseitig wieder lossagen konnte. Für die Frage aber, ob im Schweigen des Klägers eine Zustimmung zu der Erklärung des Vertreters der Beklagten gelegen hat oder jedenfalls gefunden werden durfte, kann in Betracht kommen, daß bei den Verhandlungen vom 12. September 1924 das Geschäft zwischen der Beklagten und C. noch nicht endgültig abgeschlossen war und der Kläger vielleicht besorgen mußte, daß die Beklagte es unter den veränderten Bedingungen nicht abschließe, wenn er darauf bestand, daß ihm die Provision sofort nach dem Abschluß des Kaufvertrags gezahlt würde. Denn jedenfalls war es ein Abgehen von den früher gestellten Kaufbedingungen, wenn sich die Beklagte entschloß, sich anstatt der Kundenwechsel mit Wechseln des Käufers zu begnügen, und diese Änderung konnte auch erhöhte Zweifel an dem Eingang des Kaufpreises rechtfertigen, wenn die Vermögenslage des C. zu Bedenken Anlaß gab oder auch nur ungewiß war. Darum hatte der Kläger möglicherweise damit zu rechnen, daß die Beklagte von dem Geschäft absehen würde, falls sie ihm ohne Rücksicht auf die Einlösung der Wechsel die hohe Provision von 10 v. H. des Kaufpreises zahlen müßte. Dem stünde es auch nicht entgegen, wenn die Beklagte etwa erst nach Empfang des Schreibens des Klägers vom 13. September 1924 das Kaufgeschäft mit C. abgeschlossen hat. Denn wenn die Beklagte nach dem Schweigen des Klägers auf die bei den mündlichen Verhandlungen vom 12. September 1924 abgegebenen Erklärungen ihres Vertreters der Meinung gewesen ist und auch sein konnte, der Kläger sei damit einverstanden, daß er auf die Provision nur nach Einlösung der Wechsel durch C. Anspruch habe, so brauchte sie sich um den nachträglichen Widerspruch des Klägers nicht zu kümmern. Daß sie sich unter Aufgabe ihres Standpunkts etwa dem Widerspruch gefügt habe, wird nach ihren Schreiben vom 15. und 18. September 1924 nicht angenommen werden können.

Erst wenn nicht festgestellt werden kann, daß die Parteien von vornherein oder später darüber einig geworden sind, die Provision solle nur im Falle des Eingangs des Kaufpreises vom Kläger verdient sein, wird es darauf ankommen, ob das zwischen der Beklagten und C. zustande gekommene Kaufgeschäft ein wesentlich anderes gewesen ist als dasjenige, für dessen Vermittlung der Mäklerlohn versprochen war. Auch in dieser Beziehung sind die Ausführungen des Berufungsgerichts nicht frei von Rechtsirrtum oder zum mindesten unzulänglich. Wenn der Verkäufer zur Deckung des Kaufpreises Kundenwechsel bekommt, so steht er in der Regel günstiger als beim Empfang eigener Wechsel des Käufers. Denn mag er vielleicht auch die letzteren Wechsel diskontieren können, nachdem er seine eigene Unterschrift auf den Wechsel gesetzt hat, so steht er doch allein für die Wechselsumme ein, wenn der Käufer den Wechsel nicht einlöst, während beim Kundenwechsel noch die Haftung weiterer Personen aus ihrem Akzept oder Giro in Frage kommt. Dies mag keine wesentliche Bedeutung haben, wenn der Käufer, der nur seine eigenen Wechsel gab, zahlungsfähig ist und deshalb die Einlösung der Wechsel durch ihn zu erwarten ist. Traf dies bei C. aber nicht zu, so stand sich die Beklagte wesentlich schlechter, wenn sie sich an Stelle der Kundenwechsel mit den Wechseln des Käufers begnügte. Zwar ist der Verkäufer auch bei Hergabe von Kundenwechseln nicht ohne weiteres dagegen geschützt, daß die Wechsel nicht eingelöst werden und er um den Kaufpreis kommt. Aber nach dem Schreiben der Beklagten vom 1. September 1924 hatte diese ausdrücklich zur Bedingung erhoben, daß die Akzeptanten und Giranten gut sein müßten, und unter solchen Umständen kann der Verzicht auf Kundenwechsel das Geschäft wirtschaftlich für sie tatsächlich zu einem anderen gemacht haben, als das, welches bei dem Provisionsversprechen vorgesehen war; und nicht bloß nach der Auffassung der Beklagten selbst, sondern auch nach der allgemeinen Auffassung des Verkehrs kann dann das Geschäft ein anderes gewesen sein. Denn ein Geschäft, das der Verkäufer mit Risiko schließt, ist wirtschaftlich gesehen immer etwas anderes, als ein Vertrag, der ihm Sicherheiten gewährt. Es kommt aber vorliegend auch wesentlich darauf an, ob es für den Provisionsanspruch des Mäklers als ein anderes anzusehen ist, und dazu muß auch in Betracht gezogen werden, ob es im Verhältnis des Verkäufers zum Mäkler die Pflicht des ersteren drückender machte als das ursprünglich vorgesehene, und ob es deshalb nicht als ein solches Geschäft gelten konnte, für dessen Vermittlung die Provision versprochen war. . . .

57. Kann sich in einem auf bestimmte längere Zeit geschlossenen Mietvertrag der Vermieter für den Fall, daß der Mieter in Konkurs gerät und er, der Vermieter, deshalb kündigt, ausbedingen, daß ihm der auf die restliche Mietzeit entfallende Mietzins als Schadensersatz zu zahlen sei?

KO. §§ 3, 17, 19.

III. Zivilsenat. Urt. v. 23. November 1926 i. S. R. Konkursmasse (Bekl.) w. Ostdeutsche Telephongesellschaft m. b. H. (Kl.). III 540/25.

I. Landgericht Allenstein.
II. Oberlandesgericht Königsberg i. Pr.

Die Klägerin hat auf Grund von Verträgen vom 13. und 25. Oktober 1923 und 4. Januar 1924 dem Kaufmann R. eine Fernsprechanlage eingerichtet und überlassen. Der Vertrag sollte bis Ende 1939 dauern, die Vergütung jährlich 1318 Goldmark betragen. § 6 der Verträge bestimmte gleichlautend: „Wenn der Mieter die vertraglichen Bedingungen nicht einhält oder in Konkurs gerät, ist die Gesellschaft (d. i. die Klägerin) berechtigt, die Fernsprechanlage zu sperren oder zu entfernen und $^3/_4$ der restlichen Mieten .... als Schadensersatz für Nichteinhaltung des Vertrags sofort zu fordern."

Über das Vermögen des R. ist im Juli 1924 das Konkursverfahren eröffnet worden. Die Klägerin hat darauf, gestützt auf § 6 der Verträge, Herausgabe der Anlage verlangt und erwirkt, und auf Grund desselben § 6 einen Anspruch auf 15321,75 RM (d. i. $^3/_4$ der vertragsmäßigen Vergütung auf die Zeit vom 1. Juli 1924 bis 31. Dezember 1939) als nicht bevorrechtigte Konkursforderung zur Tabelle angemeldet. Die Konkursverwalter haben die Forderung in Höhe von 1000 RM anerkannt, im übrigen bestritten. Die Klägerin verlangt jetzt Feststellung der angemeldeten Forderung in Höhe weiterer 14321,75 RM. Das Landgericht hat die Klage abgewiesen, das Oberlandesgericht hat ihr stattgegeben. Die Revision der Beklagten blieb ohne Erfolg.

Gründe:

Die Klägerin stützt ihren Anspruch auf § 6 der Verträge und kann ihn nur hierauf stützen, da ihr ein gesetzlicher Anspruch für den hier vorliegenden Fall, daß sie selbst das Vertragsverhältnis gekündigt hat, nicht zusteht. Als Voraussetzung des vertraglichen Schadensersatzanspruchs kommt nur die Tatsache der Konkurseröffnung in Betracht. Es fragt sich, ob § 6 der Verträge insoweit rechtswirksam ist. Andere als konkursrechtliche Bedenken sind nicht geltend gemacht und kommen nicht in Frage. Das Landgericht hat gemeint, die Vertragsabrede, wonach allein schon der Konkursfall der Klägerin das Recht geben sollte, sofort vom Vertrag zurückzutreten und $^3/_4$ der restlichen Mieten zu verlangen, ziele auf Umgehung des Gesetzes und sei deshalb nichtig. Denn die Absicht der Konkursordnung gehe dahin, die Masse nicht mit der Erfüllung langfristiger Verträge zu belasten, sondern den weiteren Mietzins im Interesse aller Gläubiger zu sparen; dieser Zweck werde aber vereitelt, wenn die Klägerin einen Betrag verlange, der dem gegenwärtigen Kapitalwert der ratenweise zu zahlenden Mietzinsbeträge auf die ganze Vertragszeit mindestens gleichkomme. Die Revision macht geltend, die Konkursordnung lege das Maß der Belastung der Konkursmasse zwingend fest, und niemand könne sich für den Konkursfall Rechte gegenüber der Konkursmasse ausbedingen, die ihm ohne den Konkursfall gegenüber dem Gemeinschuldner selber nicht zustehen würden. Namentlich könne gegenüber den Bestimmungen der §§ 17 und 19 KO. nicht bedungen werden, daß der Vertragsgegner des Gemeinschuldners einen Schadensersatzanspruch haben solle, wenn er selbst wegen der Konkurseröffnung die Erfüllung des Vertrags ablehne, d. h. den Mietvertrag kündige. Diesen Anschauungen kann nicht beigetreten werden.

Ohne Rechtsirrtum nehmen beide Vorinstanzen an, daß das Vertragsverhältnis die rechtliche Natur der Miete hatte. Dem Landgericht ist nur insoweit Recht zu geben, daß § 19 KO. die Rechte des Vermieters verkürzt, indem er dem Konkursverwalter ein unentziehbares Recht gibt, den Mietvertrag vorzeitig zu kündigen, und den Vermieter auf einen Schadensersatzanspruch an Stelle seines vertraglichen Anspruchs auf Mietzins für die Restdauer des Vertrags verweist. Auf diese Weise wird allerdings regelmäßig eine Entlastung der Masse erzielt, weil dem Vermieter der Nachweis obliegt, daß er trotz entsprechender Bemühungen nicht anderweit denselben Mietzins hat erzielen können; es ist aber keineswegs ausgeschlossen, daß dieser Nachweis gelingt. Anderseits ist anerkannt, daß der Vermieter sich vertragsmäßig von dieser Beweislast befreien und sich für den Fall, daß der Konkursverwalter vorzeitig kündigt, eine Vertragsstrafe ausbedingen kann (RGZ. Bd. 49 S. 189), deren Höhe, sofern sie nicht wucherisch ist oder sonst gegen die guten Sitten verstößt, vorbehaltlich einer Herabsetzung nach § 343 BGB. im Belieben der Vertragschließenden steht und somit dem Vermieter schließlich sogar mehr als den auf die restliche Vertragsdauer entfallenden Mietzins sichern kann. Daraus ergibt sich zugleich, daß der von der Revision aufgestellte Rechtssatz, es könne sich niemand für den Konkursfall Ansprüche gegen die Konkursmasse des Vertragsgegners ausbedingen, die ihm außerhalb des Konkurses gegen den Vertragsgegner persönlich nicht zustehen würden, zum mindesten in dieser Allgemeinheit nicht anerkannt werden kann. Auch der von der Revision herangezogene § 17 KO. steht der Zulässigkeit der fraglichen Vertragsklausel nicht im Wege. Es kann dahingestellt bleiben, ob die Vorschrift des § 17 KO., daß der Konkursverwalter Erfüllung des Vertrags soll verlangen können, durch Parteivereinbarung abgeändert und dem Vertragsgegner ein Recht zur Kündigung des Vertrags eingeräumt werden kann. Denn für den Sonderfall der Miete gibt § 19 KO. dem Vermieter ausdrücklich das Recht der Kündigung. Es kann sich nur fragen, ob § 19 KO. für den Vermieter die Möglichkeit ausschließt, sich für den Fall, daß nicht der Konkursverwalter, sondern er selbst kündigt, einen Schadensersatzanspruch wegen Nichteinhaltung des Vertrags auszubedingen.

Keinem Zweifel kann es unterliegen, daß, wie schon eingangs gesagt, dem Vermieter in diesem Fall kein gesetzlicher Anspruch auf Schadensersatz zusteht. Ein solcher Anspruch ist im Schrifttum nur ganz vereinzelt behauptet worden; das Reichsgericht hat ihn für den Geltungsbereich des gemeinen Rechts unter der Herrschaft der Konkursordnung in alter Fassung verneint (JW. 1898 S. 642 Nr. 12). Das Änderungsgesetz vom 17. Mai 1898 hat keine abweichende Vorschrift gegeben, wohl aber in dem neugeschaffenen § 19 Satz 3 KO. bestimmt, daß, falls der Konkursverwalter kündigt, der Vermieter einen Schadensersatzanspruch haben soll; daraus muß geschlossen werden, daß auch unter der Herrschaft des neuen Konkursrechts der kündigende Vermieter von Gesetzes wegen einen solchen Anspruch nicht soll geltend machen können. Damit ist aber nicht gesagt, daß die vertragliche Begründung eines Ersatzanspruchs ausgeschlossen sein soll. § 19 KO. enthält sicherlich nicht in allen seinen Teilen zwingendes Recht. Auch zum Nachteil der Konkursmasse wirkende Abänderungen sind nicht schlechthin ausgeschlossen. So ist anerkannt, daß durch Parteiabrede dem Vermieter das Recht eingeräumt werden kann, das Mietverhältnis im Konkursfall ohne Einhaltung einer Frist zu kündigen (RGZ. Bd. 56 S. 248). Es kommt, falls sich wie hier nicht aus besonderen Vorschriften eine Regelung ergibt, darauf an, ob solche vertragliche Änderungen mit dem Zweck des Konkursverfahrens vereinbar sind. Diese Frage muß für die hier streitige Vertragsbestimmung bejaht werden. In Betracht kommt allein der im § 3 und in anderen Vorschriften der Konkursordnung zum Ausdruck gebrachte Grundsatz der gleichmäßigen Berücksichtigung der Konkursgläubiger. Nach dieser Richtung zielen auch die Einwendungen der Revision. Hier hat aber schon das Berufungsgericht mit Recht ausgesprochen, daß grundsätzlich die Konkursgläubiger die Verträge des Gemeinschuldners so hinnehmen müssen, wie sie einmal geschlossen sind. Berechtigt am Konkursverfahren teilzunehmen, sind nach § 3 KO. alle persönlichen Vertragsansprüche vermögensrechtlicher Art, die im Rahmen der Vertragsfreiheit entstanden sind. Darauf, ob sie die Masse mehr oder weniger beschweren, kann es nicht ankommen; auch wirtschaftlich ungünstige Verträge, die der nachmalige Gemeinschuldner abgeschlossen hat, behalten grundsätzlich ihre Wirksamkeit. Eine Anfechtung nach §§ 29flg. KO. kommt im vorliegenden Fall nicht in Frage.

---

58. Über den Begriff und über die Grenzen einer sog. Jägerversicherung.

VI. Zivilsenat. Urt. v. 23. November 1926 i. S. R. (Kl.) w. Land-Feuersozietät der Provinz S. (Bekl.). VI 385/26.

I. Landgericht Magdeburg.
II. Oberlandesgericht Naumburg.

Der Kläger ist Mitglied der Landwirtschaftlichen Unfall-Entschädigungsgenossenschaft zu A., eines Vereins zur gegenseitigen Unterstützung in Haftpflichtfällen. Mitumfaßt ist auch die Haftpflicht, die das Mitglied als Besitzer eines Tieres trifft. Ausdrücklich von der Unterstützung ausgeschlossen sind aber alle Schäden, die bei Ausübung der Jagd herbeigeführt werden. Bei der Beklagten hat der Kläger im August 1924 eine sogenannte „Jägerversicherung" für sich und einen Jagdhund genommen. Der Hund dient auch zur Bewachung des landwirtschaftlichen Anwesens des Klägers. Am 15. Juli 1925 war der Hund zu diesem Zweck in einem Zwinger auf dem Hofe untergebracht; er machte sich los, lief auf die Straße und biß dort eine Frau. Diese macht den Kläger für den entstandenen Schaden verantwortlich. Er beansprucht seinerseits Versicherungsschutz durch Befreiung von seiner Schadensersatzverbindlichkeit gegen die verletzte Frau bei der Beklagten. Beide Vorinstanzen wiesen die Klage ab. Die Revision blieb ohne Erfolg.

Gründe:

Mit Recht ist der Berufungsrichter zu der Auffassung gelangt, daß die Beklagte bei dem zur „Jägerversicherung" angemeldeten Jagdhund des Klägers nur für Jagdschäden, keinesfalls aber für Schäden aufzukommen hat, die der Hund, wie vorliegend, ohne jede Beziehung zur Jagdausübung angerichtet hat. Diese schon aus dem Wesen der Jägerversicherung entnommene Ansicht findet der Berufungsrichter bestätigt in dem besonderen Vertrag, den die Parteien miteinander abgeschlossen haben. Nach § 2 Nr. I der Allgemeinen Versicherungsbedingungen der Beklagten dienen zur Kennzeichnung und Umgrenzung der durch die Versicherung zu deckenden Haftpflichtgefahren die Antragsvordrucke. Der vom Kläger unterzeichnete Vordruck betrifft die Haftpflichtversicherung für Land- und Forstwirtschaft und unterscheidet zwischen der — vom Kläger bei der Beklagten nicht eingegangenen — allgemeinen Betriebsversicherung und gewissen Zusatzversicherungen, zu denen auch die Jägerversicherung gehört. Die Betriebsversicherung umfaßt die gesetzliche Haftpflicht des Versicherungsnehmers „aus dem landwirtschaftlichen Betrieb einschließlich der dazu gehörigen Tierhaltung (Hunde, Zug-, Zucht- oder sonstige Nutztiere)." Mitversichert ist auch die Haftpflicht „aus dem Besitz und dem Gebrauch von Hieb-, Stoß- und Schußwaffen nebst Munition, nicht aber während des Mitführens oder der Verwendung zu Jagdzwecken." Hier tritt ergänzend die Jägerversicherung ein. Was von den Waffen gilt, muß nach der Meinung des Berufungsrichters entsprechend auch von den Hunden gelten, sodaß von ihnen angerichtete Schäden nur dann unter die Jägerversicherung fallen, wenn sie mit der Verwendung der Hunde zu Jagdzwecken irgendwie in Zusammenhang stehen. Diese Auslegung des Antragsvordrucks ist sicherlich möglich und sie wäre auch dann nicht zu beanstanden, wenn der Inhalt des Vordrucks als Teil der Versicherungsbedingungen zu gelten hätte und diese als sogenannte typische Bedingungen vom Revisionsrichter frei auszulegen wären. Ob das letztere zutrifft, ist bei dem beschränkten Gebiet, innerhalb dessen die Beklagte sich betätigt (§ 2 ihrer Satzung), vielleicht nicht unzweifelhaft; es braucht das aber nicht entschieden zu werden, da die Auslegung, welche das Oberlandesgericht gefunden hat, jedenfalls richtig ist.

Was die Revision dagegen vorbringt, ist nicht beweiskräftig. Es mag sein, daß jemand, der sich als Besitzer eines Hundes gegen Haftpflichtschäden versichert, damit gegen alle Schäden gedeckt ist, die der Hund irgendwie anrichtet. Es handelt sich dann eben um eine einheitliche Hundeversicherung und es kommt nicht darauf an, in welcher Weise der Hund gerade verwendet wurde, als er den Schaden anrichtete. Vorliegend war aber der Kläger einerseits Mitglied der Landwirtschaftlichen Unfall-Entschädigungsgenossenschaft und hier auch als Besitzer von Tieren gegen Haftpflichtschäden gedeckt mit Ausnahme der bei Ausübung der Jagd herbeigeführten, und anderseits war er bei der Beklagten die streitige Jägerversicherung eingegangen, eine ausgesprochene Zusatzversicherung, die bestimmt ist, die bei der Versicherung des landwirtschaftlichen Betriebs verbleibende Lücke in der Deckung zu schließen. In einem solchen Falle kann der Besitzer des Hundes wegen der Hundeschäden bei zwei verschiedenen Stellen Schutz suchen, und es muß deshalb unterschieden werden, ob der Hund, als er den Schaden anrichtete, im landwirtschaftlichen Betrieb oder als Hund des Jägers verwendet wurde. Der Revision kann zugegeben werden, daß es Grenzfälle geben wird, in denen es schwer sein mag, die aufgeworfene Frage zu entscheiden. Mit dieser Erwägung läßt sich aber die grundsätzliche Notwendigkeit der Fragestellung nicht bekämpfen.

Die Auffassung anderer Versicherungsgesellschaften über den Umfang einer Jägerversicherung bei der Auslegung heranzuziehen, hat der Berufungsrichter abgelehnt, weil nicht feststehe, daß bei diesen Gesellschaften die Versicherungsbedingungen ebenso lauteten wie bei der Beklagten. Zu Unrecht wendet sich dagegen die Revision. Über den Wortlaut der Versicherungsbedingungen der anderen Gesellschaften war in der Tat nichts behauptet worden, und ohne diese Unterlage konnte den Auffassungen jener Gesellschaften keine Bedeutung beigemessen werden.

---

59. Ist der Vermieter zur Instandhaltung der Mietsache auch insoweit verpflichtet, als sie Aufwendungen erfordert, die durch die Mietvergütung und die Instandsetzungszuschläge nicht gedeckt werden?

BGB. §§ 536 bis 538. Reichsmietengesetz vom 24. März 1922 § 6. Gesetz über Mieterschutz und Mieteinigungsämter vom 1. Juni 1923 § 28.

III. Zivilsenat. Urt. v. 24. November 1926 i. S. R. u. Gen. (Bekl.) w. H. (Kl.). III 605/25.

I. Landgericht I Berlin.
II. Kammergericht daselbst.

Die Klägerin hat im Hause der Beklagten mietweise eine Bäckerei nebst Laden und Wohnräumen inne. Den Backofen, der schadhaft geworden war, hat die Klägerin mit einem Kostenaufwand von 5490 RM wiederherstellen lassen, da die Beklagten die Instandsetzung verweigerten. Sie fordert jetzt diesen Betrag, da die Pflicht zur Instandsetzung den Beklagten obliege. Die Vorinstanzen haben der Klage stattgegeben. Die Revision der Beklagten wurde zurückgewiesen aus folgenden

Gründen:

... Das Berufungsgericht führt aus, der Klägerin seien die Räume zum Betrieb einer Bäckerei vermietet; in das Mietverhältnis falle also auch der Backofen, und gemäß §§ 537, 538 BGB. hätten die Beklagten als Vermieter für seine Instandhaltung zu sorgen. Die Klägerin habe eine Frist gesetzt und nach deren fruchtlosem Ablauf die Arbeit selbst vorgenommen. Diese sei notwendig gewesen, der verauslagte Betrag angemessen. § 4 des Vertrags schließe das Recht der Klägerin auf Selbstinstandsetzung nicht aus; er gebe ihr sogar das Recht, die Beseitigung von Mängeln zu verlangen. § 28 des Mieterschutzgesetzes komme nicht zur Anwendung, da weder durch ihn noch durch § 6 des Reichsmietengesetzes die Vorschrift des § 538 Abs. 2 BGB. aufgehoben sei, auf welche die Klägerin ihren Anspruch gründe. Ein Verschulden der Klägerin an der schlechten Beschaffenheit des Backofens sei nicht erwiesen.

(Nach Zurückweisung einer Revisionsrüge wird fortgefahren:)

Weiter hat die Revision geltend gemacht, das Verlangen der Klägerin verstoße gegen Treu und Glauben; einem Vermieter, der nur einen Teil der Friedensmiete erhalte, könne die Vornahme einer Instandsetzungsarbeit nicht zugemutet werden, die so hohe Kosten verursache. Auch diese Rüge ist unbegründet.

Das Reichsmietengesetz wollte, neben dem Schutze der Mieter gegen zu hohe Mieten, dem Vermieter — gegenüber der durch die Steigerung der Löhne und Materialpreise geschaffenen Erschwerung — die Erhaltung des Mietraumes, die ihm als öffentlichrechtliche Verpflichtung auferlegt war, ermöglichen. Dazu sollte die gesetzliche Miete dienen, welche die Behörden den jeweiligen Verhältnissen anzupassen haben. Mehr sollte der Mieter nicht zu zahlen, der Vermieter nicht zu beanspruchen haben. Mit der Zahlung der gesetzlichen Miete Hand in Hand ging die Verpflichtung des Vermieters (§ 20 des Reichsmietengesetzes), die Betriebs- und Instandsetzungskosten in dem Umfang zu tragen, wie sie ihm nach den Vorschriften des Bürgerlichen Gesetzbuchs auferlegt waren. Soweit sie reichen, reicht auch die Instandsetzungspflicht des Vermieters, der die gesetzliche Miete bezieht, und es kommt nicht in Betracht, ob ihm die gesetzliche Miete oder die Instandsetzungszuschläge die zur Deckung der Kosten erforderlichen Mittel liefern oder nicht. Wenn im einzelnen Fall ein tatsächlicher Ausgleich nicht herbeigeführt wird, so kann dies mit Rücksicht auf den Zweck des Gesetzes nicht berücksichtigt werden, das eine Prüfung nicht zuläßt, ob dieser Zweck jeweils erreicht wird (Urteil des Senats vom 26. Juni 1923 III 826/22, abgedruckt in der Zeitschr. für Rechtspflege in Bayern 1923 S. 209.)

Eine Einschränkung dieser Verpflichtung enthält der § 6 des Reichsmietengesetzes nicht, wie sich aus der nachstehend wiedergegebenen Begründung zu §§ 19 bis 20 des Gesetzes ergibt. Es heißt dort:

Durch die in § 6 vorgesehene Regelung wird die Pflicht des Vermieters, den Mietraum dem Mieter in einem zu dem vertragsmäßigen Gebrauche geeigneten Zustand zu überlassen und während der Mietzeit in diesem Zustand zu erhalten (§ 536 BGB.), sowie das Recht des Mieters auf Beseitigung von Mängeln, auf Minderung oder Verweigerung des Mietzinses und auf Ersatz der zwecks Beseitigung von Mängeln gemachten notwendigen Aufwendungen (§§ 537 flg. BGB.) nicht beeinträchtigt. Der Mieter ist also nicht gezwungen, selbst oder durch Vermittlung einer Mietervertretung die im § 6 bezeichnete Stelle anzurufen, sondern er kann die ihm nach dem Bürgerlichen Gesetzbuch zustehenden Rechte durch Klage .... geltend machen. Der Vermieter ist anderseits nicht berechtigt, die Erfüllung des Mietvertrags, insbesondere die Beseitigung von Mängeln mit dem Hinweise darauf zu verweigern, daß der in der Friedensmiete für Instandsetzungsarbeiten enthaltene Betrag, sowie der Instandsetzungszuschlag zur Vornahme der zwecks Beseitigung der Mängel erforderlichen Arbeiten nicht ausreiche; gegebenenfalls muß er den nicht vorhandenen Betrag aus eigenem zuschießen, was ihm um so eher zugemutet werden darf, als er den Instandsetzungszuschlag auch erhält, wenn zeitweilig keine Instandsetzungsarbeiten auszuführen sind. Die gleichen Grundsätze gelten auch, wenn die Kosten für große Instandsetzungsarbeiten nach § 8 an eine Stelle abzuführen sind.

Der Standpunkt des Gesetzes geht also dahin: der Mieter ist berechtigt, im Rahmen der Vorschriften der §§ 536 flg. BGB. die Ausführung notwendiger Instandsetzungsarbeiten zu verlangen und erforderlichenfalls selbst zu veranlassen, anderseits ist der Vermieter verpflichtet, sie auf seine Kosten vorzunehmen oder aber dem Mieter die notwendigen Aufwendungen zu erstatten. Dieses Recht und diese Pflicht werden durch die Höhe der gesetzlichen Miete oder der Instandsetzungszuschläge in keiner Weise eingeschränkt.

Auch § 28 des Mieterschutzgesetzes enthält eine solche Einschränkung nicht. Er hat mit dem Umfang der Instandhaltungspflicht des Vermieters nichts zu tun, sondern will nur den Mieter gegenüber einer Klage auf Aufhebung des Mietverhältnisses aus § 3 des Mieterschutzgesetzes schützen. Auch wenn vertraglich die Aufrechnung von Gegenforderungen des Mieters gegen die Mietforderung ausgeschlossen ist, soll der Mieter den Rückstand und Verzug im Sinne des § 3 damit beseitigen dürfen, daß er Ersatzansprüche aus § 538 Abs. 2 BGB. zur Aufrechnung stellt. Dieses Recht des

Mieters wird in § 28 Satz 2 des Mieterschutzgesetzes dahin eingeschränkt, daß er im Falle der Zahlung der gesetzlichen Miete und des vertraglichen Ausschlusses der Aufrechnung zu der letzteren nur befugt sein soll, wenn er vor Ausführung der Instandsetzungsarbeiten die Erklärung der in § 6 Abs. 2 des Reichsmietengesetzes bestimmten Stelle über die Notwendigkeit der Vornahme eingeholt hat. Auch diese Vorschrift ändert also an der Instandhaltungspflicht des Vermieters nichts.

Im vorliegenden Falle sind die Räume „zwecks Betriebs einer Bäckerei" vermietet und Klägerin zahlt die gesetzliche Miete. Nach § 20 des Reichsmietengesetzes in Verbindung mit § 536 BGB. waren danach die Beklagten als Vermieter verpflichtet, die Herstellung des Backofens vorzunehmen, die zur Erhaltung der Mieträume in einem zum vertragsmäßigen Gebrauch geeigneten Zustand notwendig war. Da sie mit dieser Verpflichtung in Verzug geraten sind, war die Mieterin berechtigt, die Mängel selbst zu beseitigen und Ersatz ihrer Aufwendungen zu verlangen (§ 538 Abs. 2 BGB.). Ein Verstoß gegen Treu und Glauben liegt hierin nicht. Wenn der der Klägerin zugesicherte Bäckereibetrieb in den Räumen fortgesetzt werden sollte, waren nach der Feststellung des Berufungsgerichts die Instandsetzungsarbeiten unbedingt erforderlich. Lediglich im Rahmen des Notwendigen hat sich aber der Anspruch der Klägerin gehalten. Und wenn die aufgewandten Kosten im Verhältnis zur Jahresmiete sehr erheblich sind, so ist zu berücksichtigen, daß es sich um eine einmalige, längere Jahre aushaltende Herstellung handelt, für welche die Beklagten Ersatz durch die in der gesetzlichen Miete einbegriffenen Instandsetzungszuschläge erhalten. Jedenfalls muß die Berufung auf Treu und Glauben versagen, wenn der Mieter nur das verlangt, was zur Erhaltung der Räume in einem zum vertragsmäßigen Gebrauch geeigneten Zustand erforderlich ist.

---

60. 1. Zu den allgemeinen Voraussetzungen des Gebrauchsmusterschutzes.

2. Kann die bloße Änderung der Größe eines bekannten Modells eine „neue Gestaltung" sein?

3. Über die Erfordernisse der Anmeldung eines Gebrauchsmusters.

Gesetz betr. den Schutz von Gebrauchsmustern vom 1. Juni 1891 (Bek. v. 7. Dez. 1923, RGBl. II S. 444), §§ 1, 2.

I. Zivilsenat. Urt. v. 24. November 1926 i. S. S.-Sp. W. (Bekl.) w. A. E. G. (Kl.). I 108/26.

I. Landgericht I Berlin.
II. Kammergericht daselbst.

Die Beklagte ist Inhaberin des Gebrauchsmusters Nr. 887308, einen „Induktionszähler für einphasigen Wechselstrom", und des Gebrauchsmusters Nr. 887310, einen „Wechselstromzähler nach dem Induktionsprinzip" betreffend. Als neu ist beansprucht bei ersterem „die Unterbringung eines in Deutschland beglaubigungsfähigen Induktionszählers für einphasigen Wechselstrom im Raum eines Würfels von weniger als 11, im besonderen von ungefähr 10 cm Seitenlänge" und bei letzterem folgendes: „ein Induktionszähler für einphasigen Wechselstrom mit einem Vollastdrehmoment von nicht weniger als 2 gcm, bei Einhaltung der Beglaubigungsfehlergrenzen, ist im Raum eines Würfels mit 8 bis 10 cm Seitenlänge untergebracht". Die Klägerin verlangt, daß die Beklagte in die Löschung dieser Gebrauchsmuster willige, da sie nicht schutzfähig seien. Das Landgericht hat der Klage stattgegeben. Die Berufung der Beklagten ist vom Kammergericht zurückgewiesen worden. Ihre Revision hatte Erfolg.

Gründe:

In Streit ist, ob die Gebrauchsmusteranmeldungen Nr. 887308 und Nr. 887310 den Anforderungen des § 1 GebrMG. genügen. In dieser Beziehung führt das Kammergericht folgendes aus: Es handle sich bei dem Gebrauchsmuster Nr. 887308 um das Ergebnis von Versuchen, die kleinsten praktisch zulässigen Abmessungen der in Betracht kommenden Zähler festzustellen. Dieses Ergebnis bedeute zwar vielleicht eine für die Technik wertvolle Erkenntnis, aber zunächst nichts weiter, insbesondere nicht eine des Gebrauchsmusterschutzes fähige Erfindung. Hierzu fehle es an der erforderlichen technischen Ausgestaltung in der Gebrauchsmusteranmeldung. Die Beklagte habe nun versucht, die erwähnte Erkenntnis dadurch schutzfähig zu machen, daß sie ein jeder Eigenart entbehrendes würfelförmiges Zählergehäuse von bestimmten Höchstmaßen (weniger als 11 cm

Seitenlänge) als Gebrauchsmuster angemeldet habe. In der Berufungsverhandlung habe sie noch ausdrücklich erklärt, das Modell sei der äußere Kasten, auf die proportionale Verkleinerung der Zählerabmessungen komme es nicht entscheidend an. Etwas weiteres als diese äußere Umhüllung werde auch in der Gebrauchsmusteranmeldung nicht näher beschrieben; über die Ausgestaltung der Hauptsache, nämlich der eigentlichen Zähleranordnung, sei weder aus der Beschreibung noch aus der lediglich die Außenansicht zeigenden Abbildung etwas zu entnehmen. Wie das Landgericht mit Recht annehme, sei daher ein schutzfähiger technischer Fortschritt durch das Gebrauchsmuster überhaupt nicht offenbart worden. In ähnlicher Weise sagt das Kammergericht zum Gebrauchsmuster Nr. 887310, hier sei allerdings für die Seitenlängen des Gehäusewürfels eine Zahlengrenze nach oben und unten hin vorgesehen (8—10 cm), aber es handle sich dabei ebenfalls um die Ermittlung der kleinsten Abmessung, die ein Induktionszähler für einphasigen Wechselstrom haben dürfe, somit um eine Erkenntnis, nicht aber um eine Erfindung, wenigstens nicht um eine offenbarte Erfindung.

Gegen diese Ausführungen bestehen rechtliche Bedenken.

Beide Anmeldungen und Eintragungen bezeichnen Wechselstromzähler als geschützt, die angeblich neu gestaltet sind. Das Neue soll nicht sowohl in der Form liegen, als welche vielmehr die auch schon bisher übliche Würfelform beibehalten worden ist, sondern lediglich in den Abmessungen, die bei Muster Nr. 887308 auf „weniger als 11, im besonderen auf ungefähr 10 cm" und bei Muster Nr. 887310 auf „8 bis 10 cm Seitenlänge" angegeben werden. Diese Maße gelten für die Gehäuse. Es wäre aber falsch, daraus zu folgern, daß nur die Gehäuse neu gestaltet sein sollen, sondern entsprechendes hat auch für die eigentlichen Zähler zu gelten, die in die Gehäuse eingefügt werden und deshalb in einer dies ermöglichenden Weise im Verhältnis zu der bisher üblichen Größe verkleinert werden müssen. Geschützt sind als einheitliche Gebrauchsgegenstände nicht nur die Gehäuse, sondern die Zähler einschließlich ihrer Gehäuse, die mit den eigentlichen Zählern in ihrem Innern zum Zwecke des Gebrauchs verbunden werden. Die angegebenen Maße sind nach der Behauptung der Beklagten und nach den den Anmeldungen beigefügten Beschreibungen das Ergebnis von Versuchen zur Ermittlung des „Grenzgebiets, in dem bei Verkleinerung der Abmessungen die Möglichkeit schwindet, einen in Deutschland beglaubigungsfähigen Zähler zu bauen" (so bei Nr. 887308) oder „der kleinsten Abmessungen, die ein Induktionszähler haben darf, um den gesetzlichen Vorschriften über die Meßgenauigkeit und den praktischen Forderungen der Massenherstellung noch zu genügen" (so bei Nr. 887310). Hierin liegt zunächst allerdings, wie das Kammergericht mit Recht sagt, nur eine vielleicht wertvolle Erkenntnis, die aber zu schutzfähigen Erfindungen geführt haben kann und geführt hat, wenn die Voraussetzungen des § 1 des Gesetzes vom 1. Juni 1891 erfüllt sind. Das letztere ist aus unzureichenden Gründen verneint worden.

Zunächst ist nicht ersichtlich, weshalb das Kammergericht Wert darauf legt, daß über die Ausgestaltung der Hauptsache, wie es sagt, nämlich der eigentlichen Zähleranordnung, weder aus der Beschreibung noch aus der der Anmeldung beigefügten Zeichnung etwas zu entnehmen sei. Denn nach der Darstellung der Beklagten beschränkt sich das Neue auf die Größe, während die Anordnung des Zählers die bisher übliche bleiben soll. Wenn das Kammergericht ferner sagt, daß die Beklagte nur ein „jeder Eigenart entbehrendes" würfelförmiges Zählergehäuse zum Gebrauchsmusterschutz angemeldet habe, so handelt es sich dabei anscheinend um eine Überspannung der gesetzlichen Erfordernisse. Originell braucht die Abweichung der Formgebung nicht zu sein; es genügt, wenn sie eigentümlich ist, und das wird von der Beklagten behauptet. Sollte das Kammergericht aber angenommen haben, daß es an einer neuen Gestaltung fehle, wenn ein bekanntes Muster lediglich in seiner Größe verändert wird, so wäre das rechtsirrtümlich. Natürlich ist nicht jede Änderung der Größenverhältnisse ohne weiteres schutzfähig (vgl. die eine Buttermaschine betreffende Entscheidung des Senats vom 27. Mai 1908 I 245/07, abgedruckt bei Cantor, Gesetz betr. den Schutz von Gebrauchsmustern usw. S. 237 flg.). Daß sie es aber sein kann, ist bereits in RGZ. Bd. 99 S. 213 für eine Nähmaschine anerkannt worden, bei der eine Kurbelscheibe größer gemacht worden war als bisher üblich, damit sie als Schwungrad wirken konnte. Auch im vorliegenden Falle würde es, wenn man dem Vortrag der Beklagten folgt, an einer neuen Gestaltung nicht fehlen.

Wenn das Kammergericht ferner sagt, daß bei dem Gebrauchsmuster Nr. 887308 nur ein Gehäuse von bestimmten Höchstmaßen angemeldet worden sei, so scheint es daran gedacht zu haben, daß das Gesetz eine bestimmte Form voraussetzt. Dadurch wird aber auch dort, wo das Neue gerade im Größenunterschied gegenüber bekannten Mustern liegen soll, eine gewisse Unbestimmtheit der Größenangabe nicht ausgeschlossen, sofern die Größe nur innerhalb bestimmter Grenzen liegt. Deshalb fehlt es dem Gebrauchsmuster Nr. 887310 nicht an der erforderlichen Bestimmtheit der Form, da sie in einem Würfel von 8—10 cm Seitenlänge bestehen soll. Dagegen können gewisse Bedenken bei dem Gebrauchsmuster Nr. 887308 bestehen. Auch hier ist in Anspruch und Beschreibung von einem Würfel die Rede, aber seine Seitenlänge ist auf „weniger als 11, insbesondere auf ungefähr 10 cm" angegeben. Hierbei ist zwar kein Gewicht darauf zu legen, daß es sich um keinen eigentlichen Würfel in mathematischem Sinne handeln kann, da die Seitenlängen nach der Beschreibung nicht völlig, sondern nur annähernd gleich sein sollen. Aber im Anspruch fehlt es an jeder Begrenzung der Größe nach unten, und das wäre mit dem Erfordernis der Bestimmtheit der Form unvereinbar. Allein es ist nicht unzulässig, vielmehr geboten, die Beschreibung zur Erläuterung heranzuziehen, und in ihr wird der Rauminhalt auf rund 1 cdm angegeben. Sollten gleichwohl noch Zweifel bestehen, ob damit der Anforderung einer bestimmten Begrenzung der Größe nach unten genügt ist, so wird nähere Prüfung anheimgestellt. Die erforderliche Bestimmtheit der Form kann auch nicht deshalb in Abrede gestellt werden, weil nur für die Gehäuse und nicht auch für die eigentlichen Zähler Maße angegeben worden sind. Denn es ist das natürliche und ergibt sich auch aus dem Gesamtinhalt der Anmeldungen zur Genüge, daß die eigentlichen Zähler nur soviel kleiner als ihre Gehäuse gebaut werden sollen, um darin gerade untergebracht werden zu können. Die Maße für die Gehäuse bestimmen daher auch die der Zähler selbst.

Den Anforderungen der Anmeldung durch Angabe der neuen Gestaltung, die dem Gebrauchszweck dienen soll, gemäß § 2 Abs. 2 des Gesetzes ist genügt. Ebenso entsprechen die beigefügten Abbildungen der Modelle dem Gesetz (§ 2 Abs. 3 a. a. O.). Das kann nicht deshalb bezweifelt werden, weil nur die Gehäuse abgebildet worden sind. Von den eigentlichen Zählern sieht man nicht viel; aber es ist doch erkennbar, daß sie in den Gehäusen stecken. So wie sie den Anmeldungen in Abbildungen beigefügt sind, stellen sich die Zähler im Gebrauch dem Auge dar. Es war nicht erforderlich, auch Abbildungen der Zähler ohne Gehäuse beizufügen. Als Modelle sind nicht die Gehäuse allein, auch nicht nur die eigentlichen Zähler, sondern die letzteren, umgeben von ihren Gehäusen, anzusehen. Dem steht die Erklärung des Prozeßbevollmächtigten der Beklagten, das Modell sei der äußere Kasten, nicht entgegen, da es sich dabei nicht um eine bloße Angabe von Tatsachen, sondern um eine irrige rechtliche Beurteilung handelt.

Erfordernis des Gebrauchsmusterschutzes ist ferner, daß die geschützten Gebrauchsgegenstände die im Raum verkörperte Darstellung eines dem Gebrauchszweck dienenden Erfindungsgedankens sind (vgl. RGZ. Bd. 41 S. 40). Der Erfindungsgedanke soll hier darin bestehen, daß man die bekannten Zähler in ihrer Größe auf die Maße der Gebrauchsmuster verkleinern kann, ohne daß sie ihre Beglaubigungsfähigkeit in Deutschland oder die Eigenschaften verlieren, die bei solchen Zählern im Ausland verlangt werden. Diesen Gedanken verkörpern die Modelle in hinreichendem Grade, indem sie die einzuhaltenden Maße räumlich veranschaulichen. Es ist nicht erforderlich, daß die Beglaubigungsfähigkeit in der Gestalt der Muster in die Erscheinung tritt, sondern ausreichend, was hierüber in den Anmeldungen offenbart wird. Denn wenn man den Angaben der Beklagten folgt, führt die in den Modellen und Anmeldungen offenbarte Anweisung, die Zählergehäuse und dem entsprechend die eigentlichen Zähler selbst in der Größe der Modelle herzustellen, unter Anwendung der dem Fachmann ohne weiteres zu Gebote stehenden Mittel zu dem erstrebten Ergebnis. Sollte sich allerdings das Ziel der Beklagten nur erreichen lassen, wenn die Einrichtung der Zähler selbst in einer für den Fachmann nicht zutage liegenden Art geändert wird, so wäre der Erfindungsgedanke weder genügend offenbart noch in den Modellen verkörpert. Diese Behauptung der Klägerin bedarf daher der Prüfung. Auch sonst kann die gebotene und zweckmäßig unter Zuziehung eines Sachverständigen vorzunehmende Untersuchung zu dem Ergebnis führen, daß es an einer ausreichenden Offenbarung des Erfindungsgedankens fehlt. Das wäre z. B. der Fall, wenn sich herausstellen sollte, daß die Anweisung der Gebrauchsmuster nicht ohne weiteres zu beseitigende Zweifel darüber läßt, auf welche der gebräuchlichen Bauarten von Zählern sie sich bezieht. In diesem Sinne hat sich die Klägerin ebenfalls geäußert. Endlich könnte eine die Schutzfähigkeit ausschließende Unklarheit des erstrebten Ziels vorliegen, z. B. wenn der Begriff der Beglaubigungsfähigkeit der erforderlichen Bestimmtheit ermangeln sollte.

Auf Grund der vorhandenen Unterlagen läßt sich hiernach die Schutzfähigkeit der Gebrauchsmuster der Beklagten nicht verneinen. Die wohl nur zur Unterstützung herangezogene, aus den besonderen Umständen des vorliegenden Falles hergeleitete Erwägung, daß die Annahme der Schutzfähigkeit zu unerträglichen praktischen Folgen führen würde, kann die Anwendung der allgemeinen gesetzlichen Vorschriften nicht ausschließen und vermag das Urteil nicht zu tragen. Es unterliegt daher der Aufhebung. Bei der erneuten Verhandlung werden selbstverständlich auch die übrigen gesetzlichen Erfordernisse zu prüfen sein, auf die hier einzugehen kein Anlaß besteht, zumal da der Sachverhalt in technischer Beziehung noch in keiner Weise aufgeklärt ist.

---

61. Kann der Käufer eines Gemäldes den Kauf wandeln, wenn die Parteien davon ausgegangen sind, daß das Gemälde von einem alten Meister herrühre, seine Unechtheit aber unzweifelhaft festgestellt worden ist?

BGB. § 459 Abs. 1, § 462.

I. Zivilsenat. Urt. v. 27. November 1926 i. S. J. (Bekl.) w. B. (Kl.). I 39/26.

I. Landgericht Köln.
II. Oberlandesgericht daselbst.

Die Frage ist, in Übereinstimmung mit den Vorinstanzen, bejaht worden aus folgenden, den Sachverhalt ergebenden

Gründen:

Das Oberlandesgericht hat festgestellt, daß Gegenstand des Kaufvertrags, dessen Wandlung der Kläger verlangt, zwei echte Gemälde von Ostade und ein echtes Gemälde von David Teniers gewesen sind, und hat das Ergebnis der Beweisaufnahme dahin gewürdigt, daß über die Unechtheit der drei Gemälde kein ernstlicher

Streit unter Kunstsachverständigen bestehen könne. Dabei hat es als Anlaß zu dem Vertrag unterstellt, daß die dem Kläger (Käufer) zustehende Forderung, die er auf den Kaufpreis verrechnete, notleidend war, und es hat nicht angenommen, daß der Beklagte (Verkäufer) eine bestimmte Zusicherung über die Echtheit der Bilder gutgläubig oder gar wider besseres Wissen abgegeben habe. Gleichwohl konnte das Berufungsgericht ohne Rechtsirrtum aus den gesamten Umständen entnehmen, daß beide Parteien den Vertrag nur dann abschließen wollten, wenn es sich mit der im Kunsthandel immer nur möglichen annähernden Gewißheit um echte Bilder der beiden Künstler handelte. Dem steht nicht etwa, wie die Revision meint, entgegen, daß der Beklagte dem Kläger vor Abschluß des Kaufs gesagt hat, er besitze keine schriftliche Expertise. Hätte er sie besessen, so wäre das ein noch besserer Beweis dafür gewesen, daß man beim Vertragsschluß mit Recht von der Echtheit der Bilder ausgehen durfte. Ihr Fehlen steht aber nicht, wie die Revision es auslegen möchte, der Ablehnung jeder Haftung für die Echtheit gleich und schließt nicht aus, daß die Parteien dennoch die Echtheit dem Vertrag zugrunde legten, wenn auch mit der selbstverständlichen Einschränkung, daß es — von Ausnahmefällen vielleicht abgesehen — völlige Gewißheit darüber im Kunsthandel nicht gibt (vgl. OLG. München in Seuff.Arch. Bd. 65 Nr. 90). Nur mit dieser Maßgabe hat denn auch der Vorderrichter die Echtheit der Bilder als eine besondere Eigenschaft und ihr Fehlen als einen Mangel angesehen, der den Wert der Bilder und ihre Tauglichkeit zu dem nach dem Vertrag vorausgesetzten Gebrauch erheblich mindert. Er hat dazu ausgeführt, der nach dem Kaufvertrag über solche Bilder vorausgesetzte Gebrauch bestehe darin, daß der Käufer sich in seiner Wohnung der Werke der anerkannten Meister erfreue und in den Kreisen der Kunstsachverständigen als der Besitzer bedeutender und wertvoller, höchst seltener Kunstwerke gelte.

Ein Rechtsirrtum liegt darin nicht. Mit Unrecht beruft sich die Revision auf eine Entscheidung des Reichsgerichts (RGZ. Bd. 97 S. 351), in der die Frage verneint wird, ob der Käufer einer gewöhnlichen Geige (Orchestergeige) den Kauf wandeln könne, wenn die Parteien nach dem vereinbarten Preise davon ausgegangen seien, daß es sich um ein Instrument von hohem Werte (Sologeige) handle. Einer Stellungnahme hierzu bedarf es nicht (dagegen

Komm. v. RGR. z. BGB. § 459 Anm. 4 I f); denn der gegenwärtige Fall liegt in tatsächlicher Beziehung anders. Der II. Zivilsenat, von dem jene Entscheidung vom 13. Januar 1920 erlassen worden ist, hat in ihr auch nicht zu erkennen gegeben, daß er damit in rechtlicher Beziehung von seiner eigenen früheren Entscheidung vom 19. Mai 1916 (WarnRspr. 1916 Nr. 244) abweichen wolle. In dieser ist ausgeführt, daß bei einem Vertrag über eine Geige, als deren Verfertiger Stradivarius (zwar nicht sicher angesehen werden, aber) in Betracht kommen konnte, eine moderne Fälschung einen Fehler darstelle, für den der Verkäufer einzustehen habe (vgl. auch Hans.GZ. 1918 Beibl. S. 115 über die Zugehörigkeit eines Bildes zu einer sachverständig zusammengestellten Sammlung). Ferner hat der gleiche Senat neuerdings im Urteil vom 6. Juli 1926 (RGZ. Bd. 114 S. 239; ebenso in den dort angeführten Urteilen vom 14. März 1922 II 491 und 492/21) keinen Zweifel darüber gelassen, daß nach seiner Auffassung ein als Werk eines bestimmten Meisters verkauftes Bild im Falle der Unechtheit mit einem Fehler im Sinne des § 459 Abs. 1 BGB. behaftet sei, der es rechtfertige, Gewährleistungsansprüche aus § 462 BGB. (Wandlung oder Minderung) zu erheben. Allerdings ist dabei vorausgesetzt, daß „es sich nicht um ein Werk aus einem früheren Jahrhundert handelt, wo die Feststellung der Urheberschaft oft schwierig ist und der Verkauf spekulativen Charakter trägt". Nun würde die Auffassung, daß bei einem Werk aus einem früheren Jahrhundert die Unechtheit kein Fehler im Sinne des § 459 Abs. 1 BGB. sei, in der Tat „nicht unbedenklich" erscheinen (Riezler in JW. 1926 S. 2532). Aber eine solche Auffassung ist aus der Entscheidung des II. Zivilsenats auch nicht zu entnehmen. Dort war nur über ein aus der heutigen Zeit stammendes Bild zu entscheiden; die Beschränkung hierauf sollte hervorgehoben und es sollte dabei gesagt werden, daß beim Bilde eines alten Meisters möglicherweise anders zu urteilen wäre. Es ist auch nicht zu verkennen, daß der Kauf eines alten Bildes sehr häufig in bezug auf Echtheit einen spekulativen Charakter tragen wird. Dem steht aber im vorliegenden Falle der vom Vorderrichter ausdrücklich festgestellte Wille der Parteien entgegen. Auch läßt sich nicht einwenden, es handle sich hier nicht um den schlimmen Fall einer modernen Fälschung (wie bei der angeblichen Stradivariusgeige), vielmehr seien die angeblichen Bilder der holländischen Meister in Wahrheit doch immerhin (nach dem Gutachten Wilhelm Bodes) zwei gut erhaltene Gemälde des 17. Jahrhunderts, Jugendwerken von Ostade unmittelbar nachgebildet, und ein tüchtiges Bild des 17. Jahrhunderts, das unmittelbar auf ein Werk von David Teniers zurückgehe. Mögen sie auch wertvoller sein als moderne Fälschungen, so ist doch entscheidend, daß ihre Echtheit für ernsthafte Sachverständige nicht in Betracht kommt. Und aus diesem Grunde hat sie das Oberlandesgericht mit Recht als derartig fehlerhaft angesehen, daß ihre Tauglichkeit zu dem nach dem Vertrag vorausgesetzten, zutreffend gekennzeichneten Gebrauch erheblich gemindert werde....

---

62. Über Schadensersatzansprüche einzelner Aktionäre wegen Entwertung ihres Aktienbesitzes durch unerlaubte Handlungen von Vorstands- und Aufsichtsratsmitgliedern der Gesellschaft.

BGB. § 826. HGB. §§ 241, 249.

II. Zivilsenat. Urt. v. 10. November 1926 i. S. H. u. Gen. (Kl.) w. D. u. Gen. (Bekl.). II 117/26.

I. Landgericht Frankfurt a. O.
II. Kammergericht Berlin.

Die Kläger H. und M. waren Aktionäre der R. W. Aktiengesellschaft in Frankfurt a. O. (im folgenden als „AG." bezeichnet). Die Beklagten D. u. Dr. G. sind Vorstandsmitglieder, der Beklagte A. Sch. ist Aufsichtsratsvorsitzender der Gesellschaft. Die AG. besitzt die sämtlichen Geschäftsanteile der A. Sch. GmbH. in Frankfurt a. O. (im folgenden mit „GmbH." bezeichnet), die auch mitverklagt und deren Geschäftsführer der Beklagte Dr. G. ist. In einer Generalversammlung der AG. vom 25. August 1923 wurde einstimmig die Erhöhung des 5,5 Millionen Mark betragenden Stammkapitals auf 50 Millionen Mark durch Ausgabe von 44500 Stück neuer Aktien über je 1000 ℳ unter Ausschluß des gesetzlichen Bezugsrechts der Aktionäre mit der Maßgabe beschlossen, daß die jungen Aktien der GmbH. zum Kurse von 400% anzubieten seien. Die Kapitalerhöhung ist durchgeführt und im Handelsregister eingetragen worden. Die

Kläger, die zusammen 460 alte Aktien besaßen, werfen nun den Beklagten vor, daß sie in einverständlichem Zusammenwirken den größten Teil der jungen Aktien zum Schaden der AG. und der übrigen Aktionäre so gut wie umsonst an sich gebracht hätten. Die Kläger erblicken in diesem Vorgehen eine vorsätzliche sittenwidrige Schädigung der AG. und der anderen Aktionäre wie auch eine Untreue im Sinne des § 266 Nr. 2 StGB. und fordern Schadensersatz. Sie machen noch geltend: sie seien mit ihrem Aktienbesitz von zusammen 460 Aktien am Stammkapital von 5,5 Millionen Mark und damit am Reinvermögen der AG. mit rund 8,4% beteiligt gewesen, und der innere Wert ihrer Aktien hätte sich, wenn sie auch bei der Zuteilung der jungen Aktien leer ausgegangen wären, entsprechend erhöht, falls bei sach- und pflichtgemäßer Verwertung der jungen Aktien der AG. neue Mittel zugeflossen wären. Auf Grund dieses Vorbringens verlangten die Kläger, die Beklagten sollten ihnen unter Haftung als Gesamtschuldner 3738 junge Aktien liefern. Hilfsweise baten sie um Verurteilung der Beklagten zur Rückgabe der ihnen von der GmbH. überlassenen jungen Aktien an letztere. Ein weiterer Hilfsantrag ging dahin, die Beklagten zum Ersatz des den Klägern durch die Nichtzuteilung von 3738 jungen Aktien erwachsenen Schadens zu verurteilen.

Das Landgericht hat die Klage abgewiesen. In der Berufungsinstanz verlangten die Kläger nur noch Schadensersatz in Geld. Ihr Hauptantrag ging auf Ersatz des ihnen durch Zuteilung von 23145 jungen Aktien an den Beklagten D. und von 12622 solcher Aktien an den Beklagten Dr. G. erwachsenen Schadens; in zweiter Reihe forderten sie Zahlung von zunächst 2000 GM nebst Zinsen an jeden der beiden Kläger. Die Berufung der Kläger war erfolglos. Ihre Revision führte zur Aufhebung und Zurückverweisung.

Aus den Gründen:

Das Berufungsgericht erwägt, die Kläger könnten ihren Schadensersatzanspruch nicht darauf stützen, daß ihnen eine ihrem bisherigen Aktienbesitz entsprechende Anzahl junger Aktien hätte zugewiesen werden müssen. Denn das gesetzliche Bezugsrecht der Aktionäre sei durch den Generalversammlungsbeschluß vom 25. August 1923 ausgeschlossen und ein anderweitiges Bezugsrecht sei hierbei nicht festgesetzt worden. Beschlüsse dieser Art könnten zwar sittenwidrig sein; dafür fehle es jedoch im vorliegenden Fall an jedem

Anhalt. Insoweit ist dem Berufungsgericht beizupflichten. Die Beschlüsse der Generalversammlung vom 25. August 1923 werden aber von den Klägern gar nicht angegriffen; diese gehen vielmehr selbst von deren Rechtsverbindlichkeit aus. Eben deshalb können sie aus einer angeblich sittenwidrigen Beeinträchtigung und Mißachtung ihres Bezugsrechts durch nachträgliche Maßnahmen der Beklagten auch keine Ansprüche herleiten. Denn insoweit ist Schadensursache im Rechtssinn eben der Generalversammlungsbeschluß, der ihr gesetzliches Bezugsrecht und damit ein Bezugsrecht überhaupt restlos beseitigt hat. Das Berufungsgericht führt sodann weiter aus, die Überlassung der jungen Aktien an die GmbH. zum Kurse von 400% könne als Scheinveräußerung aufgefaßt werden, zumal da der Geschäftsführer der GmbH. Vorstandsmitglied der AG. gewesen sei. Die jungen Aktien wären dann in der freien Verfügung der AG. und, da sie nur äußerlich der GmbH. übertragen gewesen seien, in derjenigen der Vorstandsmitglieder der AG. verblieben. Sittenwidrig sei es nun nicht, daß die Aktienmehrheit so die Möglichkeit erhalten habe, sich die Mehrheit durch den Erwerb der entsprechenden Anzahl von jungen Aktien zu sichern; als Verstoß gegen die guten Sitten müßte es aber wohl gelten, wenn die Mehrheit der Minderheit die Möglichkeit abgeschnitten hätte, zu den gleichen Bedingungen die ihrem Aktienbesitz entsprechende Anzahl von jungen Aktien zu beziehen. Zuzugeben sei ferner, daß die Gegenleistung der Beklagten D., Dr. G. und A. Sch. für die ihnen zugefallenen Aktien wirtschaftlich so gut wie wertlos gewesen sei; allein das sei im wesentlichen auf den weder von der Generalversammlung noch von den Beklagten vorausgesehenen Verfall der deutschen Währung zurückzuführen. Schon deshalb bestünden Bedenken gegen den geltend gemachten Schadensersatzanspruch.

Diese Darlegungen des Berufungsgerichts werden der Begründung des Klaganspruchs nicht gerecht. Zunächst ist von keiner Seite behauptet worden, daß es sich bei der Überlassung der jungen Aktien an die GmbH. um ein Scheingeschäft gehandelt habe. Die Kläger hatten nur vorgebracht, es habe ein Treuhandverhältnis vorgelegen. Ein solches setzt aber gerade ein rechtsgültiges Erwerbsgeschäft voraus. Dies muß erst recht für die Behauptung der Beklagten gelten, daß die GmbH. völlig freie Hand in der Verwertung und Verteilung der jungen Aktien gehabt habe. Der Umstand, daß sich die GmbH. wirtschaftlich in Händen der AG. befand, änderte an ihrer rechtlichen Selbständigkeit und damit an der Möglichkeit des Abschlusses von Rechtsgeschäften zwischen den beiden juristischen Personen nichts. Mit dem Bezugsangebot an die GmbH. und dessen Annahme durch sie war der Weg zu einer raschen und einfachen Erfüllung der gesetzlichen Vorschriften über die Kapitalerhöhung eröffnet. Sodann handelt es sich bei der Art, wie die Kläger ihren Anspruch begründen, nicht um eine sittenwidrige Vergewaltigung der Aktienminderheit durch die Aktienmehrheit. Denn irgendwelche Beschlüsse der Gesellschaft über die Verteilung und Verwertung der Aktien sind außer dem Generalversammlungsbeschluß vom 25. August 1923 nicht ergangen. Insoweit liegen die Erörterungen des Berufungsgerichts neben der Sache. Das Klagevorbringen geht vielmehr dahin, daß die Beklagten unter mißbräuchlicher Ausnützung ihrer Stellung als gesetzliche Vertreter und Aufsichtsratsmitglieder der AG. und der GmbH. in unredlicher und und unsittlicher Weise zum Schaden der AG. und ihrer Aktionäre den weitaus größten Teil der jungen Aktien, nämlich rund 36000 von 44500 Stück, so gut wie umsonst den Beklagten D. u. Dr. G. zugeschoben hätten. Mit dieser Klagebegründung beschäftigt sich das Berufungsger cht nur insofern, als es gegen die Annahme einer bewußten Schädigung der AG. durch die Beklagten um deswillen Bedenken äußert, weil der Schaden im wesentlichen auf den nicht vorausgesehenen Verfall der deutschen Währung zurückzuführen sei. Allein hiergegen bestehen erhebliche Bedenken. Das Berufungsgericht hat zunächst zu der Frage, welche Zwecke die Generalversammlung vom 25. August 1923 mit der Kapitalerhöhung verfolgt habe, nicht ausdrücklich Stellung genommen.. Es geht aber anscheinend davon aus, daß es sich, wie die Kläger behaupten und, soweit ersichtlich, die Beklagten nicht bestreiten, um die Beschaffung neuer Mittel für die AG. gehandelt habe. Dieser Zweck ist demnach für die Revisionsinstanz zu unterstellen. Daß er mit Überlassung der Aktien an die GmbH. zu einem Kurse von 400% nicht zu erreichen war, steht außer Zweifel. Denn einmal war die GmbH. wirtschaftlich ganz in Händen der AG. Eigentlich neue Mittel konnten daher der letzteren aus diesem Geschäft nicht zufließen. Sodann war am 25. August 1923 bei einem Dollarstand von 4,7 Millionen und einem Ausgabekurs von nur 400% überhaupt nicht mehr auf ein erhebliches finanzielles Ergebnis aus solcher Verwertung der jungen Aktien zu rechnen. Ferner war Ende August 1923 die Bedeutung des Markverfalls erfahrungsgemäß in weitesten Teilen der Bevölkerung, insbesondere in den gewerblichen und kaufmännischen Kreisen erkannt. Mit dieser allgemeinen Erfahrung stehen die Ausführungen des Berufungsgerichts über die Auffassung der Generalversammlung und der Beklagten von der Bewertung der Gegenleistungen der letzteren in Widerspruch. Schon deshalb ist der Hinweis auf den späteren Markverfall nicht schlüssig. Wie sehr übrigens auch die Beklagten D., Dr. G. u. A. Sch. mit einem weiteren Rückgang der Mark gerechnet haben, beweist am besten die Tatsache, daß sie für die anderen Aktienbezieher den Übernahmepreis in holländischen Gulden, also in einer ausländischen Festwährung, angesetzt haben. Diese Umstände sprechen gerade für die Richtigkeit der ferneren Behauptung der Kläger (zu der das Berufungsgericht ebenfalls keine Stellung nimmt), daß die GmbH. die jungen Aktien nur als Treuhänderin für die AG. habe erhalten sollen. Mit der Übertragung der jungen Aktien auf die GmbH. wären dann wohl die rechtlichen Voraussetzungen für die Durchführung der Kapitalerhöhung geschaffen gewesen, während ihr wirtschaftlicher Zweck erst durch die für Rechnung der AG. zu bewirkende Weiterveräußerung der Aktien durch die GmbH. erreicht werden sollte. Darauf weist auch der Umstand hin, daß laut Abkommen vom 25. August 1923 ein etwaiger Gewinn aus der Verwertung der jungen Aktien eben der AG. zukommen sollte. Nun haben zugegebenermaßen die Beklagten D. und Dr. G. in Ausführung der Richtlinien vom 25. August 1923 rund 36000 Stück der jungen Aktien an sich gebracht. Das Berufungsgericht stellt weiter fest, daß sie hierfür wirtschaftlich so gut wie keine Gegenleistung gemacht hätten. Im besonderen wird dargelegt, daß die Behauptung der Beklagten, sie hätten der AG. durch Verzicht auf Provision und Gewinnanteil und durch Übernahme der Druckkosten rund 35000 G.*M.* an Verbindlichkeiten abgenommen, unrichtig sei. Daß die jungen Aktien wertlos waren, behaupten die Beklagten selbst nicht, sie stellen im Gegenteil die Lage der Gesellschaft als nicht ungünstig hin. Dafür, daß die Aktien mit wirklichem Nutzen für die AG. abzusetzen waren, spricht einmal, daß der Beklagte A. Sch. 95 Stück mit je 5 Hfl., und daß Vertreter der AG. über 300 Stück mit je 2 und 5 Hfl. bezahlt haben, und weiterhin auch der Umstand, daß nach dem eigenen Vorbringen der Beklagten für 6250 Stück Aktien Liegenschaften im Friedenswert von rund 140000 ℳ erworben werden konnten.

Nun hat die Zeugin B., worauf das Berufungsgericht in anderem Zusammenhang hinweist, allerdings bekundet, daß die übriggebliebenen 753 Stück nicht unterzubringen gewesen seien; nach ihren Angaben sind Versuche dazu aber erst Ende 1923 und Anfang 1924 unternommen worden, also zu einer Zeit allgemeiner größter Geldknappheit, von der gerade auch der Aktienmarkt aufs einschneidendste betroffen wurde. Aus der damaligen Unverkäuflichkeit der Aktien läßt sich daher kein Rückschluß dahin ziehen, daß in den vorausgegangenen Monaten der Hochinflation mit ihren völlig anderen Verhältnissen ein Absatz mit wirklichem finanziellen Nutzen für die AG. unmöglich gewesen wäre. Es ist zunächst davon auszugehen, daß der Zweck der Kapitalerhöhung die Gewinnung weiterer finanzieller Mittel für die AG. war und daß dieser Zweck durch treuhänderische Verwertung der jungen Aktien über die GmbH. erreicht werden sollte; auch steht anderseits fest, daß die Beklagten D. und Dr. G. unter Mithilfe des Beklagten A. Sch. mehr als $^{4}/_{5}$ der jungen Aktien so gut wie umsonst, also zweck- und bestimmungswidrig unter mißbräuchlicher Ausnützung ihrer Stellung als gesetzliche Vertreter und Aufsichtsratsmitglieder an sich gebracht haben, obwohl eine anderweitige nutzbringende Veräußerung der jungen Aktien sicher zu erreichen war. Bei dieser Sachlage ist ein solches Vorgehen und damit auch das Abkommen vom 25. August 1923 in seinen hierher gehörigen Teilen allerdings mit dem Anstands- und Gerechtigkeitsgefühl billig und gerecht denkender Leute unvereinbar. Hierdurch wäre der AG. der Nutzen aus der Begebung von rund $^{4}/_{5}$ der jungen Aktien entgangen und insofern wäre sie geschädigt. Auch die Kläger als Aktionäre wären unmittelbar geschädigt. Ihr Aktienbesitz war durch die starke Kapitalerhöhung verwässert und, weil zufolge des Vorgehens der Beklagten irgendwelche neue Mittel der AG. für den größten Teil der jungen Aktien nicht zugeflossen sind, stark entwertet. Eine ausreichend begründete Feststellung dahin, daß sich die Beklagten D., Dr. G. u. A. Sch. dieser Folge ihrer Handlungsweise nicht bewußt gewesen seien, hat das Berufungsgericht bisher nicht getroffen. Auf die Generalversammlungsbeschlüsse vom 25. August 1923 könnten sich diese Beklagten zu ihrer

Verteidigung nicht berufen. Denn deren Ausführung durch sie wäre eben durchaus zweck- und bestimmungswidrig gewesen. Die Bedenken des Berufungsgerichts gegen die Begründung der Klage aus § 826 BGB. und § 312 HGB. im Vergleich mit § 823 Abs. 2 BGB. (bei der Beklagten A. Sch. GmbH. käme Haftung aus § 31 BGB. in Frage) sind deshalb, wie der Revision zuzugeben ist, nicht stichhaltig.

Es fragt sich noch, ob etwa die Revision aus anderen Gründen scheitern muß. Die Beklagten hatten auch die Aktivlegitimation der Kläger bestritten, und zwar einmal, weil ihre Papiermarkaktien inzwischen für kraftlos erklärt und die an ihre Stelle getretenen Goldmarkaktien versteigert worden, die Kläger also gar nicht mehr Aktionäre der AG. seien. Das Berufungsgericht hat dieses Vorbringen zutreffend mit der Bemerkung zurückgewiesen, daß die Kläger mit dem Verlust ihres Aktienbesitzes nicht auch gleichzeitig einen zuvor entstandenen Schadensersatzanspruch verloren hätten. Die Beklagten hatten aber gegen die Sachberechtigung der Kläger noch weiter eingewandt, daß zur Geltendmachung etwaiger Schadensersatzansprüche aus der Verteilung und Verwertung der jungen Aktien nur die AG. oder die GmbH. befugt sei. Hierzu hat das Berufungsgericht nicht Stellung genommen. Dieser Einwand ist zweifellos insoweit unbegründet, als die Kläger Schadensersatzansprüche aus sittenwidriger Verkürzung ihrer Bezugsrechte herleiten wollen. Denn in wessen Händen sich die einzelnen Aktien befinden, ist für die AG. als solche gleichgültig; ihr wäre durch eine sittenwidrige Hintansetzung der Kläger kein Schaden erwachsen und sie wäre deshalb zur Geltendmachung hierauf gestützter Ansprüche nicht in der Lage. Wohl aber wäre insoweit eine vermögensrechtliche Schädigung der Kläger an und für sich denkbar. Allein ihr Ersatzanspruch aus diesem Gesichtspunkt entfällt, wie oben dargelegt, aus anderen Gründen. Soweit die Kläger dagegen ihren Schadensersatzanspruch darauf stützen, daß die Beklagten D. u. Dr. G. die jungen Aktien ohne Gegenleistung an sich gebracht und hierdurch die AG. und sie als Aktionäre geschädigt haben, könnten allerdings Bedenken gegen ihre Sachberechtigung bestehen. Sicher ist nämlich so viel, daß die Kläger ihre Schadensersatzansprüche nicht schon aus §§ 241, 249 HGB. herleiten könnten. Denn Verabsäumungen und Verstöße von Vorstands- und Aufsichtsratsmitgliedern gegen diese Vorschriften begründen, wie anerkannten Rechtens ist, nur Ersatzansprüche der Gesellschaft. Die §§ 241, 249 HGB. sind insbesondere auch keine Schutzgesetze im Sinne des § 823 Abs. 2 BGB. zugunsten der Aktionäre (RGZ. Bd. 63 S. 324, Bd. 73 S. 30 und 393, Bd. 81 S. 271, ferner JW. 1906 S. 464).

Die Klagebehauptungen reichen aber weiter, sofern den Beklagten eine unerlaubte Handlung — insbesondere vorsätzliche sittenwidrige Schädigung der Kläger im Sinne des § 826 BGB. — vorgeworfen wird. Zur Geltendmachung von Schadensersatzansprüchen auf dieser Grundlage sind die Kläger als unmittelbar Betroffene befugt (RG. in LZ. 1908 Sp. 448 Nr. 23, Sp. 449 Nr. 24; 1909 Sp. 66) und zwar gerade auch in der Form, daß sie Ersatz eines etwaigen Minderwerts ihrer Aktien beanspruchen können. Der Schadensersatzanspruch der Gesellschaft schließt, jedenfalls insolange als er nicht befriedigt ist, einen solchen Sonderanspruch des einzelnen Aktionärs nicht aus; dieser ist nicht darauf beschränkt, seine Rechte und Interessen im Rahmen der Gesellschaft und durch sie, d. h. durch ihre Organe wahrnehmen zu lassen. . . .

---

63. 1. Konnte die Generalversammlung einer Aktiengesellschaft bei der Umstellung des Grundkapitals auf Reichsmark mit einfacher Mehrheit die Ablösung der ausgegebenen Genußscheine beschließen?

2. Konnten die Genußscheininhaber, die zugleich Aktionäre waren, bei der Beschlußfassung mitstimmen?

3. Wie ist die Rechtslage, wenn ein Organ der Aktiengesellschaft einen von der Genehmigung eines andern Organes abhängigen Vertrag abgeschlossen hat?

4. Zur Anfechtbarkeit eines Generalversammlungsbeschlusses wegen Mißbrauchs der Macht der Mehrheit.

II. DurchfVo. z. Goldbilanzverordnung § 5. HGB. § 252 Abs. 3. BGB. §§ 162, 826.

II. Zivilsenat. Urt. v. 1. März 1927 i. S. Lederwerke Fr. AG. u. Gen. (Bekl.) w. M. u. Gen. (Kl.). II 175/26.

I. Landgericht Frankfurt a. M., Kammer für Handelssachen.
II. Oberlandesgericht daselbst.

Die Kläger sind Aktionäre der beklagten Aktiengesellschaft, die am 11. Mai 1921 mit einem Grundkapital von 3 Millionen Mark, eingeteilt in 3000 Aktien zu je 1000 Mark, gegründet wurde. Die Hälfte des Aktienkapitals übernahmen der Kaufmann K., das jetzige Vorstandsmitglied der Beklagten, und sein Schwager Louis R., der Vater des Vorstandsmitglieds Dr. Ernst R. Sie brachten hierfür ihr in Fr. betriebenes Geschäft zum Bilanzwert für den 31. Dezember 1920 ein; diese Bilanz wies ein Kapitalkonto von 1500118,51 *M* aus. Bei den Gründungsverhandlungen wurde von den beiden Sacheinlegern geltend gemacht, daß bei dem Bilanzwerte die sog. façon, die stillen Reserven sowie der Verdienst der ersten Monate des Jahres 1921 unberücksichtigt geblieben seien und ihnen deshalb eine besondere Entschädigung gewährt werden müsse. Über den Inhalt dieser Verhandlungen, insbesondere darüber, ob dabei anerkannt worden sei, daß wirklich stille Reserven vorhanden waren, gehen die Parteibehauptungen auseinander. Das Ergebnis der Verhandlungen war jedenfalls, daß den beiden Sacheinlegern zusammen 1500 Genußscheine mit dem aus § 10a der Satzung ersichtlichen Inhalt als weitere Entschädigung gewährt wurden. Dieser § 10a lautet:

„Die Gesellschaft ist zur Ausgabe von 1500 Genußscheinen berechtigt, von denen jeder an der 8% übersteigenden Dividende sowie im Liquidationsfall an dem nach Rückzahlung des Aktienkapitals verbleibenden Betrag gleich einer Aktie teilnimmt. Ein Stimmrecht ist mit den Genußscheinen nicht verbunden. Der Gesellschaft steht jederzeit das Recht zu, einzelne oder alle Genußscheine durch Zahlung eines je 1000 *M* nicht übersteigenden Betrags abzulösen. Über den Zeitpunkt dieser Ablösung und die Anzahl der zur Rückzahlung gelangenden Genußscheine entscheidet die Generalversammlung mit einer Majorität von 3/4 der abgegebenen Stimmen, es sei denn, daß die Rückzahlung aus einem hierfür bestimmten Reservedispositionsfonds erfolgen soll, in welchem Falle die einfache Majorität genügt. Über die Höhe der auf den einzelnen Genußschein entfallenden Ablösungssumme entscheidet in allen Fällen die Generalversammlung mit einfacher Mehrheit."

Bei einer Ende 1921 beschlossenen Kapitalerhöhung um 3 Millionen wurden die Genußscheininhaber nicht berücksichtigt. Nach Behauptung der Beklagten hat man die Genußscheine ganz übersehen, während nach der Darstellung der Kläger die Nichtberücksichtigung deshalb erfolgt ist, weil damals schon klar war, daß stille Reserven bei dem eingebrachten Geschäft nicht vorhanden gewesen waren. Aus dem Reingewinn des Jahres 1921 in Höhe von 4228754,98 ℳ wurde ein Reservedispositionsfonds mit 1,5 Millionen Mark gebildet, welcher der Ablösung der Genußscheine dienen sollte, jedoch nicht dazu verwendet wurde, sondern unverändert in den weiteren Papiermarkbilanzen, zuletzt in der Jahresbilanz für 1923 stehenblieb.

Bei den Umstellungsverhandlungen im Jahre 1924 entstanden zwischen Vorstand und Aufsichtsrat Unstimmigkeiten über die Behandlung der Genußscheine. Nachdem die früheren Aufsichtsratsmitglieder — die Beklagten 1 bis 4 — ihr Amt niedergelegt hatten, schloß die Verwaltung auf Grund eines Gutachtens des Justizrats Dr. E. vorbehaltlich der Zustimmung der Generalversammlung mit den Genußscheininhabern ein Abkommen dahin, daß die Ablösung der 1500 Genußscheine durch Zahlung von 85000 Gℳ, zahlbar in 10 gleichen Jahresraten, erstmals am 31. Dezember 1925, und verzinslich mit 6% seit dem 1. Oktober 1924 erfolgen solle. Die Genehmigung dieses Abkommens bildete einen der Punkte der ordentlichen Generalversammlung vom 15. Januar 1925, in der unter anderem über die Papiermarkbilanz für 1923, die Goldmarkeröffnungsbilanz und die Umstellung des Aktienkapitals auf Goldmark Beschluß gefaßt werden sollte. In der Goldmarkeröffnungsbilanz war ein Kreditorenkonto von 632687,44 Gℳ enthalten, worin nach dem Bericht der Verwaltung 85000 Gℳ als Schuld aus dem Abkommen zur Ablösung der Genußscheine steckten. Die Kläger, die zusammen über 1600 Stimmen von den 6000 Stimmen der vollständig erschienenen Aktionäre verfügten, stimmten gegen die Beschlüsse auf Genehmigung der Goldmarkeröffnungsbilanz, auf Genehmigung des Ablösungsabkommens und auf Streichung des § 10a des Gesellschaftsvertrags und verfolgen ihre Widersprüche mit der jetzigen Klage, mit der sie beantragt haben, die Beschlüsse der ordentlichen Generalversammlung vom 15. Januar 1925 insoweit für nichtig zu erklären, als sie auf die Ablösung der bestehenden 1500 Stück Genußscheine Bezug haben. Sie gründen die Anfechtbarkeit und Nichtigkeit der Beschlüsse darauf, daß sie nicht mit der erforderlichen $^3/_4$ Mehrheit gefaßt seien. Die Genehmigung des Ablösungsabkommens sei in der Tagesordnung nicht genügend bekannt gemacht worden. Bei der Beschlußfassung über die Genehmigung des Abkommens hätten die Aktionäre K., Dr. Ernst R. und Frau Johanna R., die zusammen 2900 Stimmen abgegeben hätten, als Inhaber von Genußscheinen nicht mitstimmen dürfen. Die angegriffenen Beschlüsse seien auch als Akte reiner Willkür sittenwidrig und deshalb nichtig.

Das Landgericht wies die Klage ab. Dagegen erklärte das Oberlandesgericht auf die Klage des Dr. S. den Beschluß über die Genehmigung der Goldmarkeröffnungsbilanz insoweit für nichtig, als er auf die Ablösung der 1500 Genußscheine Bezug hat; auf die Klage der übrigen Kläger wurde insoweit die Nichtigkeit dieses Beschlusses festgestellt. Auch die Beschlüsse über die Genehmigung des Ablösungsabkommens und die Aufhebung des § 10a des Gesellschaftsvertrags wurden für nichtig erklärt. Im übrigen wurde die Berufung zurückgewiesen.

Auf die Revision der Beklagten wurde das erste Urteil wiederhergestellt.

Gründe:

Schon die Formel des Berufungsurteils ist zu beanstanden. Der Beschluß auf Genehmigung der Goldmarkeröffnungsbilanz wird darin nur insoweit für nichtig erklärt, als er die Ablösung der Genußscheine betrifft. Nur ein Passivposten von 85000 GM soll also gestrichen werden, im übrigen soll die Bilanz bestehen bleiben. Das ist nicht nur rechtlich verfehlt, sondern würde auch praktisch kaum durchführbar sein, denn das Berufungsgericht hält den Passivposten sowohl als Schuld wie als Reserve für unzulässig. Auf irrigen Anschauungen beruht nicht minder die in dem Unterschied der Fassung („der Beschluß wird für nichtig erklärt", „es wird festgestellt, daß der Beschluß nichtig ist") zutage tretende Annahme, daß ein Teil der Kläger, und zwar mit Recht, Klage auf Feststellung der Nichtigkeit erhoben habe. Von selbst eintretende unheilbare Nichtigkeit kommt als Folge der Nichterreichung der vorgeschriebenen Stimmenzahl oder einer Vergewaltigung der Minderheit nicht in Frage; auch haben die Kläger sämtlich Anfechtungsklage erhoben und die Voraussetzungen dafür erfüllt. Indessen braucht auf alle diese Punkte nicht weiter eingegangen zu werden, da sie das Ergebnis nicht berühren, zu dem der erkennende Senat gelangt.

Der Hauptanfechtungsgrund der Kläger geht dahin, daß die Ablösung der Genußscheine nur mit Dreiviertelmehrheit habe beschlossen werden können. Demgegenüber beruft sich die Beklagte auf § 10a des Statuts sowie auf § 5 der II. DVo. z. GBVo. Von diesen beiden Bestimmungen trifft die Statutenvorschrift nicht zu. Sie läßt die einfache Mehrheit dann entscheiden, wenn die Rückzahlung aus einem besonderen, hierfür bestimmten Reservefonds, also aus aufgespeichertem Gewinn erfolgen soll. Ende 1923 war aber nur noch der Name eines Fonds vorhanden, die 1,5 Millionen Papiermark waren zu einem Nichts zusammengeschmolzen. Es ist auch nicht richtig, wenn die Beklagte meint, infolge der Schaffung des Fonds sei die Stellung der Genußscheininhaber durch Erwerb eines bedingten Rechts auf Ablösung verstärkt worden. Nichts hätte die Generalversammlung gehindert, den Fonds unter der Herrschaft der Papiermarkwährung wieder aufzulösen und zu anderen Zwecken zu verwenden. Als daher die Goldbilanz aufgestellt wurde, konnten die Genußscheininhaber nicht etwa die Einstellung eines dem Verhältnis des Fonds zum Papiermarkkapital entsprechenden Passivums in die Bilanz verlangen. Die Behauptung, daß zur Ablösung einfache Mehrheit hingereicht habe, läßt sich mithin auf diese Weise nicht begründen.

Wohl aber erscheint anwendbar § 5 der II. DVo., wonach zu einer Beschlußfassung der Generalversammlung über die Umstellung einfache Stimmenmehrheit genügt, mag im Statut auch etwas anderes vorgeschrieben sein. Diese Bestimmung bezweckt, die unbequem gewordenen Bildungen der Inflationszeit auf möglichst einfache und glatte Art zu bereinigen. Daher darf sie nicht zu eng ausgelegt und nicht auf diejenigen Beschlüsse beschränkt werden, die für die Umstellung unbedingt notwendig sind. Darüber, daß die Einziehung der Schutz- und Vorratsaktien nach § 30 das. eine Umstellungsmaßnahme im Sinne des § 5 ist, herrscht im Schrifttum Einverständnis. Der § 30 Abs. 1 Satz 2 sieht hierfür in erster Reihe einen Verwaltungsakt vor; die Einziehung soll durch den Vorstand mit Zustimmung des Aufsichtsrats erfolgen. Aber wenn die Verwaltung nicht will, kann die Generalversammlung einziehen, und ebenso ist es möglich, daß der Vorstand, etwa bei Meinungsverschiedenheiten mit dem Aufsichtsrat, die Entscheidung der Generalversammlung einholt. In beiden Fällen genügt dann nach § 5 die einfache Mehrheit. Es ist nicht einzusehen, warum dies nicht ebenso für die Ablösung der Genußscheine gelten soll. Gewiß sind mit einfacher Mehrheit nicht Beschlüsse durchzubringen, die mit der Umstellung in keinem inneren Zusammenhang stehen, sondern nur zufällig bei Gelegenheit ihrer Vornahme gefaßt werden. Eine Kapitalerhöhung, die zugleich mit einer Ermäßigung des Eigenkapitals nach § 5 Abs. 2 GBV. beschlossen wird, ist nur mit Dreiviertelmehrheit möglich. So aber liegt es bei den Genußscheinen nicht. Einerlei, welche Rechte sonst mit ihnen verbunden sind, immer nehmen sie in irgendeinem Maße (Superdividende) am Gewinn teil. Nach statutarischer Vorschrift soll der zur Ausschüttung bestimmte Reingewinn nicht allein den Aktionären zufallen, sondern auch den Genußscheininhabern zugute kommen. Auf dieses ihr Recht muß bei der Umstellung der Aktien auf Gold Rücksicht genommen werden. Sie dürfen sich stets dagegen wehren, durch eine willkürliche, den tatsächlichen Verhältnissen nicht entsprechende Hochbezifferung der Aktiennennbeträge von der Teilnahme an der Dividende ausgeschlossen zu werden. Daher steht ihr Recht bei der Umstellung der Aktien als Grenzrecht im Hintergrunde; die Höhe der Umstellung wird dadurch beeinflußt. Verfährt nun eine Gesellschaft dieser gebotenen Rücksicht gemäß und weist sie einen Teil des Reingewinns nicht dem Grundkapital zu, so ist es oft ein naheliegender Schritt von einleuchtender Zweckmäßigkeit, wenn sie mit dem Überschuß die Genußscheine ablöst. Hierzu kommt, daß ein Genußschein einer Vorratsaktie manchmal überaus ähnlich sein kann, sodaß eine verschiedene Behandlung im Punkte der Einziehbarkeit Mißstände im Gefolge haben müßte. Auch die Ablösung der Genußscheine ist mithin als Umstellungsmaßnahme anzusehen. Ob aber die Ablösungssumme auf einmal oder, wie im vorliegenden Falle, in Raten gezahlt und bis zur Zahlung verzinst wird, kann einen Unterschied nicht begründen.

Ohne weiteres erledigt sich der fernere Anfechtungsgrund, womit ungenügende Ankündigung der beabsichtigten Statutenänderung geltend gemacht wird (§ 274 Abs. 2 HGB.). In Punkt 6 der Tagesordnung heißt es ausdrücklich: „Beschlußfassung über die .... Ablösung der Genußscheine." Daß der Vorstand sich schon vorher mit den Inhabern ins Benehmen gesetzt hatte, brauchte hierbei nicht auch noch erwähnt zu werden.

Sodann rügen die Kläger, ein Teil der Genußscheininhaber, die zugleich Aktionäre waren, habe bei der Beschlußfassung mitgestimmt. Das Berufungsgericht hat keine Feststellungen über diese bestrittene

Behauptung getroffen; einer Zurückverweisung in die Instanz bedarf es aber nicht, da gegen das Mitstimmen rechtlich nichts einzuwenden ist. Ob man Ring im Bankarchiv Jahrg. 24 S. 324 darin beizutreten hat, daß § 5 der II. DVo. die allgemeinen Stimmenthaltungsvorschriften (§ 252 Abs. 3 HGB., § 47 Abs. 4 GmbHG.) ausgeschaltet habe, mag auf sich beruhen. Jedenfalls handelt es sich bei der Ablösung der Genußscheine um eine innere Angelegenheit der Gesellschaft, nicht um ein Rechtsgeschäft mit einem Dritten. Daher hat der erkennende Senat auch in der Sache II 431/18 (abgedruckt DJZ. 1919 Sp. 757), wo sich der Streit um die Einziehung von Geschäftsanteilen einer Gesellschaft mit beschränkter Haftung drehte, den Anteilsinhabern das Stimmrecht zugesprochen. Mit Unrecht aber suchen die Kläger etwas Abweichendes daraus herzuleiten, daß hier der Vorstand, ehe die Generalversammlung stattfand, eine von deren Genehmigung abhängige Vereinbarung mit den Abzufindenden getroffen hat. Es liegt auf der Hand, daß dadurch die Stellung der Genußscheininhaber nicht verschlechtert werden konnte. Waren sie ohne die Vereinbarung imstande, kraft des das Aktienrecht beherrschenden Majoritätsprinzips ihren Willen durchzusetzen, so können sie durch die Vereinbarung nicht in die Lage gebracht sein, untätig zusehen zu müssen, wie die Gegner die Genehmigung versagten. Die sog. „Vereinbarung" hatte offensichtlich nur den Zweck, das Feilschen um die Bedingungen der Ablösung außerhalb der Generalversammlung stattfinden zu lassen, um diese zu entlasten. Entscheidend blieb immer die Generalversammlung, und es ist gleichgültig, ob sie den Beschluß in die Form kleidete „die Genußscheine werden abgelöst" oder „der die Ablösung betreffende Vertrag wird genehmigt". Die Frage, wer mitstimmen durfte, wurde dadurch nicht berührt. So hat auch Flechtheim JW. 1926 S. 627flg. zutreffend darauf hingewiesen, daß, wenn ein Organ der Aktiengesellschaft den Vertrag abhängig macht von der Zustimmung eines anderen Organs, insbesondere also der Vorstand von der Zustimmung der Generalversammlung, höchstens eine Bedingung „si volam" angenommen werden darf. Die Gesellschaft ist überhaupt noch nicht gebunden, auch nicht in den Grenzen des § 162 BGB.; findet der Vorstand hinterher, daß der Vertrag doch nicht so vorteilhaft für die Gesellschaft ist, wie er ursprünglich geglaubt hatte, so ist er auch dem Dritten gegenüber berechtigt, der Generalversammlung von der Genehmigung abzuraten. Auch dies bestätigt, daß im vorliegenden Fall die „Genehmigung des Vertrags mit den Genußscheininhabern" gleichbedeutend war mit einem von der Versammlung, wie es das Statut § 10a vorsah, von sich aus gefaßten Beschluß auf Ablösung.

Endlich behaupten die Kläger, die Mehrheit habe ihre Macht mißbraucht, d. h. durch Beschließung willkürlich hoher Ablösungsbedingungen der Minderheit vorsätzlich und rechtswidrig Schaden zugefügt (§ 826 BGB.). Der Angriff geht ebenfalls fehl. Es liegt ganz neben der Sache, wenn die Parteien darüber streiten, ob bei der Gründung der Aktiengesellschaft stille Reserven, die durch die Genußscheine abzugelten wären, in erheblichem Umfang vorhanden gewesen sind. Auf den Grund, dem die Genußscheine ihre Entstehung verdanken, kommt es nicht an. Tatsache ist, daß die Beklagte sie geschaffen und mit den Rechten ausgestattet hat, die das Statut ersehen läßt. Diese Rechte aber waren keineswegs belanglos. 8% auf das Papiermarkkapital bedeutete in der Inflation so gut wie nichts; was vom auszuschüttenden Reingewinn darüber hinausging, fiel zur einen Hälfte den Aktionären, zur anderen den Genußscheininhabern zu. Wie frühere Generalversammlungen der Beklagten die Rechte bewerteten, zeigte sich bei der Beschlußfassung über die Bilanz auf Ende 1921, in die für die Ablösung der Genußscheine eine Spezialreserve in Höhe eines Viertels des Grundkapitals eingestellt wurde. Die Abfindungssumme mußte daher so bestimmt werden, daß sie ein angemessenes Entgelt für die Aufgabe der Genußscheinrechte darbot. Hierüber hat der Vorstand das Gutachten eines Sachverständigen, des Justizrats Dr. E., eingeholt. Wenn die Generalversammlung demgemäß beschlossen und — bei Umstellung der Aktien von 10 : 1 — für jeden Genußschein 56 RM bewilligt hat, so kann von einem Willkürakt keine Rede sein.

Danach hatte die Kammer für Handelssachen die Klage mit Recht abgewiesen.

---

64. 1. In welchem Sinne kann es für die Wirksamkeit der vertraglichen Abtretung einer Grundschuld (oder Hypothek) auf den guten Glauben des Erwerbers über die Berechtigung des bisherigen Gläubigers ankommen?

2. Kann nach § 1154 Abs. 1 Satz 2 BGB. die Beglaubigung einer schriftlich abgegebenen Abtretungserklärung verlangt werden, wenn feststeht, daß diese Erklärung der rechtlichen Wirksamkeit entbehrt?

3. Wann ist im Sinne des § 344 ZPO. ein Versäumnisurteil als nicht in gesetzlicher Weise ergangen anzusehen?

V. Zivilsenat. Urt. v. 29. November 1926 i. S. der Bayerischen Staatsbank (Kl.) w. Hausverwertungsgesellschaft m. b. H. (Bekl.). V 249/26.

I. Landgericht München I.
II. Oberlandesgericht daselbst.

Mit der Klage war ursprünglich verlangt, die Beklagte habe einzuwilligen, daß die über die Abtretung einer Grundschuld im Betrag von 21505,734 g Feingold ausgestellte Urkunde vom 15. April 1924 öffentlich beglaubigt werde. Der erste Richter hat der Klage willfahrt. In der Berufungsinstanz hat die Klägerin den Antrag dahin geändert, die Beklagte habe die Erklärung vom 15. April 1924 öffentlich beglaubigen zu lassen. Das Berufungsgericht hat die Klage abgewiesen. Die Revision der Klägerin hatte keinen Erfolg.

Gründe:

Die Beklagte hat am 15. März 1924 auf ihrem Grundbesitz in der Steuergemeinde P. eine Eigentümergrundschuld über 21505,734 g Feingold eintragen lassen. Über die Grundschuld sind in der Folge mehrfach privatschriftliche Abtretungserklärungen ausgestellt worden, nämlich unter dem 25. März 1924 über eine Abtretung der Beklagten an den Ingenieur Anton M. in M.; unter dem gleichen Tage über eine Abtretung des M. an seine Ehefrau Therese M., mit der er in Gütertrennung lebt; unter dem 15. April 1924 über eine Abtretung der Beklagten an die O. Kreditbank, A.-G. in M.; unter dem 22. April 1924 über eine Abtretung durch diese an die Klägerin.

Der Grundschuldbrief ist mit den Abtretungen vom 25. März 1924 an Frau M. gelangt und von ihr mit einem vom 22. April 1924 datierten, spätestens aber schon am 14. gl. M. geschriebenen Briefe an die O. Kreditbank gesandt worden. Nach dem Inhalt dieses Schreibens war ihr bekannt, daß der Grundschuldbrief von der

O. Kreditbank bei der Klägerin „zur Deckung ihrer Überzüge" verwendet werden sollte. Frau M. erklärt dort, den Grundschuldbrief nur unter der Bedingung abzugeben, daß ihr „nachträglich ein erst heute Nachmittag von Herrn St. ausgearbeiteter Vertrag, in dem als Grundlage dargelegt sein wird, daß ich den Grundschuldbrief nur unter der Bedingung abgebe, daß von Herrn B. die gegen meinen Mann eingereichte Pfändung aufgehoben wird, bis der Streit gerichtlich entschieden ist, von den Herren der O. Kreditbank unterschrieben wird. Widrigenfalls verlange Rückgabe des Grundschuldbriefs a. m. Eigentums" ...

Nach dem festgestellten Sachverhalt hat die O. Kreditbank den empfangenen Grundschuldbrief mit Schreiben vom 14. April 1924 der Klägerin gesandt, worauf diese mit Schreiben vom 17. gl. M. die Unterzeichnung der „Sicherungsabtretung", die später das Datum des 22. April 1924 erhielt, und weiter verlangte, daß eine Erklärung der Beklagten, der nach dem Grundbuch die Grundschuld zustehe, beigebracht werde, wonach diese mit der Übergabe des Grundschuldbriefs an die O. Kreditbank auch sämtliche Ansprüche und Rechte daraus an letztere abgetreten habe. Darauf wurde die Erklärung vom 15. April 1924 gefertigt und mit der vom 22. gl. M. der Klägerin übersandt.

Auf Antrag der Klägerin ist in einem Vorprozeß die O. Kreditbank durch rechtskräftiges Urteil des Landgerichts vom 30. April 1925 verurteilt worden, die Urkunde vom 22. April 1924 öffentlich beglaubigen zu lassen.

Die jetzige Klage ist auf die Beglaubigung der Urkunde vom 15. April 1924 gerichtet; dieses Begehren wird von der Beklagten hauptsächlich damit bekämpft, daß die unter diesem Datum beurkundete Abtretung in Wahrheit nicht stattgefunden habe. Vielmehr habe die O. Kreditbank den Grundschuldbrief von Frau M. erhalten und das sei der Klägerin auch bekannt gegeben worden, als ihr die Bank den Grundschuldbrief übergeben habe. Die Klägerin könne nicht eine Erklärung öffentlich beglaubigt verlangen, die über eine, wie ihr bekannt, gar nicht erfolgte Abtretung abgegeben worden sei.

Das Berufungsgericht hat den auf §§ 1154, 1192 BGB. gestützten Klagantrag abgewiesen, weil die Klägerin die angeblich abgetretene Grundschuld nicht erworben habe, nicht Grundschuldberechtigte geworden und deshalb nicht befugt sei, das Verlangen nach Beglaubigung zu stellen. Es geht davon aus, daß die O. Kreditbank selbst die Grundschuld nicht erworben habe, weil ihr Frau M. nach Inhalt ihres erwähnten Schreibens die Grundschuld nur fiduziarisch und nur unter einer aufschiebenden Bedingung abgetreten habe, die unstreitig nie eingetreten sei. Dieser Sachverhalt und der daraus erwachsene Mangel des Rechtserwerbs der O. Kreditbank sei der Klägerin nur infolge grober Fahrlässigkeit unbekannt geblieben; schon im Schreiben der Bank vom 14. April 1924 werde bei Übersendung des Grundschuldbriefs erwähnt, daß er von Frau M. „zu diesem Zwecke zur Verfügung gestellt wurde als weitere Sicherheit für unseren Kontokorrentkredit." Nach diesem Briefinhalt — sagt das Berufungsurteil — hätten der Klägerin, als sie die vom 15. und 22. April 1924 datierten Abtretungserklärungen zugesandt erhielt, Zweifel an deren Richtigkeit entstehen, sie hätte ihnen nachgehen müssen und dann den wahren Sachverhalt festgestellt.

Die Revision bekämpft die Annahme einer der Klägerin zur Last fallenden groben Fahrlässigkeit und erhebt gegen die Beklagte, soweit sie die unter dem 15. April 1924 beurkundete Abtretungserklärung nicht gelten lassen will, den Einwand der Arglist. Übrigens habe die Verpflichtung, eine Abtretungserklärung öffentlich beglaubigen zu lassen, nur das Vorhandensein einer solchen Erklärung zur Voraussetzung.

In der ersten Instanz war zunächst ein Versäumnisurteil gegen die Beklagte ergangen; die Kosten dieser Versäumnis hat das Berufungsgericht aber der Klägerin auferlegt, weil der erste Richter ein dem Einwilligungsbegehren willfahrendes Urteil gemäß § 1154 Abs. 1 Satz 2 BGB. gar nicht hätte erlassen dürfen, mit seinem Ausspruch auch der Klägerin in der Vollstreckung nicht gedient gewesen wäre, ihr mithin insoweit jedes Rechtsschutzinteresse gefehlt habe, das Versäumnisurteil also nicht in gesetzlicher Weise im Sinne des § 344 ZPO. ergangen sei. Die Revision führt auch hierüber Beschwerde, weil es nicht darauf ankomme, ob und inwieweit der Klägerin mit dem Urteilsausspruch gedient sei, sondern nur darauf, ob er mit dem beantragten Inhalt verlangt werden könne; dies sei aber zu bejahen, da das Einwilligungsbegehren gegenüber der Beglaubigungspflicht schlechthin nur ein weniger bedeute.

Die Revision war zurückzuweisen.

Allerdings müssen die Erwägungen, womit das Berufungsgericht seinen rechtlichen Ausgangspunkt für die Beurteilung des vorliegenden Falles bezeichnet, Bedenken begegnen. Es spricht aus, die vertragliche Abtretung des Anspruchs aus einer Grundschuld bedürfe zu ihrer rechtlichen Wirksamkeit in allen Fällen, also auch, wenn sie lediglich fiduziarisch zu Sicherungszwecken erfolge, nicht nur der Erteilung der Abtretungserklärung in schriftlicher Form und der Übergabe des Grundschuldbriefs, sondern auch des guten Glaubens des Erwerbers im Zeitpunkt seines Erwerbs, und zwar des guten Glaubens im Sinne der §§ 891, 892 BGB., wenn die Voraussetzungen des § 1155 BGB. vorliegen, dagegen „im Sinne des § 932 Abs. 2 BGB., wenn, wie in vorwürfiger Sache, die eben genannten Voraussetzungen fehlen".

Diese Heranziehung des § 932 Abs. 2 kann so verstanden werden, als wolle das Berufungsgericht auch den Erwerb durch Übertragung eines Rechtes unter die Regeln des § 932 stellen, der vom Eigentumserwerb an körperlicher Fahrnis handelt (§§ 929, 90). Dies wäre rechtsirrig (LZ. 1917 Sp. 459 Nr. 7). Es handelt sich um den Anspruch auf Beglaubigung nach § 1154 Abs. 1 Satz 2; dieser ist nach § 1192 auch für Grundschulden gegeben, kann auch bei Sicherungsabtretungen nicht versagt werden und geht — was ebensowohl seinem Zwecke, der Verwertbarkeit des abgetretenen Rechtes insbesondere auch im grundbuchrechtlichen Verkehr (GBO. § 29) zu dienen, wie der Vorschrift des § 401 BGB. entspricht — im Falle der Weiterabtretung auf den weiteren Erwerber des Rechtes über. Der Anspruch erwächst aus der Abtretung, aus dem Verhältnis des bisherigen zum neuen Gläubiger; in dieser Eigenschaft stehen sich hier die Parteien gegenüber, nicht etwa im Verhältnis des Schuldners zum neuen Gläubiger (§ 404 BGB.). Hat die Klägerin die Grundschuld nicht erworben, so ist sie nicht neuer Gläubiger geworden und ist ihrem Anspruch auf Beglaubigung der Abtretungsurkunde vom 15. April 1924 der Boden entzogen. Das Berufungsgericht stellt fest, daß die O. Kreditbank, die der Klägerin die Grundschuld abzutreten erklärt hat, diese selbst nicht erworben hatte. Daß der Erwerb der Klägerin nicht unter dem Schutze des § 892 BGB. steht, verkennt auch das Berufungsgericht nicht: im Grundbuch eingetragen stand bloß die Beklagte, von ihr aber hat die Klägerin nicht erworben. Der Erwerb von der O. Kreditbank anderseits hätte für die Klägerin unter dem Schutze des § 892 nur nach Maßgabe des § 1155 gestanden, nämlich wenn öffentlich beglaubigte Abtretungserklärungen vorgelegen hätten, was nicht der Fall war. Im übrigen ist der gutgläubige Rechtserwerb nach §§ 398 flg. BGB. als solcher im allgemeinen nicht geschützt. Nur der Schuldner steht nach §§ 406 bis 411 unter gewissen Schutzvorschriften; für das Verhältnis des neuen Gläubigers zum Schuldner gilt § 405 in Ansehung der zwei dort erwähnten Einwendungen. Ohne Rechtsirrtum ist das Berufungsgericht zu der Annahme gelangt, daß die Beklagte die Grundschuld, nachdem sie diese an M. abgetreten, nicht nochmals wirksam an die O. Kreditbank habe abtreten können und daß danach die Abtretungserklärung vom 15. April 1924 — des im übrigen unbestrittenen Erfordernisses der Übergabe des Hypothekenbriefs (§§ 1117, 952) ungeachtet — unwirksam geblieben sei. Hieran muß, da die O. Kreditbank auch von Frau M. nicht wirksam erworben hat, der Rechtserwerb der Klägerin und damit auch ihr Beglaubigungsanspruch scheitern.

Nun hat das Berufungsgericht auch noch auf die Entscheidung RGZ. Bd. 90 S. 273 (278) verwiesen, wo nicht von gutgläubigem Rechtserwerb die Rede ist, sondern folgendes ausgeführt wird: derjenige, der eine privatschriftliche Abtretungserklärung und den Hypothekenbrief dem Abtretungsempfänger ausgehändigt hat, könne sich einem weiteren Erwerber gegenüber nicht darauf berufen, daß er in Wirklichkeit die Hypothek jenem Abtretungsempfänger nicht übereignet habe; ein solches Vorbringen könne vielmehr mit dem Einwand der Arglist zurückgewiesen werden, sofern der weitere Erwerber seinerseits die Hypothek vom Abtretungsempfänger durch schriftliche Abtretungserklärung und Übergabe des Hypothekenbriefs, also formgerecht (§ 1154) und „in dem guten Glauben (§ 932 Abs. 2 BGB.) erwirbt, daß der Abtretungsempfänger zufolge der an ihn bewirkten Abtretung und Übergabe des Hypothekenbriefs Gläubiger der Hypothek geworden sei". Die Anführung des § 932 Abs. 2 BGB. an dieser Stelle bedeutet, daß der dort erforderte gute Glaube des weiteren Erwerbers nicht nur durch bestimmtes Wissen wie nach § 892 Abs. 1 Satz 1 ausgeschlossen werde, sondern auch schon durch grobfahrlässiges Nichtwissen vom Rechtsmangel des früher versuchten Erwerbs. Die Heranziehung dieser Entscheidung im Berufungsurteil und die Hervorhebung der wiedergegebenen Stellen läßt vermuten, daß das

Berufungsgericht gleichfalls — des weitergehenden Wortlauts der Urteilsbegründung ungeachtet — nicht den Rechtserwerb selbst als bei Gutgläubigkeit wirksam bezeichnen, sondern nur der Beklagten bei Gutgläubigkeit der Klägerin die Möglichkeit versagen will, ihre schriftliche Erklärung vom 15. April 1924 zu verleugnen.

Aber auch diese der Entscheidung RGZ. Bd. 90 S. 273 angepaßte Betrachtungsweise kann nicht zu einem der Klägerin dienlichen Ergebnis führen, gleichviel ob ihr Gutgläubigkeit in dem in Rede stehenden Sinne beizumessen sein möchte oder nicht. Der dort behandelte Fall ist von dem hier gegebenen wesentlich verschieden. In jenem hatte St. zwei Briefhypotheken an H., dieser sie an Sch. abgetreten; Sch. hatte die Briefe in Händen und St. verlangte sie von ihm mit der Begründung heraus, H. habe sich verpflichtet, die Abtretungen nicht zur Umschreibung an das Gericht weiterzugeben, so daß St. dem Schuldner gegenüber nach wie vor als Gläubiger gelten und zur Empfangnahme der Zinsen berechtigt bleiben solle; eine Abrede, wonach der Abtretende Gläubiger bleiben solle, mache die Abtretung nichtig, der Beklagte Sch. habe daher kein Recht auf die Hypotheken erworben und müsse die Briefe herausgeben. Diese Verleugnung einer urkundlich vorbehaltlosen Abtretungserklärung wurde für unzulässig erachtet, da ein mit dem Sachverhalt unbekannter Dritter mit Unrecht Schaden leiden würde. Dabei handelt es sich um die Herausgabe der Hypothekenbriefe, um die Entziehung eines gutgläubig angestrebten Rechtserwerbs, um den Versuch, die Abtretungsfolgen ungeschehen zu machen. Daß demgegenüber entscheidend auf den guten Glauben des dritten Erwerbers abzustellen war, leuchtet ein; wer trotz Kenntnis des Sachverhalts oder in grobfahrlässiger Nichtbeachtung aller bestehenden Zweifel den Abtretungsvertrag abgeschlossen, etwa Entgelt gezahlt hat und ähnliches mehr, kann den Rechtsvorgängern nicht wohl den Einwand der Arglist entgegenhalten, wenn die rechtlichen Folgerungen aus der Sachlage gezogen werden. Anders hier, wo es sich um das Verlangen der Beglaubigung einer Abtretungserklärung handelt, von der feststeht, daß sie der rechtlichen Wirksamkeit entbehrt. Der Auffassung der Revision, daß es für das Beglaubigungsverlangen nur auf das Vorhandensein einer Abtretungserklärung — ohne Rücksicht auf ihre inhaltliche Wirksamkeit — ankomme, kann in dieser Allgemeinheit nicht beigetreten werden.

Wie schon oben berührt, soll die Beglaubigung (§ 129 BGB.) der Erleichterung des Rechtsverkehrs, insbesondere auch der grundbuchmäßigen Verfügung dienen (Prot. Bd. 8 S. 650). Eine unwirksame Erklärung aber beglaubigen zu lassen, bedeutet eine Störung des Rechtsverkehrs. Denn dadurch würde der Erklärung eine äußere Legalisierung zuteil, die nur irre führen und zu bewußter oder unbewußter Täuschung über ihren Inhalt führen könnte, zumal in Anbetracht der in § 1155 getroffenen besonderen Regelung. Insoweit bleibt es also dabei, daß die Beglaubigung nur derjenige verlangen kann, der das Recht wirklich erworben hat, und daß der Einwand, der Rechtserwerb sei nicht wirksam erfolgt, ohne Rücksicht auf eigene Erklärungen des mit dem Beglaubigungsbegehren in Anspruch Genommenen erhoben werden kann. Es erscheint aus überwiegenden Rücksichten des sicheren und redlichen Rechtsverkehrs geboten, daß eine zum Rechtserwerb ungeeignete Urkunde nicht durch öffentliche Beglaubigung das Ansehen einer vollwertigen Urkunde erhält.

Hiernach war die Revision in der Hauptsache zurückzuweisen, ohne daß es einer Nachprüfung des gegen die Klägerin erhobenen Vorwurfs der groben Fahrlässigkeit bedarf.

Auch die Entscheidung im Kostenpunkt, insbesondere die Belastung der Klägerin mit den Kosten des Versäumnisurteils erster Instanz ist rechtlich nicht zu beanstanden. Es war nach dem damaligen Antrag der Klage dahin erkannt, die Beklagte habe einzuwilligen, daß die Abtretungserklärung vom 15. April 1924 öffentlich beglaubigt werde. Mit Recht hat das Berufungsgericht ausgeführt, daß die Vorschrift des § 1154 keinen Anspruch auf Abgabe einer solchen Willenserklärung gibt, daß ein dahingehendes Urteil auch keinen für die Rechtsverfolgung dienlichen Vollstreckungstitel gewährt und daß für das Urteil, wie die maßgebende Vorschrift des § 129 BGB. ohne weiteres erkennen läßt, keine Rechtskraftwirkung nach § 894 ZPO., sondern nur eine Vollstreckung nach § 888 in Frage kommen kann. Daraus erhellt, daß das Klagevorbringen den Klagantrag nicht rechtfertigte, die Klage also gemäß § 331 Abs. 2 ZPO. hätte abgewiesen werden sollen. Es ist zu billigen, daß das Berufungsgericht angenommen hat, danach sei das Versäumnisurteil im Sinne des § 344 ZPO. nicht in gesetzlicher Weise ergangen (vgl. auch Reichel Arch. ZivPr. Bd. 104

S. 73; Seuff.Arch. Bd. 56 Nr. 118). Denn es besteht kein Anlaß, die Anwendung dieser Vorschrift auf Fälle bloß formeller Gesetzesverstöße (Hanseat.G. Bd. 14 Beibl. S. 37) zu beschränken....

---

65. Bildet auch dann, wenn es sich um die Eingehung wechselmäßiger Verpflichtungen handelt, die Vorschrift des § 137 Abs. 3 der Preuß. Kreisordnung vom 13. Dezember 1872 nicht bloß eine Formvorschrift, sondern zugleich und in erster Reihe eine Beschränkung der Willensorgane einer Körperschaft öffentlichen Rechts in ihrer Vertretungsmacht? Bildung von Gewohnheitsrecht.

Preußische Kreisordnung v. 13. Dez. 1872 § 137 Abs. 3. Preußische Landgemeindeordnung v. 3. Juli 1891 § 88 Abs. 4 Nr. 7. Preußische Städteordnung v. 30. Mai 1853 § 56 Nr. 8. Preußische Provinzialordnung v. 29. Juni 1875 § 91. EG. z. BGB. Art. 55.

II. Zivilsenat. Urt. v. 7. Dezember 1926 i. S. Ruhrverband (Kl.) w. Kreis Liebenwerda (Bekl.). II 555/25.

I. Landgericht I Berlin.
II. Kammergericht daselbst.

Der Kläger ist Inhaber zweier Wechsel vom 24. November und 1. Dezember 1924 über 700000 RM und 300000 RM. Aussteller ist in beiden Fällen die Kreissparkasse-Kreisbank Liebenwerda; der Ausstellervermerk trägt die Unterschriften M. und W., denen ein Farbstempel beigedruckt ist. (M. ist der erste Beamte mit dem Titel Sparkassendirektor, W. ist Beamter der Sparkasse; beide sind gemäß Aushang im Schalterraum zu Zeichnungen für die Sparkasse ermächtigt.) Beide Wechsel sind gezogen auf den Kreisausschuß des Kreises Liebenwerda und zahlbar beim Notar Dr. Kurt S. in Berlin. Die Akzepte lauten: „Kreisausschuß des Kreises Liebenwerda" und tragen die Unterschriften V., P. und D. mit beigedruckten Farbstempeln des Landrats und des Kreisausschusses des Kreises Liebenwerda; die erste Unterschrift ist die des Landrats, die beiden andern sind solche von Kreisausschußmitgliedern. Die Wechsel sind an eigene Order ausgestellt und je mit einem Blankoindossament der Kreissparkasse-Kreisbank Liebenwerda versehen. Sie wurden an den Verfalltagen, nämlich am 24. Februar und 3. März 1925, beim Domiziliaten präsentiert und protestiert.

Der Kläger nimmt den beklagten Kreis als Akzeptanten beider Wechsel und als Rechtsträger des Sondervermögens der Kreissparkasse Liebenwerda in Anspruch, die nach seiner Ansicht in beiden Fällen als Ausstellerin und Indossantin haftet; er verlangt im Wechselprozeß 1 Million Reichsmark nebst Zinsen, Protestkosten und Provision.

Der Beklagte wendet ein, die Akzepte des Kreises seien unwirksam, weil sie nicht den Beschluß des Kreisausschusses oder Kreistages über die Genehmigung der Akzeptierung enthielten; auch die Ausstellung durch die Sparkasse sowie deren Giro seien ohne Wirkung, weil sie nicht von den zur Vertretung der Sparkasse berechtigten Personen herrührten. Nach der Satzung der Kreissparkasse müßten öffentliche Urkunden, durch welche die Sparkasse verpflichtet werden solle, vom Vorsitzenden (nach § 3a dem Landrat) oder seinem Stellvertreter (nach § 3 Abs. 2 Satz 2 einem vom Landrat bestimmten Mitglied des Kreisausschusses) und einem zweiten Vorstandsmitglied vollzogen und mit dem Stempel der Sparkasse versehen sein. Demgegenüber hält der Kläger Akzept, Ausstellervermerk und Indossament für rechtsgültig. Er behauptet außerdem, der Vorstand der Kreissparkasse L. — der aus dem Landrat als Vorsitzenden und vier vom Kreistag zu wählenden Mitgliedern besteht — habe die Beamten, welche die Unterschriften unter den Ausstellungsvermerken geleistet hätten, zur Wechselzeichnung ausdrücklich ermächtigt, und zwar urkundlich in der Form, wie es die Satzung vorschreibe. Hierüber schiebt er dem Beklagten den Eid zu, den dieser, da die Behauptung zu den klagebegründenden Tatsachen gehöre, in der gewählten Prozeßart für unzulässig hält, im übrigen jedoch annimmt.

Das Landgericht hat die Klage abgewiesen. Die Berufung wurde zurückgewiesen mit der Maßgabe, daß die Klage als in der gewählten Prozeßart unstatthaft abgewiesen sei. Die Revision des Klägers hatte keinen Erfolg.

Gründe:

1. Mit Recht hat der Berufungsrichter die Haftung des Beklagten aus den Akzepten des Kreisausschusses abgelehnt. Die vom Kläger hiergegen geltend gemachten Revisionsangriffe können nicht zu einer gegenteiligen Entscheidung führen.

Der § 137 Abs. 3 der Kreisordnung vom 13. Dezember 1872 bestimmt: „Urkunden über Rechtsgeschäfte, welche den Kreis gegen Dritte verbinden sollen, ingleichen Vollmachten müssen unter Anführung des betreffenden Beschlusses des Kreistages bzw. Kreisausschusses von dem Landrat und zwei Mitgliedern des Kreisausschusses bzw. der mit der Angelegenheit betrauten Kommission unterschrieben und mit dem Siegel des Landrats versehen sein.“ — Gegen diese Vorschrift verstößt das Akzept auf beiden Wechseln. Bedeutungslos ist zwar, daß kein Siegel, sondern ein Farbstempel zur Verwendung gelangt ist (JW. 1912 S. 816 Nr. 40). Es fehlt aber bei den Akzepten die Anführung des Beschlusses des Kreistags oder Kreisausschusses. In ständiger Rechtsprechung (JW. 1905 S. 446 Nr. 35; RGZ. Bd. 67 S. 269, Bd. 68 S. 407, Bd. 73 S. 73 und 205, Bd. 82 S. 7, Bd. 83 S. 396, Bd. 89 S. 433, Bd. 104 S. 205; JW. 1926 S. 1450 Nr. 5; WarnRspr. 1923/24 Nr. 157) hat das Reichsgericht die Vorschrift des § 137 Abs. 3 der Kreisordnung und die entsprechenden Vorschriften in § 88 Abs. 4 Nr. 7 der Preußischen Landgemeindeordnung vom 3. Juli 1898, in § 56 Nr. 8 der Preußischen Städteordnung vom 30. Mai 1853 und in § 91 der Preußischen Provinzialordnung vom 29. Juni 1875 in dem Sinne ausgelegt, daß es sich hierbei nicht lediglich um Formvorschriften, sondern zugleich und in erster Reihe um eine Beschränkung der Willensorgane der betreffenden juristischen Person des öffentlichen Rechts handle. Wären es nur Formvorschriften, so würde allerdings Art. 55 EG. z. BGB. Platz greifen, wonach die privatrechtlichen Vorschriften der Landesgesetze außer Kraft treten, soweit nicht im Bürgerlichen Gesetzbuch oder im Einführungsgesetz dazu ein anderes bestimmt ist. Soweit es sich jedoch um eine Beschränkung der Vertretungsmacht von Organen der Körperschaften öffentlichen Rechts handelt, bleiben die Vorschriften der Landesgesetze in Kraft. Diese allein haben zu bestimmen, in welcher Weise die öffentlichrechtlichen juristischen Personen durch ihre Willensorgane zu vertreten sind und wie diese Organe mit verbindlicher Kraft ihre Erklärungen für die von ihnen vertretene Körperschaft abzugeben haben. Demgemäß hat auch dieser Senat bereits ausgesprochen, daß, wie im Privatrecht der Vollmachtgeber mehreren Personen Vollmacht erteilen kann, auf Grund deren sie nur gemeinschaftlich und unter Einhaltung bestimmter Formen Willenserklärungen für ihn sollen abgeben dürfen, so auch der Gesetzgeber für die gesetzliche Vertretung die Einhaltung bestimmter Formen verordnen kann, und daß es sich dabei nicht um Vorschriften des bürgerlichen Rechts über Rechtsgeschäfte und Verträge, sondern um solche über den Umfang der Vertretungsmacht der Organe der öffentlichrechtlichen juristischen Person handelt (RGZ. B. 64 S. 414). Durch solche dem öffentlichen Recht angehörenden Vorschriften sollen die betreffenden Körperschaften davor geschützt werden, daß ihre Organe die ihnen gesetzten Schranken überschreiten. Unzulässig ist es, diesen Vorschriften bei wechselrechtlichen Verpflichtungen eine andere Bedeutung beizumessen als bei anderen Vertragsverpflichtungen der öffentlichrechtlichen Körperschaften. Die vom I. Zivilsenat in RGZ. Bd. 50 S. 23 vertretene gegenteilige Auffassung, die im § 88 Abs. 4 Nr. 7 Abs. 2 der Preußischen Landgemeindeordnung nur eine Formvorschrift erblicken will, die nicht zur Ergänzung der von der Wechselordnung selbst aufgestellten Formvorschriften herangezogen werden dürfe, kann nicht als zutreffend angesehen werden. Es bedarf jedoch nicht der Anrufung der Vereinigten Zivilsenate, um von jener Auffassung des I. Zivilsenats abzuweichen, da der I. Zivilsenat erklärt hat, daß er an der in RGZ. Bd. 50 S. 23 ausgesprochenen Ansicht nicht mehr festhalte.

Ob die Bezugnahme auf den Beschluß des Kreistags oder Kreisausschusses oder die Anführung dieses Beschlusses dann unterbleiben kann, wenn der Beschluß dem Vertragsgegner vorher mündlich mitgeteilt worden ist (was der VII. Zivilsenat in RGZ. Bd. 73 S. 73 bejaht, der V. Zivilsenat S. 205 daselbst dahingestellt läßt), braucht hier nicht entschieden zu werden. Denn die Eideszuschiebung über eine derartige zur Klagebegründung gehörende, vom Gegner bestrittene Behauptung ist kein im Wechselprozeß zulässiges Beweismittel. Der Kläger meint, es habe sich im Anschluß an RGZ. Bd. 50 S. 23 ein Gewohnheitsrecht im Sinne der dort vertretenen Auffassung gebildet. Diese Möglichkeit muß jedoch als ausgeschlossen gelten angesichts der oben angegebenen, wenn auch nicht gerade die wechselrechtlichen Verpflichtungen betreffenden Entscheidungen des Reichsgerichts und der Stellungnahme des Schrifttums (vgl. Staub-Stranz WO. Art. 5 Anm. 34 Abs. 1 und Art. 9 Anm. 2; Rehbein-Mansfeld WO. 8. Aufl. Anm. 27 Abs. 2, Anm. 39 zu Art. 4; Genzmer Landgemeindeordnung S. 172 zu § 88 Nr. 7).

Daß die Anführung des Körperschaftsbeschlusses keinen unter allen Umständen zuverlässigen Schutz der Körperschaft bedeutet (da der in der Urkunde angeführte Beschluß möglicherweise gar nicht oder wenigstens nicht ordnungsmäßig gefaßt ist), soll nicht verkannt werden. Allein es spricht, wie schon in RGZ. Bd. 64 S. 409 ausgeführt ist, immerhin ein hohes Maß von Wahrscheinlichkeit dafür, daß der angeführte Beschluß auch tatsächlich gefaßt wurde. Zur Entscheidung der Frage, ob die bloße Anführung des Beschlusses in der Wechselerklärung genügt oder ob der angeführte Beschluß auch ordnungsmäßig gefaßt sein muß, nötigt im vorliegenden Falle nichts, da den Akzepten schon gemäß § 137 der Kreisordnung die Rechtswirksamkeit fehlt.

An diesem Ergebnis vermag auch die Erwägung nichts zu ändern, daß mit der Aufrechterhaltung der Gültigkeit der genannten landesrechtlichen Vorschriften für die Körperschaften eine erhebliche Erschwerung der Teilnahme am Wechselverkehr verbunden ist, auf den diese Körperschaften zur Erfüllung ihrer Aufgaben zum Teil angewiesen sind. Es mag dies zwar ein beachtliches Moment dafür sein, daß etwa die Gesetzgebung die hier fraglichen landesgesetzlichen Vorschriften den Bedürfnissen des heutigen Verkehrs mehr anpaßt; gegenüber dem derzeitigen Stande der Gesetzgebung kann aber die Rechtsprechung keine Abhilfe schaffen. Will der Wechselnehmer sich vor Schaden schützen, so bleibt ihm nichts übrig, als sich zu vergewissern, ob die Organe der öffentlichrechtlichen Körperschaften im Rahmen ihrer Vertretungsmacht gehandelt haben und ob die einschlägigen landesgesetzlichen Vorschriften des öffentlichen Rechts beobachtet worden sind.

2. Ebensowenig ist im Wechselprozeß hier eine Haftung des Beklagten aus dem Ausstellervermerk und dem Giro zu begründen.

Nach § 4 der zur Zeit der Ausstellung der beiden Wechsel in Geltung gewesenen Satzung der Kreissparkasse hat der Vorstand die Eigenschaft einer öffentlichen Behörde. „Er vertritt die Sparkasse" — wie es in der Satzung heißt — „gerichtlich und außergerichtlich; öffentliche Urkunden, durch welche die Sparkasse verpflichtet werden soll, müssen vom Vorsitzenden oder seinem Stellvertreter und einem zweiten Vorstandsmitglied vollzogen und mit dem Stempel der Sparkasse versehen sein." Diese Bestimmung ist insofern übertreten worden, als auf beiden Wechseln weder der

Ausstellervermerk noch das Blankogiro vom Vorsitzenden oder seinem Stellvertreter vollzogen wurde. Mit Recht erblickt der Berufungsrichter im § 4 der Satzung keine bloße Formvorschrift, sondern (ebenso wie bei § 88 Abs. 4 Nr. 7 der Preuß. Landgemeindeordnung, § 56 Nr 8 der Preuß. Städteordnung und § 137 Abs. 3 der Kreisordnung) zugleich Vorschriften, welche die Vertretungsmacht der an sich vertretungsberechtigten Organe einengen, um die Sparkasse vor der Inanspruchnahme für Verbindlichkeiten zu schützen, die in anderer als der gesetzmäßigen Form begründet werden. Der Kläger wendet zwar ein, die beiden Wechsel seien keine öffentlichen Urkunden im Sinne des § 4 der Satzung. Allein mit Unrecht. Wie der Berufungsrichter zutreffend ausführt, liegt der Nachdruck nicht so sehr auf dem Wort „öffentlich", als auf den Worten „Urkunden, durch welche die Sparkassen verpflichtet werden". Öffentlich sind diese Urkunden deshalb, weil der Vorstand der eine Anstalt des Kreises bildenden Sparkasse die Eigenschaft einer öffentlichen Behörde hat und bei der Ausstellung solcher Urkunden in Ausübung der ihm obliegenden Vertretung der Sparkasse handelt. Aus der Fassung des § 4 geht hervor, daß die Verpflichtungsurkunden mit ihren im Abs. 1 aufgestellten strengeren Anforderungen den gewöhnlichen Quittungen (Abs. 2) und den im Abs. 3 angeführten Geschäften und Bevollmächtigungen gegenüber gestellt werden. Zu solchen Verpflichtungsurkunden, auf die § 4 Abs. 1 Anwendung findet, gehören der Ausstellervermerk und das Giro.

Wie das Reichsgericht mehrfach ausgesprochen hat (RGZ. Bd. 104 S. 205; JW. 1912 S. 96 Nr. 53 und S. 925 Nr. 27, ferner Urt. vom 24. September 1921 V 108/21), sollen die den Rahmen der Vertretungsmacht beschränkenden Vorschriften nicht gelten, soweit es sich um den Kreis der laufenden Geschäfte handelt. Allein mit Rücksicht auf die außerordentlich hohen Wechselsummen beider Wechsel hat der Berufungsrichter ohne Rechtsirrtum angenommen, daß es sich im vorliegenden Fall bei dem Ausstellervermerk und dem Giro um keine Geschäfte der laufenden Verwaltung gehandelt hat.

Über die Behauptung, daß die beiden Personen, welche die Wechsel für die Sparkasse gezeichnet und giriert haben, in der satzungsmäßigen Form dazu ermächtigt gewesen seien, hat der Kläger dem Beklagten den Eid zugeschoben. Da jedoch die unter

Eid gestellte, vom Beklagten bestrittene Tatsache zu den klagebegründenden Tatsachen im Sinne des § 592 ZPO. gehört, ist der Eid im Urkunden- und Wechselprozeß nach dieser Vorschrift unzulässig. Da mit Rücksicht hierauf die Klage nur als in der gewählten Prozeßart unstatthaft abgewiesen ist, bleibt dem Kläger die Verfolgung seiner Ansprüche im ordentlichen Prozeß vorbehalten.

Weiter beruft sich der Kläger darauf, daß unter Billigung des Vorstands schon seit Jahren sämtliche Wechsel der Kreissparkasse nur mit den Unterschriften von zwei der durch Aushang bekannt gegebenen Sparkassenbeamten versehen worden seien; dies rechtfertige die Annahme, daß der gesamte Vorstand der Kreissparkasse jenen Beamten, und damit auch dem M. und dem W., stillschweigende Vollmacht zur Unterzeichnung von Wechseln gegeben habe. Auch wenn die Kreissparkasse und der Beklagte im Handelsverkehr es grundsätzlich gegen sich gelten lassen müßten, daß Angestellte der Sparkasse unter stillschweigender Duldung ihrer Organe so aufgetreten sind, als ob sie Vertretungsmacht hätten (vgl. RGZ. Bd. 50 S. 76, Bd. 65 S. 295, Bd. 100 S. 49), so trifft doch angesichts des Umstands, daß der zugeschobene Eid im Wechselprozeß nicht zulässig ist, hier das nämliche zu, was oben über die besondere Ermächtigung des M. und des W. zur Ausstellung und Girierung von Wechseln gesagt worden ist.

Das gleiche gilt auch für das Vorbringen der Revision, daß die Kreissparkasse, die sich selber als „Kreissparkasse-Kreisbank Liebenwerda" bezeichne, Kaufmann im Sinne des Handelsgesetzbuchs sei und nach § 36 daselbst in das Handelsregister nicht eingetragen zu werden brauche. Der Vorstand der Sparkasse stelle — so meint der Kläger — eine Deputation des Kreisausschusses dar, auf welche die Befugnisse des Kreisausschusses in bestimmter Weise übertragen seien; betreibe der Kreis in dieser Weise ein Bankgeschäft, so gehörten insoweit Wechselgeschäfte zu den Geschäften der laufenden Verwaltung, die vom § 137 Abs. 3 der Kreisordnung nicht betroffen würden. Ein Bankgeschäft ohne Wechselverkehr sei undenkbar. Aus welchen Gründen und in welcher Höhe eine Kreisbank im einzelnen Falle Wechsel ziehe und in Verkehr bringe, entziehe sich der Kenntnis und der kritischen Würdigung Außenstehender. Bei welchem Betrage das Ziehen eines Wechsels aufhören solle, ein Geschäft der laufenden Verwaltung einer Bank zu sein, dafür fehle jede Möglichkeit der Abgrenzung. Betreibe ein Kreis ein Bankgeschäft, so müsse er sich eben als Bankier behandeln lassen, und es verstoße gegen Treu und Glauben im Handelsverkehr, wenn er sich bei Zuwiderhandlungen seiner Organe hinter Schutzvorschriften zurückziehe, die zu einer Zeit erlassen seien, wo es nur gemeinnützige Sparkassen ohne Kaufmannseigenschaft gegeben habe; denn erst in neuerer Zeit hätten die Kreise und Landgemeinden das eigentliche Bankgeschäft aufgenommen. Hiergegen ist folgendes geltend zu machen: Ob die Kreissparkasse in Liebenwerda Kaufmann ist, läßt sich nach dem im Wechselprozeß zu Gebot stehenden Material nicht übersehen. Der hier in erster Reihe maßgebende § 1 Abs. 2 der Satzung bestimmt: Zweck der Sparkasse ist, den Sparsinn zu fördern, zur sicheren Anlegung von Ersparnissen, Mündelgeldern und andern Geldern und zur Erlangung von Darlehen Gelegenheit zu geben, sowie in dem behördlich zugelassenen Umfang sonstige sichere Geldgeschäfte zu betreiben. Neben dem in Abschnitt III geregelten Spareinlagenverkehr betrifft der Abschnitt IV den Depositen- und Konkorrentverkehr, der Abschnitt V noch andere Geschäftszweige, nämlich den An- und Verkauf von Wertpapieren und Hypothekenforderungen für fremde Rechnung, ferner die Verwahrung und Verwaltung von Wertpapieren und anderen Wertgegenständen und die Vermietung von Sicherheitsfächern sowie die Einziehung von Forderungen, die Einlösung fälliger Zins- und Gewinnanteilscheine, den Ein- und Auszahlungsverkehr, die Diskontierung von Wechseln und sonstige Geldgeschäfte, für die der Oberpräsident die Genehmigung erteilt hat. Der Abschnitt VI regelt die Anlegung des Sparkassenvermögens, dabei auch die Gewährung von Darlehen gegen Schuldschein und Wechsel.

Der Begriff der Bankier- und Geldwechslergeschäfte des § 1 Nr. 4 HGB. geht wesentlich weiter als der im § 1 Abs. 2 der Satzung der Kreissparkasse angegebene Zweck der Betreibung „sonstiger sicherer Geldgeschäfte". Die Behauptung, die Sparkasse oder der Kreis sei Kaufmann, war in dieser Allgemeinheit in den Vorinstanzen vom Kläger nicht aufgestellt. Auch der Umstand, daß die Sparkasse dem in § 1 Abs. 1 der Satzung angegebenen Namen „Kreissparkasse Liebenwerda" noch den Zusatz „Kreisbank" beigefügt hat, ist an sich unerheblich. Aus der Satzung ist trotz der erwähnten Umgrenzung der geschäftlichen Betätigung nicht zu folgern, daß die Kreissparkasse schon jetzt eine entsprechende Tätigkeit aufgenommen hat. Insbesondere hat der Beklagte das Bestehen eines Wechselverkehrs, wie er vom Kläger behauptet ist, bestritten mit dem Anfügen, der Wechselverkehr der Sparkasse beschränke sich darauf, daß sie Wechsel weitergiriere, die sie für ihre Kundschaft einziehe und an ihre Zentralorganisation, die Girozentrale, zur Weiterleitung an die Sparkasse am Orte des Bezogenen indossiere; es handle sich also um reine Inkassogiros, bei denen das Giro nur Legitimationszwecken diene und irgendwelche Gefahr für die Sparkasse nicht eintreten könne, da eine Valuta dabei weder gegeben noch genommen werde. Falls die Sparkasse von einzelnen Kunden einen Wechsel nicht nur zum Inkasso, sondern zur Diskontierung hereinnehme, müsse nach der Satzung vor dem Abschluß des Geschäfts ein ausdrücklicher Vorstandsbeschluß über die Einräumung eines Diskontkredits gefaßt werden. Da die Sparkassen nach Zweck, Ziel und Art dem gemeinen Nutzen dienen sollen, hat das Preußische Oberverwaltungsgericht (Entscheidungen Bd. 11 S. 56) ihre Kaufmannseigenschaft verneint, Staub dagegen bejaht sie. Allgemein läßt sich die Frage nicht beantworten, und nach dem bisherigen Material läßt sich nicht übersehen, ob die Sparkasse oder der Kreis Liebenwerda Bankgeschäfte betreibt.

Schließlich hat der Kläger noch geltend gemacht, der Landrat und der Kreisausschuß hätten durch Anbringung ihrer Akzeptvermerke zugleich ihre Genehmigung dazu erteilt, daß die Kreissparkasse, wenn auch unter Außerachtlassung der Vorschrift des § 4 Abs. 1 Satz 3 der Satzung, den Ausstellervermerk und das Giro auf die Wechsel gesetzt habe. Demgegenüber ist jedoch auf die oben erörterte Nichtigkeit der Akzepte hinzuweisen. Sie hat die Unwirksamkeit auch der in der Erteilung der Akzeptvermerke angeblich enthaltenen stillschweigenden Genehmigung zur Folge.

---

66. Verstößt eine Vertriebsart, die dem sog. Schneeballensystem ähnlich ist, gegen § 1 UnlWG.? Ist für ihre rechtliche Beurteilung der Umstand von Bedeutung, daß neben dieser Art des Vertriebs die Leistung barer Ratenzahlungen in die Wahl des Käufers

gestellt ist? Verstößt die Veranstaltung einer Ausspielung im Sinne des § 286 StGB. schon wegen Fehlens der obrigkeitlichen Genehmigung gegen die guten Sitten?

UnlWG. § 1. BGB. § 826. StGB. § 286.

II. Zivilsenat. Urt. v. 7. Dezember 1926 i. S. der Firma Z. (Bekl.) w. Reichsverband deutscher Mechaniker e. V. (Kl.). II 203/26.

I. Landgericht Göttingen.
II. Oberlandesgericht Celle.

Die Beklagte, die ein Fahrradgeschäft in D. betreibt, bedient sich seit einiger Zeit zum Vertrieb ihrer Ware eines besonderen Systems und zwar in vier Ausgestaltungen, die im Grundsatz übereinstimmen und nur in Einzelheiten gewisse Abweichungen aufweisen.

Bei der ersten Art muß der Käufer einen „Bestellschein" unterschreiben, in dessen Vordruck es heißt: „Ich .... bestelle hiermit .... ein .... Fahrrad .... auf Teilzahlung zum Preise von GM 128.— in Raten innerhalb 4 Monaten durch Einlösung von jeweilig 4 Bestellscheinen, welche ich ebenfalls rechtzeitig verwenden werde. Das Fahrrad bleibt Eigentum vorerwähnter Firma bis zur Vollzahlung obigen Betrags. Eventuell stehen infolge meines Verzugs der Lieferantin alle Rechte wie Schadensersatz usw. zu. Als erste Anzahlung habe ich an umstehenden Vertreter den Betrag in Höhe von GM 8.— gezahlt. Die Ratenzahlungen bitte ich durch Postnachnahme zu erheben." Unter der Unterschrift, und zwar am unteren Rande des Blattes, steht folgende in die Augen fallende Erklärung: „Rührige Vertreter können sich mit einer Bargeldausgabe von GM 8.— ein gutes brauchbares Fahrrad in kürzester Zeit verdienen und übernehmen wir ein volles Jahr Garantie." Auf der Rückseite befindet sich der Aufdruck für die Quittung über die an den Vertreter gezahlte Anzahlung von 8 GM. Bei der zweiten Art des Vertriebs bestellt der Käufer in dem von ihm zu unterzeichnenden Bestellschein ein Fahrrad „zum Preise von GM 128.— auf Teilzahlung in sukzessiv gleichen Raten innerhalb vier Monaten." Der Text lautet dort weiter: „Damit ich mir das .... Fahrrad mit wenig Barmitteln beschaffen kann, bitte ich um postwendende Zusendung von 4 Bestellscheinen unter gleichzeitiger Erhebung einer Nachnahme in Höhe von GM 32.— als erste Rate auf vorstehenden

Kaufabschluß, worauf ich Ihnen weitere Aufträge überbringen werde. Die Verkaufsprovision von GM 22.— für jeden neuen Auftrag bitte ich meinem Konto gutzuschreiben. Obiges Fahrrad bleibt Eigentum der Lieferantin bis zur Vollzahlung des Kaufpreises. Ihrem .... Vertreter händigte ich die Anzahlung von GM 8.— in bar aus. Es soll der Gegenkontrahentin frei stehen, jederzeit ein weiteres Kundenwerben zu untersagen." Auf der Rückseite befindet sich der gleiche Quittungsaufdruck wie bei dem vorigen Bestellschein; auf der Vorderseite unten fehlt aber der Satz über die Aussichten für rührige Vertreter. Bei der dritten und vierten Vertriebsart kommen je 2 Scheine in Betracht. Der Käufer muß hier zunächst einen „Auftrag" unterschreiben, der beide Male dahin lautet, daß er ein Fahrrad zum Preise von RM 128.— auf Ratenzahlung bestellt, an dem die Beklagte sich das Eigentum vorbehält bis zur Bezahlung des Kaufpreises. Nach Einsendung des Auftrags erhält der Käufer bei der dritten Art ein gedrucktes Schreiben der Beklagten, worin diese ihm verspricht, für jeden ihr übermittelten Auftrag zur Lieferung eines Fahrrades ihm 24 RM gutzuschreiben, sobald der neue Käufer, wie in der gedruckten Annahmeerklärung der Beklagten ausdrücklich gesagt ist, eine Ratenzahlung von 32 RM geleistet habe. Bei der vierten Vertriebsart verwendet die Beklagte statt dieses Schreibens das folgende: „Wir bestätigen .... den Empfang Ihres Auftrags und werden selbigen prompt und reell zur Ausführung bringen. Ihre gütige Weiterempfehlung unserer Firma in Ihren Freundes- und Bekanntenkreisen wäre uns sehr angenehm. Sollte es Ihnen möglich sein, uns Aufträge zu übermitteln, würden wir Ihnen für jeden Auftrag 24 RM vergüten. Ob Sie uns Aufträge einreichen oder nicht, ist natürlich Ihr freier Wille. Jeder Auftraggeber muß absolut kreditwürdig sein. Nebenabmachungen haben für uns keine Verbindlichkeit. Aufträge von Geschäftsunfähigen und Minderjährigen sind nicht rechtsgültig." Diese vierte Vertriebsart hat die Beklagte, wie sie vorbringt, seit Anfang 1926 ausschließlich ausgeübt, die dritte dagegen vorher nur kurze Zeit lang, und noch früher die erste und die zweite Art.

Die Beklagte verfuhr so, wie die Scheine ergeben. Sie schrieb die „Provision" von 22 RM bei der ersten und zweiten, von 24 RM bei der dritten und vierten Vertriebsart dem Besteller gut, sobald er einen weiteren Käufer geworben hatte, der selbst oder dessen geworbener Käufer den Barbetrag von 22 RM bei der ersten und zweiten Vertriebsart und von 8 RM Anzahlung + 24 RM, zusammen also 32 RM, je nach der Vertriebsart an die Beklagte als erste Rate bar zahlte. Wurde zwar die erste, aber nicht mehr die zweite Rate gezahlt, so teilte die Beklagte dies ihrer Angabe nach dem Käufer mit, der ihr den weiteren Käufer verschafft hatte. Hatten auch dessen Bemühungen keinen Erfolg, so schrieb die Beklagte den Betrag der „Provision" dem „Werber" wieder zu Lasten. Beim Ausfall späterer Raten will sie dem Werber die Provision nicht mehr zu Lasten geschrieben haben. Die Beklagte hat nach ihrem Vorbringen das Herrenrad für 88 RM und das Damenrad für 95 RM bezogen und mit einem durchschnittlichen Verkaufspreis von 104 RM gerechnet.

Auf Grund dieses Geschäftsbetriebs wurde gegen die Beklagte Anzeige wegen Veranstaltung einer öffentlichen Ausspielung ohne obrigkeitliche Erlaubnis erstattet. Daraufhin fand eine Beschlagnahme bei ihr statt, und die Polizei untersagte ihr die weitere Verwendung ihrer Bestellscheine. Die Beklagte bezeichnete gegenüber Angriffen anderer Fahrradhändler ihre Vertriebsarten als reelle Geschäfte mit Rabattgewährung bei Werbung neuer Käufer. In der Folge erhob der Verein die jetzige Klage auf Unterlassung des Verkaufs und der öffentlichen Anpreisung von Fahrrädern „nach dem bisher von der Beklagten betriebenen Abzahlungs- und Werbesystem". Der Kläger ist der Ansicht, daß die Verkaufsarten der Beklagten unerlaubte öffentliche Ausspielungen im Sinne des § 286 StGB. und unlauteren Wettbewerb im Sinne des § 1 UnlWG. darstellen.

Das Landgericht wies die Klage ab. Das Oberlandesgericht gab ihr statt. Die Revision der Beklagten blieb erfolglos.

Aus den Gründen:

Da die Unterlassungsklage von einem Verband zur Förderung gewerblicher Interessen erhoben ist, kann der Klaganspruch nur auf §§ 1, 3 UnlWG. gestützt werden (§ 13 daselbst). Das Berufungsgericht legt seiner Prüfung, ob der Klagegrund des § 1 UnlWG., insbesondere also ein Verstoß gegen die guten Sitten gegeben sei, die von der Beklagten nach ihrer eigenen Angabe seit Anfang 1926 geübte vierte Vertriebsart zugrunde. Es berücksichtigt bei Feststellung ihres Inhalts und bei dessen rechtlicher Beurteilung aber auch, daß sie sich als Ergebnis der früheren Vertriebsarten darstellt.

Wie das Berufungsgericht feststellt, kann jeder ein Fahrrad für 128 RM kaufen gegen Anzahlung von 8 RM, die gewissermaßen als Entgelt anzusehen sind für das Recht, an dem Verfahren teilzunehmen, und von 5 Monatsraten von je 24 RM. Der Besteller erhält aber von der Beklagten für jeden von ihm geworbenen neuen Käufer, den er der Beklagten unter Übersendung eines von diesem unterschriebenen Bestellscheins benennt und dem gegenüber dann die gleichen Vertragsbestimmungen bestehen, 24 RM gutgeschrieben nach Eingang der ersten gleich hohen Ratenzahlung dieses oder des von ihm weiter geworbenen Käufers zuzüglich 8 RM Anzahlung. Der erste Käufer muß also, um von der ersten Barrate befreit zu werden, innerhalb eines Monats seit Kaufabschluß einen neuen Käufer gefunden haben, der seinerseits innerhalb Monatsfrist keinen neuen Käufer findet und deshalb die erste Monatsrate bar zahlt oder dessen geworbener neuer Käufer keinen weiteren Käufer findet und deshalb seinerseits die erste Monatsrate bar zahlt. Entsprechend verhält es sich mit der zweiten, dritten, vierten und fünften Monatsrate. Dabei ist zu beachten, daß die Zahlung der baren Monatsraten innerhalb des seit Kaufabschluß mit dem ersten Käufer laufenden Monats erfolgt sein muß, um die Befreiung des ersten Käufers von der ersten Monatsrate zu bewirken. Diese Feststellung des Inhalts der vierten Vertriebsart beruht auf eingehenden Erwägungen des Berufungsgerichts, da bei der vierten Vertriebsart weder der vorgedruckte Auftrag noch die vorgedruckte Antwort (Annahme) der Beklagten glatten Aufschluß gibt über die Höhe und die Zahl der Raten und die Fälligkeitstermine, ferner über die Verpflichtung zur Leistung einer baren Anzahlung von 8 RM an die Beklagte, sowie endlich darüber, daß die Gutschrift nicht etwa schon für die Mitteilung der Kaufsbereitwilligkeit eines Dritten, sondern erst nach Eingang der ersten Monatsrate von 24 RM + 8 RM Anzahlung erfolgt. Bei der dritten Vertriebsart war wenigstens dieses letztere Erfordernis im gedruckten Annahmeschreiben der Beklagten klar zum Ausdruck gebracht. In dieser ausdrücklichen Erklärung bestand nach der Feststellung des Berufungsgerichts der einzige Unterschied der Angaben zwischen der dritten und der vierten Vertriebsart. Entsprechend der Befreiung der früheren Käufer verhält es sich auch mit der Befreiung späterer Käufer. Dabei ist zu betonen, daß zwar grundsätzlich die wirkliche Barzahlung des letzten Geworbenen die gleich hohe Gutschrift für die Vormänner bewirken, diese also von der betreffenden Ratenzahlung befreien soll. Aber nach der eigenen Angabe der Beklagten wurde dem Werber die ihm auf Grund der Barzahlung der ersten Kaufpreisrate des Geworbenen gutgeschriebene Provision in gleicher Höhe wieder zur Last geschrieben, wenn der Geworbene die zweite Rate nicht mehr bar zahlen konnte, „da der neue Käufer habe kreditwürdig sein müssen".

Was die Zahl der Kunden und Räder betrifft, so ergibt sich für die 3. und 4. Vertriebsart folgendes Bild: Der erste Käufer wirbt 5 neue Käufer; von diesen wirbt jeder wieder 5 neue Käufer usw.; so ergibt das schließlich 1 + 5 + 25 + 125 + 625 = 781 Käufer. Nimmt man nun an, daß schon die dritte Reihe der Käufer keine neuen Käufer mehr findet und deshalb zur Barzahlung der Monatsraten gezwungen ist, so erhält die Beklagte außer der Anzahlung von je 8 RM von den ersten (1 + 5 + 25 =) 31 Käufern 248 RM, ferner 25 × 120 RM = 3000 RM, zusammen 3248 RM. Für diesen Gesamtbetrag hat sie 31 Räder zu liefern, sie erhält daher für jedes Rad 104,80 RM. Da die Anzahlung von 8 RM von jedem Käufer zu leisten ist, bekommt die Beklagte bei 781 Käufern 6248 RM Anzahlung. Nimmt man an, daß die 1. bis 4. Käuferreihe durch Barzahlung der letzten 625 Käufer, die keine weiteren Käufer mehr fanden, von allen baren Monatsraten befreit wurde, so erhält die Beklagte 625 × 120 RM = 75000 RM, dazu 781 × 8 = 6248 RM Anzahlung, insgesamt also 81248 RM. Da sie für diesen Gesamtbetrag 781 Räder zu liefern hätte, so erhielte sie für jedes Fahrrad 104,03 RM.

Bei den beiden ersten Vertriebsarten erhielt die Beklagte zwar nicht die Anzahlung von 8 RM (da der Werber diese für sich behielt), wohl aber eine Monatsrate in Höhe von 32 RM von jedem Käufer, die sich dieser dann wieder erstatten ließ durch die von den nächsten 4 Käufern, deren Gewinnung ihm gelang, an ihn zu leistende Anzahlung von je 8 RM und 4 Monatsraten von je 22 RM. Von letzteren wurde der Käufer jedoch befreit, wenn er 4 neue Käufer warb, da ihm für jeden neuen Käufer nach Eingang einer baren Ratenzahlung des letzteren ein Betrag von 22 RM gutgeschrieben wurde. Leisteten die 4 neuen Käufer die Anzahlung von je 8 RM an den Werber und zahlten außerdem sie selbst oder die von ihnen gewonnenen Käufer je 32 RM als Anzahlung sowie ein jeder der 4 neuen Käufer 4 Monatsraten von je 22 RM an die Beklagte, so erwarb er ein Fahrrad allein für die von ihm an den Werber geleistete bare Anzahlung von 8 RM, die er auch im günstigsten Falle nicht erstattet erhielt. Bei den zwei ersten Vertriebsarten baut sich die Reihe bis zur 5. Käufergruppe also folgendermaßen auf: 1 + 4 + 16 + 64 + 256 = 341 Käufer. Hier würde sonach die Beklagte, wenn man annimmt, daß die 1. bis 4. Käuferreihe von allen Barzahlungen außer der ersten von 32 RM frei geworden ist (weil die letzten 256 Käufer mangels weiterer Abnehmer die Raten bar zahlen mußten), insgesamt erhalten (85 × 32) + (256 × 120) = 2720 + 30720 = 33440 RM. Da sie hierfür 341 Räder zu liefern hätte, erhielte sie bei diesen beiden ersten Vertriebsarten 98,06 RM für jedes Rad. Nimmt man aber an, daß schon die 3. Reihe der Käufer keine neuen Käufer mehr findet und deshalb zur Bezahlung der Monatsraten gezwungen ist, so erhält die Beklagte von den ersten 1 + 4 + 16 = 21 Käufern (5 × 32) + (16 × 120) = 160 + 1920 = 2080 RM. Da sie für diesen Gesamtpreis 21 Räder zu liefern hätte, so würde sie in diesem Falle für jedes Rad 99,05 RM erhalten.

Die Beklagte stellt sich also bei der vierten Vertriebsart, mit der die dritte inhaltlich übereinstimmt, besser als bei den beiden ersten. Nach der Annahme des Berufungsgerichts, die auf der nicht widerlegten Behauptung der Beklagten selbst beruht, hat diese sich zur Zeit der letzten mündlichen Verhandlung vor dem Berufungsgericht nur noch der vierten Art bedient.

In diesen vier Vertriebsarten erblickt der Berufungsrichter einen Verstoß gegen § 1 UnlWG. Er bejaht die Sittenwidrigkeit unabhängig davon, ob auch eine unerlaubte Ausspielung im Sinne des § 286 Abs. 2 StGB. vorliegt. Träfe letzteres zu, so wäre nach Ansicht des Berufungsgerichts wegen Fehlens der erforderlichen Genehmigung die Sittenwidrigkeit ohne weiteres anzunehmen. Dem wird jedoch in dieser Allgemeinheit nicht beigetreten werden können. Eine gegen die guten Sitten verstoßende Handlung der Beklagten wäre darin allein noch nicht zu finden, daß ihr System eine — nicht genehmigte — Ausspielung darstellen würde und die abgeschlossenen Geschäfte daher nach § 134 BGB. nichtig wären. Eine unerlaubte Ausspielung ist an sich noch nicht sittenwidrig, weil sie ohne die vorgeschriebene Erlaubnis veranstaltet wird. Es müßten vielmehr in der Art der Ausspielung, in ihrem Zweck, in ihren Folgen Tatumstände liegen, die ihr das Gepräge der Sittenwidrigkeit geben. Der Umstand allein, daß das Publikum vor den Gefahren öffentlicher Ausspielungen geschützt werden soll, genügt hierfür noch nicht. Der Anlaß zu dem durch die Vorschrift des § 286 StGB. der Allgemeinheit gewährten Schutz liegt einerseits in der Erwägung, daß derartige Veranstaltungen wegen des bei ihnen maßgebenden Einflusses des Zufalls geeignet sind, die Spielleidenschaft zu erwecken und die Teilnehmer durch die unsichere Aussicht auf einen den Einsatz übersteigenden Vorteil zu unnötigen und deshalb unwirtschaftlichen Ausgaben zu verleiten, anderseits in der Gefahr der Schädigung der Teilnehmer infolge von Täuschung und Übervorteilung (Urteil des I. Strafsenats des RG. in JW. 1926 S. 52 Nr. 1).

Die Umstände lassen nun keinen Zweifel darüber, daß hier eine Ausspielung im Sinne des § 286 StGB. vorliegt. Zum Wesen der Ausspielung gehört es, daß der Veranstalter den Spielern gegen Leistung eines Einsatzes die Aussicht auf einen Gewinn, d. h. auf eine nicht in Geld bestehende Sache eröffnet und daß bei der Verwirklichung der Gewinnhoffnung der Zufall, d. h. ein der Einwirkung des Spielers entzogener Ursachenverlauf, eine wesentliche Rolle spielt (RGSt. Bd. 34 S. 390 und 403, Bd. 60 S. 250; JW. 1926 S. 52 Nr. 1; RGZ. Bd. 60 S. 379). Die Gewinnhoffnung, die hier dem Besteller eröffnet wurde, gründete sich auf die Möglichkeit, bei sämtlichen vier Vertriebsarten der Beklagten ein brauchbares Fahrrad für ganz wenig Geld, nämlich für die bare Anzahlung von nur 8 RM zu erhalten, die bei den beiden letzten Arten an die Beklagte, bei den beiden ersten an den Werber zu leisten war. Nach feststehender Rechtsprechung (vgl. RGSt. Bd. 34 S. 448, Bd. 55 S. 270, Bd. 60 S. 250; RGZ. Bd. 60 S. 379; JW. 1916 S. 1127 Nr. 12, 1926 S. 52 Nr. 1) kann der Einsatz versteckt in die Form einer Kaufpreiszahlung oder -teilzahlung gekleidet sein. Ein solcher Fall liegt hier vor. Man könnte hier sogar annehmen, daß nicht bloß die Kaufpreisanzahlung, sondern auch die beim Ausfall der Gewinnhoffnung bestehende Verpflichtung zur Bezahlung der übrigen Kaufpreisraten den Einsatz bildete. Das ein Tatbestandsmerkmal der Ausspielung bildende aleatorische Element liegt hier darin, daß es von vornherein unsicher war, ob es dem Käufer gelingen würde, die zur Befreiung von seiner Kaufpreisrestschuld erforderlichen weiteren Käufer zu finden und daß es nicht allein von seiner Geschicklichkeit und Rührigkeit, sondern überwiegend vom Zufall abhängt, ob er Personen findet, die nicht nur zum Abschluß eines solchen Geschäfts bereit, sondern auch zu seiner Erfüllung, d. h. zur Barzahlung der Kaufpreisraten imstande sind, falls es ihnen nicht gelingen sollte, zahlende Käufer in vierfacher Zahl als unmittelbare Hintermänner oder in entsprechender vielfacher Vierzahl als spätere Hintermänner zu gewinnen. Dieses aleatorische Element verstärkt sich, je weiter sich das Vertriebssystem der Beklagten in zahlreichen kürzeren oder weniger zahlreichen längeren Käuferketten ausdehnt und je stärker hierdurch der Bedarf an Fahrrädern gedeckt ist, je schwieriger also die Gewinnung neuer Käufer wird. Bei den beiden ersten Vertriebsarten erhöhte sich das Risiko ferner noch dadurch, daß die Beklagte laut ausdrücklicher Vertragsbestimmung das Recht hatte, jederzeit weitere Werbungen zu untersagen. Ferner ist bei allen vier Vertriebsarten der ständig fühlbarer werdende Umstand zu berücksichtigen, daß die als Voraussetzung für die Befreiung des Käufers von der Erfüllungspflicht festgesetzte Einhaltung der aufeinander folgenden Monatsfristen für die Barzahlungen späterer Käufer einfach unmöglich wird.

Entgegen der Meinung der Revision ist es unerheblich, daß den Abnehmern der Erwerb der Fahrräder auch dann gestattet ist, wenn jener Zufall nicht oder nur teilweise eintritt. Wird von diesem Anerbieten der Beklagten Gebrauch gemacht, so liegt eben neben der Ausspielung ein selbständiges oder mit der Ausspielung verbundenes Kaufgeschäft vor, das auch im Falle solcher Verbindung den rechtlichen Charakter der Ausspielung nicht beeinflußt.

Das auf der Grundlage des Angebots barer Ratenzahlungen des — einzigen — Käufers etwa zustande gekommene Geschäft, mit Eigentumsvorbehalt bis zur Vollzahlung des Kaufpreises, ist natürlich nicht zu beanstanden. Es handelt sich um zwei ganz selbständig zu beurteilende Angebote.

Die Ausspielung war auch öffentlich. Denn der Kreis der mit der Beklagten in Verbindung getretenen Abnehmer von Bestellscheinen ist ganz unbestimmt und unbegrenzt.

Diese — nicht genehmigte — öffentliche Ausspielung stellt nach ihrer Art, ihrem Zweck und ihren Folgen ein sittenwidriges

Tun der Beklagten dar. Deren ganzes Verkaufssystem ist darauf aufgebaut, daß sie durch die Möglichkeit, bei Erfüllung gewisser Bedingungen schon für 8 RM ein Fahrrad zu gewinnen, viele zur Abnahme der Bestellscheine zu verleiten sucht, die ohne solche Aussicht kein Geld zur Erwerbung eines Rades ausgeben würden. Auf die Möglichkeit, einen so verlockenden Gewinn zu machen, weist der den Bestellscheinen für die beiden ersten Vertriebsarten aufgedruckte Satz hin: „Rührige Vertreter können sich mit einer Bargeldausgabe von 8 RM ein gutes brauchbares Fahrrad in kürzester Zeit verdienen." Das Berufungsgericht stellt aber fest, daß das Fehlen dieser ausdrücklichen Erklärung auf den Auftrags- und Annahmescheinen der beiden letzten Vertriebssysteme unerheblich sei. Denn auch diese Vertriebsarten — so führt der Berufungsrichter aus — verhießen in Wahrheit das gleiche; außerdem sei in den in Betracht kommenden Kreisen aus den bisherigen Bestellscheinen allgemein bekannt, daß jene Möglichkeit im Falle des Eintritts in die Kette der Abnehmer auch ohne den erwähnten ausdrücklichen Hinweis fortbestehe. Diese Ausführung wird von der Revision nicht bemängelt und ist auch rechtlich einwandfrei. Für die Allgemeinheit ist, wie das angefochtene Urteil feststellt, die in Aussicht gestellte Erwerbsmöglichkeit allein der Anreiz zur Beteiligung. Von der in Wahrheit außerordentlich schwierigen, infolge der steigenden Versorgung des Publikums mit Fahrrädern immer schwerer, ja geradezu aussichtslos werdenden Erreichung dieses Zieles macht man sich in der Allgemeinheit keine Vorstellung. Es fehlt den Leuten, wie das Berufungsgericht weiter darlegt, die nötige Umsicht und Erfahrung, um die nicht klaren Bestimmungen, deren von der Beklagten gewollter Inhalt bei der vierten Vertriebsart am schwersten zu ergründen ist, in ihrer vollen Tragweite zu verstehen und sich danach ein richtiges Bild zu machen von dem fest gegliederten Aufbau des Systems der Beklagten und von den der Gewinnerzielung entgegenstehenden Hemmnissen. Zum Teil will sich aber auch das Publikum nach seiner ganzen Einstellung mit Überlegungen über das System und die Möglichkeit des Fehlschlagens der Gewinnerwartung gar nicht abgeben. Dabei handelt es sich, wie das Berufungsgericht annimmt, um die weiten Kreise von jungen Leuten, die lebhaftes Interesse an dem Besitz eines möglichst billig zu erwerbenden Fahrrads haben. Bei diesen wirke schon die verheißene

Gewinnaussicht bestimmend, da sie sich regelmäßig überhaupt keine Sorge über Zukunftsmöglichkeiten machten. Aber auch bei vielen an sich ruhigeren und erfahreneren älteren Leuten werde durch die ihnen in Aussicht gestellte Möglichkeit, schnell und gegen ganz geringen Einsatz ein Fahrrad zu gewinnen, die Stimme der Vernunft leicht übertönt. Diese Darlegung ist nach ihrem Zusammenhang nicht, wie die Revision meint, so zu verstehen, solche Leute seien an sich entschlossen, ein Fahrrad zu kaufen, sie seien sich nur über die Ankaufsstelle bisher nicht klar gewesen und hätten sich nun durch die von der Beklagten eröffnete Gewinnaussicht zum Ankauf bei ihr bestimmen lassen. Es handelt sich hierbei vielmehr um Personen, die zwar an sich Interesse für ein Fahrrad haben, aber aus Mangel an Mitteln niemals ein solches angeschafft hätten, wenn sie nicht gerade durch die von der Beklagten verheißene Gewinnaussicht dazu bestimmt worden wären. Das Berufungsgericht erwägt, daß ein Käufer zwar auch vor seiner verpflichtenden Unterschrift sich darüber vergewissern könne, ob er fünf Abnehmer habe; es stellt dann aber fest, daß das erfahrungsgemäß kaum der eine oder andere und keinesfalls die große Menge der Durchschnittskäufer tue. Diese begännen erst nach Abgabe der Erklärung, durch die sie sich zur Abnahme eines Rades verpflichten, mit dem Aufsuchen von fünf weiteren Käufern und lernten nun erst die große Schwierigkeit der Auffindung von fünf Personen kennen, die zur Erfüllung der von ihnen übernommenen gleichen Verpflichtungen nicht nur bereit, sondern auch imstande seien. Finde aber ein Besteller überhaupt keine oder nur weniger als fünf weitere Käufer oder erfüllten die von ihm gefundenen fünf weiteren Käufer ganz oder teilweise ihre Verpflichtungen gegenüber der Beklagten nicht, so gehe er nicht nur des erhofften Gewinns verlustig, sondern sei auch auf Grund seines Vertragsverhältnisses verpflichtet, seine Monatsraten, soweit sie nicht von Käufern, die er geworben, gezahlt würden, an die Beklagte zu zahlen. Diese Verpflichtung, an die der Durchschnittskäufer bei Abgabe seiner Unterschrift nicht gedacht habe, entspreche sehr häufig keineswegs seinen Verhältnissen, sei vielmehr höchst unwirtschaftlich für ihn.

Dieser vom Berufungsgericht einwandfrei dargelegte gewöhnliche Verlauf der Dinge läßt keinen Zweifel darüber zu, daß es sich bei den Vertriebsarten der Beklagten um eine schwere Gefährdung wirtschaftlicher Interessen gerade solcher Volkskreise handelt, die der wirtschaftlichen Fürsorge am meisten bedürfen. Schon dieses Ergebnis, dessen sich die Beklagte als Urheberin aller Einzelheiten ihres Vertriebssystems bewußt ist, muß Bedenken gegen die Lauterkeit ihres Verhaltens erwecken. Jeder Zweifel in dieser Beziehung schwindet aber, wenn man berücksichtigt, daß das Mittel, dessen sie sich zur Verleitung namentlich auch von Angehörigen weniger bemittelter Kreise zu übermäßigen Ausgaben bedient, die Erregung der Spielsucht durch ein auf Täuschung abzielendes Vorgehen und die bewußte Ausnutzung der Leichtgläubigkeit und Unerfahrenheit derjenigen Kreise ist, an die sie sich wendet. Ein Verrriebssystem, das darauf aufgebaut ist, mit Hilfe stets gleichlautender Bestell-, Auftrags- und Annahmescheine den auf leichte Gewinnerzielung vertrauenden Käufer in Unkenntnis über die Zahl der bereits Beteiligten zu belassen, obgleich seine Gewinnaussichten durch die Zahl der Mitbewerber wesentlich mitbestimmt werden, ist ein in hohem Grade unlauteres Geschäftsgebaren. Es stellt eine Spekulation auf die Unüberlegtheit und Torheit des Publikums und eine Ausbeutung der Spielsucht dar. Es handelt sich nicht um ein ehrliches Mittel zur Förderung des Massenabsatzes, sondern um ein schon vom wirtschaftlichen Standpunkt verwerfliches, vom Standpunkt des kaufmännischen Anstandsgefühls aber unlauteres Mittel, um sich ohne jede Steigerung der Güte der Ware und ohne jegliche Aufwendung für Reklame binnen kurzer Zeit eine bedeutende Vergrößerung des Absatzes zu verschaffen, und zwar zum Nachteil der Wettbewerber, die ihre Waren nach den Grundsätzen des lauteren Geschäftsverkehrs umsetzen. Daher stellen die untereinander aufs engste verwandten vier Vertriebsarten der Beklagten eine Verletzung des § 1 UnlWG. dar. Die Revision irrt, wenn sie meint, die Frage, ob eine zu Zwecken des Wettbewerbs vorgenommene Handlung gegen die guten Sitten verstoße, beantworte sich danach, ob das kaufende Publikum sich durch das beanstandete Verhalten benachteiligt fühle. Maßgebend hierfür ist vielmehr die Anschauung der anständig denkenden Geschäftswelt.

Rechtlich unterscheidet sich das System der Beklagten nicht von dem sog. Hydra-, Schneeballen- oder Gellasystem, wenn auch bei diesem die (beim Vertriebsverfahren der Beklagten neben der Ausspielung vorhandene) Möglichkeit, die Ware von vornherein gegen

Barzahlung in Raten zu kaufen, nicht besteht, der Weiterverkauf der Gutscheine und dergl. vielmehr erfolgen muß behufs Begleichung des vollen Kaufpreises und bei Gefahr des Verfalls der getilgten Raten. Wie das Hydra-, Schneeballen- oder Gella-Gutscheingeschäft ist auch das System der Beklagten auf die progressiv wachsende Zahl der Käufer aufgebaut. Bei beiden Systemen ist dem Unternehmer nicht mit den wenigen Käufern gedient, die bei besonderer Vorsicht noch mit einer gewissen Wahrscheinlichkeit auf die Erfüllung der Bedingungen rechnen können. Das Geschäft des Unternehmers solcher Systeme soll vielmehr größten Umfang erreichen. Dazu bedarf es einer großen Zahl solcher Käufer, die es aus Gewinnlust in Verbindung mit Unerfahrenheit, Leichtsinn oder Vertrauensseligkeit auf den Zufall ankommen lassen. Alle diese Systeme sollen sich ihrer Idee nach ins Unbegrenzte, d. h. bis zur völligen Unmöglichkeit weiterer Ausführung, ausdehnen. Sie verstoßen sämtlich nach Beweggrund, Inhalt, Zweck und Folgen gegen die Grundsätze des lauteren Geschäftsverkehrs, der von Treu und Glauben beherrscht sein soll, und verletzen sonach die guten Sitten. Sie schädigen auch durch die auf unlautere Weise zu bewirkende Gewinnung von Käufern die Mitbewerber, die sich solcher unlauteren Mittel nicht bedienen.

Die Klagansprüche auf Unterlassung des Verkaufs von Fahrrädern auf Abzahlung mit der Vergünstigung, daß der Käufer die Kaufpreisraten durch Werbung jedesmal mehrerer neuer Käufer tilgen kann, und auf Unterlassung des öffentlichen Angebots der Ware unter derartigen Bedingungen sind daher vom Berufungsgericht mit Recht nach § 1 UnlWG. für begründet erklärt worden.

Inwiefern die alle vier Vertriebsarten treffende Verurteilung der Beklagten deshalb, weil diese nur noch die vierte Vertriebsart ausübt, ein Hinausgehen über den Klagantrag und daher eine Verletzung des Grundsatzes des § 308 ZPO. enthalten soll, ist nicht recht verständlich. Es könnte sich doch nur darum handeln, ob etwa für die von der Beklagten angeblich aufgegebenen ersten drei Vertriebsarten die Wiederholungsgefahr zu verneinen wäre. Das Berufungsgericht hat, indem es auch diese drei Vertriebsarten in die Verurteilung einbezogen hat, die Gefahr auch insoweit bejaht. Daß seine Annahme auf einem Rechtsverstoß beruht, ist nicht anzuerkennen. Vielmehr sprechen die Umstände des Falles ohne weiteres dafür, daß die drei früheren Vertriebsarten von der Beklagten jederzeit wieder aufgenommen werden können; denn sie stellen ja nur Spielarten desselben, den Schneeballencharakter tragenden Grundgedankens des ganzen Vertriebssystems dar und weichen von der vierten (wie angenommen werden mag, zur Zeit der letzten mündlichen Verhandlung vor dem Berufungsgericht noch allein geübten) Vertriebsart nur in unwesentlichen Punkten ab. Diese Möglichkeit liegt um so näher, als die Beklagte im Rechtsstreit mit Entschiedenheit die rechtliche Zulässigkeit ihrer sämtlichen Vertriebsarten vertreten hat.

Gegen das vom Berufungsgericht weiter ausgesprochene Verbot des öffentlichen Angebots des Abzahlungs- und Werbesystems der Beklagten in allen seinen Spielarten sind selbständige Angriffe von der Revision nicht erhoben. Ein Rechtsverstoß ist in der Begründung des Berufungsgerichts auch zu diesem Punkte nicht enthalten.

---

67. 1. Konnte bei Aktiengesellschaften mit Rücksicht auf die besonderen Verhältnisse des Jahres 1923 von der Vorlegung einer Bilanz und eines Geschäftsberichts für dieses Jahr ganz abgesehen werden?

2. Welche Anforderungen sind an die Vollständigkeit des vom Vorstand einer Aktiengesellschaft gemäß § 260 Abs. 2 HGB. zu erstattenden Geschäftsberichts zu stellen? Wie weit sind insbesondere die außerordentlichen Verhältnisse des Jahres 1923 dabei zu berücksichtigen?

3. Können Mängel des Geschäftsberichts durch den Inhalt sonstiger Vorlagen und durch mündliche Erklärungen der Verwaltung beseitigt werden?

HGB. § 260 Abs. 2, §§ 261, 314.

II. Zivilsenat. Urt. v. 17. Dezember 1926 i. S. A.-G. Gebr. G. (Bekl.) w. Go. (Kl.). II 103/26.

I. Landgericht Düsseldorf, Kammer für Handelssachen.
II. Oberlandesgericht daselbst.

Am 24. September 1924 fand eine Generalversammlung der beklagten Aktiengesellschaft in Düsseldorf statt. Auf der Tagesordnung standen u. a. folgende Punkte:

1. Vorlage des Geschäftsberichts, der Bilanz und der Gewinn- und Verlustrechnung für 1923.

2. Beschlußfassung über die Bilanz und die Verwendung des Reingewinns.

3. Entlastung des Vorstandes und des Aufsichtsrats.

Der Kläger Go., der in der Generalversammlung mit 231000 ℳ Aktien vertreten war, hat gegen die zu 2 und 3 gefaßten Beschlüsse gestimmt und Widerspruch zum Protokoll erhoben. Er hat sodann diese Beschlüsse angefochten mit der Behauptung, daß sie gegen die guten Sitten verstießen. Zur Begründung seines Antrags auf ihre Nichtigerklärung machte er im einzelnen geltend: Der Geschäftsbericht habe den Anforderungen des § 260 Abs. 2 HGB. nicht genügt, da er weder den Vermögensstand noch die sonstigen Verhältnisse der Gesellschaft klar gelegt habe. Zum Teil sei er auch wahrheitswidrig, wissentlich verschleiert und unvollständig; dies treffe namentlich auf die Angaben zu, daß die Markentwertung die Beklagte zum größeren Teil um die Früchte der im Juli 1923 beschlossenen Kapitalerhöhung gebracht habe. Tatsächlich sei damals, insbesondere durch günstige Begebung von 1200 Verwertungsaktien an den Fabrikbesitzer D., ein vorteilhaftes Ergebnis erzielt worden. Über den Verbleib der hohen Einnahmen aus der Kapitalerhöhung gebe weder die Bilanz noch der Geschäftsbericht Aufschluß. In der Bilanz seien an Wertpapieren nur etwas mehr als 58 Billionen Papiermark verzeichnet. Der Geschäftsbericht verschweige auch, daß in den auswärtigen Beteiligungen bei der Compania de Terrenos in Buenos-Aires wesentliche Veränderungen eingetreten seien infolge Veräußerung des Grundbesitzes dieser Gesellschaft durch Einbringung in eine neue Terraingesellschaft und durch Weggabe eines Teils der neuen Aktien an die Deutsch-Überseeische Bank ohne genügende Gegenleistung. Die Bilanz sei in gesetzwidriger Weise, nämlich unter willkürlicher und böswillig falscher Bewertung von Aktien aufgestellt. Die Beklagte hat dieses Vorbringen bestritten mit dem Anfügen, daß wegen der Bedeutungslosigkeit der Papiermarkbilanzen an den Inhalt des Geschäftsberichts keine hohen Anforderungen gestellt werden dürften. Die Mitteilungen über das Ergebnis der Kapitalerhöhung entsprächen der Wahrheit. Einer Erwähnung der Veränderung in den Verhältnissen der Compania de Terrenos im Geschäftsbericht habe es nicht bedurft, da der Wert der Aktien dadurch nicht beeinträchtigt worden sei.

Das Landgericht hat die Klage abgewiesen. Auf die Berufung des Klägers hat das Oberlandesgericht die Beschlüsse zu 2 und 3 der Tagesordnung für nichtig erklärt. Die Revision der Beklagten führte zur Zurückweisung der Berufung des Klägers.

Aus den Gründen:

Mit Recht hat das Berufungsgericht den Einwand der Beklagten zurückgewiesen, es fehle für die erhobene Klage an dem erforderlichen Rechtsschutzbedürfnis, weil sie die rechtlich nicht mehr notwendige und wirtschaftlich bedeutungslose Papiermarkbilanz für 1923 sowie die damit zusammenhängenden Beschlüsse betreffe. Die Vorschrift des § 260 HGB. über die Vorlegung einer Jahresbilanz für das verflossene Geschäftsjahr, einer Gewinn- und Verlustrechnung und eines Geschäftsberichts ist niemals aufgehoben worden; nur die Pflicht zur Veröffentlichung solcher Bilanzen wurde durch die Verordnung vom 12. Juli 1924 (RGBl. I S. 666) beseitigt. Die Goldmark-Eröffnungsbilanz bietet keinen Ersatz für die Jahresbilanz, da sie ihrem Zwecke nach nur der Feststellung des Vermögens und der Ermittlung des gegenwärtigen Wertes des Grundkapitals in Goldmark dienen soll, über die Ergebnisse des abgelaufenen Geschäftsjahrs aber keine Auskunft gibt. Auch das Jahr 1923 muß den gesetzlichen Vorschriften gemäß durch Vorlegung einer Jahresbilanz seinen Abschluß finden, obwohl die Jahresbilanz infolge der Einwirkung der Inflation ihren Zweck, über die Geschäftsergebnisse des Jahres einen zuverlässigen Überblick zu geben, nur unvollkommen zu erfüllen vermag, da in ihr Posten von ganz verschiedenem inneren Wert vereinigt sind. Ein durch die Papiermark ausgewiesener Gewinn wird meistens keinen wirklichen Jahresgewinn, sondern nur einen durch die Geldentwertung hervorgerufenen Scheingewinn auf Kosten der Substanz des Vermögens darstellen. Trotzdem konnte beim Fehlen einer gesetzlichen Vorschrift, welche die Aufstellung solcher Bilanzen für unnötig erklärt, von der Vorlegung einer Bilanz für das Jahr 1923 nicht abgesehen werden, auch deshalb nicht, weil die Jahresbilanz im Zusammenhang mit dem Geschäftsbericht zugleich die Form darstellt, in der die Verwaltung dem obersten Organ der Aktiengesellschaft, der Generalversammlung, Rechenschaft abzulegen hat. Auf die noch in Papiermark aufzustellende Jahresbilanz für 1923 finden die bisherigen Vorschriften Anwendung, für Aktiengesellschaften also diejenige in § 261 HGB., und es kann bei Verletzung dieser Vorschriften gegen die Beschlüsse auf Genehmigung der Bilanz Anfechtungsklage erhoben werden.

Das Berufungsgericht hat in mehrfacher Beziehung Verstöße gegen die gesetzlichen Erfordernisse eines Geschäftsberichts und gegen die durch § 314 Nr. 1 HGB. besonders betonte Pflicht zur wahrheitsgemäßen Darstellung der Verhältnisse für gegeben erachtet. Zwar will es die Bemerkung nicht beanstanden, daß der in der Bilanz ausgewiesene Reingewinn ebenso wie die übrigen Bilanzposten als Ergebnis der Papiermarkbilanzierung kein Bild des wirklichen Standes der Vermögensverhältnisse und der Verdienstkraft des Unternehmens geben, da hiermit nur auf die Verwirrung hingewiesen werde, die durch den Währungsverfall und durch die Notwendigkeit der Aufstellung der Bilanz in Papiermark geschaffen worden sei. Es komme vielmehr — führt das Urteil aus — auf den Inhalt des Geschäftsberichts im übrigen an; der Bericht müsse vollständig und wahrheitsgetreu sein, um den Aktionären eine Beurteilung der Geschäftsverhältnisse auf Grund der Bilanz zu ermöglichen. Das Oberlandesgericht will weiter in der Erklärung des Berichts, daß sich die an die Kapitalerhöhung geknüpften Erwartungen zum großen Teil nicht erfüllt hätten, nicht gerade eine positiv falsche Darstellung erblicken. Es nimmt aber an, daß bei der Darlegung des Ergebnisses der Kapitalerhöhung die gewaltigen Einnahmen aus den an den Fabrikbesitzer D. begebenen Verwertungsaktien verschwiegen worden seien und demgemäß bei den Aktionären eine unrichtige Vorstellung erweckt und der wirkliche Stand der Verhältnisse bewußt verschleiert worden sei. Eine Verdunkelung und Unvollständigkeit soll nach der Auffassung des angefochtenen Urteils auch darin liegen, daß die Papiermarkbilanz nur ein Aktienvermögen von 107394 Billionen Mark ausweise, während über das sehr viel höhere Ergebnis aus der Kapitalserhöhung keine Aufklärung gegeben werde, und daß die Veränderung in den Verhältnissen der argentinischen Tochtergesellschaft, der Compania de Terrenos, gar nicht erwähnt sei. In beiden Fällen handle es sich um Vorgänge, die für die Beurteilung des Vermögensstands der Gesellschaft und für die Art der Führung der Geschäfte von Bedeutung seien und in den Augen der Aktionäre nicht ohne Einfluß auf die Beurteilung der Vertrauenswürdigkeit der Gesellschaftsorgane hätten bleiben können. Diese Punkte hätten daher — meint das Berufungsgericht — unbedingt einer besonderen Erwähnung im Geschäftsbericht bedurft.

Mit Recht werden diese Ausführungen, soweit Unvollständigkeit des Geschäftsberichts und Verschleierung der Verhältnisse der Aktiengesellschaft angenommen wird, von der Revision beanstandet. Kann auch die der Papiermarkbilanz für das Jahr 1923 notwendig anhaftende Unvollkommenheit und Unübersichtlichkeit nicht dazu führen, daß von der Aufstellung einer solchen Bilanz ganz abgesehen werden darf, so sind diese Umstände doch nicht ohne Bedeutung für die Frage, wieweit der Geschäftsbericht im einzelnen auf die Verhältnisse der Gesellschaft eingehen muß, und ob er sich nicht zur Erläuterung der Bilanz mit dem allgemeinen Hinweis auf jene Unvollkommenheiten begnügen kann. Zutreffend hebt die Revision hervor, daß der Geschäftsbericht, dessen Aufgabe die Erläuterung der Bilanzansätze und die Rechtfertigung des durch die Bilanz und die Gewinn- und Verlustrechnung ausgewiesenen Verwaltungsergebnisses ist, der erforderlichen Grundlage entbehre, wenn die Zahlenausweise selbst keinen vernünftigen Inhalt hätten. Ermöglicht die Papiermarkbilanz, weil sie die Vermögensgegenstände ohne Rücksicht auf den zeitlichen Ursprung und den verschiedenen Wert der Papiermark aufführt, also den inneren Wert der einzelnen Posten nicht erkennen läßt, keine Übersicht über den wirklichen Stand der Verhältnisse einer Aktiengesellschaft, so kann von der Verwaltung nicht verlangt werden, daß sie trotzdem zu den einzelnen Posten der Bilanz Stellung nehme und deren Ergebnis im einzelnen zu rechtfertigen suche. Die Verwaltung wird sich vielmehr auf das Notwendigste beschränken können, und es wird ein allgemeiner Hinweis auf die durch die Verhältnisse hervorgerufenen Unvollkommenheiten meistens als genügend anzusehen sein. Selbstverständlich müssen dabei Unwahrheiten vermieden werden und darf eine wissentliche Verschleierung der Verhältnisse nicht stattfinden.

Positive falsche Angaben sind nach der Annahme des Berufungsgerichts im Geschäftsbericht nicht enthalten, wohl aber hält das Gericht in mehrfacher Hinsicht eine bewußte Verschleierung und Verdunkelung der Verhältnisse für dargetan. Gegen diese Auffassung bestehen durchgreifende Bedenken. Das Oberlandesgericht hat nicht berücksichtigt, daß in derselben Generalversammlung gleichzeitig den Aktionären auch die Goldmark-Eröffnungsbilanz nebst dem Prüfungsbericht vorgelegt wurde. An sich haben allerdings die beiden Bilanzen und die mit ihnen zusammenhängenden Punkte der Tagesordnung selbständige Bedeutung und sind nicht voneinander abhängig. Für die Frage aber, ob die Verwaltung die Verhältnisse der Gesellschaft verdunkelt oder verschleiert hat, muß entscheidendes Gewicht darauf gelegt werden, ob die Aktionäre durch die Goldmarkbilanz oder den dazugehörigen Prüfungsbericht über Verhältnisse aufgeklärt wurden, die sie nach dem Geschäftsbericht und der Papiermarkbilanz in ihrer Tragweite nicht genügend überblicken konnten. Aus der Goldmarkbilanz war nun ohne weiteres zu ersehen, daß das wirkliche Vermögen der Beklagten sehr viel höher war, als es durch die Papiermarkbilanz ausgewiesen wurde, und daß deshalb die Berechnung des Aktivvermögens in der Bilanz für 1923 auf nur 107394 Billionen Mark lediglich auf die im Geschäftsbericht hervorgehobene Unzulänglichkeit der Papiermarkbilanzierung zurückzuführen war. Die Goldmark-Eröffnungsbilanz enthielt auch unter den Aktiven, beim Posten „Wertpapiere", einen Betrag von 219872 GM, und es war im Prüfungsbericht ausdrücklich gesagt, daß dieser Posten den Besitz der Gesellschaft an Dollarschatzanweisungen und Goldanleihe aus der letzten Kapitalserhöhung darstelle. Daraus ergab sich für die Teilnehmer der Generalversammlung, daß der Posten „Wertpapiere" (Dollarschätze und Goldanleihe) in Höhe von 58304093475499 M in der Papiermarkbilanz nicht mit seinem wirklichen Wert angesetzt worden war, sondern daß in ihm eine erhebliche stille Reserve steckte. Von einer bewußten Verschleierung des wirklichen Standes der Verhältnisse mit Bezug auf das Ergebnis der letzten Kapitalserhöhung und den Posten „Wertpapiere" kann unter diesen Umständen keine Rede sein.

Dem Oberlandesgericht kann auch darin nicht beigetreten werden, daß die Veränderungen, die Ende 1923 in den geschäftlichen Verhältnissen der argentinischen Tochtergesellschaft, der Compania de Terrenos, durch Einbringung ihres Grundbesitzes in eine neue Terraingesellschaft eingetreten waren, im Geschäftsbericht hätten Erwähnung finden müssen. Der Aktienbesitz der Beklagten war unverändert geblieben; nur von den Aktien der neuen Compania Immobiliaria, welche die Compania de Terrenos für ihren

Grundbesitz erhalten hatte, hat sie einen Teil zur Deckung einer Schuld an die Deutsch-Überseeische Bank hingegeben. Der Mitteilung dieser Verhältnisse hätte es nur dann bedurft, wenn dadurch die Bewertung dieser Beteiligungen in der Papiermarkbilanz eine andere geworden wäre. In die Papiermarkbilanz ist aber der Posten „Beteiligungen" überhaupt nicht nach seinem wirklichen Wert am Bilanzstichtag eingesetzt worden, sondern, wie den Aktionären bekannt war, auf Grund des in Mark umgerechneten Anschaffungswerts, der schon seit längeren Jahren mit ganz geringen Veränderungen in den früheren Bilanzen angegeben worden war. Daß diese Berechnung keine gesetzlichen Bewertungsvorschriften verletzt, hat das Berufungsgericht zutreffend angenommen. Dann aber bedurfte es für die Entschließung der Aktionäre über diesen Bilanzposten keiner Darlegung der Verhältnisse der Compania de Terrenos, die im übrigen nach der Unterstellung des Vorderrichters durch jene Veränderung auch keine Verschlechterung erfahren haben. Auch hier ersahen die Aktionäre aus der niedrigen Papiermarksumme von nur 4 Millionen und aus der höheren Bewertung in der Goldmark-Eröffnungsbilanz mit 1886490 GM ohne weiteres, daß es sich um eine bewußte Unterbewertung handelte, die sich aber innerhalb des Rahmens der gesetzlichen und statutarischen Vorschriften hielt. Zur Erfüllung der Rechenschaftspflicht, welche die Mitglieder der Verwaltung gegenüber der Generalversammlung hatten, war eine Mitteilung dieser Ereignisse bei der Tochtergesellschaft ebenfalls nicht unbedingt geboten. Es kamen ja nicht geschäftliche Maßnahmen in Betracht, die der Vorstand der Beklagten in ihrem eigenen Betrieb vorgenommen hatte, vielmehr handelte es sich um das Geschäftsgebaren der Organe der Compania de Terrenos, für das die Verwaltung der Beklagten trotz ihres auf Aktienbesitz beruhenden Einflusses nicht ohne weiteres verantwortlich war. Rechtlich war die Compania de Terrenos, obwohl ihre Aktien sämtlich im Besitze der Beklagten waren, eine selbständige Persönlichkeit mit eigenen Organen, deren Verantwortlichkeit bei der Rechnungslegung in der Generalversammlung der Beklagten nicht unmittelbar zu prüfen war. Deshalb kann der Mitteilung dieser Veränderungen im Geschäftsleben der Tochtergesellschaft auch für die Frage der Entlastung der Mitglieder der Verwaltung keine Bedeutung beigemessen werden. Selbst wenn aber auch mit Rücksicht auf die wirtschaftlichen Beziehungen zwischen Mutter- und Tochtergesellschaft und den Einfluß, den die Beklagte durch ihren Aktienbesitz auf das Geschäftsgebaren der Tochtergesellschaft ausüben konnte, eine gewisse Verantwortlichkeit des Vorstands und Aufsichtsrats der Beklagten für jene Veräußerung des Grundbesitzes der Compania de Terrenos durch Einbringen in eine neue Terraingesellschaft angenommen wird, so würde das Fehlen einer Aufklärung im Geschäftsbericht die Anfechtung der Generalversammlungsbeschlüsse auf Genehmigung der Bilanz und Erteilung der Entlastung doch nicht begründen können. Denn tatsächlich ist in der Generalversammlung auf eine Anfrage des Klägers der entscheidende Umstand, die Einbringung des Grundbesitzes der Compania de Terrenos in die Compania Immobiliaria gegen Hergabe von Aktien, den Aktionären mitgeteilt worden. Damit jedenfalls hatte die Verwaltung ihrer Pflicht zur Rechnungslegung über die wichtigeren Vorfälle des verflossenen Geschäftsjahrs insoweit genügt. Einzelheiten jener geschäftlichen Maßnahmen brauchte sie nur anzugeben, wenn dies von der Generalversammlung verlangt wurde. Insbesondere war eine Mitteilung, daß ein Teil der neuen Aktien zur Deckung einer Schuld der Tochtergesellschaft an die Deutsch-Überseeische Bank verwendet worden war, nicht ohne weiteres geboten. Eine Unvollständigkeit oder Verschleierung der Verhältnisse der Gesellschaft im Geschäftsbericht kann jedenfalls dann nicht mehr die Anfechtung des Beschlusses über die Genehmigung der Bilanz und die Entlastung der Verwaltung begründen, wenn die Aktionäre in der Generalversammlung über den betreffenden Punkt vor der Beschlußfassung aufgeklärt worden waren. Hiernach versagt die Anfechtung, soweit sie auf Verletzung der Vorschriften der §§ 260, 314 Nr. 1 HGB. in bezug auf den Geschäftsbericht gestützt wird.

(Weiterhin wird die Bemängelung der Unterbewertung von Bilanzposten als unbegründet bezeichnet, weil nach der Satzung der Beklagten eine Unterbewertung durch Bildung stiller Reserven gestattet war.)

---

68. 1. Welche Bedeutung hatte die Inkraftsetzung einer nach § 9 Abs. 1 des Besoldungssperrgesetzes vom 21. Dezember 1920 von der zuständigen Landesbehörde genehmigten gemeindlichen Besoldungsordnung? Blieben die aus einer solchen Besoldungsordnung sich ergebenden Gehaltsansprüche der bereits angestellten Beamten unberührt, wenn der vom Reichsminister der Finanzen gegen die Zustimmung der Landesbehörde eingelegte Einspruch Erfolg hatte?

2. Besaß der durch Art. 11 Nr. VII der Personal-Abbau-Verordnung vom 27. Oktober 1923 in § 9 des Besoldungssperrgesetzes eingefügte neue Abs. 3 rückwirkende Kraft? Griff die danach von der obersten Landesbehörde angeordnete Abänderung einer unzulässigen gemeindlichen Besoldungsvorschrift in die bereits erworbenen Besoldungsansprüche der Beamten ein?

III. Zivilsenat. Urt. v. 22. Februar 1927 i. S. Pr. (Kl.) w. Stadtgemeinde W. (Bekl.). III 235/26.

I. Landgericht Breslau.
II. Oberlandesgericht daselbst.

Im März 1922 schrieb die Beklagte die Stelle des Stadthaupt- und Stadtsparkassen-Rendanten aus. In der Ausschreibung war gesagt, daß die Stelle, vorbehaltlich der Genehmigung der Aufsichtsbehörde, nach Gruppe 8 der staatlichen Besoldungsordnung besoldet werde. Der Kläger bewarb sich um die Stelle; nach Ablegung einer Probezeit wurde sie ihm am 11. Juli 1923 endgültig übertragen. In der Anstellungsurkunde wurde wiederholt, daß seine Besoldung nach Gruppe 8 der staatlichen Besoldungsordnung erfolge. In diese Gruppe war die Stelle des Rendanten durch die städtische Besoldungsordnung vom 5. Mai 1922 eingereiht worden. Am 20. Dezember 1923 genehmigte der Regierungspräsident die Besoldungsordnung gemäß § 9 des Gesetzes zur Sicherung einer einheitlichen Regelung der Beamtenbesoldung vom 21. Dezember 1920 (RGBl. S. 2117), des sog. Besoldungssperrgesetzes. Der Reichsminister der Finanzen beanstandete sie aber durch ein an den Preußischen Minister des Innern gerichtetes Schreiben vom 18. April 1923 in verschiedenen Punkten, insbesondere auch hinsichtlich der Eingruppierung der Rendantenstelle. Am 21. Januar 1924 ordnete der Preußische Minister des Innern zugleich für den Preußischen Finanzminister auf Grund von Art. 11 Nr. VII der Personal-Abbau-Verordnung vom 27. Oktober 1923 (RGBl. I S. 999) an, daß die Besoldungsordnung der Stadt W., der jetzigen Beklagten, dahin zu ändern sei, daß die Stelle des Rendanten in Gruppe 7 eingereiht werde. Die Stadt rief gegen die ministerielle Anordnung das Landesschiedsgericht an. Nachdem dieses die Anrufung zurückgewiesen hatte, entsprach die Beklagte der ihr erteilten Anweisung. Seit dem 1. Mai 1925 zahlt sie dem Kläger nur noch die Bezüge der Gruppe 7.

Der Kläger erblickt in seiner Herabstufung die Verletzung eines wohlerworbenen Rechts. Er ist der Auffassung, daß ihm mit der Genehmigung der städtischen Besoldungsordnung durch den Regierungspräsidenten ein unentziehbares Recht auf die Bezüge der Gruppe 8 erwachsen sei. Er verlangt deshalb mit der gegenwärtigen Leistungs- und Feststellungsklage Zahlung des Unterschieds zwischen den beiden Gruppen.

Die Vorinstanzen haben die Klage abgewiesen. Die Revision des Klägers blieb erfolglos.

Gründe:

Die Besoldungsordnung der Beklagten vom 5. Mai 1922 ist nach Erlaß des Besoldungssperrgesetzes ergangen. In dessen Vorschriften fand also ihre Wirkung seine Grenzen. Ebenso standen die Zusicherungen, welche die Beklagte dem Kläger bei seiner Anstellung über die Höhe seiner Besoldung gemacht hat, unter den aus dem Besoldungssperrgesetz sich ergebenden Beschränkungen. Während seiner Geltung waren die Länder und Gemeinden nicht befugt, für ihre Beamten Besoldungsansprüche rechtswirksam zu begründen, die mit seinen Bestimmungen unvereinbar waren (vgl. Urteil des Senats vom 8. Oktober 1926 III 400/25). Das Gesetz verpflichtete nicht bloß die Länder und Gemeinden, ihre Beamten nicht günstiger zu stellen, als das Reich seine Beamten stellte; vielmehr beschränkte es den Erwerb von Rechten durch die Beamten selbst. Diese Rechte standen, soweit sie, wie das hier der Fall ist, nach Verkündung des Besoldungssperrgesetzes begründet worden waren, dem Einschreiten der vom Gesetz zur Nachprüfung der Besoldungsordnungen der Länder und Gemeinden berufenen Behörden nicht entgegen.

Auch der Kläger scheint das nicht zu verkennen, er meint aber, den Vorschriften des Besoldungssperrgesetzes sei bereits dadurch Genüge getan, daß die für seine Stelle die Gruppe 8 festsetzende Besoldungsordnung gemäß § 9 Abs. 1 des Gesetzes vom Regierungspräsidenten genehmigt worden sei. Diese Ansicht hat der Berufungsrichter mit Recht zurückgewiesen. An die Genehmigung einer gemeindlichen Besoldungsordnung knüpfte § 9 Abs. 1 BesSpG. nur die Wirkung, daß die Besoldungsordnung nunmehr in Kraft gesetzt werden durfte. Diese Inkraftsetzung war aber keine endgültige. Denn gerade gegen die Zustimmung der zuständigen Landesbehörden zu der von einer Gemeinde getroffenen Besoldungsregelung konnte der Reichsminister der Finanzen gemäß § 5 Abs. 2 BesSpG. Einspruch erheben. Der Einspruch unterlag der Entscheidung durch das Reichsschiedsgericht, sofern dieses gemäß § 6 das. angerufen wurde. Erklärte es die durch den Einspruch betroffenen Vorschriften für unzulässig, so ergab sich für die Gemeinde die Verpflichtung, die schon in Kraft gesetzte Bestimmung wiederaufzuheben (vgl. § 11 Abs. 2 BesSpG., der nicht unmittelbar, aber entsprechend anzuwenden ist). Dazu war sie ebenso verpflichtet, wenn das Reichsschiedsgericht nicht angerufen wurde, eine Folgerung, die man schon dem Besoldungssperrgesetz in seiner ursprünglichen Fassung entnehmen konnte, die aber zur Verdeutlichung noch ausdrücklich in dem ihm durch Art. 11 Nr. III PersAbbVo. angefügten Abs. 3 zum § 6 ausgesprochen worden ist. Dort ist insbesondere die Verpflichtung der Gemeinden klargestellt, die vom Einspruch des Reichsministers der Finanzen betroffenen Vorschriften wieder außer Kraft zu setzen. Die neue Bestimmung galt nach Art. 22 Abs. 2 das. mit Wirkung vom 1. April 1920.

Es war also ein den Vorschriften des Besoldungssperrgesetzes durchaus entsprechendes Verfahren, wenn der Preußische Minister des Innern, nachdem weder er noch die Stadtgemeinde gegenüber dem Einspruch des Reichsministers der Finanzen das Reichsschiedsgericht angerufen hatte, sie nunmehr anwies, der Beanstandung des Reichsministers der Finanzen nachzukommen und die Stelle des Rendanten von Gruppe 8 nach Gruppe 7 hinabzustufen. Damit wurde die Genehmigung, die der Regierungspräsident zu dieser Eingruppierung erteilt hatte, bedeutungslos. Sie mußte dem nach den Bestimmungen des Besoldungssperrgesetzes stärkeren Einspruch des Reichsministers der Finanzen weichen. Und da ihr von vornherein diese Beschränkung innewohnte, da sie überhaupt nur unter der Voraussetzung wirksam werden konnte, daß sie nicht etwa vom Reichsminister der Finanzen mit Erfolg beanstandet wurde, so kommt auch nicht die Verletzung eines vom Kläger wohlerworbenen Rechtes in Frage. Das allein in der Genehmigung der Besoldungsordnung durch den Regierungspräsidenten seine Grundlage findende Recht des Klägers auf die Bezüge der Gruppe 8 war abhängig von der Wirkung dieser Genehmigung. War diese, wie dargelegt, begrenzt, so galt das auch von dem Recht des Klägers. Es wurde mit dem Augenblick hinfällig, in dem die Genehmigung durch den unangefochten gebliebenen Einspruch des Reichsministers der Finanzen beseitigt wurde.

Nicht angängig ist es, diese Wirkung des Einspruchs des Reichsministers der Finanzen auf die Fälle zu beschränken, in denen der Regierungspräsident eine gemeindliche Besoldungsregelung bewußt als günstigere im Sinne von § 1 Abs. 2 BesSpG. genehmigt hat, sodaß er nach § 4 Abs. 1 das. dem Reichsminister der Finanzen Mitteilung machen mußte. Nach der ständigen Rechtsprechung des Reichsschiedsgerichts (RBesBl. 1923 S. 214, 1924 S. 151 und 284), der sich anzuschließen der erkennende Senat kein Bedenken trägt, konnte der Reichsminister der Finanzen unabhängig von einer Mitteilung nach § 4 Abs. 1 BesSpG. Einspruch gegen eine gemeindliche Besoldungsregelung einlegen mit der Behauptung, sie sei günstiger, als es § 1 Abs. 1 das. zulasse. Auch dann hatte sein Einspruch, falls ihm vom Reichsschiedsgericht stattgegeben oder falls ihm ohne dessen Entscheidung entsprochen wurde, die Wirkung, daß die vom Regierungspräsidenten erteilte Genehmigung hinfällig wurde. Ihr Wegfall hatte aber nach dem bereits Gesagten Bedeutung nicht bloß für die künftige Bewertung der Stelle, für neu anzustellende Beamte, sondern ebenso für die bereits angestellten. Ihre Rechte waren eben von vornherein durch das auf den Bestimmungen des Besoldungssperrgesetzes beruhende Einspruchsrecht des Reichsministers der Finanzen begrenzt. Über die Vereinbarkeit einer gemeindlichen Besoldungsregelung mit § 1 Abs. 1 BesSpG. hatte auch nicht etwa der Regierungspräsident abschließend zu urteilen. Vielmehr konnte der Reichsminister der Finanzen seinen Einspruch auf eine Verletzung dieser Vorschrift stützen und ihn daher erheben, selbst wenn ihm eine Mitteilung nach § 4 Abs. 1 das. nicht gemacht worden war. Bei dieser Rechtslage verbietet es sich, für die Wirkungen des Einspruchs des Reichsministers der Finanzen zu unterscheiden danach, ob ihm eine Mitteilung nach dem mehrerwähnten § 4 vorhergegangen war oder nicht. War der Einspruch von Erfolg begleitet, so hatte er stets zur Folge, daß die nach Inkrafttreten des Besoldungssperrgesetzes begründeten Beamtenrechte hinter ihn zurücktreten mußten. Dem Interesse der beteiligten Beamten, baldigst darüber Gewißheit zu erlangen, ob die Regelung ihrer Besoldungen mit dem Besoldungssperrgesetz im Einklang stehe, konnte dadurch genügt werden, daß in allen Zweifelsfällen dem Reichsminister der Finanzen Mitteilung gemacht und damit die in § 5 BesSpG. bestimmte Frist für seinen Einspruch in Lauf gesetzt wurde.

Aber auch wenn man von dem Einspruchsrecht des Reichsministets der Finanzen absieht, auf das allein der Berufungsrichter seine dem Kläger ungünstige Entscheidung abgestellt hat, kommt man auf Grund folgender Erwägungen zu dem gleichen Ergebnis:

Der Erlaß des Preußischen Ministers des Innern vom 21. Januar 1924 stützte sich auf Art. 11 Nr. VII PersAbbVo. Diese Vorschrift fügte dem § 9 BesSpG. zwischen Abs. 2 und 3 folgenden neuen Absatz ein:

„Hat eine Behörde, die nach Abs. 1 von den dort genannten obersten Landesbehörden zur Genehmigung von Vorschriften einer Gemeinde oder einer sonstigen öffentlichen Körperschaft bestimmt ist, eine nach diesem Gesetz unzulässige Vorschrift genehmigt, so können die genannten obersten Landesbehörden die Abänderung der Vorschrift anordnen."

Gegen eine auf Grund dieser Vorschrift getroffene Anordnung konnte nach dem ebendort geänderten bisherigen Abs. 3 des § 9 BesSpG. die Gemeinde das Landesschiedsgericht anrufen. Das hat die Beklagte hier erfolglos getan. Ob der Bescheid des Landesschiedsgerichts die Bedeutung einer endgültigen Entscheidung hat, kann dahingestellt bleiben. Auch wenn dies zugunsten des Klägers verneint wird, so besteht doch jedenfalls kein Zweifel an der Berechtigung des Ministers, gemäß der angeführten Vorschrift in Beamtenrechte einzugreifen, die schon vor ihrem Inkrafttreten — dem 31. Oktober 1923, dem auf die Verkündung der Personal-Abbau-Verordnung folgenden Tage (Art. 22 Abs. 1 das.) — erworben sind. Mit dieser Möglichkeit einer früheren Erlangung des Anspruchs auf Gruppe 8 durch den Kläger muß hier gerechnet werden, da die Besoldungsordnung der Beklagten, soweit sie für seine Stelle die Gruppe 8 bestimmte, nach den Akten des Bezirksausschusses in Breslau schon am 10. November 1922, nicht erst am 20. Dezember 1923, genehmigt worden zu sein scheint. Es muß angenommen werden, daß der neue Abs. 3 des § 9 BesSpG. mit Rückwirkung gegenüber den damals bereits erworbenen Beamtenrechten hat ausgestattet werden sollen. Als eine auf Grund des Ermächtigungsgesetzes vom 13. Oktober 1923 erlassene Verordnung durfte die Personal-Abbau-Verordnung den Art. 129 Abs. 1 Satz 3 RVerf. unbeachtet lassen. Daß sie hier soweit hat gehen und Eingriffe in bestehende Beamtenrechte hat ermöglichen wollen, dafür spricht einmal der Wortlaut, der keinen Vorbehalt für die wohlerworbenen Beamtenrechte enthält. Zu erwägen ist ferner, daß die Personal-Abbau-Verordnung durchaus auf eine im Interesse der Allgemeinheit für notwendig erachtete Schmälerung der Beamtenrechte ausgegangen ist. Es ist deshalb ausgeschlossen, daß sie vor den Besoldungsansprüchen hat halt machen wollen, die nur dadurch begründet waren, daß nach Auffassung der Zentralbehörden, gegebenenfalls auch der Landesschiedsgerichte, Besoldungsregelungen der Gemeinden von den nachgeordneten Landesbehörden zu Unrecht genehmigt worden waren. Daraus folgt, daß allein schon die auf den neuen § 9 Abs. 3 BesSpG. gestützte Anordnung des Ministers des Innern die Kraft besessen hat, dem Kläger die günstigere Eingruppierung wieder zu nehmen.

---

69. 1. Welche Anforderungen sind an den Inhalt des nach § 13 Abs. 1 der Goldmarkbilanzverordnung zu erstattenden Prüfungsberichts bei Darlegung der für die Bewertung der Vermögensgegenstände des § 261 Nr. 1 bis 3 HGB. maßgebenden Umstände namentlich dann zu stellen, wenn es sich um die Bewertung von Beteiligungen an fremden Unternehmungen handelt?

2. Welche Bedeutung hat eine nachträgliche Ergänzung des Prüfungsberichts in der Generalversammlung für die Frage, ob ein angefochtener Goldbilanz-Genehmigungsbeschluß auf den mangelhaften Angaben des Prüfungsberichts beruht?

II. Zivilsenat. Urt. v. 17. Dezember 1926 i. S. A.-G. Gebr. G. (Bekl.) w. Go. u. Gen. (Kl.). II 104/26.

I. Landgericht Düsseldorf, Kammer für Handelssachen.
II. Oberlandesgericht daselbst.

Die Kläger haben als Aktionäre der Beklagten in der Generalversammlung vom 24. September 1924 gegen die Anträge, betreffend die Genehmigung der Goldmark-Eröffnungsbilanz und die Umstellung, gestimmt und Widerspruch gegen die gefaßten Beschlüsse erhoben. Sie haben diese Beschlüsse dann mit der Anfechtungsklage nach § 271 HGB. angegriffen und die Ungültigkeit der Beschlüsse unter anderem darauf gestützt, daß der Prüfungsbericht den Anforderungen des § 13 Abs. 1 GBVo. nicht genüge. Die Beklagte hat das bestritten und geltend gemacht, daß die Mängel des Prüfungsberichts ohne Einfluß auf die Beschlußfassung gewesen seien, da die Verwaltung über die in Betracht kommenden Punkte in der Generalversammlung weitere Aufklärung gegeben habe.

Das Landgericht wies die Klage in vollem Umfang ab. Das Oberlandesgericht änderte das Urteil teilweise ab, indem es die Beschlüsse über die Genehmigung der Goldmark-Eröffnungsbilanz, über die Umstellung des Grundkapitals und über die hiernach erforderlichen Satzungsänderungen für nichtig erklärte. Die Revision der Beklagten führte zur Wiederherstellung des landgerichtlichen Urteils.

Aus den Gründen:

Das Berufungsgericht hat die Beschlüsse über die Genehmigung der Goldmark-Eröffnungsbilanz und die Umstellung des Aktienkapitals auf Goldmark, sowie die damit zusammenhängenden Beschlüsse wegen der erforderlichen Satzungsänderungen für ungültig erklärt, weil der Prüfungsbericht zu dieser Bilanz und zur Umstellung den Anforderungen des § 13 Abs. 1 GBVo. insofern nicht entspreche, als über die ausländischen Beteiligungen nur gesagt sei, sie beständen der Hauptsache nach in dem Besitz der Beklagten an Anteilen der Compania General de Obras Publicas und der Compania de Terrenos in Buenos-Aires, bei deren vorsichtiger Bewertung Vorkehr gegen etwaige Verluste aus den Schwankungen der Währung getroffen sei. Dabei sei verschwiegen worden, daß in den Verhältnissen der Compania de Terrenos, deren sämtliche Aktien die Beklagte besitze, Ende des Jahres 1923 erhebliche Veränderungen eingetreten seien, da diese Gesellschaft ihren ganzen Grundbesitz in eine neugegründete Aktiengesellschaft, die Compania Immobiliaria, eingebracht und dafür einen Teil der Aktien dieser Gesellschaft erhalten habe. All das sei von wesentlicher Bedeutung für die Bewertung der Aktien der Compania de Terrenos und hätte deshalb im Prüfungsbericht näher dargelegt werden müssen. Hinsichtlich der Bewertung der Konten „Torfbetrieb" und „Travewerk" hält dagegen das angefochtene Urteil die Angaben des Prüfungsberichts für ausreichend, daß die Anlagen, die Vorräte und die halbfertigen Arbeiten dieser Betriebe innerhalb des Rahmens der Anschaffungs- und Herstellungspreise nach Abzug angemessener Abschreibungen unter Berücksichtigung der Betriebsverhältnisse vorsichtig bewertet worden seien. . . .

Soweit die Revision geltend zu machen sucht, die Angaben des Prüfungsberichts hätten auch bei den ausländischen Beteiligungen den Anforderungen des § 13 GBVo. entsprochen, kann ihr nicht beigetreten werden. Der schriftliche Prüfungsbericht des Vorstands und Aufsichtsrats, wie ihn § 13 GBVo. zur Vorbereitung der Beschlüsse der Generalversammlung über Genehmigung der Goldmark-Eröffnungsbilanz und der Umstellung vorschreibt, soll den Aktionären die Möglichkeit geben, sich über die Angemessenheit der Bilanzansätze und die vorgeschlagene Art der Umstellung ein Urteil zu bilden. Er muß den Aktionären eine genügende Grundlage für Erhebung von Einwendungen oder für die Billigung der Vorschläge der Verwaltung bieten. Da die allgemeinen zwingenden Vorschriften, wie sie sonst bei Aktiengesellschaften für die Bewertung der in § 261 Nr. 1 bis 3 HGB. bezeichneten Gegenstände gelten, für die Goldmark-Eröffnungsbilanz außer Wirksamkeit gesetzt sind, bedurfte es zur Aufklärung für die Aktionäre einer Darlegung der wesentlichen Umstände, die für die Bewertung der im § 261 Nr. 1 bis 3 HGB. bezeichneten Vermögensbestandteile maßgebend waren. Der Revision ist zuzugeben, daß diese Vorschrift dem Ermessen der Verwaltung über den Umfang der zu machenden Mitteilungen einen gewissen Spielraum läßt und daß ein Eingehen auf alle Einzelheiten der Bewertung der verschiedenen Vermögensgegenstände nicht verlangt werden kann. Mindestens aber ist, wie auch die Revision nicht verkennt, eine Mitteilung der bei der Bewertung leitend gewesenen Grundsätze und Gesichtspunkte zu erfordern. Von diesem zutreffenden Standpunkt aus hat auch das Berufungsgericht den Prüfungsbericht, soweit er sich auf den „Torfbetrieb" und das „Travewerk" bezieht, für ausreichend gehalten. Mit Recht aber hat es die allgemeine Wendung des Berichts über die ausländischen Beteiligungen, daß ihr Wert mit Rücksicht auf mögliche Verluste aus Valutaschwankungen vorsichtig geschätzt sei, als nicht genügend angesehen. Diese Wendung läßt nicht erkennen, welche Umstände sonst für die Wertberechnung der Beteiligungen maßgebend waren. Soweit es sich um die Bewertung von Beteiligungen an fremden, ausländischen Unternehmungen handelt, bei denen ein Kurswert nicht in Frage kommt, wird es sich nicht vermeiden lassen, im Prüfungsbericht mindestens allgemein auf die Verhältnisse des Unternehmens und seine Aussichten einzugehen; wichtige Veränderungen in den geschäftlichen Grundlagen des Unternehmens dürfen dabei nicht verschwiegen werden. Hier hatte die Compania de Terrenos, eine Grundstücks-Spekulationsgesellschaft, deren sämtliche Aktien im Besitze der Beklagten waren, ihren ganzen Grundbesitz durch Einbringung in eine neue Grundstücks-Verwertungsgesellschaft gegen Gewährung von Aktien dieser Gesellschaft veräußert. Mit Recht hat das Oberlandesgericht angenommen, daß diese Veränderung in der Grundlage der Tochtergesellschaft ein wesentlicher Umstand war, der für die Bewertung ihrer Aktien von erheblicher Bedeutung sein konnte. Da die Aktionäre der Beklagten ohne eine entsprechende Aufklärung auf Grund der früheren Bilanzen und Geschäftsberichte der Meinung sein mußten, daß die Verhältnisse der Tochtergesellschaft noch dieselben seien, daß ihr nämlich noch der ganze, ihr Aktivvermögen darstellende Grundbesitz gehöre, so mußte die Verwaltung im Prüfungsbericht auf die Veränderungen eingehen, die durch Einbringung des Grundbesitzes in eine neue Aktiengesellschaft hierin eingetreten waren.

Damit erledigen sich auch die Einwendungen der Revision, daß es nur auf die Verhältnisse, wie sie am Bilanzstichtag bestanden, angekommen und eine Darlegung der geschichtlichen Entwicklung wegen der Art der Goldmark-Eröffnungsbilanz als einer „Zustandsbilanz" nicht erforderlich gewesen sei. Jede Bilanz gibt den Zustand des betreffenden Vermögens in dem für ihre Aufstellung maßgebenden Zeitpunkt wieder. Der Unterschied der Goldmark-Eröffnungsbilanz und einer gewöhnlichen Jahresbilanz besteht in der Verschiedenheit des Zwecks, dem die eine und die andere Bilanz dienen soll. Die Jahresbilanzen bezwecken als reine Gewinnermittlungsbilanzen die Feststellung des Jahresgewinns. Die Goldmark-Eröffnungsbilanz dagegen ist, wie schon der Name sagt, eine Eröffnungsbilanz; es soll in erster Reihe das vorhandene Reinvermögen ermittelt werden, um den gegenwärtigen Wert des Grundkapitals in Goldmark zu bestimmen. Um die Angemessenheit der in der Bilanz vorgeschlagenen Wertansätze beurteilen zu können, müssen die Aktionäre über erhebliche Veränderungen in den Geschäftsgrundlagen von Tochtergesellschaften unterrichtet werden. Mit Unrecht meint auch die Revision, es seien im Prüfungsbericht nur diejenigen Gesichtspunkte mitzuteilen, die in dem betreffenden Falle für die Verwaltung maßgebend waren. Es sind vielmehr alle Umstände darzulegen, die objektiv, nach der Verkehrsauffassung, für die Beurteilung der Angemessenheit der Bewertung als wesentlich in Frage kamen.

Hiernach hat das Berufungsgericht mit Recht angenommen, daß der Prüfungsbericht beim Konto „Beteiligungen" den Anforderungen des § 13 Abs. 1 Satz 2 GBVo. nicht entsprochen habe. Bedenken bestehen aber dagegen, daß das angefochtene Urteil von einer „bewußten Verdunkelung" der für die Bewertung der Beteiligungen wesentlichen Umstände durch die Organe der Gesellschaft spricht und insoweit auch einen Verstoß gegen § 314 Nr. 1 HGB. für gegeben erachtet. Begründet wird dies vom Oberlandesgericht nur damit, daß der Vorsitzende des Aufsichtsrats genauere Auskünfte über die Gründung der Compania Immobiliaria nur in einer vertraulichen Sonderbesprechung mit den Klägern während einer Unterbrechung der Generalversammlung erteilt habe mit dem Hinzufügen, er wolle diese Dinge in der Generalversammlung selbst nicht eingehend erörtern, weil die Presse nichts davon erfahren dürfe. Abgesehen davon, daß ein solches Verhalten nicht notwendig zur Annahme einer bewußten Verschleierung der Verhältnisse der Gesellschaft führt, läßt das Oberlandesgericht unbeachtet, daß, wie die Beklagte behauptet und die Kläger im wesentlichen zugestanden hatten, die Verwaltung auf die Anfrage des Klägers Go. auch in der Generalversammlung selbst erklärt hat, der argentinische Landbesitz sei mit dem gleich großen Besitz eines Nachbarn in eine neue Terraingesellschaft eingebracht worden, um eine einheitliche, für die Beklagte günstigere Verkaufsmöglichkeit zu erzielen. Einzelheiten dieser Maßnahmen der Tochtergesellschaft wurden den Klägern allerdings erst in einer besonderen vertraulichen Besprechung mitgeteilt, nach Behauptung der Kläger übrigens auch da noch nicht vollständig. Aber die wesentliche Veränderung in den Verhältnissen der Compania de Terrenos, daß nämlich die Tochtergesellschaft nicht mehr Eigentümerin des Grundbesitzes sei, dessen Verwertung ihr Zweck war, ihn vielmehr gegen entsprechende Aktienzuweisung in eine neue Grundstücksgesellschaft eingebracht habe, wurde den erschienenen Aktionären in der Generalversammlung bekannt gegeben.

Dieser Umstand ist von maßgebender Bedeutung auch für die Frage, ob die in den Mängeln des Prüfungsberichts liegende Gesetzesverletzung die angefochtenen Beschlußfassungen beeinflußt hat. Allerdings braucht bei der Anfechtungsklage nach § 271 HGB. der Kläger nicht nachzuweisen, daß der Beschluß auf einem bei der Vorbereitung der Generalversammlung vorgekommenen Verstoß beruhe; aber die Anfechtung versagt dann, wenn klar zutage liegt, daß der Verstoß die Beschlußfassung nicht beeinflußt hat. Die Aktiengesellschaft ist also zum Beweis zuzulassen, daß die Gesetzesverletzung ohne Einfluß auf den Beschluß war (RGZ. Bd. 90 S. 206, Bd. 108 S. 322, Bd. 110 S. 194). Das verkennt auch die Vorinstanz an sich nicht, sie führt aber zur Begründung ihres ablehnenden Standpunkts nur an, die Beklagte habe nicht dargetan und es sei auch aus der Sachlage nicht ersichtlich, daß der Verstoß die Beschlußfassung nicht habe beeinflussen können, die Möglichkeit eines solchen Einflusses der vorgekommenen Verstöße sei nicht von der Hand zu weisen. Damit ist das Berufungsgericht der Sachlage nicht gerecht geworden; insbesondere hat es den schon hervorgehobenen Gesichtspunkt nicht genügend beachtet, daß in der Generalversammlung die Mängel des Prüfungsberichts in dem entscheidenden Punkte — Veräußerung der Grundstücke der Tochtergesellschaft durch Einbringung in eine neue Gesellschaft gegen Hergabe von Aktien — vor der Beschlußfassung durch weitere Aufklärung berichtigt wurden. Die Generalversammlung hat sich, nachdem sie durch die Anfrage des Klägers Go. auf die Mängel des Berichts hingewiesen worden war, mit der von der Verwaltung gegebenen allgemeinen Aufklärung über die Veränderung der Verhältnisse der Tochtergesellschaft begnügt, ohne die Mitteilung der Einzelheiten dieser geschäftlichen Maßnahmen zu verlangen und ohne die Nachprüfung durch Revisoren zu beschließen. Auch die Kläger haben, obwohl sie vertraulich weitere Aufklärung erhalten hatten, keine Veranlassung genommen, die Nachprüfung durch Revisoren zu beantragen, die sie bei Ablehnung durch die Generalversammlung auf Grund ihres Aktienbesitzes gemäß § 13 Abs. 2 GBVo. hätten erzwingen können.

Hiernach erscheint es ausgeschlossen, daß die Abstimmung der Aktionäre noch auf den Mängeln des Prüfungsberichts beruhte; maßgebend für die Entschließungen der Abstimmenden konnten vielmehr nur die ergänzenden Mitteilungen in der Generalversammlung sein. Tatsächlich hat ja auch die Generalversammlung die Bewertungen der Bilanz und die Umstellung nicht unverändert nach den Vorschlägen der Verwaltung gebilligt, sondern es wurden bei dem Konto „Beteiligungen" und bei den anderen angefochtenen Bilanzansätzen infolge der Einwendungen des Klägers Go. erhebliche Erhöhungen, von 50% und mehr, vorgenommen, auch wurde der Goldmarkbetrag der Aktien von 100 auf 150 G*M* hinaufgesetzt. Das Berufungsgericht hat auch selbst nicht angenommen, daß bei dem Konto „Beteiligungen" eine böswillig falsche oder auch nur willkürliche Minderbewertung stattgefunden habe. (Wird näher erörtert.)

---

70. 1. Bezieht sich die Vorschrift in § 40 des Genossenschaftsgesetzes, wonach der Aufsichtsrat nach seinem Ermessen Mitglieder des Vorstands vorläufig von ihren Geschäften entheben kann, nur auf solche Geschäfte, die dem Vorstandsmitglied ausschließlich in dieser Eigenschaft obliegen, oder auch auf Verrichtungen, die das Vorstandsmitglied auf Grund eines zwischen ihm und der Genossenschaft abgeschlossenen Anstellungsvertrags zu erfüllen hat?

2. Wirkt die nach § 40 GenG. ergehende Entscheidung der Generalversammlung, durch die ein als Direktor angestelltes Vorstandsmitglied endgültig von seinen Geschäften enthoben wird, für die Gehaltszahlung auf den Zeitpunkt der vorläufigen Enthebung durch den Aufsichtsrat zurück?

II. Zivilsenat. Urt. v. 21. Dezember 1926 i. S. K. (Kl.) w. Mittelstandsbank L., eingetr. Gen. m. b. H. (Bekl.). II 162/26.

I. Landgericht Liegnitz.
II. Oberlandesgericht Breslau.

Durch Vertrag vom 1. April 1919 wurde der Kläger vom Aufsichtsrat der Beklagten, einer eingetr. Genossenschaft m. b. H., die ein Bankgeschäft betreibt, zum Direktor und zum Mitglied des Vorstands für die Zeit bis zum 1. April 1929 bestellt. Sein Gehalt sollte jeweils dem der Gruppe 11 der allgemeinen Besoldungsordnung für die Staatsbeamten entsprechen. Zuletzt bezog er ein monatliches Gehalt von mindestens 600 RM. Durch Schreiben des Aufsichtsratsvorsitzenden und zweier Mitglieder des Vorstands vom 29. August 1924 wurde dem Kläger mitgeteilt, daß er (wegen verschiedener angeblicher Pflichtverletzungen, die des Näheren hier nicht in Betracht kommen) als Genosse ausgeschlossen und daß damit seine Tätigkeit als Vorstandsmitglied auf Grund der Satzung beendigt sei; auch werde der mit ihm geschlossene Anstellungsvertrag hiermit gemäß § 626 BGB. fristlos gekündigt. Unstreitig beruhen alle diese Maßnahmen auf einem Beschluß des Aufsichtsrats.

Die Generalversammlung vom 3. Oktober 1924 billigte das Vorgehen des Aufsichtsrats. Gegen diesen Beschluß erhob der Kläger die Anfechtungsklage mit dem Erfolg, daß das Landgericht durch Urteil vom 23. Dezember 1925 den Beschluß, soweit er die Ausschließung des Klägers aus der Genossenschaft genehmigt, für nichtig erklärte, im übrigen aber die Klage abwies. Die hiergegen vom Kläger eingelegte Berufung schwebt zurzeit noch beim Oberlandesgericht.

Inzwischen, nämlich Ende September 1924, hatte der Kläger die gegenwärtige Klage erhoben, mit der er sein vertragsmäßiges Gehalt für den September 1924 und den Unterschied zwischen diesem und dem angeblich geringeren Gehalt in seiner jetzigen anderweitigen Stellung für die Zeit vom 1. Oktober 1924 an verlangt. Zur Begründung dieses Anspruchs macht er geltend: Der Aufsichtsrat sei nur zu seiner vorläufigen Amtsenthebung, nicht zur sofortigen fristlosen Entlassung befugt gewesen. Seine im Juni 1924 vom Aufsichtsrat verfügte vorläufige Amtsenthebung sei durch die Generalversammlung vom 11. August 1924 nicht genehmigt worden, die durch Beschluß der Generalversammlung vom 3. Oktober 1924 erteilte Genehmigung der im Schreiben vom 29. August 1924 ihm mitgeteilten neuerlichen Maßnahmen des Aufsichtsrats habe er aber angefochten. Materiell sei die Entlassung ungerechtfertigt gewesen, weil er — der Kläger — nur in Wahrnehmung berechtigter eigener Interessen gehandelt habe und an der Verbreitung der (von den Organen der Beklagten beanstandeten) Schrift des Genossen St. nicht beteiligt gewesen sei. Die Beklagte wandte ein: Nach Gesetz und Satzung sei der Aufsichtsrat zur fristlosen Kündigung des Anstellungsvertrags befugt. Diese sei auch begründet gewesen, nachdem der Kläger wegen mehrfacher Verletzung der Interessen der Beklagten aus der Genossenschaft ausgeschlossen worden sei.

Das Landgericht wies die Klage ab. Die Berufung des Klägers war erfolglos. Auf seine Revision wurde das Berufungsurteil aufgehoben und die Beklagte zur Zahlung von 600 RM verurteilt; im übrigen wurde die Sache in die Vorinstanz zurückverwiesen.

Gründe:

Es handelt sich in diesem Rechtsstreit, in dem der Kläger Gehaltsansprüche aus dem Anstellungsvertrag vom 1. April 1919 geltend macht, nur um die Frage, ob die am 29. August 1924 vom Aufsichtsrat der Beklagten erklärte fristlose Kündigung des Dienstverhältnisses rechtswirksam war oder ob die endgültige Enthebung des Klägers von seinen Geschäften als Direktor und Vorstandsmitglied nur von der Generalversammlung beschlossen werden konnte. Die andere Frage, ob die gleichfalls am 29. August 1924 vom Aufsichtsrat verfügte Ausschließung des Klägers aus der Genossenschaft, die durch Generalversammlungsbeschluß vom 3. Oktober 1924 gebilligt wurde, wirksam erfolgt ist, bildet den Gegenstand des anderen, noch in der Berufungsinstanz anhängigen Rechtsstreits.

Der Berufungsrichter hält die fristlose Dienstentlassung des Klägers, die der Aufsichtsrat am 29. August 1924 verfügt hat, für wirksam. Er führt hierzu aus: Man müsse unterscheiden zwischen der Rechtsstellung des Klägers, die er als Vorstandsmitglied und gesetzlicher Vertreter der Beklagten auf Grund des Genossenschaftsgesetzes und der Satzung eingenommen, und der privatrechtlichen Stellung, die er als Bankdirektor durch den Dienstvertrag vom 1. April 1919 erlangt habe. In seiner Eigenschaft als Vorstandsmitglied habe der Kläger allerdings vom Aufsichtsrat nicht fristlos entlassen werden können. Dieses Recht habe allein der Generalversammlung zugestanden; nach § 40 GenG. sei der Aufsichtsrat nur befugt gewesen, den Kläger bis zur Entscheidung der Mitgliederversammlung vorläufig von seinen Geschäften als Vorstandsmitglied zu entheben. Im gegenwärtigen Rechtsstreit verfolge der Kläger lediglich in seinem Privatdienstvertrag begründete Ansprüche; deshalb komme es hier nur auf das privatrechtliche Dienstverhältnis und nicht auf die Rechtsstellung an, die der Kläger als Vorstandsmitglied gehabt habe. Zur Aufkündigung des privatrechtlichen Dienstverhältnisses sei aber auch der Aufsichtsrat, und zwar ohne Genehmigung der Generalversammlung, befugt gewesen; einem solchen Rechte des Aufsichtsrats stehe weder das Gesetz noch die Satzung entgegen. Die §§ 17 und 22 der Satzung bestimmten ausdrücklich, daß der Aufsichtsrat zum Abschluß und zur Kündigung von Dienstverträgen der Vorstandsmitglieder berechtigt sei. Da sonach der Aufsichtsrat auch zur fristlosen Kündigung des Dienstvertrags befugt gewesen sei, ohne daß es einer Genehmigung durch die Mitgliederversammlung bedurft habe, komme es auf den Ausgang des Rechtsstreits nicht an, in dem der Kläger den Genehmigungsbeschluß der Generalversammlung anfechte. Es sei nur noch zu prüfen, ob die Beklagte nach Sachlage zur fristlosen Kündigung des Dienstvertrags gemäß § 626 BGB. berechtigt gewesen sei, und diese Frage müsse bejaht werden (was näher ausgeführt wird).

Der erkennende Senat vermag diese Auffassung über das Recht des Aufsichtsrats zur fristlosen Kündigung des Anstellungsverhältnisses nicht zu teilen.

Eine grundsätzliche Scheidung zwischen genossenschaftsrechtlicher und privatrechtlicher Stellung eines Vorstandsmitglieds und zugleich „Direktors", wie das Berufungsgericht sie vornimmt, läßt sich in der Frage, ob das eine oder das andere Genossenschaftsorgan zur Entfernung des Genossen aus dem Anstellungsverhältnis befugt ist, nicht durchführen. Denn die Aufgaben und Tätigkeitsgebiete eines Vorstandsmitglieds, das zugleich als Direktor (hier Bankdirektor) angestellt ist, greifen derart ineinander über, daß eine wegen Verletzung der Interessen der Genossenschaft erfolgte Entlassung aus dem Anstellungsverhältnis mit Notwendigkeit das Aufhören der Vertretungsbefugnis als Vorstandsmitglied nach sich zieht. Die Bestimmungen des Genossenschaftsgesetzes und der Satzung der

Beklagten ergeben denn auch nicht, daß der Aufsichtsrat zur fristlosen Kündigung des Anstellungsverhältnisses und damit zur sofortigen Entlassung des Klägers aus dem Dienstverhältnis befugt gewesen wäre.

Nach § 40 GenG. kann der Aufsichtsrat nach seinem Ermessen Mitglieder des Vorstands vorläufig, d. h. bis zur Entscheidung der ohne Verzug zu berufenden Generalversammlung, von ihren Geschäften entheben. Es liegt nichts dafür vor, daß hierbei nur an die Enthebung von solchen Geschäften gedacht wäre, die einem Vorstandsmitglied ausschließlich in dieser seiner Eigenschaft, also ohne besonderen Anstellungsvertrag, obliegen. Die Bestimmung muß vielmehr wegen ihrer allgemeinen Fassung und beim Fehlen jedes vernünftigen Grundes für eine engere Auslegung dahin verstanden werden, daß sich der Ausdruck „von ihren Geschäften" auch auf solche Obliegenheiten eines Vorstandsmitglieds bezieht, die von diesem auf Grund eines zwischen ihm und der Genossenschaft abgeschlossenen besonderen Vertrags (Anstellungsvertrags) zu erfüllen sind. Der Aufsichtsrat kann nun zwar nach § 39 Abs. 1 GenG. (mit § 22a der Satzung) ohne weiteres Anstellungsverträge mit Vorstandsmitgliedern abschließen. Soweit es sich aber um die Lösung solcher Verträge handelt, steht ihm nur das Recht zur „Kündigung" oder — wenn man auch die auf ein Anstellungsverhältnis sich gründende besondere Rechtsstellung des Vorstandsmitglieds unter den weiteren Begriff des Amtes bringen will — die Befugnis der vorläufigen Amtsenthebung zu. Schon die Zusammenstellung von Kündigung und **vorläufiger** Amtsenthebung weist darauf hin, daß es sich bei der Kündigung nicht um eine sofort wirksam werdende, also fristlose Aufhebung des Vertragsverhältnisses handelt. Unter Kündigung ohne irgendwelchen Beisatz wird auch im Verkehr allgemein das Aufsagen eines Vertragsverhältnisses mit einer gewissen Frist — eben der Kündigungsfrist — verstanden; wenn von fristloser Lösung eines Vertrags die Rede ist, spricht man von „Kündigung ohne Einhaltung einer Kündigungsfrist" oder von „Enthebung" (vgl. auch Urteil des Kammergerichts vom 31. Oktober 1910 in den Blättern für Genossenschaftswesen, Jahrgang 1911 S. 12). Wie der Kommentar von **Parisius-Crüger** zum GenG., 9. Aufl., in Anm. 4 zu § 40 zutreffend bemerkt, darf die Satzung die Befugnis des Aufsichtsrats nicht auf die endgültige Absetzung eines Vorstandsmitglieds ausdehnen, da das Gesetz die endgültige Entscheidung hierüber der Generalversammlung vorbehält (§§ 40 und 18 GenG.). Was aber von der „Absetzung" des Vorstandsmitglieds als solchen gilt, muß nach dem oben Gesagten auf die Enthebung eines zur Leitung des Unternehmens der Genossenschaft vertraglich berufenen Mitglieds des Vorstands von seinen Geschäften entsprechende Anwendung finden. Damit steht im Einklang die Bestimmung des § 29 der Satzung, dessen Abs. 1 die Entscheidung durch die Hauptversammlung festsetzt für alle Fälle, die nicht durch Gesetz oder Satzung dem Aufsichtsrat oder Vorstand vorbehalten sind, und wo im Abs. 2 Nr. 9 gesagt ist, der Beschlußfassung der Hauptversammlung unterliege die „endgültige Enthebung der Mitglieder des Vorstands und des Aufsichtsrats ... von ihren Ämtern." Auch diese an § 40 GenG. sich anschließende Bestimmung darf bei dem engen Zusammenhang, der zwischen den Geschäften eines Vorstandsmitglieds als solchen und denen eines vertraglich angestellten Mitglieds des Vorstands besteht, nicht auf die schon aus der Zugehörigkeit zum Vorstand sich ergebenden Rechte und Pflichten beschränkt, muß vielmehr auch auf die Rechtsstellung angewendet werden, die in einer vertraglichen Anstellung der erwähnten Art ihren Grund hat.

Aus alledem folgt, daß die fristlose Entlassung des Klägers aus dem Anstellungsverhältnis erst durch die (genehmigende) Entscheidung der Generalversammlung wirksam werden konnte. Es kommt daher für die Frage, ob und in welchem Umfang dem Kläger noch Gehaltsansprüche über den 29. August 1924 hinaus zustehen, entgegen der Ansicht des Berufungsgerichts auf den Ausgang des Anfechtungsprozesses an. Dringt der Kläger mit seiner Anfechtungsklage vollständig durch, ist also der ganze Generalversammlungsbeschluß vom 3. Oktober 1924 unwirksam, so ist sein Gehaltsanspruch, zunächst jedenfalls dem Grunde nach, gerechtfertigt. Wird dagegen die Anfechtungsklage insoweit, als es sich um die Billigung der fristlosen Entlassung handelt, rechtskräftig abgewiesen, so ist für einen Gehaltsanspruch des Klägers über den 3. Oktober 1924 hinaus kein Raum mehr. Sollte die Anfechtungsklage, soweit sie sich auf die Ausschließung bezieht, rechtskräftig abgewiesen werden, so würde das die Gehaltsansprüche des Klägers aus dem Anstellungsvertrag bis zum 31. Dezember 1924 unberührt lassen, da die Ausschließung erst mit dem Schlusse des (hier mit dem Kalenderjahr zusammenfallenden) Geschäftsjahrs in Wirkung tritt.

Auch bei rechtskräftiger Abweisung der Anfechtungsklage, soweit sie sich gegen die Billigung der fristlosen Dienstentlassung richtet, hat übrigens der Kläger, da er erst vom 1. Oktober 1924 an in seiner neuen Stellung tätig geworden ist, sein Septembergehalt 1924, also jedenfalls den der Höhe nach unbestrittenen Betrag von 600 RM, von der Beklaaten dann zu verlangen, wenn der Generalversammlungsbeschluß nicht zurückwirkt auf den Zeitpunkt der (gesetzlich allein möglichen) vorläufigen Dienstenthebung durch den Aufsichtsrat. Die Annahme einer solchen Rückwirkung läge — ein Ergebnis, zu dem schon das Kammergericht in OLG. Bd. 19 S. 344 gelangt ist — nicht im Sinne des Gesetzes. Nach § 40 GenG. steht die „Entscheidung" darüber, ob das Vorstandsmitglied von seinen Geschäften zu entheben ist, allein der Generalversammlung zu. Was der Aufsichtsrat vorher getan hat, ist lediglich tatsächlicher Art. Sein Eingreifen dient nicht irgendwelcher rechtlichen Regelung der Verhältnisse, bezweckt vielmehr nur die Herstellung eines tatsächlichen Zwischenzustands zur Verhütung weiteren Umsichgreifens gewisser Mißstände, die nach seiner Auffassung hervorgetreten sind. Die rechtliche Ordnung der Angelegenheit, durch Erlassung einer Entscheidung im Sinne des § 40 GenG., ist Sache der Generalversammlung, die nach dieser Vorschrift „ohne Verzug" einzuberufen ist. Es handelt sich also bei dem Generalversammlungsbeschluß nicht, wie regelmäßig beim gerichtlichen Urteil, um einen sogenannten deklaratorischen Ausspruch dahin, daß der Aufsichtsrat die Sachlage richtig aufgefaßt und behandelt habe, sondern um einen Recht schaffenden (sog. konstitutiven) Akt, um eine erstmalige Entscheidung der schwebenden Frage im Sinne ihrer Lösung nach der tatsächlichen und rechtlichen Seite. Die Annahme der Rückwirkung läßt sich um so weniger rechtfertigen, als der vom Aufsichtsrat vorläufig Entlassene trotz der Enthebung sich zur Verfügung halten muß, vor der eigentlichen Entscheidung eine anderweitige Erwerbsmöglichkeit also nicht aufsuchen und ausnützen kann. Gerade deshalb soll die Generalversammlung „ohne Verzug" berufen werden. Geschieht das, so entsteht der Genossenschaft durch die Weiterzahlung des Gehalts bis zum Zeitpunkt des Generalversammlungsbeschlusses kein erheblicher Nachteil; geschieht es nicht, wird vielmehr die Einberufung der Versammlung unnötig hinausgeschoben, so hat die Genossenschaft den aus der Weiterzahlung des Gehalts sich ergebenden Nachteil dem Verhalten ihrer eigenen Organe zuzuschreiben. Jedenfalls wäre es höchst unbillig, wenn der Entlassene durch eine Verzögerung der Einberufung der Versammlung einen unter Umständen empfindlichen Vermögensschaden erleiden müßte.

---

71. 1. Der Herausgebervertrag als Mischung aus verschiedenen Vertragsarten, unter Umständen auch mit wesentlichen Merkmalen des Gesellschaftsvertrags; Besonderheiten gemeinsamer Herausgeberschaft.

2. Gibt ernstliche, nachhaltige Störung des Einvernehmens unter den Herausgebern dem Verleger einen rechtlichen Grund, das auf Lebenszeit der Herausgeber eingegangene Rechtsverhältnis zu kündigen?

Gesetz über den Verlagsvertrag §§ 30, 31. BGB. §§ 723, 242.

I. Zivilsenat. Urt. v. 5. Januar 1927 i. S. S. (Kl.) w. D. & H. (Inhaber G.) (Bekl.). I 159/26.

I. Landgericht I München.
II. Oberlandesgericht daselbst.

Im Verlag des Beklagten erscheint „Schmollers Jahrbuch für Gesetzgebung, Verwaltung und Volkswirtschaft im Deutschen Reich". Nach Schmollers Tode schrieb der Beklagte an den Kläger, der damals in Berlin amtlich tätig war, und bat ihn, die Herausgeberschaft des Jahrbuchs gemeinsam mit Professor Sp. in Berlin zu übernehmen. Sp. war lange Jahre bei Schmoller als Assistent und zugleich Schriftleitungssekretär des Jahrbuchs in besonderer Vertrauensstellung gewesen. Mit dem Kläger und Sp. schloß der Beklagte unterm 30. Oktober/17. November 1917 einen Vertrag, der (§ 1) den beiden Professoren vom 1. Januar 1918 ab die gemeinsame Schriftleitung des Jahrbuchs übertrug.

Der § 7 dieses Vertrags bestimmte, daß die beiden Herausgeber die Redaktionsgeschäfte unter sich verteilen und regelmäßig unter der Geschäftsleitung der Redaktion mit dem Verlag verkehren sollten. Er regelte sodann die gemeinsame Behandlung des Druckes von Jahrbuchbeiträgen. Im § 8 heißt es: „Die Herausgeberschaft endet mit dem Tode der Herausgeber. Beim Tode eines der beiden Redakteure wird vom Überlebenden und dem Verlag gemeinsam bestimmt, ob ein neuer Mitherausgeber und wer als solcher eintritt."

Im Jahre 1919 siedelte Professor Sp. von Berlin nach Bonn über. Schon während seines Berliner Aufenthalts beschwerte er er sich in Briefen an den Kläger (bei dem der Redaktionssekretär arbeitete) mehrmals darüber, daß er in der Herausgebertätigkeit übergangen werde; er bestand darauf, seine vertragliche Gleichstellung auch in der Art der geschäftlichen Erledigung anerkannt zu sehen, machte Vorschläge dafür, wie das geregelt werden könne, und bat um eine grundsätzlich ordnende Aussprache. Der Kläger erwiderte, daß die Notwendigkeit einheitlicher Geschäftsleitung ihm eine tatsächliche Vorzugsstelle sichere, lehnte das Zugeständnis förmlicher Gleichberechtigung Sp.'s ab und wies dessen Vorschläge als undurchführbar oder mit den Anforderungen des Unternehmens nicht verträglich zurück. Wiederholte schriftliche Erörterung führte zu keiner Einigung. Im Verlauf langen, eingehenden Briefwechsels traten grundsätzliche Meinungsverschiedenheiten, bei aller Wahrung äußerer Form unter den von früher her befreundeten Männern, nur um so deutlicher zutage. Durch Brief vom 29. und Telegramm vom 31. März 1921 an Sp. erklärte der Kläger, daß er von seinem Kündigungsrecht Gebrauch mache, spätestens zum 31. Dezember 1921 also die Mitherausgeberschaft erloschen sei. Diese Kündigung wurde zwar nachher als nicht geschehen behandelt. In weiterem Schriftwechsel aber zeigte sich der frühere Zwiespalt. Unterm 17. Mai 1921 schrieb der Kläger dem Beklagten, daß ihm die Auflösung des bestehenden Rechtsverhältnisses zwischen Sp. und ihm als der beste Weg erscheine, alle bisherigen Rechtsbeziehungen auch zum Verlag zu beseitigen und damit den Boden für einen neuen Wiederaufbau freizumachen. Sein Brief vom 9. Juni 1921 führte das näher aus. Danach war sein Plan, das Verhältnis zu Sp. gütlich oder nötigenfalls auf dem Rechtsweg aufzulösen und das Jahrbuch dann auf Grund neuen Abkommens bei dem Verlag allein herauszugeben.

Der Briefwechsel darüber zog sich in die Länge, ohne ein Ergebnis zu zeitigen. In einem Schreiben vom 20. Juni 1922 an den Kläger beschwerte sich der Beklagte ebenfalls, daß ihm der Ton

„außerordentlich unsympathisch" sei, der sich zu seinem Bedauern im schriftlichen Verkehr zwischen Herausgeber und Verlag herausgebildet habe, bezeichnete die fortgesetzten Klagen in den Briefen des Klägers als ungerechtfertigt, und lehnte es ab, den Schriftwechsel mit ihm selbst in die Hand zu nehmen und an der Geschäftsführung in seinem Verlag etwas zu ändern.

Unterm 13. August 1922 erklärte Professor Sp. dem Kläger zum Ende des laufenden Jahres und Jahrgangs den Austritt aus dem Gesellschaftsverhältnis zu ihm und bemerkte, daß er — den bereits Ende März 1921 vom Kläger ausgesprochenen Gedanken aufnehmend — damit die Auflösung des Verlagsvertrags herbeiführe. Dies wiederholte er dem Inhalt nach in seinem Schreiben vom 15. Dezember 1922 mit dem Bemerken, daß der Verlag sich ihm verpflichtet habe, keine Neuregelung vorzunehmen, der er nicht zustimme. Der Beklagte schrieb dem Kläger am 28. Dezember 1922, er sehe den Vertrag vom 17. November 1917 als nicht mehr bestehend an, weil er infolge Ausscheidens des einen Herausgebers nicht mehr den beim Abschluß bestehenden Absichten entspreche. Am 6. Januar 1923 wiederholte er, der Wegfall des einen Herausgebers habe den Vertrag gelöst, und erklärte ferner, daß ihm nichts anderes übrig bleibe, als die Herausgabe des Jahrbuchs in andere Hände zu legen. Der Kläger widersprach, bot nochmals die Handschrift für das nächste Heft an und bestand auf Erfüllung des Vertrags vom 17. November 1917.

Während des Jahres 1923 erschien das Jahrbuch nicht. Der in der Reihe fällige Jahrgang 47 kam, herausgegeben von Professor Sp., im Jahre 1924 im Verlag des Beklagten heraus. Die weiterhin erschienenen Hefte bezeichnen gleichfalls Professor Sp. als alleinigen Herausgeber.

Der Kläger verlangt, daß der Beklagte verurteilt werde, Schmollers Jahrbuch fürder nicht ohne seine Zustimmung erscheinen zu lassen. Das Landgericht hat die Klage abgewiesen, das Oberlandesgericht die Berufung des Klägers zurückgewiesen. Die Revision des Klägers hatte keinen Erfolg.

Aus den Gründen:

1. Der Kläger gründet seinen Unterlassungsanspruch auf den Vertrag, den er und Sp. unterm 30. Oktober/17. November 1917 mit dem Beklagten über die Herausgabe des Jahrbuchs geschlossen

haben. Herausgeberverträge können je nach Zweck, Umständen und besonderem Inhalt von sehr verschiedenem rechtlichen Wesen sein (RGZ. Bd. 113 S. 71). Dem Berufungsgericht ist darin beizustimmen, daß der vorliegende Vertrag zwischen dem Verleger auf der einen und den beiden Gelehrten auf der anderen Seite ein aus Verlags-, Werk- und Dienstvertrag gemischtes Rechtsverhältnis begründet hat. Besteht ein Schriftwerk, wie die einzelnen Hefte des Jahrbuchs, aus getrennten Beiträgen mehrerer, so wird für dieses Sammelwerk als Ganzes der Herausgeber als Urheber angesehen (§ 4 LitUrhG.). Der Herausgeber wiederum überläßt das Werk dem Verleger zur Vervielfältigung und Verbreitung (§ 1 VerlagsG.). Ein gleiches geschieht mit den vom Herausgeber selbst verfaßten Arbeiten, die als Beiträge in die Zeitschrift aufgenommen werden. Der Herausgeber oder, wie es gleichbedeutend im Vertrag heißt, Schriftleiter hat als solcher Beziehungen zu gewissen Fachkreisen anzuknüpfen und zu pflegen, für den abschnittweise wiederkehrenden Bedarf der Zeitschrift vorzusorgen. Er hat Stoff zu beschaffen, zu prüfen, zu sammeln, etwa nötige Änderungen zu veranlassen. Das als geeignet Angenommene muß er zusammenstellen, auch Anfertigung von Arbeiten anregen, Besprechungen vergeben. Überwachung, Durchsicht, Stoffordnung, Schriftwechsel fordern von ihm die mannigfaltigste Tätigkeit. Neben der des Urhebers liegen darin höhere Dienste verschiedener Art, zum Teil auch Herbeiführung von Arbeitsergebnissen wie bei einem Werke, sodaß sich mit den hier vorherrschenden Eigenschaften eines Verlagsvertrags Züge des Dienst- und des Werkvertrags, auch der Geschäftsbesorgung verbinden (§§ 611 flg., 631 flg., 675 BGB.). Die zwischen Herausgebern und Verleger begründete Gemeinsamkeit des vertraglich von ihnen allen zu fördernden Zweckes legt den Gedanken nahe, ob in gewissem Maße nicht außerdem Grundsätze der Gesellschaft (§§ 705 flg. BGB.) anzuwenden sind.

Zutreffend hebt das Berufungsgericht hervor, daß bei der Beurteilung des vertraglich begründeten Rechtsverhältnisses vornehmlich der in der Vertragsurkunde ausgesprochene oder sonstwie ersichtliche Wille der Beteiligten zur Zeit des Abschlusses zu beachten ist. Danach entscheidet sich auch, welche gesetzlichen Regeln, sei es des Verlagsrechts sei es des allgemeinen bürgerlichen Rechts, angewandt werden müssen....

Das Berufungsurteil erachtet im Einklang mit dem Landgericht das gemeinsame Wirken der beiden Herausgeber nach übereinstimmendem Parteiwillen für so wesentlich, daß es folgert: Durch Sp.'s Ausscheiden sei der gewollte Vertragszweck unerreichbar geworden; die vom Kläger als alleinigem Herausgeber gewährbare Leistung sei etwas wesentlich anderes als jene, die vertraglich von beiden Herausgebern kraft gemeinsamer Arbeit habe geboten werden sollen. Darum habe der Beklagte vom Vertrag zurücktreten können, weil die Leistung nicht von der vertragsmäßig bedungenen Beschaffenheit gewesen sei (§ 31 Abs. 1 mit § 30 Abs. 1 VerlagsG.). Die in der Regel erforderliche Fristsetzung (§ 30 Abs. 1) sei hier entbehrlich gewesen, weil Sp. aus wichtigen, sein Verhalten rechtfertigenden Gründen die weitere Mitwirkung versagt habe, eine gemeinsame Tätigkeit — allenfalls mit Rechtszwang wider ihn — also nicht hätte herbeigeführt werden können (§ 30 Abs. 2 mit § 31 Abs. 1 VerlagsG.). (Wird näher dargelegt.)

2. Die Auffassung des Berufungsgerichts vom übereinstimmenden Willen der Beteiligten beim Vertragsschluß wird durch ihr späteres Verhalten, namentlich gegenüber den andauernden Meinungsverschiedenheiten, bestätigt.

a) Hierbei ist die rechtliche Beurteilung des Verhältnisses der Herausgeber zueinander wesentlich. In den vom Kläger beigebrachten Gutachten hervorragender Rechtslehrer (Zitelmann, Ernst Heymann, Julius von Gierke) wird mehr oder minder eingehend die Ansicht vertreten, daß es sich schlichtweg um ein Gesamtschuldverhältnis handle (§§ 421 flg., 431 BGB.). Gutachten anderer namhafter Gelehrter (Allfeld, Wilhelm Kisch, Hans Dölle) nehmen an, daß unter den beiden Herausgebern ein Gesellschaftsverhältnis begründet worden sei (§§ 705 flg. BGB.).

Das angefochtene Urteil würdigt den Streitstoff, zumal den umfänglichen Schriftwechsel, ohne Verletzung von Auslegungsregeln im Sinne der zweiten Ansicht. (Wird dargelegt.) War also die Tätigkeit, welche der Kläger allein weiter ausüben will und kann, etwas anderes als die, welche der Verlag nach dem Vertrag von ihm und Sp. gemeinsam zu beanspruchen hat, dann ist dem Beklagten genügender Grund gegeben, um auch dem Kläger gegenüber vom Vertrag zurückzutreten; denn die Grundlagen dieses Vertrags haben sich verändert und seine Ausführung ist unmöglich geworden (vgl. § 723 Abs. 1 Satz 2 und 3, Abs. 2 BGB.).

b) Die vom Kläger aus dem weiteren Vertragsinhalt hergeleiteten Bedenken gegen diese Auslegung und ihre Folgerungen greifen nicht durch. (Wird dargelegt.)

3. Das Berufungsgericht bejaht die Frage, ob Sp. berechtigt gewesen sei, aus der Mitherausgeberschaft auszuscheiden, weil man ihm fernere Mitwirkung nicht habe zumuten können. Und folgerichtig nimmt es an, der Beklagte sei unter den vorliegenden Umständen nicht befugt gewesen, ihn zu weiterer Tätigkeit anzuhalten.

a) Zunächst untersucht es, ob und wie das Gesellschaftsverhältnis der beiden Herausgeber zueinander aufzulösen sei. Die allgemeine Vorschrift, wonach eine nicht für bestimmte Zeit eingegangene Gesellschaft von jedem Gesellschafter jederzeit (nur nicht zur Unzeit) gekündigt werden kann (§ 723 BGB.), erscheint ihm nicht schlechtweg anwendbar. (Wird ausgeführt.) Diese Darlegungen sind nicht zu beanstanden; sie werden der besonderen Lage des gegenwärtigen Streitfalls gerecht. Auf hier nicht anwendbare Folgen aus allgemeinen Gesetzesregeln (z. B. § 6 mit § 4 LitUrhG., Gemeinschaft nach Bruchteilen) braucht darum ebensowenig eingegangen zu werden wie auf grundsätzliche Zweifelsfragen, die sich sonst an die gemeinsame Herausgeberschaft mehrerer knüpfen.

b) Zutreffend nimmt aber das Berufungsgericht an: Bei wissenschaftlichen Arbeiten wie der vorliegenden müsse es als wichtiger und somit hinreichender Grund zur Auflösung der Herausgebergesellschaft angesehen werden, wenn dem einen Gesellschafter durch ungünstige Entwicklung der Beziehungen zu dem anderen die Weiterarbeit dergestalt verleidet werde, daß man sie ihm vernünftigerweise nicht fürder zumuten könne. Wie näher dargelegt wird, ist das hier der Fall. Professor Sp. war danach zu seiner außerordentlichen Kündigung der Gesellschaft durch Brief vom 13. August 1922 befugt (§ 723 Abs. 1 Satz 2, Abs. 3 BGB.). Ob ordentliche Kündigung, wie das Oberlandesgericht erwägt, in entsprechender Anwendung der für Dienstverträge geltenden Regeln (§ 624 BGB.) zuzulassen wäre, braucht nicht erörtert zu werden, weil die Voraussetzungen der außerordentlichen jedenfalls gegeben sind.

Die persönlichen und für ersprießliche Mitherausgeberschaft nötigen Beziehungen zwischen dem Kläger und Sp. haben sich, wie das Berufungsurteil namentlich im Anschluß an den Schriftwechsel feststellt, im Laufe der Jahre ungünstig entwickelt. (Wird im einzelnen dargelegt.) Dem Schriftwechsel entnimmt das Berufungsgericht die eingestandene Erkenntnis beider Herausgeber, daß es bei ihren gespannten Beziehungen unmöglich sei, die gemeinschaftliche Schriftleitung des Jahrbuchs fortzuführen. (Es folgen weitere Einzelheiten.) Die lähmende, zermürbende Wirkung solchen Zwistes liegt zutage. Völlig einleuchtend hält darum das Berufungsgericht seine bereits in anderem Zusammenhang getroffene Feststellung üblen Einflusses auf das Unternehmen aufrecht. Zwar habe gelegentlich der Kläger persönlich erklärt, durch die persönlichen Unstimmigkeiten der Herausgeber habe das Jahrbuch keinen Schaden genommen. Das möge richtig sein. Gleichwohl sei in immer steigendem Maße die Gefahr erwachsen, daß durch mangelnde Anpassung der Herausgeber aneinander die Zeitschrift wirklich geschädigt werde; mindestens daß die Möglichkeiten, sie zu befruchten und weiter zu entwickeln, nicht genügend ausgenützt würden, Möglichkeiten, die durch Bestellung zweier Herausgeber bei richtigem Zusammenwirken bestünden. Solche Gefahr schon rechtfertigt Abhilfe, besonders in schwankenden Zeiten wirtschaftlicher Bedrängnis, womöglich vorbeugende Abhilfe, solange es nicht zu spät ist. Mit Recht folgert darum das Berufungsgericht: Die Besorgnis um die Entwicklung des Jahrbuchs gab jedem der beiden Herausgeber das Recht, von der gemeinsamen Zusammenarbeit zurückzutreten, also das Gesellschaftsverhältnis zu kündigen. Grundlos wird das von der Revision bemängelt, weil noch kein wirklicher Schaden (erwiesene Verschlechterung der Zeitschrift) entstanden sei.

Ob der eine oder der andere Herausgeber oder keiner von beiden an dem eingetretenen Mißstand allein oder überwiegend Schuld trage, läßt das Berufungsgericht als belanglos dahingestellt. . . . Es nimmt mit Recht an, daß der tatsächliche Zustand vereitelter Wirkungsmöglichkeit den wichtigen Grund abgibt, aus dem die Befugnis außerordentlicher Kündigung erwächst (WarnRspr. 1916 Nr. 49). Die Kündigung des Gesellschaftsverhältnisses durch Sp.'s Brief vom 13. August 1922 war also berechtigt; sie beendigte die Gesellschaft der beiden Herausgeber zum Schlusse des Jahres 1922 (§ 723 BGB.).

4. Auch das durch Vertrag vom 30. Oktober/17. November 1917 begründete Rechtsverhältnis zwischen Herausgebern und Verlag ist aufgelöst worden.

a) Weil, wie dargelegt, die vom Kläger und Sp. gemeinschaftschaftlich übernommene Herausgeberschaft von Schmollers Jahrbuch dem Vertrag wesentlich war, so wurde die bedungene Leistung der Herausgeber durch Sp.'s Ausscheiden und die damit vollzogene Auflösung der Herausgebergesellschaft unmöglich. (Das Vorbringen des Klägers und der Revision hierzu wird näher erörtert.)

b) Überdies nimmt das Berufungsgericht mit Recht an: Die aus tiefgehender Verstimmung und Meinungsverschiedenheit unter den Herausgebern entstandene ernstliche Gefahr für die weitere Entwicklung des Jahrbuchs berechtigte sowohl die Herausgeber als den Verleger zum Rücktritt vom Herausgebervertrag. Sp.'s Brief vom 13. August 1922 enthält inhaltlich nicht bloß die Kündigung des Gesellschaftsverhältnisses zum Kläger, sondern vermöge des ausdrücklichen Hinweises, daß der Herausgebervertrag („Verlagsvertrag") damit aufgelöst werde, zugleich den Rücktritt von diesem. Die Rechtsgrundlage dafür bietet nicht nur eine entsprechende Anwendung der §§ 31, 30 VerlG., sondern schon ohne sie der aus § 242 BGB. zu entnehmende Leitsatz für Auslegung, Erfüllung und Lösung der Verträge.

Der Herausgebervertrag war damit völlig aufgelöst auch zwischen dem Kläger und dem Beklagten. Denn war der Beklagte wegen tiefgehenden, unausgleichbaren Zerwürfnisses unter den Herausgebern berechtigt, von diesem Vertrag, beiden gegenüber, zurückzutreten, so bedurfte es seines besonderen Rücktritts nicht, wenn er bereits auf Sp.'s Rücktritt hin der vollständigen Aufhebung gewiß war. (Wird ausgeführt.) Den Willen, am Herausgebervertrag von 1917 nicht weiter festzuhalten, also ihn (wenn es noch nicht geschehen) aufzuheben und den Rücktritt zu erklären, hat der Beklagte dem Kläger hinlänglich kundgetan. Das aber entscheidet. (Es folgen Einzelheiten dazu.) Rücktrittsgrund war, daß infolge des durch dauernde, schwere Mißhelligkeiten begründeten Ausscheidens von Sp. die Herausgebertätigkeit keine gemeinsame mehr sei, künftig es auch nicht sein könne, mithin der vertraglichen Beschaffenheit ermangle, auch Sp.'s Wiederbeteiligung nicht erzwingbar sei (§ 31 Abs. 1 mit § 30 Abs. 1 und 2 VerlagsG.). . . .

c) Die Erklärungen des Beklagten in den Briefen vom 28. Dezember 1922 und 6. Januar 1923 lassen sich nach tatsächlichen Unterlagen, Beweggrund und Zweck ebensowohl als außerordentliche

Kündigung eines Gesellschaftsverhältnisses aus wichtigem Grunde kennzeichnen (§ 723 BGB.). Wie schon angedeutet, können einem Herausgebervertrag auch gesellschaftsartige Züge anhaften. Besteht das Wesen des Gesellschaftsvertrags darin, daß die Gesellschafter sich gegenseitig verpflichten, die Erreichung eines gemeinsamen Zwecks in der durch den Vertrag bestimmten Weise zu fördern, insbesondere die vereinbarten Beiträge zu leisten (§ 705 BGB.), so sind an dem Herausgebervertrag vom 17. November 1917 mindestens in gewissen für seine rechtliche Beurteilung wichtigen Stücken die Merkmale eines Gesellschaftsvertrags nachzuweisen, wenn er auch keineswegs in einem solchen Vertrag aufgeht. Unverkennbar ergibt sich gerade im vorliegenden Falle der durch Forterhaltung von Schmollers Jahrbuch bestimmte gemeinsame Zweck, dessen Erreichung die beiden Herausgeber und der Verleger in der vertraglich vorgesehenen Weise zu fördern sich verpflichteten, aus folgendem: Der Beklagte als Inhaber eines Verlagshauses, bei dem die weiterhin zu versorgende Zeitschrift damals schon 46 Jahre lang, und zwar 36 Jahre unter Gustav Schmollers Leitung, erschienen war; beide Herausgeber als angesehene Volkswirtschaftslehrer, deren einer sich als vertrauter Gehilfe und Freund Schmollers zum Treuhänder des Jahrbuchs besonders berufen fühlte, während der andere als ein in Wissenschaft und Beruf zeitig zu hohem Ansehen gelangter, durch ehrende Aufträge mannigfach ausgezeichneter Mann dem Unternehmen besondere Bürgschaft ferneren Gedeihens zu geben schien. Alle drei Beteiligten sagten vereinbarte Beiträge zu: Die Herausgeber in Gestalt der bereits nach Art und mannigfaltiger Verschiedenheit bezeichneten Leistungen (Dienste, Werke, Geschäftsbesorgungen, Urheberrechtsübertragungen); der Verleger durch Gewährungen, unter denen sich die Deckung der Herstellungskosten für die Zeitschrift und die Vergütungen für beide Herausgeber befanden. Wie fast alle gesetzlichen Bestimmungen über den Gesellschaftsvertrag nachgiebiges Recht sind, so kann z. B. der Eintritt personenrechtlicher Gemeinschaft ganz wegbedungen werden, sodaß weder gesamte Hand noch Gesellschaftsvermögen entsteht (RGU. I 140/05 vom 11. Oktober 1905 in Seuff.Arch. Bd. 61 Nr. 107; RGZ. Bd. 73 S. 287, Bd. 80 S. 269; JW. 1909 S. 656 Nr. 6.) Also schließt es die Anwendung der Gesetzesregeln über den Gesellschaftsvertrag nicht aus, wenn der vorliegende Herausgebervertrag nichts von Entstehung eines Gesellschaftsvermögens erwähnt, auch keine ausdrücklichen Bestimmungen trifft, wonach die drei Beteiligten in gewissem Umfang nur zu gesamter Hand verfügen könnten. Die gesellschaftlichen Züge tragen zum Gepräge des gegenwärtigen Herausgebervertrags so wesentlich bei, daß es sich rechtfertigt, auf ihn, soweit es dem Zweck entspricht, gesellschaftsrechtliche Vorschriften anzuwenden. Wurde das Einvernehmen der beiden Herausgeber so nachhaltig gestört, daß eine Wiederherstellung ausgeschlossen und damit die notwendige Grundlage vertraglichen Zusammenwirkens in gemeinsamer Herausgeberschaft weggefallen ist, so gebietet die vernünftige, den Verkehrszwecken genügende Vertragsauslegung, daß dem Verleger ermöglicht werde, das unhaltbar gewordene Vertragsverhältnis zu lösen. Dies namentlich dann, wenn die Fortsetzung mit dem einen Herausgeber den Verleger der Gefahr aussetzt, daß der andere dem Versuch, als einer Zuwiderhandlung gegen den auf Lebenszeit der Herausgeber eingegangenen Vertrag, widerspreche; wenn ferner die Fortsetzung des Unternehmens, dem der bisherige Vertrag dienen sollte, nicht auf dessen Grundlage, sondern nur auf einer neuen möglich erscheint. Da gerade die im gemeinsam verfolgten Zwecke hervortretenden rechtlichen Züge denen eines Gesellschaftsverhältnisses entsprechen, so ergibt sich für eine Lage wie die gegenwärtige die Anwendung der Vorschriften über die Kündigung einer Gesellschaft aus wichtigem Grunde (§ 723 BGB.). Daß in den andauernden, ernstlichen, nicht mehr zu behebenden Meinungsverschiedenheiten der beiden Herausgeber ein solcher Grund für den Beklagten gegeben war, bedarf nach dem an anderer Stelle über die hemmende, lähmende Wirkung des Zerwürfnisses und über die aus ihm erwachsende Gefahr Bemerkten keiner Ausführung mehr. Die Kündigung konnte fristlos erfolgen, schon weil, wie gleichfalls dargelegt, eine vertragliche Herausgeberleistung unter den geschilderten Umständen nicht mehr möglich war (§ 723 Abs. 1 Satz 3 BGB.).

5. Dem Berufungsgericht ist endlich darin beizustimmen, daß es den vom Kläger gegen den Beklagten erhobenen Vorwurf der Arglist für unbegründet erklärt und dazu ausführt: Bei dem das Jahrbuch gefährdenden Zwiespalte der Herausgeber hätte der Beklagte sich durch Rücktritt vom Herausgebervertrag auch dem Kläger gegenüber seiner vertraglichen Verpflichtungen entledigen können. Er

habe also nicht arglistig gehandelt, wenn er das Ausscheiden Sp.'s zu dem gleichen rechtlichen Erfolg und zugleich zur künftigen Sicherung der gefährdeten Zeitschrift durch neuen Herausgebervertrag benutzte. Es könne ihm nicht verwehrt werden, schon vor der Erklärung, welche die Beendigung des im Herbst 1917 begründeten Vertragsverhältnisses entschied, für die Weiterführung des Jahrbuchs über jenen Zeitpunkt der Beendigung hinaus Vorsorge zu treffen; dies auch dann nicht, wenn es durch Einigung mit Sp. über dessen künftige Alleinherausgeberschaft geschehen sein sollte. Er habe ja das Recht zu Kündigung oder Rücktritt gegenüber dem Kläger sich nicht erst durch eine gegen Treu und Glauben verstoßende Handlungsweise verschaffen müssen. Nur gegen nachteilige Wirkungen, die mit plötzlichem Aufhören des Vertragsverhältnisses eintreten könnten, habe er sich vorbeugend geschützt, um nicht unverwahrt überrascht zu werden. Damit sei nichts anderes geschehen, als was der Kläger ein Jahr früher mit seinen Briefen vom 23. und 27. Juli 1921 angeregt hatte. Diese Beurteilung verstößt nicht gegen Rechtsgrundsätze. Sie darf um so weniger beanstandet werden, als Sp. dem Kläger wiederholt in aller Offenheit brieflich angedeutet hatte: dem Andenken Schmollers fühle er sich verpflichtet, die Fortführung des Jahrbuchs in dessen Sinne zu sichern; seinen gegenwärtigen Einfluß auf die Zeitschrift habe er nur gegen die Zusage des Verlags aufgegeben, die Neuregelung nicht ohne seine Zustimmung vorzunehmen. . . .

---

72. Darf das Vormundschaftsgericht die Rechtshilfe eines auswärtigen Amtsgerichts dafür in Anspruch nehmen, daß dieses den volljährig gewordenen Mündel über Verzicht auf Schlußrechnung und Entlastung des Vormunds vernimmt?

FGG. § 2. GVG. §§ 15o, 159. BGB. §§ 1890, 1892.

IV. Zivilsenat. Beschluß v. 6. Januar 1927 i. S. Sch. Vormundschaft. IV B 75/26.

I. Amtsgericht Frankfurt a. M.
II. Oberlandesgericht daselbst.

Die Frage wurde bejaht aus nachfolgenden, den Sachverhalt ergebenden

Gründen:

Nach Eintritt der Volljährigkeit des Mündels, dem in Erbengemeinschaft mit drei älteren Schwestern ein kleines von den Eltern ererbtes Grundvermögen gehört, zeigte der Vormund im Anschluß an frühere Berichte dem Vormundschaftsgericht an, daß das Grundvermögen öffentlich verpachtet, der Pachterlös von 112 RM unter die vier Geschwister gleichmäßig verteilt und der auf den Mündel entfallende Anteil von 28 RM für Kleider und Schuhe verwendet worden sei. Er beantragte, den Mündel, der in Frankfurt a. M. in Stellung sei, über Entlastung zu hören. Das Vormundschaftsgericht ersuchte daraufhin das Amtsgericht in Frankfurt a. M., den bisherigen Mündel über Verzicht auf Schlußrechnung und Entlastung des Vormunds zu hören. Das ersuchte Gericht lehnte das Ersuchen als seinem Inhalt nach unzulässig ab. Das ihm übergeordnete, vom Vormundschaftsgericht angerufene Oberlandesgericht billigte die Ablehnung.

Hiergegen richtet sich die Beschwerde des Vormundschaftsgerichts. Sie ist nach § 2 FGG. in Verbindung mit § 159 Abs. 1 GVG. zulässig, erweist sich auch als begründet. Allerdings kann von Rechtshilfe im Sinne des § 2 FGG. und der dort angezogenen §§ 158flg. GVG. nur die Rede sein, wenn das Ersuchen eine Amtshandlung betrifft, zu deren unmittelbarer Vornahme das ersuchende Gericht an sich berechtigt wäre und die es nur aus Zweckmäßigkeitsgründen einem anderen Gericht überträgt (RGZ. Bd. 67 S. 419; WarnRspr. 1913 Nr. 119; RGSt. Bd. 20 S. 103, Bd. 46 S. 176). Die Berechtigung des Vormundschaftsgerichts, den Mündel nach Eintritt seiner Volljährigkeit über die beiden im vorliegenden Ersuchen bezeichneten Angelegenheiten zu hören, ist aber von den Vorinstanzen zu Unrecht verneint.

1. Nach § 1890 BGB. hat der Vormund nach der Beendigung seines Amtes dem Mündel, wenn er Vermögen von ihm verwaltet hat, über die Verwaltung Rechenschaft abzulegen. Die danach zu legende Rechnung soll gemäß § 1841 Abs. 1 BGB. eine geordnete Zusammenstellung der Einnahmen und Ausgaben enthalten, über den Ab- und Zugang des Vermögens Auskunft geben und, soweit Belege erteilt zu werden pflegen, mit Belegen versehen sein. Dabei

kann auf eine während der Dauer der Vormundschaft bereits gelegte Rechnung, vorbehaltlich der etwa nötig gewordenen Vervollständigung oder Berichtigung, Bezug genommen werden. Nach § 1892 BGB. hat das Vormundschaftsgericht die ihm einzureichende Rechnung rechnungsmäßig und sachlich zu prüfen und ihre Abnahme durch Verhandlung mit den Beteiligten zu vermitteln; soweit die Rechnung als richtig anerkannt wird, hat es das Anerkenntnis zu beurkunden. Eine förmliche, dem § 1841 Abs. 1 entsprechende Schlußrechnung ist im vorliegenden Falle nicht gelegt. Auf eine solche braucht aber auch nicht in allen Fällen gedrungen zu werden. Die Vermögensverwaltung des Vormunds kann im einzelnen Falle so unbedeutend, einfach und durchsichtig gewesen sein, daß die Annahme nahe liegt, der volljährig gewordene Mündel werde, wenn ihm die Vormundschaftsakten vorgelegt und mit ihm durchgegangen werden — vielleicht schon zur Befreiung des Vormunds von unnützem Schreibwerk — auf eine förmliche Schlußrechnung verzichten. Auf einen derartigen Verzicht in geeigneten Fällen hinzuwirken, steht im Ermessen des Vormundschaftsgerichts. An Stelle der ihm sonst obliegenden Vermittlung der Abnahme der Schlußrechnung hat es dann den Mündel in der angegebenen Weise an Hand der Akten über den Stand der Vermögensverwaltung aufzuklären, und an Stelle der sonst gegebenenfalls vorzunehmenden Beurkundung, daß die Richtigkeit der Rechnung anerkannt werde, hat es den etwaigen Verzicht auf die Schlußrechnung zu beurkunden. Dies liegt im Rahmen der Aufgaben des Vormundschaftsgerichts; es kann demgemäß auch, wie es im vorliegenden Falle durch das Ersuchen um Anhörung des Mündels über Verzicht auf Schlußrechnung geschehen ist, hierzu die Rechtshilfe in Anspruch nehmen (vgl. Schlegelberger FGG. § 2 Anm. 11 S. 34). Ob der vorliegende Fall zu den „geeigneten" Fällen im Sinne der vorstehenden Darlegung gehört, ist vom ersuchten Gericht und den ihm übergeordneten Instanzen nicht zu prüfen.

2. Zweifelhafter ist die in der Rechtsprechung und im Schrifttum umstrittene, u. a. von Schlegelberger (a. a. O.) und dem Kammergericht (KGJ. Bd. 51 S. 42) verneinte, von den Oberlandesgerichten Darmstadt, Kiel und Hamburg (OLG. Bd. 21 S. 191, Bd. 35 S. 383, Bd. 44 S. 179) bejahte Frage, ob das Vormundschaftsgericht berechtigt ist, eine Erklärung des Mündels über

eine allgemeine Entlastung des Vormunds herbeizuführen. Das Kammergericht, auf das sich die Vorinstanzen berufen, gründet seine Entscheidung auf die Gesetzesgeschichte. Während die bis zum Inkrafttreten des deutschen Bürgerlichen Gesetzbuchs in Geltung gewesenen Landesgesetze den bisherigen Mündel regelmäßig verpflichteten, dem Vormund über treu und richtig geführte Vormundschaft Entlastung zu erteilen, so insbesondere die preußische Vormundschaftsordnung vom 5. Juli 1875 § 69 Abs. 2, ist eine solche Bestimmung in das Bürgerliche Gesetzbuch nicht aufgenommen. Man hat die Aufnahme nach den Motiven (Bd. 4 S. 1188, 1189) einerseits mit Rücksicht auf die dem Vormunde (nach § 256 ZPO.) offenstehende Möglichkeit einer Feststellungsklage als entbehrlich angesehen; und man hat es anderseits für bedenklich erachtet, den Mündel zu zwingen, sich im Wege eines Rechtsgeschäfts (negativen Anerkennungsvertrags, § 397 Abs. 2 BGB.) einer ihm günstigen Rechtsstellung zu begeben, ohne daß er vielleicht zurzeit über alle Punkte der Verwaltung des Vormunds genügend unterrichtet sei. Es ist danach richtig, daß im geltenden bürgerlichen Recht dem Vormund ein Anspruch gegen den Mündel auf Entlastung absichtlich versagt ist. Eine freiwillige Erklärung des volljährig gewordenen Mündels darüber, ob er dem bisherigen Vormund Entlastung erteile oder inwieweit er gegen die Führung der Vormundschaft Ausstellungen erhebe, ist nach wie vor zulässig und in vielen Fällen nicht nur für den Mündel ungefährlich, sondern auch einer im beiderseitigen Interesse liegenden gedeihlichen Abwicklung der Vormundschaft dienlich. Das Vormundschaftsgericht ist daher berechtigt, in den sich nach seiner Meinung dazu eignenden Fällen, insbesondere wenn es, wie hier, vom Vormund darum angegangen wird, die Abgabe einer Erklärung des Mündels über die Entlastung zu vermitteln. Vernimmt es den Mündel zu diesem Zwecke, so betätigt es sich im Rahmen vormundschaftsgerichtlicher Befugnisse. Daß es in das Belieben des zu Vernehmenden gestellt ist, ob er die in Rede stehende Erklärung abgeben will oder nicht, steht weder der Entfaltung eigener Tätigkeit durch das Vormundschaftsgericht noch der Übertragung dieser Tätigkeit auf ein anderes Gericht entgegen (RGZ. Bd. 69 S. 271). Die Zweckdienlichkeit der Anhörung des bisherigen Mündels ist auch insoweit von dem ersuchten Gericht und den ihm übergeordneten Instanzen nicht zu prüfen.

Das vorliegende Rechtshilfeersuchen ist hiernach in seinen beiden Teilen unter dem Begriff der Rechtshilfe nicht zu beanstanden. Noch weniger kann gesagt werden, daß die vorzunehmende Handlung nach dem Rechte des ersuchten Gerichts verboten sei (§ 158 Abs. 2 GVG.).

73. Ist eine Zuständigkeitsbestimmung aus § 36 Nr. 3 ZPO. noch zulässig, wenn die Klage bereits erhoben ist?

IV. Zivilsenat. Beschl. v. 21. März 1927 i. S. G. W. G.m.b.H. (Kl.) w. F. u. Gen. (Bekl.). IV GB. 100/27.

Für die Klage der Antragstellerin gegen die beiden Antragsgegnerinnen, von denen die eine in Leipzig, die andere in Coburg ihren allgemeinen Gerichtsstand hat, ist durch einen früheren Beschluß des Reichsgerichts dem Antrage gemäß das Landgericht Coburg als zuständiges Gericht bestimmt worden. Dem Beschluß ist die Einschränkung beigefügt, die Bestimmung geschehe nur unter der die Anwendbarkeit des § 36 Nr. 3 ZPO. bedingenden Voraussetzung, daß die Klage noch nicht zugestellt sei. Gegen diese Einschränkung wendet sich jetzt die Klägerin mit der Begründung: Die Klage habe zur Wahrung einer Anfechtungsfrist unverzüglich zugestellt werden müssen. Die Bestimmung aus § 36 Nr. 3 ZPO. sei auch noch nach der Klagezustellung bis zu der (in dieser Sache noch ausstehenden) ersten mündlichen Verhandlung zulässig.

Die Gegenvorstellung wurde zurückgewiesen.

Gründe:

Für den Fall, daß mehrere Personen, die bei verschiedenen Gerichten ihren allgemeinen Gerichtsstand haben, als Streitgenossen im allgemeinen Gerichtsstand verklagt werden sollen, verweist § 36 Nr. 3 ZPO. im Gegensatz zu einigen früheren Landesrechten, die in solchem Falle dem Kläger ein Wahlrecht zugestanden, auf den Weg der Bestimmung des zuständigen Gerichts durch das im Instanzenzug zunächst höhere Gericht. Voraussetzung für diese Bestimmung ist schon nach dem Wortlaut des Gesetzes, daß die mehreren

Personen verklagt werden sollen, also noch nicht verklagt worden sind. Dafür, daß nach der Erhebung der Klage, auch nur gegen eine der Personen, die Bestimmung nicht mehr stattfindet, sprechen auch innere Gründe: einmal die Erwägung, daß der Kläger der freien, rein aus Zweckmäßigkeitsgründen zu treffenden Entscheidung des höheren Gerichts, welches von mehreren Gerichten zu bestimmen sei, nicht vorgreifen darf, und sodann die Erwägung, daß der bei einem unzuständigen Gericht verklagten Partei die ihr erwachsene prozeßhindernde Einrede der Unzuständigkeit des Gerichts nicht durch einen Eingriff des höheren Gerichts in den anhängigen Rechtsstreit genommen werden darf. Aus diesen Gründen hat es das Reichsgericht seit Jahrzehnten in feststehender Rechtsübung abgelehnt, in einem bereits anhängigen Rechtsstreit noch eine Bestimmung aus § 36 Nr. 3 ZPO. auszusprechen, so in den Beschlüssen vom 30. Januar 1902 (PosMSchr. Bd. 5 S. 33) und vom 1. Mai 1916 (LZ. 1916 Sp. 1009 Nr. 15). Dieselbe Auffassung herrscht im Schrifttum (Stein-Jonas Bem. III zu Nr. 3 des § 36; Förster-Kann Bem. 3c zu § 36 ZPO.) und in der Praxis der Landesgerichte (BayrObLG. in Zivils. Bd. 21 S. 309, KG. in OLG. Bd. 15 S. 65, OLG. Karlsruhe in BadRPr. 1920 S. 137). Auch Sydow-Busch-Krantz, auf die sich die Antragstellerin beruft, nehmen in Anm. 5 zu § 36 ZPO. denselben Standpunkt ein. Die von der Antragstellerin angezogene Stelle in Anm. 1 das. betrifft, ebenso wie das dort angeführte Urteil des Reichsgerichts vom 28. Dezember 1904 (JW. 1905 S. 148 Nr. 31), die ganz andere Frage, ob eine Zuständigkeitsbestimmung, die das höhere Gericht trotz Anhängigkeit des Rechtsstreits vorgenommen hat, für das Prozeßgericht bindend und unter diesem Gesichtspunkt geeignet ist, eine bei Zustellung der Klage vorhandene Unzuständigkeit zu heilen. Bei dieser Frage handelt es sich darum, ob das als zuständig bestimmte Gericht zur Nachprüfung des bestimmenden Beschlusses auf seine Rechtmäßigkeit befugt ist (vgl. darüber Sydow-Busch-Krantz Anm. 3 zu § 37), nicht wie hier darum, ob die in einem anhängigen Rechtsstreit ergehende Bestimmung rechtmäßig sein würde.

Die Antragstellerin hätte daher, wenn für die Klage gegen die beiden Antragsgegnerinnen kein gemeinschaftlicher besonderer Gerichtsstand begründet war und wegen bevorstehenden Ablaufs der

Klagefrist[1]) die Bestimmung eines gemeinschaftlichen Gerichts des allgemeinen Gerichtsstands vor der Klagerhebung nicht mehr eingeholt werden konnte, gegen jede der beiden Antragsgegnerinnen bei dem für sie an sich zuständigen Gericht eine besondere Klage erheben sollen.

---

74. Ist der Verzicht auf den Scheidungsanspruch auch dann zulässig, wenn der Gegner in der Vorinstanz bereits die Mitschuldigerklärung der anderen Partei erreicht hatte?

ZPO. §§ 306, 271, 617.

VII. Zivilsenat. Urt. v. 6. Januar 1927 i. S. Ehefr. K. (Bekl.) w. Ehem. K. (Kl.). VII 7/26.

I. Landgericht Cassel.
II. Oberlandesgericht daselbst.

Der Kläger hat Klage, die Beklagte Widerklage auf Scheidung der Ehe erhoben. Das Landgericht hat unter Abweisung der Klage die Ehe auf die Widerklage geschieden und den Kläger für den schuldigen Teil erklärt. Hiergegen hat der Kläger Berufung eingelegt und zwar zunächst unbeschränkt, dann aber nur beantragt, die Beklagte für mitschuldig an der Scheidung zu erklären. Diesem Antrag hat das Oberlandesgericht entsprochen.

Gegen dieses Urteil richtet sich die Revision der Beklagten, deren anfänglicher, auf Verletzung des § 1568 BGB. gestützter Antrag dahin angekündigt war, daß die Berufung des Klägers gegen das landgerichtliche Urteil zurückgewiesen werde.

Vor dem ersten Verhandlungstermin in der Revisionsinstanz hat dann aber die Beklagte formgültig auf den von ihr geltend gemachten Scheidungsanspruch verzichtet. Ihr nunmehriger Revisionsantrag geht dahin, unter Aufhebung des angefochtenen Urteils den Rechtsstreit für erledigt zu erklären.

---

[1]) Hierbei mag auf die sehr häufig übersehene Vorschrift in § 210 BGB. über Wahrung der Frist durch Einreichung eines Gesuches nach § 36 ZPO. hingewiesen sein, die aber nur für Verjährungsfristen gilt. D. R.

Diesem Begehren hat der Kläger widersprochen und Zurückweisung der Revision verlangt. Das Reichsgericht hat die Widerklage für erledigt erklärt.

Gründe:

Der Verzicht eines Klägers auf den Scheidungsanspruch, mag dieser Anspruch im Wege der Klage oder der Widerklage verfolgt worden sein, ist unbedenklich auch bei Widerspruch des Gegners und selbst dann zulässig, wenn der Beklagte in der Vorinstanz bereits ein Urteil erlangt hatte, durch das der klagende Teil für mitschuldig an der Scheidung erklärt worden war. Denn der § 306 ZPO. erklärt den Verzicht des Klägers auf den Klaganspruch auch bei Widerspruch des Beklagten — anders bei der Klagerücknahme nach streitiger Verhandlung (§ 271 das.) — allgemein für zulässig. Der Verzicht hat nur die Wirkung, daß der Beklagte berechtigt ist, die Abweisung der Klage durch Urteil zu verlangen; ein solcher Antrag ist aber im vorliegenden Falle nicht gestellt. Von diesen allgemeinen Grundsätzen macht der § 617 ZPO. für Ehesachen keine Ausnahme. Eine solche gerade für Ehesachen wäre auch um so unverständlicher, als der Verzicht auf den Scheidungsanspruch die Aufrechterhaltung der Ehe und damit ein dem Gesetzgeber erwünschtes Ergebnis bezweckt, auch die Scheidung der Ehe gegen den Willen des Teiles, der die Scheidung zu verlangen berechtigt ist, niemals stattfinden darf. In der Rechtsprechung des Reichsgerichts ist denn auch die Zulässigkeit des Verzichts auf den Scheidungsanspruch ständig anerkannt worden, ebenso im Schrifttum. Sogar die Einlegung der Revision durch den Ehegatten, der vor dem Berufungsgericht mit seinem Scheidungsanspruch durchgedrungen ist und an sich durch das angefochtene Urteil nicht beschwert wäre, lediglich zum Zwecke der Rücknahme der Scheidungsklage wird vom Reichsgericht zugelassen.

Gegen den hier vorliegenden Verzicht der Beklagten auf den Scheidungsanspruch kann der Kläger auch daraus keine Bedenken herleiten, daß er zunächst unbeschränkt Berufung eingelegt und sich dabei seinen Berufungsantrag vorbehalten hatte. Denn er hat dadurch, daß er nur Mitschuldigerklärung der Beklagten beantragte, seine Berufung unzweideutig auf die Schuldfrage beschränkt und sich also bei der Abweisung seiner Scheidungsklage durch das Landgericht beruhigt. Diese Abweisung konnte allerdings vermöge des Grundsatzes der

Einheitlichkeit der Entscheidung nur zusammen mit der Entscheidung über die Widerklage der Frau rechtskräftig werden. Aber das ändert nichts daran, daß die Beklagte auf ihren Widerklaganspruch verzichten kann und daß der Kläger in der Revisionsinstanz, die nur die Gesetzmäßigkeit des Berufungsurteils zu prüfen hat, nicht auf seinen in der Berufungsinstanz nicht mehr aufrechterhaltenen Scheidungsanspruch zurückkommen kann. Dem Kläger zur Nachholung der im Berufungsverfahren versäumten Weiterverfolgung der Scheidungsklage Gelegenheit zu geben durch Aufhebung des Berufungsurteils und Zurückverweisung der Sache an das Berufungsgericht, dazu fehlt es an jeder gesetzlichen Unterlage.

---

75. 1. Ist die Erklärung des Beklagten, daß er anstatt des bisherigen Widerklagantrags auf Scheidung nur den Antrag stelle, die Klägerin für mitschuldig an der Scheidung zu erklären, als Zurücknahme der Widerklage oder als Verzicht auf den Scheidungsanspruch anzusehen?

2. Ist der Verzicht auf den Scheidungsanspruch trotz Widerspruchs des Gegners zulässig?

ZPO. §§ 617, 271, 306.

VII. Zivilsenat. Urt. v. 6. Januar 1927 i. S. Ehem. B. (Bekl.) w. Ehefr. B. (Kl.). VII 32/26.

I. Landgericht Leipzig.
II. Oberlandesgericht Dresden.

Die Klägerin hat Scheidung der Ehe aus § 1568 BGB. beantragt. Der Beklagte hat Abweisung der Klage beantragt und Widerklage erhoben mit dem Antrag, die Ehe zu trennen und die Klägerin für allein schuldig zu erklären. Das Landgericht hat unter Abweisung der Widerklage auf die Klage die Ehe geschieden und den Beklagten für schuldig erklärt. Dieser hat Berufung eingelegt und in der mündlichen Verhandlung vor dem Oberlandesgericht folgende zwei Anträge gestellt:

die Klägerin für mitschuldig an der Scheidung zu erklären, sowie unter Abweisung der Klage nach dem Widerklagantrag zu erkennen und die Klägerin für allein schuldig zu erklären.

In derselben mündlichen Verhandlung hat er erklärt, daß er sich bei der Scheidung auf die Klage beruhige und nur beantrage, die Klägerin für mitschuldig an der Scheidung zu erklären. Demgegenüber hat die Klägerin beantragt, die Berufung des Beklagten zurückzuweisen, und erklärt, daß sie der Zurücknahme der Widerklage widerspreche. Das Oberlandesgericht hat die Berufung zurückgewiesen. Die Revision des Beklagten führte zur Aufhebung des Berufungsurteils und zur Zurückverweisung der Sache in die Vorinstanz.

Gründe:

Mit Recht rügt die Revision, daß der Vorderrichter in rechtlich fehlsamer Weise den durch Eideszuschiebung vom Beklagten angetretenen Beweis für die Mitschuld der Klägerin nicht zugelassen habe.

Das angefochtene Urteil führt aus: Der Beklagte habe das landgerichtliche Erkenntnis im vollen Umfang angefochten, die Berufung aber, soweit sie sich gegen die Entscheidung zur Klage richtete, vor dem Beginn der mündlichen Verhandlung zulässigerweise zurückgenommen. Die weitere Erklärung des Beklagten, daß er anstatt des Widerklagantrags nur den Antrag stelle, die Klägerin für mitschuldig an der Scheidung zu erklären, sei als eine Zurücknahme der Widerklage anzusehen. Da die Klägerin der Zurücknahme der Widerklage widersprochen habe, sei über die Widerklage zu entscheiden, gleich als wenn eine Rücknahmeerklärung nicht vorläge. Die anhängig bleibende Widerklage ziehe nach § 617 ZPO. die prozeßrechtliche Folge nach sich, daß der Beklagte sich nicht der Eideszuschiebung zum Beweise der ihm angeblich gegen die Klägerin zustehenden Scheidungsgründe bedienen könne.

Diese Ausführungen sind nicht frei von Rechtsbedenken. Abgesehen davon, daß die prozeßgeschichtlichen Vorgänge überhaupt einer genügenden Klarheit ermangeln, ist die Vermutung nicht von der Hand zu weisen, daß die vom Beklagten im zweiten Rechtszug abgegebenen Erklärungen keine richtige Beurteilung erfahren haben. Dies namentlich deshalb, weil der Vorderrichter lediglich den Fall der Zurücknahme einer Widerklage im Sinne des § 271 ZPO. ins

Auge gefaßt hat, nicht auch den Fall des § 306 a. a. O. Der Verzicht des Klägers auf den Scheidungsanspruch, mag dieser im Wege der Klage oder der Widerklage verfolgt worden sein, ist unbedenklich auch beim Widerspruch des Gegners zulässig. (Wird ausgeführt in Übereinstimmung mit dem vorstehenden Urteil Nr. 74).

Hat nun der Beklagte in unzweideutiger Weise sich dahin ausgelassen, daß er nur den Antrag stelle, die Klägerin für mitschuldig zu erklären, so lag die Annahme ohne weiteres nahe, daß er auf den Scheidungsanspruch verzichte. War seine Erklärung so aufzufassen, dann blieb auch Raum für den Antrag des Beklagten auf Mitschuldigerklärung der Klägerin im Falle der Scheidung. Die Schlußfolgerung des Vorderrichters, daß wegen des Widerspruchs der Klägerin die Sache so anzusehen sei, als ob die Zurücknahme nicht erfolgt sei, ist insofern rechtsirrig, als verfahrensrechtlich zwar die Klägerin nach § 306 ZPO. das Recht hatte, Abweisung des Anspruchs zu beantragen, daß aber sachlich die Beweisanträge des Beklagten, insoweit sie noch zur Schuldfrage, nicht zu der durch den Anspruchsverzicht sachlich erledigten Scheidungsfrage gehören, nicht als unzulässig abgelehnt werden konnten. Wie die Erklärung des Beklagten aufzufassen war, hatte das Gericht nach allen Seiten hin zu prüfen, und zwar um so mehr, als die Anträge des Beklagten nach den Sitzungsprotokollen nicht eindeutig waren (Wird ausgeführt).

---

76. 1. Kann im Falle der Fusion unter Ausschluß der Liquidation gegen die übernehmende Gesellschaft auch eine Klage gerichtet werden, durch welche ein Aktionär die Nichtigkeit eines Generalversammlungsbeschlusses der untergegangenen Aktiengesellschaft betreibt?

2. Macht die absichtliche Unterbewertung von Vermögensgegenständen in der Goldmarkeröffnungsbilanz den Beschluß über Genehmigung dieser Bilanz unheilbar nichtig oder bloß anfechtbar?

3. Liegt unheilbare Nichtigkeit eines Generalversammlungsbeschlusses einer Aktiengesellschaft auch dann vor, wenn der Beschluß nicht durch seinen Inhalt, sondern nur durch die Art seines Zustandekommens gegen die guten Sitten verstößt?

4. Inwieweit können Generalversammlungsbeschlüsse nach den Regeln über die Anfechtung von Willenserklärungen angefochten werden?

HGB. §§ 40, 308, 271 flg. BGB. §§ 119 flg., 123 flg., 138. Goldbilanzverordnung § 4.

II. Zivilsenat. Urt. v. 11. Januar 1927 i. S. B. (Kl.) w. D. Bank (Bekl.). II 178/26.

I. Landgericht Essen, Kammer für Handelssachen.
II. Oberlandesgericht Hamm.

Das Kapital der E. Kreditanstalt betrug vor dem Kriege 90 Millionen Mark und wurde während der Inflation auf 700 Millionen Mark erhöht. Am 25. November 1924 genehmigte die außerordentliche Generalversammlung die für den 1. Januar 1924 aufgestellte Goldmarkeröffnungsbilanz sowie die Umstellung des Kapitals von 700 Millionen Mark auf 14 Millionen GM; der Kläger, der alte Aktien der E. Kreditanstalt im Nennbetrag von 91600 PM besitzt, enthielt sich hierbei der Stimme. Gleichzeitig wurde das Aktienkapital auf 21 Millionen RM erhöht. Die 7 Millionen Mark junger Aktien wurden nahezu ganz von der Beklagten übernommen mit der Verpflichtung, sie unter gewissen Bedingungen den Inhabern der alten Aktien zum Kurse von 107% anzubieten.

Am 4. März 1925 schloß die E. Kreditanstalt mit der Beklagten einen Fusionsvertrag, wonach die letztere das Vermögen der Kreditanstalt mit dem Recht auf die Firma unter Ausschluß der Liquidation übernahm gegen Hingabe von 17½ Millionen RM Aktien der D. Bank, die einem Wert von 22½ Millionen RM entsprachen. Dieser Vertrag wurde in der außerordentlichen Generalversammlung der E. Kreditanstalt vom 16. März 1925 mit 796388 Stimmen gegen 776 genehmigt. Der Kläger stimmte dagegen und erhob Widerspruch. Sämtliche Beschlüsse sind in das Handelsregister eingetragen.

Der Kläger begehrt nunmehr in erster Reihe Feststellung der Nichtigkeit der Beschlüsse vom 25. November 1924 auf Genehmigung der Goldmarkeröffnungsbilanz und auf Umstellung des Aktienkapitals, sowie des Beschlusses vom 16. März 1925 auf Genehmigung des Fusionsvertrags; hilfsweise verlangt er die Nichtigerklärung des letzteren Beschlusses im Wege der Anfechtungsklage. Zur Begründung wird geltend gemacht: In der Goldmarkeröffnungsbilanz seien die wichtigsten Aktivposten unter Verletzung gesetzlicher Vorschriften unterbewertet worden. Die Bankgebäude und die übrigen Grundstücke der Zentrale in E. und der 35 Filialen seien nur mit 8242581,81 RM eingesetzt, obwohl der Wert mindestens das Dreifache betrage und das Gebäude der Zentrale allein 8 Millionen wert sei. Ebenso seien der erstklassige Wertpapierbestand nur mit 1,55 Millionen RM und die Konsortialbeteiligungen nur mit 1,28 Millionen RM angesetzt, obwohl ihr wirklicher Wert ganz erheblich höher sei. Diese Unterbewertungen hätten zu der niedrigen Umstellung geführt. Die Beschlüsse der Generalversammlung seien durch arglistige Täuschung der Aktionäre von Seite des Vorstands und des Aufsichtsrats der E.-Kreditanstalt zustande gekommen. Die Verwaltung habe diese Schaffung stiller Reserven durch Unterbewertung nur mit der Begründung erreicht, die Bank müsse lebensfähig erhalten werden. Tatsächlich sei aber die Unterbewertung nur erfolgt, um die E. Kreditanstalt durch den schon damals geplanten Fusionsvertrag möglichst billig der Beklagten einzuverleiben. Der Fusionsvertrag sei hiernach, da er sich auf die Umstellung gründe, nicht nur nichtig, sondern auch anfechtbar. Das Gesamtvermögen der E. Kreditanstalt sei erheblich höher als der geleistete Gegenwert. Eine Unterbewertung in der Fusionsbilanz sei nicht zulässig. Der Fusionsbeschluß sei auch nach § 123 BGB. anfechtbar, da die Aktionäre durch arglistige Täuschung der Verwaltung zu dem Beschluß bestimmt worden seien.

Die Beklagte hat erwidert:

Die Grundstücke der Bank seien in der Goldmarkeröffnungsbilanz eher zu hoch als zu niedrig angesetzt. Die Wertpapiere seien zum Kurse vom 30. Juni 1924, der Wert der Konsortialbeteiligungen zum Kurse vom 30. Dezember 1923 angesetzt; in beiden Fällen seien Rückstellungen gemacht, die den im Laufe des Jahres 1924 erfolgten Kursrückgängen entsprächen. Die Bewertung sei nach sachlichen Erwägungen geschehen, bei der Aufstellung der Goldbilanz sei an eine Fusion noch nicht gedacht worden. Die Beklagte habe auf die Bilanz, also auch auf die Schaffung stiller Reserven, keinen Einfluß gehabt.

Das Landgericht hat die Klage abgewiesen. Die Berufung des Klägers wurde zurückgewiesen. Auch seine Revision blieb erfolglos.

Aus den Gründen:

Der Kläger begehrt in erster Reihe Feststellung der Nichtigkeit der Generalversammlungsbeschlüsse vom 25. November 1924 über die Genehmigung der Goldmarkeröffnungsbilanz und über die Umstellung des Aktienkapitals auf Goldmark, sowie des Beschlusses vom 16. März 1925 über Genehmigung des Fusionsvertrags der E. Kreditanstalt mit der Beklagten. Erst in zweiter Reihe verlangt er auch die Nichtigerklärung des zweiten Beschlusses mit der aktienrechtlichen Anfechtungsklage. Die Klage ist gegen die Beklagte als Rechtsnachfolgerin der E. Kreditanstalt erhoben. Diese ging mit der Eintragung des Beschlusses über die Genehmigung des Fusionsvertrags unter; ihr Vermögen fiel durch Gesamtrechtsnachfolge an die Beklagte (§ 306 Abs. 1, § 304 Abs. 5 HGB.). Das hat zur Folge, daß Rechtsstreitigkeiten, welche die Verhältnisse der untergegangenen Aktiengesellschaft betreffen, nur noch gegen die übernehmende Aktiengesellschaft geltend gemacht werden können. Der § 308 HGB. schreibt dies für die Klage auf Anfechtung des den Übergang betreffenden Beschlusses der Generalversammlung ausdrücklich vor. Gleiches muß aber auch gelten, wenn nicht die Anfechtungsklage, sondern eine Klage auf Nichtigkeit des Genehmigungsbeschlusses erhoben wird. Des weiteren muß die übernehmende Gesellschaft als Rechtsnachfolgerin der untergegangenen auch als die richtige Beklagte angesehen werden, wenn ein Aktionär der untergegangenen Gesellschaft die Nichtigkeit eines früheren Generalversammlungsbeschlusses im Wege der Feststellungsklage betreibt.

Das Berufungsgericht hält eine Nichtigkeit der Beschlüsse vom 25. November 1924 aus dem vom Kläger vorgebrachten Grunde, der Unterbewertung von Aktivposten in der Goldmarkeröffnungsbilanz, nicht für gegeben, weil es sich dabei nicht um einen Verstoß gegen zwingende Gesetzesvorschriften handle. Zutreffend nimmt es an, daß für die Bewertung der Vermögensgegenstände in der Goldmarkeröffnungsbilanz, nachdem durch § 4 der Goldbilanzverordnung die besonderen Vorschriften des § 261 Nr. 1 bis 3 HGB. außer Anwendung gesetzt worden sind, nunmehr auch für Aktiengesellschaften uneingeschränkt der § 40 HGB. gilt, wonach der wahre Wert der Gegenstände in dem Zeitpunkt maßgebend ist, für den die Aufstellung stattfindet. Aber es legt dem § 40 HGB. nur insoweit die Eigenschaft einer im öffentlichen Interesse gegebenen zwingenden Gesetzesvorschrift bei, als er zugunsten der Gläubiger und Aktionäre eine höhere Bewertung verbietet. Ein Verstoß hiergegen mache — so nimmt der Berufungsrichter an — die Bewertung nichtig. Eine Minderbewertung von Vermögensgegenständen habe aber nicht die gleiche Wirkung, da sie kein öffentliches Interesse verletze. Sie könne nur eine Anfechtbarkeit des die Bilanz genehmigenden Beschlusses begründen.

Wenn das Berufungsgericht diese für die Jahresbilanzen anerkannten Grundsätze (vgl. RGZ. Bd. 72 S. 33, Bd. 94 S. 213) auch auf die Goldmarkeröffnungsbilanz anwendet, so ist das rechtlich nicht zu beanstanden; es entspricht auch der überwiegenden Meinung im Schrifttum. Diese Auffassung findet ihre Bestätigung im § 12 Abs. 1 der II. DVo. z. GBVo. Indem diese Vorschrift bei der dort geschaffenen Umstellungsreserve eine „Anfechtung nach den allgemeinen handelsrechtlichen Bestimmungen" vorbehält, bestätigt sie die verfahrensrechtliche Gleichstellung der Goldbilanz mit den Jahresbilanzen; denn selbstverständlich kann insoweit für stille Reserven nichts anderes gelten als für offene. Auf die Frage, in welchem Umfang auch in der Goldmarkeröffnungsbilanz stille Reserven zuzulassen sind, braucht hier nicht eingegangen zu werden. Jedenfalls macht auch eine willkürliche und bewußte Überschreitung der Grenzen durch eine übermäßige Minderbewertung von Vermögensgegenständen in der Goldmarkeröffnungsbilanz den die Bilanz genehmigenden Beschluß und die Umstellung nicht nichtig, sondern gibt den Aktionären nur ein Anfechtungsrecht im Rahmen der §§ 271 flg. HGB. Hiernach finden die Vorinstanzen in der bloßen Minderbewertung von Aktivposten mit Recht noch keinen Grund für die Nichtigerklärung der Goldmarkeröffnungsbilanz und der auf ihr beruhenden Umstellung.

Der Kläger stützt die Nichtigkeit der Beschlüsse vom 25. November 1924 weiter darauf, daß sie auf einer arglistigen Täuschung der Aktionäre durch die Verwaltung der E. Kreditanstalt beruhten, insofern in der Generalversammlung wahrheitswidrig versichert worden sei, man denke nicht an eine Fusion mit der D. Bank, die stillen Reserven seien notwendig, um die E. Kreditbank lebensfähig zu erhalten und ihr über die schwierige Übergangszeit hinwegzuhelfen. Das Berufungsgericht hat angenommen, daß, wenn die Fehlerhaftigkeit eines Rechtsgeschäfts ausschließlich in der unzulässigen Willensbeeinflussung durch arglistige Täuschung liege, das Geschäft nur anfechtbar und nicht nichtig sei, möge auch die Willensbeeinflussung gegen die guten Sitten verstoßen; der § 138 Abs. 1 BGB. greife nur dann Platz, wenn das Geschäft daneben noch andere Umstände enthalte, die es als mit den guten Sitten unvereinbar erscheinen ließen. Das steht im Einklang mit der Rechtsprechung des Reichsgerichts (RGZ. Bd. 72 S. 216; JW. 1908 S. 710 Nr. 2) und muß in Anwendung auf den vorliegenden Fall zur Verneinung der Nichtigkeit führen. Allerdings ist anerkannt, daß Beschlüsse einer Generalversammlung nicht nur gemäß § 271 HGB. wegen Verletzung des Gesetzes oder des Gesellschaftsvertrags angefochten werden, sondern daß sie auch unheilbar nichtig sein können, wenn sie gegen zwingende Gesetzesvorschriften verstoßen, auf deren Einhaltung die Beteiligten nicht verzichten können. Eine solche Nichtigkeit kommt auch dann in Frage, wenn der Beschluß durch seinen Inhalt gegen die guten Sitten verstößt, ist aber nicht schon dann anzunehmen, wenn ein Verstoß gegen die guten Sitten nur in der Art des Zustandekommens des Beschlusses begründet ist (RGZ. Bd. 75 S. 243, Bd. 91 S. 313 [324]). Insbesondere läßt es sich nicht rechtfertigen, einen Generalversammlungsbeschluß schon dann für nichtig und nicht bloß für anfechtbar zu halten, wenn die Aktionäre oder ein für die Abstimmung bedeutungsvoller Teil von ihnen von der Verwaltung über die Tragweite des zu fassenden Beschlusses arglistig getäuscht worden ist. Dem steht schon das Bedenken entgegen, daß auch eine den guten Sitten widersprechende arglistige Täuschung das Rechtsgeschäft nicht nichtig, sondern bloß nach § 123 BGB. anfechtbar macht. Aber auch die besondere Regelung in §§ 271 flg. HGB. spricht gegen eine solche Auffassung. Diesen Vorschriften liegt der Gedanke zugrunde, daß es für das gesellschaftliche Leben notwendig ist, die Frage der Unwirksamkeit von Generalversammlungsbeschlüssen nicht zu lange in der Schwebe zu lassen, sondern möglichst bald darüber Klarheit zu schaffen, da eine länger dauernde Unsicherheit eine große Gefahr für den Verkehr bedeuten würde. Die Auffassung, daß ein durch arglistige Täuschung herbeigeführter Generalversammlungsbeschluß wegen Verstoßes gegen die guten Sitten nichtig sein sollte, würde auch mit der allgemeinen Regelung der Wirkung einer arglistigen Täuschung bei Willenserklärungen in Widerspruch stehen. Sie würde gerade für Fälle, in denen für das Verkehrsleben eine baldige Klarstellung der Frage der Wirksamkeit besonders geboten ist, eine Ungewißheit für längere Zeit bestehen lassen. Diese Erwägungen müssen dazu führen, mindestens in dem hier vorliegenden Falle der arglistigen Täuschung der Aktionäre durch die Verwaltung eine unheilbare Nichtigkeit zu verneinen. Es mag auch darauf hingewiesen werden, daß für den hier gegebenen Fall der Schaffung von stillen Reserven durch Unterbewertung von Vermögensgegenständen in den Jahresbilanzen die frühere Rechtsprechung (vgl. RGZ. Bd. 72 S. 33) auch bei böswilliger Unterbewertung nur die Anfechtung gemäß §§ 271 flg. zugelassen hat. Dafür, daß hier die Mehrheit darauf ausgegangen wäre, die Minderheit durch Unterbewertung von Vermögensgegenständen in der Eröffnungsbilanz und durch die darauf beruhende niedrige Umstellung der Aktien zu schädigen, bietet das Vorbringen des Klägers keinen Anhalt. Nach seiner Behauptung sollen die Aktionäre ja gerade durch die von der Verwaltung in der Generalversammlung hervorgehobenen sachlichen Gründe für die Notwendigkeit der Schaffung stiller Reserven dazu bestimmt worden sein, die vorgeschlagene Eröffnungsbilanz und die Umstellung zu genehmigen; sie haben hiernach ihrerseits keine sittenwidrigen Zwecke verfolgt.

(Es wird dann dargelegt, es liege nach den Feststellungen des Berufungsgerichts kein genügender Anhalt dafür vor, daß sich die Verwaltung der E. Kreditanstalt bei den vom Kläger gerügten Unterbewertungen von anderen als sachlichen kaufmännischen Erwägungen habe leiten lassen, und daß eine Nichtigkeit oder Anfechtbarkeit des Beschlusses über die Genehmigung des Fusionsvertrags nicht begründet sei, ebensowenig eine Anfechtbarkeit nach § 123 BGB. In diesem Zusammenhang heißt es weiter:)

Im übrigen ständen der Geltendmachung einer Anfechtung nach §§ 119 flg., 123 flg. BGB. auch rechtliche Bedenken entgegen. Durch außergerichtliche Erklärung im Sinne dieser Vorschriften könnten niemals die Beschlüsse einer der beiden Aktiengesellschaften auf Genehmigung der Fusion, sondern nur der Fusionsvertrag selbst angefochten werden, und eine solche Anfechtung würde nur den vertragschließenden Aktiengesellschaften, nicht aber einem einzelnen

Aktionär zustehen. Als Gegenstand einer Anfechtung wegen Willensmängel ist beim Aktionär nur seine eigene Abstimmungserklärung denkbar, eine Anfechtung dieser Art könnte aber nur die Ungültigkeit der Stimmabgabe des betreffenden Aktionärs herbeiführen. Für die Gesamtabstimmung wäre sie nur dann von Bedeutung, wenn der Beschluß auf den Stimmen des Anfechtenden beruhte. Aber auch in diesem Falle würde der Beschluß durch die erfolgreiche Anfechtung der Abstimmungserklärung nicht ohne weiteres hinfällig; die Ungültigkeit müßte vielmehr auf dem in § 271 HGB. vorgeschriebenen Wege der Anfechtungsklage geltend gemacht werden. Für die Abstimmungserklärung des Klägers, der ja den Beschlüssen nicht zugestimmt hat, kommt eine Anfechtung gar nicht in Frage; die Geltendmachung etwaiger Anfechtungsrechte anderer Aktionäre steht ihm aber nicht zu.

---

77. 1. Ist den Erfordernissen des § 13 der Ausführungsvorschriften zur preußischen Hinterlegungsordnung auch genügt, wenn das Konto eines Dritten bei der Hinterlegungsstelle in Höhe des zu hinterlegenden Betrags belastet und dann mit dem Hinterlegungsbetrag ein Konto für den berechtigten Gläubiger bei der Hinterlegungsstelle angelegt wird?

2. Kann die Rechtmäßigkeit der zum Zwecke der Enteignung erfolgten Hinterlegung vom Gericht nachgeprüft werden, soweit es sich um die Frage handelt, ob die Hinterlegung befreiende Wirkung gehabt hat?

3. Auf welchen Tag ist bei der Enteignung zu Siedelungszwecken die von dem Ständigen Ausschuß festgesetzte Enteignungsentschädigung zu beziehen und welchen Einfluß hat die später eingetretene Geldentwertung auf den zu zahlenden Betrag der Entschädigung?

Ausführungsvorschriften zur preuß. Hinterlegungsordnung vom 21. April 1919 §§ 9, 13. Preuß. Ausf. Ges. zum Reichssiedelungsgesetz § 9. Preuß. Enteignungsgesetz § 37.

VI. Zivilsenat. Urt. v. 11. Januar 1927 i. S. Pfl. Ges. m.b.H. (Kl.) w. 1. Landlieferungsverband Pommern; 2. Akt. Ges. L. (Bekl.). VI 395/26.

I. Landgericht I Berlin.
II. Kammergericht daselbst.

Die Klägerin war Eigentümerin einer auf der Halbinsel Zingst gelegenen Herrschaft. Auf Antrag des Erstbeklagten wurde durch Beschluß des Ständigen Ausschusses der Provinz Pommern vom 21. Oktober 1922 zu Siedelungszwecken die Enteignung der zu dieser Herrschaft gehörigen Güter für zulässig erklärt. Die an die Klägerin zu zahlende Entschädigung wurde durch Beschluß des bezeichneten Ausschusses vom 12. Juni 1923, zugestellt am 3. Juli 1923, auf 1131 Millionen Mark festgesetzt. Am 5. Juli 1923 hinterlegte die Beklagte zu 2, der die Güter später vom Erstbeklagten übereignet wurden, die Entschädigungssumme bei der Preußischen Staatsbank (Seehandlung) unter Verzicht auf das Recht der Rücknahme, worauf der Präsident des Landeskulturamts in Frankfurt a. O. durch Beschluß vom 9. Juli 1923 die Enteignung der Güter aussprach. Gegen den Beschluß über Feststellung der Entschädigung erhob der Geschäftsführer der Klägerin Einspruch und stellte dazu den Antrag auf mündliche Verhandlung vor der Spruchkammer des Landeskulturamts. Der Antrag wurde später zurückgenommen, weil es zwischen der Klägerin und der Beklagten zu 2 am 27. Juli 1923 zu einem Vergleich kam, in dem sich letztere zu einer Erhöhung der Entschädigung auf 2000 Millionen Mark verpflichtete, und zwar mit der Maßgabe, daß von den noch zu zahlenden 869 Millionen Mark der Betrag von 760,5 Millionen Mark in Roggenrentenbriefen der Roggenrentenbank und 108,5 Millionen Mark in bar nach Rechtskraft des Feststellungsbeschlusses vom 12. Juni 1923 beglichen werden sollten. In dem Vergleich wurde eine Nachzahlung durch die Beklagte zu 2 oder eine Kürzung des bei der Preußischen Staatsbank hinterlegten Betrags zu ihren Gunsten je nach dem Ausfall der bevorstehenden Nachschätzung vorbehalten. Daß die Zweitbeklagte als Vertragsgegnerin auftrat, beruhte darauf, daß sie sich beim Erwerb der Güter vom Erstbeklagten diesem gegenüber verpflichtet hatte, sowohl die Entschädigungssumme an die Klägerin zu zahlen, wie auch alle sonstigen Verbindlichkeiten des Landlieferungsverbands zu erfüllen. Im August 1923 fand eine Nachschätzung der Güter statt, die aber keine Abweichung von dem im Feststellungsbeschluß zugrunde gelegten Werte ergab.

Die Klägerin verlangt die Aufwertung — richtig Umwertung — der Entschädigungssumme von den beiden Beklagten als Gesamtschuldnern. Sie behauptet, der Wert der enteigneten Güter habe 1 Million Goldmark betragen, und rechnet die im Beschluß vom 12. Juni 1923 festgesetzte Entschädigung auf 449445 RM, die im Vergleich vereinbarte Entschädigungssumme auf 835000 RM um. Im gegenwärtigen Rechtsstreit hat sie einen Teil des ihr angeblich zustehenden Betrags in Höhe von 10000 RM nebst Zinsen eingeklagt. Die Beklagten haben den Klaganspruch in Höhe von 600 RM, d. i. den Betrag anerkannt, der nach dem Dollarkurse dem gemäß dem Vergleich vom 27. Juli 1923 bar zu zahlenden Papiermarkbetrag von 108,5 Millionen entspricht. Der Erstbeklagte hält sich zu weiteren Leistungen schon deshalb nicht für verpflichtet, weil die von der Beklagten zu 2 durch den Vergleich übernommenen Verbindlichkeiten an die Stelle seiner eigenen Verpflichtungen gegen die Klägerin getreten seien; die Beklagte zu 2 meint, daß die Geldentwertung höchstens für den nach dem Vergleich noch bar zu zahlenden Betrag von 108,5 Millionen Mark habe in Betracht kommen können und insoweit durch die anerkannten 600 RM ausgeglichen sei.

Das Landgericht hat die Beklagten gesamtschuldnerisch zur Zahlung von 600 RM und außerdem den Erstbeklagten noch zur Zahlung von 9400 RM verurteilt, im übrigen aber die Klage abgewiesen. Hiergegen haben die Klägerin und der Erstbeklagte Berufung eingelegt. Die Klägerin hat beantragt, auch die Beklagte zu 2 ganz nach dem Klagantrag zu verurteilen und die Berufung des Erstbeklagten zurückzuweisen; dieser hat beantragt, die Klage, soweit mit ihr die Zahlung von mehr als 600 RM verlangt wird, auch gegen ihn abzuweisen. Das Berufungsgericht hat die Berufung der Klägerin zurückgewiesen und auf die Berufung des Erstbeklagten die Klage über den Betrag von 600 RM hinaus auch gegen diesen Beklagten abgewiesen.

Die Revision der Klägerin führte zur Aufhebung und Zurückverweisung.

Gründe:

Nachdem der von der Klägerin zur Erlangung einer höheren Entschädigung gestellte Antrag auf mündliche Verhandlung vor der Spruchkammer des Landeskulturamts zurückgenommen worden ist, hat der Feststellungsbeschluß des Ständigen Ausschusses der Provinz Pommern vom 12. Juni 1923, durch welchen die der Klägerin zu zahlende Entschädigung auf 1131 Millionen Mark festgesetzt worden ist, Rechtskraft erlangt. Es handelt sich im vorliegenden Rechtsstreit deshalb nur noch um die Frage, ob dieser Betrag und ferner auch derjenige Betrag, um den die Beklagte zu 2 im Vergleich vom 27. Juli 1923 die festgesetzte Entschädigung zugunsten der Klägerin erhöhte, angesichts der nachträglichen weiteren Geldentwertung als beglichen zu gelten und in welchem Umfang jeder einzelne der Beklagten für die gegebenenfalls noch bestehenden Ansprüche der Klägerin einzustehen hat.

Daß für die Entscheidung über die eingeklagten Ansprüche der Rechtsweg zulässig ist, steht durch das rechtskräftige Zwischenurteil des Berufungsgerichts vom 8. Juli 1925 fest. Das Ergebnis dieser Entscheidung entspricht auch der Auffassung, die der erkennende Senat im Urteil vom 3. November 1925 (RGZ. Bd. 112 S. 52) niedergelegt hat.

In der Sache selbst kann dem Berufungsgericht darin nicht beigetreten werden, daß die vom Ausschuß am 12. Juni 1923 festgesetzte Entschädigung auf den Tag der Zustellung des Beschlusses, d. i. den 3. Juli 1923, zu beziehen ist und daß, wenn hierbei der Geldentwertung zwischen dem Tage der Erlassung und dem der Zustellung des Beschlusses nicht Rechnung getragen wurde, dieser Mangel durch das Gericht nicht ausgeglichen werden kann. Denn mag es auch richtig sein, daß die vom Ständigen Ausschuß getroffene Feststellung der Entschädigung im Rechtsweg nicht geändert werden kann, so trifft es doch nicht zu, daß bei der festgesetzten Entschädigungssumme vom Ausschuß auch die Geldentwertung bis zum Tage der Zustellung seines Beschlusses berücksichtigt worden wäre. Allerdings wurde dieser Beschluß erst mit der Zustellung wirksam. Aber daraus folgt nicht, daß bei der darin getroffenen Festsetzung der Entschädigung auch die Geldentwertung bis zu diesem Tage berücksichtigt war. Denn dies konnte auf sicherer Grundlage gar nicht geschehen, weil einmal nicht feststand, an welchem Tage die Zustellung des Beschlusses erfolgen werde, und weiter auch ganz ungewiß war, ob und in welchem Maße die Geldentwertung bis zu diesem Tage fortschreiten würde. Deshalb muß angenommen werden, daß die Geldentwertung nur bis zum Tage der Beschlußfassung in Rechnung gestellt worden ist, gleichviel ob sonst, und zwar besonders wenn die Festsetzung des Wertes angegriffen wird, als die für die Wertermittlung maßgebende Zeit der Tag der Feststellung oder der der Zustellung des Beschlusses einzusetzen ist. Solchenfalls aber deckte der am 5. Juli 1923 hinterlegte Betrag von 1131 Millionen Mark die festgesetzte Entschädigungssumme nicht ohne weiteres, weil die unwesentliche Veränderung der Geldverhältnisse, die für die Zeit vom 3. Juli bis zum 5. Juli 1923 vom Berufungsgericht festgestellt worden ist, nicht in gleicher Weise auch auf die wesentlich längere Zeit vom 12. Juni 1923 bis zum 5. Juli 1923 bezogen werden kann. Denn in dieser Zeit war der Kurs der Mark fast auf die Hälfte gesunken und in Verbindung damit auch ihre Kaufkraft erheblich zurückgegangen.

Noch in weiterem Umfang aber kommt die Berücksichtigung der Geldentwertung in Betracht, wenn die Hinterlegung der 1131 Millionen Mark überhaupt keine schuldtilgende Wirkung gehabt hat, wenn nämlich die Hinterlegung nicht formgerecht geschehen ist oder nicht zulässig war.

Ohne Rechtsirrtum hat das Berufungsgericht angenommen, daß die Hinterlegung ordnungsmäßig erfolgt ist. Denn wenn selbst aus dem § 9 Abs. 1 Halbs. 2 der Ausführungsvorschriften zur preußischen Hinterlegungsordnung nicht zu entnehmen wäre, daß der § 13 daselbst auf die Hinterlegung bei der Seehandlung unanwendbar ist, so würde doch auch bei seiner Anwendung angenommen werden müssen, daß die dort aufgestellten Voraussetzungen erfüllt sind. Zwar ist der hinterlegte Betrag bei der Seehandlung nicht bar eingezahlt und ihr auch nicht durch die Post überschickt oder auf ihr Reichsbankgirokonto oder ihr Postscheckkonto überwiesen worden, sondern die Hinterlegung ist in der Weise geschehen, daß die N.-Aktiengesellschaft ihr Konto bei der Seehandlung entsprechend belasten ließ und mit dem Hinterlegungsbetrag dann ein Konto für die Klägerin und die nach § 37 des Enteignungsgesetzes Berechtigten errichtet wurde. Aber diese Zahlungsweise kam den im § 13 der Ausführungsvorschriften zur Hinterlegungsordnung bestimmten Zahlungsarten im Ergebnis so gleich, daß es ein übertriebener Formalismus wäre, wollte man sie nicht ebenso behandeln wie diese.

Dagegen sind die Ausführungen des Berufungsgerichts rechtlich zu beanstanden, die sich auf die Rechtmäßigkeit der Hinterlegung beziehen. Das Berufungsgericht hat die Prüfung der Frage, ob die Hinterlegung zulässig war, unterlassen, weil mit Rücksicht auf § 9 Abs. 1 des preußischen Ausführungsgesetzes zum Reichssiedelungsgesetz in Verbindung mit § 37 Abs. 3 des preußischen Enteignungsgesetzes die Nachprüfung der Rechtmäßigkeit der Hinterlegung dem Gericht entzogen ist. Im Anwendungsgebiet des preußischen Enteignungsgesetzes wird zwar dieser Standpunkt unter Einschränkung auf die im Verwaltungsverfahren erfolgte Hinterlegung vertreten (RGZ. Bd. 45 S. 379, Bd. 47 S. 260, Bd. 49 S. 257, Bd. 79 S. 276). Aber er begegnet hier schon Bedenken, weil, wie bei Koffka, Enteignungsgesetz Erl. 12 zu § 37, näher dargelegt ist, die Entstehungsgeschichte der Vorschrift des § 37 Abs. 3 Satz 1 der bezeichneten Ansicht widerspricht, außerdem aber auch sonst nicht ersichtlich ist, daß der Zweck der Vorschrift über die Rücksicht auf eine schnelle und sachentsprechende Abwicklung der Enteignung hinauszielt. Für die Enteignung zu Siedelungszwecken muß das um so mehr gelten, als in § 9 des Ausführungsgesetzes zum Reichssiedelungsgesetz ausdrücklich nur für die Vollziehung und die Wirkungen der Enteignung auf den § 37 des Enteignungsgesetzes Bezug genommen und dadurch wortdeutlich zum Ausdruck gebracht ist, daß die Rechtmäßigkeit der Hinterlegung nur soweit der gerichtlichen Nachprüfung entzogen sein soll, als es sich um den Ausspruch der Enteignung und ihre Folgen handelt. Dies bedeutet jedoch nur, daß, wenn die Verwaltungsbehörde bei der Enteignung die Hinterlegung nicht beanstandet hat, die Zulässigkeit der Enteignung und ihre Wirkung nicht mit der Bemängelung der Hinterlegung im Rechtsweg in Frage gezogen werden kann. Dadurch wird aber nicht ausgeschlossen, daß, wenn andere Fragen in Betracht kommen, namentlich die, ob die Hinterlegung befreiende Wirkung gehabt hat, die Rechtmäßigkeit der Hinterlegung im gerichtlichen Verfahren zur Entscheidung gebracht werden kann und muß (Holzapfel, Siedelungsgesetzgebung, Bem. 5 zu § 37 des Enteignungsgesetzes bei § 9 des Reichssiedelungsgesetzes). Es wäre auch nicht abzusehen, warum in den Enteignungsfällen die Frage, ob die geschuldete Leistung durch die Hinterlegung beglichen ist, dem Rechtsweg entzogen sein soll, während sie sonst unbeschränkt der Entscheidung des Gerichts unterliegt. Den Erfordernissen der im Verwaltungsweg durchzuführenden Enteignung ist vollkommen genügt, wenn in bezug auf diese der Nachprüfung der Rechtmäßigkeit der Hinterlegung eine Schranke gesetzt ist. Das Berufungsgericht wird deshalb in bezug auf die Frage der befreienden Wirkung der am 5. Juli 1923 erfolgten Hinterlegung die Rechtmäßigkeit der letzteren zu prüfen haben, wobei nicht entscheidend sein wird, daß im Beschluß des Ständigen Ausschusses vom 12. Juni 1923 die Enteignung auch im Falle der Hinterlegung des Entschädigungsbetrags zugelassen ist. War die Hinterlegung an sich zulässig und vielleicht sogar geboten, so wird auch noch zu erwägen sein, ob ihr im gegebenen Fall etwa deshalb die befreiende Wirkung gefehlt hat, weil die hinterlegte Summe infolge der inzwischen eingetretenen Geldentwertung die festgesetzte Entschädigungssumme nicht voll deckte und darum nur eine Teilleistung war.

Für die Pflichten des Erstbeklagten kommt grundsätzlich nur die im Beschluß des Ständigen Ausschusses festgesetzte Entschädigung von 1131 Millionen in Betracht. Denn durch den Vergleich vom 27. Juli 1923 wurden für ihn keine weiteren Verbindlichkeiten begründet, weil der Vergleich nach der Auslegung des Berufungsgerichts nur mit der Beklagten zu 2 geschlossen wurde. Rechtliche Bedenken bestehen gegen diese Auslegung nicht und werden von der Revision auch nicht erhoben. Das Berufungsgericht hat deshalb mit Recht Verbindlichkeiten des Landlieferungsverbands aus dem Vergleich nur im Rahmen seines eigenen Anerkenntnisses berücksichtigt.

Zu der Frage, ob der Erstbeklagte durch den Vergleich von seinen gesamten Verbindlichkeiten befreit sein sollte, hat das Berufungsgericht bisher nicht Stellung genommen. Das Anerkenntnis und die Erwägung, daß Verzichte deutlich erkennbar ausgesprochen sein müssen, könnte gegen eine Befreiung sprechen.

Die Beklagte zu 2 ist der Klägerin gegenüber sowohl aus der Entschädigungsfeststellung des Ausschusses wie aus dem Vergleich verpflichtet. Wenn das Berufungsgericht der Meinung ist, eine Verbindlichkeit gegenüber der Klägerin zur Zahlung der 1131 Millionen Mark habe für die Zweitbeklagte nicht bestanden, weil die Übernahme der betreffenden Verbindlichkeit durch sie eine Erfüllungsübernahme gewesen sei, aus der die Klägerin keine Rechte erworben habe, so ist dies rechtsirrtümlich. Es ist dabei das Verhältnis zwischen dem Landlieferungsverband und der Zweitbeklagten als Siedelungsunternehmen nicht genügend gewürdigt. War diese als Siedelungsunternehmen verpflichtet, dem Erstbeklagten das enteignete Grundstück abzunehmen und ihm die Enteignungsentschädigung zu erstatten (§ 18 des Reichssiedelungsgesetzes), so muß angenommen werden, sie habe ihre Zahlungspflicht durch Übernahme der Verbindlichkeiten gegen die Klägerin dergestalt erfüllen sollen und wollen, daß aus ihrer Übernahme unmittelbare Rechte für die Klägerin gegen sie erwuchsen. Dafür spricht auch, daß sie demnächst selbst die Hinterlegung der Entschädigungssumme in die Wege geleitet hat und auch in Vergleichsverhandlungen mit der Klägerin wegen Erhöhung der Summe getreten ist. Im Vergleich ist sie auch eigene Verpflichtungen gegen die Klägerin eingegangen und hat sich für den Fall der nachträglichen Herabsetzung der vom Ausschuß festgesetzten Entschädigung etwaige Rückzahlungen aus der hinterlegten Summe zu ihren Händen ausbedungen. Aber sie hat sich auch im Vergleich selbst noch einmal als Schuldnerin der Klägerin wegen der gesamten Entschädigung bekannt. Denn wenn sie dort die Enteignungsentschädigung auf 2 Milliarden Mark erhöhte und sich verpflichtete, den Unterschied zwischen diesem Betrag und der festgestellten Entschädigung von 1131 Millionen Mark in Höhe von 869 Millionen Mark der Klägerin zum Teil in Roggenrentenbriefen, zum Teil in bar zu zahlen, so lag darin die Erklärung, daß sie der Klägerin als Enteignungsentschädigung 2 Milliarden Mark zahlen wolle, und in diesem Betrage waren die ursprünglichen 1131 Millionen Mark einbegriffen. Sie war demnach insgesamt in Höhe von 2 Milliarden Mark Schuldnerin der Klägerin aus der Enteignung, welche Schuld der hinterlegte Betrag in keinem Falle deckte. Daß im Vergleich nur die Bezahlung der überschießenden 869 Millionen Mark ins Auge gefaßt wurde, erklärt sich daraus, daß man im übrigen offenbar die Entschädigung durch die Hinterlegung für beglichen hielt.

Rechtsirrig ist es auch, wenn das Berufungsgericht Folgen der Geldentwertung nur nach den Aufwertungsgrundsätzen aus § 242 BGB. berücksichtigen zu können geglaubt hat. Wie der erkennende Senat schon wiederholt ausgesprochen hat, kommt eine eigentliche Aufwertung bei den Entschädigungsverpflichtungen aus der Enteignung überhaupt nicht in Frage, da sie Wertschulden sind. Vielmehr muß errechnet werden, wie der noch geschuldete Entschädigungsbetrag zu beziffern gewesen wäre, wenn die verringerte Kaufkraft der Mark, wie sie heute besteht, auch schon zu der für die Wertsermittlung maßgebenden Zeit bestanden hätte (RGZ. Bd. 107 S. 228, Bd. 109 S. 259; JW. 1926 S. 2364, 2629; Mügel in JW. 1925 S. 348; Locher in JW. 1926 S. 2360). Hieran wird auch dadurch nichts geändert, daß im gegebenen Falle die Feststellung der Entschädigung durch die Landeskulturbehörde in den Grenzen der berücksichtigten Zeit nach § 6 Nr. 5 des preußischen Ausführungsgesetzes zum Reichssiedelungsgesetz für das Gericht als bindend zu betrachten ist.

Ob als maßgebender Stichtag für die Wertermittlung der Tag der Feststellung durch den Ausschuß oder der Tag der Zustellung des Beschlusses anzusehen ist, spielt keine Rolle. Denn der Ausschuß hat den Wert für den Tag der Feststellung, d. i. den 12. Juni 1923, berechnet und deshalb wird auch von diesem Tage als Stichtag ausgegangen werden müssen. Auch für die im Vergleich vom 27. Juli 1923 festgesetzte Erhöhung wird dies gelten müssen, wenn es im Sinne des Vergleichs gelegen hat, den für den 12. Juni 1923 vom Ausschuß festgestellten Wert des enteigneten Grundstücks auf 2 Milliarden anstatt auf 1131 Millionen Mark festzusetzen. . . . .

---

78. Ist eine laufende Rechnung im Sinne von § 65 AufwG. nur dann vorhanden, wenn regelmäßig wiederkehrende Abschlüsse (Abrechnungen) vorgenommen worden sind, oder genügt bereits die regelmäßige Zusendung von Kontoauszügen ohne Saldierung?

I. Zivilsenat. Urt. v. 12. Januar 1927 i. S. F. K. Akt.-Ges. (Bekl.) w. F. und Gen. (Kl.). I 175/26.

I. Landgericht Essen.

A. K. (damals Inhaber des später in eine Aktiengesellschaft umgewandelten Unternehmens in Firma F. K., der jetzigen Beklagten) hatte am 1. Januar 1875 seinem langjährigen Angestellten N. 50000 ℳ, zahlbar nach 10 Jahren, geschenkt. N. starb 1877 und wurde von seiner Ehefrau beerbt. Die geschenkte Summe wurde auf den damaligen Wert umgerechnet, blieb im Unternehmen stehen und wurde halbjährlich verzinst. Nach Errichtung der Aktiengesellschaft wurde im Jahre 1904 zwischen der Witwe N. und der Beklagten vereinbart, daß das Kapital als „Kapitalanlage" bei der Beklagten gelten solle zu Bedingungen, die am 1. Juli festgesetzt worden waren. Die Witwe N. ist am 18. April 1925 verstorben. Ihre Rechtsnachfolger, die Klägerinnen, verlangen die Feststellung, daß die Beklagte zur Aufwertung der Kapitalanlage gemäß den Bestimmungen des Aufwertungsgesetzes verpflichtet sei. Die Beklagte hat die Zulässigkeit der Feststellungsklage bestritten und geltend gemacht, sie sei zur Aufwertung nicht verpflichtet, weil ein Kontokorrentverhältnis oder eine laufende Rechnung vorliege.

Das Landgericht Essen gab der Klage statt. Die von der Beklagten unmittelbar beim Reichsgericht eingelegte Revision hatte keinen Erfolg.

Aus den Gründen:

Das Landgericht hat die Feststellungsklage für zulässig erklärt. (Die Gründe dafür werden ausgeführt und dann zur Sache folgendes als Ansicht des Landgerichts wiedergegeben:) Der Aufwertungsanspruch sei berechtigt; es sei weder ein Kontokorrent noch eine laufende Rechnung gegeben, da gegenseitige Kreditierung weder erfolgt, noch auch nur von Anfang an beabsichtigt gewesen sei. Es handle sich mithin um eine Vermögensanlage, die jedenfalls nach § 63 AufwG. irgendwie aufgewertet werden müsse.

Die Revision wendet ein: Der Anspruch sei unbegründet. In der Tat liege ein Kontokorrent vor. Mit diesem Worte habe man die jährlichen Abrechnungen bezeichnet; der Saldo sei jährlich anerkannt worden; nur bei Vorhandensein eines Kontokorrents sei die geübte Zinseszinsrechnung überhaupt zulässig. Das Gesetz wolle auch Abrechnungsverhältnisse umfassen, bei denen nur auf der einen Seite Einzahlungen oder dgl. vorgenommen seien. Das ergebe sich aus der Anziehung des Postscheckverkehrs. (In § 65 AufwG. D. R.) Auch wäre sonst die im § 65 bestimmte Ausnahme für die Einlagen von Arbeitern bei ihren Arbeitgebern ohne Sinn. N. und seine Erben seien niemals Arbeitnehmer gewesen, solange die beklagte Aktiengesellschaft bestanden habe.

Diesen Ausführungen der Revision kann im Ergebnis nicht zugestimmt werden. Allerdings hat sich die Sach- und Rechtslage seit dem Erlaß des angegriffenen Urteils insofern verändert, als die Durchführungsverordnung zu § 64 des AufwG. inzwischen am 8. Juli

1926 erlassen worden ist (RGBl. 1926 I S. 403). Aus dieser Verordnung ist hervorzuheben, daß sie in Art. 1 den Begriff der Fabrik- und Werkssparkassen im Sinne von §§ 63 und 64 festgesetzt hat und weiter in Art. 14 anordnet, daß die Entscheidung darüber, ob eine Einrichtung als Fabrik- oder Werkssparkasse zu gelten hat, allein der Aufwertungsstelle zukommt.

Aber auch bei dieser Rechtslage muß angenommen werden, daß entgegen den Ausführungen der Revision ein Interesse an alsbaldiger Feststellung vorliegt und damit die prozessualen Voraussetzungen der Feststellungsklage gegeben sind. (Wird dargelegt.)

In der Sache selbst ergibt sich aus den Vorträgen der Parteien, daß bei der beklagten Firma zweierlei Einrichtungen zur Verwahrung von eingezahlten Geldern bestehen. Die eine wird als „Spareinrichtung für die Gußstahlfabrik" bezeichnet. Nach ihren Bestimmungen sind fortlaufende Spareinlagen vorgesehen und es sind nur gewisse Arbeiter, Angestellte und Beamte der beklagten Firma zur Benutzung berechtigt. Danach bedarf es keiner weiteren Erörterung, daß diese Einrichtung mit dem zwischen den Parteien bestehenden Rechtsverhältnis nichts zu tun hat. Die zweite Einrichtung wird als „Kapitalanlage von Werksangehörigen" bezeichnet. In den Bestimmungen ist im einzelnen geregelt, wie die Einzahlung und Rückzahlung von Geldern zu erfolgen hat. Über das gegenseitige Rechnungsverhältnis wird ein Quittungsbuch geführt. Der Rechnungsabschluß findet zum 30. Juni jedes Jahres statt. Die Jahreszinsen sind am 1. Juli fällig, werden dem Guthaben zugeschrieben und von diesem Tage ab mitverzinst. Außerdem ist angeordnet: Die Einlagen von Werksangehörigen, die mit Pension oder fortlaufender Unterstützung ausscheiden, können unter den allgemein gültigen Bestimmungen weiter stehen bleiben; dasselbe gilt für Witwen von Werksangehörigen; neue Einlagen werden dagegen von solchen Personen nicht angenommen. Als eine Kapitalanlage im Sinne dieser Einrichtung stellt sich das zwischen den Parteien bestehende Rechtsverhältnis dar. Der Inhaber der beklagten Firma oder ihrer Rechtsvorgängerin hatte seinem langjährigen Angestellten N. im Jahre 1875 eine Summe von 50000 *M*, fällig zur Auszahlung in 10 Jahren, geschenkt. Nachdem N. nicht lange darauf verstorben war, wurde die Dotation am 13. November 1877 auf 35534 *M* festgesetzt und der Witwe N. gutgeschrieben. Dieser sind bis zu ihrem Tode stets die Zinsen gutgeschrieben und ihre Abhebungen belastet worden. Eine Saldierung in bestimmten Zeitabschnitten hat ausweislich des Quittungsbuchs nicht stattgefunden.

Die Entscheidung des Rechtsstreits hängt davon ab, ob dieses zwischen den Parteien bestehende Rechtsverhältnis als eine „andere laufende Rechnung" im Sinne von § 65 AufwG. anzusehen ist. Das muß verneint werden. Allerdings ist es mit dem Begriff der laufenden Rechnung vereinbar, daß nur von einer Seite Einzahlungen gemacht werden, während die andere Seite nur Zinsen gutschreibt und auf Verlangen die gekündigten Beträge auszahlt, wie es hier geschehen ist. Aber der Begriff der laufenden Rechnung setzt zum mindesten voraus, daß regelmäßig zu bestimmten Zeiten Abrechnungen stattfinden. Staub, Anhang zu § 357 HGB. Anm. 1, verzeichnet mehrere Typen von laufenden Rechnungen; bei einer jeden wird vorausgesetzt, daß periodische Abrechnungen, wenn sie auch nicht vereinbart sein mögen, doch wenigstens tatsächlich stattgefunden haben. Von diesem Erfordernis kann nicht abgesehen werden; andernfalls würde der ohnehin nicht scharfe Begriff der laufenden Rechnung ganz ins Ungewisse gestellt werden. Die Erläuterer des Aufwertungsgesetzes stimmen auch darin überein, daß die einfache Kontoführung in der kaufmännisch üblichen Form, etwa über einseitige Lieferungen oder einseitige Zahlungen, nicht genügt, um die Erfordernisse der laufenden Rechnung zu erfüllen. Dies gilt selbst dann, wenn der Schuldner in regelmäßigen Abständen bloß einen Kontoauszug zur Anerkennung erhält, wie Schlegelberger AufwG. § 65 Nr. 2 mit Recht anführt; daß letzteres geschehen wäre, ist übrigens vorliegenden Falles nicht einmal festgestellt worden. Wie bereits erwähnt, finden sich in dem Quittungsbuch keine regelmäßigen Abrechnungen oder Abschlüsse. Daß die Beklagte in ihren eigenen Büchern die Konten jährlich abgeschlossen hat, wie sie nach ihrem Antrag auf Berichtigung des Tatbestands des angegriffenen Urteils behaupten zu wollen scheint, mag zutreffen. Ein Abschluß in den eigenen Büchern ersetzt aber nicht die Abrechnung mit dem Gegner. In dem angegriffenen Urteil ist von einem „Laufzettel" die Rede, den die Witwe N. erhalten haben soll. Daß dieser eine Abrechnung enthalten hat und wie oft solche „Laufzettel" erteilt worden sind, ist weder behauptet noch festgestellt worden. Endlich hat sich die Beklagte darauf berufen, daß in den Bestimmungen der „Kapitalanlage von Werksangehörigen" unter Nr. 8, wie schon angegeben, die Verzinsung der nicht erhobenen Zinsen vereinbart sei. Diese Bestimmung spricht jedoch nicht entscheidend für das Vorliegen eines Kontokorrents oder einer anderen laufenden Rechnung. Die Vereinbarung einer derartigen Verzinsung der stehen gebliebenen Zinsen ist schon nach § 248 Abs. 2 BGB. rechtsgültig. Danach mußte mit dem angegriffenen Urteil angenommen werden, daß weder ein Kontokorrent noch eine andere laufende Rechnung gegeben ist. Hieraus folgt, daß § 65 AufwG. zur Ablehnung der Aufwertung nicht herangezogen werden kann. Da dies der Sinn der angegriffenen Entscheidung ist, mußte die Revision zurückgewiesen werden, weil die landgerichtliche Feststellung zutrifft, einerlei ob die Aufwertungsstelle nach Art. 1 und 14 der Durchführungsverordnung die Kapitalanlage für eine Fabrik- oder Werkssparkasse erklären wird oder nicht.

---

79. Was ist bei einer Versicherung „für behaltene Ankunft" des Schiffes unter Totalverlust im Sinne von § 120 Abs. 2 der Allgemeinen Deutschen Seeversicherungs-Bedingungen von 1919 (ADS.) zu verstehen?

I. Zivilsenat. Urt. v. 12. Januar 1927 i. S. H. (Kl.) w. Albingia (Bekl.). I 170/26.

I. Landgericht Hamburg, Kammer für Handelssachen.
II. Oberlandesgericht daselbst.

Die Klägerin hatte den Motorsegler „Seewolf" von dessen Reederei in der Weise gechartert, daß sie mit der Reederei einen Frachtvertrag über die Verfrachtung des Schiffes im ganzen eingegangen war. Im Hinblick auf diesen Frachtvertrag schloß die Klägerin mit der Beklagten gemäß der Reisepolize vom 24. April 1924 eine Versicherung „auf behaltene Ankunft" dieses Schiffes ab für eine Reise von Hamburg nach Dieppe und zurück von Antwerpen nach Hamburg. Das in der Polize auf 250 £ taxierte Interesse der Klägerin bestand in dem Unterschied zwischen der Konnossements- und der Charterfracht.

Die Polize enthielt folgende Klausel:

Diese Versicherung validiert frei von havarie grosse und particulière, während der ganzen Dauer der Versicherung validiert die Gesamtversicherung auf behaltene Fahrt bzw. behaltene Ankunft des Motorschiffes bzw. auf Interesse, gleichviel welcher Art. Der durch diese Versicherung gedeckte Betrag soll stets voll gedeckt sein und mit 100% als Totalschaden bezahlt werden, falls das Schiff auf der obigen Reise total verloren geht oder wegen Seeschadens kondemniert wird.

Im übrigen sollten nach der Polize die „Allgemeinen Deutschen Seeversicherungs-Bedingungen" von 1919 gelten.

Die Reederei hatte für die fragliche Zeit keine Kaskoversicherung auf das Schiff genommen. Während der von der Klägerin versicherten Reise entstand im Hafen von Dieppe Feuer auf dem Schiff. Um dieses zu löschen, wurde das Schiff versenkt und nachher wieder gehoben. Da die Reederei die dadurch entstandenen Rettungs- und Feuerlöschkosten nicht bezahlte, wurde das Schiff von den Gläubigern mit Arrest belegt und im Oktober 1924 versteigert.

Die Klägerin meint, daß danach der Versicherungsfall gegeben sei, und hat einen Teilbetrag der Versicherungssumme eingeklagt. Die Beklagte hat das Vorliegen eines Versicherungsfalls bestritten.

Der erste Richter gab der Klage statt. Der zweite Richter wies die Klage ab und stellte auf die Widerklage der Beklagten fest, daß der Klägerin keine Ansprüche aus der Versicherung zuständen. Die Revision der Klägerin wurde zurückgewiesen.

Gründe:

Es handelt sich um die Versicherung von Nebeninteressen, welche die Klägerin als Charterer des Schiffes, d. h. im vorliegenden Fall als Befrachter des ihr von der Reederei im ganzen verfrachteten Schiffes, genommen hat. Nach der Versicherungspolize vom 24. April 1924 und § 120 Abs. 2 der maßgeblichen ADS. von 1919 ist der Umfang der von der Beklagten als Versicherer übernommenen Gefahr beschränkt. Und zwar geht diese Beschränkung dahin, daß der Versicherungsfall nur dann gegeben ist, wenn das Schiff auf der Versicherungsreise total verloren geht (Totalverlust des Schiffes). Mit Recht nimmt das Berufungsgericht an, daß in einem solchen Fall, wo durch die hier geltenden besonderen Klauseln, vornehmlich durch die Klausel „auf behaltene Fahrt bzw. behaltene Ankunft des Motorschiffs" die Versicherung umgrenzt ist, ein Totalverlust nicht schon dann vorliegt, wenn der versicherte Nebeninteressent wegen Arrestierung und Verkaufs des Schiffes auf der Versicherungsreise keine Aussicht auf die behaltene Ankunft des Schiffes hat.

Das deutsche Seeversicherungsrecht hat von jeher unter Totalverlust des Schiffes grundsätzlich nur den wirklichen Totalverlust (actual total loss) verstanden und diesen nur auf den Fall ausgedehnt, daß das Schiff dem Versicherungsnehmer ohne Aussicht auf Wiedererlangung entzogen ist. Dagegen hat es eine weitere Ausdehnung entsprechend dem im englischen Recht geläufigen Begriff des fingierten Totalverlustes (constructive total loss) abgelehnt (§ 854 HGB.; Allgemeine Seeversicherungs-Bedingungen von 1867 (ASVB.) § 109; Voigt, Seeversicherungsrecht S. 636). Dies ist auch der Standpunkt der ADS. von 1919. Wenn § 120 ADS., der die Versicherung „für behaltene Ankunft", „für behaltene Fahrt" regelt, in Absatz 2 den Fall erwähnt, daß das Schiff total verloren geht, so ist nicht ersichtlich, daß dort unter Totalverlust des Schiffes etwas anderes zu verstehen ist als in § 71 ebenda (vgl. auch ADS. §§ 123, 91). Vielmehr wird in den ADS. mit einem feststehenden und einheitlichen Begriff des Totalverlusts des Schiffes gerechnet, wie er in § 71 bei Regelung der Kaskoversicherung näher dargelegt ist. Diese Regelung zeigt aber, daß von einem Totalverlust des Schiffes im Sinne der ADS. immer nur dann die Rede sein kann, wenn das Schiff total verloren gegangen oder dem Verfügungsberechtigten ohne Aussicht auf Wiedererlangung entzogen ist.

Allerdings gelten im Falle von Versicherung des imaginären Gewinns oder der bei Ankunft der Güter am Bestimmungsort zu verdienenden Provision die Güter auch dann als total verloren, wenn sie aus anderen Gründen als infolge eines Totalverlusts den Bestimmungsort nicht erreichen (ADS. § 103 Abs. 1, § 104). Dies beruht aber — ebenso wie die Bestimmungen der ASVB. §§ 111, 112, HGB. §§ 856, 857 (vgl. auch Sieveking in der Zeitschrift für die gesamte Versicherungswissenschaft Bd. 6 S. 605) — auf einer Sondervorschrift, die sich auf die genannten Einzelfälle beschränkt und aus der keine Rückschlüsse auf den grundsätzlich geregelten Begriff des Totalverlusts des Schiffes bei Versicherung „auf (für) behaltene Ankunft" und „auf behaltene Fahrt" gezogen werden dürfen (ADS. § 120; Versicherungspolize vom 24. April 1924). Wollte man den grundsätzlichen Begriff des Totalverlusts des Schiffes (wirklicher, effektiver Totalverlust) ausschalten und einen Totalverlust im Sinne der Polize annehmen, sobald nur der als Versicherer von Nebeninteressen auftretenden Klägerin (Interesseversicherung) die Aussicht auf Wiedererlangung des Schiffes genommen ist, so würde dies die Einführung eines den ADS. in diesem Umfange fremden Begriffes „fingierter Totalverlust" bedeuten (Sieveking a. a. O.; Ritter, Das Recht der Seeversicherung, § 71 Anm. 47). Im vorliegenden Falle war die Klägerin, die zu dem Motorsegler im Verhältnis der Befrachterin eines Schiffes im ganzen stand, nicht zur Verfügung über das Schiff berechtigt (§§ 557flg. HGB.). Trotz des zwischen der Reederei und der Klägerin vereinbarten Frachtvertrags war das Schiff in der Verfügungsgewalt der Reederei geblieben, in deren Diensten Schiffer und Schiffsmannschaft standen. Zutreffend hat das Berufungsgericht weiter ausgeführt, der Totalverlust eines Schiffes erfordere hier nicht nur, daß das Schiff der Reederei ohne Aussicht auf Wiedererlangung entzogen sei, sondern auch daß dies durch ein seeversicherungsrechtliches Ereignis, d. h. durch ein Ereignis erfolgt sei, das geeignet ist, unter die Seeversicherung zu fallen. Das Berufungsgericht hat letzteres verneint, da versicherungsrechtlich nicht das auf dem Schiff entstandene Feuer und der wegen der Feuerlösch- und Rettungskosten über das Schiff verhängte Arrest den Verkauf und damit den Verlust des Schiffes veranlaßt habe, sondern die Nichtbefriedigung der Gläubiger jener Forderungen durch die Reederei. Das Unterlassen dieser Zahlung habe aber mit den Gefahren der Seeschiffahrt in keinerlei Zusammenhang gestanden. Auch diese Erwägungen des Berufungsgerichts enthalten keinen Rechtsirrtum. Das Feuer und der Arrest hätten nicht zum Verkauf des Schiffes geführt, wenn nur die Reederei bereit und imstande gewesen wäre, die erwähnten Kosten zu bezahlen. Diese Nichtzahlung war also die maßgebliche nächste Ursache des Verkaufs, während das Feuer und der Arrest nach den Feststellungen des Berufungsgerichts keine Wirkungen hatten, die unvermeidlich zum Verkauf des Schiffes führen mußten. Somit kommt bei Anwendung der Grundsätze über Verursachung, wie sie die ADS. und das sonstige deutsche Seeversicherungsrecht beherrschen, als schadenstiftendes Ereignis nur die erwähnte Nichtzahlung in Betracht (Ritter a. a. O. § 28 Anm. 18flg.). Daß dieses Ereignis nicht zu den von der Seeversicherung umfaßten Gefahren der Seeschiffahrt gehört, hat das Berufungsgericht ohne Rechtsirrtum dargelegt (§ 778 HGB., ASVB. § 1, ADS. § 1, Ritter a. a. O. § 28 Anm. 11flg.).

Die vom Berufungsgericht erwähnten Ausführungen in RGZ. Bd. 47 S. 173 und Bd. 83 S. 166 können hier schon um deswillen nicht ohne weiteres herangezogen werden, weil es sich im vorliegenden Fall um eine nach den ADS. von 1919 zu beurteilende Versicherung handelt, während von jenen Entscheidungen die eine auf die ASVB. von 1867, die andere auf das Handelsgesetzbuch gestützt ist. Außerdem handelt es sich in dem in RGZ. Bd. 83 S. 166 erörterten Falle nicht um eine Versicherung „auf behaltene Ankunft" (vgl. dort S. 171). Aber auch abgesehen hiervon können die in den beiden genannten Entscheidungen aufgestellten Rechtsgrundsätze, soweit sie mit vorstehenden Darlegungen nicht zu vereinen sind, nicht aufrechterhalten werden.

---

80. 1. Zum Begriff der Gleichartigkeit von Waren im Sinne von § 9 Abs. 1 Nr. 1 WZG.

2. Genießt ein schlagwortartiger Bestandteil einer Firmenbezeichnung, der im Verkehr als Abkürzung des vollständigen Firmennamens verwendet wird, Namensschutz nach § 12 BGB. ohne Rücksicht darauf, ob er ein frei erfundenes, bisher unbekannt gewesenes Phantasiewort oder ein der Umgangssprache des täglichen Lebens angehörender Ausdruck ist?

3. Liegt ein Verstoß gegen die guten Sitten im Sinne des § 1 UnlWG. ohne weiteres darin, daß ein Gewerbetreibender eine einem anderen geschützte Warenbezeichnung für seine mit den Waren des Zeicheninhabers nicht gleichartigen Waren verwendet?

II. Zivilsenat. Urt. v. 11. Januar 1927 i. S. Salamander-Schuhgesellschaft m. b. H. (Kl.) w. Firma Tr. u. Söhne (Bekl.). II 166/26.

I. Landgericht Stuttgart, Kammer für Handelssachen.
II. Oberlandesgericht daselbst.

Die klagende Firma ist seit längerer Zeit Inhaberin verschiedener Warenzeichen (teils Wort-, teils Bildzeichen, teils Wort- und Bildzeichen) für Wort und Bild „Salamander". Die Zeichen sind eingetragen für Schuhwaren und Zubehör (Leisten, Senkel, Bänder, Reinigungsbürsten und -Tücher, Putzmittel, Agraffen, Sohlen, Schuhanzieher und dergl.). Bei zweien von ihnen, die der Klägerin seit 1907 und 1908 zustehen, sind als geschützt bezeichnet „chemische Appretur- und Putzmittel ausschließlich mechanischer wie z. B. Schmirgel und dergl." Zwei andere Wortzeichen, die im Jahre 1907 für Schuhwaren und Zubehör eingetragen worden sind, heißen nicht „Salamander" allein, sondern „Salamander-Luxus". Endlich besitzt die Klägerin noch ein 1913 eingetragenes Wortzeichen „Salam" für Leisten, Senkel, Reinigungsbürsten und -Tücher, chemische Appretur- und Putzmittel, Sohlen, Absätze und Schuhanzieher.

Die Beklagte stellt fabrikmäßig Schmirgel- und Schleifpapier sowie Schleiftuche „für jeden gewünschten Zweck" her. Im November 1924 versandte sie ein Rundschreiben, worin sie die Übertragung der Vertretung ihres Werkes an eine Stuttgarter Firma anzeigte und weiter mitteilte, daß sie von ihr hergestellte „Ausglasmaterialien für die gesamte Schuhfabrikation" unter den gesetzlich geschützten Warenzeichen „Büffel" und „Salamander" in den Handel bringe. Unstreitig besaß die Beklagte damals kein Warenzeichen auf Wort oder Bild „Salamander"; ein Wortzeichen „Salamander" wurde ihr erst im Juli 1925 auf Grund der anfangs 1925 erfolgten Anmeldung eingetragen. Die Klägerin verwahrte sich bei ihr gegen die Verwendung der Bezeichnung „Salamander" für Gegenstände, die zur Schuhfabrikation bestimmt seien. Die Beklagte bestritt in ihrer Antwort die Berechtigung der Klägerin, ihr die Verwendung dieses Wortes für Erzeugnisse der Schmirgelindustrie zu verbieten, und wies darauf hin, daß ihr Rundschreiben insofern eine Ungenauigkeit enthalte, als sie — die Beklagte — die Bezeichnung „Salamander" nur für die Ausglasmaterialien der Möbelindustrie benutze, während die der Schuhfabrikation dienenden Ausglasmaterialien ausschließlich unter dem Namen „Büffel" in den Verkehr gebracht würden. Im weiteren Briefwechsel lehnte die Beklagte das Verlangen der Klägerin, die Benutzung des Salamanderzeichens für solche Waren, die der Klägerin geschützt seien, und namentlich für alle mit der Schuhfabrikation in Zusammenhang stehenden oder ihr dienenden Waren zu unterlassen, mit dem Anfügen ab, daß sie die Gleichartigkeit ihrer Schmirgelerzeugnisse und der durch „Salamander" geschützten Waren der Klägerin bestreite. Außer dem Wortzeichen „Salamander" hat die Beklagte im Jahre 1925, gleichfalls für Schleifmittel, auch ein Bildzeichen in Gestalt eines Salamanders erlangt.

Mit der Klage verlangte die Klägerin Unterlassung jeder Art von Benutzung des Zeichens „Salamander" zur Kennzeichnung von Waren, die in der Schuhindustrie Verwendung finden, namentlich von Schmirgelpapier, außerdem Feststellung der Schadensersatzpflicht der Beklagten sowie Unterlassung der Behauptung, daß ihr ein Salamanderbildzeichen, insbesondere für die oben erwähnten Waren, geschützt sei. Das Landgericht wies die Klage ab. Im zweiten Rechtszug änderte die Klägerin die bisher gestellten Anträge dahin ab: es solle die Verpflichtung der Beklagten zum Ersatz des Schadens festgestellt werden, den die Klägerin durch die unbefugte Benutzung des Wortzeichens und des Bildzeichens „Salamander" erlitten habe, und ferner: die Beklagte habe in die Löschung ihres Wortzeichens „Salamander" und ihres einen Salamander darstellenden Bildzeichens zu willigen. Hilfsweise verlangte die Klägerin Verurteilung der Beklagten 1. zur Einwilligung, daß bei diesen beiden Zeichen in der Spalte „angemeldete Waren" vermerkt werde, es seien solche Waren, die in der Schuhindustrie Verwendung finden, insbesondere Schmirgelpapier, vom Zeichenschutz ausgenommen; 2. zur Unterlassung der Benutzung des Wortzeichens und des Bildzeichens „Salamander" für die Kennzeichnung von Waren, die in der Schuhindustrie Verwendung finden, namentlich von Schmirgelpapier. Das Oberlandesgericht verurteilte die Beklagte, einzuwilligen, daß bei ihren Warenzeichen (Wortzeichen und Bildzeichen „Salamander") in der Spalte „angemeldete Waren" vermerkt werde, vom Zeichenschutz ausgenommen seien solche Waren, die zur Verwendung in der Schuhindustrie geeignet oder bestimmt seien. Außerdem stellte das Berufungsgericht die Verpflichtung der Beklagten zum Ersatz desjenigen Schadens fest, welcher der Klägerin entstanden sei und entstehe durch die im Betriebe der Beklagten erfolgte Benutzung der beiden Warenzeichen zur Kennzeichnung von Waren, die bei der Schuhfabrikation Verwendung zu finden bestimmt oder geeignet seien. Im übrigen wurde der Berufung der Klägerin keine Folge gegeben und die Klage abgewiesen.

Auf die Revision der Klägerin wurde das oberlandesgerichtliche Erkenntnis teilweise aufgehoben und die Beklagte verurteilt, in die Löschung ihres Wortzeichens und ihres Bildzeichens „Salamander" einzuwilligen. Auch wurde die Verpflichtung der Beklagten festgestellt, der Klägerin den Schaden zu ersetzen, der ihr dadurch entstanden sei, daß die Beklagte das Wort „Salamander" oder das Bild eines Salamanders zur Bezeichnung von Schmirgelpapier benutzt hat. Die Anschlußrevision der Beklagten hatte keinen Erfolg.

Gründe:

Die Sachbefugnis der Klägerin zur Geltendmachung der erhobenen warenzeichenrechtlichen und anderen Ansprüche wird von der Beklagten mit Unrecht angezweifelt. Die Berechtigung der Klägerin zur Verfolgung dieser Ansprüche ergibt sich ohne weiteres daraus, daß sie selbst im Gegensatz zur Herstellerin der Salamander-Schuhwaren, der Firma S. u. Co., die Inhaberin der den Klagansprüchen zugrunde liegenden Warenzeichen ist und daß die Bezeichnung „Salamander" einen Bestandteil ihrer eigenen Firma bildet.

Die auf § 9 Abs. 1 Nr. 1 WZG. gestützte Löschungsklage wurde vom Berufungsgericht abgewiesen, weil das Fabrikat der Beklagten, soweit es sich auf die Schuhfabrikation bezieht, nicht gleichartig sei mit den durch das Zeichen „Salamander" geschützten Waren der Klägerin. Diese Auffassung ist rechtlich nicht zu beanstanden. Was die Revision der Klägerin dagegen einwendet, schlägt nicht durch. Sie meint, es sei nicht richtig, daß sich die Zeichen der Klägerin nur auf fertige Schuhwaren und Zubehör bezögen; denn zum Teil bezögen sie sich auf die Herstellung solcher Waren. Im Auszug aus der Zeichenrolle über Warenzeichen Nr. 70084 der Klägerin ist allerdings bei der Bezeichnung des „Geschäftsbetriebs, in welchem das Zeichen verwendet werden soll", von der Herstellung und vom Vertrieb von Schuhwaren und Zubehör die Rede. Dies bezieht sich aber zunächst auf die ursprüngliche Zeicheninhaberin, die Berliner Firma M. Daß die Klägerin sich nicht mit der Herstellung von Schuhwaren, sondern in der Hauptsache nur mit dem Vertrieb der Erzeugnisse der Firma S. u. Co. befaßt, ist unbestritten. Gerade deshalb ist es auch ohne Bedeutung, daß im Auszug über das von der

Klägerin selbst im Jahre 1906 angemeldete Wortzeichen „Salamander Luxus" als Geschäftsbetrieb, worin das Zeichen verwendet werden soll, angeführt ist: „Herstellung und Vertrieb von Schuhwaren und Zubehör". Der Umstand aber, daß das Schmirgelpapier der Beklagten, außer in der Möbel- und wohl auch noch in der Maschinenindustrie, „für Schuhwaren" verwendbar ist, reicht für sich allein zur Annahme der Gleichartigkeit nicht aus. Denn nach der Feststellung der Berufungsrichters besteht der grundlegende Unterschied, daß Schmirgelpapier für Schuhwaren nur bei der Herstellung Verwendung findet, die Klägerin aber nur fertige Schuhwaren und Zubehör wie Leisten, Senkel, Reinigungsbürsten und -Tücher, chemische Putzmittel, Sohlen, Schuhanzieher und dergl. vertreibt, irgendwelche Mittel oder Werkzeuge, die zur Herstellung solcher Waren dienen, dagegen nicht führt. Wenn bei dieser Sachlage das Berufungsgericht die Möglichkeit des Entstehens von Irrungen im oben erwähnten Sinne verneint, so kann darin kein Rechtsirrtum erblickt werden.

Zutreffend führt das angefochtene Urteil sodann aus, daß der formalrechtliche Zeichenschutz gegenüber den auf Namensrecht und auf Verstoß gegen die guten Sitten gestützten Klagegründen versage, m. a. W., daß sich die Beklagte auf ihren Zeichenschutz nicht berufen könne, wenn sie durch die Erlangung und Benutzung des Salamanderzeichens im Verhältnis zur Klägerin gegen § 12 BGB. oder gegen die Vorschriften des Gesetzes über den unlauteren Wettbewerb verstoßen habe und verstoße. Weiterhir geht der Berufungsrichter davon aus, daß das Wort „Salamander" einen schlagwortartigen Bestandteil des Firmennamens der Klägerin, einer juristischen Person des Handelsrechts, darstelle und in weitesten Kreisen zur abkürzenden Kennzeichnung ihres Namens und Geschäftsbetriebs diene. Daraus ergebe sich aber, meint das Berufungsgericht, noch nicht das Recht der Klägerin, auf Grund des § 12 BGB. jedem Dritten die warenzeichenmäßige Benutzung dieses Schlagworts zu untersagen. Denn wer ein der Umgangssprache des täglichen Lebens angehörendes, in mehrfacher Bedeutung gebrauchtes Wort wie „Salamander" in seine Firma aufnehme, müsse sich, anders als bei der Wahl eines frei erfundenen oder jedenfalls der Geschäftssprache unbekannten Phantasieworts, damit abfinden, daß er es nicht zu monopolartigem Gebrauch und auch nicht zur

Namensbezeichnung verwenden könne. Der Namensschutz finde seine Schranke in dem anzuerkennenden Rechte des Verkehrs, derartige naheliegende, bildhaft wirkende Bezeichnungen im Geschäftsleben zu verwenden, soweit nicht dadurch ein zeichenrechtliches Individualrecht verletzt oder gegen die allgemeinen Grundsätze des Wettbewerbgesetzes oder gegen die guten Sitten verstoßen werde. So gelangt das Berufungsgericht zu der Annahme, daß der Klägerin der Schutz aus § 12 BGB. nur insoweit zustehe, als die Beklagte das Salamanderzeichen für die in der Schuhfabrikation Verwendung findenden Schleifmittel benutze. Denn nur in dieser Hinsicht liege ein Verstoß gegen den geschäftlichen Anstand und damit gegen die guten Sitten vor, weil die Beklagte insoweit den gut eingeführten Namen des Geschäftsbetriebs der Klägerin zur Kennzeichnung und Anpreisung ihrer eigenen Waren ausgenutzt habe. Auf die Gleichartigkeit der beiderseitigen Vertriebsartikel komme es in diesem Zusammenhang nicht an. Der gute Ruf, den sich die Waren der Klägerin durch deren ausgedehnte Werbetätigkeit erworben hätten, ergreife ohne weiteres auch solche Waren, die mit der Schuhbranche im weitesten Sinne in Zusammenhang stünden und bei denen sich aus der Kennzeichnung mit dem Salamanderwort oder -Bild die Vermutung irgendwelchen Zusammenhangs mit dem Betrieb der Klägerin ergebe. In diesem Umfang, insoweit also, als die Beklagte die Bezeichnung „Salamander" für Schleifmittel zur Schuhfabrikation verwende, finde § 1 UnlWG. Anwendung, und nur innerhalb der gleichen Grenze könne es sich auch um Verwechselbarkeit nach § 16 daselbst handeln. Darüber hinaus liege keine gegen die guten Sitten verstoßende Handlungsweise der Beklagten vor. Es müsse ihr unverwehrt bleiben, sich des im Geschäftsleben schon längst verwendeten Wortes „Salamander" zur Kennzeichnung solcher Waren zu bedienen, die einer ganz anderen Sphäre als derjenigen der Herstellung von Schuhen angehörten.

Diese Ausführungen werden von der Revision der Klägerin mit Grund angefochten. Daß der Namensschutz des § 12 BGB. nicht bloß physischen Personen, sondern auch den juristischen Personen des Handelsrechts zugute kommt, ist in der reichsgerichtlichen Rechtsprechung anerkannt (RGZ. Bd. 109 S. 213). Der Namensschutz ist auch nicht auf den Fall beschränkt, daß der Name der betreffenden Gesellschaft gerade in der Form, wie er im Handelsregister eingetragen steht, von einem andern unbefugt gebraucht wird. Vielmehr genügt schon, wie gleichfalls in RGZ. Bd. 109 S. 213 ausgeführt wird, der unbefugte Gebrauch eines schlagwortartigen Bestandteils des Firmennamens, den ein Firmeninhaber im Verkehr als Abkürzung seines Namens verwendet und der in den beteiligten Verkehrskreisen als solche Abkürzung aufgefaßt wird. Beides ist bei der Bezeichnung „Salamander" in ihrer Beziehung zum Geschäftsbetrieb der Klägerin der Fall. Dies ergibt sich bei ihr aus dem Gebrauch der verschiedenen für sie eingetragenen „Salamander"-Warenzeichen und aus der Feststellung des Berufungsgerichts, daß der Name „Salamander" in weitesten Kreisen zur Abkürzung und zur Kennzeichnung der Firma der Klägerin diene. Ohne Frage wird auch das Interesse der Klägerin dadurch verletzt, daß irgendein anderer Geschäftsmann, mag er mit ihr im Wettbewerb stehen oder nicht, ohne ihr Einverständnis den Namen „Salamander" in seinem Betriebe gebraucht, wie es die Beklagte tut, indem sie ihr Schmirgelpapier, gleichgültig, ob es in der Schuh- oder in der Möbelindustrie Verwendung finden soll, unter jener Bezeichnung vertreibt und dabei außerdem den gesetzlichen Schutz aus den im Jahre 1925 erlangten „Salamander"-Warenzeichen (Wort- und Bildzeichen) für sich in Anspruch nimmt. Denn die Klägerin hat weder auf die Beschaffenheit der Erzeugnisse der Beklagten noch auf deren Geschäftsgebahren irgendwelchen Einfluß. Ihr geschäftlicher Ruf könnte daher eine Beeinträchtigung erfahren, wenn das kaufmännische Verhalten oder die Erzeugnisse der Beklagten in der einen oder anderen Hinsicht Anlaß zur Beanstandung gäben. Das Oberlandesgericht gewährt den von der Klägerin beanspruchten unbeschränkten Namensschutz nur deshalb nicht, weil das Wort „Salamander", das sie in ihre Firma aufgenommen hat, nicht ein von ihr frei erfundenes Phantasiewort, sondern eine — und zwar nicht einmal von ihr selbst — aus der Umgangssprache des täglichen Lebens in die Sprache des Geschäftslebens herübergenommene Bezeichnung sei, welche die Klägerin nicht monopolartig zur Namensbildung verwenden dürfe. Dieser Einschränkung des Namensschutzes vermag der erkennende Senat nicht beizutreten. Wenn eine juristische Person des Handelsrechts zur Bildung ihres Firmennamens ein überhaupt der deutschen Sprache angehörendes, vielleicht auch schon bisher im Geschäftsleben da und dort gebrauchtes Wort (im Gegensatz zu einem der Allgemeinheit bis dahin unbekannt gewesenen Phantasiewort, wie z. B. „Kwatta", vgl. RGZ. Bd. 109 S. 213) in ihre Firma aufnimmt, so hindert das nicht, daß die betreffende Bezeichnung, falls sie zum Schlagwort im oben erwähnten Sinne geworden ist, Namensschutz in vollem Umfang genießt. Ist eine solche Bezeichnung einmal Name der Gesellschaft geworden, so verlangt es das Verkehrsbedürfnis, daß sie Dritten gegenüber, die sich erst nach diesem Zeitpunkt denselben Namen beilegen oder sonst von ihm Gebrauch machen, ebenso geschützt wird wie ein dem Verkehr bisher noch nicht bekannt gewesenes, frei erfundenes Phantasiewort. Ob der Namensschutz nicht vielleicht dann nur in beschränktem Umfang zu gewähren ist, wenn der auch von Dritten benutzte Firmenbestandteil eine gewissermaßen zum Gemeingut aller gewordene Bezeichnung (nach Art der Freizeichen im Warenzeichenrecht) darstellt, braucht nicht erörtert zu werden. Denn dieser Fall liegt hier, bei der Bezeichnung „Salamander", nicht vor.

Hiernach kann die Klägerin der Beklagten den Gebrauch des Namensbestandteils „Salamander" aus § 12 BGB. schlechthin, ohne Rücksicht darauf verbieten, ob sie sich der Bezeichnung beim Vertrieb von Schmirgelpapier für die Schuh- oder für eine andere Industrie bedient. Daraus folgt unmittelbar die Berechtigung des Verlangens der Klägerin, daß die Beklagte in die Löschung zunächst des Wortzeichens „Salamander" und, da ihr Bildzeichen lediglich in der für jedermann erkennbaren bildlichen Wiedergabe des Tierbegriffs „Salamander" besteht, auch in die Löschung dieses Bildzeichens einzuwilligen habe; vgl. RGZ. Bd. 109 S. 215; Bd. 74 S. 310.

Die Verpflichtung der Beklagten zum Schadensersatz hat der Vorderrichter nur insoweit festgestellt, als die Beklagte ihre beiden Warenzeichen „Salamander" zur Bezeichnung von Waren benutzt habe und benutze, die in der Schuhfabrikation Verwendung zu finden geeignet oder bestimmt seien. Nur in dem Umfang, als die Beklagte das Salamanderzeichen für die soeben erwähnten Waren verwendet, nimmt ja das Oberlandesgericht eine (die Schadensersatzpflicht begründende) Zuwiderhandlung gegen die §§ 1, 16 UnlWG. an. Die Klägerin verlangt aber Feststellung der Verpflichtung der Beklagten zum Ersatz des Schadens, der ihr durch die unbefugte Benutzung der beiden Zeichen überhaupt, zur Kennzeichnung von Schmirgelpapier, sei es für die Schuh- oder für irgendeine andere Industrie, entstanden sei. Es fragt sich also, ob der Beklagten ein Verstoß gegen §§ 1, 16 UnlWG. auch insofern zur Last fällt, als sie das Salamanderzeichen nicht allein für Schleifmittel, die in der Schuhfabrikation Verwendung finden, sondern zugleich auch für das in anderen Fabrikationszweigen zu gebrauchende Schmirgelpapier benutzt.

Daß jedenfalls in der ersteren Beziehung ein solcher Verstoß vorliegt, hat das Berufungsgericht einwandfrei dargelegt. Die Rüge der Revision der Beklagten, daß sich die Ausführungen des angefochtenen Urteils zu diesem Punkt in einem unlöslichen Widerspruch bewegten, ist nicht gerechtfertigt. Der Widerspruch soll darin liegen, daß das Oberlandesgericht einerseits (bei der Behandlung der Frage der Gleichartigkeit der beiderseitigen Waren) Irreführung des Publikums in dem Sinne, daß die Schmirgelpapiere der Beklagten als von der Firma S. u. Co. oder von der Klägerin herrührend angesehen werden könnten, für ausgeschlossen erkläre, anderseits aber doch einen Verstoß der Beklagten gegen den geschäftlichen Anstand und damit gegen die guten Sitten als vorliegend annehme. Der Umstand, daß die Waren der Parteien nicht gleichartig und daß Irrtümer der vom Berufungsgericht erwähnten Art normalerweise nicht zu besorgen sind, hindert jedoch nicht die Annahme, daß solche Irrtümer gerade durch die Bezeichnung der Waren der Beklagten mit dem Schlagwort „Salamander" hervorgerufen werden können und die Beklagte daher gegen den geschäftlichen Anstand verstößt, wenn sie ihren Absatz durch Verwendung dieses durch die Reklametätigkeit der Klägerin so zugkräftig gewordenen Schlagworts zu heben sucht. Allerdings hat das Reichsgericht in früheren Entscheidungen darin, daß ein Gewerbetreibender eine einem anderen geschützte Warenbezeichnung für seine nicht gleichartigen Waren verwendete, noch nicht ohne weiteres eine unlautere Handlungsweise erblickt; bestimmend hierfür war die Erwägung, daß niemand ein Warenzeichen gänzlich für sich mit Beschlag belegen dürfe, das Zeichen vielmehr für Waren von anderer, nicht wenigstens im Sinne des § 5 WZG. ähnlicher, Art frei bleiben müsse (vgl. RGZ. Bd. 87 S. 89; auch S. 274 ebenda). Allein diese im Schrifttum nicht unwidersprochen gebliebene Auffassung (vgl. namentlich Kohler,

JW. 1916 S. 194) kann, mindestens für die hier vorhandene Sachlage, keine Geltung beanspruchen. Denn hier liegen besondere Umstände vor, die das Vorgehen der Beklagten als gegen das Anstandsgefühl aller billig und gerecht Denkenden verstoßend und darum als Verletzung des § 1 UnlWG. erscheinen lassen. Einmal besteht bei dem zur Herstellung von Schuhwaren zu verwendenden Schmirgelpapier, wenn es auch nicht im zeichenrechtlichen Sinne mit Schuhwaren und Zubehör gleichartig ist, doch eine Zweckbeziehung zur Schuhindustrie, die beim Hinzukommen der Benutzung des Schlagworts „Salamander" den Glauben wachzurufen geeignet ist, daß auch das Schmirgelpapier aus dem Betrieb der Firma S. u. Co. oder ihrer Vertriebsgesellschaft, der Klägerin, stammen könnte. Sodann handelt es sich bei der Bezeichnung „Salamander" um ein weithin bekanntes und anerkanntes Schlagwort zur Kennzeichnung des Betriebs der Klägerin und der hinter ihr stehenden Fabrik S. u. Co. In solchem Falle will der Benutzer, wie Seligsohn WZG. 3. Aufl. § 14 Bem. 20 (S. 234) mit Recht ausführt, von dem Rufe, den ein anderer durch die Güte seiner Waren oder durch kostspielige Reklame sich erworben hat, mitgenießen, und er schädigt den anderen dadurch, daß die Unterscheidungskraft der Bezeichnung infolge dieses Mitgebrauchs geschwächt wird. Ein solches Verhalten ist sittenwidrig. Daß der Beklagten die besondere Zugkraft des Schlagworts „Salamander" als der Waren- und Firmenbezeichnung der Klägerin bekannt und daß sie sich der durch ihr Vorgehen geschaffenen Verwechslungsmöglichkeit im Sinne des § 16 UnlWG. bewußt war, ergibt sich aus den Feststellungen des Berufungsgerichts ohne weiteres.

Mit den guten Sitten unvereinbar ist aber unter diesen Umständen das Verhalten der Beklagten auch insoweit, als sie von ihren für Schmirgelpapier schlechthin eingetragenen Warenzeichen „Salamander", Wort- und Bildzeichen, zur Bezeichnung von Schmirgelpapier Gebrauch macht, das nicht gerade in der Schuhwarenindustrie, sondern bei der Herstellung anderer Waren verwendet werden soll. Auch insoweit liegt eine dem Wettbewerbszweck dienende sittenwidrige Ausnutzung des weitverbreiteten Rufes der Klägerin und ihrer allgemein bekannten Namens- und Warenbezeichnung „Salamander" vor. Eine Unterscheidung in dem Sinne, daß die Sittenwidrigkeit (UnlWG. § 1) auf die Benutzung dieser

Bezeichnung für Schuhwaren-Schmirgelpapier beschränkt würde, ist abzulehnen. Denn die Ausnutzung einer fremden Waren- und Firmenbezeichnung von der überall anerkannten Schlagkraft des Wortes „Salamander" widerstrebt dem Anstandsgefühl aller billig und gerecht Denkenden auch dann, wenn eine Ware von anderer Art, als sie der berechtigte Inhaber des Schlagworts führt, mit diesem gekennzeichnet werden soll. Im übrigen ist noch darauf hinzuweisen, daß die Beklagte im Gegensatz zu ihrer im Briefwechsel vom Dezember 1924 aufgestellten Behauptung, sie habe nur die der Möbelfabrikation dienenden Ausglasmaterialien mit „Salamander" bezeichnet, den Warenzeichenschutz auf „Salamander", Wort und Bild, für Schmirgelpapier im allgemeinen, ohne irgendwelche Unterscheidung, begehrt und erwirkt hat. Demnach findet auch hier, bei der Benutzung der Bezeichnung für Schmirgelpapier, das für andere Zwecke als diejenigen der Schuhindustrie verwendet werden soll, die Vorschrift des § 1 UnlWG. (und aus dem schon oben angeführten Grunde, außerdem § 16 daselbst) Anwendung.

Aus alledem folgt, daß die Beklagte schadensersatzpflichtig ist, wenigstens insoweit, als es sich um den der Klägerin durch die unbefugte Benutzung des Bild- und Wortzeichens „Salamander" schon entstandenen Schaden handelt. Vom Ersatz auch des weiterhin noch entstehenden Schadens ist im Antrag der Klägerin nicht die Rede; darauf hat die Anschlußrevision mit Recht hingewiesen. Die Fassung des Klagantrags ist aber maßgebend. Aus dem Festhalten der Klägerin an ihrer Feststellungsklage kann nicht, wie das Berufungsgericht meint, die Berechtigung abgeleitet werden, den Antrag trotz seiner engeren Fassung so zu verstehen, als umfaßte er auch den weiterhin entstehenden Schaden.

---

81. Kann der Umstand, daß eine Partei sich während des Prozesses in einer Strafanstalt befunden hat und deshalb weder die Tätigkeit ihres Armenanwalts überwachen noch sonstwie in die Prozeßführung eingreifen konnte, als ein unabwendbarer Zufall im Sinne des § 233 Abs. 1 ZPO. angesehen werden?

VII. Zivilsenat. Beschl. v. 13. Januar 1927 i. S. Ehem. D. (Bekl.) w. Ehefr. D. (Kl.). VII B 4/26.

I. Landgericht Leipzig.
I. Oberlandesgericht Dresden.

Auf die Klage der Ehefrau hat das Landgericht durch Urteil vom 8. Oktober 1926 die Ehe der Parteien geschieden und den Beklagten für allein schuldig an der Scheidung erklärt. Dem ihm als Armenanwalt beigeordneten Rechtsanwalt Dr. St. ist das Urteil am 19. Oktober 1926 zugestellt worden. Dieser hat dem Beklagten, der sich schon zur Zeit der Klagerhebung in einer Strafanstalt befand, die Urteilsausfertigung erst am 19. November 1926 dorthin zugesandt.

Das Gesuch des Beklagten vom 25. November 1926 um Wiedereinsetzung in den vorigen Stand gegen die Versäumung der Berufungsfrist ist vom Oberlandesgericht zurückgewiesen und die zugleich eingelegte Berufung als unzulässig verworfen worden. Die hiergegen eingelegte Beschwerde des Beklagten hatte Erfolg.

Gründe:

Das Oberlandesgericht hat seinen Beschluß darauf gestützt, daß der erstinstanzliche Prozeßbevollmächtigte, Rechtsanwalt St., nicht die „größtmöglichste Sorgfalt" bei der Wahrung der Berufungsfrist beobachtet habe (§ 232 Abs. 2 ZPO.), daß sohin die Versäumung der Berufungsfrist nicht auf einem unabwendbaren Zufall (§ 233 Abs. 1 ZPO.) beruhe.

Der Beschwerdeführer hat hiergegen geltend gemacht: Die Vorschrift des § 232 Abs. 2 ZPO. finde ihre innere Rechtfertigung in dem Umstand, daß die Partei normalerweise jederzeit in der Lage sei, ihren Prozeßbevollmächtigten zu überwachen und ihm unter Umständen den Auftrag zu entziehen, falls sie den Eindruck bekomme, daß der Anwalt nicht die erforderliche Zuverlässigkeit gewährleiste. Im vorliegenden Falle aber sei der Beklagte während der ganzen Dauer der Instanz in Strafhaft gewesen und befinde sich noch jetzt darin. Es sei ihm also vollkommen unmöglich gewesen, irgendwie seinen Anwalt ausreichend zu überwachen oder ihm, da ein Armenanwalt in Frage stehe, den Auftrag zu entziehen und einen anderen Anwalt zu beauftragen.

Die rechtliche Würdigung der Sache ergibt folgendes:

Nach § 232 Abs. 2 ZPO. wird eine Versäumung, die in der Verschuldung eines Vertreters ihren Grund hat, als eine unverschuldete nicht angesehen. Diese Prozeßvorschrift ist, wie alle anderen, nicht um ihrer selbst willen geschaffen worden, sondern soll dem materiellen Rechte und der Gerechtigkeit dienen. Bei ihrer Auslegung und Anwendung müssen deshalb stets die Besonderheiten des Einzelfalls berücksichtigt werden.

Wenn, wie im vorliegenden Falle, der Vertreter im Sinne des § 232 Abs. 2 ZPO. ein beim Prozeßgericht zugelassener Anwalt ist, so kann für die Regel davon ausgegangen werden, daß die von ihm vertretene Partei in der Lage ist, seine Handlungen zu beaufsichtigen, § 85 Abs. 1 Satz 1 ZPO.; § 164 Abs. 1, § 166 Abs. 2, §§ 168, 675 und 627 BGB. Dieses Recht und diese Pflicht der Partei zur Überwachung ihres Anwalts ergeben sich aus dem zwischen ihnen bestehenden Rechtsverhältnis. Nur auf dieser Grundlage kann die Verschuldung des Vertreters im Sinne des § 232 Abs. 2 auch als eine Verschuldung der Partei angesehen werden.

Nun war aber der Beklagte im vorliegenden Falle außerstande, seinen Armenanwalt zu beaufsichtigen. Die tatsächlichen Feststellungen des Oberlandesgerichts lassen hierüber keinen Zweifel aufkommen. Der Beklagte war in der Strafanstalt, seine an den Vertreter gerichteten Briefe wurden entweder zu spät oder überhaupt nicht beantwortet, das dem Anwalt übersandte Prozeßmaterial wurde im Prozeß nicht vorgetragen, obgleich der Beklagte dem Klagevorbringen den Einwand der Verzeihung entgegengesetzt hatte. Der Beklagte hatte seinen Armenanwalt um die sofortige Einsendung des Urteils gebeten, dieses wurde ihm aber in der angegebenen Weise verspätet eingehändigt. Er war seinem Anwalt gegenüber vollkommen wehr- und hilflos; er konnte ihn von der Strafanstalt aus nicht überwachen, ihm auch nicht kündigen oder die Beiordnung eines anderen Anwalts beantragen. Ist dies richtig, dann sind die Voraussetzungen des § 232 Abs. 2 ZPO. im vorliegenden Falle seiner Besonderheiten wegen nicht gegeben. Die Tatsache, daß der Beklagte sich während des Rechtsstreits in der Strafanstalt befunden hat und deshalb die Tätigkeit seines Armenanwalts weder überwachen noch durch Kündigung oder Beiordnung eines anderen Armenanwalts beenden konnte, ist als ein unabwendbarer Zufall im Sinne des § 233 Abs. 1 ZPO. anzusehen.

82. Ist das weitere Gesetz zur Entlastung des Reichsgerichts vom 17. Dezember 1926 — RGBl. I S. 503 — gültig und am 1. Januar 1927 in Kraft getreten?

RVerf. Art. 71. ZPO. § 286.

VII. Zivilsenat. Urt. v. 13. Januar 1927 i. S. Ehefr. H. (Kl.) w. Ehem. H. (Bekl.). VII 93/26.

I. Landgericht I München.
II. Oberlandesgericht daselbst.

Die Frage ist bejaht worden aus folgenden

Gründen:

Die Revision hat zu der aus § 286 ZPO. erhobenen Rüge folgendes geltend gemacht: Die durch das Gesetz vom 17. Dezember 1926 angeordnete Beschränkung der Revision stehe dieser Rüge nicht entgegen, weil dem Gesetze keine Wirksamkeit zukomme. Denn es sei zwischen dem Gesetz vom 21. Dezember 1925 (RGBl. 1925 I S. 475) und dem vom 17. Dezember 1926 nicht bloß eine zeitliche Lücke eingetreten, insofern als das erstere am 31. Dezember 1926 die seiner Fassung nach nur bis dahin erstreckte Geltung verloren habe, das neue Gesetz aber gemäß Art. 71 RVerf. erst 14 Tage nach seiner am 21. Dezember 1926 erfolgten Verkündung in Wirksamkeit getreten sei. Vielmehr sei das Gesetz vom 17. Dezember 1926 überhaupt ungültig. Denn die Bezugnahme auf ein bereits außer Kraft getretenes Gesetz mit der Wirkung, daß im Anschluß an dieses das neue Gesetz gelten solle, sei unzulässig und unmöglich. Dieser Angriff geht fehl.

Nach Art. 71 RVerf. treten Reichsgesetze, soweit sie nichts anderes bestimmen, mit dem vierzehnten Tage nach Ablauf des Tages in Kraft, an dem das Reichsgesetzblatt in der Reichshauptstadt ausgegeben worden ist.

Im Art. I des oben erwähnten Gesetzes vom 21. Dezember 1925 ist bestimmt:

„In bürgerlichen Rechtsstreitigkeiten gilt für das Rechtsmittel der Revision bis zum 31. Dezember 1926 die nachfolgende Vorschrift: Die Revision kann nicht darauf gestützt werden, daß die Entscheidung auf Verletzung der §§ 139, 286 und 287 der ZPO. beruhe".

Das Gesetz vom 17. Dezember 1926 bestimmt:

„Im Art. I des Gesetzes zur Entlastung des Reichsgerichts vom 21. Dezember 1925 (RGBl. I S. 475) treten an die Stelle der Worte „31. Dezember 1926“ die Worte „30. Juni 1928“.

Hiernach kann kein Zweifel darüber bestehen, daß das Gesetz vom 17. Dezember 1926 nach dem Willen des Gesetzgebers am 1. Januar 1927 in Kraft treten sollte. Es ist aber auch an diesem Tage in Kraft getreten. Nach dem Wortlaut und Sinn des Art. 71 RVerf. ist nicht unter allen Umständen erforderlich, daß, sofern ein Gesetz zu einem anderen Zeitpunkt als mit dem vierzehnten Tage nach seiner Verkündung in Kraft treten soll, dieser Zeitpunkt im Gesetz wörtlich angegeben wird. Nach feststehender Rechtsprechung des Reichsgerichts (vgl. RGZ. Bd. 89 S. 187) gilt der im § 133 BGB. für die Auslegung von Willenserklärungen aufgestellte Grundsatz auch für die Auslegung von Gesetzen. Deshalb kommt es lediglich darauf an, ob im Gesetz vom 17. Dezember 1926 der Wille des Gesetzgebers, daß es am 1. Januar 1927 in Kraft treten solle, einen hinreichend bestimmten Ausdruck gefunden hat.

Diese Frage muß nach der Fassung des Gesetzes vom 17. Dezember 1926, zusammengehalten mit dem früheren Gesetz vom 21. Dezember 1925, bejaht werden. Denn Art. 1 des Gesetzes vom 17. Dezember 1926 läßt nur die Deutung zu, daß das Gesetz vom 21. Dezember 1925 nicht mit dem 31. Dezember 1926 außer Kraft treten, sondern bis zum 30. Juni 1928 fortdauern soll. Das Gesetz vom 17. Dezember 1926 ändert am Gesetz vom 21. Dezember 1925 nur einige Worte über den Zeitpunkt des Außerkrafttretens, bestätigt also seine ununterbrochene Fortdauer bis zum 30. Juni 1928. Daraus folgt zwingend: Da das alte Gesetz vom 21. Dezember 1925 mit Ablauf des 31. Dezember 1926 außer Kraft getreten ist, hat die Geltung des neuen Gesetzes mit dem 1. Januar 1927 begonnen.

Es liegt also eine besondere Bestimmung über das Inkrafttreten des Gesetzes vom 17. Dezember 1926 vor und deshalb kommt der im allgemeinen geltende Termin — 14 Tage nach Ausgabe des Reichsgesetzblattes — hier nicht in Betracht.

Die Meinung der Revision, daß wegen Ungültigkeit des Gesetzes vom 17. Dezember 1926 hier die Verletzung des § 286 ZPO. gerügt werden könne, geht deshalb fehl.

83. Kann unter Umständen ein Verstoß gegen die guten Sitten darin gefunden werden, daß eine Auskunftei in die über jemand erteilte Auskunft eine von ihm erlittene Vorstrafe aufgenommen hat?

BGB. § 826.

IV. Zivilsenat. Urt. v. 13. Januar 1927 i. S. Auskunftei Sch. (Bekl.) w. J. (Kl.). IV 489/26.

I. Landgericht I Berlin.
II. Kammergericht daselbst.

Der im Jahre 1883 geborene Kläger wurde 1907 wegen Verleitung zum Meineid, Beihilfe zur Untreue, versuchten Betrugs und Unterschlagung zu 3 Jahren 6 Monaten Zuchthaus verurteilt; auch wurden ihm die bürgerlichen Ehrenrechte auf die Dauer von 5 Jahren aberkannt. Er hat die Strafe bis auf 8 Monate, die ihm im Gnadenweg erlassen wurden, verbüßt. Die beklagte Auskunftei hat in Auskünfte, die sie in den letzten Jahren ihren Kunden über den Kläger erteilt hat, diese Tatsachen aufgenommen und beabsichtigt es auch fernerhin zu tun. Der Kläger beantragte mit der Klage, der Beklagten das zu untersagen, und stellte, nachdem das Landgericht die Klage abgewiesen hatte, vor dem Berufungsgericht bei Wiederholung des Hauptantrags den Hilfsantrag, der Beklagten zu verbieten, die Verurteilung anders zu erwähnen als in der Form, daß er in den Jahren 1905/06 sich in Geschäfte habe verwickeln lassen, die ihn mit dem Strafgesetz in Konflikt gebracht hätten. Das Berufungsgericht erkannte nach dem Hilfsantrag, setzte jedoch an Stelle der Worte „in den Jahren 1905/1906" die Worte „in jungen Jahren". Die Revision der Beklagten blieb ohne Erfolg aus folgenden

Gründen:

Die den Gegenstand des Rechtsstreits bildende vorbeugende Unterlassungsklage setzt voraus, daß gegenständlich ein widerrechtlicher Eingriff in ein geschütztes Rechtsgut vorliegt und daß die — hier einwandfrei festgestellte — Gefahr der Wiederholung begründet ist (RGE. vom 21. Februar 1925 IV 466/24; RGZ. Bd. 95 S. 339). Als Rechtsgut kommt das Vermögen des Klägers in Frage, soweit es durch § 826 BGB. geschützt ist. Ob in solchem Falle der gegenständliche Tatbestand von dem persönlichen zu lösen ist (vgl. RGR.-Komm. § 826 Anm. IIIb a. E.), bedarf nicht der Erörterung, da das Berufungsgericht auch den persönlichen Tatbestand für nachgewiesen erachtet hat. Es fragt sich nur, ob die Beklagte im Sinne des § 826 BGB. gegen die guten Sitten verstoßen hat, indem sie sich bei Mitteilung der vom Kläger erlittenen Strafe nicht einer milderen Form — wie im angefochtenen Urteil angegeben — bediente, sondern Art und Dauer der Strafe und der Nebenstrafe, sowie die den Gegenstand der Verurteilung bildenden Straftaten genau bezeichnete. Da die mitgeteilten Tatsachen der Wahrheit entsprachen, so kann die Sittenwidrigkeit ihrer Mitteilung nur beim Vorliegen besonderer Umstände angenommen und aus ihnen hergeleitet werden (vgl. RGZ. Bd. 76 S. 112; WarnRspr. 1914 Nr. 186). Diese Umstände müssen so geartet sein, daß das Anstandsgefühl des gerecht und billig denkenden Durchschnittsmenschen die Mitteilung in der gewählten schroffen Form ablehnt.

Die Meinung des Berufungsgerichts, daß diese Voraussetzungen erfüllt seien, ist bei dem festgestellten Sachverhalt rechtlich nicht zu beanstanden. Allerdings kommen für die Beklagte bei Erteilung einer Auskunft in erster Reihe die berechtigten Belange des Kunden in Betracht, der die Auskunft einholt, um für seine Entscheidung über Eingehung oder Fortsetzung geschäftlicher Beziehungen die nötigen Unterlagen zu gewinnen. Als solche kann eine Bestrafung dessen, über den die Auskunft verlangt wird, von Bedeutung sein. Es ist aber nicht zu billigen, wenn eine Auskunftei die Beurteilung der Frage, ob die Kenntnis von der Strafe für den Kunden eine geschäftliche Bedeutung hat, lediglich dem Kunden überläßt. Sie ist vielmehr verpflichtet, in dieser Hinsicht selbst eine sorgfältige Prüfung vorzunehmen. Denn es entspricht in der Tat den zur sittlichen Norm gewordenen heutigen Anschauungen, wie sie insbesondere in dem Gesetz vom 9. April 1920 (RGBl. S. 507) zum Ausdruck gelangt sind (vgl. RGU. vom 8. Dezember 1926 III 92/26), daß eine, wenn auch schwere Bestrafung, vor allem eine einmalige in jungen Jahren erlittene, dem Verurteilten nicht lebenslang nachgetragen werden darf, daß ihm vielmehr dazu verholfen werden muß, die Verfehlung durch einwandfreies soziales Verhalten wieder gutzumachen, sich ein neues wirtschaftliches Leben aufzubauen und sein gesellschaftliches Ansehen wieder zu erwerben. An dieser Auffassung darf auch eine Auskunftei nicht vorübergehen. Sie muß sich ihrer allgemeinen Menschenpflicht gegenüber denen, über die sie Auskunft gibt, bewußt bleiben und mit Sorgfalt prüfen, ob es der einer Wiedergewinnung des Ansehens hinderlichen Mitteilung der Vorstrafe bedarf, um den Belangen des Kunden gerecht zu werden. Kann ihre Erwähnung unter diesem Gesichtspunkt nicht gänzlich unterbleiben, so fragt es sich, ob die Mitteilung aller Einzelheiten von Strafe und Tat nötig ist und nicht vielmehr zur Schonung des Betroffenen eine mildere Form genügt. Handelt die Auskunftei diesen Grundsätzen zuwider, mit denen im wesentlichen auch die Ausführungen in Schimmelpfengs Handbuch des deutschen Auskunftswesens S. 220flg. übereinstimmen, so setzt sie sich mit der sittlichen Auffassung aller gerecht und billig Denkenden in Widerspruch.

Das Berufungsgericht hat nun mit eingehender Begründung angenommen, daß den berechtigten Belangen der Kunden der Beklagten nach der gegenwärtigen Lage der Sache genügend gedient sei, wenn die Auskunft in der aus der Urteilsformel ersichtlichen milderen Form erteilt werde. Der Zusammenhang der Urteilsgründe ergibt ferner als Meinung des Berufungsgerichts, daß die Beklagte bei sorgfältiger Prüfung sich von der Entbehrlichkeit weiterer Mitteilungen über die Bestrafung hätte überzeugen müssen. Beide Annahmen sind im wesentlichen tatsächlicher Art und unterliegen insoweit nicht der Nachprüfung durch das Revisionsgericht. Sie ergeben, daß die Beklagte die nach dem Erörterten gebotene Rücksichtnahme auf den in der Auskunft Behandelten außer acht gelassen und damit gegen die guten Sitten verstoßen hat.

Der Revision kann auch nicht zugestanden werden, daß durch das Berufungsurteil der Beklagten die Erteilung einer unrichtigen Auskunft angesonnen werde. Eine Auskunft dieses Inhalts steht mit den verübten Straftaten nicht in Widerspruch. Ebensowenig ist der Revision darin recht zu geben, daß die Beklagte nur die Wahl zwischen der Mitteilung der uneingeschränkten Wahrheit und dem völligen Verschweigen der Strafe gehabt habe, weil die vom Berufungsgericht vorgeschlagenen „dunklen Andeutungen" erfahrungsgemäß eine weit schlimmere Wirkung zeitigten als die reine Wahrheit und über das Maß des Geschehens hinaus „dem bösen Verdacht Spielraum ließen". Das Berufungsgericht hat in tatsächlicher Erwägung festgestellt, daß im vorliegenden Falle die von ihm gewählte Form, die mit der Auskunft einer anderen Auskunftei übereinstimmt, für den Kläger eine wesentliche Erleichterung bedeute, insbesondere deshalb, weil es eine Sensation sei, daß ein wohlhabender und geachteter Geschäftsmann im Zuchthaus gesessen habe, und die Weiterverbreitung einer derartigen Nachricht sich kaum werde verhindern lassen, während man sonst über eine in der Jugend vor langen Jahren erlittene Strafe leichter hinwegsehe. Auf die Bedeutung der Form, in der die Mitteilung einer Bestrafung erfolgt, ist auch in Schimmelpfengs Handbuch a. a. O. hingewiesen....

---

84. 1. Zur Haftung des Reichs bei Niederlegung von Zollgut auf einer öffentlichen Niederlage.

2. Die Beweislast bei Ansprüchen wegen Verlustes von niedergelegtem Zollgut.

3. Kann ein Spediteur solche Ansprüche als Niederleger für Rechnung seines Auftraggebers geltend machen? Kann bei ausländischen Auftraggebern § 7 des Reichsbeamtenhaftungs-Gesetzes solchen Ansprüchen entgegengehalten werden?

Vereinszollgesetz § 102. HGB. § 407. Gesetz über die Haftung des Reichs für seine Beamten vom 22. Mai 1910 § 7.

I. Zivilsenat. Urt. v. 15. Januar 1927 i. S. Deutsches Reich (Bekl.) w. G. & H. (Kl.). I 171/26.

I. Landgericht I Berlin.
II. Kammergericht daselbst.

Die Klägerin, die in Berlin ein Speditionsgeschäft betreibt, erhielt im Jahre 1922 von einer englischen Firma 44 Ballen mit Haarnetzen zugesandt, die sie an eine Berliner Firma abliefern sollte. Letztere verweigerte die Annahme. Die Ballen wurden darauf am 11. November 1922 für die Klägerin von der Zollverwaltung in der Zollpackhofniederlage gegen die tarifmäßige Gebühr in Aufbewahrung genommen. Als die Klägerin am 17. Juli 1923 die Herausgabe forderte, fehlten 12 Ballen; Ermittlungen nach ihnen blieben erfolglos. Die Klägerin fordert Ersatz des Wertes.

Während das Landgericht die Klage abwies, entsprach ihr das Berufungsgericht. Die Revision des Beklagten blieb erfolglos.

Gründe:

Das Berufungsgericht hat den Beklagten für haftpflichtig erklärt. Es hat unter Bezugnahme auf RGZ. Bd. 84 S. 338 und Bd. 112 S. 38 angenommen, durch die Einlagerung der Pakete auf dem Packhof sei zwischen den Parteien ein Rechtsverhältnis entstanden, das öffentlichrechtliche und schuldrechtliche Bestandteile in sich vereinige, das unbeschadet seines öffentlichrechtlichen Charakters als „Quasikontrakt" zu bezeichnen sei und einen Anspruch der Klägerin auf Herausgabe der Güter begründet habe. Das angefochtene Urteil geht weiter davon aus, daß der Beklagte für ein Verschulden seiner Erfüllungsgehilfen im Rahmen des § 278 BGB. einzustehen habe, daß aber seine Haftung für Verlust von niedergelegten Gütern gegenüber den bürgerlich- und handelsrechtlichen Vorschriften in dem Umfang begrenzt sei, wie er sich ergebe aus § 102 des Vereinszollgesetzes (VZG.) in Verbindung mit §§ 16, 17 der Niederlage-Ordnung vom 5. Juli 1888 und § 7 der Zollhof-Ordnung vom 25. Juli 1923. Das Berufungsurteil gelangt dann zu dem Ergebnis, daß die Klägerin den ihr danach zur Begründung der Haftung des Beklagten obliegenden Nachweis für Vernachlässigung des sicheren Verschlusses der Waren ausreichend geführt habe.

Die Revision vertritt den Standpunkt, es handle sich bei Ausübung der Niederlageberechtigung gemäß §§ 97 bis 106 VZG. um eine vom Staat in Ausübung der Zollhoheit dem Handelsverkehr eingeräumte Vergünstigung und daher überhaupt nicht um ein Vertragsverhältnis oder ein vertragsähnliches Verhältnis des öffentlichen oder des bürgerlichen Rechts, sondern um ein einseitig vom Staat geordnetes öffentlichrechtliches Gewaltverhältnis. Sie entnimmt hieraus, daß der Staat für die in § 102 VZG. erschöpfend aufgezählten Amtspflichten seiner Beamten nur auf Grund von Art. 131 RVerf. einzustehen habe. Daraus folgert sie, es handle sich nicht um Verletzung von Vertragspflichten und die Klägerin sei nicht zur Geltendmachung eines Ersatzanspruchs der Eigentümerin befugt; der Eigentümerin sei außerdem als Angehöriger eines ausländischen Staates nach § 7 des Reichsbeamtenhaftungs-Gesetzes vom 22. Mai 1910 mangels gehörig bekanntgemachter Verbürgung der Gegenseitigkeit ein Ersatzanspruch überhaupt nicht erwachsen.

... Die neuere Rechtsprechung des Reichsgerichts hat den Satz entwickelt, daß, wenn eine Behörde in Verfolgung staatlicher Belange Sachen einer Privatperson in Verwahrung nimmt, lediglich ein nach öffentlichem Recht zu beurteilendes Rechtsverhältnis entsteht, kraft dessen für den Staat und seine Organe die Verpflichtung zur Obhut über die in Verwahrung genommenen Sachen und zu ihrer Rückgabe in unversehrtem Zustande erwächst, soweit dem nicht öffentliche Belange entgegenstehen. In entsprechender Anwendung dieses Satzes ist angenommen worden, daß für den Staat durch die in Ausübung der Zollhoheit erfolgende Inbesitznahme von Zollgut Pflichten gleicher Art entstehen, auf die, soweit es mit dem öffentlichen Interesse vereinbar ist, den Grundsätzen des bürgerlichrechtlichen Verwahrungsvertrags entsprechende öffentlichrechtliche Rechtsgrundsätze anzuwenden sind (RGZ. Bd. 84 S. 338; RGUrt. vom 23. Dezember 1919 VII 425/19 und vom 30. Januar 1920 VII 426/19; WarnRspr. 1921 Nr. 1; RGUrt. vom 15. Dezember 1925 III 20/25). Die in früheren Entscheidungen vertretene Anschauung (der anscheinend auch das Berufungsgericht zuneigt), wonach bei einem solchen Rechtsverhältnis neben den öffentlichrechtlichen Beziehungen bürgerlichrechtliche herlaufen (vgl. RGZ. Bd. 48 S. 256, Bd. 51 S. 219, Bd. 67 S. 340; WarnRspr. 1908 Nr. 305), ist noch von der älteren Rechtsauffassung beherrscht, die in größerem Maße, als es den jetzigen Anschauungen entspricht, Rechtsgebiete dem bürgerlichen Recht zuwies (vgl. RGZ. Bd. 92 S. 310, Bd. 93 S. 201). Die vom Berufungsgericht angeführte Entscheidung in RGZ. Bd. 112 S. 38 verweist nur auf die Verwahrungs- und Obhutspflicht der Zollbehörde, ohne zu ihr grundsätzlich Stellung zu nehmen.

Vorliegendenfalls handelt es sich um die Rechtsbeziehungen, welche durch die Niederlegung von Zollgut auf einer öffentlichen Niederlage gemäß §§ 97 bis 106 VZG. zwischen dem Niederleger und der Zollverwaltung entstehen. Im Gegensatz zu anderen Fällen, in denen es in der Regel an besonderen Vorschriften über die Haftung des Staates für die in Verwahrung genommenen Sachen fehlt, trifft hier § 102 VZG. Bestimmungen über diesen Punkt. Die Haftung des Beklagten bestimmt sich daher in erster Reihe nach dieser Rechtsnorm. Es kann aber keinem Bedenken unterliegen, zu ihrer Ergänzung die oben dargelegten Rechtsgrundsätze heranzuziehen, wie sie für ähnlich liegende Rechtsverhältnisse entwickelt worden sind, soweit sie nicht zu den besonderen Vorschriften des Vereinszollgesetzes in Widerspruch stehen. Insbesondere zeigen die Rechtsbeziehungen der Parteien, wie sie durch die Vorschriften der §§ 97 bis 106 VZG. geregelt sind, so viel Übereinstimmung mit den bei einem Verwahrungsvertrag sich ergebenden Rechten und Pflichten, daß es als das Gegebene erscheint, auch hier die beim Verwahrungsvertrag maßgebenden Grundsätze entsprechend anzuwenden. Dem steht nicht entgegen, daß es sich, wie der Revision zuzugeben ist, bei der Niederlegung von zollpflichtigen Gütern auf einer öffentlichen Zollniederlage um ein einseitig durch die Staatsgewalt geordnetes Gewaltverhältnis handelt, das sich aus der Gestellungspflichtigkeit des Zollguts ergibt (vgl. Stenglein, Erläuterung der strafrechtlichen Nebengesetze des Deutschen Reichs Bd. 2, Vorbemerkungen vor § 97 VZG.). Auch bei den vorher erwähnten Rechtsverhältnissen, bei denen sich entsprechende Grundsätze bereits gebildet haben, bestehen zwischen den Beteiligten lediglich Rechtsbeziehungen öffentlichrechtlicher Art. Dem öffentlichen Interesse wird dadurch ausreichend Genüge getan, daß ihm bei einem Widerstreit mit den in Frage stehenden Rechtsgrundsätzen der Vorrang gebührt.

Das Berufungsgericht hat die Bestimmungen der Niederlageordnung vom 5. Juli 1888 (Troje-Düffe, Die Ordnungen, Bd. 3 S. 92) und der Zollhof-Ordnung als Ergänzung des § 102 VZG. herangezogen. Gegen die Heranziehung der ersteren ist nichts einzuwenden (§ 106 VZG.). Es kommt jedoch im wesentlichen nur die Bestimmung des § 16 in Frage, welche die bereits in § 102 ausgesprochene Sicherungsverpflichtung der Niederlageverwaltung nur wiederholt. (Es wird dargetan, daß die Zollhof-Ordnung von 1923 hier nicht maßgebend ist.) In Frage kommt vielmehr die am 2. Dezember 1911 von der Oberzolldirektion bekannt gegebene Zollhof-Ordnung (Amtsblatt für den Reg.-Bez. Potsdam und die Stadt Berlin 1911 S. 1087). Es handelt sich bei ihr um die Ordnung einer öffentlichen Anstalt, und dieser hat sich der Kläger durch die Benutzung der Anstaltseinrichtungen unterworfen. Wirksamkeit gegenüber dem Benutzer ist ihr jedoch nur insoweit beizulegen, als sie seine Rechtslage gegenüber bestehenden Rechtsgrundsätzen nicht verschlechtert (RGZ. Bd. 68 S. 358). Es wird somit in erster Reihe zu prüfen sein, ob der Beklagte für den Verlust der Güter nach den

Bestimmungen des § 102 VZG. und den zu seiner Ergänzung heranzuziehenden Vorschriften und Rechtsgrundsätzen zu haften hat.

Der Auffassung des Berufungsgerichts, daß § 102 VZG. nicht nur die Haftung für Beschädigung von niedergelegten Gütern, sondern auch die für ihren Verlust habe regeln wollen, ist beizutreten. Wollte man übrigens annehmen, daß die Haftung für Verlust in § 102 VZG. nicht hinreichend zum Ausdruck gelangt sei, so würde die Obhuts- und Rückgabepflicht auch aus allgemeinen Rechtsgrundsätzen zu entnehmen sein, da die Bestimmungen des Vereinszollgesetzes eine solche Haftung keinesfalls ausschließen.

Der Beklagte hat somit für den Verlust von niedergelegten Gütern in den Grenzen des § 102 VZG. einzustehen. In Betracht kommt hier offenbar nur die Bestimmung, wonach die Zollverwaltung für sicheren Verschluß der Niederlageräume sowie Aufrechterhaltung der Ruhe und Ordnung unter den dort beschäftigten Personen einzustehen hat. Ergänzend ist aus § 278 BGB. als allgemeinem Rechtsgrundsatz zu entnehmen, daß die Zollverwaltung auch ein Versehen der Personen zu vertreten hat, die sie mit der Ausübung der ihr obliegenden Fürsorge betraut hat. Es bedarf daher insoweit nicht einer Heranziehung des Artikels 131 RVerf., um eine Haftung des Beklagten für die für ihn tätig werdenden Personen zu begründen.

Die Zollverwaltung beruft sich darauf, daß die unstreitig bestehende Unmöglichkeit, ihrer Auslieferungspflicht im vollen Umfang nachzukommen, nicht auf einem von ihr nach § 102 VZG. zu vertretenden Umstande beruhe. Es kann keinem Bedenken unterliegen, auf die Rechtsbeziehungen der Parteien auch den in § 282 BGB. niedergelegten Rechtsgedanken anzuwenden und dem Beklagten die Beweislast dafür aufzuerlegen, daß diese Unmöglichkeit nicht auf einem von ihm nach § 102 VZG zu vertretenden Umstand beruhe. Aus der Fassung des § 102 VZG. ist nichts zu entnehmen, was die Anwendung dieses Grundsatzes ausschlösse. Allerdings legt § 36 der Zollhof-Ordnung, welcher im übrigen der Sache nach nur die in § 102 VZG. niedergelegte Haftungsregelung wiederholt, ausdrücklich dem Ersatzfordernden die Beweislast für ein Verschulden des Beklagten auf. Soweit aber danach die Rechtslage im Widerspruch mit den bestehenden Rechtsgrundsätzen zuungunsten des Benutzers geändert wird, ist ihm, wie ausgeführt, die Wirksamkeit zu versagen. Aus der Art der durch die Niederlegung geschaffenen Rechtsbeziehungen läßt sich ebenfalls nichts entnehmen, was der Anwendung jenes für bürgerlichrechtliche Vertragsverhältnisse stets anerkannten Satzes auf dieses Rechtsverhältnis entgegenstünde, das in vielen Beziehungen einem Verwahrungsvertrag ähnelt. Bereits in der Entscheidung vom 30. Januar 1920 VII 426/19, wo es sich ebenfalls um eine zollamtliche Verwahrung handelte, hat das Reichsgericht die Beweislast ebenso verteilt. Die Anforderungen an die Beweispflicht des Beklagten dürfen allerdings nicht überspannt werden. Genügen wird der Nachweis der Wahrscheinlichkeit, daß das Gut ohne Verletzung der Sorgfaltspflicht abhanden gekommen sei (RGZ. Bd. 74 S. 344), wenn nicht besondere Umstände entgegenstehen. Der Beklagte hat es jedoch an einer ausreichenden Darlegung in dieser Hinsicht fehlen lassen. Irgendwelche Anhaltspunkte dafür, wie der Verlust tatsächlich eingetreten ist, hat er nicht gegeben. Bei dem, was er als Erklärung für das Abhandenkommen der Güter angeführt hat, handelt es sich um reine Vermutungen. Die Ursachen des Verlusts sind also unaufgeklärt geblieben. Das geht nach dem Rechtsgedanken des § 282 BGB. zu Lasten des Beklagten.

Aber auch wenn man mit dem Berufungsgericht die Beweispflicht der Klägerin für ein Verschulden des Beklagten nach § 102 VZG. annimmt, ist das Ergebnis des angefochtenen Urteils nicht zu beanstanden. Das Berufungsgericht hat erwogen: Es könne bei dem Umfang der Ballen der Regel nach nicht angenommen werden, daß 12 Ballen aus der Niederlage verschwänden, ohne daß eine Verletzung der dem Beklagten obliegenden Sorgfalt in Frage komme, möge es nun an der gehörigen Ordnung gefehlt haben oder sei es, daß man die Ausgänge nicht ordnungsmäßig bewacht habe oder daß sonst die Verpflichtung sicheren Verschlusses verletzt worden sei. (Wird näher ausgeführt.) Diese Darlegungen enthalten keinen Rechtsirrtum. Aus den §§ 16 bis 40 der Niederlage-Ordnung ergibt sich, daß jede Behandlung der niedergelegten Güter sowie ihre Verabfolgung aus der Niederlage nur unter Aufsicht und Mitwirkung der Zollbehörde erfolgen darf. Es liegt insoweit nicht nur eine Berechtigung vor, sondern auch eine Verpflichtung der Niederlageverwaltung, die von der Pflicht sicheren Verschlusses nach § 102 VZG. mit umfaßt wird. Bei dieser Sachlage widerspricht es nicht der allgemeinen Erfahrung, wenn das Berufungsgericht annimmt, daß nach dem regelmäßigen Verlauf der Dinge beim Abhandenkommen der Ballen eine Vernachlässigung der Sorgfaltspflicht des Beklagten mitgewirkt habe. Wenn es dann den der Klägerin obliegenden Verschuldensbeweis zunächst als geführt erachtet, setzt es sich nicht in Widerspruch zu geltenden Rechtsgrundsätzen. Es kann der Revision auch nicht zugegeben werden, daß das angefochtene Urteil erhebliche Behauptungen übergangen habe. (Wird ausgeführt.)

Somit hat das Berufungsgericht ohne Rechtsirrtum angenommen, daß den Beklagten die Haftung für den eingetretenen Verlust nach § 102 VZG. treffe. Die Zollbehörde tritt in Rechtsbeziehungen zu dem Niederleger, wie sich aus dem Vereinszollgesetz und der Niederlage-Ordnung in ihrem Zusammenhalt ergibt. Dem Niederleger wird der Niederlageschein zugestellt, dessen rechtmäßiger Besitz zur Rückforderung des Gutes berechtigt (§ 12 der Niederlage-Ordnung). Als Niederleger sieht die Zollbehörde denjenigen an, den sie für befugt erachtet zur Verfügung über die niedergelegten Waren (§ 1 der Niederlage-Ordnung). Auch im übrigen werden in den Bestimmungen Eigentümer und „Disponent" nebeneinander genannt (vgl. §§ 101, 104 VZG.; §§ 21, 40 der Niederlage-Ordnung). Danach kann es keinem Zweifel unterliegen, daß der Niederleger, mag er auch nicht Eigentümer des beschädigten oder verloren gegangenen Gutes sein, zur Geltendmachung der Ersatzforderung nach § 102 VZG. berechtigt ist. Der Schaden, den die Klägerin geltend macht, ist allerdings der Schaden eines Dritten, nämlich der englischen Firma, für welche die Klägerin als Spediteur tätig geworden ist. Ihre Befugnis zur Geltendmachung dieses Schadens folgt jedoch aus entsprechender Anwendung des anerkannten Rechtsgrundsatzes, daß der Spediteur berechtigt ist, das Interesse seines Auftraggebers im Klagewege zu verfolgen, wenn er den Vertrag, aus dem sich ein Schaden des Auftraggebers ergibt, für dessen Rechnung eingegangen ist (RGZ. Bd. 58 S. 42, Bd. 62 S. 332, Bd. 90 S. 246). Vorliegendenfalls hat die klagende Spediteurfirma das Gut, dessen Annahme der Empfänger verweigert hatte, für Rechnung und im Interesse der englischen Eigentümerin und Absenderin niedergelegt. Die Klägerin ist daher für Rechnung und im Interesse der Eigentümerin durch Niederlage des

Zollguts in Rechtsbeziehungen zur Zollbehörde getreten. Wenn es sich hierbei auch nicht um einen Vertrag im eigentlichen Sinne handelt, so entspricht doch die Sach- und Rechtslage völlig derjenigen, die sich bei Eingehung eines Vertrags im Interesse und für Rechnung der Absenderin ergeben hätte. Es kann daher kein Bedenken bestehen, auch der Klägerin die Befugnis einzuräumen, die Belange ihres Auftraggebers zu verfolgen. Allerdings könnte gegen diesen Anspruch eingewendet werden, daß die Auftraggeberin der Klägerin die Ablieferung des Erstrittenen nicht verlange und die Klägerin daher ungerechtfertigt bereichert werden würde. Eine solche Behauptung ist aber vom Beklagten nicht aufgestellt worden. Der Angriff der Revision, der sich gegen die Befugnis der Klägerin zur Verfolgung des Klaganspruchs richtet, ist daher unbegründet.

Dem Schadensersatzanspruch kann auch nicht § 7 des Gesetzes über die Haftung des Reichs für seine Beamten vom 22. Mai 1910 entgegengesetzt werden, der neben Art. 131 RVerf. aufrechterhalten geblieben ist (RGZ. Bd. 111 S. 379). Die Haftung des Beklagten für den eingetretenen Verlust ergibt sich im vorliegenden Falle bereits aus § 102 VZG. Die Heranziehung des Art. 131 RVerf. zur Begründung des Klaganspruchs erübrigt sich daher. Damit scheidet auch die Anwendung von § 7 des Reichsbeamtenhaftungs-Gesetzes aus. . . .

Anhang:

Entscheidung des Staatsgerichtshofs.

In der verfassungsrechtlichen Streitigkeit

zwischen

dem Deutschen Reich

und

dem Lande Bayern

über die Auslegung des § 33 des Staatsvertrags vom 30. April 1920 hat der Staatsgerichtshof für das Deutsche Reich in der öffentlichen Sitzung vom 20. November 1926 für Recht erkannt:

Die Entscheidung des Schiedsgerichts gemäß § 33 Nr. 5 des Staatsvertrags vom 30. April 1920 kann von dem beteiligten Beamten oder Anwärter auch dann angerufen werden, wenn die Meinungsverschiedenheit über die Beförderungsaussicht nur zwischen ihm und dem Reich, nicht zwischen dem Reich und dem Lande besteht, und zwar ohne Unterschied, auf welche der Bestimmungen des § 33 Nr. 1 bis 4 sich die Meinungsverschiedenheit bezieht.

Der Antrag des Reichs wird daher abgewiesen.

Gründe:

Der Reichsbahndirektor H. und andere Reichsbahnoberbeamte haben seinerzeit unter Berufung auf § 33 Nr. 1 und 2 des oben bezeichneten Staatsvertrags ihre Einreihung in Gruppe XIII der Besoldungsordnung beantragt. Das Reich hat sich hierwegen mit dem Lande Bayern, in dessen Dienst die Antragsteller vor dem Übergang der Eisenbahnen auf das Reich gestanden hatten, ins Benehmen gesetzt. Man war sich beiderseits einig, daß den Antragstellern Beförderungsaussichten nicht zustanden, worauf das Reich sie ablehnend beschied. Unterm 20. Juni 1925 haben nun die betreffenden Beamten den Zusammentritt des in § 33 Nr. 5 StV. vorgesehenen Schiedsgerichts verlangt. Der Reichsminister der Finanzen hat sich geweigert, Beisitzer zu benennen, da ein Schiedsgericht im vorliegenden Falle überhaupt nicht mehr in Frage komme. Mit dieser Stellungnahme des Reichs ist das Land Bayern nicht einverstanden, und diese Meinungsverschiedenheit hat den Anlaß zu dem gegenwärtigen Verfahren gegeben.

Das Reich hat beim Staatsgerichtshof den Antrag gestellt:

zu entscheiden, daß der Antrag eines einzelnen Beamten oder einer Mehrheit von Beamten auf Einberufung eines Schiedsgerichts nach Maßgabe des § 33 Nr. 5 StV. in solchen Fällen unzulässig ist, in denen die betreffende Landesregierung und das Reich darüber einig sind, daß überhaupt keine durch § 33 Nr. 1 und 2 StV. gewährleisteten Beförderungsanwartschaften für den Antragsteller bestehen.

Diesen Antrag hat es später dahin geändert, daß der Schlußsatz lautete:

... einig sind, daß die beanspruchte Beförderungsstelle für die Beamtenkategorie, zu der der oder die Antragsteller gehören, überhaupt nicht regelmäßig erreichbar im Sinne des § 33 Nr. 1 und 2 StV. war.

Das Reich hält nunmehr die Anrufung des Schiedsgerichts für unzulässig, wenn Reich und Land übereinstimmend der Ansicht seien, daß die beanspruchte Beförderungsstelle für die betreffende Beamtenkategorie, welcher der Antragsteller angehört, im Sinne des § 33 Nr. 1 und 2 StV. nicht regelmäßig erreichbar gewesen sei. Sei sie aber für die Kategorie regelmäßig erreichbar gewesen, so stehe freilich nichts einer schiedsgerichtlichen Prüfung der Frage entgegen, ob in der Person des einzelnen Beamten die Voraussetzungen für seine Beförderung vorhanden und für ihn der Zeitpunkt der Beförderung gekommen sei.

Nach dem Charakter des Staatsvertrags als eines Vertrags zwischen dem Reich und den Ländern seien Reich und Land berechtigt und befugt, die Frage der Beförderungsaussichten für die einzelne Beamtenkategorie endgültig zu entscheiden. Dieses Recht gewähre ihnen § 43 StV. Der § 33 StV. enthalte in Nr. 1 allgemeine Vorschriften und in Nr. 2 bis 5 erläuternde Ausführungen hierzu. Diese Gliederung ergebe, daß die Frage, ob und zu welchem

Zeitpunkt der einzelne Beamte beim Verbleiben im Landesdienst angestellt oder befördert worden wäre, nur dann rechtserheblich sei, wenn er zu einer Beamtenkategorie gehöre, der eine Beförderungsaussicht überhaupt gewährleistet sei. Dies sei die primäre Frage aus Nr. 1. Die Nr. 5 enthalte nur die Eventualfrage, ob und zu welchem Zeitpunkt ein Beamter von dieser Anwartschaft Gebrauch machen könne; nur über sie habe das Schiedsgericht zu entscheiden. Hätte man ihm auch die primäre Frage unterbreiten wollen, so hätte Satz 2 der Nr. 5 als besondere Nummer aufgeführt werden müssen. Auch das praktische Bedürfnis erfordere es, daß das Reich mit dem Lande die Hauptfrage abschließend zu regeln in der Lage sei, da das Land die in Frage kommenden Verhältnisse kenne. Eine andere Auffassung sei mit den Grundsätzen des Staatsvertrags nicht zu vereinbaren. Früher habe kein Beamter ein Recht auf Beförderung gehabt; daß der Staatsvertrag den Beamten mehr Recht habe einräumen wollen, als sie früher besessen hätten, sei nicht anzunehmen.

Die Ansicht des Landes Bayern führe aber auch zu dem unmöglichen Ergebnis, daß widersprechende Entscheidungen des Staatsgerichtshofs und des Schiedsgerichts gefällt werden könnten. Und wenn jeder Beamte in der Lage sei, ein Schiedsgericht zusammentreten zu lassen, so würde die Zahl der Schiedsgerichtsverfahren so groß werden, daß sie sich praktisch gar nicht bewältigen ließen.

Dafür, daß diese Ansichten richtig und die Parteien des Staatsvertrags von ihnen ausgegangen seien, benennt das Reich den Reichsbahndirektor Dr. K. als sachverständigen Zeugen.

Das Land Bayern hat beantragt:

zu entscheiden, daß das Schiedsgericht nach § 33 StV. auch über die Frage zu entscheiden hat, ob durch § 33 Abs. 1 und 2 StV. gewährleistete Beförderungsaussichten bestehen.

Es gibt zu, ursprünglich mit dem Reiche dahin einverstanden gewesen zu sein, daß den Antragstellern keine Beförderungsaussichten zuständen. Damit entfalle aber keineswegs der Anspruch der Beamten auf die Entscheidung durch ein Schiedsgericht. Auch dem abgeänderten Antrag des Reichs gegenüber müsse der bisherige Standpunkt aufrecht erhalten werden. Die Berufung des Schiedsgerichts setze nur voraus, daß der Beamte den Anspruch auf Beförderung behaupte; ob er begründet sei oder nicht, komme nicht in Frage, darüber habe eben das zu bildende Schiedsgericht zu befinden. Als zweite Voraussetzung werde erfordert, daß eine Meinungsverschiedenheit zwischen dem Reich und dem Beamten bestehe. Ob das Reich und das Land unter sich einig seien, sei gleichgültig. Der Würdigung und Entscheidung des Schiedsgerichts unterliege der gesamte Fragenkreis des § 33 StV. Hätte man etwas anderes gewollt, so hätte es in dem Vertrag zum Ausdruck gebracht werden müssen.

Aus der Gliederung des Paragraphen sei für die Auffassung des Reichs nichts zu entnehmen. Insbesondere folge aus dem Worte „ob" nicht, daß das Schiedsgericht erst dann angerufen werden könne, wenn das Bestehen von Beförderungsaussichten durch eine Einigung zwischen Land und Reich oder durch eine Entscheidung des Staatsgerichtshofs festgestellt sei. Die Nummern 2 bis 5 enthielten auch nicht nur Erläuterungen; von den Anstellungsaussichten der Nr. 1 sei in den Nummern 2 und 3 keine Rede, sie behandelten nur Beförderungsaussichten.

Die praktischen Erwägungen, die das Reich jetzt anstelle, seien zweifellos beachtlich und hätten dem Staatsvertrag zugrunde gelegt werden können. Es sei aber nicht geschehen und nunmehr müsse der Vertrag, so wie er geschlossen sei, ausgeführt werden.

Soweit erforderlich benennt das Land Bayern zum Zwecke des Gegenbeweises das Mitglied des Preußischen Abgeordnetenhauses R. als sachverständigen Zeugen.

II.

Der Streit der Beteiligten dreht sich um die Auslegung des § 33 StV. Die Zuständigkeit des Staatsgerichtshofs ergibt sich aus § 43 StV. in Verbindung mit § 17 Nr. 3 des Gesetzes über den Staatsgerichtshof vom 9. Juli 1921. An ihr ist durch die Verordnung betr. Schaffung des Unternehmens Deutsche Reichsbahn vom 12. Februar 1924 und durch das Gesetz über die Deutsche Reichsbahn-Gesellschaft vom 30. August 1924 nichts geändert worden (RGZ. Bd. 109 Anhang S. 10*).

III.

Die Meinungsverschiedenheit zwischen den Beteiligten erstreckte sich zunächst auf den Umfang der Zuständigkeit des Schiedsgerichts im Sinne des § 33 Nr. 5 StV. überhaupt. Während das Land Bayern der schiedsgerichtlichen Entscheidung den gesamten Inhalt des Paragraphen einschließlich des Bestehens der Beförderungsaussichten unterbreitet wissen wollte, war nach Ansicht des Reichs die Frage der Nr. 1, ob überhaupt der Beamte oder seine Klasse Beförderungsaussichten erworben habe, zunächst zu prüfen und durch Einigung zwischen dem Reich und dem betreffenden Land oder durch den Staatsgerichtshof vorab zu entscheiden. Für den Fall der Verneinung sollte der Beamte nicht mehr das Recht haben, den Zusammentritt des Schiedsgerichts herbeizuführen. Die Zuständigkeit des Schiedsgerichts sollte auf die Fragen beschränkt sein, ob im Falle der Bejahung jener Vorfrage der Beamte in seinem Lande auch tatsächlich befördert worden und zu welchem Zeitpunkt dies geschehen wäre, und sie sollte auch dann ausgeschlossen sein, wenn die erste dieser Einzelfragen von Reich und Land übereinstimmend verneint wäre.

Nun hat das Reich seinen Antrag eingeschränkt; es will zwar die Feststellung der Beförderungsaussichten für die betreffende Beamtenkategorie nach wie vor der Vereinbarung zwischen Reich und Land und mangels einer solchen der Entscheidung des Staatsgerichtshofs vorbehalten, aber nunmehr dem Schiedsgericht die Entscheidung darüber zuerkennen, ob in der Person des einzelnen Beamten die Voraussetzungen für seine Beförderung gegeben seien, gleichgültig ob Reich und Land hierüber einig sind oder nicht. Es kann dahingestellt bleiben, ob darin tatsächlich eine Einschränkung liegt, ob nicht durch eine Vorabentscheidung über die Beförderungsaussichten der Beamtenkategorie auch über den ihr angehörigen einzelnen Beamten entschieden wäre. Es bedarf auch keiner weiteren Prüfung, ob eine derartige Trennung zwischen den rechtlichen und den persönlichen Voraussetzungen im Sinne von § 33 Nr. 5, die nur von dem einzelnen Beamten spricht, angängig ist. Jedenfalls widerspricht das Land Bayern auch dieser eingeschränkten Auffassung des Reichs und will den Anspruch des Beamten auf ein Schiedsgericht ohne Rücksicht auf eine Vereinbarung oder Vorabentscheidung über die allgemeine Frage lediglich auf seine Behauptung hin zulassen, daß er zu Unrecht nicht befördert worden sei. Ein Streit über die Auslegung und die Tragweite des § 33 StV. besteht also weiter, eine Entscheidung des Staatsgerichtshofs ist nach wie vor erforderlich.

Das Reich beruft sich zur Begründung seiner Ansicht, daß es im Einverständnis mit einem Lande die allgemeinen Beförderungsaussichten eines Beamten und damit dessen Anspruch auf Einberufung eines Schiedsgerichts endgültig verneinen könne, auf § 43 StV., der besagt, die beteiligten Regierungen könnten zur Auslegung und Ergänzung des Vertrags Fragen, die sich bei seiner. Ausführung ergeben sollten, durch weitere Vereinbarungen regeln; soweit eine Einigung nicht erfolge, entscheide der Staatsgerichtshof. Hieraus ergibt sich zunächst, daß diese Befugnis, was bei einem einheitlich abgeschlossenen Vertrag sich von selbst versteht, nur den beteiligten Regierungen, also sämtlichen Vertragschließenden zusammen zugesprochen ist, nicht aber dem Reich und einem einzelnen Lande. Das Reich verkennt aber auch die Bedeutung des § 43 StV. Der Staatsvertrag ist durch das Gesetz vom 30. April 1920 „unbeschadet seiner Eigenschaft als Vertrag .... als Gesetz in Kraft" gesetzt worden. Das heißt, er ist Vertrag geblieben und kann als solcher trotz seiner Eigenschaft als Gesetz vom Reiche nicht durch ein neues Gesetz abgeändert werden. Er ist aber auch Gesetz geworden und wirkt als solches nicht nur unter den Vertragschließenden, sondern nach außen gegen und für Dritte, insbesondere die beteiligten Beamten. Das Recht zur Auslegung und Ergänzung umfaßt aber auch nicht das Recht zur Abänderung. Wenn sonach aus § 33 StV. ein Recht der Beamten auf ein Schiedsgericht hervorginge, wäre es ihnen nicht durch eine Vereinbarung zwischen den beteiligten Regierungen und erst recht nicht durch eine solche zwischen dem Reich und einem einzelnen Lande zu nehmen. Denn damit würde der geschlossene Vertrag nicht ausgelegt oder ergänzt, sondern abgeändert werden.

Im übrigen ist für den vorliegenden Fall eine Vereinbarung im Sinne des § 43 StV. zwischen dem Reich und dem Lande Bayern nicht einmal zustande gekommen. Wenn sie einer Meinung darüber waren, daß den Antragstellern keine Beförderungsaussichten zuständen, so bedeutete dies lediglich, daß zwischen ihnen eine Einigung über eine tatsächliche Frage bestand, die erst dann zu einer Vereinbarung geworden wäre, wenn sie sich auch auf die Folgen dieser Tatsache, nämlich den Ausschluß des Rechtes der Beamten auf Berufung eines Schiedsgerichts, erstreckt hätte. Erst damit wäre es zu einer Ergänzung oder Auslegung des Vertrags gekommen. Gerade hierüber gehen aber die Meinungen der Beteiligten auseinander.

Nach alledem ist die Meinungsverschiedenheit nur durch eine Entscheidung des Staatsgerichtshofs im Wege der Auslegung des § 33 StV. zu lösen.

IV.

Die §§ 30 bis 33 StV. regeln die Verhältnisse der in den Reichsdienst übergetretenen Beamten, die nach dem Übertritt nicht schlechter fahren sollten, als wenn sie nach Maßgabe der am 31. März 1920 geltenden Landesbestimmungen im Dienste ihres Landes verblieben wären. Besondere Schwierigkeiten bereiteten hier die in den einzelnen Ländern ganz verschiedenen Beförderungsaussichten, die in § 33 StV. ihre Regelung fanden. Man war sich klar darüber, daß mit ihrer Gewährleistung eine Verpflichtung übernommen wurde, die unter Umständen dem Reiche bei der Regelung der Personalfragen erhebliche Schwierigkeiten bereiten könne. Dies wurde schon in dem zur Beratung des Gesetzes eingesetzten Ausschuß (Aktenstücke der Nat.-Vers. Nr. 2748 S. 3022) eindringlich hervorgehoben. Und der Berichterstatter des Ausschusses führte in der Nationalversammlung aus, es beständen erhebliche Bedenken gegen den Vertrag. Er enthalte Bestimmungen über die zukünftige Organisation, die einer solchen hinderlich in den Weg treten könnten. Starke Garantien seien den Beamten und Beamtenanwärtern für ihre Rechte gewährt, vor allem auch für die Beförderungsaussichten, die sie bisher in den Einzelstaaten gehabt hätten. Damit werde die zukünftige Organisation erschwert.... Die Regierung habe diese Bedenken im Ausschuß nicht entkräftet, sie habe nur erklärt, es habe sich nicht mehr erreichen lassen.

Hieraus ist zu entnehmen, daß man sowohl unter den Vertragschließenden als auch in der gesetzgebenden Versammlung sich der Tragweite der Bestimmung wohl bewußt gewesen ist und ihrer Abfassung besondere Aufmerksamkeit geschenkt hat. Es muß also davon ausgegangen werden, daß sie wohl überlegt ist und daß sie, bei der Fähigkeit der Vertragschließenden, ihren wahren Willen schriftlich klar niederzulegen, wirklich das wiedergibt, was man beabsichtigt und gewollt hat. Dies gilt ganz besonders für das den Beamten gewährleistete, dem Beamtenrecht bis dahin unbekannte Recht, Beförderungsansprüche ihrer Behörde gegenüber geltend zu machen und erforderlichenfalls ihr gegenüber durch Anrufung eines Schiedsgerichts zu verwirklichen.

Unter diesen Gesichtspunkten betrachtet stellt der § 33 StV. eine einheitlich gedachte und durchgeführte Vorschrift dar.

Nr. 1 spricht aus, daß den Beamten und Anwärtern die Beförderungs- und Anstellungsaussichten nach dem Stande in ihren

Ländern vom 1. April 1920 gewährleistet werden. Zu dem Begriff der Beförderungsaussichten gibt dann Nr. 2 die Erläuterung, was als regelmäßig erreichbare Beförderungsstelle anzusehen, und Nr. 3, in welcher Weise der Befähigungsnachweis für die Beförderungsstellen zu führen ist. Über die Durchführung der Aussichten verhalten sich die Nummern 4 und 5.

Nr. 4 setzt voraus, daß über das Bestehen der Anstellungs- und Beförderungsaussichten, über die Befähigung für die Beförderungsstelle und den Zeitpunkt der Anstellung oder Beförderung beim Verbleiben im Landesdienste kein Streit besteht. In diesem Falle soll eine Verschlechterung der Wartezeiten gegenüber dem Zustand in den Ländern in erster Reihe dadurch vermieden werden, daß genügend planmäßige Stellen geschaffen und zur Verfügung gestellt werden. Läßt sich dies nicht ermöglichen, so ist der Bedienstete so zu stellen, als wenn er zu dem gegebenen Zeitpunkt angestellt oder befördert worden wäre. Der Unterschied zwischen dem tatsächlich bezogenen Einkommen und dem Einkommen der Stelle, die ihm zusteht, ist ihm in Gestalt einer persönlichen Zulage zu zahlen. Und damit er den ruhegehaltsfähigen Einkommensbetrag der Stelle erreicht, ist die Zulage bis zu dieser Höhe für ruhegehaltsfähig zu erklären.

Auch das Besoldungsdienstalter ist für Anwärter und Beamte bei der späteren Stellenverleihung so festzusetzen, als ob die Anstellung oder Beförderung bereits zu dem früheren Zeitpunkt erfolgt wäre. Hier ist also eine alle Einzelheiten vorsehende Regelung getroffen, welche die Rechte der Anwärter und Beamten nach jeder Richtung hin sicherstellen sollte.

Man rechnete dabei auch weiter damit, daß nicht in allen Fällen eine reibungslose Erledigung möglich sein werde, und bestimmte deshalb in Nr. 5:

> Bei Meinungsverschiedenheiten zwischen dem Reich und Beamten oder Beamtenanwärtern über die Frage, ob und zu welchem Zeitpunkt sie beim Verbleiben im Landesdienst angestellt oder befördert worden wären, darf das Reich die Entscheidung nur im Einvernehmen mit der Regierung des Landes treffen, in dessen Eisenbahndienst der Anwärter oder Beamte vor der Übernahme gestanden hat. Kommt zwischen dem Reich und dem Anwärter oder Beamten eine Einigung nicht zustande, so wird die Entscheidung durch ein Schiedsgericht getroffen.

Nr. 5 trifft Vorsorge für die Regelung des Anspruchs eines Anwärters auf Anstellung und eines Beamten auf Beförderung für den Fall, daß über die hierzu notwendigen Voraussetzungen keine Einigung zu erzielen ist. Die Erledigung eines solchen Anspruchs im Sinne der Nr. 4 setzte eine Prüfung nach dreifacher Richtung voraus. Einmal mußte feststehen, daß für den Beamten oder seine Klasse Beförderungsaussichten im Sinne der Nummern 1 und 2 bestanden. Zweitens mußte der Befähigungsnachweis für die Beförderungsstelle erbracht sein und drittens endlich mußte der Zeitpunkt feststehen, zu dem der Beamte befördert worden wäre. Nur wenn eine Einigung über sämtliche Punkte erreicht war, griff Nr. 4 Platz. Kam sie über alle Fragen oder auch nur über eine einzelne nicht zustande, so ist die Meinungsverschiedenheit nach Nr. 5 zu entscheiden. Was also der Gegenstand der Prüfung im Rahmen der Nr. 4 und der Einigung der Beteiligten ist, muß notwendigerweise auch Gegenstand der Meinungsverschiedenheit und damit der Entscheidung nach Nr. 5 sein können, mit anderen Worten: sämtliche Voraussetzungen der Nr. 4 unterliegen auch der Entscheidung nach Nr. 5. Unter sie fallen also auch die Anstellungs- und Beförderungsaussichten. Sie dem Schiedsgericht zu entziehen, würde dem Aufbau und der Anordnung des § 33 StV. widersprechen. Hätte man es gewollt, so wäre es bei der Bedeutung, welche die Bestimmung hatte, welche ihr aber auch von den Vertragschließenden beigelegt wurde, zum Ausdruck gebracht worden. Daß es nicht geschehen ist, beweist, daß es nicht gewollt war.

Im übrigen erfordert Nr. 5 nur eine Meinungsverschiedenheit zwischen dem Reich und den Beamten oder Anwärtern. Selbst wenn also das vorgeschriebene Einvernehmen zwischen der Regierung des Landes und dem Reiche hergestellt ist, wird damit das Recht des Beamten auf Einberufung eines Schiedsgerichts in keiner Weise berührt, selbst dann nicht, wenn es ihm ungünstig ist. Das Land scheidet als Mitkontrahent aus, es nimmt lediglich die Rechte des Beamten wahr.

V.

Zu demselben Ergebnis gelangt man, wenn man den Wortlaut der Vorschrift der Nr. 5 für sich allein betrachtet. Er spricht ganz allgemein von „Meinungsverschiedenheiten". Dieses Wort, ohne jede Einschränkung hingesetzt, kann vernünftigerweise nur dahin verstanden werden, daß damit alle Meinungsverschiedenheiten, die bei der Entscheidung über den Anspruch möglich sind, gemeint sein sollen. Nun bildet aber gerade das Bestehen von Beförderungsaussichten die Grundlage des Anspruchs selbst. Daß man sie hätte ausnehmen wollen, ist ausgeschlossen. Zum mindesten hätte man dann bei der wohlerkannten Bedeutung und Wichtigkeit der Bestimmung eine ausdrückliche Einschränkung aufnehmen müssen und aufgenommen.

Auch die Worte „ob und zu welchem Zeitpunkt sie .... angestellt oder befördert worden wären" bestätigen nur die vorstehende Auffassung. Das Wort „ob" ist ganz allgemein gehalten, kann also auch nur auf sämtliche für die Beförderung maßgebenden Voraussetzungen, also auch auf die Frage des Bestehens von Beförderungsaussichten überhaupt bezogen werden. Eine Einschränkung hineinlegen zu wollen, würde der Fassung und dem Wortlaut der Bestimmung Zwang antun, was mit Rücksicht auf die Stellung der Vertragschließenden nicht zu rechtfertigen wäre.

Nach alledem kann der Staatsgerichtshof der Auffassung des Reichs nicht beitreten. Den praktischen Erwägungen, die das Reich für sie ins Feld führt, kann gegenüber dem Vertrag keine Bedeutung beigemessen werden; er muß der Beurteilung so zugrunde gelegt werden, wie er abgeschlossen ist, nicht wie er vielleicht besser abgeschlossen worden wäre. Da Sinn und Wortlaut seines § 33 klar liegen und seine Auslegung keinerlei Zweifel ergibt, konnte es auch auf die Meinung der beim Abschluß des Vertrags Mitwirkenden, soweit sie nicht erkennbar in der Bestimmung selbst zum Ausdruck gelangt ist, nicht weiter ankommen. Es erübrigt sich daher ein Eingehen auf die Entstehungsgeschichte und damit auch die Vernehmung der von den Parteien benannten sachverständigen Zeugen.

Der Staatsgerichtshof gelangt also zu dem Ergebnis, daß das in § 33 Nr. 5 StV. bestellte Schiedsgericht auch dann angerufen werden kann, wenn die Meinungsverschiedenheit über die Beförderungsaussichten nur zwischen dem Beamten und dem Reiche, nicht auch zwischen dem Reich und dem Lande besteht, und zwar ohne Unterschied, auf welche der Voraussetzungen des § 33 StV. sich die Meinungsverschiedenheit bezieht.

Register.

Die Zahlen bedeuten die Seiten.

A. Sachregister.

A

W

Z

B. Gesetzesregister.

1. Reichsgesetze.

a. Bürgerliches Gesetzbuch.

b. Einführungsgesetz zum Bürgerlichen Gesetzbuche.

c. Handelsgesetzbuch von 1897.

d. Gerichtsverfassungsgesetz.

e. Zivilprozeßordnung.

f. Gesetz über die Angelegenheiten der freiwilligen Gerichtsbarkeit.

g. Konkursordnung.

h. Grundbuchordnung.

i. Strafgesetzbuch.

k. Rechtsanwaltsordnung.

l. Gebührenordnung für Rechtsanwälte.

m. Gerichtskostengesetz (a. F.).

n. Einzelne Gesetze und Verordnungen.

2. Landesrecht.

Preußen.

3. Ausländisches Recht.

Schweiz.

Amerika.

C. Zusammenstellung der Entscheidungen nach der Zeitfolge.

Entscheidung des Staatsgerichtshofs.

Zusammenstellung

der

im 115. Bande

mitgeteilten Entscheidungen

nach

Oberlandesgerichtsbezirken.

(Die Zahlen bezeichnen die Nummern der Entscheidungen.)

Berlin	4. 5. 9. 15. 22. 26. 27. 28. 33. 37. 39. 44. 47. 48. 54. 56. 59. 60. 62. 65. 77. 83. 84.
Breslau	7. 68. 70.
Celle	12. 17. 24. 35. 66.
Darmstadt	14. 38.
Dresden	30. 51. 75. 81.
Düsseldorf	11. 23. 42. 45. 67. 69.
Frankfurt a. M.	34. 63. 72.
Hamburg	6. 8. 10. 13. 18. 29. 32. 50. 79.
Hamm	1. 41. 49. 53. 76.
Kassel	74.
Köln	16. 40. 46. 55. 61.
Königsberg	57.
München	31. 36. 64. 71. 82.
Naumburg a. S.	20. 58.
Nürnberg	25. 43.
Stuttgart	80.

Reichsgericht unmittelbar	73.
Staatsgerichtshof	Anhang
Landgericht Aachen	19.
Landgericht III Berlin	2.
Landgericht Essen	3. 78.
Landgericht Stade	52.
Landgericht Stettin	21.

Berichtigungen.

Hundertundvierzehnter Band.

S. 91 Z. 7 v. o. statt „Rohtabakfabrikate" lies: „Rohtabak, Tabakfabrikate".

Hundertundfünfzehnter Band.

S. 385 Z. 5 v. u. statt „1919" lies „1913".

FSC
www.fsc.org
MIX
Papier | Fördert gute Waldnutzung
FSC® C083411

Kolibri 360 GmbH
Ferdinand-Jühlke-Straße 7
99095 Erfurt, Deutschland
produktsicherheit@kolibri360.de